21世纪国际关系学系列教材
Textbooks of International Relations in the 21st Century

普通高等教育"十一五"国家级规划教材
国家级精品课程"国际政治经济学"教材

General Theory of International
Political Economy

国际政治经济学通论

王正毅 ⊙著

图书在版编目(CIP)数据

国际政治经济学通论/王正毅著. —北京:北京大学出版社,2010.9
(21世纪国际关系学系列教材)
ISBN 978-7-301-16798-4

Ⅰ.①国… Ⅱ.①王… Ⅲ.①世界经济政治学-高等学校-教材
Ⅳ.①F11-0

中国版本图书馆 CIP 数据核字(2010)第 172044 号

书　　　名：国际政治经济学通论
著作责任者：王正毅　著
责 任 编 辑：张盈盈
标 准 书 号：ISBN 978-7-301-16798-4/D·2671
出 版 发 行：北京大学出版社
地　　　址：北京市海淀区成府路 205 号　100871
网　　　址：http://www.pup.cn
电　　　话：邮购部 62752015　发行部 62750672　编辑部 62753121
　　　　　　出版部 62754962
电 子 邮 箱：ss@pup.pku.edu.cn
印 　刷 　者：北京虎彩文化传播有限公司
经 　销 　者：新华书店
　　　　　　730 毫米×980 毫米　16 开本　36.25 印张　600 千字
　　　　　　2010 年 9 月第 1 版　2021 年 8 月第 6 次印刷
定　　价：59.00 元

未经许可,不得以任何方式复制或抄袭本书之部分或全部内容。
版权所有,侵权必究
举报电话:010-62752024　电子邮箱:fd@pup.pku.edu.cn

作者简介

王正毅 1982年考入南开大学,先后获哲学学士学位(1986)、哲学硕士学位(1989)、经济学博士学位(1993),1994—1995年赴美国纽约州立大学和法国高等社会科学院从事博士后研究。1997年开始任教授、博士生导师(经济学和政治学)。2002年进入北京大学国际关系学院任教,现为教育部长江学者特聘教授,北京大学国际关系学院教授、博士生导师,国际政治经济学系主任。其他学术兼职有:日本财团(Nippon Foundation Group)学术委员会委员、泰国 Chulalongkorn Journal of Economics 编委、英国 The Pacific Review 编委。

目前主要从事国际政治经济学理论、亚洲区域化与东亚国际体系、中国转型的政治经济学方面的教学与研究。代表性著作有:《边缘地带发展论:世界体系与东南亚的发展》(1997)、《世界体系论与中国》(2000)、《世界体系与国家兴衰》(2006)和《亚洲区域合作的政治经济分析》(主编,2007);代表论文有:《国家利益是合法性相互制约的利益》(1997),《东亚国际体系何以成为可能?》(1997),《亚洲区域合作:从理性主义走向社会建构主义?》(2003),《理解中国转型:国家战略目标、制度调整与国际力量》(2005),《超越"吉尔平式"的国际政治经济学:90年代以来IPE及其在中国的发展》(2006),《构建一个国际政治经济学知识框架》(2009),《中国崛起:世界体系发展的终结还是延续?》(2013),"Inherit or Transfer: A Dilemma in Reconstructing Chinese Social Reality"(美国,1998),"Industrial Distribution Channels in the People's Republic of China Market"(英国,1999),"Conceptualizing Economic Security and Governance: China confronts globalization"(英国,2004),"Contending East Asian Regional Identity: Market-led, Institutions or Social Reconstruction"(日本,2010),"Researching International Relations in China: From security to international political economy"(英国,2010)。其主持的课程"国际政治经济学"于2008年入选"北京市精品课程"和"国家级精品课程"。

前　言

从 1989 年开始作为一名高校教师从事国际关系,特别是国际政治经济学教学和研究以来,在亲历国际政治经济学在中国的发展过程中,我一直希望写一本既能反映国际学术界前沿动态,又能体现"中国视角"的国际政治经济学著作。呈现在读者面前的这本《国际政治经济学通论》就是我在过去 20 年教学和科研中的心得的总结。

一

本书之所以能够完成,最为直接的动力莫过于各个层次的学生们(本科生、硕士生、博士生和博士后)在课堂上的不断激励。"师者,传道授业解惑也",在过去 20 年教学中,不管哪个层次的学生,在学习国际政治经济学这门课的过程中大多会面临如下"四个困惑"。

困惑之一:国际关系与国际政治经济学的关系是什么。尽管从 20 世纪 90 年代以来中国国际关系学界普遍意识到国际政治经济学的重要性,但如何将"国际政治经济学"作为国际关系研究的一个重要组成部分,并进行理论上的创新却是学生们普遍感到困惑的问题。在我看来,造成这种困惑的原因主要有两个:一是对西方国际关系理论历史演进的知识谱系把握不足,特别是对 20 世纪 70 年代以来西方,尤其是美国国际关系学界所出现的"三次理论论战"的本质了解不够透彻;二是分析性工具的学术训练严重不足,这就使得我们的学生们习惯于经验描述,而或多或少地缺乏理论分析。本书的"构建一个国际政治经济学的知识框架(代序)""总论:国际政治经济学:知识谱系、理论范式与研究路径"以及"第十章:全球化与国际政治经济学"主要是回答这一困惑的。

困惑之二:"全球政治经济学"还是"全球化与国际政治经济学"。进入21世纪之后,在国际学术界,许多学者将其著作或教材命名为"全球政治经济学"(Global Political Economy),这是否意味着"全球政治经济学"已经作为一门独立学科而取代了以往的"国际政治经济学"?在我看来,这种称谓的改变只是反映了国际政治经济学的研究议题所立足的现实背景发生了变化,即从20世纪70年代的"美国霸权衰退"到90年代以来的"经济全球化",但国际政治经济学的研究议题并没有多大变化。事实上,国际政治经济学自20世纪70年代产生以来,一直围绕着两个既相互关联又各自独立的领域展开研究:一个是国内政治和国际政治经济之间的相互作用,另一个是国际体系。冷战的结束以及全球化的深入,虽然对这两个研究领域的一般理论趋向以及具体的研究纲领产生了广泛的影响,但这并没有改变国家仍然是国际关系的行为主体(虽然不是唯一的主体),所有经济要素(资本、技术、信息以及劳动力)的流动以及管理仍然是以国家为基本分析单位。本书的"第一章:世界体系与国家兴衰"就是从世界历史的角度帮助学生们理解全球化、国家与市场之间的关系。

困惑之三:国际政治经济学与经济学(或国际经济学)的关系是什么。有学生说,如果学习国际政治经济学,那我还不如直接学习经济学或国际经济学。造成这种困惑的原因大致有两个:一个原因是受经济学所取得的"成就"影响,因为经济学在过去40年的全世界社会科学界都是一门"显学",这既与经济学在分析工具上的飞速发展密切相关,也与全球劳动市场的需求相关联;另一个原因是对经济学的误解,尽管许多学生看不懂经济学模型,但仍然认为经济学是最贴近现实的。我一直认为,如果要更好地把握国际政治经济学,经济学(国际经济学)的基本原理应该是必备的,但国际政治经济学与国际经济学最大的区别在于,国际政治经济学将政治或制度作为一个内生变量,以此弥补经济学将政治作为一个外在变量所出现的各种不足。出于这种考虑,本书在"国际政治经济学的实证分析"部分的每一章(第十一章至第十四章)都增设了国际政治经济学在该领域(国际金融与货币、国际贸易、直接投资、发展与转型)的核心研究议题,以此与国际经济学相区别。

困惑之四:国际政治经济学的学术训练与政策研究的关系是什么。学习国际政治经济学对于理解"中国的崛起"是否有用？这是中国学生在学习国际政治经济学过程中普遍感到困惑的问题。造成这种困惑的原因主要有两个：一个原因是，国际政治经济学在其发展过程中主要是以美国为中心的"国际组织学派"和以英国为中心的"英国学派"推动的，并且主要基于发达国家，特别是经济合作与发展组织（OECD）国家的经验，一般很少关注中国的经验，一些学者（特别是西方国家的中国问题专家）即使是对中国的经验进行总结，也主要是运用来自西方发达国家经验的既有范畴来"切割"中国的经验；另一个原因是，中国学者更多的是从事经验描述性的对策研究，而且在描述过程中没有将"政治和社会动员语言"（如"分灶吃饭""下岗""抓大放小"）转化成学术语言（诸如"财政改革""失业""宏观经济政策"），因而在理论创新上严重不足。为此，本书特别增列"第十四章：经济发展、国家与全球化"和"第十五章：地区主义的政治经济学"，以及在"结语：理解中国转型：国家战略目标、制度调整与国际力量"中增加了中国学者提出的"进程主导模式"和"社会主义市场经济是一种功能性的制度设计"，为学生们理解中国在过去 30 年如何应对国内政治经济和国际政治经济的关联性提供一个理论分析框架。

二

本书之所以能够完成，也得益于我过去 20 年在国际关系，特别是国际政治经济学领域所从事的科研工作。

我对国际政治经济学这门学科的兴趣始于 1990 年，当以"经济增长和发展"为题准备博士学位论文时，我触及国际学术界关于"发展"的两个命题：一是发展是单一国家的行为，因而存在一种普遍的发展模式；另一个是发展是国家在区域或世界体系中的行为，因而受制于所处的国际体系。在我的博士学位论文（后以《边缘地带发展论：世界体系与东南亚的发展》为名于 1997 年由上海人民出版社出版）中，通过对东南亚 10 个国家的经济增长和发展的经验进行历时性的结构分析（400 年的殖民地历史及其共同遗产）和共时性的比较分析（50 年的三种不同发展模式），我证实了一个观点：任何国家的发展都是在某种国际体系中的发展。

1994—1995 年，我有幸赴美国纽约州立大学和法国高等社会科学院，在伊曼纽尔·沃勒斯坦（Immanuel Wallerstein）教授的指导下从事博士后研究，对马克思主义的国际政治经济学（依附理论和世界体系论）进行了比较系统的学习，回国后完成了《世界体系论与中国》一书（商务印书馆 2000 年版）；1996—2000 年，在美国亚洲国际问题研究促进会（PISA）的支持下，我与美国加州大学圣地亚哥分校迈尔斯·卡勒(Miles Kahler)教授和日本防卫研究所高木诚一郎教授合作从事"国际政治经济学与亚太区域化"国际合作项目,在为期四年的学术活动中,我们共举办了两次国际会议和三次国际研讨班,对现实主义的国际政治经济学(国家主义理论)和自由主义的国际政治经济学(相互依存理论、霸权稳定理论)进行了比较深入的探讨和研究。在这些学术活动的基础上,完成了《国际政治经济学:历史、理论与方法》一文(《欧洲》2002年第1期),对国际政治经济学理论进行了简要梳理。

在进行国际政治经济学理论学习和研究的同时,我曾尝试将国际政治经济学的理论范式用于现实经验研究之中,主要集中于发展问题(以东南亚为例)、转型问题(以中国为例)、亚太区域化(以商业网络和制度建设为例)、跨国投资的政治分析(以东亚资本流动为例)、东亚国际体系(以区域认同为例)以及中国的社会重新建构(以中国社会科学史为例)等方面的研究,先后完成了《边缘地带发展论:世界体系与东南亚的发展》(上海人民出版社1997年版),《东亚国际体系何以成为可能?》(《世界经济与政治》1997年第2期),《国家利益是合法性相互制约的利益》(《中国社会科学季刊》1997年8月),"Inherit or Transfer: a dilemma in reconstructing Chinese social reality"(*Review*, 3/4 XXI, 1998, pp. 327–382), "Industrial Distribution Channels in the People's Republic of China Market"(Sam Dzever and Jacques Jaussaud eds., *China and India: Economic Performance and Business Strategies of Firms in the Mid—1990s*, Macmillan Press LTD, 1999, pp. 113–131), "Contending Regional Identity in East Asia? Market-led, Institutions or Social Reconstruction"(*East Asian Review*, Vol. 13, 2010)。同时,我还主持教育部"资助优秀年轻教师基金"项目"亚太区域化的政治经济学分析"(1999—2002)以及教育部"跨世纪优秀人才(人文社会科学)培养计划"基金项目"区域化理论及冷战后亚太区域化现实研究"(2000—2003)的研究工作,最终出版了《亚洲区域合作的政治经济分析:制度建设、安全合作与经济增长》(上海人民出版社2007年版)。

出于专业建设需要,我曾与南开大学国际经济研究所张岩贵教授合作,于2003年出版了《国际政治经济学:理论范式与现实经验研究》,其中,我负责导论、理论部分和结束语部分,张先生负责现实部分。在之后的教学和研究中,学界同行以及学生们在肯定该书的同时,也指出该书的四个不足:一是对国际政治经济学的定义不明确;二是没有反映国际学术界在20世纪90年代中期以后的发展趋势;三是理论部分和现实部分脱节;四是对中国改革开放30年成功的现实经验没有反映。作为学术回应,我一方面发表文章,诸如

《争论中的国际政治经济学:编写〈国际政治经济学:理论范式与现实经验研究〉有感》(《世界经济与政治》2004年第5期),《理解中国转型:国家战略目标、制度调整与国际力量》(《世界经济与政治》2005年第6期),"Conceptualizing Economic Security and Governance: China Confronts Globalization"(*The Pacific Review*, Vol. 17, No. 4, 2004),《超越"吉尔平式"的国际政治经济学:90年代以来 IPE 及其在中国的发展》(《国际政治研究》2006年第2期),《构建一个国际政治经济学的知识框架:基于四种关联性的分析》(《世界经济与政治》2009年第2期)等;另一方面,我着手撰写一部新的国际政治经济学著作,以弥补这些不足。2006年我申报的《国际政治经济学通论》被列入普通高等教育"十一五"国家级规划教材。同时,由我主持的课程"国际政治经济学"于2008年被评为"北京市精品课程"和"国家级精品课程"。考虑到张岩贵教授的身体状况,我不得不独自耗费4年时间来完成这项相当艰巨的任务,撰写一本无论在体系方面还是在内容上"既要反映国际学术界前沿动态,又能体现'中国视角'"的全新著作(除了理论部分的八大理论是在我原来撰写的内容基础上进行局部修改之外,其余部分全部是重新写就的,以避免理论和现实的脱节)。这本《国际政治经济学通论》的工作主要集中在如下几个方面:

1. 构建一个完整的知识框架。在国际政治经济学40多年的发展过程中,经过"两代"学者的努力,无论是就定义和研究议题,还是就研究方法和内容,已经形成了一个相对完整的知识框架。本书的"代序"和"总论"部分意在为学生们勾画出一个关于国际政治经济学的总体图景。

2. 从原著中理解理论范式。国际政治经济学虽与传统的国际政治以及国际经济相互关联,但又有所不同,这种关联性和差异性首先体现在其理论范式上。正是这些理论范式决定了国际政治经济学研究的视角和方法。本书在分析理论研究的进展中,主要立足于各种理论范式提出时的原创性著作和文章的分析。

3. 分析主要现实经验。国际政治经济学在过去40多年发展中对现实经验分析的专题有很多,本书主要集中于全球政治经济的历史与结构、国际金融与货币、国际贸易、跨国投资、发展与转型、地区主义这六大专题的研究,但这并不意味着其他问题不重要。这一方面是因为我自己的知识结构和学术视野本身的局限,像环境和气候问题、能源和资源问题、劳动力的跨国流动问题等未能列入本书;另一方面是,我认为这六大问题是目前以及今后相当长一个时期内中国在融入世界经济以及国际体系的过程中急需了解并解决的问题。

4. 追踪国际学术界前沿动态。在我看来，从事国际政治经济学研究的学者们在过去 40 年大致可以被划分为"两代"。20 世纪 70—80 年代的学者可以称为"第一代"学者，他们的主要贡献在于不但打破了传统国际关系研究中"高级政治"和"低级政治"二分法，而且打破了视国家为"黑匣子"这个现实主义的基本假设，促使国际关系研究在 20 世纪 70—80 年代展开了两次大的论战，推动了国际关系研究的进程；20 世纪 90 年代中期以来的学者可以被称为"第二代"学者，他们的主要贡献在于将"利益"与"制度"作为两个核心范畴，强化理性主义的分析工具，构建出了一个相对完整的国际政治经济学的分析框架，推动了国际关系研究中"自由制度主义"的发展。本书的第十章主要从国际关系理论演进的角度阐述了这一历史进程和最新发展趋势。

5. 体现"中国视角"。毫无疑问，国际政治经济学起源于美国和欧洲学术界，这是否意味着美国和欧洲国家之外的学者只能是知识的消费者？在我看来，中国学者要成为知识的生产者也许有许多途径，但立足于中国的现实经验，特别是中国融入世界经济的成功经验，是成为国际政治经济学领域知识生产者的一个重要途径。本书的结束语就是基于这一思考的理论雏形。这里需要特别指出的是，这一分析框架是就中国改革开放 30 年经验的思考，只是回答了国际经济如何影响中国，而随着中国在世界经济中地位的加强，关于中国如何影响国际政治经济，将是未来 30 年或更长时间内需要中国学者以及国际学者共同回答的问题。

三

我由衷地感谢我所供职的北京大学国际关系学院。2002 年，北京大学国际关系学院决定加强国际政治经济学这门学科的建设，我有幸来到这所我仰慕已久的著名学府任教，正是北京大学兼容并包的学术传统和国际关系学院宽松的学术氛围，为国际政治经济学在中国的飞速发展以及制度化提供了广阔的平台。

感谢我的学生们（本科生、硕士生、博士生以及博士后）。根据过去 20 年的教学经验，我发现，本科生、硕士研究生和博士研究生对国际政治经济学这门课的要求和希望是不同的：本科生希望对这门课程有一个框架性的了解，所以，基本概念和范畴、基本研究方法以及总结性的资料变得必不可少；硕士研究生希望对原著以及已有的研究成果有一个比较深入的理解；而博士研究生则更多地希望了解最为前沿性的研究课题以及相关的论点和资料。本书在最终定稿中尽量满足这三个层次学生的要求，在理论深度上以及资料广度上呈现出某种梯度性。

特别感谢我所指导的博士生和博士后,作为导师的我不能肯定给予了他们多少知识,但我可以肯定的是,我们在一起是怀着对知识的敬畏和人生的憧憬,相互学习和交流,彼此分享所得(如本书第十一章中关于"汇率制度选择的三种理论解释模式"是我和专攻货币合作的曲博博士合写的论文的一部分;第十三章关于"跨国直接投资与国内政治"中的三个专栏则是专攻跨国直接投资的钟飞腾博士提供的;博士生熊洁同学不辞辛苦地帮我查阅了难以计数的资料并提出了许多宝贵意见;董昭华博士和博士后研究人员郑雪飞副教授通读了全稿并指出了许多被我疏漏的错误)。每当他们进行论文选题时,我总是先问我自己"选题是否具有价值和前沿性";每当他们的论文有所进展并弥补我在某些知识领域的不足时,我常常感叹古人"长江后浪推前浪"这样的佳句所蕴含的哲理;每当我看到他们的论文能够出版,为国际政治经济学在中国的进一步发展添砖加瓦,内心的欣慰难以言表,我没有愧对他们的父母、他们的亲朋好友以及他们自己对我的期待。

感谢国内和国际学术界的同行们。在过去20多年的学术交往中,他们不但能包容我直爽的性格,而且还能倾听和分享我的学术见解,激励我对知识的执着追求。这里,尤其值得一提的是沃勒斯坦(Immanuel Wallerstein,耶鲁大学)、基欧汉(Robert Keohane,普林斯顿大学)、卡赞斯坦(Peter Katzenstein,康奈尔大学)、米尔纳(Helen Milner,普林斯顿大学)、卡勒(Miles Kahler,加州大学)、莱克(David Lake,加州大学)、雷文修(John Ravenhill,澳大利亚国立大学)、谢淑丽(Susan Shirk,加州大学)、布里斯林(Shaun Breslin,英国华威大学)、阿查亚(Amitav Archaya,美利坚大学)。作为我的导师,沃勒斯坦曾给我一个令我终身受益的知识框架,让我将求学阶段所接受的哲学、经济学、社会学以及历史学完美地结合起来;米尔纳曾为我列出美国一流大学的学生们学习国际政治经济学必读的16本名著,我们正在合作将这些著作陆续翻译介绍到中国学术界;雷文修在我修改本书时将他新近主编出版的 *Global Political Economy* 的第二版惠寄给我,缩短了本书和国际学术界的差距;莱克曾将他主编的 *International Political Economy: Perspectives on Global Power and Wealth* 推荐给我,这才有了该书的影印版(北京大学出版社2003年版);卡勒是我多年的学术合作朋友,他让我了解了关于欧洲区域制度主义研究的前沿;卡赞斯坦和阿查亚为我提供了国际学术界从建构主义研究亚洲区域合作的近况;谢淑丽和布里斯林让我明了西方学者眼中的或多或少有点局限的中国政治经济;基欧汉不但呼吁国际学术界更多地了解全球政治经济中的中国和中国学术界关于国际政治经济学研究的状况,而且还身体力行为我指导的博士生们提供博士后训练的机会,帮助他们成为具有国际学术视野的人才。

综观人类历史,为师者,大致可以分为三类:一类是"教师",帮助学生进行知识积累,所谓"传道授业解惑也";一类是"专家",是那些在某一专门领域有所建树之人;一类是"思想家",是那些思想创造性超越某一专门领域并对人类历史进程产生影响者。我从未奢望成为后两类人,但我却一直在思考如何成为一名合格的教师。在我看来,作为一名合格的教师至少应该具备两个标准:一是教师自己应该有一个相对完整的知识框架,帮助学生进行知识积累;二是培养一批优秀的学生,使其不但具有"知识",而且还具有"智慧"和"情趣"。20年过去了,我万不敢说我已经实现了这两个目标,但我能确定的是,我一直在为这两个目标而努力,并将一直努力下去。

王正毅
2009年11月
于北京大学朗润园

目 录

序言 构建一个国际政治经济学的知识框架
　　——基于四种"关联性"的分析　　1

总论　国际政治经济学:知识谱系、理论范式与研究方法　　1
　一、国际政治经济学:定义及其争论　　1
　二、"霸权衰退"与 IPE 范式的确定(20 世纪 70—80 年代)　　6
　三、全球化与国际政治经济学的深化(20 世纪 90 年代至今)　　15
　四、国际政治经济学在中国的发展:20 年的成就与挑战　　22
　　专栏:成为知识的生产者　　26

世界体系与国家兴衰:历史遗产

第一章　世界体系与国家兴衰　　31
　第一节　世界体系与历史时段　　32
　　一、第一个时段:1500—1750/1800　　33
　　二、第二个时段:1800/50—1914/45　　34
　　三、第三个时段:1945—2035?　　35
　第二节　世界体系的基本动力　　36
　　一、两次"地理大发现"　　36
　　二、国际贸易与金融　　38

三、科学与技术进步　　　　　　　　　　　　40
四、制度与战争　　　　　　　　　　　　　41
第三节　世界体系的历史遗产　　　　　　　　42
一、民族国家与国际体系　　　　　　　　　42
二、世界经济与全球经济　　　　　　　　　43
三、学术意识形态与政治意识形态　　　　　44
专栏：碾平世界的10大动力　　　　　　　　46

第二章　财富、贸易与古典重商主义　　　　　51
第一节　古典重商主义的起源　　　　　　　　51
一、地理扩张　　　　　　　　　　　　　　52
二、贸易的拓展　　　　　　　　　　　　　53
三、商业资本的兴起　　　　　　　　　　　54
四、国家机器的加强　　　　　　　　　　　55
第二节　古典重商主义的政策主张　　　　　　58
一、货币即财富　　　　　　　　　　　　　58
二、国家干预经济　　　　　　　　　　　　59
第三节　古典重商主义的理论观点　　　　　　61
一、世界主义经济的三个缺点　　　　　　　61
二、政治经济学或国家经济学　　　　　　　63
第四节　古典重商主义范式的启示　　　　　　67
一、国家利益与国际体系　　　　　　　　　67
二、民族经济与工业化　　　　　　　　　　68

第三章　工业革命、霸权与古典自由主义　　　70
第一节　亚当·斯密与古典自由主义　　　　　70
一、亚当·斯密的时代　　　　　　　　　　70
二、亚当·斯密的《国民财富的性质和原因的研究》　　73
第二节　大卫·李嘉图与古典自由主义　　　　84
一、大卫·李嘉图的时代　　　　　　　　　84
二、大卫·李嘉图的《政治经济学及赋税原理》　　86

第三节　古典自由主义范式的特征　　91

第四章　"革命"与古典马克思主义　　94
　　第一节　古典马克思主义的起源　　94
　　第二节　古典马克思主义的基本观点　　96
　　　　一、马克思、恩格斯与资本主义　　96
　　　　二、列宁与帝国主义　　99
　　　　三、古典马克思主义的基本特征　　104
　　第三节　古典马克思主义范式的贡献　　104

国际政治经济学的理论演进

第五章　相互依存理论：合作与国际机制　　109
　　第一节　相互依存论的兴起　　109
　　　　一、20世纪50—60年代的现实主义　　109
　　　　二、20世纪60—70年代相互依存的社会现实　　115
　　第二节　相互依存论的基本观点　　117
　　　　一、相互依存的概念和特征　　117
　　　　二、复合相互依存：特征和过程　　119
　　　　三、相互依存与国际机制　　123
　　第三节　相互依存论的贡献及面临的挑战　　127
　　　　一、相互依存论的理论贡献　　127
　　　　二、相互依存论面临的挑战　　129

第六章　霸权稳定理论：霸权与世界经济　　132
　　第一节　霸权稳定论的兴起　　132
　　　　一、资本主义的第二个"黄金时期"　　132
　　　　二、20世纪70年代资本主义的危机　　135
　　第二节　霸权稳定论的基本观点　　138
　　　　一、理解霸权的三种模式　　138
　　　　二、霸权和国际体系的稳定　　141

三、霸权周期和国际体系的变革　　　　　　　　　　　148
　第三节　霸权稳定论的影响和局限性　　　　　　　　　　154
　　一、霸权稳定论的影响　　　　　　　　　　　　　　　154
　　二、霸权稳定论的局限性　　　　　　　　　　　　　　155

第七章　国家主义理论：国家利益、权力结构与对外经济政策　158
　第一节　国家主义理论的复兴　　　　　　　　　　　　　158
　　一、日本和新兴工业化国家的兴起　　　　　　　　　　159
　　二、美国带头推行新贸易保护主义　　　　　　　　　　160
　　三、欧洲区域一体化的深化　　　　　　　　　　　　　161
　第二节　国家主义理论的基本观点　　　　　　　　　　　162
　　一、罗伯特·吉尔平的《美国的实力与跨国公司：对外直接投资
　　　　的政治经济学》　　　　　　　　　　　　　　　　163
　　二、彼得·卡赞斯坦的《国内和国际力量与对外经济政策战略》175
　　三、斯蒂芬·克拉斯纳的《捍卫国家利益：原材料投资与美国
　　　　的外交政策》　　　　　　　　　　　　　　　　　184
　第三节　国家主义理论的贡献及面临的挑战　　　　　　　190
　　一、国家主义理论的贡献　　　　　　　　　　　　　　190
　　二、国家主义理论面临的挑战　　　　　　　　　　　　192

第八章　依附理论：核心与边缘　　　　　　　　　　　　195
　第一节　依附理论的兴起　　　　　　　　　　　　　　　195
　　一、"现代化理论"的崛起　　　　　　　　　　　　　196
　　二、"现代化理论"面临的困境　　　　　　　　　　　201
　　三、依附理论的兴起　　　　　　　　　　　　　　　　202
　第二节　依附理论的基本观点　　　　　　　　　　　　　204
　　一、依附的定义和形式　　　　　　　　　　　　　　　204
　　二、中心—外围的结构　　　　　　　　　　　　　　　206
　　三、外围社会的一般形态及其发展　　　　　　　　　　210
　第三节　依附理论的贡献和争论　　　　　　　　　　　　212
　　一、依附理论的贡献　　　　　　　　　　　　　　　　213

二、依附理论的争论　　214

第九章　世界体系理论：世界经济、历史体系与文明　　216
　第一节　世界体系论的兴起　　217
　　一、世界体系论的社会现实起源　　217
　　二、世界体系论的学术思想起源　　218
　　三、世界体系论的分析方法起源　　225
　第二节　世界体系理论的基本观点　　234
　　一、单一的世界经济　　234
　　二、多重国家体系　　241
　　三、作为一种文明的世界体系　　248
　第三节　世界体系论的影响及其争论　　249
　　一、世界体系论的影响　　249
　　二、世界体系论的争论　　257

第十章　全球化与国际政治经济学：超越"范式之争"？　　262
　第一节　国际关系理论论战与国际政治经济学　　262
　　一、自由主义挑战古典现实主义　　263
　　二、新自由主义/自由制度主义与新现实主义的论战　　265
　　三、理性主义与社会建构主义的论战　　267
　　四、国际政治经济学的"国际组织学派"和"英国学派"？　　270
　第二节　国内政治与全球政治经济：政策偏好与制度选择　　273
　　一、以体系为中心的研究路径　　273
　　二、以国家为中心的研究路径　　274
　　三、以社会为中心的研究路径　　275
　　四、以行业间生产要素流动为中心的研究路径　　276
　第三节　国际体系：机制/制度设计与战略选择　　279
　　一、国际体系面临的困境："共同利益困境"和"共同失利困境"　　280
　　二、理性选择、制度/机制与国际合作　　282
　　三、制度设计、战略互动与博弈论　　287

国际政治经济学的实证分析

第十一章 国际金融和货币的政治学 303
第一节 国际金融和货币政治学的核心议题：汇率制度选择和国际货币体系 303
  一、货币及货币的政治职能 303
  二、汇率及"汇率政治三难" 305
  三、国际货币体系及其管理 306
第二节 汇率制度选择的三种解释模式 308
  一、霸权国家偏好 308
  二、国内社会利益集团 311
  三、国内政治制度 314
第三节 汇率政策与国际货币体系 317
  一、国际货币体系：演进与困惑 317
  二、地区货币合作：最优货币区理论及欧元的诞生 328
第四节 金融危机与国际货币体系 340
  一、全球性金融危机 340
  二、国际货币基金组织的改革 346
  三、建立新的国际金融体系？ 350
  专栏：亚洲金融危机的三大教训 353

第十二章 国际贸易的政治学 355
第一节 贸易政治学的核心议题：政治联盟、对外贸易政策与全球贸易机制 355
  一、贸易与政治联盟 355
  二、国内政治过程与对外贸易政策 356
  三、贸易政策的"外部性"与国际机制 358
第二节 关于国际贸易的三种传统范式及其困境 358
  一、自由主义的国际贸易理论 359
  二、现实主义的国际贸易理论 360

三、结构主义的国际贸易理论　　361
　　四、传统"范式争论"的困境　　361
第三节　新政治经济学：政府偏好与对外经济政策　　362
　　一、"仁慈的政府"模式：提高社会福利　　365
　　二、"自利的政府"模式：追求个人利益和集团利益　　365
　　三、"民主的政府"模式：平衡公共利益与个人利益　　367
　　专栏：《斯姆特—霍利关税法案》(1930)和《互惠贸易协定法案》(1934)　　368
第四节　全球贸易制度安排：从 GATT 到 WTO　　369
　　一、1860—1945 年：自由贸易与贸易保护之争　　370
　　二、GATT(1947—1994)：作为捍卫自由贸易的"临时多边协定"　　373
　　三、WTO(1995 年至今)：全球贸易制度　　382
　　专栏：慢车道的 WTO 与快车道的自由贸易协定(FTAs)　　389

第十三章　跨国公司与国家　　392

第一节　直接投资政治学的研究议题：直接投资、国内政治
　　　　与国际机制　　393
　　一、跨国投资：直接投资与间接投资　　393
　　二、跨国公司与国际机制　　394
　　三、跨国公司与国内政治　　395
第二节　直接投资的政治经济学：三种理论模式及其超越　　396
　　一、自由主义的分析模式　　396
　　二、激进学派的研究路径　　400
　　三、以国家为中心的研究路径　　403
　　四、超越传统的"理论范式"之争？　　405
第三节　跨国公司与国际机制　　406
　　一、跨国公司与世界经济的结构变革　　406
　　二、跨国公司：作为一个独立的行为体？　　411
　　三、跨国公司与国际机制　　415
　　专栏：《多边投资协定》(MAI)失败的教训　　417
　　专栏：NAFTA 和外国直接投资　　419
　　专栏：亚洲有关外国直接投资地区性协定的效果　　420

专栏:日本—新加坡双边投资协定 ... 423
第四节 跨国公司与国内政治 ... 424
一、跨国公司与国内政治 ... 425
二、对外直接投资的流出与母国国内政治 ... 426
专栏:跨国公司外包与美国政治 ... 427
专栏:国际并购与印度的政治联盟 ... 429
三、外国直接投资的流入与东道国国内政治 ... 431
专栏:美国的国家安全报告与俄罗斯的战略工业法 ... 433
专栏:外国投资与韩国的金融利益集团 ... 435

第十四章 经济发展、国家与全球化 ... 437
第一节 发展/转型政治学的核心议题:经济发展/转型、
　　　　国家与全球化 ... 438
一、经济增长与发展 ... 438
二、经济转型与"转型国家" ... 439
三、发展/转型的政治经济学 ... 440
第二节 发展经济学:理论进展及其挑战 ... 441
一、线形阶段经济增长理论 ... 442
二、新古典结构变动理论 ... 443
三、国际依附理论 ... 446
四、争论中的"发展型国家"模式 ... 447
专栏:日本通商产业省与产业政策 ... 451
第三节 转型的政治经济学:两种模式及其争论 ... 453
一、转型的政治经济学:规范性研究与实证性研究 ... 453
二、"大爆炸模式"与"渐进主义模式" ... 454
三、制度变革、市场经济与全球化 ... 458
专栏:俄罗斯的世纪大拍卖 ... 462
专栏:中国的"双轨制" ... 464

第十五章 地区主义的政治经济学:以亚洲区域合作为例 ... 467
第一节 地区主义研究:从理性主义走向社会建构主义? ... 468

一、国际机制方法 468
　　二、大国关系和国内政治分析方法 470
　　三、社会建构主义：地区主义研究的另一种方法？ 471
　第二节　亚洲区域合作：四种相互竞争的区域合作观念 472
　　一、"雁型发展模式" 473
　　二、"大中华圈论"和"进程主导模式" 474
　　三、"势力均衡论"和"大国协调论" 476
　　四、"东盟方式" 477
　第三节　区域合作的"亚洲方式"：合理性及其局限性 479
　　一、区域合作的"亚洲方式"的合理性 479
　　二、区域合作的"亚洲方式"的局限性 481
　第四节　全球学者参与的区域化研究？ 483
　专栏：亚洲需要新的增长引擎？ 485

结语　理解中国转型：国家战略目标、制度调整与国际力量 488
　第一节　关于中国转型的两种不同理论解释 489
　　一、"趋同论" 489
　　二、"实验说" 490
　第二节　战略目标、国内约束与制度调整 491
　　一、中央—地方的关系 491
　　二、政府—企业的关系 492
　　三、富裕—贫穷的关系 494
　第三节　国际资本、商业网络、工业生产周期与制度调整 495
　　一、外国直接投资 495
　　二、海外华人商业网络 496
　　三、国际工业生产周期 497
　第四节　结论："社会主义市场经济"是一种功能性的制度设计 499
　专栏：经济政策与外国直接投资：中国与印度比较 502

参考文献 507
索　引 531

图表目录

图 0-1	IPE 主要理论、方法和知识传统背景及其相互关系	12
图 0-2	IPE 与相关学科的关联性	19
图 6-1	霸权的经济状况	141
图 7-1	关于国家与社会相互关系的三种观点	178
图 9-1	周期性规律、长期趋向与历史体系	230
图 10-1	协作博弈(囚徒困境)	290
图 10-2	协调博弈(性别大战)	292
图 10-3	保证型博弈(猎鹿博弈)	293
图 10-4	劝说型博弈(兰博博弈)	295
图 13-1	1990—2002 年的亚太地区:流向东盟和南亚优惠贸易区的外国直接投资	421
表 0-1	国际关系中的政治和经济关联矩阵图	9
表 0-2	20 世纪 90 年代国际关系理论与 IPE	13
表 2-1	东、西欧对犹太商人的态度	57
表 4-1	国外投资在世界各洲分布的大概情况(1910 年左右)	102
表 5-1	现实主义和复合相互依赖(存)条件之下的政治进程	123
表 6-1	世界出口:1938—1974 年	133
表 6-2	美国贸易和世界贸易(1949—1973)	135

表 6-3	全球政治中的长周期	149
表 6-4	霸权周期	149
表 6-5	康德拉季耶夫和霸权/竞争	152
表 8-1	现代化和发展理论	200
表 8-2	对依附的不同看法	204
表 9-1	布罗代尔的历史时段	226
表 9-2	全球政治体系的周期	253
表 10-1	新自由主义与新现实主义的论战	266
表 10-2	"国际组织学派"与"英国学派"的区别	271
表 10-3	要素流动与政治联盟	278
表 10-4	利益、战略选择与制度解决的难易度	297
表 11-1	汇率政策偏好	313
表 12-1	主要贸易政策政治经济学模型的比较	364
表 12-2	1947—1994 年的 GATT 谈判	375
表 12-3	发展中国家占世界出口的份额	380
表 13-1	1982—2008 年外国直接投资和国际生产的若干指标	407
表 13-2	跨国公司—政府关系中的政治互动	426
表 14-1	对两种不同的转型观点的简单描述	456
表 16-1	1990 年、2000—2002 年中国和印度若干外国直接投资指标	502

序　言
构建一个国际政治经济学的知识框架
——基于四种"关联性"的分析①

将本书取名为《国际政治经济学通论》，目的是为学习国际政治经济学的学生们提供一个相对完整的知识框架，这里所说的"通论"，我们也可以将其称为一般理论(general theory)②，主要有两种含义：第一种含义是指由最基本的概念、范畴、研究方法构成的知识体系；第二种含义是指运用某些研究方法寻求这些核心概念和范畴之间的因果联系或"关联性"(linkages)。在本书中，主要涉及四种关联性：定义与研究议题的关联性、要素流动与单位层次的关联性、实证分析与规范分析的关联性、国际体系与中国经验的关联性。在我看来，把握这四种"关联性"对于我们构建一个完整的国际政治经济学的知识框架是至关重要的。

对于任何一门学科而言，构建一个逻辑严密的知识框架，一般有两个最基本的标准：一个是，寻找到这门学科赖以建立的不可还原的核心概念和范畴；另一个是，能够通过某种方法或路径在这些概念或范畴之间建立一系列因果联系或"关联性"。如果同时能够满足这两个标准，那么，这门学科的知识就有了一个完整的逻辑体系。

如果基于这两个标准来回顾国际政治经济学在西方近40年的发展，我们

---

①　本文曾发表在《世界经济与政治》2009年第2期，此处略加改动，以代序言。
②　在这里，我借用了凯恩斯(John Maynard Keynes)的《就业、利息和货币通论》(*The General Theory of Employment, Interest and Money*)中关于"通论"(general theory)的定义。

可以发现,国际政治经济学在20世纪70—80年代的"第一代"国际政治经济学学者那里,虽然都在寻求政治(国家)和经济(市场)的关联性,但对国际政治经济学作为一门学科的核心概念和研究路径并没有形成共识,从而出现了激烈的"范式之争"和"路径之争"(自由主义、现实主义和马克思主义)。进入20世纪90年代中期以后,经过"第二代"国际政治经济学学者的努力,学者们在国际政治经济学的核心概念(利益和制度)以及研究路径(理性选择或公共选择)上基本趋于一致,所以,在国际政治经济学的研究中,出现了从以往的"范式之争"(paradigm dispute)向"问题之辩"(issue debate)的转向。基于国际学术界关于国际政治经济学在核心概念和研究路径上的认同,我们可以说,国际政治经济学在西方已经成为一门具有相对完整知识框架的学科。

国际政治经济学进入中国学术界始于20世纪90年代。虽然国际政治经济学在中国也得到了飞速的发展,例如,通过设立专业从而使得学科制度化,通过原版教材以及学术专著的引进使得学科国际化,通过学者们的论著和文章使得学科研究日益深入,但相对于国际政治经济学在西方的发展和成熟,国际政治经济学在中国的发展以及专业化仍有很大差距,其中,核心问题是,国际政治经济学在中国的发展远没有形成一个相对完整的知识框架。

在我看来,如何从一般理论的高度总结国际政治经济学在西方的发展,同时寻求国际政治经济学的一般理论与"中国崛起"的经验的关联性,是中国学者构建一个完整的国际政治经济学知识框架过程中必须解决的问题。正是基于这种考虑,我认为,在中国学术界,特别是国际关系学界,构建一个完整的国际政治经济学知识框架主要涉及前面所说的四种关联性:定义与研究议题的关联性、要素流动与单位层次的关联性、实证分析与规范分析的关联性、国际体系与中国经验的关联性。

一、"定义"与"研究议题"的关联性

在中国学术界,国际政治经济学通常被定义为"国际经济的政治化或国际政治的经济化",我认为这种定义不是很准确,也很模糊。如果将国际政治经济学定义为"国际政治的经济化或国际经济的政治化",那就必须回答一个关键问题,国际政治如何经济化或国际经济如何政治化以及经济化或政治化到何种程度?

细心的读者会发现,国际政治经济学主要兴起于20世纪70年代的西方国际关系学界。从20世纪40年代到60年代,由于"冷战"以及"两极"国际

体系的现实，国际关系的研究主要立足于政治和军事要素，所以，这一时期的国际关系在西方的学术界和大学里通常被称为国际政治，即国际关系就是国际政治关系，政治关系的核心就是军事，即"高级政治"。其间，摩根索（Hans J. Morgenthau）于1948年出版的《国家间政治：权力斗争与和平》[1]开启了国际关系研究中现实主义的先河，之后，沃尔兹（Kenneth N. Waltz）于1979年出版的《国际政治理论》[2]将国际政治研究从理论和体系的角度推向一个高峰。20世纪70年代以后，随着布雷顿森林体系解体以及美国霸权受到挑战，在国际政治学界出现了一个重要研究议题，那就是如何评估日益重要的经济因素在国际关系中的作用，超越政治和军事要素构筑的"高级政治"来思考国际关系，其中，罗伯特·基欧汉（Robert O. Keohane）和约瑟夫·奈（Joseph S. Nye, Jr.）于1977年出版的《权力与相互依存》[3]成为这一研究议题的经典，将过去被称为"低级政治"的经济要素纳入国际关系的研究之中，之后，国际关系的研究从国际政治拓宽为真正的国际关系研究。

在国际政治学界将经济要素作为一个内在变量重新思考国际政治现实的同时，一批经济学家也开始从经济的角度研究国际体系，如哈佛大学商学院库珀（Richard Cooper）从"收支平衡"的角度研究大西洋国家的经济政策并于1968年出版了《相互依存的经济学：大西洋共同体的经济政策》[4]，最早提出相互依存理论，为日后基欧汉等人完善相互依存理论奠定了基础；麻省理工学院的经济学家金德尔伯格（Charles Kindleberger）对1929—1939年的经济危机进行了反思，于1973年出版了著名的《1929—1939世界经济萧条》[5]，提出了霸权稳定论；阿根廷的经济学家普雷维什（Paul Prebisch）从拉丁美洲的经验出发，提出了依附理论[6]；而社会科学家沃勒斯坦（Immanuel Wallerstein）则对资本主义世界经济进行了长时段、大范围的研究，成为世界体系论[7]的集

---

[1] Hans J. Morgenthau, *Politics Among Nations: The Struggle for Power and Peace*, NY: Alfred A. Knopf, 1948.

[2] Kenneth N. Waltz, *Theory of International Politics*, MA: Addison-Wesley Press, 1979.

[3] Robert O. Keohane & Joseph S. Nye, Jr., *Power and Interdependence: World Politics in Transition*, Brown and Company, 1977.

[4] Richard Cooper, *The Economics of Interdependence: Economic Policy in the Atlantic Community*, NY: MaGraw-Hill, 1968.

[5] Charles Kindleberger, *The World in Depression, 1929-1939*, London: The Penguin Press, 1973.

[6] Paul Prebisch, *The Economic Development of Latin America and Its Principle Problems*, NY: United nations Department of Economic Affairs, 1950.

[7] Immanuel Wallerstein, *The Modern World-System I: Capitalist Agriculture and the Origins of the European World-Economy in the Sixteenth Century*, NY: Academic Press, 1974.

大成者。即使是政治学专业出身的吉尔平（Robert Gilpin），也自称在普林斯顿大学虚心向经济学家们请教了20多年的经济学。

以上简短的学术史回顾给我们的启发是，20世纪60年代末、70年代初兴起的国际政治经济学，主要是因为在现实的国际体系中经济要素日益重要，而研究国际关系的学者们则力图寻求政治和经济的关联性，所以，他们非常重视经济学的知识积累。这种努力一直持续到20世纪90年代，即使是对于20世纪90年代以来的"第二代"国际政治经济学学者，他们的研究成果也主要是吸收了经济学的知识①。

但国际政治经济学又不是国际经济学，这主要有两个原因：一是，国际经济学假设世界市场是完全市场，特别是新古典经济学更是如此，但现实中的世界市场是不完全的，国际经济学不能解释世界市场中存在的诸如"联盟经济"现象；国际政治经济学正是立足于世界市场是不完全的这一现实基础之上，主张对这种不完全市场的原因以及结果进行政治学研究。二是，国际经济学假设维护世界市场的制度因素（诸如国家、霸权）是可以忽略的或者是外在的，但在现实中，世界市场是创造出来的，在世界市场创造过程中，国家以及制度是作为一个内在变量参与其中的；国际政治经济学主要研究国家在参与世界市场的创造过程中是如何分配利益的，以及这种分配对国家内部政治结构和过程的影响。

虽然国际政治经济学的定义直到今天仍然处在争论之中②，但经过40年的努力，国际学术界逐渐形成一个学术共同体，其标志之一就是2006年"国际政治经济学会"（International Political Economy Society）的成立③。在我看来，如果要给国际政治经济学下一个定义的话，比较准确的应该是，国际政治经济学主要研究国际体系中的经济要素（包括资本、技术、劳动力以及信息）的跨国流动对国际体系、国家与国家之间的关系，以及国家内部政治结构和过程的影响，反之亦然。

这种定义自然将国际政治经济学的研究议题分为三类：一类是全球层面

---

① Lisa L. Martin, "International Political Economy: From Paradigmatic Debates to Productive Disagreements", in Michael Brecher and Frank P. Harvey, eds., *Millennial Reflections on International Studies*, The University of Michigan Press, 2005, pp. 654–656.

② 参见 Nikolaos Zahariadis, *Contending Perspectives in International Political Economy*, Harcourt Brace & Company, 1999（《争论中的国际政治经济学》，北京大学出版社2004年影印版）。

③ 学会迄今为止举行了三次会议：第一次于2006年11月17—18日在普林斯顿大学召开；第二次于2007年11月9—10日在斯坦福大学召开；第三次于2008年11月14—15日在宾夕法尼亚大学召开。

的问题,包括国际金融与货币体系、国际贸易体系、生产(跨国直接投资)、国际环境、国际秩序(资本主义体系)以及全球化;一类是区域层面的问题,包括区域化(诸如欧洲区域化、亚洲区域化等)、联盟经济(如美日联盟);一类是国家层面的问题,包括发展问题、转型问题、国家竞争力问题。

二、"要素流动"与"单位层次"的关联性

在国际政治经济学的定义中,有两个问题不容忽视,一个是"要素流动";一个是"单位层次"。只关注"经济要素"(货物、资本、技术、劳动力和生产)的流动,那是古典经济学和新古典经济学研究的主题;而只关注行为体的"单位"(国内政治制度、国家、国家体系)层次的分析,那是传统政治学关注的焦点。

在20世纪70—80年代国际政治经济学兴起期间,"第一代"国际政治经济学学者努力的目标主要是寻求国际关系中政治(国家)和经济(市场)的关联性。在这种过程中,出现了两类研究路径:一类是"历史社会科学"路径,这种路径包括以考克斯为代表的"批判学派",但在国际政治经济学已经成形的流派中,最为成功的是以普雷维什和多斯桑托斯为代表的"依附理论"和以沃勒斯坦为代表的"世界体系论",这种方法主要从社会经济历史的角度探讨既成的国际体系的结构和过程,并且假设在这种历史过程中,政治和经济是"一个领域"(a single domain),而不是"两个不同的逻辑"(two separate logics);另一类路径就是假设政治和经济是两个不同的要素,政治学和经济学是两个不同的领域,而国际政治经济学就是寻求政治和经济的相互关联性,打通政治学和经济学的学科界限,这种路径之所以能够实现并取得丰富成果,主要是因为理性选择或公共选择理论的出现。在20世纪70—80年代的国际政治经济学中,理性选择方法是作为主流方法出现的,比较成熟的理论包括相互依存论、霸权稳定论、国家主义理论、联盟经济等。

在这种假设政治和经济是两个不同领域的前提下,寻求政治和经济关联性的具体路径主要有两种:一种是用政治学的方法研究经济领域的问题;一种是用经济学的方法研究政治领域的问题。

如果说,20世纪70—80年代的"第一代"国际政治经济学学者们主要关注经济要素在单位层次之中的流动,以此寻求政治和经济的关联性的话,那么,进入20世纪90年代中期,随着国家这个"黑匣子"被打开,"第二代"国际政治经济学学者开始努力打破"体系层次"之间的界限,关注经济要素在单位层次之间的流动,由此,出现了寻求"国内和国际"之间的关联性。例如,在贸易领域,学者们更多关注的是国内利益集团如何影响一个国家的对外贸易政策,以此来回答为何一个国家采取贸易保护政策或自由贸易政策,也有学者探讨国际贸易机制对一个国家国内政治结构以及收入分配的影响;在生产领域,随着生产的全球化,国际政治经济学逐渐突破了20世纪70—80年代传统模式中关于跨国公司(母国)/民族国家(东道国)的"二分法",转向寻求跨国公司/母国(政党、利益集团以及产业集团)/东道国国内政治(政党、利益集团)三者的关联性;而在国际金融和货币领域,国际政治经济学从20世纪70年代对美元霸权政治的研究逐渐转向"汇率政治三难"问题的研究,即稳定的汇率、自主的国家金融政策以及资本流动三者之间的关联性,其核心问题是研究国家汇率政策的偏好,学者们从霸权国家的偏好、国内社会利益集团的偏好以及国内政治的偏好三种不同的研究路径对不同国家的政策进行了大量的比较研究,力图寻求国内政治和国际资本流动对不同国家汇率政策选择的影响。

因此,总结20世纪90年代中期以来国际政治经济学的研究趋势,我们可以发现如下三个特点:(1)经济全球化是国际政治经济学思考政治和经济关联性的前提,正是在资本、技术、信息和劳动力流动的全球化背景下,学者们对经济要素的流动对不同国家国内政治结构和过程所产生的不同影响进行比较研究,这与20世纪70年代在"美国霸权衰退"的前提下思考政治和经济的关联性有所不同。(2)"利益"(interest)和"制度"(institution)是国际政治经济学的两个核心概念和范畴。利益决定行为体的偏好,偏好决定制度的设计和选择,这样,无论是在国内层面还是在国际层面,利益和制度就成为两个最为基本的、不可还原的概念。这种研究表明,在不同的问题领域(贸易、直接投资、汇率),由于行为体的利益不同,因而偏好不同,最后进行制度设计和选择也就不同,这与20世纪70—80年代只停留在"理论范式"(自由主义、现实主义和马克思主义)之争相比,显然前进了一大步。(3)与国际政治经济学在20世纪70—80年代重视经济要素在同一单位层次内进行流动有所不同的是,国际政治经济学在20世纪90年代更重视经济要素在不同单位层次之间进行流动。例如,国际资本在一个国家内部不同产业之间的流动而导致不同产业之间联盟的形成,并最终导致国内政治结构的变化;同样,国内不同产业之间的联盟导致利益集团的变化,并最终决定其对外经济政策的变化。总之,与20世纪70—80年代的国际政治经济学主要关注政治(国家)和经济(市场)的关联性相比,20世纪90年代的国际政治经济学研究则涉及三种关联性:一是政治和经济的关联性;二是国内政治和国际经济的关联性;三是国家和社会的关联性。

三、规范分析与实证分析的关联性

以上两种关联性主要涉及国际政治经济学的核心概念和知识框架,而实证分析和规范分析的关联性则主要关乎国际政治经济学的研究方法。这是国际政治经济学研究在20世纪90年代以来取得成果最为突出但也最富有争议的一个问题。

回顾20世纪70—80年代国际政治经济学的研究方法,无论是追寻自由主义政治经济学的学术传统,还是重商主义政治经济学的学术传统,抑或是马克思主义政治经济学的学术传统,所使用的方法主要是规范分析方法。规范分析认为,"关于条件、状况、事物和行为的好与坏的知识对于产生规则性知识是有效的,甚至是必要的"①。在对经济政策进行规范分析时,不但假设政府的目标是将社会福利最大化,因而是"善良"的,而且还假设政府在制定政策过程中是"全能全知"的,因而可以是"独断"的。尽管后来的次优理论抛弃了"全能"的假设,而对信息的研究修改了"全知"的假定,但政府的"善良"愿望是无可置疑的。② 所以,对经济政策进行规范分析的三大学术传统所提出的范式都是"好的"。其结果自然是,不同理论出于自己的偏好而强调范式之间的差异性远大于寻求不同范式之间的共同性,因而出现了激烈的"范式之争"(paradigm dispute)。这种"范式之争"成为20世纪70—80年代国际政治经济学研究的主题,自然也体现在国际政治经济学的不同问题领域之中。例如,在国际贸易领域,追寻自由主义政治经济学传统的学者从比较优势出发,认为"自由贸易"不但有利于贸易双方,而且也有利于世界财富整体的增长;而倡导重商主义(或现实主义)的学者则认为,贸易是一种零和游戏,一国所得必然意味着另一国所失,因而主张"贸易保护",由此,自由贸易和贸易保护成为早期国际政治经济学争论的主要范式。在生产领域,20世纪70—80年代的国家政治经济学的规范分析主要是基于一种二分法:母国(跨国公司)为一方,东道国为另一方。在自由主义的分析框架下,无论是维农(Raymond Vernon)的"产品周期理论"(the product cycle),还是邓宁(John H. Dunning)

---

① 〔美〕唐·埃思里奇:《应用经济学研究方法论》,朱钢译,经济科学出版社1998年版,第71页。

② 参阅〔美〕阿维纳什·K. 迪克西特:《经济政策的制定:交易成本政治学的视角》,刘元春译,中国人民大学出版社2004年版,第3—9页。

的"折中理论"(the eclectic paradigm)或"OLI 模式"(ownership, location and internationalization)都在强调东道国以及跨国公司的优势,所不同的只是前者主要强调国家之间财富和技术的差异,而后者则主要强调所有权、区位和国际化的优势。在马克思主义的分析框架下,"等级"和"不等价交换"成为最基本的范式,他们认为,相互依存的世界经济是存在等级的,在这个存在等级的世界秩序中,纽约、伦敦以及东京由于拥有先进的技术、金融、公司、研究以及管理,因而是全球生产和消费体系的中心,而发展中国家因为低廉的劳动力、丰富的原材料以及落后的技术而成为世界经济的边缘地区,其结果自然是世界经济增长所创造的财富是由全球,特别是从欠发达国家流向那些具有金融实力以及金融决定权的发达国家所在的核心区,所以,在相互依存的世界经济中,欠发达国家永远处于被剥削的地位。而在国家主义(现实主义)的分析框架下,"国家功能"是一个最为基本的范式,他们认为,经济增长和扩散不仅存在于核心区,而且也出现在边缘区,衡量一个国家是否是国际体系的核心主要依据其是否发挥如下三种功能:一是在国际体系中是否发挥一种国际银行的功能,即为国际体系提供国际货币和国际结算,建立并且管理国际货币体系;二是在创立以及组织国际贸易中是否发挥重要作用,例如英国于1846年通过《谷物法》建立的单边自由贸易体系,以及美国于1944年通过布雷顿森林体系建立的多边自由贸易体系;三是能够通过私人投资或对外援助,为国际体系提供投资资本并且促进国际体系的发展。所以,核心只是指一个在国际经济中发挥某种政治和经济功能的民族国家[①],因而,核心区和边缘区的关系不是一种剥削关系,而是一种功能关系。

进入20世纪90年代以后,国际政治经济学的研究主要转向了实证分析。实证分析认为,"只有通过观察获得的知识才是可信赖的……它[实证分析]既不承认关于'实在'价值的规则性知识,也不承认关于'实在'价值的描述性知识的可靠性或科学有效性"[②]。在对经济政策进行实证分析时,与规范分析方法将政策制定的过程视为一个社会福利最大化的黑箱不同,实证分析强调不同行为体的利益和偏好在政治决策过程中的重要性。[③]"第二代"国际政治经济学学者通过借用经济学的分析工具,从"问题领域"入手,取得了丰硕的

---

① Robert Gilpin, *U. S. Power and the Multinational Corporation: The Political Economy of Foreign Direct Investment*, NY: Basic Books, 1975, p.49.
② 〔美〕唐·埃思里奇:《应用经济学研究方法论》,第67—68页。
③ 〔美〕阿维纳什·K.迪克西特:《经济政策的制定:交易成本政治学的视角》,第9—12页。

成果,出现了从 20 世纪 70—80 年代的范式之争向 20 世纪 90 年代的问题之辩的重大转向。例如,在国际贸易领域,学者们不再停留在"自由贸易"和"贸易保护"的范式争论上,而是比较研究不同的国家推行自由贸易政策或贸易保护政策的国内政治根源;在生产领域,学者们不再停留于母国(跨国公司)/东道国这种"二分法"上,而是集中研究母国国内政治(利益集团)/跨国公司/东道国国内利益集团相互之间的关联性上;在国际金融和货币领域,学者们也不再停留在讨论美元霸权这样单一的问题上,而是研究汇率政策产生的国内政治根源、最优货币区的设计以及国际货币制度的改革上。在我看来,导致国际政治经济学这种研究转向的变化主要有两个最为基本的原因:第一,国际政治经济学的学者们在核心概念上的认同。与 20 世纪 70—80 年代寻求政治(国家)和经济(市场)的关联性过程中假设国家和市场是同质的不同,国际政治经济学在 20 世纪 90 年代以后逐渐将"利益"与"制度"确定为国际政治经济学的核心范畴,并假设"利益"和"制度"不是同质的,利益因不同的行为体而不同,这种不同导致行为体的偏好出现了差异,而偏好的差异最后导致制度设计和选择的不同,这样,"利益"就成为一个不可还原的范畴,也成为不同行为体(个人、团体、国家)的一个共同属性。这为国际政治经济学在"问题领域"的实证研究奠定了基础。第二,经济学实证分析工具的进展。国际政治经济学在 20 世纪 90 年代得以飞速发展的另一个原因是,经济学的实证分析工具在 20 世纪 90 年代取得了飞速进展并得以广泛传播,其中之一便是博弈论的广泛应用。与国际政治经济学在 20 世纪 70—80 年代假设国家是单一的、理性的行为体不同的是,国际政治经济学在 20 世纪 90 年代以来假设不同行为体在参与决策的过程中,由于其利益不同因而偏好不同,这样,国内政治过程和国际政治过程一样,被看作是具有不同利益偏好的行为体共同参与的过程,博弈论为分析这种复杂的政治过程提供了一种分析工具。

无论是规范分析还是实证分析,在国际政治经济学过去 40 年的历程中都得到了飞速发展,国际政治经济学在 20 世纪 90 年代以后之所以转向"问题领域"的研究,其主要原因是无法在规范分析和实证分析之间进行简单的取舍。是使用规范分析还是进行实证分析,主要依"问题领域"而定,如果"问题领域"主要回答经济政策过程为何如此,学者们一般主张进行"实证分析";而如果"问题领域"主要分析经济政策过程应该有什么,学者们则主张进行"规范分析"。但无论是对"问题领域"进行规范分析还是实证分析,将经济政策的制定和实行视为一个"真实"的政治过程,并将行为体的"偏好"和"制度"看

做是决定经济政策的内生变量,一直是政治学家和经济学家努力的目标。①对此,经济学家迪克西特曾总结道:

> 大多数国家实际所采取的贸易政策与经济学家提出的规范建议之间的差异非常大,以至于我们只有从政治学角度对此进行研究才能有助于理解贸易政策的制定。研究与政策相关的领域[如公共财政、产业组织、宏观经济政策以及国际经济冲突与合作]的经济学家们同样也发现需要关注政治学。而另一方面,政治学家们也对经济政策以及选举、立法和规章制度的正规模型越来越感兴趣。②

四、国际体系与中国经验的关联性

单个国家的经验对于国际政治经济学的研究是否具有一般意义?这在国际政治经济学研究中是一个不断被提及的问题。

在20世纪70—80年代的国际政治经济学研究中,由于其研究的核心问题(日益重要的经济要素是否可以取代军事因素?美国霸权是否衰退?为什么欠发达国家一定是处于边缘区并在经济上处于依附地位?国际制度在世界政治的地位是否已经提高?)主要是在国际层面上,所以,除了霸权国家的经验被认为具有普遍意义外,学者们更多关注的是经济要素(国际贸易、国际货币、直接投资)在国际体系内的流动。虽然这一时期也有学者关注国内政治对国际体系的反应(例如为什么在国内政治结构和国际主张上非常相同的发达国家在对待相同的石油危机却做出了非常不同的反应?),以及霸权国以外的国家(例如欧洲小国),但其研究主要是寻求同质的国家。这些研究的基本假设有两个:一个假设是,国家是不可还原的分析单位,除了霸权国家之外,其他国家是同质的,因而其内部政治结构的差异是可以忽略的;另一个假设是,经济要素只在单位层次之中流动,即要么在国内流动,要么在国际体系内流动。

进入20世纪90年代以后,随着"利益"成为国际政治经济学的一个基本分析概念,国家被认为是一个可以还原的单位,国内政治的差异被认为是一个不可忽视的要素;同时,学者们注意到,经济要素不但在单位层次内部(国

---

① 〔瑞典〕T.佩尔森、〔意〕G.塔贝里尼:《政治经济学:对经济政策的解释》,方敏译,中国人民大学出版社2007年版,第2—5页。

② 〔美〕阿维纳什·K.迪克西特:《经济政策的制定:交易成本政治学的视角》,第6页。

内或国际体系)水平流动,而且还在单位层次之间进行垂直流动,不但同一国际体系对不同国家有着不同的影响,而且不同国家对同一国际体系的影响也是有差异的。所以,国际政治经济学除了研究国际体系中的经济要素(包括资本、技术、劳动力以及信息)的跨国流动对国际体系、国家与国家之间的关系,以及国家内部政治结构和过程的影响,同时也开始比较研究不同国家内部政治结构和过程对国与国之间的关系以及国际体系的影响。正是基于这种思考,"第二代"国际政治经济学学者在 20 世纪 90 年代以来越来越关注不同国家之间的差异性,并通过"L-N"的方法对其进行比较研究。例如,为何直接投资在不同的国家有不同的表现? 为何不同的国家会采取不同的汇率政策?

自从 1978 年实行改革开放政策以来,随着中国经济的持续增长,关于中国的经验开始成为国际学术界关注的焦点。但综观国际学术界关于中国经验的研究,大致可以分为两个阶段:一个阶段是 20 世纪 70 年代至 90 年代中期;一个阶段是 20 世纪 90 年代中期以来至今。关于在第一阶段对中国经验的研究,国际学术界主要是在比较政治和比较经济意义上的研究,其间也有许多富有影响的成果出版,但其意义主要局限于中国研究或地区国别研究,如果用一句话来概括,那就是从国内的角度(政治、经济、历史或文化)研究中国。与 1949—1978 年中国经验的研究相比较,虽然关于这一阶段(1978—1994)中国经验的研究在研究的具体内容上与以前有所不同,但在研究和理解中国的逻辑上却并没有大的突破,即中国是中国大历史中的中国。但 20 世纪 90 年代中期以来,随着中国经济的崛起以及逐渐融入世界体系,关于中国经验的研究在国际学术界出现了一个很大的飞跃,学者们越来越多地将中国纳入世界体系中进行研究,研究世界体系(政治和经济)中的中国,其研究的逻辑是中国是世界体系中的中国。在这种研究逻辑的推动下,学者们关心的问题或者是世界经济中的要素流动(资本、技术、劳动力、信息)对中国经济增长和国内政治过程以及结构的影响,或者是来自中国的经济要素(对外投资、贸易、劳动力)对国际体系以及区域合作的影响。

随着中国经验的研究从"中国是中国大历史中的中国"向"中国是世界体系中的中国"的转变,关于中国经验的分析也开始超越中国背景;随着中国经济的持续增长以及国内制度的不断调整,中国作为一个后起工业化国家的经验,对于人类过去 500 年的工业化模式的演进就具有了一般意义(是全球化使然还是国内制度设计的结果);随着中国的崛起以及对国际体系的影响,中国作为一个大国的成长经验,对于过去500年世界经济中的葡萄牙和西班牙、低地国家、英国、法国、美国以及日本为人类提供的大国成长经验确实是一个重要补充。而对国际政治经济学的一般理论发展而言,在探讨国内政治和国际经济的关联性时,如果能对中国转型的经验进行政治经济学的分析,那无疑是一个值得重视的案例。

总　论

国际政治经济学：知识谱系、理论范式与研究方法

国际政治经济学（International Political Economy，IPE）产生于20世纪70年代的美国和欧洲。在过去40多年里，从最初作为一门课程，到成为国际关系的一个重要研究领域，IPE取得了长足的发展，在有些大学，IPE的发展甚至到了超越政治学和国际关系学的地步。① 这里首先通过对IPE过去40多年在西方学术界以及中国学术界的进展作出一个总结性的评估，以期回答如下三个问题：20世纪70—80年代的IPE发展的特点是什么？90年代中期以来的IPE有何重大学术进展？如何评估IPE在中国的发展？

一、国际政治经济学：定义及其争论

从20世纪70年代国际政治经济学产生以来，尽管国际政治经济学经过"两代"学者②的努力，无论在研究的深度上还是传播的广度上都得到了飞速

---

① 关于IPE在美国和英国大学的发展状况，可以参阅：R. Denemark and R. O'Brien, "Contesting the Canon: International Political Economy at UK and US Universities", *Review of International Political Economy*, Vol.4, No.1, 1997, pp.214-238。

② "第一代"是20世纪70—80年代推动国际政治经济学研究的学者，"第二代"是90年代中期以来深化国际政治经济学研究的学者。这里提出的关于"第一代国际政治经济学者"与"第二代国际政治经济学者"的划分，主要基于如下三个标准：一、是否接受过国际政治经济学的专业学术训练；二、是否建立了一个国际政治经济学的学术共同体；三、是否在研究方法上有重要突破。

的发展,但关于国际政治经济学的定义一直处于争论之中。①

20世纪70—80年代"第一代"国际政治经济学学者研究的目标是,如何将经济要素作为一个内生变量置于国际关系研究中,打破传统的国际关系认为国际关系就是国际政治关系的局面。所以,"第一代"国际政治经济学者对国际政治经济学进行定义的核心是寻求国际关系研究中政治和经济的关联性。其中,最具典型的是英国的苏珊·斯特兰奇和美国的罗伯特·吉尔平的定义:

> 我对国际政治经济学研究所下的定义是,这门学科是研究影响到全球生产、交换和分配体系,以及这些体系所反映出来的价值观念组合的社会、政治和经济安排。这些安排不是天赐的,也不是偶然机会带来的。他们是人类在自己确定的体系和一套自己确定的规则和惯例中做出选择的结果。②

——苏珊·斯特兰奇

> 虽然把政治经济学看作经济学理论与方法的具体应用是十分有益的;但这仍然未能给学术研究提供一个完美的框架。概念、变量以及因果关系等分析方法在这方面尚未得到发展,政治及其他非经济因素经常被忽视。事实上,政治经济学理论或方法的统一,需要对社会变化的过程有比较全面的理解,其中也包括对社会经济、政治以及其他各方面相互作用的方式的认识。因此,我在使用"政治经济学"这个术语时,仅仅是指运用折中的分析方法与理论观点加以研究的问题。这些问题由当代政治学和经济学的集中体现——国家和市场的相互作用而产生的,涉及国家以及它的政治作用如何影响生产和财富的分配,尤其是政治决策与政治利益如何影响经济活动分布,以及这种活动的成本及利润的分配等方面。反过来,这些问题也涉及市场和经济力量如何对国家和其他政治行动主体之间权力与福利的分配施加影响,尤其是这些经济力量如何改变政治与军事力量在国际上的分布。仅仅国家或市场都不是主要的,

---

① Helen Milner, "Reflections on the Field of International Political Economy", in Michael Brecher and Frank P. Harvey, eds., *Millennial Reflections on International Studies*, The University of Michigan Press, 2002, pp.623—636; Nikolaos Zahariadis, ed., *Contending Perspectives in International Political Economy*, Harcourt Brace & Company,1999(北京大学出版社2004年影印版)。

② 〔英〕苏珊·斯特兰奇:《国家与市场》,杨宇光等译,上海世纪出版集团2006年版,第13页。

至关重要的是它们的相互作用、相互关系及其周而复始的变化。①

——罗伯特·吉尔平

如何解决学术界这种将政治和经济相分离因而难以解释国际社会现实的状况,便成为20世纪70—80年代国际政治经济学的倡导者们首先关注的问题,正如一位学者所描述的那样:

> 按照国际政治经济学一些最基本的教科书,国际政治经济学主要讨论世界经济在政治上被组织的方式,或者政治无政府状态如何和国际经济合作相协调——政治组织和经济职能的不一致。更为准确地说,国际政治经济学是国际关系中政治因素和经济因素的结合,核心问题是如何定义这种结合。②

进入20世纪90年代中期以后,随着国际政治经济学研究的深入,"第二代"国际政治经济学学者则更多地关注如何寻求政治和经济的关联性。在寻求政治和经济如何关联的过程中,强调国内和国际的关联性以及国家和社会的关联性是"第二代"国际政治经济学学者的共同特征,其中,最具代表性的是美国的海伦·米尔纳(Helen Milner)、莉萨·马丁(Lisa Martin)和大卫·莱克(David Lake)。

> 这一领域的定义并不是很明确而且通常是两种独特的方式来定义的。一方面,国际政治经济学被定义为国际关系研究中所有不是安全研究的东西;另一方面,国际政治经济学被定义为涉及经济自变量或经济因变量,例如经济要素作为原因或者作为后果的经济结果。……第一种定义,是一种比较宽泛的定义,它包括不是安全方面的所有问题,尽管所有这些问题是重要的,但它们并不都是国际政治经济学的领域。……第二种相对狭窄的定义更富有启发性,它假设经济要素是这个领域中一个不可分割的部分。政治和经济的相互作用,或者更狭窄地说国家和市场的相互作用,是国际政治经济学的关键。它包括如政府的政策选择这样的政治因素是如何影响经济结果的,特别是市场运行的。反过来说,它也包括经济现象是如何通过改变行为体的偏好以及能力从而改变政治运行的

---

① 〔美〕罗伯特·吉尔平:《国际关系政治经济学》,杨宇光等译,上海世纪出版集团2006年版,第6—7页。
② Bjorn Hettne, ed., *International Political Economy: Understanding Global Disorder*, Fernwood Publishing, 1995, p.2.

方式。……没有经济要素组成的现象,不属于国际政治经济学的研究。①

——海伦·米尔纳

经过多年[的努力],一种替代的组织方式出现在国际政治经济学的研究中,即人们所熟悉的2×2模式。一方面,我们可以问,命题是否集中在利益或者制度的解释性作用上;另一方面,我们可以问,命题中的解释要素是否根植于国内层面或国际层面。……除了国内和国际的相互作用,或者利益和制度的相互作用,国际政治经济学中[已有]的几乎所有的路径都能在这一分析框架中找到合适的位置。……假如说在过去国际政治经济学根植于国际关系,国际政治经济学者认识到他们必须抓住他们所研究的现象中的经济要素。同时,经济学家也开始将诸如集体行动和政府制度等政治要素加入他们的模型中,结果便是政治学家和经济学家研究工作的重合度越来越高。……与经济学家的对话,以及国际政治经济学现在必须挑战经济学家们研究的政策的经济基础,使得国际政治经济学在最近几年成为一个高产的领域。这使得国际政治经济学的理论工具与国际关系的共同性越来越少,而与政治经济学的共同性越来越多。②

——莉萨·马丁

国际政治经济学主要集中于国际经济交换的政治学研究。它在本质上是一种探究领域,而不是一种方法论,经济模型只是被应用于政治现象研究中。这一领域主要由两类问题组成:第一类问题是,国家如何、何时以及为何开放自己使得货物、服务、资本和人员进行跨界流动?在这一类问题中,开放是一个因变量,或者说是一个需要解释的结果,而政治是一个自变量或原因变量。经济理论假设自由的和无限制的国际商业很少例外地提高福利,[这导致]许多幼稚的政治分析家主张国家应该不断地开放。相反,国际政治经济学立足的现实是,[国家]开放在历史上是比较罕见的,也是很有问题的,因而是需要解释的。第二类问题是,融入(或不融入)国际经济如何影响个人的利益、行业的利益、生产要素的利益,或国家的利益,进而影响国家的政策?这里,政治是一个因变

---

① Helen Milner, "Reflections on the Field of International Political Economy", in Michael Brecher and Frank P. Harvey, eds., *Millennial Reflections on International Studies*, The University of Michigan Press, 2002, pp. 624–625.

② Lisa Martin, "International Political Economy: From Paradigmatic Debates to Productive Disagreement", in Michael Brecher and Frank P. Harvey, eds., *Millennial Reflections on International Studies*, The University of Michigan Press, 2002, p. 654.

量,而一个行为体如何确定自己在国际经济中的地位则是一个自变量。在现实中,这两类问题通常是融合在一起的,但为了研究方便,几乎所有的分析者都只研究这个因果圈中的一半。①

——大卫·莱克

仔细比较一下以上"第一代"国际政治经济学学者和"第二代"国际政治经济学学者关于国际政治经济学定义的共同性和差异性,我们可以对国际政治经济学做出如下一般的定义:

国际政治经济学主要研究国际体系中的经济要素(包括资本、技术、劳动力以及信息)的跨国流动对国际体系本身、国家与国家之间的关系,以及国家内部政治结构和过程的影响,反之亦然。这种定义自然将国际政治经济学的研究议题分为三类:一类是全球层面的问题,包括国际金融与货币体系、国际贸易体系、跨国生产(跨国直接投资)、国际环境、国际秩序(资本主义体系)以及全球化;一类是区域层面的问题,包括区域化(例如欧洲区域化、亚洲区域化等)、联盟经济;一类是国家层面的问题,包括发展问题、转型问题、国家竞争力问题等。依照这种定义,国际政治经济学的研究涉及三种关联性:一是政治和经济的相互关联性;二是国内要素和国际要素的相互关联性;三是国家和社会的相互关联性。

国际政治经济学与国际政治不同,国际政治主要立足于国际关系中的政治和军事因素,即使涉及经济要素,也是将其作为一个外在变量;而国际政治经济学在讨论国际关系时,将经济要素作为一个内在变量,探讨经济要素的流动对政治关系的影响。

国际政治经济学也不同于国际经济学,主要表现在两个方面:一是国际经济学假设世界市场是完全市场,特别是立足于新古典经济学的国际经济学更是如此,而现实中的世界市场是不完全的,国际经济学不能解释世界市场中存在的诸如"联盟经济"现象;而国际政治经济学正是立足于世界市场是不完全的这一现实基础之上,主张对这种不完全市场的原因以及结果进行研究。二是国际经济学假设维护世界市场的制度因素(例如国家、霸权、国际组织)是可以忽略的或者是外在的,但在现实中,世界市场是创造出来的,在世界市场创造过程中,国家是作为一个内在变量参与其中的;国际政治经济学

---

① David A. Lake, "International Political Economy: A North American Perspective on an Emerging Interdiscipline", October 29, 2008, 这是莱克教授2008年12月9日在北京大学召开的"国际政治经济学与中国"国际会议上宣读的论文。

主要研究国家在参与世界市场的创造过程中是如何分配利益的,以及这种分配对国家利益的影响。

二、"霸权衰退"与 IPE 范式的确定(20 世纪70—80 年代)

国际政治经济学产生于对 20 世纪 60 年代末、70 年代初国际体系内发生的几件大事的反思:一是世界范围内的经济衰退;二是尼克松冲击以及由此引发的国际货币体系从固定汇率制向浮动汇率的转变;三是美国霸权的衰退;四是欧洲区域合作的初步成功。对这些重大事件进行反思的学者既有来自政治学界的,也有来自经济学界的,虽然他们的学术背景并不完全相同,但他们所关注的研究议题以及所使用的研究方法却有许多共同之处。正是这些研究议题和研究方法框定了 IPE 在 20 世纪 70—80 年代的理论范式。

1. 研究议题

就研究议题而言,按照海伦·米尔纳教授的总结,这一时期的学者们主要关心如下五个核心命题,以此向 20 世纪 60—70 年代的国际关系研究提出挑战:①

(1) 在经济要素日益重要的情况下,军事力量是否仍然有用? 事实上,基欧汉和奈的《权力与相互依存》主要就是回答这一问题的。与摩根索在《国家间政治》中主张权力政治的核心是军事这一命题不同的是,基欧汉和奈认为复合相互依存具有三个特征:社会之间的多渠道联系、问题之间没有等级之分以及军事力量起次要作用。② 在复合相互依存下,军事力量并不总是被当作一个国家反对另一个国家的手段。比如,在联盟以及与敌对集团的政治、军事关系上,军事力量起着非常重要的作用,但在解决盟国之间在经济问题上的分歧时,军事力量可能是毫无作用的。③

(2) 美国的霸权是否在衰退? 这方面的著作主要有查尔斯·金德尔伯格的《1929—1939 年世界经济萧条》(1973)与苏珊·斯特兰奇的《国家与市场》(1988)。前者对英国在 1929—1939 年世界经济萧条中的作用进行了分析,

---

① 海伦·米尔纳教授在她那篇被广泛引用的论文中以"问题解决"方式总结了这一阶段 IPE 的研究议题。见 Helen Milner, "Reflections on the Field of International Political Economy", in Michael Brecher and Frank P. Harvey, eds. *Millennial Reflections on International Studies*, The University of Michigan Press, 2002, pp. 623-636。
② 〔美〕罗伯特·基欧汉:《权力与相互依赖》,门洪华译,北京大学出版社 2002 年版,第 25—31 页。
③ 王正毅、张岩贵:《国际政治经济学:理论范式与现实经验研究》,商务印书馆 2003 年版,第 133 页。

认为英国不愿也不能发挥霸权作用是导致当时经济萧条的主要原因,以此类推,20世纪70年代世界经济萧条也反映出美国霸权正在衰退。① 而后者则认为,世界市场中存在着权力结构,这种权力结构决定了各个国家的实力,由于美国仍然在世界权力结构中处于主导地位,所以美国的霸权并没有衰退。②

（3）为什么在国内政治结构和国际主张上非常相似的发达国家,对待相同的石油危机却做出了非常不同的反应？这个问题激发了学者们对国内政治利益的研究,而且主要集中在对发达工业化国家的国内政治利益的研究。其中,最具影响力的是彼得·卡赞斯坦的《国内和国际力量与对外经济政策战略》(1977),卡赞斯坦以六个发达国家(美国、德国、英国、意大利、法国和日本)为案例,提出了研究对外经济政策的两点主张:一是从国家(官僚政治系统)和社会相互关系的角度研究对外经济政策,以此克服只基于美国经验的国内官僚政治研究方法的局限性;二是在研究对外政策,特别是对外经济政策时,将国际力量和国内政治结构(包括统治联盟和政策网络)结合起来,以此克服单独运用两种方法固有的局限性。③ 这种方法为20世纪90年代中期以后寻求国内政治和国际关系关联性的研究路径奠定了基础。④

（4）为什么欠发达国家一定是处于边缘区,并在经济上处于依附地位？这方面出现了著名的依附理论和世界体系论的"不等价交换"模型,该模型认为,发达国家和发展中国家处于一个体系之中,这个体系就是起源于欧洲的资本主义世界经济。资本主义世界经济在长期的历史过程中形成了"核心—边缘"（依附理论）或"核心—半边缘—边缘"（世界体系论）的经济结构,这种结构之所以能得以持续,主要是由于核心和边缘存在着一种"不等价交换"关系,所以,处于边缘区的国家只能依附核心区进行发展。⑤

---

① 〔美〕查尔斯·P.金德尔伯格:《1929—1939年世界经济萧条》,上海译文出版社1986年版,第348—369页。

② 〔英〕苏珊·斯特兰奇:《国家与市场》,第272—273页。

③ Peter J. Katzenstein, "Introduction: Domestic and International Forces and Strategies of Foreign Economic Policy", *International Organization*, Vol.31, No.4, 1977, pp.587-606. 转引自王正毅、张岩贵:《国际政治经济学:理论范式与现实经验研究》,第213—227页。

④ David A. Lake, "International Political Economy: A Maturing Interdiscipline", in Barry R. Weingast and Donald Wittman, eds., *The Oxford Handbook of Political Economy*, New York: Oxford University Press, 2006.

⑤ 关于这方面的详细论述,可参阅王正毅、张岩贵:《国际政治经济学:理论范式与现实经验研究》的有关章节。

(5) 70 年代的经济危机是否意味着,诸如石油输出国组织(OPEC)、国际货币基金组织(IMF)、世界银行(World Bank)以及国际能源机构(IEA)这些国际制度在世界政治中的地位提高了? 这方面比较突出的成果是斯蒂芬·克拉斯纳的《国际机制》(1983)和 R. 维农的《主权困境》(1971)。前者虽然是一位现实主义者,但同时看到了国际机制对国家的影响,认为国际机制本身并不总是随着国家的衰退而消失,有时,国家已经衰退了,而由衰退的国家制定的机制仍然在起作用。克拉斯纳认为,国际机制有四种反馈作用,即机制可以影响评估利益的要素;机制可以改变利益本身;机制可以变为权力的一个来源;机制可以改变国家权力的能力。这样,国家主义综合了自由主义对机制的重视以及传统的现实主义对国家的重视,在理论上前进了一步。[①] 后者则假设,在一个相互依存的世界经济中,经济力量占据主导地位,跨国公司以及国际或者区域制度在国际体系中发挥着主要作用;民族国家经济已经日益融入相互依存的世界经济之中,这使得民族国家很难脱离世界经济网络,一旦脱离,民族国家将在经济效率、社会福利或国内生活方面付出高昂的代价。只有通过贸易、金融联系以及对外直接投资,才能维持民族国家经济的增长或发展。[②]

2. 研究路径

就研究路径而言,我们可以发现,这一阶段 IPE 研究的核心问题是寻求"国际经济关系中政治(国家)和经济(市场)的相互关联性",至于依据何种路径(政治学的、经济学的、政治经济学的还是其他)来研究"国际经济关系中政治和经济的相互关联性",则是 IPE 创立以来一直在争论的问题。如果依据研究路径来看这些争论,我们大致可以将其归纳为两类[③]:

一类是"单一的历史社会科学"。在 IPE 中,依据这种路径比较成形的流派,当推以劳尔·普雷维什和多斯桑托斯为代表的"依附理论"和以伊曼纽尔·沃勒斯坦为代表的"世界体系论"[④],当然也包括以罗伯特·考克斯为代

[①] 王正毅、张岩贵:《国际政治经济学:理论范式与现实经验研究》,第238页。
[②] 同上书,第197—198、600—602页。
[③] 王正毅:《国际政治经济学的研究路径:政治学的、经济学的、政治经济学的还是其他?》,载于《争论中的国际政治经济学》,北京大学出版社2004年影印版,导读。
[④] 关于依附理论和世界体系理论的详细内容,可参阅王正毅、张岩贵《国际政治经济学:理论范式与现实经验研究》的相关章节。

表的"批判学派"。① 这种路径暗含的逻辑是:政治和经济本来是一个领域,同时存在于单一的资本主义世界经济的"历史和结构"之中。这种方法主要从社会经济历史的角度探讨已经形成的历史的结构和过程,并且假定在这种历史过程中,政治和经济是"一个领域",不是"两个不同的逻辑"。

另一类就是寻求"政治和经济的关联性",这种路径暗含的逻辑是,政治(政治学)和经济(经济学)是两个不同的领域,因此,进行政治经济学的分析主要是寻求"政治和经济的关联性",我曾将其概括为"政治和经济的关联矩阵"。这一路径假设政治和经济是两个不同的要素,IPE 或政治经济学就是寻求政治和经济的相互关联性。在 IPE 中,这种方法是作为主流方法出现的,即为我们所熟悉的"理性主义",其中比较成熟的理论包括相互依存论、霸权稳定论、国家主义理论、联盟经济等。我们可以用图表来说明(表 0-1)。

表 0-1 国际关系中的政治和经济关联矩阵图

方法 问题领域	作为一种探究方法的政治学	作为一种探究方法的经济学
作为一个探究领域的政治学	传统的政治分析(用政治学的方法研究政治领域的问题)	公共选择或新经济学(用经济学的概念、假设和方法探究政治问题),在国际政治经济学中最为典型的是相互依存论
作为一个探究领域的经济学	新政治经济学(用政治学的方法和概念来探究经济活动),在国际政治经济学中最为典型的是霸权稳定论、国家主义理论、联盟经济	传统的经济分析(用经济学的方法研究经济领域的问题)

3. 20 世纪 70—80 年代的学术意识形态与特征

就学术意识形态而言,与继承 19 世纪以前的古典政治经济学密切相关,在 IPE 中也形成了三大学术意识形态,即现实主义(国家主义、霸权稳定论)、

---

① 也有学者将加拿大学者考克斯(Robert Cox)、美国学者基欧汉(Robert Keohane)和英国学者斯特兰奇(Susan Strange)分别作为历史唯物主义、新自由制度主义和非正统现实主义的代表人物,认为他们三位是 20 世纪最后 25 年中推动 IPE 的代表人物。尽管这种观点并非非常盛行,却反映了 IPE 某种走出美国中心主义的学术倾向,同时也从一个侧面反映了马克思主义及其历史社会科学方法对于全面研究 IPE 的重要性。相关内容,可参阅 Robert O'Brien and Marc Williams, *Global Political Economy: Evolution and Dynamics*, Palgrave Macmillan, 2004, pp.25-32。

自由主义(相互依存论)以及马克思主义(依附理论和世界体系理论)。①

这样,"国家(政治)与市场(经济)的相互关联性"成为20世纪70—80年代IPE构造理论范式时所关注的核心议题。政治学家罗伯特·吉尔平和苏珊·斯特兰奇以此为基础,分别在20世纪80年代(1987年、1988年)的教科书中对IPE进行了总结②,由此框定了IPE的基本理论范式、研究议题和学术意识形态。后来的莉萨·马丁将其概括为"吉尔平式"(Gilpin's typology)的国际政治经济学。③ 我个人却宁愿将这一时期(20世纪70—80年代)的IPE学者称为"第一代IPE学者",这些学者的共同特征为:(1) 他们并没有经过IPE的训练,其学术背景或为政治学(如美国的罗伯特·吉尔平、史蒂芬·克拉斯纳、罗伯特·基欧汉、彼得·卡赞斯坦,英国的苏珊·斯特兰奇),或为经济学(如美国的理查德·库珀、查尔斯·金德尔伯格),或为历史学(加拿大的罗伯特·考克斯),或为社会学(如美国的伊曼纽尔·沃勒斯坦);(2) 他们在各自供职的大学里主持IPE研究项目,或类似于IPE的项目,讲授IPE方面的课程,培养IPE方面的博士生。我们可以将这一时期的IPE称为IPE发展的早期阶段。

这里的问题是:以吉尔平为代表的"第一代IPE学者"所奠定的IPE有哪些主要特征? 在20世纪90年代以后又面临哪些挑战? 后来的学者在哪些方面继承了第一代学者所奠定的框架? 又如何克服和超越第一代学者所面临的挑战?

在我看来,其特征主要表现在如下四个方面:

(1) 以国家和市场的相互关联性为核心。在这一点上,似乎这一时期所有的IPE学者达成了共识。但在政治和经济的具体关联性上,侧重点又各有不同。概括起来,大致形成了如下三种研究路径:一是吉尔平的"国家权力分析法"。吉尔平式的国家—市场关联性的核心在于"国家",他的基本假设是

---

① 国际学术界总结性的成果是1991年出版的《国际政治经济学的理论演进》(George Crane and Abla Amawi, eds., *The Theoretical Evolution of International Political Economy: A Reader*, Oxford University Press, 1991),国内学术界总结性的成果是王正毅、张岩贵的《国际政治经济学:理论范式与现实经验研究》。

② Robert Gilpin, *Political Economy of International Relations*, Princeton University Press, 1987; Susan Strange, *State and Market: An Introduction to the International Political Economy*, Pinter Publishers Limited, 1988.

③ Lisa Martin, "International Political Economy: From Paradigmatic Debates to Productive Disagreement", in Michael Brecher and Frank P. Harvey, eds., *Millennial Reflections on International Studies*, The University of Michigan Press, 2002, p. 654.

国家是单一的、理性的,国家的作用在于影响和改变财富的分配和分布,进而改变和影响权力的分配和分布。① 二是斯特兰奇的"权力结构论"。斯特兰奇式的国家—市场关联性的核心在于"世界市场",她的基本假设是世界市场本身就是一种权力结构,可概括为四个领域的权力结构,即安全结构、生产结构、金融结构以及知识结构②,国家在这四个领域中所拥有的权力不同,决定了国家的财富和实力的差异。三是彼得·卡赞斯坦和罗伯特·基欧汉的"国家—社会联系论",我将其称为"中间路径"。这种路径力图打破国家是单一的、自治的假设。③ 所不同的是,彼得·卡赞斯坦关注的是国内政治结构和社会的联系如何影响一个国家的对外经济政策④,而罗伯特·基欧汉则关注国内社会和国际社会的(多渠道)联系如何影响一个国家的议事日程。⑤

(2) 与国际关系理论和古典政治经济学相关联。在 20 世纪 70—80 年代,当学者们讨论 IPE 的研究议题以及方法时,主要是力图借用古典政治经济学的理论范式并在国际关系领域内进行讨论,因而主要任务在于确定研究范式,借用莉萨·马丁的话来说就是所谓的"范式之争"。⑥ 因而,在这一时期,IPE 的理论范式主要与古典政治经济学和国际关系理论自身的发展密切相关。

IPE 与古典政治经济学的关联性在于,IPE 主要从古典政治经济学的知识谱系中寻求政治和经济的关联性⑦,图 0-1 给出了 IPE 中比较盛行的关于 IPE 与古典政治经济学的关联。

---

① Robert Gilpin, *U. S. Power and the Multinational Corporations*; *The Political Economy of Foreign Direct Investment*, New York: Basic Books, 1975; Robert Gilpin, *Political Economy of International Relations*, Princeton University Press, 1987. 参见王正毅、张岩贵:《国际政治经济学:理论范式与现实经验研究》,第 14、195—213 页。
② Susan Strange, *State and Market*: *An Introduction to the International Political Economy*, Pinter Publishers Limited, 1988.
③ 这一研究路径在 20 世纪 90 年代中期以后再次兴起,成为 IPE 研究的主导路径。
④ 参见王正毅、张岩贵:《国际政治经济学:理论范式与现实经验研究》,第 213—227 页。
⑤ 同上书,第 132—137 页。
⑥ Lisa Martin, "International Political Economy: From Paradigmatic Debates to Productive Disagreement", p.654.
⑦ 在这方面,典型的教科书有两本:一本是吉尔平的《国际关系政治经济学》(1987),另一本是《国际政治经济学的理论演进》(George Crane and Abla Amawi, eds., *The Theoretical Evolution of International Political Economy*: *A Reader*, Oxford University Press, 1991)。在某种意义上,我们甚至可以说,20 世纪 80—90 年代中期以前,IPE 的理论范式主要是根据古典政治经济学形成的。

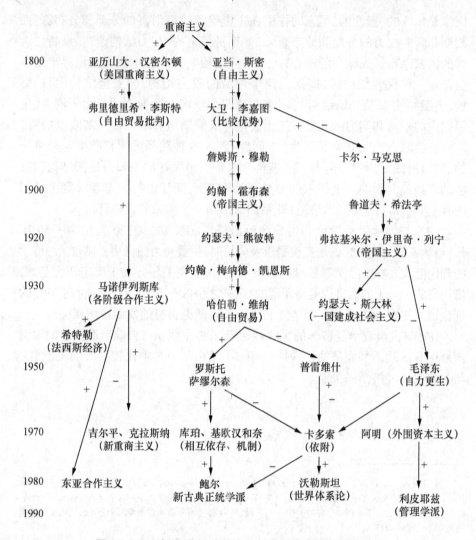

图 0-1　IPE 主要理论、方法和知识传统背景及其相互关系

说明：这一框架表示如下关系：实线表示直接影响，虚线表示间接影响；总体上在原有基础上进一步发展的理论（＋），基本上是相反的理论（－），两种情况混合存在（＋/－）或（－/＋）。

资料来源：Thomas J. Biersteker, "Evolving Perspectives on International Political Economy: Twentieth-century Context and Discontinuities", *International Political Science Review*, Vol. 14. No. 1, 1993. 转引自王正毅、张岩贵：《国际政治经济学：理论范式与现实经验研究》，第19页。

而 IPE 与国际关系的关联性则主要在于,尽管 IPE 的早期研究与经济学家密切关联,但 IPE 的真正产生却与国际关系学者的努力分不开。由于 IPE 的兴起与"美国霸权衰退"相关联,尽管在 20 世纪 70—80 年代出现了学术界所说的"自由主义"与"现实主义"的"两次论战"①,但由于其时国际关系主要为现实主义所主导,所以,以现实主义为主导的理论在 IPE 中相对盛行,无论是美国的吉尔平,还是英国的斯特兰奇,都是典型的现实主义者②(参见表0-2)。

表0-2 20世纪90年代国际关系理论与IPE

		个人主义			整体主义	
自然主义	人性 1 世界社会 (波顿)	理性选择 博弈论 战略分析 国际关系的经济学分析 (弗雷)			(卡普兰) 系统现实主义 (沃尔兹) 霸权稳定论	结构功能主义
	2 摩根索 (后期)	外交政策分析 1 操作规则论 (乔治)	制度主义		机制理论	世界体系分析 (蔡斯—邓恩)
解释主义	3 摩根索 (早期) 尼布尔	2 埃利森 (理想类型论)	波拉尼式政治经济学 (鲁吉)		依附论(卡多佐) 葛兰西式的 IPE (考克斯)	
		历史社会学(阿隆)				
	国际关系的英国学派				建构主义 (克拉托奇维尔、温特) 后结构主义 (沃尔克、埃贝尔)	

资料来源:Stefano Guzzini, *Realism in International Relations and International Political Economy: The Continuing Story of a Death Foretold*, London: Routledge, 1998, p.198. 转引自王正毅、张岩贵:《国际政治经济学:理论范式与现实经验研究》,第599页。

---

① 关于西方国际关系理论"四次论战"主线及其相关文献的梳理和评价,参见秦亚青:《国际关系理论的争鸣、融合与创新》,载〔美〕彼得·卡赞斯坦、罗伯特·基欧汉、斯蒂芬·克拉斯纳编:《世界政治理论的探索与争鸣》,秦亚青等译,上海人民出版社2006年版,"译者前言"第1—23页。

② 值得一提的是,吉尔平在其早期著作《国际关系政治经济学》(1987)中将 IPE 的理论划分为马克思主义、自由主义和现实主义,他本人推崇霸权稳定论;在其后来出版的《全球政治经济学:解读国际经济秩序》(2001)之中,尽管他也在全球化背景下讨论 IPE,但他仍然坚持现实主义(国家主义)。

(3) 以霸权和国际制度的论争为主线。从60年代末对欧洲一体化的研究开始,一批学者开始从经济联系的角度挑战现实主义。从一般理论上来讲,这一时期主要是现实主义和自由主义的争论(所谓的"两次论战"),而就具体的研究纲领而言,则集中体现为霸权稳定论和国际制度研究的相互竞争。自由主义从新功能地区一体化理论(50—60年代)、相互依存理论(70—80年代)到新自由制度主义(90年代),其核心就是力图证明世界政治并不如现实主义设想的那样悲观,国际制度能够促进国家间合作。而以吉尔平、克拉斯纳等为代表的现实主义学者,则强调只有将国际经济关系放在国家权力框架内才能得到理解。因而,霸权稳定论就成了现实主义者辩驳自由主义的重要研究纲领。这一时期的IPE研究始终围绕着全球市场和民族国家的关系展开,其基本假设是,全球市场与民族国家的关系处于紧张状态:一方主张全球市场的发育或侵蚀国家主权①,或决定民族国家的经济发展②,另一方则坚持民族国家(特别是霸权国家)能够有效地控制市场力量。③ 双方争论的焦点是市场和政府两种力量哪种将占主导地位,而不是研究世界市场和民族国家是如何互动的。

(4) 初步形成了一个"国际政治经济学"学术共同体。尽管在这一时期,学者们关于何为国际政治经济学、如何研究国际政治经济学存在很大争论,但一个关于IPE的学术共同体已经初步形成。这具体表现在如下几个方面:第一,在国际问题研究联合会(International Studies Association)之下设立国际政治经济学分会(IPE Section),并且从1985年起出版《国际政治经济学年鉴》(*International Political Economy Yearbook*)④;第二,不但在《国际组织》杂志以及《世界政治》杂志发表IPE的文章,而且在英国还出现了专门以"国际政治经济学"冠名的杂志《国际政治经济学评论》(*Review of International Political Economy*);第三,学者们在IPE的核心研究议题(国际贸易⑤、国际金融和货

---

① 其代表成果是哈佛大学经济学家维农于1971年出版的《主权困境》(R. Vernon, *Sovereignty at Bay: The Multinational Spread of U. S. Enterprises*, New York: Basic Books, 1971)。
② 其中最具代表性的是20世纪60年代由拉丁美洲学者提出、70年代在欧洲和美国盛行的依附理论。
③ 其中以20世纪70—80年代盛行的霸权稳定论最为典型。
④ 王正毅、张岩贵:《国际政治经济学:理论范式与现实经验研究》,"前言"。
⑤ 例如,Ronald Rogowski, "Political Cleavages and Changing Exposure to Trade", *American Political Science Review*, Vol. 81, No. 4, December 1987, pp. 1121-1137; Judith Goldstein, "Ideas, Institutions and American Trade Policy", *International Organization*, Vol. 42, No. 1, Winter 1988, pp. 179-218。

币①、跨国投资②、发展③)方面趋于一致,并在大学里开始培养博士生,进行专业训练,这些博士生今天已经成为研究 IPE 的主要力量,其博士论文已经成为 IPE 的重要文献。④

三、全球化与国际政治经济学的深化(20 世纪 90 年代至今)

进入 20 世纪 90 年代,国际关系领域的学者们受到两个现实的挑战:一个是冷战的结束,另一个则是全球化的深入与拓展。对于冷战的结束,学者们为现实主义未能很好地作出预言而感到不满,并开始对现实主义关于"国家是单一、

---

① 例如,Jeffry A. Frieden, "Invested Interests: The Politics of National Economic Policies in a World of Global Finance", *International Organization*, Vol. 45, No. 4, Autumn 1991, pp. 425-451。

② 从 IPE 的角度研究跨国投资,在 20 世纪 70—80 年代当推 Robert Gilpin, *U. S. Power and the Multinational Corporation: The Political Economy of Foreign Direct Investment*, New York: Basic Books, 1975 和 Stephen D. Krasner, *Defending the National Interest: Raw Materials Investments and U. S. Foreign Policy*, Princeton University Press, 1978,对这两本著作内容的详细讨论,参见王正毅、张岩贵:《国际政治经济学:理论范式与现实经验研究》,第 195—213、227—236 页。

③ 这里值得注意的是,20 世纪 70—80 年代所讨论的发展问题主要是发展中国家的发展,诸如非洲的发展(世界体系论)、拉丁美洲的发展(依附理论),而 90 年代所研究的发展,不但包括以前发展中国家的发展,而且也包括新兴工业化国家和地区的发展(比如东亚地区)以及发达国家自身的发展。关于 20 世纪 70—80 年代的依附理论和世界体系论,参见王正毅、张岩贵:《国际政治经济学:理论范式与现实经验研究》的相关章节。另外,《国际组织》杂志于 1978 年曾以专刊的形式讨论依附理论,参见 James A. Caporaso, ed., "Dependence and Dependency in the Global System", *International Organization*, Vol. 32, No. 1, Special issue, 1978。

④ 20 世纪 80—90 年代以 IPE 为题的代表性博士论文:David Yoffie, *The Advantages of Adversity: Weak States and the Political Economy of Trade*, Stanford University, 1981;Joseph M. Grieco, *Between Dependence and Autonomy: India's Experiences with the International Computer Industry*, Cornell University, 1982;David Lake, *Structure and Strategy: The International Sources of American Trade Policy*, Cornell University, 1984;Michael Mastanduno, *Between Economics and National Security: The Western Politics of East-West Trade*, Princeton University, 1985;Jeffry Frieden, *Studies in International Finance: Private Interest and Public Policy in the International Political Economy*, Columbia University, 1985;Helen Milner, *Resisting the Protectionist Temptation: Industry Politics and Trade Policy in France and the United States in the 1920s*, Harvard University, 1986;Frederick Mayer, *Bargains within Bargains: Domestic Politics and International Negotiation*, Harvard University, 1988;Lisa Martin, *Coercive Cooperation: Explaining Multilateral Economic Sanction*, Harvard University, 1990;Beth Simmons, *Who Adjusts? Domestic Sources of Foreign Economic Policy during the Interwar Years*, Harvard University, 1991;Glenn Tobin, *Global Money Rules: The Political Economy of International Regulatory Cooperation*, Harvard University, 1991;Andrew Moravcsik, *National Preference Formation and Interstate Bargaining in the European Community, 1955-1986*, Harvard University, 1992;Michael J. Gilligan, *Conditional Trade Policy and the Demand for Liberalization: United States Trade Policy since the Civil War*, Harvard University, 1993;J. Lawrence Broz, *Wresting the Scepter from London: The International Political Economy of the Founding of the Federal Reserve*, UCLA, 1993;Elizabeth R. DeSombre, *Domestic Sources of International Environmental Policy: Industry, Environmentalists, and United States Power*, Harvard University, 1996。

自治的"假设进行修正①;而全球化进程中行为体的多样性则进一步促使学者们对现实主义的层次分析法提出质疑。② 这样,利益与制度成为 IPE 关注的主题。

如果说 IPE 在 20 世纪 70—80 年代关注的是美国霸权衰退背景下民族国家与世界市场之间的对立关系,那么,进入 20 世纪 90 年代,随着全球化的深入与扩展,IPE 则关注的是全球化背景下民族国家与世界市场是如何相互作用的。③ 与"第一代 IPE 学者"吉尔平以及斯特兰奇"单一、自治的国家"的假设不同,"第二代 IPE 学者"④则假设,在全球化进程中,国家既不是单一的,也不是自治的。在这种逻辑的推导下,第二代学者将第一代学者的前提假设加以扩大,即 IPE 主要研究如下两种关系:(1) 国家和社会力量的关系;(2) 国内政治经济与国际政治经济的关系。⑤ 莉萨·马丁将国家和社会的关系修改为利益和制度的关系,并将利益与制度的相互作用、国内政治和国际力量的相互作用概括为"2×2"模式。⑥

90 年代中期以来,IPE 在第二代学者们的不断努力下,无论是研究议题还是研究方法,都更加专业化。⑦ 与 70—80 年代的发展相比,IPE 在 90 年代以

---

① 海伦·米尔纳:《政治的理性化:正在显现的国际政治、美国政治与比较政治研究的综合》,载〔美〕彼得·卡赞斯坦等编:《世界政治理论的探索与争鸣》,第 140—169 页。

② Geoffrey Garrett, "The Causes of Globalization", *Comparative Political Studies*, Vol. 33, No. 6/7, August/September 2000, pp. 941-991.

③ 关于全球化对 IPE 的影响,可从 90 年代以来的几本全球政治经济学著作中发现这一点:Robert Gilpin, *Global Political Economy: Understanding the International Economic Order*, Princeton University Press, 2001; Robert O'Brien and Marc Williams, *Global Political Economy: Evolution and Dynamics*, Palgrave Macmillan, 2004; John Ravenhill, *Global Political Economy*, Oxford University Press, 2005. 这并不是说出现了一门全球政治经济学学科,而只是说明全球化对 IPE 发展的影响。

④ IPE 的第二代学者是指那些在 80 年代中后期获得博士学位,现在一流大学任教,主持或参与 IPE 项目的一批学者。他们进入国际关系领域研究时,IPE 已经是重要的博士训练课程;他们抓住了 IPE 发展的机遇,将第一代学者的研究迅速推进,主要是以基欧汉为代表的新自由制度主义。以获得博士学位时间为序,其代表人物有:Jeffry Frieden (1984), David Lake(1984), Helen Milner(1986), Edward Mansfield (1989), Lisa Martin (1990), Beth Simmons (1991), Andrew Moravcsik (1992) 等。

⑤ Jeffry A. Frieden, David Lake, eds., *International Political Economy: Perspectives on Global Power and Wealth*, St. Martin's Press, 2000(北京大学出版社 2003 年影印版)。

⑥ Lisa Martin, "International Political Economy: From Paradigmatic Debates to Productive Disagreement", p.654.

⑦ 新近值得注意的一批年轻学者,借用政治经济学领域将政治因素变为内生变量所完成的经济学模型来分析民主国家的国内利益博弈过程,从国内与国际的互动角度研究跨国层面的政治与经济关联性,主要有如下几位:Michael J. Hiscox (1997, Ph. D., Harvard University), John Richards (1997, Ph. D., University of California, San Diego), Kerry Chase (1998, Ph. D., University of California at Los Angels), Layna Mosley (1999, Ph. D., Duke University) Nathan Michael Jensen (2002, Ph. D., Yale University), Tim Buthe(2002, Ph. D., Columbia University), Pablo Martin Pinto (2004, Ph. D., University of California, San Diego). 他们的工作使得 IPE 更加专业化。

后的发展特征大致可以概括为如下三个方面。

1. 以利益和制度为核心

利益和制度其实并不是两个新概念,在第一代学者那里已经进行了大量的研究,90 年代以来研究的不同就在于将原来的国家利益和国际制度的研究核心扩展了,其中国内社会行为体的利益和国内政治制度安排成为研究的重要方面。① 与第一代学者主要立足于"国家是单一的"这一假设不同,第二代学者则将国家放在经济全球化的背景下,寻求国内和国际的关联性。他们在日益成熟的 IPE 学科内,加强对经济学工具的自觉运用,用经济学原理分析和界定利益与偏好的形成,同时将西方民主国家日渐完善的政治学分析工具扩展应用于对其他地区的研究中,由此形成了四个系列的核心议题②:

第一,关于国家的研究。与 70—80 年代国家中心主义"单一的"国家的假设不同,90 年代以来自由贸易在全球的拓展以及国际资本流动的加速,导致与国家相关联的研究发生了两个方向性的改变:一是将国家理解为汇聚国内政治利益偏好(个人的、行业的或者利益集团的)的制度框架,强调国内政治利益偏好如何影响国家之间的合作。在这方面,最为突出的是利用罗伯特·帕特南(Robert D. Putnam)提出的双层博弈分析框架③,强调理解国内政治过程在认识国际关系中的作用。④ 在这一路径下,多数学者把国家看作是国内社会力量和国际力量的中介,重点分析国内利益、制度以及信息如何影响一个国家的对外经济政策(贸易政策、金融政策和汇率政策)以及国际层面

---

① 在这方面,里程碑式的著作是海伦·米尔纳的《利益、制度与信息:国内政治与国际关系》(Helen Milner, *Interest, Institutions, and Information: Domestic Politics and International Relations*, Princeton, N. J.: Princeton University Press, 1997)。另外需要提及的是,IPE 的核心刊物《国际组织》自 1998 年发表 50 周年纪念刊之后,接连以专刊集中于从不同的视角研究不同问题领域的制度问题,如 2000 年第 54 卷第 3 期"国际制度的合法性"、2001 年第 55 卷第 4 期"国际制度的理性设计"、2002 年第 56 卷第 4 期"货币机制的政治经济学"、2005 年第 59 卷第 4 期"从社会化角度研究欧盟的制度"。

② 参见:海伦·米尔纳:《全球化与国际政治经济学的发展趋势》,《国际政治研究》2006 年第 2 期,第 3—8 页;Robert O'Brien and Marc Williams, *Global Political Economy: Evolution and Dynamics*, pp. 33-36。

③ Robert D. Putnam, "Diplomacy and Domestic Politics: The Logic of Two-Level Games", *International Organization*, Vol. 42, No. 3, 1988, pp. 427-460; Robert Paarlberg, "Agricultural Policy Reform and the Uruguay Round: Synergistic Linkage in a Two-Level Game?" *International Organization*, Vol. 51, No. 3, 1997, pp. 413-444.

④ Helen Milner, *Interest, Institutions, and Information: Domestic Politics and International Relations*, Princeton, N. J.: Princeton University Press, 1997.

的谈判与合作①;另一个是讨论经济全球化是否改变以及如何改变一个国家的利益偏好以及制度调整。② 有些学者甚至提出"开放经济政治"(Open Economy Politics)的概念,主张从厂商、产业部门或者生产要素所有者的角度来理解国家的对外经济政策选择,突破了以往"单一国家行为体"的假设,为深入研究国家的偏好和利益的形成奠定了坚实的微观基础。③

第二,关于地区主义研究。20世纪60—70年代的"地区主义"研究主要关注地区组织对推进地区相关国家之间的合作以及地区和平所起的作用,与此不同,90年代中期以后,随着欧洲区域化进程的深入发展(特别是单一货币的实施以及共同防务和立法的提出)以及亚洲区域化进程的加快(特别是东盟成员国的扩展以及基于"东盟方式"建立的一系列地区机制)④,地区主义的研究主要集中在如下三个问题上:一是民族国家主权的"让渡"问题;二是非国家要素的跨国流动在地区合作进程中的地位和作用⑤;三是地区主义和全球化之间的关系,例如FTA是加强WTO还是削弱WTO?⑥

第三,关于经济发展不平等的研究。20世纪70—80年代,依附理论和世界体系论将经济发展不平等主要归因于资本主义的世界经济结构(核心与边缘、北方与南方),并认为"不等价交换"是经济发展不平等的主要原因。但进入90年代以后,随着全球化以及昔日"边缘地区"成为"新兴工业化地区",在IPE领域产生了两个更为根本性的问题:一是全球化是否导致资本主义世界经济结构本身的变化? 如果有变化,有哪些变化? 二是那些经济得到飞速发展的国家(如在亚洲),是由于进行了国内政策的调整,还是接受了国际经济组织既有的规范? 那些经济没有得到发展或发展比较缓慢的国家(如在非

---

① Edward D. Mansfield, Helen V. Milner and B. Peter Rosendorff, "Why Democracies Cooperate More: Electoral Control and International Trade Agreements", *International Organization*, Vol. 56, No. 3, 2002, pp. 477-513.

② David M. Andrews, "Capital Mobility and State Autonomy: Toward a Structural Theory of International Monetary Relations", *International Studies Quarterly*, Vol. 38, No. 2, June 1994, pp. 193-218; Benjamin J. Cohen, *The Geography of Money*, Ithaca, NY: Cornell University Press, 1998.

③ David A. Lake, "International Political Economy: A Maturing Interdiscipline".

④ Amitav Acharya, "How Ideas Spread: Whose Norms Matter? Norm Localization and Institutional Change in Asian Regionalism", *International Organization*, Vol. 58, No. 2, 2004, pp. 239-275.

⑤ C. Randall Henning, "Systemic Conflict and Regional Monetary Integration: The Case of Europe", *International Organization*, Vol. 52, No. 3, 1998, pp. 537-573.

⑥ Edward D. Mansfield and Eric Reinhardt, "Multilateral Determinants of Regionalism: The Effects of GATT/WTO on the Formation of Preferential Trading Arrangements", *International Organization*, Vol. 57, No. 4, 2003, pp. 829-862.

洲)是否由于没有进行政策调整?

第四,关于国际制度和全球治理的研究。在20世纪70—80年代,IPE也研究国际制度,但此类研究大都建立在一个逻辑假设上,即美国霸权是推动国际合作以及国际制度建立的主要动力,所以,学者们关心的问题是:如果美国霸权衰退,国际合作是否仍然可能? 如果可能,国际制度的作用何在?① 进入90年代,随着全球化的深入、冷战的结束以及相应国家(苏联、东欧国家以及中国)的经济改革和转型,IPE关于全球化的研究主要集中在如下三个核心问题:一是推动全球化的基本动力是什么? 是技术变革和创新吗? 如果是,为什么在不同的国家和社会,人们接受技术变革和创新存在很大的差异? 二是非国家因素,包括公司、非政府组织以及社会运动如何改变全球治理的方式? 三是进入全球化进程并推动全球化的国家是如何进行政策调整的?

2. 与国际关系、比较政治和经济学相关联

如果说20世纪70—80年代的IPE主要与国际关系以及古典政治经济学相关联,那么,90年代中期以后,第二代学者在对"2×2模式"(利益与制度、国内与国际)获得共识的基础上,主要吸收了国际关系、比较政治和经济学的成果。海伦·米尔纳曾简明扼要地图示了这种关系(图0-2)。②

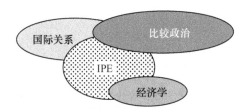

图0-2　IPE与相关学科的关联性

这里,需要我们加以分析的是,在过去十多年间,IPE在建立独立学科的同时,与国际关系、比较政治学以及经济学的相互关联性究竟表现在哪里?

(1) IPE与国际关系

进入20世纪90年代中期以后,随着全球化的兴起,在国际关系领域,自由制度主义和社会建构主义颇为盛行,并由此出现了国际关系理论的"第四次论战"。与此相关联,IPE也深受制度主义和社会建构主义的影响,并形成

---

① 这方面经典性的著作是罗伯特·基欧汉:《霸权之后:世界政治经济中的合作与纷争》,苏长和等译,上海人民出版社2001年版。
② Helen Milner, "Reflections on the Field of International Political Economy", p. 627.

了 IPE 的两种方法。① 作为一种分析方法,IPE 中的制度主义主要强调正式制度和非正式制度的重要性,尤其是规则(rules)在框定个体行为方面所起的作用;而建构主义作为一种分析方法,在 IPE 中主要体现在强调规范(norms)和价值(value)并不独立于行为体的利益之外,规范和价值本身就构成了身份(identity),因而也就成为利益(interest)。

(2) IPE 与比较政治

20 世纪 70—80 年代,IPE 主要集中探讨国际体系中相同的问题,因为一般都假设相同的国际力量可以导致相同的国家行为,因而 IPE 与比较政治的关联性不大,但进入 90 年代,学者们发现,即使相同的国际力量也可能导致不同的国家行为,因此,比较相关国家国内政治制度及其社会基础的共同性以及差异性,便成为 IPE 学者努力的方向之一。这也是新一代 IPE 学者主张"国内政治与国际关系"相关联的主要原因。② 比较政治对 IPE 的贡献主要集中在两点:一是使用"Large-N"方法进行案例研究;③ 二是打开"国家"这个"黑匣子",尤其是研究经合组织(OECD)国家之外的国家其国内政治的多

---

① Robert O'Brien and Marc Williams, *Global Political Economy: Evolution and Dynamics*, pp. 34-35.

② John Kurt Jacobsen, "Are All Politics Domestic? Perspectives on the Integration of Comparative Politics and International Relations Theories", *Comparative Politics*, Vol. 29, No. 1, October 1996, pp. 93-115; James A. Caporaso, "Across the Great Divide: Integrating Comparative and International Politics", *International Studies Quarterly*, Vol. 41, No. 4, December 1997, pp. 563-592; Bruce Bueno de Mesqutia, "Domestic Politics and International Relations", *International Studies Quarterly*, Vol. 46, No. 1, March 2002, pp. 1-9.

③ Robert Jackman, "Cross-National Statistical Research and the Study of the Comparative Politics", *American Journal of Political Science*, Vol. 29, No. 1, 1985, pp. 161-182; Herbert Kitschelt, "Industrial Governance Structures, Innovation Strategies, and the Case of Japan: Sectoral or Cross-national Comparative Analysis?" *International Organization*, Vol. 45, No. 4, Autumn 1991, pp. 453-493; Gary King, Robert Keohane, and Sydney Verba, *Designing Social Inquiry: Scientific Qualitative Research*, ch. 1-3, Princeton University Press, 1994; Helen V. Milner, "Rationalizing Politics: The Emerging Synthesis of International, American, and Comparative Politics", *International Organization*, Vol. 52, No. 4, Autumn 1998, pp. 759-786; William Roberts Clark, Usha N. Reichert, Sandra L. Lomas and Kevin L. Parker, "International and Domestic Constraints on Political Business Cycles in OECD Economies", *International Organization*, Vol. 52, No. 1, Winter 1998, pp. 87-120; Richard F. Doner, Bryan K. Ritchie and Dan Slater, "Systemic Vulnerability and the Origins of Developmental States: Northeast and Southeast Asia in Comparative Perspective", *International Organization*, Vol. 59, No. 2, Spring 2005, pp. 327-361.

样性。① 这两点为 IPE 提供了大量的案例。②

（3）IPE 与经济学

如果说 20 世纪 70—80 年代 IPE 与古典政治经济学相关联,主要是解决 IPE 的理论研究范式③,以此寻求政治和经济的相互关联性,突破当时国际关系研究中"高级政治"和"低级政治"的二分法,借用古典政治经济学的学术传统来解释当时国际体系中出现的新问题,那么,进入 90 年代中期以后,随着 IPE 在问题领域研究的进展,学者们越来越认识到新古典经济学在分析国际经济问题中的重要性,尤其是国际贸易和国际金融理论对于理解国际事务的重要性。新古典经济学对 IPE 的影响主要是方法论上的,具体来说主要表现在两个方面：一是强调理性选择方法④和博弈论⑤在 IPE 研究中的重要性。理性选择作为一种分析方法,主要是探讨单个行为体如何根据其偏好进行利益最大化,在 IPE 中这种方法主要应用在贸易领域以及合作问题上；而博弈论则强调在做出选择时考虑对方的选择,双方的选择不是在信息完全或者对称的情况下进行的,在 IPE 中它主要应用于强调国际和国内力量互动进程中的偏

---

① 20 世纪七八十年代,关于国家内部政治结构的论述主要集中在发达国家、特别是经合组织国家。这方面富有建设性的成果有：Peter J. Katzenstein, "International Relations and Domestic Structures: Foreign Economic Policies of Advanced Industrialized States", *International Organization*, Vol. 30, No. 1, 1976, pp. 1–45; Peter Gourevitch, "The Second Image Reversed: The International Sources of Domestic Politics", *International Organization*, Vol. 32, No. 4, 1978, pp. 881–912; Helen V. Milner, *Resisting Protectionism*, Princeton: Princeton University Press, 1988; Ronald Rogowski, *Commerce and Coalitions: How Trade Affects Domestic Political Alignments*, Princeton: Princeton University Press, 1989。

② Jack S. Levy, "Domestic Sources of Alliances and Alignments: The Case of Egypt, 1962–73", *International Organization*, Vol. 45, No. 3, Summer 1991, pp. 369–395; Manuel Pastor and Carol Wise, "The Origins and Sustainability of Mexico's Free Trade Policy", *International Organization*, Vol. 48, No. 3, Summer 1994, pp. 459–479; Michael J. Hiscox, "Class Versus Industry Cleavages: Inter-industry Factor Mobility and the Politics of Trade", *International Organization*, Vol. 55, No. 1, Winter 2001, pp. 1–46; Benjamin O. Fordham and Timothy J. McKeown, "Selection and Influence: Interest Groups and Congressional Voting on Trade Policy", *International Organization*, Vol. 57, No. 3, Summer 2003, pp. 519–549.

③ George T. Crane and Abla Amawi, eds., *The Theoretical Evolution of International Political Economy: A Reader*, Oxford: Oxford University Press, 1991.

④ Mark P. Petracca, "The Rational Choice Approach to Politics: A Challenge to Democratic Theory", *The Review of Politics*, Vol. 53, No. 2, Spring 1991, pp. 289–319; Jack S. Levy, "Prospect Theory, Rational Choice, and International Relations", *International Studies Quarterly*, Vol. 41, No. 1, March 1997, pp. 87–112; Robert H. Bates, "Comparative Politics and Rational Choice: A Review Essay", *American Political Science Review*, Vol. 91, No. 3, September 1997, pp. 699–704.

⑤ Pierre Allan and Christian Schmidt, eds., *Game Theory and International Relations: Preferences, Information and Empirical Evidence*, Hants, Vermont: Edward Elgar, 1994. 值得注意的是,2005 年诺贝尔经济学奖得主谢林(Thomas C. Schelling)的贡献主要在合作博弈研究上。

好、信息不对称以及决策的时序问题。其中,最为成功的是第二代学者提出的战略选择方法,据此研究国家间互动如何影响选择和战略。在这里,行为体的选择不仅反映出其偏好和约束条件,也必须考虑其他行为体的决策过程,这样就彻底打破了现实主义的层次分析法。① 另一方面则是借鉴新政治经济学的分析工具来加强国内利益集团的研究,主要有两大类模型:一个是通过选举来决定经济政策的模型,另一个是不同利益集团游说导致的政治决策模型。②

3. 进一步突出和完善理性主义的分析方法

90年代中期以后,理性主义和建构主义的辩论成为国际关系研究中的一个重要方面。面对建构主义的挑战和批评,理性主义也开始了新的自我完善,修正理论前提和分析框架,而理性主义的这种进展在 IPE 研究中是最为明显的。在理性主义框架内,新一代学者开始采用系统化和数学化的方法来证明基本命题和假设,并且就如何推动 IPE 研究基本上形成了一些共识,比如吸收新古典经济学和国际贸易理论的成果,采用理性选择和比较方法以及将美国政治、比较政治和国际关系重新综合等。更为重要的是,新一代学者不仅在分析框架上达成了共识,而且在如下三个具体研究议题上也达成了共识:依据社会集团在国际经济中的地位来确定其政策偏好;研究国内制度和利益的结合方式;讨论国际层次的国家间互动。③

四、国际政治经济学在中国的发展:20年的成就与挑战

相对于 IPE 在西方学术界的发展,IPE 进入中国学术界主要是 20 世纪 90 年代初期以后的事情。首先是盛行于欧美学术界的、IPE 的两本导论性著作——苏珊·斯特兰奇的《国家与市场——国际政治经济学导论》和罗伯特·吉尔平的《国际关系政治经济学》——被翻译出版,与此同时,北京大学

---

① David A. Lake and Robert Powell, eds., *Strategic Choice and International Relations*, Princeton, N. J.: Princeton University Press, 1999.

② Susan Lohmann and Sharyn O'Halloran, "Divided Government and US Trade Policy", *International Organization*, Vol. 48, No. 4, 1994, pp. 595–632; Carlos Boix, "Partisan Government, International Economy and Macroeconomic Policies", *World Politics*, Vol. 53, No. 1, 2000, pp. 38–73.

③ Andrew Moravcsik, "Taking Preferences Seriously: A Liberal Theory of International Politics", *International Organization*, Vol. 51, No. 4, 1997, p. 517; Michael J. Hiscox, "The Domestic Sources of Foreign Economic Policies", in John Ravenhill, ed., *Global Political Economy*, Oxford: Oxford University Press, 2005, p. 51. 另外,最近,我和米尔纳教授在挑选 90 年代中期以后 IPE 富有影响的成果中,我们发现,多半作者是 2000 年前后获得博士学位,并在这个分析框架内进行研究工作的新一代学者,他们都在进一步完善和发展理性主义的一般理论和具体研究纲领。

的袁明教授于1991年组织了"面向21世纪的挑战:中国国际关系学科的发展"国际学术会议,中国人民大学的宋新宁教授组织了为期五年的"中美关系国际研讨班",时任南开大学教授的我组织了为期四年的"国际政治经济学与亚太区域化"国际合作项目,这些国际学术活动,不仅邀请了国际学术界的IPE领军学者前来参加,而且也吸引了一大批国内的学者参与其中。到90年代中期,在教育部审定的普通高等学校本科专业目录中,"国际政治经济学"被列为国际政治专业和外交学专业的主干课程。及至世纪之交,中国人民大学国际关系学院宋新宁教授和陈岳教授、复旦大学国际关系和公共事务学院樊勇明教授、北京大学国际关系学院的王正毅教授和朱文莉副教授分别推出了《国际政治经济学概论》(中国人民大学出版社1999年版)、《西方国际政治经济学》(上海人民出版社2001年版)、《国际政治经济学:理论范式与现实经验研究》(商务印书馆2003年版)、《国际政治经济学》(北京大学出版社2004年版)等重要著作。特别值得一提的是,对国际关系进行政治经济学分析也引起了经济学界的关注,标志性的成果是张宇燕、李增刚推出的《国际经济政治学》(上海人民出版社2008年版)。所有这些,对于中国国际政治经济学的学科建设及学术研究无疑起了巨大的推动作用。

进入新世纪以后,有三件事尤可称道,它们标志着IPE在中国的发展已经进入一个新的阶段。

第一,专业制度化。2002年,北京大学国际关系学院进行了学科专业调整,率先在国内建立了国际政治经济学本科专业,并获得了硕士学位授予权,设立了博士和博士后研究方向,为这门学科在中国的进一步发展奠定了制度化基础。现在,"国际政治经济学"作为一门课程,几乎出现在所有大学的政治学系的课程目录中。

第二,原版教材的影印出版。从2003年开始,北京大学出版社为了推动国际关系学科在中国的深入发展,决定引进一批在国际学术界产生了广泛影响的原版国际关系教材及专著直接影印出版,涉及IPE的主要有三本,其中由哈佛大学政府系弗里登(Jeffry A. Frieden)教授和加州大学圣迭戈分校莱克(David A. Lake)教授选编的《国际政治经济学:审视全球权力与财富》(*International Political Economy: Perspectives on Global Power and Wealth*)的出版,对于中国学生了解IPE在美国一流大学的教学内容起了很大的作用。

第三,专题实证研究在加强。如果说在20世纪90年代我们主要还停留在介绍国外研究成果的阶段,那么,进入21世纪以后,中国的IPE研究已经逐渐深入,这主要表现在如下三个方面:第一,从原来的一般理论争论开始转向专题实证研究①;第二,除了原来的核心议题贸易、投资、货币以外,在能源、转型、经济安全、全球化与区域化等研究领域也取得了较大的进展;第三,寻求国际政治经济与中国国家利益的内在关联性,并开始在国际学术杂志上发表论文。②

在肯定既有成就的同时,我们也面临着诸多挑战,其中最为突出地表现在如下几个方面:

第一,专业训练比较薄弱。尽管国际政治经济学在专业设置上隶属于政治学,但必要的经济学训练是必不可少的。如果我们给国际政治经济学下个定义,我认为,国际政治经济学主要研究国际体系中的经济要素(包括资本、技术、劳动力以及信息)的跨国流动对国际体系、国家与国家之间的关系,以及国家内部政治结构和过程的影响,反之亦然。这样自然可以将 IPE 的研究议题分为三类:一类是全球层面的问题,包括国际金融与货币体系、国际贸易体系、跨国生产(跨国直接投资)、国际环境、国际秩序(资本主义体系)以及全球化;一类是区域层面的问题,包括区域化(诸如欧洲区域化、亚洲区域化等)、国家联盟经济;一类是国家层面的问题,包括发展问题、转型问题、国家竞争力问题等。依照这种定义,IPE 的研究自然涉及三种关联性:一是政治和经济的相互关联性;一是国内要素和国际要素的相互关联性;一是国家和社会的相互关联性。③ 国际政治经济学的"定义"和"研究议题",要求我们具备起码的经济学知识基础。这也是为什么 20 世纪 90 年代以来 IPE 与经济学相关联的一个主要原因。很难想象,如果没有博弈论的基础,如何理解一个国家的对外决策过程,又如何理解联盟经济;也很难想象,如果没有社会经济史的基础,如何理解世界经济中的制度建设。这也是为什么在美国的哈佛大学、普林斯顿大学、加州大学等政治学训练中加强经济学基础的一个主要原因。

第二,分析性研究工具掌握不足。在 IPE 过去十多年的发展历程中,中国学者也做了大量工作,但与西方学术界的研究相比,总体上是描述性的研究多于分析性的研究。这集中体现在如下两个方面:第一,中国学者在讨论政

---

① 其标志性的成果是《世界经济与政治》杂志在 2005 年第 6 期组织发表的两篇文章,见王正毅:《理解中国转型:国家战略目标、制度调整与国际力量》,查道炯:《相互依赖与中国的石油供应安全》。

② 例如,Zhu Wenli, "International Political Economy: A Chinese Angle", *Journal of Contemporary China*, Vol. 10, No. 26, 2001; Wang Zhengyi, "Conceptualizing Economic Security and Governance: China Confronts Globalization", *The Pacific Review*, Vol. 17, No. 4, 2004。

③ 王正毅:《争论中的国际政治经济学》,《世界经济与政治》2004 年第 5 期。

治和经济的相互关联性时,喜欢用"经济的政治化和政治的经济化"这样的语言,至于政治如何经济化以及经济化的程度如何,或者经济如何政治化以及政治化的程度如何,却很少有比较像样的成果。导致这种研究倾向的关键原因在于,当学者们寻求经济的政治原因或者政治的经济原因,没有相应的分析工具将其变成一个内在变量,结果自然局限于表面寻求政治和经济的关联性,而实际上在研究过程中,政治和经济仍然是两个相互独立的变量。第二,对于分析性的工具或者研究路径掌握不够。比如,在我国政治学学科的训练过程中,多数学生不能很好地掌握回归分析这种工具,至于双层博弈,也主要是经济学学生们的专利。这种分析工具的欠缺,使得中国的学者们在进行案例研究时,通常只会运用描述性语言。当然,这并不是说,分析性工具能够解决一切问题,因为现实中的某些变量,比如制度是很难量化的,但大多数变量还是可以量化的。

第三,与中国关联性的研究较少。20世纪90年代以来,在国际政治经济中,没有哪个事件可以与如下两者相提并论:一是冷战结束,苏联和东欧国家直接进入资本主义世界经济;二是中国实行改革和开放政策,并最终于2001年加入世界贸易组织(WTO)。这两大事件使相关国家成为"转型国家",然而,即使是在国际学术界,对"转型"进行政治经济学研究也刚刚开始。与大量关注欧洲和美国(特别是OECD国家)的经验相比较,真正关注中国过去30年的宏观经济政策并进行科学研究的工作真是少之又少。究其根源,主要是由于学者们担心中国的经验研究是否具有知识的普世性。其实,在国际学术界,这种从个体的经验出发创造出普世性知识的例子比比皆是,问题的关键是,我们是否有这种学术意识。否则,我们会一直在一种"两难境地"中徘徊:或担心自己落后而成为西方知识的消费者,或担心失去自己而强调"本土化"和"特殊性"。

第四,学术共同体远未形成。尽管IPE进入中国学术界已经十多年了,学者们也逐渐意识到它的重要性,但由于我们在知识谱系、研究议题、研究方法上远未形成某种共识,所以,与西方学术界相比,中国学术界还没有形成一个有关IPE的知识共同体。

保持已有的成就,面对挑战,绝非哪个个人或者某所大学独立所能完成,这需要我们国际关系学界作为一个知识共同体的共同努力,唯有这样,国际政治经济学才能在中国得到进一步的发展。

专栏

成为知识的生产者

在现行的国际体系中,不仅存在着政治和经济结构的不同,而且也存在着知识结构的差异。政治、经济结构中处于核心的地区或国家,不断通过知识的创造向国际体系推行"一元"的"普世性"的知识;而在政治和经济结构中处于边缘的国家或地区,则不断强调文明的"多元性"和"特殊性"。

知识的生产者和消费者。与20世纪国际体系在政治和经济上出现的核心区(国家)和边缘区(国家)的结构相对应,20世纪的国际体系在知识上也相应出现核心区(国家)和边缘区(国家)的结构。所谓知识领域的核心区,主要是指那些创造概念和范畴的地区,而边缘区自然是指那些消费核心区创造出来的概念和范畴的国家和地区。核心区在政治学、经济学、社会学以及历史学的创造性表现在:一是立足核心区的社会现实经验提出原创性的概念和范畴;二是对边缘区的社会现实经验或进行概念、范畴的原创或进行案例证实以及证伪,并借助英语这种"国际化"语言进行推广。边缘区在政治学、经济学、社会学以及历史学的消费性表现在:一是在核心区创造出来的概念和范畴的框架下对自己所处的地区进行实证分析,以寻求二者的差异性和关联性;二是直接消费和借用核心区学术界关于本地区的知识。

知识的普世性与知识的特殊性。与知识结构中的核心和边缘关联的一个问题是知识结构中的一元和多元的冲突。核心区通过原创性的概念和范畴,力图寻求一种"价值无涉"以及"普世性"的知识,并在资本主义世界经济以及霸权国家的推动下不断向全球推广这种知识。而边缘区却进入沃勒斯坦所说的"两难境地"之中:接受核心区的知识,但担心失去自己悠久的文明;不接受核心区的知识,又担心自己在知识权力结构中处于劣势。这样,"文明的多样性"以及"国际化"便成为边缘区国家经常矛盾的"文明战略"。

但也不断有"例外"出现。当19世纪的德国远落后于英国时,两位德国的思想家成为知识的生产者,李斯特出版了《政治经济学的国民体系》,马克思完成了《资本论》;当20世纪50年代拉丁美洲处于世界体系的边缘时,普雷维什和桑托斯提出著名的"依附理论";在20世纪90年代世界范围内兴起区域化的大潮中,东南亚国家提出与众不同的"东盟方式"。

正是从这种"例外"中,中国学者得到了启示。处于核心区的国家并非总是知识的生产者,处于边缘区的国家和地区也并非总是知识的消费者。处于边缘区的国家和地区,经过学者们的努力,也可以成为知识的生产者。

也正是因为这种"例外"的出现,中国学者们开始努力,从20世纪80年代提出构建"中国特色"的国际关系理论,到20世纪90年代关于中国国际关系理论的争论以及最近提出国际关系理论"中国学派"的生成。

没有完全脱离现实的纯粹的理论,也没有完全脱离理论的经验现实。人们所设想的理论和现实这种二分法只存在于人们的观念世界中。事实上,任何理论,其研究议题完全来源于现实(过去的现实、现在的现实以及未来的现实),所不同的只是人们如何对待这些现实,是偏好"分析性"的路径,还是偏好"描述性"的路径。

建立"中国特色"的国际关系理论也好,构建国际关系理论的"中国学派"也罢,这不仅为中国学者的"价值偏好"所左右,而且也与中国融入世界体系所涉及的具体议事日程相关联。让我们共同努力,伴随着中国不断融入世界体系的脚步,从问题领域研究入手,贡献我们的才智,成为知识的真正生产者。

资料来源:王正毅:《世界体系与国家兴衰》,北京大学出版社2006年版。

世界体系与国家兴衰：历史遗产

综观过去500年的世界历史，民族国家为了追逐财富和权力而彼此相互竞争，甚至发生冲突和战争，资本主义世界经济作为一个历史体系却一直延续至今。这个历史体系并非一蹴而就，而是经历了三个主要"历史时段"：1500—1750/1800的古典重商主义、1800/50—1914/45的古典自由主义和古典马克思主义，以及1945以来的"混合主义"。尽管这个历史体系在不同历史时段的具体局势有所差异，推动和维持这一历史体系得以延续的动力却并没有改变，这就是我们通常所说的地理大发现、金融与贸易、科学和技术、制度与战争。尽管加入这一历史体系的民族国家都认为自己有着独特的文明，但几乎所有国家都必须面对这个延续500年的历史体系所遗留的三个历史遗产，即国际体系、全球经济以及意识形态。

第一章
世界体系与国家兴衰

经济史的研究表明,在16世纪之前,在欧洲之外的其他地区不但存在着各种各样的"区域世界经济"(regional world-economy),而且这些不同的"区域世界经济"相当繁荣,有的甚至处于世界领先地位,如学者们经常提及的13世纪的中国、美索不达米亚、埃及、印度河谷。① 经济史家们普遍认为,16世纪之前的世界主要有两个基本特征:一个特征是,"区域世界经济"林立,而各"区域世界经济"有着自己独立的分工体系与经济结构;另外一个特征是,"区域世界经济"之间虽然有联系,但主要依靠远距离贸易,在整个世界并没有形成一个单一的世界经济结构。

16世纪的"地理大发现"不但改变了欧洲,而且改变了世界,整个世界经济出现了三个显著特征:第一个特征是,伴随着资本主义生产方式在西欧的出现,"西欧区域经济"得以飞速发展,并且逐渐超越了世界其他地区,正如经济史学家所述,"到1820年时,它的收入和生产率水平超出世界其他地区两倍"②。第二个显著特征是,产生于西欧的资本主义生产方式不断向世界其他地区扩展,并最终于19世纪形成了全球性的资本主义世界经济。第三个特征是,资本主义世界经济在全球范围内呈现出一种结构性,即核心区与边缘区。

---

① 关于对这一问题综合性的论述,读者可以参阅王正毅:《世界体系论与中国》,商务印书馆2000年版,第276—286页。
② 〔英〕安格斯·麦迪森:《世界经济千年史》,北京大学出版社2007年版,第37页。

尽管在之后的竞争中,处于核心区和边缘区的国家在不断变化,但核心区和边缘区这种结构却一直延续至今。

16世纪之前的世界与16世纪之后的世界出现的这种差异,向学者提出两个相互关联的问题:16世纪以后逐渐形成的资本主义世界经济是如何产生的?不断加入这个体系的国家和地区又是如何兴衰的?用世界体系论的集大成者伊曼纽尔·沃勒斯坦的话来说就是:

> 我们一定要重新提出资本主义世界经济是如何产生的以及什么时候产生的;为什么这种转化发生在封建的欧洲而不是其他地方;为什么它发生在那个时候,而不是早一点或晚一点;为什么转化的早期努力都失败了。这不只是一个考古学上的重建,而是完全理解我们现在这个体系的本质的关键。①

为了对这两个相互关联的问题进行回答,我们有必要回顾一下世界历史在过去500年所经历的三个时段:1500—1750/1800的古典重商主义、1800/50—1914/45的古典自由主义和古典马克思主义,以及1945—2035(?)出现的"混合主义"。

第一节　世界体系与历史时段

迄今为止,关于人类历史的转折点有许多断言,但根据生产方式的变革,人类历史在过去主要有两个大的分水岭:一是新石器时代革命;另一个就是现代世界体系的产生。诚如伊曼纽尔·沃勒斯坦所言:

> 世界社会科学的主要断言之一,就是在人类历史上有过一些大的分水岭。这样的分水岭的标志之一是通常所说的新石器时代的革命或农业革命,尽管只有少数的社会科学家研究它;另一个大的分水岭就是现代世界的产生。②

如果说新石器使得人类社会进入农业革命时代,那么,"现代世界体系"的产生则使得人类进入单一的"资本主义世界经济"时代。这个时代首先起源于1500年左右的"欧洲世界"。

回顾人类过去500年的历史,这个首先起源于1500年左右的"欧洲世界

---

① Immanuel Wallerstein, *The Capitalist World-economy*, Cambridge University Press,1989, p.135.
② Ibid., pp.160-161.

经济",伴随着"地理大发现"和"殖民主义",不断向世界其他地区(美洲、非洲、大洋洲以及亚洲)扩张,到了19世纪末,最终完成了向全球扩张的进程。我们分三个时段来详细分析一下这个"世界体系"扩张的过程以及与之相应的民族国家的兴衰。

一、第一个时段:1500—1750/1800

在1500—1750年这250年时间里,西欧有五个国家(葡萄牙、西班牙、荷兰、英国、法国),尽管它们有各自不同的文明或文化(我个人深信它们的文化是不同的),但通过"地理大发现"和"殖民主义"政策,这五个国家国内的生产方式发生了巨大的变革。这种生产方式的变革不但使得这五个国家的财富得以增长,国家实力得以加强,而且也使得世界财富得以增长。这种新的生产方式,用后来的语言来说就是"资本主义生产方式",而以这种生产方式从事的经济活动被后人称为"资本主义经济"。

关于什么是资本主义,到目前为止并没有一个非常明确的定义,有学者甚至指出,马克思本人从来没有用过资本主义这个词[①]。"资本主义"在早期的发展过程中的含义,与我们今天的理解并不完全相同。我们今天所指的"资本主义",其作为一种意识形态,那是20世纪以后的事情。而在1500—1750/1800年,"资本主义"在这五个国家里,既是一种生产方式,也是一种生活方式,同时还是一种国家发展战略,这就是人们所熟知的"重商主义"。回顾历史,我们可以发现,由于这五个国家在自然资源禀赋、民族习惯以及文化等方面存在着很大差异,从而导致这五个国家在"重商主义"的具体政策上出现不同,如同经济学家翁根所说的那样:

> 重商主义的主要表现,在法国是工场手工业,在西班牙和葡萄牙是殖民地贸易;在荷兰是航海和中间人贸易;在英国,这运动是更进了一步,这里连农业都包括在里面了。原来还有农业的重商主义哩。[②]

这五个国家在1500—1750/1800年大约250多年的时间里,完成了各自的原始资本积累,成为资本主义国家。这五个国家相互竞争,甚至不惜发动战争,到了1750年左右,只有150万人口的荷兰,凭借其农业革命、工业优势以及商业体制的创新,不但使得"欧洲区域经济"的核心从早期的地中海位移

---

① 〔法〕布罗代尔:《15至18世纪的物质文明、经济和资本主义》第二卷,生活·读书·新知三联书店1993年版,第235—243页。
② 〔苏〕卢森贝:《政治经济学史》第一卷,生活·读书·新知三联书店1978年版,第40页。

到波罗的海,而且依靠拉丁美洲的白银和亚洲的香料建立了一个世界性的商业帝国。①

二、第二个时段:1800/50—1914/45

在随后的 1800/50—1914/45 这 150 年时间里,全世界又有四个国家加入这个"资本主义世界经济"之中,进入到最早起源于西欧的"世界体系"之中。第一个国家是 1806—1848 年开始追赶英国的普鲁士(即后来的德国)②;第二个国家是沙皇俄国③;第三个国家是从 19 世纪 90 年代早期开始工业化的美国④;第四个国家则是亚洲的日本,日本从 1868 年开始进行明治维新,从上到下进行改革,借助"条约"直接加入了这个体系⑤。到 1914 年,这个最初起源于西欧的"资本主义世界经济"主要有九个国家(葡萄牙、西班牙、荷兰、英国、法国、德国、美国、俄国以及日本)。在 1800/50—1914/45 年近 150 年的历史中,伴随着这九个国家财富的增长和实力的增强,相互竞争加剧,冲突不断,甚至发生了大规模的战争,其中,最为著名的便是第一次世界大战和第二次世界大战。从 1800/50 年到 1914 年,有一个国家在国家之间的相互竞争中最终胜出而成为霸权国家,这就是 19 世纪中叶的英国。英国依靠"工业革命""自由贸易"和"国际黄金标准",不但击败了葡萄牙、西班牙和法国的挑战,而且还取代了荷兰,成为"资本主义世界经济"500 年历史上的第二个强国(霸权国家)。"工业革命"和"自由贸易"在使得英国成为"资本主义世界经济"的"经典范例"的同时,创造了"资本主义世界经济"的第一个"黄金周期"(1850—1900)。⑥

---

① 王正毅:《17 世纪中叶的"荷兰奇迹"》,载于王正毅:《世界体系与国家兴衰》,第 108—117 页。
② 〔美〕查尔斯·P. 金德尔伯格:《世界经济霸权 1500—1990》,商务印书馆 2003 年版,第九章;John H. Clapham, *The Economic Development of France And Germany 1815-1914*, Cambridge: Cambridge University Press, 1936; W. O. Henderson, *The Industrial Revolution on the Continent*: *Germany, France, Russia 1800-1914*, London: Frank Cass, 1961; Thorstein Veblen, *Imperial Germany and the Industrial Revolution*, New York: The Macmillan Company, 1915。
③ James Mavor, *An Economic History of Russia*, 2 vols, second edition, London, 1925。
④ Emily S. Rosenberg, *Spreading the American Dream*: *American Economic and Cultural Expansion 1890-1945*, Hill and Wang, 1982。
⑤ 〔日〕大野健一:《从江户到平成:解密日本经济发展之路》,中信出版社 2006 年版。
⑥ 〔美〕查尔斯·金德尔伯格:《世界经济霸权 1500—1990》,商务印书馆 2003 年版,第 201—242 页。

三、第三个时段:1945—2035?

一个尤其值得我们注意的事实是,"资本主义世界经济"并没有因第一次世界大战和第二次世界大战而结束。恰恰相反,战争之后的"资本主义世界经济"不但得以延续,而且无论是在广度上还是在深度上都得以加强。1945年以来的"资本主义世界经济"显现出如下四个明显特征:

第一,范围更为广泛,既有发达国家,也有发展中国家,还有转型国家。20世纪50年代以来,"资本主义世界经济"作为一个体系,其范围达到了前所未有的广度,主要表现为全世界又有一批国家和地区加入这个"世界体系"中,其中包括非洲的尼日利亚和南非、南亚的印度、拉丁美洲的巴西;亚洲"四小龙"(韩国、新加坡、中国香港和中国台湾)以及东盟四国(菲律宾、印度尼西亚、马来西亚和泰国);最后是冷战结束后的独联体、东欧国家以及实行"改革开放"政策的中国和越南。

第二,制度选择更为多样,呈现出"混合主义"特征。与先前相对单一的"重商主义"(16—18世纪)或"自由主义"(19世纪后半叶和20世纪50—70年代)占主导地位相比,在20世纪50年代大批国家加入之后,这些国家在制度选择上明显呈现出多样化趋势,既有英美式的"自由放任式的市场经济"和北欧国家的"社会福利主导型的市场经济";也有日本的"发展型的资本主义体系"和新加坡的"儒家资本主义";还有德国的"社会市场资本主义体系"和中国的"社会主义市场经济"。

第三,相互竞争更为激烈,最突出的是主导权之争。在过去500年世界经济的发展过程中,关于霸权或主导权的竞争一刻都没有停止过,这种状况在1945年以来更是如此。在美国成为世界经济的霸权国家或主导国家之后,一直受到其他国家的挑战。先是20世纪60年代欧洲国家成立"欧洲共同体",在农业领域(共同农业政策)以及金融领域(特别提款权)向美国提出挑战,最后因1973/74年的世界性的经济危机而终止;然后是日本在1968年成为世界经济的第二大经济体之后,从1968年到1985年在贸易领域(美国与日本5个回合的贸易摩擦)向美国挑战,最后因日本1993—2003年的经济衰退而告终;最近是发展中国家(特别是印度和中国)在知识产权以及农业领域向美国提出了挑战,这些在贸易领域的挑战因2007/2008年全球金融危机而被搁置。

第四,时间转折点更不确定,这主要缘于"中国的崛起"。"资本主义世界经济"已经延续了500年,作为一个经济体系,它还能持续多久?这是学者们和政策制定者们经常思考的一个问题,这一问题因中国的加入以及中国经济的持续增长而不断被问及。中国自从1978年实行改革和开放政策以后,积极主动地融入这个"世界体系",其主要标志是,1980年加入作为这个"世界体系"在货币和金融领域的全球性组织"国际货币基金组织"(IMF),之后又于2001年加入作为这个"世界体系"在贸易领域的全球性组织"世界贸易组织"(WTO)。美国学术界近期对中国经济前景进行了预测[①]:如果以两国的经济增长速度来看,1993—2004年期间,中国的年均增长率为9.6%,美国的年均增长率为3.3%,如果两国都按过去10年的年均经济增长速度增长,那么到2035年,中国的经济将超过美国;而如果以两国的人均国内生产总值来看,2005年中国人均国内生产总值为1700美元,而美国的人均国内生产总值为42 000美元,中国的人均国内生产总值仅为美国的1/25,那么,到了2035年,中国的人均国内生产总值将上升到美国的1/4(中国为10 000美元)。就像20世纪70—80年代国际社会关心日本一样,20世纪90年代中期以来,国际社会将关心的目标从日本转向崛起的中国。国际社会对中国的关心主要集中在如下两个问题上:一个问题是,中国是否或能否在2035年左右取代美国成为"世界经济"的主导国家?另一个问题是,如果中国成为"世界经济"的主导国家,中国是否会改变"世界经济"持续500年的基本规则?

第二节 世界体系的基本动力

在过去500年,资本主义世界经济得以产生并且不断扩展,从最初的西欧地区扩展到全球,形成一个历史体系,其中有一个核心问题需要我们来回答:是什么动力导致历史体系得以延续?在我看来,资本主义世界经济作为一个历史体系(世界体系)得以延续500年的动力主要有四个,即地理大发现、金融与贸易、科学和技术、制度与战争。

一、两次"地理大发现"

世界体系得以延续500年的第一大动力是"地理大发现"。"地理大发现"作为一个专有名词,最早是指西班牙和葡萄牙的航海家们受到哥伦布1492发现美洲新大陆的鼓舞,开始寻找到达中国和印度这两个富裕国家而进行的横渡大西洋、印度洋以及太平洋的一系列航海活动。

---

① C. Fred Bergsten, Bates Gill, Nicholas R. Lardy and Derek Mitchell, *China: The Balance Sheet*, NY: Public Affairs, 2006, p.19.

西欧的"地理大发现"给西方带来一场革命,这场革命的意义在于两点:第一,"地理大发现"对于西欧国家的意义在于,在经过长时间的经济停滞之后,这些西欧国家寻找到了新的国家生存空间。与"地理大发现"相伴随的是这些国家采取的"殖民主义"政策。通过"殖民主义"政策,这些国家不但获得了黄金、白银等贵重金属,而且还获得了发展经济的原材料,进而完成了原始的资本积累。所以,地理大发现使得这些国家的财富在急剧增长,实力在不断增强。在之后的400多年时间里,"殖民主义"成为许多国家进行国家生存空间扩展以及原始资本积累的重要政策手段。第二,"地理大发现"对于世界的意义在于,它在政治上将欧洲和亚洲的关系颠倒过来,用地理学家麦金德的话来说就是:

> 地理大发现主要的政治效果是把欧洲和亚洲的关系颠倒过来,因为在中世纪时,欧洲被关在南面不可逾越的沙漠、西面无边莫测的大洋,和北面、东北面冰或森林覆盖的荒原之间,而东面和东南面又经常受到骑马和骑骆驼民族的优势机动性威胁。欧洲现在出现在世界上,它能到达的海域和沿海陆地增加了30倍以上,它的势力包围着至今一直在威胁它本身生存的欧亚陆上强国。①

"殖民主义"政策随着第二次世界大战的结束而退出历史舞台,殖民地国家和地区开始在政治上建立独立主权国家。"世界经济"因意识形态的对立也被断然分成两种形态——资本主义世界经济与反资本主义世界经济(社会主义计划经济),前者随着布雷顿森林体系的建立进一步加强,而后者尽管也有"经济互助委员会"(Council for Mutual Economic Assistance),但由于没有形成一个单一的世界市场,最后随着冷战的结束而告终。

尽管国际社会关于1989年"柏林墙"的倒塌以及冷战结束的政治意义众说纷纭,但对其经济意义的认识却几乎是一致的:这就是世界经济从以前的"区域性世界经济"开始真正成为"全球性世界经济"或"全球经济"。起源于西欧的"世界经济"曾因美洲国家和亚洲国家的加入不断向世界其他地区扩展,但由于意识形态的对立而没有成为"全球经济"。但1989年之后,随着苏联、东欧国家以及中国、越南等的加入,"世界经济"成为真正意义上的"全球经济"。

进入20世纪90年代,由于计算机技术的发展和应用,人类历史上出现了第二次"地理大发现",其标志就是光纤电缆在全球(陆地和海洋)的铺设和

---

① 〔英〕哈·麦金德:《历史的地理枢纽》,商务印书馆1985年版,第58页。

1996年美国通过的《电信法案》(Telecommunication Act of 1996)。20世纪90年代的"地理大发现"与16世纪的"地理大发现"的区别在于:第一,16世纪的"地理大发现"发源地是西欧国家,而20世纪90年代的"地理大发现"的国家主要是美国。第二,16世纪进行"地理大发现"的西欧国家在向世界其他地区扩张的过程中,主要依靠殖民政策和国家主导下的公司(诸如西印度公司和东印度公司)获取原材料,如美洲的黄金和白银、亚洲的胡椒和香料等,这种扩张是对有形资源的掠夺;而20世纪90年代美国的"地理大发现"在向世界扩张的过程中,主要依靠跨国公司和国际机制获取人力资源,这种扩张是对无形资源的掠夺,例如发生在印度和其他发展中国家的"外包"以及中国的"离岸经济"。第三,伴随着16世纪西欧国家"地理大发现"的是国家之间无穷的战争,并且范围是有限的;而与90年代美国"地理大发现"相伴随的则是相关国家的经济冲突和合作,而且范围是全球性的。

二、国际贸易与金融

世界体系得以延续500年的第二大动力是贸易与金融。贸易是一个比较古老的范畴,"几百年来,贸易税收一直是帝国和政治集团最重要的财源之一。许多帝国选择以贸易为契机而发展起来,并且为了控制亚洲、非洲和中东的贸易路线,曾经彼此大动干戈"①。

1648年民族国家体系出现之后,各国仍将贸易作为财富增长的动力,并因此在欧洲历史上出现了著名的"重商主义"(1500—1750/1800),贸易是重商主义政策的核心,至于如何进行贸易,各国的具体政策的关注点有所不同。在随后的两个历史时段(1750/1800—1914/45 和 1945—2035?)中,贸易仍然是各国进行财富增长的重要手段。1870—1914年和1945—1970年分别被称为资本主义世界经济的两个"黄金周期",在第一个黄金周期,自由贸易不但成就了英国的霸权梦,而且推动了资本主义世界经济财富的整体增长,根据经济统计资料,1870—1913年期间,世界GDP总额年均增长率为2.1%,世界人均GDP年均增长率为1.3%,就贸易占世界GDP的比率而言,1800年仅为2%,1913年则增加到21%②;在第二个黄金周期,自由贸易制度的建设

---

① 〔美〕罗伯特·吉尔平:《国际关系政治经济学》,第159页。
② Angus Maddison, *Monitoring the World Economy 1820-1992*, Paris: Development Centre of OECD, 1995, p.60;〔美〕E. 赫尔普曼:《经济增长的秘密》,王世华等译,中国人民大学出版社2007年版,第6、52页。

(GATT)又使得美国经济和世界经济得以飞速增长,经济统计资料表明,世界经济在1950—1973年之间比以往任何时候增长都要快,世界人均GDP年均增长率为2.9%(这意味着每25年翻一倍),世界GDP总额年均增长率为4.9%,世界贸易额年均增长率将近8%①。

在世界体系的发展过程中,金融与贸易同样重要。与第一次"地理大发现"相伴随的是黄金、白银的开采,由于黄金和白银属于贵重金属,因而成为价值储藏和交换的重要手段。1500—1750年,黄金和白银不仅是各国财富的象征,并成为欧洲国家进行海外掠夺的主要对象,同时也是各国相互之间进行贸易的重要支付手段。经济史研究的结果表明,1500年,欧洲有大约3600吨黄金存量和37 000吨白银存量,而从1493年到1800年,世界白银产量的85%和黄金产量的70%来自拉丁美洲。仅在美洲,白银产量在17世纪约为42 000吨,其中有31 000吨运抵欧洲,而欧洲又将其中的40%运往亚洲;在18世纪约为74 000吨,其中有52 000吨运抵欧洲,欧洲将其中40%运往亚洲。②所以,在这一阶段用于贸易支付手段既可以是黄金,也可以是白银。

而真正将黄金作为唯一的国际货币则起源于1819年英国国会颁布的《恢复条令》,要求英格兰银行恢复从拿破仑战争(1793—1815)爆发以后被终止了四年的将通货与黄金按一固定比率兑换的业务。《恢复条令》标志着金本位制的正式采用。③ 金本位制开始时只在英国和其殖民地所用,到19世纪70年代,许多国家逐渐效仿,包括德国(1872)、斯堪的纳维亚(1873)、荷兰(1875)、比利时、法国和瑞士(1878)以及美国(1879),到1879年,许多工业化国家已经采用金本位制。尽管在1873—1896年经济危机之中,关于是否采用金本位制在许多国家内部出现了政治争论,但经济危机之后,随着黄金价格的上涨,金本位制得到了加强,日本和俄国(1897)、阿根廷(1899)、奥匈帝国(1902)、墨西哥(1905)、巴西(1906)以及泰国(1908)也纷纷加入了金本位制。到了1908年,除了中国和波斯(现在的伊朗)在进口结算不用黄金外④,几乎所有的国家都接受了金本位这种固定汇率制度。

---

① Augus Maddison, *Monitoring the World Economy 1820-1992*, p.60;〔英〕安格斯·麦迪森:《世界经济千年史》,伍晓鹰等译,北京大学出版社2003年版,第8页。
② 〔德〕贡德·弗兰克:《白银资本:重视经济全球化中的东方》,中央编译出版社2000年版,第202—211页。
③ 〔美〕保罗·克鲁格曼、茅瑞斯·奥伯斯法尔德:《国际经济学》,海闻等译,中国人民大学出版社2000年版,第510页。
④ Jeffry A. Frieden, *Global Capitalism: Its Fall and Rise in the Twentieth Century*, NY: W.W. Norton & Company Ltd., 2006, pp.6-17.

尽管金本位制度随着第一、二次世界大战期间的"以邻为壑"的政策而结束,但稳定的国际货币体系以及适度的货币政策是世界经济增长的"稳定器"这一铁律并未改变,这是战后以"双挂钩制"(美元与黄金挂钩、其他国家的货币与美元挂钩)为基础的国际货币体系出现的主要原因。即使1976年以后国际货币体系开始向浮动汇率制转变,但建立稳定的国际货币体系仍然是各国为了维持经济增长而追求的目标。

三、科学与技术进步

世界体系得以延续500年的第三大动力是现代科学的产生与技术进步。在15世纪之前,人类在科学研究和技术进步方面也曾取得过许多成就,例如,古希腊的数学、古代中国的"四大发明"、古巴比伦的天文学,等等,但这些科学知识不仅是零散的,而且通常与宗教和哲学思辨结合在一起。欧洲的文艺复兴运动(1440—1540)为现代科学的诞生奠定了思想和社会基础,但现代科学的真正革命却主要发生在17—18世纪[①]。与之前的科学研究相比较,现代科学主要有如下三个最为基本的特征[②]:第一,对自然的研究逐渐从以往抽象的哲学思辨转向相对数字化的实验描述。其中,哥白尼的《天体运行论》(1543)、哈维的《血液循环论》(1628)、牛顿的《自然哲学的数学原理》(1687)、达尔文的《物种起源》(1859)等科学著作开启了天文学、生物学、生理学、物理学等实验科学的先河。第二,对知识的态度从中世纪傲慢地蔑视自然和社会的宗教(基督教)教条逐渐世俗化。其中,最为重要的措施是一系列促进科学实验的研究机构的建立,诸如佛罗伦萨的西芒托学院(1657)、伦敦的皇家学会(1662)、巴黎科学院(1666)以及为了英国海军利益而建立的格林尼治天文台(1675)。第三,科学仪器的应用。与之前使用的一些极为简陋的科学仪器相比,17世纪出现了6种非常重要的科学仪器,即望远镜、显微镜、温度计、气压计、抽气机和摆钟。这些科学仪器的出现,使得人们对自己所处的自然世界的认识更为准确甚至精确。

现代科学和技术的进步,不只是体现在科学和技术进步本身,而更为重要的是,科学革命与工业革命结合在一起,推动了欧洲经济和社会的发展,这首先出现在17世纪的荷兰和英国。

[①] 〔英〕J.D.贝尔纳:《历史上的科学》,伍况甫等译,科学出版社1981年版,第214—288页。
[②] 〔英〕亚·沃尔夫:《十六、十七世纪科学、技术和哲学史》上册,商务印书馆1997年版,第1—15页。

17世纪的荷兰,尽管土地贫瘠,但为了开垦荒地,依靠风车排干沼泽地,完成农业技术的革新;"荷兰"织机的诞生和染料技术的进步,使荷兰的纺织业得到飞速的发展;而造船技术的进步使得荷兰的平底快船的成本不到英国造船成本的三分之二,技术进步不仅使得荷兰成为"木制机械时代"的中心①,而且使得荷兰在17世纪中叶成为世界性的商业帝国。

而在17世纪的英国,科学和技术进步不但推动了采掘业和纺织业的发展,而且推动了交通运输业的发展。② 基于空气和流体静力学的空气泵的产生以及不断改进,解决了长期困扰采掘业的三个难题——矿井出水、新鲜空气的供给限制以及难以将矿石提升到地面,使得英国在对煤、铁、锡和铜的开采方面走在世界的前列;纺纱机和织布机的诞生使得纺织业的机械化大生产成为可能,从而使得英国成为纺织业的中心;数学和天文学的经济意义在于,它不但促进了计算航线、距离、经度和纬度的准确性,而且推动了英国航海业和海洋交通运输业的发展,所有这些对于英国在19世纪中叶成为世界经济中的霸权国家起到了关键的作用。

科学和技术进步作为世界经济的推动力之一,在20世纪以后得以延续,技术进步不但改变了人类的生产方式和生活方式,而且也是国家竞争力最为主要的指标。20世纪70年代以来计算机技术的发展更是如此。计算机技术以及通信网络的应用,不但改变了世界的生产方式,例如今天盛行世界的"外包",而且改变了我们日常的相互交流的方式,同时也使得掌握这些技术核心的美国继续维持着其在世界经济中的领导地位(参见本章后的"专栏:碾平世界的10大动力")。

四、制度与战争

促使"世界体系"得以持续500年的第四大动力是国际制度/机制的建设。所谓制度或机制,是指一个体系内限制、规范并且使其参与者的行为合法化的一系列规则、规定、章程或者程序,而离开这些规则、规范、章程或者程序,参与者的行为被视为是不合法的。

在过去500年"世界体系"的产生和扩展过程中,制度化体现在资本主义世界经济的各个领域:在政治领域,国家之间相互合作的制度化和机制化主

---

① 王正毅:《17世纪中叶的"荷兰奇迹"》,参见王正毅:《世界体系与国家兴衰》,第108—117页。
② 〔美〕罗伯特·金·默顿:《十七世纪英格兰的科学、技术与社会》,范岱年等译,商务印书馆2002年版,第184—251页。

要是通过条约和协定的签订来完成的。通过签订条约进而达到"势力均衡",是欧洲国家在近代相互合作、避免战争的一个重要经验;在贸易领域,将自由贸易制度化以避免20世纪30年代"以邻为壑"的贸易保护主义是1945年以来相关国家努力的目标,并最终产生了"关税及贸易总协定"(GATT)和"世界贸易组织"(WTO);在金融和货币领域,从1870—1914年的金本位制到1944—1976年布雷顿森林体系的"双挂钩制"以及"国际货币基金组织"(IMF)的建立,其实都是国际货币制度化的体现。国家之间相互合作的制度化,曾为资本主义世界经济带来两个黄金周期,这就是1870—1914年的世界经济和1945—1970年的世界经济。

对国家之间相互合作的制度化或机制化最大的威胁就是战争。尽管人类社会渴望和平,但在过去500年资本主义世界经济发展的历程中,冲突和战争很少因为人类的美好愿望而停止。综观人类过去500年的历史,我们可以发现,战争一般采取如下三种形式:一种形式是,交战双方都以结束对方生命为目标。历史上的所有军事战争的目标都是如此。无论是欧洲的"三十年战争",还是第一次和第二次世界大战都莫不如此。第二种形式是,交战的一方是以结束双方的生命为目标。无论是1941年太平洋战争中的日本飞行员,还是最近几年来喧嚣一时的"恐怖主义"都是如此。也就是说,当交战一方发现无法结束对方生命时,选择与对方一起结束生命。所以,在这种意义上,美国发生的"9·11"并没有改变世界,它只是战争的一种形式。第三种形式是,交战的一方出于各种原因并不能结束对方的生命,但让对方对生命存在的意义感到恐惧。这种形式的战争最为典型的表现就是各种形式的经济制裁。

第三节 世界体系的历史遗产

在简略地回顾世界体系的发展时段和基本动力之后,仍然有一个问题需要我们深思:这个延续了500年的世界体系给我们留下了什么样的历史遗产?在我看来,这个最早起源于"欧洲的区域世界经济"并在后来不断向全球扩展的世界体系给我们留下的历史遗产主要集中在如下三个方面。

一、民族国家与国际体系

世界体系给我们留下的第一种历史遗产是政治层面的,即"民族国家"(nation state)和"国际体系"(international system)。在1648年之前,世界许多地区盛行的是帝国体系,1648年西欧国家签订的《威斯特伐利亚和约》奠定了民族国家体系的基础。随着资本主义世界经济从欧洲不断向世界其他地区扩展,其他地区和国家在融入这个资本主义世界经济的同时,其国内政治结构和体制也开始发生变化。比如,日本于1868年推行明治维新运动、中华帝国于1912年解体、东南亚地区从1945年开始脱离欧洲殖民体系,这些亚洲国家在政治上建立了"民族国家"并逐渐加入民族国家体系之后,国家主权及其巩固才是所有这些国家优先考虑的问题。

二、世界经济与全球经济

世界体系给我们留下的第二种历史遗产是经济层面的,即出现了一个全球性的"世界经济"(global world-economy)。西方学者将其称为"资本主义世界经济",尽管关于什么是资本主义,学者们并没有形成一个统一的定义。但为了避免引起误解,我在这里愿意将其称为"以资本运行为主导的世界经济"。

这个"世界经济"的第一个重要组成部分是商业资本的形成。商业资本形成的一个重要标志就是银行和信贷体系的建立。虽然银行早在中世纪的意大利就发展起来了,并承担着那个时期的货币往来与汇兑、接收存款、兑换汇票、提供贷款、代为付款等业务,但大规模的、遍及欧洲的金融经营业务开始于16世纪,这就是国家银行和私人银行的兴起。如1586年创办的作为清算银行的威尼斯的里阿尔托银行,1593年创办的米兰的圣·安东尼奥银行,1609年创办的阿姆斯特丹市贴现银行、米德尔堡贴现银行、德尔夫特贴现银行和鹿特丹贴现银行,1619年创办的汉堡银行,等等。这些银行的业务并不局限于货币经营,而是大力发展信贷业务,特别是经过17世纪银行业的改革,银行在欧洲国家的财政管理以及国际商业活动中起着越来越重要的作用。17世纪的荷兰依靠银行业务和功能的创新,最终发展成为一个世界性的商业帝国;19世纪的英国依据占主导地位的金本位制成为经济上的霸权国家;20世纪中叶的美国依靠"双挂钩制"主导国际金融市场。

这个"世界经济"的第二个重要组成部分是贸易。在1500—1750年,欧洲人通过贸易,不但增加了财富,而且增强了国家的实力。正如欧洲经济史学家所描述的:

> 贸易在1500年至1750年间所发挥的重要作用在欧洲历史上是罕见的。有一些历史学家称这段时期为早期资本主义时代或商业资本主义时代,也有一些历史学家命之为重商时代或重商主义时代。这段时期的

某些国际冲突——例如17世纪英国与荷兰之间的战争以及18世纪上半叶英国与西班牙之间的战争——也许便是由商业原因引起的。当时的人们普遍认为世界财富的总量是既定的,而诸如海关法与航海法所体现的商业政策的目标就是为各自的国家尽量夺取财富。另一方面,在近代初期引起欧洲爆发战争或冲突的种种原因中,贸易仅次于宗教与封建帝国主义而位居第三。同时,我们应当考虑到,各国政府在推行其外交政策时有时也会寻找出一些商业方面的理由。许多事例证明,贸易——首先是对外贸易——对于一个国家的繁荣来说在当时被认为是至关重要的,而财富则被认为是一种最基本的实力,正如实力是获取财富的基本手段一样。于是,财富与实力就成了国家政策的最终目标。①

三、学术意识形态与政治意识形态

世界体系给我们留下的第三种历史遗产便是学术意识形态和政治意识形态。

"意识形态化"是资本主义世界经济向全球扩展过程中的一个重要特征,这主要是通过"法国大革命"完成的。按照沃勒斯坦教授的观点,"法国大革命"对于世界体系而言,其最大的意义便是孕育出三种政治意识形态(保守主义、自由主义和马克思主义)并将其制度化②。

就1789—1989年时期来看,引起地缘文化发生剧烈变化的是法国革命以及拿破仑主义。法国革命在本国引起的变化并不像人们所想象的那么大,但它对世界体系的影响却是非常深刻的,因为它改变了人们的思想意识,它通过"普遍主权"的概念使人们相信,政治变革是"正常"的"合法"现象。为解释这种新现实所作的努力形成了三种意识形态:保守主义,自由主义和社会主义,他们之间的区别在于以什么样的态度解释这种正常变革。保守派力图最大限度地减速这种变化;希望理性地说明这种变化的自由派和社会主义者则力图最大限度地加速这种变化。③

保守主义(conservatism)作为一种意识形态是资产阶级对法国大革命所

---

① 〔意〕卡洛·M.奇波拉主编:《欧洲经济史》(第二卷:十六和十七世纪),商务印书馆1988年版,第365页。
② 这里关于三大意识形态的具体内容,主要转引自王正毅:《世界体系论与中国》,第205—206页。
③ Immanuel Wallerstein, "The World-System after the Cold War", *Journal of Peace Research*, Vol. 30, No. 1, 1993, p. 2,转引自王正毅:《世界体系论与中国》,第204页。

带来的变革做出的第一个反应。保守主义者也承认社会变革的正常性和必要性,但保守主义的基本主张是,某些变革是可以的,也是必需的,但那些影响社会基本结构的变革是不行的,也是没有必要的。在保守主义看来,家庭、"社团"、宗教以及君主这些最为基本的结构不应该改变。实际上,保守主义是"传统"的捍卫者,是文化乐观主义的具体体现。他们的逻辑是,"传统"长期在那里发挥作用,传统的价值里有许多优秀的东西,所以任何对传统的反叛都需要很强的合法性论证,否则,就会引起社会的衰退和崩溃。

自由主义(liberalism)是"变革的正常性"最为自然的拥护者。但有一点是非常值得注意的,即自由主义是出现在保守主义之后的,也就是说,自由主义是在保守主义产生之后作为保守主义的反对者出现的。尽管在19世纪早期英国托利党人就把保守主义的对立面称作是"自由的",英国哲学家洛克被认为是这一思想最具典型的代表人物。但与19世纪以前以及19世纪早期那种追求个人的权利的自由不同的是,沃勒斯坦等人这里所指的是整个在19世纪作为一种意识形态的自由主义,即在政治上有意识地追求立法上改革,以此支持"正常的变革",为这种变革疏通渠道,创造条件。一句话,自由主义作为一种意识形态,其宗旨就是力图理性地说明"正常变革"的合法性。

马克思主义(Marxism)作为一种意识形态是在19世纪的晚期出现的。作为一种意识形态,马克思主义接受了自由主义意识形态所倡导的追求社会进步(progress)的理论,但马克思主义在此基础上加了两个非常重要的特殊条件,一个条件是,进步的实现不是连续的而是非连续的,即通过"革命"来实现;另外一个条件是资本主义社会不是最终追求的社会,而是倒数第二个社会。马克思主义对自由主义的这两个修改使得马克思主义的政治日程与自由主义的政治日程完全不同。

这三种意识形态伴随着"资本主义世界经济"向全球的拓展,不仅作为一种政治意识形态向全球扩展,而且也通过哲学和社会科学的制度化被作为一种学术意识形态向全球传播。在这一点上,沃勒斯坦教授也曾做过精辟的概括:

> 一般的核心国家,以及作为一种特殊形态存在的霸权国家,都在努力加强其生产者的优势,并且通过他们对世界的文化统治而使得他们在国家体系中的作用合法化。在某种程度上,这些是通过容易观察到的形式,诸如语言、宗教以及习俗来实现的。但更为重要的是,这种霸权是通过其他形式来实现的,这些形式包括思维方式和分析方式,尤其是通过

哲学和科学/社会科学的范式来实现。①

关于这三种意识形态,过去人们通常强调的是其分歧点,而忽略了其共同点。如果我们将这三种意识形态纳入其产生的资本主义世界经济的历史时段中,我们不但可以发现其差异性,也可以发现其共同点。

三种意识形态的差异性在于:如何回答为什么在资本主义世界经济中存在核心区和边缘区这种结构。自由主义者认为,核心区之所以为核心区,边缘区之所以为边缘区,是由比较优势决定的,核心区之所以为核心区是因为核心区在资本、技术以及劳动力方面具有比较优势,而边缘区则没有;马克思主义者认为,核心区之所以为核心区,而边缘区之所以为边缘区,是因为在核心区和边缘区之间存在着"不等价交换",核心区和边缘区的关系是一种"剥削"与"被剥削"的关系;而重商主义者认为,核心区之所以为核心区,而边缘区之所以为边缘区,是因为核心区和边缘区的国家战略不同所致,所以,核心区和边缘区的关系是一种"功能关系",而不是"剥削"和"不等价交换"关系。

而三种意识形态的共同点在于:第一,三种意识形态都承认资本主义世界经济是一个整体;第二,三种意识形态都认为资本主义世界经济是有结构的,这种结构性主要表现在核心和边缘区的划分上。

专栏

碾平世界的10大动力

第1大动力:创新时代的来临(1989年11月9日)——柏林墙的倒塌和Windows操作系统的建立

对于老一代人来说,柏林墙的倒塌确实让他们感到不安。在消除贫富差距方面,没有什么社会制度可以和共产主义相媲美。对那些已经习惯于社会主义生活方式的民主德国人来说,过去的生活尽管辛苦而贫困,但是工作、住房、教育和养老金都有保障,因此他们觉得很难适应柏林墙的倒塌,但是对于很多其他人来说,这却是通往自由的契机。因此柏林墙倒塌的意义并不局限在柏林一个地方,这是令世界变平的事件。

---

① Immanuel Wallerstein, *The Politics of the World-economy*, p.17,转引自王正毅:《世界体系论与中国》,第180页。

装载了Windows操作系统的电脑使得上百万的人们能够把他们的观点数字化,并广为传播,渐渐地,几乎所有的表达形式——文字、音乐、数据、地图、照片,甚至声音和图像——都能够被数字化。数字化格式非常重要,因为人们一旦能够用比特或字节把自己的内容数字化,他们处理信息就会更有效率。随着远程通信技术的发展,人们就可以把自己的观点通过各种新的途径传给越来越多的人。

第2大动力:互联网时代的到来(1995年8月9日)——Web的出现和网景上市

万维网(World Wide Web)是一种抽象的信息空间。在因特网上,你找到许多联网的计算机,而在万维网上,你找到各种文件、声音、录像等信息。在因特网上,通过计算机之间的电缆进行相互连接,而在万维网上,通过超文本链接相互进行连接。万维网之所以存在,是因为在因特网上的计算机之间需要进行交流活动。简言之,个人电脑—Windows是我和电脑、我和公司内部网络之间的互动关系;因特网—电子邮件—浏览器让世界变得更加平坦,是我和我的电脑同别人及其电脑的互动关系(电子邮件的功能),以及我和我的电脑同别人网站之间的关系(浏览器的功用)。

第3大动力:工作流软件(work flow)——让你我的应用软件相互对话

这是继柏林墙倒塌、Windows和网景之后碾平世界的又一动力,工作流软件的兴起是一场静悄悄的革命。到20世纪90年代中后期,工作流软件开始大兴于世,它对世界变平产生了巨大的影响。这一变化使得越来越多的人能够通过电脑处理以前必须依靠人工处理的商业信息,这方便了商业上的设计、展示、管理和合作。于是,我们可以在公司和公司之间、国家和国家之间进行更好的交流。

工作流软件的革命是这样的:柏林墙倒塌后,个人电脑、Windows和网景浏览器让人们可以用前所未有的方式相互联络,然而人们很快就不再满足于浏览和发送电子邮件、实时信息、图片和音乐,他们希望能通过网络平台进行设计、创造、买卖、记录存货、替别人申报纳税、帮别人读X光片。他们希望能在任何两地的任何两台计算机间完成这些操作。这种人和人之间交流的新水平再加上以网络为基础的应用软件间的工作流程序就会创造一个具有多种合作形式的全球新平台。

第4大动力:上传(uploading)——驾驭社区的力量

长期以来人们假定,生产物质产品或者复杂事物需要官僚机构或组织。这种看法是,你需要从上到下的垂直整合才能做成事情并将它们传播到世界。但是，平坦世界平台带来的直接后果是，我们具备了可以上传的新能力，这让你可以独自或作为社区的一部分生产出真正复杂的东西，并且不需要以前那么多的官僚机构和金钱。

平坦世界这个平台的创建不仅让更多人能创作自己的内容，就创作内容开展合作；还让他们可以上传文件，以个人方式或作为自发社区的一个部分将这些内容传向全球，不用通过任何传统官僚机构或组织。

第5大动力：外包（outsourcing）——Y2K

20世纪90年代末，幸运女神开始从两个方面关照印度：光纤泡沫开始膨胀，将印度和美国联系在一起；而Y2K计算机危机——所谓的"千年虫"——也在这时爆发。计算机通常都有内部时钟，最初是为了节省储存空间，这些时间都只用6位数字表示时间——2位数表示日期，2位数表示月份，2位数表示年份。这意味着计算机表示的时间只能到12/31/99，当日期到了2000年1月1日，很多老式计算机不能表示01/01/2000，只能表示01/01/00，计算机会认为又重新回到了1900年。所以当时大量的老式计算机都必须调整它们的内部时钟和相关系统，否则这些计算机程序就会关闭，导致全球危机。

对计算机系统进行调整是一项庞大而烦琐的工程，而全世界当时只有印度拥有可以完成这项工程的软件工程师。所以在Y2K的大敌面前，美国和印度开始频频约会，它们的关系极大地推动了世界变平的进程，因为这向很多不同的行业表明，个人电脑、网络和光纤电缆的结合提供了新型合作和水平价值创造的方式：外包。任何能被数字化的服务、呼叫中心、商务支持或知识工作都可以外包给世界上最廉价、最有效率的供应商。通过使用光纤电缆的工作站，远在世界另一端的印度工程师可以帮助你完成计算机调整工作。到了2000年，Y2K问题基本解决。

第6大动力：离岸经济——和瞪羚一起赛跑，与狮子一起捕食

2001年12月11日中国正式加入世界贸易组织，这意味着中国要同世界上多数国家一样遵循进出口和外国投资方面的全球规则。从中国入世的那天起，中国和世界其他地方都必须跑得越来越快。这是因为中国的入世极大地推动了另一种形式的合作：离岸经济。

这是一种不同于外包的国际合作方式。外包意味着将有限的、特定的业务（比如研发、呼叫中心或账目管理等）交给其他公司去做，然后将完成了的工作再融入整体的经营体系。离岸经济却是一种完全不同的经营方式：如果一家公司将它在美国俄亥俄州坎顿市的工厂通过离岸经营的方式整个转移到中国的广州，这就意味着广州工厂将以同样的方式生产出完全相同的产

品,只不过劳动力更为低廉,税收、耕地、能源得到补贴,医疗成本也更低。就像 Y2K 将印度和世界带到了全新的外包水平上一样,中国的入世将中国和世界带到了一个全新的离岸经营水平上,更多的企业将生产离岸经营,然后将其融入全球供应链。

第 7 大动力:供应链——在阿肯色州吃寿司

阿肯色州是沃尔玛的总部所在。20 世纪 60 年代当沃尔玛力图成为一个折扣店时,它只是希望直接从生产商那里进购商品,降低商品的价格,并没有想到日后会对世界经济的供应链产生影响。沃尔玛主要做了三件事:第一,和生产者合作让他们尽可能地降低成本;第二,努力改善和生产者相关联的供应链,让他们不论在世界的任何地方都可以将产品运送到沃尔玛的配送中心,并且尽可能地降低成本和减少摩擦;第三就是不断改善沃尔玛的信息系统,确切知道消费者购买的商品并将这一信息反馈给相应的供应商,这样货架上就会及时补充合适的商品。

直接从生产商那里采购、通过建立自己的配送中心以降低供应链的成本、更多地了解客户以避免库存积压,沃尔玛通过全球供应链以最低的价格给消费者带来最好的商品,最终成为推动世界变平的动力。

第 8 大动力:内包——那些穿着可笑的褐色短裤的家伙在干什么?

穿着可笑的褐色短裤、开着可笑的褐色卡车其实是 UPS 的象征。UPS 创造了一种全新的合作形式——内包。与"供应一条龙"的供应链管理不同的是,内包是一种第三方管理的物流方式,它要求 UPS 和它的客户以及客户的客户建立更加密切和广泛的合作关系。

并非所有公司能够像沃尔玛那样开发一个规模和范围都相当大的全球供应链。人们在现实中发现:许多大公司虽然有管理能力,但为了提高它们的核心竞争力,它们无暇顾及供应链问题;而许多中小公司要么不知道如何做到这些,要么没有能力独自管理一个复杂的全球供应链。1996 年,UPS 推出了"同步商务解决方案":UPS 的工程师会深入你们公司内部,分析你们的产品、包装和配送流程,然后设计、再设计和管理你们整个的全球供应链。如果有必要,UPS 甚至还会为部分流程提供融资,比如应收款项和货到付款等。所以,不管你的企业大小,只要你搭上 UPS 的快车,你就可以主宰你的全球供应链。同时,UPS 运送商品的统一规则、标签和跟踪系统,极大地提高了商品和服务在全球的配送速度和效率。

UPS 的雇员不仅让你的包裹同步化,而且也让你的整个公司与它同客户和供应商的互动同步,真正实现了 UPS 的广告格言:"让你与世界同步。"

第 9 大动力:提供信息——Google、Yahoo 和 MSN 搜索服务

Google、Yahoo 和 MSN 告诉人们这样一种生活方式:不是向客户推销产品和服务,而是建立一个让客户能自我掌控的合作体系,然后迅速对客户的需要做出反应。

搜索引擎令这个世界变得平坦:消除了人们用来藏身的高山峡谷、岩石峭壁,排除了一切可以掩盖荣誉、粉饰过错的可能。在一个平坦的世界中,你不能逃跑,不能隐藏,因为即使再小的石头也会被翻遍。你必须诚实地度过你的一生,因为不论你做什么,不管你犯过什么错误,总有一天会被发现的。世界变得越平坦,普通人就会变得越透明。

第 10 大动力:数字的、移动的、个人的和虚拟的类固醇

在全球平台搭建之后出现的六种合作形式——开放源、外包、离岸经济、供应链、内包以及获取信息——都可以用"数字、移动、虚拟和个人"的方式来完成。

所谓"数字"指的是,在个人电脑—Windows—网景—工作流的作用下,一切内容和流程都会被数字化,因此可以通过计算机、网络、卫星或光纤电缆进行制作、操纵和传递;所谓"虚拟"是指,这种制作、操纵和传递的过程可以用很快的速度很轻易地完成;所谓的"移动"是指,无线技术可以让人们从任何地方通过任何设备与任何人建立联系;所谓"个人"是指,你可以用自己的设备为自己做这些事情。

让这一切成为可能的是一系列新技术,可以统称为"类固醇"。到目前为止,这样的类固醇主要有六种:第一种类固醇与计算机相关,包括计算机的计算能力、储存能力和输出/输入能力;第二种类固醇包括在即时讯息和文字共享方面的突破;第三种类固醇包括网络电话技术方面的突破;第四种类固醇是视频会议技术的突破;第五种类固醇设计计算机图像的最新进展;第六种类固醇包括无线技术和设备。

这些类固醇造成的结果是,引擎可以和计算机沟通,人与人之间可以沟通,计算机之间可以沟通,人类和计算机的沟通可以距离更远、速度更快、价格更低、方便更多。

资料来源:根据〔美〕托马斯·弗里德曼:《世界是平的:21 世纪简史》(何帆等译,湖南科学技术出版社 2006 年版)的"第二章"编写而成。

第二章
财富、贸易与古典重商主义

在古典政治经济学传统中出现的第一种理论就是古典重商主义。历史著作一般把1500年至1750年这段时期称为重商主义的时期。① 在系统地把握古典重商主义的主要观点和主张之前,很有必要了解一下古典重商主义产生时期的社会历史背景。

第一节 古典重商主义的起源

欧洲经济在经过了1300—1450年的萎缩和危机之后,出现了一个非常重要的时期,这就是为今人所熟悉的重商主义时期。按照著名的社会科学家伊曼纽尔·沃勒斯坦教授的观点,重商主义时期的主要标志是对商业和商人的重视,具体表现为:为追求财富而进行的地理扩张;贸易的拓展;商业资本的兴起;国家机器的加强。

---

① 一般学者将1500—1750年称作为"重商的时代"(〔意〕卡洛·M.奇波拉主编:《欧洲经济史》(第二卷:十六和十七世纪),商务印书馆1988年版,第365页);但也有学者将1500—1750年分为两个时期,"我们认为,世界经济的范围尽管在1500年至1750年这段时间内大致一样,但是,1450年(或1500年)至1650年与1600年至1750年(这种时间上的重叠是人为的)这段时期内,在资源分配、经济角色、富裕与贫困、雇佣就业的分布以及工业企业方面是有区别的"。(〔美〕伊曼纽尔·沃勒斯坦:《现代世界体系Ⅱ:重商主义与欧洲世界经济的巩固1600—1750》,高等教育出版社1998年版,第7页。)

一、地理扩张

众所周知,在地理大发现之前的 14 世纪、15 世纪,资本主义的萌芽已经出现在地中海沿岸的若干城市。西欧各国社会内部的矛盾以及欧洲市场的狭小开始暴露出来,为了解决国内社会的矛盾,也为了扩展市场,欧洲人开始了向外扩张,这就是历史上著名的地理扩张。伊曼纽尔·沃勒斯坦教授在其《现代世界体系》中曾对葡萄牙为什么率先进行扩张做过系统的探讨,在他看来,葡萄牙的地理扩张可以由动机和能力来解释。

就动机而言,国内社会阶层的需求是葡萄牙扩张的主要原因[①]:

(1) 对葡萄牙这个国家而言,扩张是增加收入以及积累的最为可能的途径,而且葡萄牙是当时欧洲唯一没有因为内部冲突而分散注意力的国家,它达到中等程度政治稳定的时间至少比西班牙、法国和英国要早一个世纪。

(2) 对贵族而言,他们面临着和欧洲其他国家的贵族一样的财政困难,他们既不能通过自相残杀的战争来补充财政,也不希望通过国内殖民来恢复财政,所以,他们同情向海外扩张的思想,以此来摆脱财政困难。

(3) 对商业资产阶级而言,地理扩张为他们提供了一次摆脱葡萄牙狭小市场限制、积累资金的机会。

(4) 对城市半无产阶级而言,伴随地理扩张而来的探险和贸易潮流能够提供新的就业机会。这些半无产阶级从农村逃到城市,向海外的扩张使得潜在的内部骚乱又一次降到最低的程度。

就能力而言,葡萄牙有能力扩张的主要原因有:

(1) 葡萄牙在地理位置上紧靠大西洋,与非洲最为接近,在向大西洋诸海岛殖民以及向非洲西海岸探险方面,葡萄牙显然距离最近。

(2) 与其他国家相比,葡萄牙有更多的进行远距离贸易的经验。

(3) 葡萄牙在资本的储备上也有能力支持扩张。

(4) 葡萄牙比较少地介入后来成为欧洲世界经济的地区,而是更多地与伊斯兰地中海地区相联系。

(5) 葡萄牙有较强的国家机器,在这方面,葡萄牙在 15 世纪与其他西欧国家大不相同。在其他国家内战不断时,葡萄牙却太平无事。

这样,强烈的意志、得天独厚的地理位置以及长期积累的能力,使得葡萄牙敢于冒险,并最终获得成功。地理扩张在欧洲资本主义世界经济形成过程

---

① Immanuel Wallerstein, *The Modern World System I*, pp. 51-52.

中起了非常大的作用,它不仅缓解了当时欧洲主要强国国内面临的问题,而且为欧洲重商主义的兴起以及资本主义世界经济的形成与扩展起了推波助澜的作用。

二、贸易的拓展

地理大发现之后,国际贸易得到快速的发展,并受到前所未有的重视。

与地理大扩展之前的欧洲贸易相比,这一时期欧洲的贸易,不但在地理范围上得到前所未有的扩展,而且在贸易的性质上发生了质的变化。就地理范围而言,大致形成如下五个重要贸易区①:第一个贸易区是传统的地中海贸易区,在这个区域,贸易打破了基督教与伊斯兰教之间的隔阂。这个区域往东的陆路与海路一直通向东方各国,往北的海路、河路或山路一直通向中欧和西欧。第二个贸易区是中欧贸易区,这块区域中有许多城镇与大量的工业,而且欧洲某些矿产资源,特别是银和铜的最丰富的蕴藏区就位于它的界内,在16世纪形成了以安特卫普为中心的横贯大陆贸易和海上贸易的商业网。第三个贸易区是波罗的海贸易区,它包括从尼德兰北部海岸跨越北海,穿过卡特加特海峡与大、小两个海峡直至波罗的海的广大的北边地区的一个组成部分。在这个贸易区内有两种贸易,一种是海上贸易,一种是陆上贸易,所经营的都是大宗产品贸易。第四个贸易区是大西洋贸易区,这一贸易区包括从直布罗陀海峡延及英吉利海峡的大西洋沿岸地区,大西洋区域与地中海区域以及北部地区之间的联系是非常活跃的。第五个贸易区是跨洋贸易,这种贸易的主要方向是亚洲与美洲。

就贸易的性质而言,与11—13世纪西欧的扩张不同的是,在1500年以后的地理扩张中,远距离贸易的性质出现了很大的变化,这就是由以前封建时代的奢侈品贸易开始转向大宗产品贸易。② 比如,在地中海区域,运输量最大的商品是谷物、食盐、用盐腌制的食品、油以及葡萄酒,但同时也包括了乳酪、干葡萄与糖这一类商品。③ 在波罗的海区域,无论是陆上贸易还是海上贸易,所经营的都是日常所需的大宗商品,包括谷物、盐、咸鱼、呢绒、毛皮以及亚

---

① 〔意〕卡洛·M.奇波拉主编:《欧洲经济史》(第二卷:十六和十七世纪),第371—388页。
② 沃勒斯坦在《现代世界体系 I:十六世纪资本主义农业和欧洲世界经济的起源》中用了大量篇幅对这一时期欧洲人进行的远距离贸易的大宗产品进行了描述,如小麦(见该书第42页)、糖(见该书第43页)、鱼和肉(见该书第44页)和木材(见该书第45页),这与以前(11—13世纪的欧洲)的远距离贸易以珠宝和香料等奢侈品为主形成鲜明的对比。
③ 〔意〕卡洛·M.奇波拉主编:《欧洲经济史》(第二卷:十六和十七世纪),第372页。

麻、大麻、铁、铜之类的商品，还有木材、钾、碱、树脂、焦油之类的林区产品，还有牛。① 在大西洋区域，也是以大宗产品贸易为主，包括羊毛、葡萄酒与盐之类的商品。② 在跨洋贸易中，也是以大宗产品为主，从新大陆运往旧大陆的大宗货物是巴西的木材、糖、烟叶与棉花，而欧洲向南北美洲出口的商品种类繁多，其中包括布匹、家具、各种工具、酒类等。③

这种大宗产品贸易的需求以及拓展反映了欧洲经济和社会结构的变化，用沃勒斯坦的总结就是：

> 从长远的角度来看，大宗产品较之奢侈品更能说明人的经济需求。西欧在14—15世纪需要的是食品和燃料。向地中海和大西洋岛屿的扩张，然后向西非和北非以及穿过大西洋的扩张，还有向东欧、俄罗斯大平原以及最终向中亚的扩张，[为西欧]提供了食品和燃料。④

三、商业资本的兴起

商业资本的兴起是这一时期的一个非常显著的特征。商业资本形成的一个重要标志就是银行和信贷体系的建立。虽然银行早在中世纪的意大利就发展起来了，并承担着那个时期的货币往来与汇兑、接受存款、兑换汇票、提供贷款、代为付款等业务，但大规模的、遍及欧洲的金融经营业务开始于16世纪，这就是国家银行和私人银行的兴起。如1586年创办的作为清算银行的威尼斯的里阿尔托银行，1593年创办的米兰的圣·安东尼奥银行，1609年创办的阿姆斯特丹市贴现银行、米德尔堡贴现银行、德尔夫特贴现银行和鹿特丹贴现银行，1619年创办的汉堡银行，等等。这些银行的业务并不局限于货币经营，而是大力发展信贷业务，特别是经过17世纪银行业的改革，银行在欧洲国家的财政管理以及国际商业交流中起着越来越重要的作用。商业资本形成的另一个重要标志就是商人地位的提高。在当时的许多国家中，商业利益成功地支配了整个经济政策，制造业和农业不得不退居第二位，商人的职业受到高度重视，许多君主把中产阶级——包括商人在内——封为贵族。经济史学家观察到如下的事实："如果我们把商人阶层当作一个整体来看的话，我们就会发现存在着一个不同于普通或一般商人的商人贵族集团。有人把

---

① 〔意〕卡洛·M. 奇波拉主编：《欧洲经济史》（第二卷：十六和十七世纪），第379—380页。
② 同上书，第380页。
③ 同上书，第384页。
④ Immanuel Wallerstein, *The Modern World System I*, p. 42.

16世纪形容为富格尔家族的世纪。德国南部的大商行集中了大量的资本,这些资本对国际贸易所产生的影响越来越趋向于形成垄断——铜辛迪加、香料合同、明矾专卖权以及由少数人独揽葡萄酒与盐的国际贸易的企图,从这个意义上说,上述的形容并不过分。"①

贸易的发展依赖于货币状况与信贷条件,1500—1750年欧洲的贸易之所以能得到飞速的发展,与这一时期商业资本的兴起有着密切的关系,因而在资本主义生产方式产生时期,商业资本具有特别重要的意义,难怪马克思在谈到商业资本对于资本主义的兴起时作出如下的结论,商业资本"对于旧生产方式的颠覆和资本主义生产方式的兴起,固然有极大的影响,但这种影响,是在已经创造出来的资本主义生产方式的基础上发生的"②。

四、国家机器的加强

与以前的封建生产方式和封建制度相比,从政治角度来看,16世纪的欧洲资本主义经济与以前的封建经济最大的区别就在于相对强的国家机器的产生,这为重商主义的兴起提供了政治保障。

与以前相比,在16世纪,国王是国家机器的主要操作者,按照沃勒斯坦的观点,当时的国王主要是通过如下四种途径来加强自身的:官僚化、军队的垄断、合法性的创造以及人口的同化。

1. 官僚化,即出卖官职。出卖官职无论对于国王权力的加强,还是对于国家的经济干预能力的提高都有好处。对于国王而言,出卖官职给那些出身贫寒的人,使其成为领取薪水的专职官员,就可以使这些官员依附于国王,从而削弱那些贵族或有势力的家族对国王权力的制约。对于国家的经济能力而言,出卖官职可以增加国家的财政收入,同时增加起来的官僚吞吃岁入,导致国家对财政的进一步需求,这样,国家一方面通过征税、借款、发行国债等手段提高其收入,另一方面利用这些增加的收入加强其强制能力。所以,"同以前的封建制度相比,出卖官职使得国家体系有可能占有相对高于一切的地位"③。

2. 军队的垄断。国王加强权力的第二个手段就是对军队的垄断,这主要是通过"雇佣兵"来实现的。雇佣兵的招募对于政治稳定和经济发展起了重

---

① 〔意〕卡洛·M.奇波拉主编:《欧洲经济史》(第二卷:十六和十七世纪),第445页。
② 马克思:《资本论》第3卷,人民出版社1953年版,第411—412页。
③ Immanuel Wallerstein, *The Modern World System I*, p.137.

要的作用。就政治稳定而言，由于雇佣兵是一个非常危险的职业，所以并不是一般人都愿意选择这个职业。在16世纪以前，西欧的人口得到了飞速的增长，在城市出现了大量的"流浪"人口，这对国家的政治稳定造成了比较大的威胁。所以，招募这些流浪者为雇佣兵，一方面可以解决这些"流氓无产者"的就业问题，另一方面可以用这些人去镇压另外一些人，这就为国王控制国家和贵族提供了新的武器。就经济发展而言，雇佣兵为三种人提供了经济发展的机会，一是如前面所说的那样，它为穷人提供了就业机会；一是它为"军事承包人"提供了机会，当时的机制不允许国家直接招募雇佣兵，于是，招募雇佣兵主要是由国家与企图谋利的"军事承包人"签订合同；一是为企业家提供了机会，军队的一切供给都由企业家来提供，这样就刺激了企业家生产的积极性。这样一来，国家的短期需求刺激了资本主义的扩张。

3. 合法性的创造。所谓合法性，"它与老百姓无关，但与官僚有关。政治稳定这个问题意味着操纵国家机器的小集团能够使中央官员和地方豪强势力这个大集团在某种程度上相信，政体已经形成，并在他们相信的价值观念一致的基础上运行；而且正是为了这些官员的利益，这一政体继续运行而不会出现大乱。达到这种境况时，我们就可以说这一政体是'合法的'"①。16世纪西欧王权的合法性主要是通过鼓吹"君权神授"这种意识形态来完成的。这种意识形态从这一时代"政治哲学中……卓越无比的一人——尼科罗·马基雅维里"②的著作《君主论》一直到18世纪英国哲学家洛克的《政府论》都是王权合法性讨论的主题。③沃勒斯坦曾特别提出的是王权的绝对性问题，他认为，把这一时期的王权解释为不受任何限制的政体是不合适的。说这一时期的王权是绝对的，主要有两种含义：一是它是相对过去封建王权权力的分散而言的；一是指，当国内政策出现对抗时，它有压倒其他势力的可能。从这种意义上来说，这时的王权主要将国家利益与君主的利益联系在一起，这对于加强国家的地位无疑是有意义的，但与17世纪后期和18世纪将国家利益与资产阶级利益联系在一起并出现重商主义的状况相比，国家在经济发展中的地位是加强了，但还没有达到登峰造极的地步。

4. 人口的同化。这是这一时期国王加强国家机器的第四种手段，具体的手段是宗教的统一。"中央集权化过程的一个主要成功标志和一个重要机制

---

① Immanuel Wallerstein, *The Modern World System I*, p.144.
② 〔英〕罗素：《西方哲学史》下卷，商务印书馆1982年版，第17页。
③ 同上书，第7—181页。

是:人口按某种方式被改造成具有文化同一性的集团的程度。这与一般民众的关联小于与广义上的骨干成分的关联(骨干指国王、国王的官僚和陪臣、农村的大地主和小地主、商人)。在16世纪,当中心国家的这些阶层正在朝着更大的'民族'同一性方向变动时,边缘地区恰恰在向相反方向变动。"①沃勒斯坦以东、西欧对犹太人的态度的变化验证以上观点。

表2-1 东、西欧对犹太商人的态度

时间	西欧的态度	东欧的态度
800—1200年	有合法地位	有合法地位
13—14世纪	开始排犹:英国在1492年、法国在14世纪末	地位有所削弱
16世纪之前	几乎看不到犹太人	犹太人的数量不断增加

从表2-1可以发现,犹太人在16世纪以前在东、西欧的命运是完全不同的。在16世纪,西欧已经成为欧洲世界经济的核心地区,本地资产阶级在国家之中的地位逐渐强大,由于担心犹太人对自己经济利益的挑战,所以就排斥犹太人。而在东欧地区,当地地主之所以欢迎犹太人而不允许当地资产阶级成为地方商人,其主要原因是担心当地商业资产阶级一旦积蓄经济力量(他们有政治基础,而犹太人没有),就会威胁东欧地主的利益。这种出于经济利益而采取的人口同化政策,对东、西欧国家机器的加强起了促进作用。

通过官僚化、军队的垄断、合法性的创造以及人口的同化,国王加强了其对国家的控制。"尽管君主专制在18世纪才得以加强,但在16世纪,世界经济需要而且为这种不断加强的中央化创造了条件。"②

这样,由于西欧资本主义经济在地理规模上的扩张,由于商业资本在欧洲的兴起,也由于相对强的国家机器的产生,不但资本主义经济在16世纪的欧洲得以形成,而且在17世纪、18世纪得以加强和巩固,形成了历史上著名的重商主义时代。

重商主义这个名称是亚当·斯密第一个使用的。他曾写道:"不同时代不同国民的不同富裕程度,曾产生两种不同的关于富国裕民的政治经济学体系。其一,可称为重商主义;其二,可称为重农主义。"③

---

① Immanuel Wallerstein, *The Modern World System I*, p.147.
② Ibid., p.136.
③ 〔英〕亚当·斯密:《国民财富的性质和原因的研究》下卷,商务印书馆1997年版,第1页。

第二节 古典重商主义的政策主张

在政治经济学发展的历史上,古典重商主义有一个非常特别的特征,这就是经济政策走在政治经济学的理论前面。

若是说,政治经济学从来没有走在经济政策的前面,那是错误的。以经济发展的倾向为出发点的理论家,是可以建立一种科学的理论,然后再把这理论付诸实施的。但是,这里我们所说的重商主义,在这方面,事实告诉我们,经济政策是走在政治经济学前面的。[1]

就经济政策主张而言,重商主义在发展过程中,经历了两个阶段,即早期重商主义阶段(15世纪到16世纪中叶)和晚期重商主义阶段(16世纪下半叶到17世纪中叶)。早期重商主义强调货币(铸币)的绝对增加,强调多卖少买,因而发展成为货币平衡论;而晚期重商主义强调通过对外贸易来增加货币,因而发展成为贸易平衡论。

尽管古典重商主义在1500—1750年的欧洲各国有着各种各样的表现,如经济学家翁根所说的那样,"重商主义的主要表现,在法国是工场手工业,在西班牙和葡萄牙是殖民地贸易;在荷兰是航海和中间人贸易;在英国,这运动是更进了一步,这里连农业都包括在里面了。原来还有农业的重商主义哩"[2]。古典重商主义也出现了不同的代表人物,提出了不同的见解,比如:威廉·司塔福特(1554—1612),他的著作是《对本国同胞若干不平意见之批判的记述》(1581);安徒安·德·孟克列钦(1575—1622),他的著作是《献给国王和王后的政治经济学》(1615);托马斯·孟(1571—1641),他的著作是《英国在对外贸易中的宝库或对外贸易平衡》(1664);亚历山大·汉密尔顿(1755—1804),他的著作是《关于制造业的报告》;弗里德里希·李斯特(1789—1846),他的著作是《政治经济学的国民体系》(1841)。但无论是早期重商主义还是晚期重商主义,在如下一些经济政策的主张上基本上是一致的。

一、货币即财富

在整个16世纪和17世纪的前二三十年,有两件事是欧洲各国政策制定

---

[1] 〔苏〕卢森贝:《政治经济学史》第一卷,第40页。
[2] 同上书,第45页。

者和理论概括者关注的焦点:一是,尽管西班牙在向美洲的扩展中获取了大量的白银,并且严格禁止白银的出口,但西班牙还是无法控制这种贵重金属的外流而最终陷入铜币的通货膨胀之中;二是,只有150万人口的荷兰,虽然经济上无力自给自足,但却因为拥有贵重金属而成为欧洲最富有的国家,并成为用贵重金属进行贸易的中心。这导致重商主义者,特别是早期重商主义者相信,货币是财富的唯一形态,一个国家的财富的大小就在于拥有金或银等贵重金属的绝对数量。所以,一个国家的财富主要有两个来源:一个是金、银矿的开采,以便获取更多的金、银等贵重金属;另一个就是发展商业,特别是发展对外贸易,从而促使大量贵重金属流入而不是流出。托马斯·孟认为:"国外贸易是增进我们的财富和宝库的普通手段。在这个贸易中,我们应当永远遵守下列原则:每年我们所卖给外国人的货物总额,应当多于我们所消费的外国货物。"①这样,获得贵重金属成为这一时期重商主义的一个重要的理论出发点,也是当时欧洲许多国家制定经济政策的出发点。对贵重金属的重视并将货币等同于财富,尽管在今天看来存在着许多错误,但却是符合当时历史进程的。正如一位经济史研究者所观察到的:

> 重商主义体系是建筑在把货币和财富错误地等同起来这一基础上的,对此有人用无疑是很有力的证据反驳说:各派的重商主义者大概都清楚,金银既不能吃,也不能穿,所以货币绝不是唯一值得追求的经济价值。但是,另一方面事实却是,重商主义者在无数其他地方都认为货币即财富,他们的其他要求都是建立在这一点之上的。因为人们默认的抑或直言不讳的前提是,一切其他货物都可以用贵金属购得。②

二、国家干预经济

在货币即财富这一思想的指导下,为了增加国家的财富,各国推出了一系列经济政策,其中,最为突出的有如下四项③:

---

① 〔苏〕卢森贝:《政治经济学史》第一卷,第52—53页。
② 〔德〕汉斯·豪斯赫尔:《近代经济史:从十四世纪末至十九世纪下半叶》,商务印书馆1987年版,第212页。
③ 鲁友章:《重商主义》,商务印书馆1964年版,第38—40页;〔德〕汉斯·豪斯赫尔:《近代经济史:从十四世纪末至十九世纪下半叶》,商务印书馆1987年版,第210—278页;〔苏〕卢森贝:《政治经济学史》第一卷,第39—60页。

1. 进口禁令和关税保护

保护关税是晚期重商主义的一个重要原则,也是国家保护本国工业和商业的一项重要经济政策。比如,托马斯·孟从发展本国工业出发,建议国家允许输往外国的商品免税出口,对输入后准备再出口的商品给予照顾,不征收过重的关税,而对外国进口的消费品课以重税,以便使得国家在贸易平衡上处于有利的地位,保证吸收国外大量的货币。比如,英国政府允许西里西亚的棉布在缴纳一定的税金以后即可输入,而禁止进口法国的棉布,英国政府在1692年明确规定,一切法国商品,必须按价值征收25%的关税,而其他国家输入的商品,所缴纳的税金很少超过5%。

2. 颁发特许证以及给资本家经营手工工场业的垄断权

国家通过颁发特许证,允许某些资本家成立公司和拥有出口某些商品的特别权力。比如,英国于1564年颁发特许状,给予资本家成立公司的完全权利,主要是享有向尼德兰输出未染色呢绒的垄断权。法国在柯尔贝执政期间,既采取颁布生产条例和工场手工业法的办法,又以直接投资的形式给予国家资助,为新建部门提供销售垄断权,最好的企业被提高成皇家手工工场,以此来保护工场手工业部门,另外,法国还于1673年发布命令,在法国工业中推行行会制度,行会规章由政府批准具有法律效力,以加强对行业的控制。

3. 政府之间制定通商条约

政府之间制定相互通商条约,以保证各自对某种商品的垄断权。比如,从16世纪末开始,毛纺织业生产在英国得到了很大的发展,在整个重商主义时期,毛纺织品始终是英国财富的真正来源,到了1700年前后,英国全部出口差不多有一半是毛织品。① 为了保证自己的毛织品在对外贸易中处于有利地位,1703年英国与葡萄牙订立了商约。根据这项商约,葡萄牙永远准许英国呢绒进口;英国根据条约永远准许葡萄牙的酒类在优惠的条件下输入英国。

4. 推行殖民政策

推行殖民主义政策是重商主义时期各国经济政策的一个重要组成部分,其基本出发点就是,宗主国应该能够从殖民地直接进口商品(消费品和手工业原料),不应该像过去那样,用货币或高价的商品从某个国家购进或交换,这样,各欧洲殖民国家就可以建立起一个封闭的商业和工业帝国,改善自己的贸易收支。比如,法国在柯尔贝执政时期,创设了法国东印度公司、西印度公司和利凡得公司,以此为法国的商品寻求市场。为了加强对殖民地贸易的

---

① 〔德〕汉斯·豪斯赫尔:《近代经济史:从十四世纪末至十九世纪下半叶》,第240页。

垄断,英国于1651年颁布了英国航海条例,并于1660年将条例扩大为共和国法令。法令规定:来自殖民地的商品只能用英国或该殖民地的船只运载;欧洲商品只能由英国或该商品生产国的船只运载;不允许外国船只到英国沿海从事运输和捕鱼活动。

第三节 古典重商主义的理论观点

如果不把古典重商主义仅仅看作是一种经济政策,而同时也把它看作是一种理论观点,那么德国的经济学家弗里德里希·李斯特就是古典重商主义理论的集大成者,他的主要著作是《政治经济学的国民体系》。

与早期以及晚期的重商主义者重视政策建议不同的是,弗里德里希·李斯特于1841年出版了《政治经济学的国民体系》,在与经济自由主义和重农主义的论战中,对重商主义进行了比较系统的理论总结,提出了著名的国家经济学说。

一、世界主义经济的三个缺点

李斯特首先对当时流行的世界主义经济进行了批判。在他看来,无论是重农主义者魁奈还是自由主义者亚当·斯密,都是以一种世界主义经济为其学说的基础。这种世界主义经济认为,所谓政治经济学就是研究一切国家的利益,研究全体人类社会的利益,因而是以整个人类社会的利益为唯一研究对象,不必顾及各个国家的不同利益。李斯特认为,这种流行性的世界主义经济其实犯了一系列严重的理论错误。

错误之一,就是"把那些还没有出现的情况假定为已经实际存在的情况"[①]。在李斯特看来,首先是魁奈把他的研究对象扩展到全人类,而不以国家为考虑对象,他在《重农主义,或最有利于人类的支配力量》中强调,所有国家的商人是处于一个商业联邦之下的。亚当·斯密在他的著作《国民财富的性质和原因的探究》中所指的国家其实是指全人类中所有的国家。李斯特认为,这种将全人类作为研究对象的学说其实是基于一个重要的逻辑假设,即世界上所有的国家组成的只是一个社会,而且生存在一个持久和平局势之下。"政治经济或国家经济是由国家的概念和本质出发的,它所教导的是,某一国家,处于世界目前形势以及它自己的特有国际关系下,怎样来维持并改

---

① [德]弗里德里希·李斯特:《政治经济学的国民体系》,商务印书馆1997年版,第112页。

进它的经济状况;而世界主义经济产生时所依据的假定是,世界上一切国家所组成的只是一个社会,而且是生存在持久和平局势之下的。"①

在李斯特看来,世界主义经济的问题就出在"持久和平局势"这一假设上。李斯特并不否认自由主义对全人类利益的追求,"就我们这方面来说,我们绝对不是要把流行学派主张的世界主义经济理论一笔抹杀","如果像流行学派所提出的那样,我们的确有一个包括一切国家在内的世界联盟作为持久和平的保证,那么国际自由贸易原则似乎是完全正确的"②。"毫无疑问,世界联盟和持久和平的观念是受到常识和宗教的拥护的","历史告诉我们,当发生了战争,个人投入了战争活动时,人类幸福就降到了最低度;当国际协作情绪有了高涨时,人类幸福就有了相应的增长。"③但问题的关键是,我们所处的现实世界并未达到持久和平阶段。一般的情况是,先有政治联合,然后才有经济联合和商业联合,相反的情形,到目前为止,简直举不出一个例子。比如,对于在政治上联合起来的各省、各州、各邦来说,持久和平的状态是存在的;由于这种政治上的联合产生了商业上的联合。而现实世界的状况是,发达的国家和比较落后的国家,诸如被殖民国家是不可能进行政治联合的,因此,在世界范围内实行自由贸易也是不可能的。"流行学派把那些还没有出现的情况假定为已经实际存在的情况。它假定世界联盟与持久和平等形势是已经存在的,然后由此推定自由贸易的巨大利益。这样就把因与果混淆了。"④

错误之二,世界主义经济的另一个错误就是"以单纯的世界主义原则为依据,来衡量不同国家的情况,从而仅仅由于政治上的理由,忽视了生产力的世界性的发展趋势"⑤。

李斯特认为,假如包括一切国家在内的世界联盟果真存在,那么,各国所处的地位与北美合众国各州的地位就相同,过剩的人口、技术和物质资本从英国流向欧洲其他各国如同从美国的一个州流向另一个州,在这种情形下,使所有国家在财富上的发展与英国相同,就没有比自由贸易更好的方法了。但现实的情形是,英国是一个独立的国家,因此,英国的政策将以英国自身的利益为重。英国人喜好的是自己的语言、自己的法律、自己的风俗和习惯,只

---

① 〔德〕弗里德里希·李斯特:《政治经济学的国民体系》,第109页。
② 同上。
③ 同上书,第110页。
④ 同上书,第112页。
⑤ 同上书,第113页。

要有可能,英国将尽全力从事发展有利于本国的工业,在世界范围内推广英国的产品,这样,自由贸易最能适应其目的。但对于其他国家而言,假如任英国的自由贸易发展下去,他们的民族就成为不重要的和没有任何收益的民族,最后的结果必然是,英国之外的其他国家,为了保护自己国家的利益,必然采取保护制度。

由此可见,流行学派的学说体系未尝没有正确原则作为基础,但这一原则要达到为实践作先导的目的,必须获得科学上的承认和应用,同时为了避免误入歧途,实践也不能忽视这一思想;这个学派却没有考虑到各个国家的性质以及它们各自的特有利益和情况,没有把这些方面同世界联盟与持久和平的观念统一起来。①

在李斯特看来,流行学派的理论体系主要存在三个缺点:②

第一,是无边的世界主义,它不承认国家原则,也不考虑如何满足国家利益;

第二,是死板的唯物主义,它处处只是顾到事物的单纯交换价值,没有考虑到国家的精神和政治利益,眼前和长远的利益以及国家的生产力;

第三,是支离破碎的狭隘的本位主义和个人主义,对于社会劳动的本质和特征以及力量联合在更大关系中的作用一概不顾,只是把人类想象成处于没有分裂为各个国家的情况下与社会(即全人类)进行自由交换,只是在这种情况下来考虑自然而然发展起来的私人企业。

二、政治经济学或国家经济学

在批判自由主义以个人和全人类为研究对象(李斯特将其称为世界主义经济学)的同时,李斯特以国家为研究对象,从生产力的角度详细阐述了他的国家经济学或政治经济学。李斯特在他的著作《政治经济学的国民体系》中以六章的篇幅来论述他的国家经济学理论。③ 他关于国家经济学的内容主要包括:

---

① 〔德〕弗里德里希·李斯特:《政治经济学的国民体系》,第112页。
② 同上书,第152页。
③ 参见李斯特著《政治经济学的国民体系》,第十一章:国家经济学和世界主义经济学;第十二章:生产力理论与价值理论;第十三章:国家商业动作的划分与国家生产力的联合;第十四章:私人经济与国家经济;第十五章:民族经济和国家经济;第十六章:人民经济与国家财政经济,政治经济与国家经济。

1. 生产力是国家经济的基础

李斯特完全赞同亚当·斯密关于一个国家的财富在于其生产力的观点，但与亚当·斯密把"财富或'交换价值'作为研究的唯一对象，把单纯的体力劳动认为是唯一的生产力"①不同的是，李斯特对生产力本身进行了比较全面的研究。李斯特是这样评价亚当·斯密的：

> 在他那部书[指《国家财富的性质和原因的研究》]的序言里，他曾明白、确切地这样说，"劳动是任何国家财富所由产生的泉源，要增加财富，依靠的首先是劳动的生产力，也就是国家所一般使用的劳动的精巧、熟练和鉴别力程度，其次是从事于生产劳动者与不从事于生产劳动者的人数的比例"。由此可见，斯密对于国家状况主要取决于生产力的总和这一点，看得何等清楚。但是，……斯密显然完全被重农学派的世界主义观念、"普遍自由贸易"和他自己的伟大发现"分工"迷惑住了，所以对于生产力对国家的重要意义这一点不再能有深切体会。不管他著作的其余部分对科学作出了多大贡献，他似乎认为"分工"这个概念是他思想上最卓越的一点。……但是在我们方面却深信我们能够证明，正是要把"分工"这一重要发现摆在显著地位的这种热情，妨碍了亚当·斯密，使他不能深入探讨"生产力"的思想内容，使他不能用完善得多的形式来表达他的学说。②

在李斯特看来，生产力既包括创造物质价值的人类劳动，也包括维持法律与秩序、培养和促进教育、宗教、科学、艺术的人的精神劳动的生产性，换句话说，不仅体力劳动、物质资本是生产力，而且脑力劳动、组织和管理等精神劳动也是生产力。如果像斯密那样只重视进行劳动时所运用的技巧和鉴别力，就很容易陷入唯物主义和利己主义。一个国家的进步和财富，在很大程度上取决于这个国家的精神财富。比如，古代国家所使用的人手，与全人口对比，不知比现在要增加多少倍，每个人所拥有的土地面积不知比现在大多少，然而，一般群众吃的、穿的都比不上现在，这主要是由于人类近千年在科学和艺术、国家与社会制度、智力培养以及生产效能等方面的进步，这就是现代人类的精神资本。

---

① [德]弗里德里希·李斯特：《政治经济学的国民体系》，第126页。
② 同上书，第119—120页。

2. 工业是国家经济的支柱

强调工业是国家经济的支柱是李斯特与自由主义者的一个重要区别。在《政治经济学的国民体系》一书中，李斯特用了九章的篇幅详细论述了这一观点。①

在李斯特看来，工业对于一个国家的个人、社会以及政治生产力具有决定性的意义。

> 一个国家所经营的假使仅仅是原始状态下的农业，在那里普遍存在的现象就必然是感觉迟钝，笨手笨脚，对于旧有的观念、风俗、习惯、方式、方法固执不化，缺乏文化、繁荣和自由。一个国家，假使能专心致志于工商业，则情形相反，在那里存在的普遍特征必然是竞胜情绪、自由意志和努力于身心发展的进取精神。②

> 工业的性质与农业的就根本不同。从事于工业的人总是生活在社会之中，他们由于工作而互相吸引在一起，他们生存在商业关系之中，也是靠了这种关系而生存的。从事工业者所需的一切生活必需品和原料都是向市场取得的，他自己的产品只有极小部分供他自己消费。③

> 一个国家，如果具有充分广大、肥沃的土地，工业和农业有全面的、比较均衡的发展，与一个纯农业国家相比，可以养活一倍或两倍于后者的人口，而且生活水平远远高于后者，这是可以由统计证明的。由此可见，国家建立了工业之后，一切精神力量、政府收入、国防事业的物质和精神手段以及国家独立自主的保证这些方面，都会作等比例的增长。④

> 工业可以使无数的自然资源和天然力量转化为生产资本，这一事实正足以说明保护制度对于国家财富的增长会起怎样有力的作用……农业国家自己建立了工业之后，就会使原来完全搁呆不动的天然力量有活跃的机会，使原来全无价值的自然资源成为宝贵的财富。⑤

---

① 参见《政治经济学的国民体系》，第十七章：工业与国家的个人、社会及政治生产力；第十八章：工业与国家的自然生产力；第十九章：工业与国家的工具力；第二十章：工业与农业利益；第二十一章：工业与商业；第二十二章：工业与海运事业、海军力及殖民地开拓；第二十三章：工业与流通工具；第二十四章：工业与事业的稳定及存续原则；第二十五章：工业与生产及消费诱因。
② 〔德〕弗里德里希·李斯特：《政治经济学的国民体系》，第170—171页。
③ 同上书，第171页。
④ 同上书，第181页。
⑤ 同上书，第189页。

在重视工业的基础上,李斯特同时还论证了工业与农业的关系、工业与商业的关系、工业与海运事业以及殖民地开拓的关系、工业与流通工具的关系、工业与生产和消费的关系,以及工业与整个国家事业稳定以及发展的关系。李斯特的结论是,工业是一个国家所有这些事业的基础,所以,工业是一个国家的经济支柱。

3. 关税是保护国内工业的主要手段

充分运用关税来保护国内工业是李斯特提倡的国家经济学的另一个重要思想[1],用李斯特自己的话来说就是,关税是建立和保护国内工业的主要手段[2],在这一点上,他可以称得上是一个十足的重商主义者。

李斯特认为,在关税制度上,流行学派存在着一系列错误,主要包括:

(1) 在产品上,对天然产品或原始产物与工业品不加以区分,它从关税对原始生产总是有害这一点出发得出一个错误结论,认为关税对工业品生产也有害。

(2) 在国家的竞争上,它没有看到,一个工业上落后的国家,如果没有关税保护,在自由竞争的条件下决不能使自己的工业力量得到充分的发展。

(3) 它没有考虑到战争对保护制度必要性的影响,特别是战争造成了强迫性的禁止制度。

(4) 它将国内自由贸易的原则错误地扩展到国家之间。即它以自由的国内贸易为依据来证明,只有在自由的国际贸易制度下,国家才能达到最强盛的地位。

(5) 它将保护所造成的对国内工业的垄断绝对化,认为这会导致懒惰,没有能看到,国内竞争对工商业者的竞胜心有巨大的刺激作用。

(6) 它认为保护了工业必然会牺牲农业的利益,却没有看到工业发展了会给农业带来莫大的利益,由于保护工业而给农业带来的损失,比起保护工业而给农业带来的利益来,简直是极其微小的。

在李斯特看来,由于各国在工业发展过程中所处的地位很不相同,有的比较发达,主张自由竞争;有的比较落后,希望通过关税保护来发展工业。当然,关税保护应有相当的节制,否则不但会削弱国内生产力,而且给税收带来不利。只有在如下的情况下,才有理由实行保护制度。

---

[1] 参见《政治经济学的国民体系》,第二十六章:关税是建立与保护国内工业的主要手段;第二十七章:关税制度与流行学派。

[2] 〔德〕弗里德里希·李斯特:《政治经济学的国民体系》,第260页。

只有以促进和保护国内工业力量为目的时,才有理由采取保护措施。有些国家有着广阔完整的疆域,人口繁庶,天然资源丰富,在农业上有很大成就,在文化与政治方面也有高度民主发展,因此有资格与第一流农工商业国家、最大的海陆军强国分庭抗礼;只有在这种情况下的国家,才有理由实行保护制度。①

至于采取何种关税保护方式,李斯特的结论是,所有保护方式,没有一个是绝对有利或绝对有害,究竟采取哪种方式,主要取决于该国特有的环境和工业发展状况,用他自己的总结就是:

> 历史教导我们的是凡是先天的禀赋不薄,在财富、力量上要达到高度发展时所需的一切资源色色俱备的国家,就可以,而且必须——但并不因此失去了我们这里所说的目标——按照它们自己的发展程度来改进它们的制度。改进的第一个阶段是对比较先进的国家实行自由贸易,以此为手段,使自己脱离未开化状态,在农业上求得发展;第二个阶段是用商业限制政策,促进工业、渔业、海运事业和国外贸易的发展;最后一个阶段是,当财富和力量已经达到了最高度以后,再行逐步恢复到自由贸易原则,在国内外市场进行无所限制的竞争,使从事于农工商业的人们在精神上不至于松懈,并且可以鼓励他们不断努力于保持既得的优势地位。②

第四节 古典重商主义范式的启示

古典重商主义作为西方国家,特别是西欧国家和美国在19世纪以前推崇的一种国家政策主张以及理论观点,在这些发达国家资本积累早期阶段以及经济发展过程中曾起过重要的指导作用。作为一种理论以及政策主张,重商主义对20世纪70年代以来的国际关系研究,特别是国际政治经济学研究主要有如下两点重要启示。

一、国家利益与国际体系

重商主义作为一种关于国家干预经济生活的政策主张和理论观点,在过

---

① 〔德〕弗里德里希·李斯特:《政治经济学的国民体系》,第261页。
② 同上书,第105页。

去几个世纪中经历了多种形式,从重商主义、中央集权下的经济统治论、保护主义、德国历史学派直到20世纪70年代以后盛行的新保护主义,尽管今天的学者不能在这些不同时期的学说中发现一种具有继承性的、系统的政治经济学理论体系,但几乎所有的重商主义者以及重商主义的研究者都认为,重商主义者的共同主张就是,国家的利益是经济活动的首要目标。① 经常被引用的关于重商主义的精辟论述是维纳的一段文字:

> 我相信,不管什么时期,什么国家或何种特殊场合,所有的重商主义者实际上均持有如下这些主张:(1)财富是实力的绝对基本因素,无论是为了防卫还是为了侵略;(2)实力是获取并保持财富的必要而且有价值的手段;(3)财富与实力是国家政策的两个极端;(4)这两个极端从长远观点来看是协调一致的,尽管在某些特殊场合下,为了军事防卫的需要,也是为了长远经济繁荣的利益,有必要做出某种经济牺牲。②

在这种思想的指导下,重商主义者强调在国际体系中加强重商主义国家的建设,即政府积极干预新兴的国内工业和贸易的发展,并且在最大程度上依靠保护主义政策来保护国内工业,反对外来的竞争者。③ 只有这样,才能保证国家在国际体系中的正常发展。

二、民族经济与工业化

从19世纪到20世纪,无论是发达国家还是发展中国家都在强调工业的重商主义,将工业化作为国家的奋斗目标,其主要理由是④,工业对经济具有溢出效应,工业的发展会导致经济的总体发展;工业的发展能够使经济上的自给自足和政治上的独立成为可能;工业是现代世界军事力量的基础,因而也是一个国家安全的核心。在这一点上,无论是重商主义者还是自由主义者都很推崇美国的重商主义者汉密尔顿的如下至理名言:"不仅是国家富裕,而且国家的独立与安全,在物质上都与制造业的繁荣密切相关。"⑤

---

① 参见〔美〕罗伯特·吉尔平:《国际关系政治经济学》,第40—41页。
② 同上书,第42—43页。
③ Frederic S. Pearson and Simon Payaslian, *International Political Economy: Conflict and Cooperation in the Global System*, The Mcgraw-Hill Companies, Inc., 1999, p. 34.
④ 转自〔美〕罗伯特·吉尔平:《国际关系政治经济学》,第42—43页。
⑤ Frederic S. Pearson and Simon Payaslian, *International Political Economy: Conflict and Cooperation in the Global System*, p. 35.

所以，深入研究以及系统把握古典重商主义的政策主张和理论观点，对于我们理解和把握20世纪70年代以来国际体系中出现的经济民族主义和新贸易保护主义的社会现实以及由此出现的国家主义理论有着不可忽视的意义。

第三章
工业革命、霸权与古典自由主义

在18世纪的晚期,古典重商主义无论是在政策主张上还是理论观点上都不断地面临着有限的政府和自由商业的挑战,出于对克服古典重商主义所具有的局限性的回应,古典自由主义产生了。政治经济学传统中的古典自由主义主要有两位代表人物,一位是亚当·斯密(Adam Smith,1723—1790),另一位是大卫·李嘉图(David Ricardo,1772—1823)。所以,探讨政治经济学的古典自由主义学术传统,应该首先从探讨亚当·斯密和大卫·李嘉图的思想开始。

第一节 亚当·斯密与古典自由主义

一、亚当·斯密的时代

经济史学家一般把亚当·斯密看作是处在从手工业作坊时代向机器大生产时代过渡的经济学家,所以,探讨亚当·斯密的思想首先应该了解他生活的时代特征。对于亚当·斯密生活时代特征的把握,我们完全同意经济学家卢森贝的主张①,一是把握手工业作坊时代的一般特征,二是了解从手工业作坊向机器生产过渡在英国是怎样开始的。

---

① 〔苏〕卢森贝:《政治经济学史》第一卷,第221页。

大约从16世纪中叶到18世纪末叶,在西欧,以分工为基础的协作在工场手工业上取得了自己的典型形态,并且占据了统治地位。马克思曾对此做过深入的研究：

> 工场手工业是以两种生产方式产生的。
>
> 一种方式是：不同种的独立手工业的工人在同一个资本家的指挥下联合在一个工场里,产品必须经过这些工人之手才能最后制成。例如,马车过去是很多独立手工业者,如马车匠、马具匠、裁缝、铜匠、旋工、饰绦匠、玻璃匠、彩画匠、油漆匠、描金匠等劳动的总产品。马车工场手工业把所有这些不同的手工业者联合在一个工场内,他们在那里协力地同时进行劳动。……
>
> 但是,工场手工业也以相反的方式产生。许多从事同一个或同一类工作(例如造纸、铸字或制针)的手工业者,同时在同一个工场里为同一个资本所雇用。①

同手工业劳动相比,工场手工业一方面在生产过程中引进了分工,或进一步发展了分工,另一方面又把过去分开的手工业结合在一起,从总体上来看,提高了劳动生产率。但工场手工业也面临着许多难以克服的障碍。第一,这些障碍首先表现在生产组织和技术上。工场手工业把原来分散的手工业结合在一起,缩短了各个特殊生产阶段的空间距离,劳动生产率提高了,但工场手工业特有的分工原则,使得不同的生产阶段孤立起来,制造品不得不由一个人之手转到另一个人之手,从一个过程转到另一个过程,尽管工场手工业之间也可以进一步结合,但不能在自己已有的基础上真正达到技术上的统一,这就限制了大规模生产的可能性。第二,工场手工业使得工人畸形发展,变成局部工人。工场手工业的分工是以生产资料积聚在一个资本家手中为前提,这样,工人多种多样的生产志趣和生产才能就被压抑,工人成为局部的劳动工具,以至于在18世纪出现了一种荒唐的现象,即某些手工业工场宁愿使用半白痴来从事某些简单的然而构成工厂秘密的操作②,因而,在整个工场手工业时期,都可以听到关于工人缺乏纪律的怨言。③ 工场手工业面临的第三个障碍是,工场手工业既不能掌握全部社会生产,也不能根本改造它,城市的手工业和农村的家庭工业依然是它的基础。对工场手工业所面临的这

---

① 《马克思恩格斯全集》第23卷,人民出版社1975年版,第373—374页。
② 同上书,第400页。
③ 同上书,第407页。

些障碍的克服,是后来的机器大工业完成的。而机器大工业生产首先是在英国开始的。

在斯密生活的时代,英国的资本主义比任何其他国家发展得都快。在1700—1760年之间,英国曾经颁布208项圈地法令,涉及农民土地31.2万英亩;1760—1801年之间,又颁布了2000项类似的法令,涉及300万英亩的土地。① 圈地运动使得英国轻而易举地完成了农业资本主义的过程。一方面,圈地运动使得大农场的形成成为可能,使得土地占有者变成了地租获取者,形成了农场经营者阶级,从而在农业中实行了资本主义;另一方面,圈地运动为毛纺工业的进一步扩展提供了基础,扩大了毛纺工业的原料来源。同时,圈地也引起了人口过剩,使得工业能够较容易地得到比较廉价的劳动力。正是在这种意义上,我们说,在英国的资本主义发展过程中,圈地运动作出了不可磨灭的贡献。"法国的重农主义者热烈地梦想实现他们的主张,而且为了达到这个目的,创立了许多空想的理论;但在英国,这件事'很简单地'被实现了,依靠'贤明的'立法而加速实现了。"②

与毛纺工业同时发展并成为其竞争的是棉纺工业的发展,它是伴随着一系列纺织技术的革新而发展的:从18世纪初"荷兰"织机的引进,1773年约翰·凯获得飞梭的专利权,到刘易斯·保尔与约翰·怀亚特合作发明了第一架纺纱机。虽然在斯密生活的时代,纺纱机还没有得到真正的推广③,但斯密已经感觉到纺纱技术革命的气息了。在大规模产业革命到来之前,英国已经失去了从前农业国的性质,而成为工业国了。这突出地表现在人口的城市化程度上,据史料记载④,从17世纪末到斯密时代的那个时期,谢菲尔德的人口增加了6倍,利物浦增加了9倍,曼彻斯特增加了4倍,伯明翰增加了6倍,这些都是工业区的城市,而瑙威池这样农业区的城市人口只增加了三分之一。

随着资本主义在英国的快速发展,英国完成了原始的资本积累,开始了大规模资本积累的过程,但无论是在国内还是在国外,都遇到了障碍:在国内,英国遇到了我们已经提及的工场手工业所面临的那些障碍;在国外,英国已经在贸易上打败了自己的竞争对手荷兰、西班牙和法国,不再害怕自由竞争了。英国人迫切要求从理论上和政策上彻底废除重商主义。正是在这种背景

---

① 〔苏〕卢森贝:《政治经济学史》第一卷,第230页。
② 同上。
③ 〔德〕汉斯·豪斯赫尔:《近代经济史:从十四世纪末至十九世纪下半叶》,第289页。
④ 〔苏〕卢森贝:《政治经济学史》第一卷,第231页。

下，斯密于1776年发表了著名的《国民财富的性质和原因的研究》，率先从理论上对古典重商主义提出了挑战，开启了古典自由主义政治经济学的先河。

二、亚当·斯密的《国民财富的性质和原因的研究》①

虽然在亚当·斯密之前就有自由主义的思想②，但亚当·斯密是古典自由主义政治经济学的集大成者却是所有学者赞同的事实。亚当·斯密的思想集中反映在他于1776年发表的那本不朽著作《国民财富的性质和原因的研究》(An Inquiry into the Nature and Causes of the Wealth of Nations)中。关于这部著作对经济学发展的贡献，后来的经济史学家熊彼特和政治经济学家卢森贝都曾给予极高的评价：

> 18世纪结束以前，《国富论》就已出了九个英文版本，这还不算爱尔兰和美国出的版本，并(就我所知)被译成了丹麦文、荷兰文、法文、德文、意大利文和西班牙文(加着重点的不止有一种译本；俄文的第一个译本出版于1902—1906年)。由此可以看出《国富论》一发表，就取得了巨大成功。对于这种类型和这种水平的著作(它完全没有《法的精神》一书所具有的那种优雅气质)来说，我认为这可以称作是奇观。但这与不那么好衡量的、真正有意义的成功比较起来，根本不算什么。从大约1790年起，斯密就成了导师，不是初学者或公认的导师，而是专业人员特别是教授们的导师。包括李嘉图在内，这些人中大部分人的思想，都渊于斯密，而且他们大都也从未超过斯密。在大约50年中，直到约翰·穆勒的《原

---

① 亚当·斯密(1723—1790)：《国民财富的性质和原因的研究》，最早于1776年出版，1778年、1784年、1786年以及1789年不断再版。中文版有三个译本：1902年由严复编译，以《原富》为名出版；1931年由郭大力和王亚南翻译，以《国富论》为名出版，1972年以《国民财富的性质和原因的研究》为名出修订版；2001年由杨敬年翻译，以《国富论》为名由陕西人民出版社出版。关于三个中文译本在不同时期的目的和作用，杨敬年先生在其为《国富论》第三个译本的"译序"中所做的如下概括颇耐人寻味："这本书过去在中国有过两个译本。1902年严复的中译本名为《原富》，是为介绍新思想而译的。王亚南、郭大力的译本初名《国论》(1931)，后名《国民财富的性质和原因的研究》(1972)，只是要作为翻译《资本论》的准备，为宣传马克思主义政治经济学做准备而译的。现在这个译本是为了显示这本书在影响世界历史进程中的作用而译的。"《国富论》一书共分五卷：前两卷研究的是狭义的政治经济学，其中，第一卷研究的是劳动分工，重点探讨了劳动分工对于国民财富的意义以及产生分工的原因。第二卷所研究的是资本，分析了资本的构成、资本的作用和资本积累形成的条件、资本的形态。第三卷研究的是经济历史，重点从罗马帝国的崩溃谈起，核心问题是城市的衰落和兴起。第四卷是经济学说史，重点是对重商主义的批判。第五卷研究的是财政税收政策，重点考察了国家的支出、国家的收入和国家的债务。

② 关于对自由主义思想的历史考察，读者可参见李强：《自由主义》，中国社会科学出版社1999年版。

理》(1848)问世为止,普通经济学家的思想大都是由斯密提供的。在英国,李嘉图的《原理》(1817)对斯密是一严重挑战。但在英国以外的地方,大多数经济学家还跟不上李嘉图的步伐,斯密仍享有支配地位。①

"原富"[国富论]得到了很大的成功,而且这成功不是一时的,而是非常巩固而又长久的。在政治经济学史上,经济学者的著作能够像这位苏格兰贤人(人们开始这样称呼斯密了)的"原富"一样,对于同时代的和后代的人发生如此大的影响,是很少的。斯密的名声很快地便传布到英国以外的很远的地方去了;到处都把他看作是政治经济学这门新学科的创始人。②

1. 对重商主义的批判

尽管斯密将对重商主义和重农主义的批判放在其《国民财富的性质和原因的研究》的第四篇,但这并不说明斯密对这一问题不重视,恰恰相反,斯密采取的是先立后破的写作方法,即斯密先论述自己关于国民财富的理论,然后来批判斯密之前盛行的重商主义在国民财富上的主张。

在斯密看来,自由主义和重商主义在富国裕民这一目标上是一致的,但在如何增加国家财富的途径上的主张是不同的。

> 被看作政治家或立法家的一门科学的政治经济学,提出两个不同的目标:第一,给人民提供充足的收入或生计;第二,给国家或社会提供充分的收入,使公务得以进行。总之,其目的在于富国裕民。不同时代不同国民的不同富裕程度,曾产生两种不同的关于富国裕民的政治经济学体系。其一,可称为重商主义;其二,可称为重农主义。③

亚当·斯密集中批判了重商主义如下两个原理:一是重商主义主张货币即财富;二是重商主义认为,只有适当地注意贸易差额,才能阻止金银的输出。

如我们在第一章关于古典重商主义中已经论述的,重商主义的一个最为基本的观点就是认为货币即财富,所以采取重商主义政策的国家一般都重视金银等贵重金属的流入。但在斯密看来,重商主义这种把财富等同于货币的观点是非常滑稽的。他认为,一国的财富并不是货币本身,而是土地和劳动的年产物,是货币可以购买的物品。

---

① 引自杨敬年先生为〔英〕亚当·斯密:《国富论》(陕西人民出版社 2001 年版)所作的"译序"第 2—3 页。
② 〔苏〕卢森贝:《政治经济学史》第一卷,第 240 页。
③ 〔英〕亚当·斯密:《国民财富的性质和原因的研究》下卷,商务印书馆1997年版,第1页。

一国全体居民每星期或每年的收入,虽然都可以是,而且实际也是,由货币支付,但无论如何,他们真实财富的大小,他们全体每星期或每年的真实收入的大小,总是和他们全体用货币所能购买的消费品量的大小成比例。这样,他们全体收入的全部,显然不能又等于这货币,又等于这消费品,而只等于这两价值之一,与其说等于前一价值,毋宁说等于后一价值。①

关于货币,斯密认为,货币只是流通资本的一个部分,它的作用仅仅在于作为价值尺度,并不能增加财富。

货币是商业上的大工具,有了它,社会上的生活必需品、便利品、娱乐品,才得以适当的比例,经常地分配给社会上各个人。但它是非常昂贵的工具。这昂贵工具的维持,必须费去社会上一定数量极有价值的材料即金银和一定数量极其精巧的劳动,使其不能用来增加留供目前消费的资财,即不能用来增加人民的生活必需品、便利品和娱乐品。……货币只是货物借以流通的轮毂,而和它所流通的货物大不相同。构成社会总收入的只是货物,而不是流通货物的轮毂。计算社会总收入或纯收入时,必须从每年流通的全部货币与全部货物中,减去货币的全部价值,一个铜板也不能算在里面。②

但斯密并不因此否认货币的价值,在他看来,货币是非常有价值的,比如纸币的发行,既可以起到金银币的作用,又可以大大地减少维持的费用,而且它的数量并没有超过其所代表的金银的价值,这是货币不是财富的最好证明。

货币是流通的大轮毂,是商业上的大工具。像一切其他职业上的工具一样,那是资本的一部分,并且是极有价值的一部分,但不是社会收入的一部分。把收入分配给应得收入的人,固然是靠了铸币内含金块的流通,但那金块,决不是社会收入的一部分。③

对于重商主义者主张通过对外贸易来调节金银量的流入与输出,斯密提出了不同的观点,在他看来,金银的流入与输出完全可以根据"有效需求"来自行调节,用不着政府操心。

---

① 〔英〕亚当·斯密:《国民财富的性质和原因的研究》上卷,商务印书馆1997年版,第266—267页。
② 同上书,第265页。
③ 同上书,第267页。

在各个国家,人类勤劳所能购入或生产的每一种商品量,自然会按照有效需求,即按照愿意支付为生产这种商品和使它上市所需支付的全部地租、劳动与利润的那些人的需求,自行调节。但按照有效需求而发生的这种调节作用,在金银这种商品上最为容易,也最为准确;这是因为金银体积小而价值大,最容易从一处地方运到另一处地方,从价廉的地方运到价昂的地方,从超过有效需求的地方运到不足以满足有效需求的地方。①

2. 劳动分工与交换

既然货币并不能等同于财富,那么一个国家财富增加的原因是什么?斯密认为,国民财富的增加起因于劳动分工,得益于交换。劳动分工是斯密自由主义政治经济学的一个最为基本的概念和逻辑出发点,也是古典自由主义政治经济学与古典重商主义政治经济学最为根本的区别所在。

在斯密看来,一个国家财富的增进主要取决于其劳动生产力的增进,一个社会普遍富裕也主要取决于其劳动生产力的提高,劳动生产力的增进和提高主要是因为劳动分工(个人分工和社会分工)的结果。为此,亚当·斯密提出的第一个命题就是劳动分工是劳动生产力增进的原因。

劳动生产力上最大的增进,以及运用劳动时所表现的更大的熟练、技巧和判断力,似乎都是劳动分工的结果。②

在一个政治修明的社会里,造成普及到最下层人民的那种普遍富裕情况的,是各行各业的产量由于分工而大增。③

至于为什么会出现劳动分工,斯密从人的自然本性给予了回答。在斯密看来,劳动分工起源于交换,而交换则是人类所特有的一种"互通有无,物物交换,互相交易"的倾向。这种倾向为人类所共有,也为人类所特有,在其他动物中是找不到的。人类之所以有这种交换倾向,是因为每个人都认为能从交换中获得自己所需要的东西,一句话就是,因为交换来源于人的自利心。

我们从未见过甲乙两犬公平审慎地交换骨头。也从未见过一种动物,以姿势和自然呼声,向其他动物示意说:这为我有,那为你有,我愿意

---

① 〔英〕亚当·斯密:《国民财富的性质和原因的研究》下卷,第7—8页。
② 同上书,第1页。
③ 同上书,第11页。

以此易彼。①

我们每天所需的食料和饮料,不是出自屠户、酿酒家或烙面师的恩惠,而是出于他们自利的打算。我们不说唤起他们利他心的话,而说唤起他们利己心的话。我们不说自己有需要,而说对他们有利。②

交换是人所特有的倾向,这种倾向使得每个人的才能显示出差异,而且使得这种差异有用。用斯密自己的话来说就是:

猛犬的强力,决不能辅以猎狗的敏捷,辅以长耳狗的智巧,或辅以牧畜家犬的柔顺。它们因为没有交换交易的能力和倾向,所以不能把这种种不同的资质才能,结成一个共同的资源,因而,对于同种的幸福和便利,不能有所增进。各动物现在和从前都须各自分立,各自保卫。自然给了它们各种各样的才能,而它们却不能从此得到何种利益。人类的情况,就完全两样了。他们彼此间,哪怕是极不类似的才能也能交相为用。他们依着互通有无、物物交换和互相交易的一般倾向,好像把各种才能所产生的各种不同产物,结成一个共同的资源,各个人都可以从这个资源随意购取自己需要的别人生产的物品。③

这样,斯密就从人的自然本性出发,提出了与重商主义完全不同的观点。在重商主义看来,除非人类的行为能够得到控制,否则个人的自我需求将会导致财富的下降。而亚当·斯密认为,重商主义的这种假设是完全错误的。斯密从个人的自由是自然的这一最基本的命题出发,阐述了分工的必然性。在亚当·斯密看来,每个人在法则之内都是自由的,即在法则之内,每个人都可以按照自己的方式寻求自己的利益。正因为个人在法则内可以运用他们的自由以不同的方式做不同的事,这样在经济活动中才出现了生产的自由和消费的自由,而这最终成为广泛劳动分工和市场交换的社会秩序的基础,从而自发地形成了一个广泛的和复杂的为交换商品而合作的体系。

斯密的核心思想就是,人的自由决定了生产的自由和消费的自由,由此而产生了专业化和地理上的劳动分工。这种劳动分工提高了就业和资源分配并最终促使国家财富的增长。所以,增加国民财富的第一个决定性因素就是劳动分工。斯密这种把劳动放在第一位,与以前重商主义者把流通放在第

---

① 〔英〕亚当·斯密:《国民财富的性质和原因的研究》上卷,第13页。
② 同上书,第14页。
③ 同上书,第16—17页。

一位,重农主义者把农业放在第一位是非常不同的。在关于劳动分工的论述中,斯密关心的核心问题是,分工是如何自然地发展起来的,交换是如何自然地进行的,货币是如何自发地发展起来的,一句话,自我调节的市场是如何自然形成的。

个人由于具有交换的倾向而形成劳动分工,民族和国家也如此。所以,斯密认为,每个民族所需要的生活必需品和生活享乐品,或者是他们自己直接劳动的产品,或者是同其他民族人民交换得来的,这取决于这个民族从事生产的劳动者数量和劳动生产率,其中劳动生产率具有决定的意义,而劳动生产率的高与低则直接与劳动分工相关。劳动分工既提高了劳动生产率,又增加了国民财富。

3. 自我调节的市场与价格机制

亚当·斯密自由主义经济学经常为人们所提及的就是他关于"看不见的手"的论述。既然交换是人的自然本性中的倾向,分工也是自然形成的,货币是自发发展起来的,那么,交换是如何自然地进行的,是哪些规则决定着交换,换句话说,由交换而形成的市场是如何运行的。

在斯密看来,"分工一经完全确立,一个人自己劳动的生产物,便只能满足自己欲望的极小部分。他的大部分欲望,须用自己消费不了的剩余劳动生产物,交换自己所需要的别人劳动生产物的剩余部分来满足,于是,一切人都要依赖交换而生活,或者说,在一定程度上,一切人都成为商人,而社会本身,严格地说,也成为商业社会"①。市场就存在于这个商业社会中。那么,这样的市场通过什么样的机制来运行的呢?斯密从交换价值的尺度、交换价值的构成和商品的价格三个方面对此进行了详细的论述②,由此构成了他的价格机制论。

(1)交换价值的尺度

在斯密看来,衡量一种商品的交换价值主要有两种尺度,一是劳动,它是商品的"真实尺度"或"真实价格";一是货币,它是商品的"名义尺度"或"名义价格"。斯密对此做了详细的论述。

在斯密看来,一个人是富是贫,就看他能在什么程度上享受人生的必需品、便利品和娱乐品。但自分工完全确立以来,各人所需要的物品,仅有极小

---

① 〔英〕亚当·斯密:《国民财富的性质和原因的研究》上卷,第20页。
② 斯密用了三章篇幅(第五、六、七章)对此进行了详细的论述,参见〔英〕亚当·斯密:《国民财富的性质和原因的研究》上卷,第26—58页。

部分仰仗于自己的劳动,最大部分却需仰仗于他人劳动。所以,他是贫是富,要看他能够支配多少劳动,换言之,要看他能够购买多少劳动。一个人占有某物,但不愿自己消费,而愿用以交换他物,对他来说,这货物的价值等于使他能购买或能支配的劳动量。因此,劳动是衡量一切商品交换价值的真实尺度。但这里也有一个问题,这就是,劳动虽然是一切商品交换价值的尺度,那为什么一切商品的价值通常不是按劳动来估定,而是通过市场上的议价来调整?斯密所作的解释是,因为确定两个不同的劳动量的比例,通常是非常困难的,这不但取决于劳动所需要的时间,而且取决于劳动的困难程度和精巧程度。这样,人们自然愿意以一种商品在市场上所能购得的另一种商品量来估价其交换价值,而不愿意以一种商品所能购得的劳动量来估定其交换价值。在分工开始,人们一般习惯于物物交换,后来随着物物交换的停止和货币作为交换媒介的盛行,人们就愿意多按货币量而少按商品所能换得的劳动量或其他商品量来估定一个商品的交换价值。所以,对于一个商品而言,"等量劳动,无论在什么时候和什么地方,对于劳动者都可以说有同等的价值。如果劳动者都具有一般的精力和熟练与技巧程度,那么在劳动时,就必然牺牲等量的安乐、自由与幸福。他所购得的货物不论多少,总是等于他所付出的代价。诚然,他的劳动,虽有时能购得多量货物,有时只能购得少量货物,但这是货物价值变动,不是购买货物的劳动价值变动。不论何时何地,凡是难于购得或在取得时需花多量劳动的货物,价必昂贵;凡是易于购得或在取得时只需少量劳动的货物,价必低廉。所以,只有本身价值决不变动的劳动,才是随时随地可用以估量和比较各种商品价值的最后和真实标准。劳动是商品的真实价格,货币只是商品的名义价格"[①]。

斯密认为,这种对商品和劳动所作的真实价格和名义价格的区别,不仅具有理论意义,而且具有重要的现实意义。这有助于消除重商主义关于货币即财富的错误观点,也有助于消除长期以来君王和国家关于铸币内所含的纯金量越少越好的观点,在斯密看来,货币不过是一种交换工具和媒介,是商品的名义价格而非真实价格。

(2) 交换价值的构成

在斯密看来,交换价值的构成,也就是商品价格的组成。无论什么商品,其全部价格都由三个部分或其中一个部分构成,这三个部分分别是:土地地租、劳动工资和资本利润。而一个国家全部劳动年产物的一切商品价格,也

---

① 〔英〕亚当·斯密:《国民财富的性质和原因的研究》上卷,第29页。

由这三个部分组成,而且作为劳动工资、土地地租和资本利润,在国内不同居民之间进行分配。斯密的详细论述是这样的,

> 资本一经在个别人手中积聚起来,当然就有一些人,为了从劳动生产物的售卖或劳动对原材料增加的价值上得到一种利润,便把资本投在劳动人民身上,以原材料与生活资料供给他们,叫他们劳作。与货币、劳动或其他货物交换的完全制造品的价格,除了足够支付原材料代价和劳动工资外,还须剩有一部分,给予企业家,作为他把资本投在这企业而得的利润。所以,劳动者对原材料增加的价值,在这种情况下,就分为两个部分,其中一部分支付劳动者的工资,另一部分支付雇主的利润,来报酬他垫付原材料和工资的那全部资本。……一国土地,一旦完全成为私有财产,有土地的地主,像一切其他人一样,都想不劳而获,甚至对土地的自然生产物,也要求地租。森林地带的树木,田野的草,大地上各种自然果实,在土地共有时代,只需出些力去采集的,现今除出力外,却须付给代价。劳动者要采集这些自然物,就必须付出代价,取得准许采集的权利;他必须把他所生产或所采集的产物的一部分交给地主。这一部分,或者说,这一部分的代价,便构成土地的地租。在大多数商品价格中,于是有了第三个组成部分。①

> 总之,无论什么商品的全部价格,最后必由那三个部分或其中一个部分构成。在商品价格中,除去土地的地租以及商品生产、制造乃至搬运所需要的全部劳动的价格外,剩余的部分必然归作利润。②

(3) 商品的价格

斯密关于价格机制的第三个观点认为,商品的价格有自然价格与市场价格之分。所谓自然价格,就是指,"一种商品价格,如果不多不少恰恰等于生产、制造这商品乃至运送这商品到市场所使用的按自然率支付的地租、工资和利润,这商品就可以说是按它的自然价格出售的"③。所谓商品的实际价格,是指,"商品通常出卖的实际价格,叫作它的市场价格。商品的市场价格,有时高于它的自然价格,有时低于它的自然价格,有时和它的自然价格完全相同"④。

---

① 〔英〕亚当·斯密:《国民财富的性质和原因的研究》上卷,第43—44页。
② 同上书,第46页。
③ 同上书,第49页。
④ 同上书,第50页。

造成这种商品价格偏离的原因就是需求和供给的比例的变动,斯密称之为有效需求:当一种商品在市场上的供给超过对它的需求时,商品的市场价格就低于它的自然价格;相反,当一种商品在市场上的需求超过它的供给时,商品的市场价格就高于它的自然价格;当一种商品在市场上的需求量恰好等于它的供给量,这种商品的市场价格就完全等同于它的自然价格。"这样,自然价格可以说是中心价格,一切商品价格都不断受其吸引。各种意外的事件,固然有时会把商品价格抬高到这中心价格之上,有时会把商品价格强抑到这中心价格以下。可是,尽管有各种障碍使得商品价格不能固定在这恒固的中心,但商品价格时时刻刻都向着这个中心。"①当然,斯密也承认有另外一种情况,即商品的市场价格能在相当长的时期内会超过其自然价格,但斯密认为,这种情况是由于长期保守制造业和商业的秘密,或某种特殊土壤生产的特殊产品,或给个人以及商业公司以垄断权。同时,斯密认为,任何商品的市场价格虽然能长期高于其自然价格,但不能长期低于其自然价格,否则,人们就会撤出部分土地或劳动资本使市场上的商品量恰恰只够满足有效需求。

由此可见,斯密所论述的完全是一种受价格机制进行自我调节的市场。

4. 市场与政府

既然交换是人的自然本性中的倾向,分工是自然形成的,货币是自发发展起来的,由交换而形成的市场是一种受价格机制进行自我调节的市场,那么,政府与市场之间是一种什么样的关系?

对于国家/政府与市场的关系,斯密只是从建立自然自由制度的理想对国家/君主的义务提出了自己的主张。在他看来,在天然自由体系中,政府只有三种合法性的功能:(1)国防的需要;(2)建立和维持社会公正;(3)建立和维持特定的公众工作和公众制度。

第一,国防的需要。

"君主的义务,首在保护本国社会的安全,使之不受其他独立社会的暴行与侵略。"②斯密认为,完成这种义务,只能借助于兵力。而国家对国防军备的设施,只能采取两种方策,"第一,它可不管国民的利益怎样,资质怎样,倾向怎样,用一种极严厉的法令,施以强迫军事训练;凡在兵役年龄内的一切公民,或其中的一定人数,不管他们从事何种职业,非在一定限度上与兵士的职业结合起来不可。第二,它可维持并雇用一部分公民,不断施以军事训练,使

---

① [英]亚当·斯密:《国民财富的性质和原因的研究》上卷,第52页。
② 同上书,第254页。

兵士的职业,脱离其他职业,而确然成为一个独立的特殊职业"①。采取前一策略,这个国家的兵力就是民兵;采取后一策略,这个国家的兵力就是常备军。

第二,建立和维持社会公正。

"君主的第二个义务,为保护人民不使社会中任何人受其他人的欺侮或压迫,换言之,就是设立一个严正的司法行政机构。"②各个人的自由,各个人对于自己所抱的安全感,全依赖于公平的司法行政。

第三,建立和维持特定的公众工作和公众制度。

"君主或国家的第三种义务就是建立并维持某些公共机关和公共工程。"③这些公共机关和公共工程包括:便利社会商业的良好的道路、桥梁、运河、港湾等工程的建造和维持;青年教育设施的投入和建造,教育儿童的小学校、大学等公共教育设施和宗教设施。

所以,在斯密那里,市场处于完全自由竞争之中,国家除了以上三种有益于商业的社会职能之外,无须过多地干预市场。这就是斯密主张的自由主义政治经济学与以前重商主义政治经济学根本不同之处。

5. "绝对利益"与自由贸易

斯密把分工和专业化的原则进一步推广到国际经济领域,提出了国际分工的理论,这就是著名的"绝对利益"学说。所谓"绝对利益"或"绝对优势",是指在某一商品的生产上,一国所耗费的劳动成本绝对低于另一国,在生产效率上占有绝对优势。如果各国都生产自己具有绝对优势的产品然后再相互交换,那么各国就都可以获得绝对的好处。

斯密反对重商主义对所有输入本国的产品不加分析地进行限制的主张。在他看来,如果一个人用最小的花费就能在市场上买到自己所不擅长生产的必需物品,那么谁也不会自己亲自生产这些物品,也就是说,如果一件东西在购买时所费的代价比在家内生产时所费的小,就永远不会想在家内生产。裁缝不想制作他自己的鞋子,而向鞋匠购买,鞋匠不想制作他自己的衣服,而雇裁缝制作。对于一个国家也是同样的道理,如果外国能以比我们自己制造还便宜的商品供应我们,我们最好就用我们有利地使用自己的产业生产出来的物品的一部分向他们购买。也就是说,如果每个国家都只生产它最擅长生产的东西,然后用来交换别国所擅长生产的东西,这比各国各自生产自己所需

---

① 〔英〕亚当·斯密:《国民财富的性质和原因的研究》上卷,第261页。
② 同上书,第272页。
③ 同上书,第284页。

要的一切东西更为有利。用斯密自己的话来说就是：

> 在每一个私人家庭的行为中是精明的事情，在一个大国的行为中就很少是荒唐的了。如果外国能以比我们自己制造还便宜的商品供应我们，我们最好就用我们有利地使用自己的产业生产出来的物品的一部分向他们购买。国家的总劳动既然总是同维持它的产业的资本成比例，就决不会因此减少，正如上述工匠的劳动并不减少一样，只不过听其随意寻找最有利的用途罢了。要是把劳动用来生产那些购买比自己制造还便宜的商品，那一定不是用得最为有利。劳动像这样地不去用于显然比这更有价值的商品的生产，那一定或多或少会减损其年产物的价值。按照假设，向外国购买这种商品，所费比国内制造来得便宜。所以，如果听其自然，仅以等量资本雇佣劳动，在国内所生产商品的一部分或其价格的一部分，就可把这商品购买进来。①

所以，对外国输入国内能生产的货物，如果像重商主义那样不加分析地加以限制，那是非常不明智的，而且也无益于国家财富的增加。因为，无论是资本还是劳动，都是寻找自然的用途。人为的管制，虽然可以使社会劳动更迅速地流入有利的特定的用途，但劳动总额和收入总额，并不能因此而增加。社会的劳动，只能随社会资本的增加而增加；社会资本增加多少，又只能看社会能在收入中节省多少。重商主义所采取的管制的直接结果，就是减少社会的收入，凡是减少社会收入的措施，一定不会迅速地增加社会的资本。假如没有重商主义的管制，虽然制造业不能马上在社会上确立起来，但社会在其任何发展时期，并不因此而贫乏，相反，其全部资本，在社会发展的任何时期内，虽使用的对象不同，但仍可能使用在当时最有利的用途，其收入也可能是资本所能提供的最大收入，而资本与收入也许以可能有的最大速度增加。

斯密鼓励以绝对优势为基础的国际分工和自由贸易，反对重商主义一味地追求对外国输入品进行管制。但斯密也主张在如下两种情况下可以给外国产业加上若干负担，奖励国内产业，这两种情况是②：第一，特定产业，为国防所必需。比如，英国的国防在很大程度上取决于其海员和船只，所以，英国的航海法当然要绝对禁止或对外国航船课以重税来使本国海员和船舶独占本国航运业了；第二，为了不使国内产业在国内市场有独占权，也为了使流入

---

① 〔英〕亚当·斯密：《国民财富的性质和原因的研究》上卷，第28—29页。
② 同上书，第34—36页。

某特殊用途的资产和劳动不会高于其自然流入,在国内对某生产物课以与外国同样生产物同额税。由此可见,斯密的自由贸易只是就国际劳动分工而言的。所以,马克思在考察工场手工业之后得出结论,"政治经济学作为一门独立的科学,是在工场手工业时期才产生的,它只是从工场手工业分工的观点来考察社会分工,把社会分工看成是用同量劳动生产更多商品,从而使商品便宜和加速资本积累的手段"①。

第二节 大卫·李嘉图与古典自由主义

尽管李嘉图没有像大多数学者那样接受过系统的教育,所发表的著作也很少,但学术界对于李嘉图对古典政治经济学的贡献的评价并不亚于对亚当·斯密对古典政治经济学贡献的评价,"斯密的直接继承者是李嘉图;古典派经济学由于他而达到了最高度的发展。李嘉图是古典派政治经济学的完成者"②。"官派的学者——甚至对于李嘉图还保持着好意的——所写的李嘉图传记中,通常总是特别指出了李嘉图缺乏学识;他们总不相信天底下会有没有学位的真正的学者。可是'地球是在转动着的';李嘉图虽没有学位,但是他的学术著作创立了政治经济学史的一个时代。"③

一、大卫·李嘉图的时代

亚当·斯密所处的时代是手工业作坊的时代,也是重商主义开始衰退的时代,而大卫·李嘉图所处的时代则是英国产业革命的时代。

产业革命的变革起源于工具机的变革,马克思在谈到大工业生产时曾指出,"机器的这一部分——工具机,是18世纪工业革命的起点。在今天,每当手工业或工场手工业生产过渡到机器生产时,工具机也还是起点"④。李嘉图时代的英国的工业革命首先开始于织机的发明。

正如前面已经提及的,斯密在其生活的时代已经嗅到纺织业的变革,到了李嘉图生活的18世纪后25年和19世纪的初期,英国的纺织工业出现了真正的革命性变革,这突出地表现在织机的革新。1764年,人类第一个伟大的

---

① 〔德〕卡尔·马克思:《资本论》第一卷,第404页。
② 〔苏〕卢森贝:《政治经济学史》第一卷,第351页。
③ 同上。
④ 〔德〕卡尔·马克思:《资本论》第一卷,第410页。

成果问世，这就是瓦特研制成蒸汽机，与此同时，棉织业中心兰开夏的职工詹姆斯·哈尔格里夫斯发明了多锭纺车，并以其女儿的名字将其命名为珍妮，这就是纺织业中著名的珍妮纺纱机。之后，理发师理查德·阿克赖特于1769年获得了纺纱机的专利权，1775年又获得梳棉机的专利权。珍尼纺纱机能纺出用作纬线的软线，而阿克赖特的线同时可以当经线用，但面临的问题是粗细不均匀。1779年莎缪尔·克朗普顿的走锭精纺机出笼，后在曼彻斯特投入使用，从而织造出第一批英国的纯平纹细布。1792年，随着自动飞梭装置的出现，纺纱机的动力问题解决了。

纺纱机将大量棉纱投入市场，受到手工织布的制约。1790年以后，埃德蒙·卡特赖特发明了一架机械织布机，1806年曼彻斯特建立了第一家用蒸汽机传动的织布厂。到了1835年，在英国，用蒸汽作动力的织布机超过108 000台，1850年达到250 000台。[①]

纺织业的变革引起了其他行业的革命性变革，从而拉开了英国工业革命的序幕，对于英国纺织业的这种变革，马克思的总结是：

> 一个工业部门生产方式的变革，必定引起其他部门生产方式的变革。这首先是指那些因社会分工而孤立起来以致各自生产独立的商品、但又作为总过程的阶段而紧密联系在一起的工业部门。因此，有了机器纺纱，就必须有机器织布，而这二者又使漂白业、印花业和染色业必须进行力学和化学革命。同样，另一方面，棉纺业的革命又引起分离棉花纤维和棉籽的轧棉机的发明，由于这一发明，棉花生产才有可能按目前所需要的巨大规模进行。但是，工农业生产方式的革命，尤其使社会生产过程的一般条件即交通运输工具的革命成为必要。正像以具有家庭副业的小农业和城市手工业为"枢纽"（我借用傅立叶的用语）的社会所拥有的交通运输工具，完全不能再满足拥有扩大的社会分工、集中的劳动资料和工人以及殖民地市场的工场手工业时期的生产需要，因而事实上已经发生了变革一样，工场手工业时期遗留下来的交通运输工具，很快又成为具有狂热的生产速度和巨大的生产规模、经常把大量资本和工人由一个生产领域投入另一个生产领域并具有新建立的世界市场联系的大工业所不能忍受的桎梏。因此，撇开已经完全发生变革的帆船制造业不说，交通运输业是逐渐地靠内河轮船、铁路、远洋轮船和电报的体系而适

[①] 〔德〕汉斯·豪斯赫尔：《近代经济史：从十四世纪末至十九世纪下半叶》，第295页。

应了大工业的生产方式。①

工业革命的变革不仅引起工厂和工业制度本身的变革,诸如农村家庭劳动的逐渐消失,工厂自动化的提高,劳动强度的增加,产业后备军的扩大,等等;而且还引起了更广泛的社会制度的变化。随着银行和交易所的扩大,借贷资本得以高度发展,随着工厂主阶层和无产阶级的增加,阶级结构发生了很大的变动,思想领域里的斗争也异常激烈。正是在这种背景下,李嘉图代表新兴产业资本的利益,对当时的政治问题和经济问题不断发表自己的见解,主张议会改革,主张自由贸易,主张取消谷物税,反对国家对货币流通的有害干预,对阻碍新兴产业资本利益的封建贵族势力提出了批判,并于1817年发表了他的成名作《政治经济学及其赋税原理》,把斯密开创的自由主义政治经济学推向了一个新的高度。

李嘉图对亚当·斯密的自由主义政治经济学做了补充和修正,这主要表现在如下三个方面:一是以劳动价值论作为基础,分析了资本主义社会的分配关系;二是指出了亚当·斯密"地域分工论"的局限,提出了著名的"比较利益论";三是反对国家在货币流通问题上的有害干预,主张建立金本位的货币制度。我们在这里重点讨论李嘉图建立在比较利益基础上的对外自由贸易理论。

二、大卫·李嘉图的《政治经济学及赋税原理》②

1. 反对《谷物法》

李嘉图是一位卓越的银行家,但他在经济理论方面的地位主要是通过对《谷物法》的研究确定的,"有卓越成就的银行家大卫·李嘉图最初就与他职业有关的通货问题做了论述。虽然他因此而长期对英国的货币政策和银行立法产生影响,但是他的荣誉和在整个经济理论方面的重要地位,却是通过对谷物税的研究得来的,他在研究中分析了谷物的费用因素,并将谷物的费用因素带入那个看来最终解决劳动收益分配问题的合法关系之中"③。

在1815年左右,也就是在拿破仑战争结束时,在英国国内出现了一场大的争论,争论的主题是,一个国家应该保持其基于农业的经济还是朝着更为

---

① 《马克思恩格斯全集》第23卷,第421页。
② 〔英〕大卫·李嘉图(1772—1823):《李嘉图著作和通信集(第一卷):政治经济学及赋税原理》,商务印书馆1981年版。
③ 〔德〕汉斯·豪斯赫尔:《近代经济史:从十四世纪末至十九世纪下半叶》,第316页。

工业化的方向发展？这个问题在英国议会中以对《谷物法》的争论表现出来。英国制定《谷物法》的目的就是通过国家制定《谷物法》来推动国内农业的发展的同时并不导致食物价格的增长，其具体手段是，当小麦的价格在英国下降时，可以通过提高关税限制进口，从而避免国内小麦价格的下降而伤害国内的农场主；当小麦的价格上升到一定的水平，通过鼓励小麦的进口来阻止价格的进一步上升。一句话，英国政府力图通过关税这个杠杆来调节谷物的价格。

在法国战争期间，食品的价格急剧上升，但当战争结束后，农场主的生产成本仍然居高不下，于是，他们呼吁政府加强《谷物法》，对进口的小麦课以高关税，以此来保护他们的利益。他们的理由是，强大的农业对于英国的国防以及英国传统的保护以及国家的繁荣是必要的，经济增长取决于土地的自然增长力，因此，一定要保护农业的利益。这种观点实际上代表了地主阶级的观点。针对同一问题，商业资产阶级提出了不同观点，他们反对关税的提高，他们认为，为了保护农业的利益而提高关税，必然会导致食品价格的上升，强迫提高工资，其结果必然是利润的下降，制造业产品出口的减少，从而破坏英国的工业。英国的未来不在于农业，而在于工业的扩展，所以，他们要求废除《谷物法》。

面对这种争论，李嘉图站在商业资产阶级利益一边。他认为，假如因为高关税提高了英国小麦的价格，地主是最主要的受益者。为了维持或提高小麦价格而采取高关税政策将会导致一系列不利的后果[①]：小麦价格的上升将会扩展耕地面积，在老的小麦产区，地租将会提高，这样国民收入的大部分将会流入地主的手里，地主阶级作为一个寄生的群体将会把这些增加的财富用于奢侈品的消费，诸如用人以及房屋，而不是用于生产投资；扩大土地耕种将会导致资本和劳动力从工业流失，从而破坏整个国家的生产状况，而且，人为地提高食品的价格将会导致生产资源从制造业流入农业，从而阻碍这个国家的工业的自然发展；谷物价格的提高将导致工资率的提高以及制造业生产成本的提高。因为英国必须在全世界销售它的工业产品，以此来同其他国家的产品竞争，所以，英国工业相对高的生产成本将会导致英国出口业的下降，从而导致英国工业生产的下降。随着利润的下降，将会放慢英国资本积累和经济扩展的步伐。以上便是李嘉图反对通过《谷物法》来限制进口谷物的主要理由。

[①] Daniel R. Fusfeld, *The Age of the Economist*, Harper Collins College Publishers, 1994, pp. 43–44.

2. 劳动价值理论

与此同时,李嘉图从劳动价值论出发,对地租、工资、利润进行了系统的论述,继承和发展了亚当·斯密的自由主义政治经济学。在他看来①,商品的使用价值是价值不可缺少的条件,但不是价值的尺度;商品的价值,除了极少一部分商品是由其数量的稀少性决定以外,绝大部分商品的价值是由其生产上所耗费的劳动决定的,农产品和工业产品是这样,金属也是这样,"我们只要指出这样一点就够了:规定农产品和工业制造品价值的一般原则同样适用于金属;金属的价值不取决于利润率,不取决于工资率,也不取决于为矿山而支付的租金,而是取决于取得金属并把它运上市场所必需的劳动总量"②。李嘉图对决定价值的劳动作了进一步的论述,他认为,决定价值的劳动可以是简单劳动,也可以是复杂的劳动,这主要是由市场进行调整决定的;同时,决定价值的劳动,既包括直接生产过程中的劳动,也包括生产该商品所需要的一切器具和机器上的劳动;决定价值的劳动不是个别劳动,而是必要劳动,也就是在最不利条件下生产某商品所需要的劳动量。

在这种劳动决定价值的基础上,李嘉图对地租、工资和利润进行了细致的考察。③ 李嘉图通过考察发现,在农业中存在着一种等级制度:上层是收取地租的土地所有者,中层是土地承租者,下层是必须依靠自己的工资为生的农业工人。这三者之间存在着矛盾,一方面,农业无产者的数量有不断增长的趋势,这必然会导致工人工资的下降;另一方面,对于圈地运动中出现的部分越来越坏的土地,要想使其获得相应的收益,就必须投入更大的资本和劳动。

当土地承租者声称高额地租会迫使他们要求提高产品的价格时,李嘉图用他的劳动价值理论对地租、工资和利润三者的关系给予了回答。在李嘉图看来,地租不是构成价格的因素,价格完全是由劳动决定的,更确切地说,价格是由那种为获得相同谷物量必须使用于最坏土地上的劳动决定的。"一切商品,不论是工业制造品、矿产品还是土地产品,规定其交换价值的永远不是在极为有利、并为具有特种生产设施的人所独有的条件下进行生产时已感够用的较小量劳动,而是不享有这种便利的人进行生产时所必须投入的较大量

---

① 参阅[英]大卫·李嘉图:《李嘉图著作和通信集(第一卷):政治经济学及赋税原理》,商务印书馆1981年版,第一章:论价值。
② 同上书,第70—71页。
③ 同上书,第二章:论地租、第五章:论工资、第六章:论利润;以及[德]汉斯·豪斯赫尔:《近代经济史:从十四世纪末至十九世纪下半叶》,第316—319页。

劳动;也就是由那些要继续在最不利的条件下进行生产的人所必须投入的较大量劳动。这里所说的最不利条件,是指所需的产量使人们不得不在其下进行生产的最不利条件。"①人口的日益增长,迫使比平常多得多的资本和劳动去垦殖质量越来越差的土地。在自由竞争的情况下,地主的利益和日益增长的需求会促使最坏土地上的生产成本决定产品的价格。在这种情况下,较好的土地所生产的谷物总是卖得过贵,这样,拥有较好土地的地主便能获得这过贵的部分作为其地租,然后,资本和劳动才能分配其余的部分。"耕种规定价格的那种数量的土地的农场主,以及制造商品的制造业者,都不会牺牲任何一部分产品来支付地租。他们的商品的全部价值只分成两部分:一部分构成资本利润,另一部分构成劳动工资。"②工资必然围绕着工人最低生活费用运动,工人的工资刚够养活后代。也就是说,如果工资超过最低水平,后代人数就会增长,从而导致劳动力供应的增长;如果工资低于最低水平,后代人数就会受到限制,工资不久就会回到最低水平。但工人的货币工资可以上升,这主要是因为社会对食物需求的增加从而引起面包价格的上涨引起的,但工人的实际工资是不变的,这主要是由最低生活标准决定的。在人口增长的状况下,工资只能固定在生活的最低限度,地租的基本情况也不会改变,但在自由竞争条件下,产品的价格具有接近生产成本的趋势,这样,资本的利润就有一种不断下降的趋势。而对于土地承租者或土地经营者,他们一方面必须支付较高的地租,另一方面必须支付较高的工资,所以,他们必须满足较低的利润。

面对以上资本和劳动的对立,李嘉图开出的处方是,对于农业,扩大市场和为谷物输入开放边境,以此来适应食物的经常短缺和价格的不断上涨,防止地租和价格的上涨。对于工业,不断增加工业品的出口,以此来平衡农业收益的递减。

3. 比较优势和对外贸易

除了对斯密的劳动价值修改和完善以外,李嘉图对自由主义政治经济学的另外一个重大贡献就是,他第一次将基于资本和劳动力这些最基本的要素对国内经济的分析应用到国际经济关系的分析之中,提出了著名的比较利益学说,从而使得经济学作为一门科学向前迈进了一大步。③

亚当·斯密绝对成本学说强调,一个国家在哪种商品的生产上占绝对优

---

① 〔英〕大卫·李嘉图:《李嘉图著作和通信集(第一卷):政治经济学及赋税原理》,第60页。
② 同上书,第92页。
③ Daniel R. Fusfeld, *The Age of the Economist*, p.44.

势,也就是说,相对于其他国家而言生产该产品的成本绝对低,这个国家就应该生产这种商品,然后与其他国家在生产成本上占绝对优势的其他产品进行交换,这样对两个国家都有利。在李嘉图看来,斯密的绝对成本学说其实基于一个逻辑假设和前提,即进行贸易的每个国家都有各自的优势。李嘉图对斯密的假设提出了质疑,李嘉图提出的问题是,假如一个国家在所有产品的生产上都占有优势,而另一个国家在所有产品的生产上都占有劣势,在这种情况下,在所有产品的生产上都占有优势的国家一定要在所有的商品上都发展对外贸易,而在所有产品的生产上都处于劣势的国家就意味着不发展对外贸易?李嘉图以比较利益(比较优势)学说回答了斯密绝对利益学说无法回答的问题。

李嘉图以英国和葡萄牙为例详细论证了这一问题:

> 英国的情形可能是生产毛呢需要100人一年的劳动;而如果要酿制葡萄酒则需要120人劳动同样长的时间。因此英国发现对自己有利的办法是输出毛呢以输入葡萄酒。葡萄牙生产葡萄酒可能只需要80人劳动一年,而生产毛呢却需要90人劳动一年。因此,对葡萄牙来说,输出葡萄酒以交换毛呢是有利的。即使葡萄牙进口的商品在该国制造时所需要的劳动虽然少于英国,这种交换仍然会发生。虽然葡萄牙能够以90人的劳动生产毛呢,但它仍可从一个需要100人的劳动生产毛呢的国家输入,因为对葡萄牙来说,与其挪用种植葡萄的一部分资本去制造毛呢,还不如用资本来生产葡萄酒,因为由此可以从英国换取更多的毛呢。因此,英国将以100人的劳动产品交换80个人的劳动产品。这种交换在同一国家中的不同个人间是不可能发生的。不可能用100个英国人的劳动交换80个英国人的劳动,但却可能用100个英国人劳动的产品去交换80个葡萄牙人、60个俄国人或120个东印度人的劳动产品。关于一个国家和许多国之间的这种差别是很容易解释的。我们只要想到资本由一国转移到另一国以寻求更为有利的用途是怎样困难,而在同一国家中资本必然会十分容易地从一省转移到另一省,情形就很清楚了。在这种情形下,如果葡萄酒和毛呢都在葡萄牙制造,并把英国用来织造毛呢的资本和劳动都转移到葡萄牙去,毫无疑问不仅有利于英国的资本家,而且也有利于两国的消费者。①

---

① 〔英〕大卫·李嘉图:《李嘉图著作和通信集(第一卷):政治经济学及赋税原理》,第113—115页。

也就是说，一个国家，与另外一个国家相比在所有产品的生产上都处于劣势，但在国内各产业之间或商品生产的成本之间，总有相对占优势的产业或商品，它就可以生产这种在本国内有优势的产品。也就是说，和其他国家相比劣势较小的产品以供出口；而对于在所有产品的生产上都占优势的国家，也不必生产所有的产品来出口，只需生产自己国内优势最大的产品以便出口。在这种情况下，贸易对交换双方仍然都有利。由此，李嘉图得出结论道，决定国际贸易的一般基础是比较利益，而非绝对利益，即使一国与另一国相比，在两种产品生产上都处于绝对不利的地位，国际分工和贸易仍然可以发生。用李嘉图自己的概括就是：

> 在商业完全自由的制度下，各国都必然把它的资本和劳动用在最有利于本国的用途上。这种个体利益的追求很好地和整体的普遍幸福结合在一起。由于鼓励勤勉、奖励智巧、并最有效地利用自然所赋予的各种特殊力量，它使劳动得到最有效和最经济的分配；同时，由于增加生产总额，它使人们都得到好处，并以利害关系和相互交往的共同纽带把文明世界各民族结合成一个统一的社会。正是这一原理，决定葡萄酒应在法国和葡萄牙酿制，谷物应在美国和波兰种植，金属制品及其他商品应在英国制造。①

第三节 古典自由主义范式的特征

自从自由主义政治经济学产生以后，它就一直是西方文明的重要思想支柱和学术意识形态支柱。正如沃勒斯坦所评价的，"由于在19世纪占主导地位的是自由经济理论，因此到了19世纪下半叶，'政治经济学'这个术语终于消失了，取而代之的是'经济学'一词，把形容词'政治的'去掉之后，经济学家便可以论证说，经济行为反映的是一种个体主义心理学，而不是以社会的形式建构起来的各种制度；据此又可以进一步断定自由放任原则是符合的"②。进入20世纪，自由主义又一直是国际关系理论以及后来的国际政治经济学的

---

① 〔英〕大卫·李嘉图：《李嘉图著作和通信集（第一卷）：政治经济学及赋税原理》，第113页。
② 〔美〕沃勒斯坦：《开放社会科学》，牛津大学出版社1996年版，第15页。

主流。① 所以，深入探讨古典自由主义的学术思想渊源，对于我们把握当代国际政治经济学的主流思想是非常重要的一环。相互依存理论以及霸权稳定理论都是古典自由主义政治经济学在当代的思想延续。反对国家干预，主张以自由贸易为基础的国际体系成为当代自由主义国际政治经济学的理论基石。

当然，自由主义政治经济学并不是一个简单的、没有任何差异的、铁板一块的学说。和其他意识形态拥有各种不同的形态一样，自由主义也是各种各样的。但不管是什么形态的自由主义，在主张个人自由、个人选择至上这一点上却是一致的，这也是自由主义和任何其他形态的意识形态相区别的一个重要特征。著名国际政治经济学家罗伯特·吉尔平在谈到自由主义时曾做过的一个概括是很恰当的：

> 政治经济学的自由主义观点，体现在美国、英国和西欧其他国家已经形成的经济学学科中。从亚当·斯密到经济自由主义的当代支持者，他们对人类、社会及经济活动的性质均具一脉相承的观点和信念。至今已经发展了许多类型的自由主义——古典学派、新古典学派、凯恩斯主义学派、货币主义学派、奥地利学派、合理预期学派，等等。它们同属于自由主义，但在观点上有很大差异。有的优先考虑平等，主张以社会民主及国家干预来取得这一目标，有的则注重自由和非国家干预，认为经济发展就要以失掉社会平等为代价。不过所有类型的经济自由主义均将市场及价格机制视为组织国内和国际经济关系的最为有效的方法。事实上，我们可以将经济自由主义定义为组织和管理市场经济以便取得最大效益、最高经济增长以及最大个人利益的一种学说或一套准则。②

尽管自由主义经历了不同的发展阶段，在不同的发展阶段中出现了不同的自由主义者，但几乎所有的自由主义者在如下几个方面的主张是共同的③：

(1) 人的本性。每个人都在追求自我利益，作为个人，每个人都在自发地运用他的理性能力，寻求最有效的手段来满足他们的需求和欲望，也就是说，每个个体都努力以尽可能小的耗费来换取最大或最令人满意的某种价值。

---

① Stephen J. Rosow, "Echoes of Commercial Society: Liberal Political Theory in Mainstream IPE", in Kurt Burch and Robert A. Denemark, eds., *Constituting International Political Economy*, Lynne Rienner Publishers Inc., 1997, pp.41-59.

② [美] 罗伯特·吉尔平：《国际关系政治经济学》，第35—36页。

③ Barry Clark, *Political Economy: A Comparative Approach*, Praeger Publishers, 1991, pp.48-49.

（2）社会。社会是个人的集合体，社会本身并没有它自己的目的和目标。一个好的社会就是能够允许个人自由地追逐他们个人的利益的社会，自由就是没有政府的高压和他人的强迫。

（3）政府。政府是个人为了保护他们自己的权利而建立的，除非市场运行不下去，或需要提供公共物品，否则，政府不应干预市场或干预得越少越好。

（4）市场。市场是为满足人类需要而自发产生的，市场一旦运行起来，它就会按照自身内部的逻辑而向前发展。在市场中，每个个体均可获得全部的信息从而能够选取最佳的行动方案。在一个完全竞争的市场中，交换的条件是由大量的供给与需求的不断平衡来决定的，而不是由权势来决定。

（5）道德。没有一种客观的方法来决定某种特定的价值优于其他价值，因而，个人应该根据他自己的好恶来决定对与错，对个人自由唯一合法性的限制就是阻止其伤害他人。

（6）平等和公正。平等就是指每个人有平等的机会从事经济活动，并且有同样的机会享受宪法对他们的权利的保护。公正不仅包括对个人权利的保护，而且还包括对那些危害他人个人权利的人的惩罚。

（7）效率。效率是指将资源分配给那些最愿意并且最有能力为其付出代价的人们。

以上便是所有自由主义者最为基本的、共同的信条，也是所有自由主义者构造其理论的逻辑假设和前提。

第四章
"革命"与古典马克思主义

提及19世纪的西方思想,忽略马克思和恩格斯,不管是有意的还是无意的,不管是喜欢还是不喜欢,都是一个错误。因为正是马克思、恩格斯开创了一个学术传统,这个传统后来一直作为资本主义制度的批判者的精神支柱,因而也被西方主流学派称为"激进主义"或"批判学派"。这个学术传统与以前的重商主义和自由主义一起,被称为社会科学中三大学术意识形态,奠定了西方社会科学研究的古典范式。[①]

第一节 古典马克思主义的起源

对于古典马克思主义的起源,无论是马克思主义的经典作家还是后来的马克思主义继承者,都曾做过系统的论述。我们在这里只略述其产生的社会背景和思想来源。

进入19世纪,随着工业革命在欧洲的广泛传播,在德意志诸邦也开始了工业化,但与英国和法国的工业革命相比,德意志的工业化进程非常缓慢。因为与英国和法国相比,德意志实行经济自由既无经济条件,也无社会条件。1848年革命以后,特别是在1850—1870年间,由于在德意志邦国之间实行了

---

① Andrew C. Janos, *Politics and Paradigms: Changing Theories of Change in Social Science*, Stanford University Press, 1986, pp. 7–31.

关税同盟政策,德意志工业得到了飞速的发展,"同德意志工场手工业迈进19世纪时所呈现的那种落后状况相比,1850—1870年期间这一飞跃简直是神话般的。这时,德意志已经满怀自信地跻身于其他老工业国之列,并且跃跃欲试地要超过它们"①。与此同时,德意志的独立产业无产阶级也从1850年开始形成。② 但大量的产业无产阶级形成之后,根本没有自己的政治组织,法国的二月革命是以无产者的胜利暴动开始的,而德意志的工人却只能让小资产阶级集团代表自己的利益。另外,在1850—1870年这二十年间,德意志也没有可以同英国相提并论的劳动保护法。③ 工业革命的结果是,一方面,广大的工人阶级创造了财富,但他们的工作条件和生活条件每况愈下;另一方面,少数富裕的地主、金融商以及工业资本家不但没有这种艰难状况,而且控制着资本行政治权力。正是在这种背景下,青年马克思和恩格斯投入到无产阶级革命运动中,为无产阶级革命运动创造理论,《共产党宣言》这一号召世界革命的檄文就是在这种社会背景下写成的。

一般都认为,马克思主义有三个思想来源:德国的古典哲学、英国的古典政治经济学和法国的空想社会主义。

其实,马克思最早并不是研究经济学,他早年主要研究法学。促使马克思转向经济学研究主要有两件事:一是1842—1843年在做《莱茵报》主编时遇到关于自由贸易和保护关税的讨论;二是对法国空想社会主义的关注。马克思自己曾经回忆道:

> 我学的专业本来是法律,但我只是把它排在哲学和历史之次当作辅助学科来研究。1842—1843年间,我作为《莱茵报》的编辑,第一次遇到要对所谓物质利益发表意见的难事。……最后,关于自由贸易和保护关税的辩论,是促使我去研究经济问题的最初动因。另一方面,在善良的"前进"愿望大大超过实际知识的时候,在《莱茵报》上可以听到法国社会主义和共产主义的带有微弱哲学色彩的回声。我曾表示反对这种肤浅言论,但是同时在和《奥格斯堡总汇报》的一次争论中坦率承认,我以往的研究还不容许我对法兰西思潮的内容本身妄加评判。……为了解决使我苦恼的疑问,我写的第一部著作是对黑格尔法哲学的批判性的分析,……我的研究得出这样一个结果:法的关系正像国家的

---

① 〔德〕汉斯·豪斯赫尔:《近代经济史:从十四世纪末至十九世纪下半叶》,第379页。
② 同上书,第380页。
③ 同上书,第382—383页。

形式一样,既不能从它们本身来理解,也不能从所谓人类精神的一般发展来理解,相反,它们根源于物质的生活关系,这种物质的生活关系的总和,黑格尔按照18世纪的英国人和法国人的先例,概括为"市民社会",而对市民社会的解剖应该到政治经济学中去寻求。我在巴黎开始研究政治经济学……①

马克思对政治经济学的研究主要是在继承和批判亚当·斯密和大卫·李嘉图的自由主义政治经济学的基础上完成的。恩格斯对此的评价是:"要使这种对资产阶级经济学的批判做到全面,只知道资本主义的生产、交换和分配的形式是不够的。对于发生在这些形式之前的或者在比较不发达的国家内和这些形式同时并存的那些形式,同样必须加以研究和比较,至少是概括地加以研究和比较。到目前为止,总的说来,只有马克思进行过这种研究和比较,所以,到现在为止在资产阶级以前的理论经济学方面所确立的一切,我们也差不多完全应当归功于他的研究"②。后来的列宁也总结道:"马克思以前的古典经济学是在最发达的资本主义国家英国形成的。亚当·斯密和大卫·李嘉图通过对经济制度的研究奠定了劳动价值论的基础。马克思继续了他们的事业。他严密地论证了并且彻底地发展了这个理论。"③

第二节 古典马克思主义的基本观点

一、马克思、恩格斯与资本主义

和霍布斯、康德一样,追求历史进步也是马克思和恩格斯一直为之奋斗的目标。但与其不同的是,马克思和恩格斯是从资本主义经济的本质着手来分析资本主义体系的。马克思对资本主义经济制度进行了全面而系统的研究,他"考察资产阶级经济制度是按照以下的顺序:资本、土地所有制、雇佣劳动;国家、对外贸易、世界市场"④。

在马克思和恩格斯看来,在任何社会中,经济关系都是基础,特别是在资本主义社会中,人们主要是受经济利益的驱动:

---

① 《马克思恩格斯选集》第二卷,人民出版社1995年版,第31—32页。
② 《马克思恩格斯选集》第三卷,人民出版社1995年版,第493页。
③ 《列宁选集》第二卷,人民出版社1995年版,第311—312页。
④ 《马克思恩格斯选集》第二卷,第31页。

人们在自己生活的社会生产中发生一定的、必然的、不以他们的意志为转移的关系,即同他们的物质生产力的一定发展阶段相适合的生产关系。这些生产关系的总和构成社会的经济结构,即有法律的和政治的上层建筑竖立其上并有一定的社会意识形式与之相适应的现实基础。物质生活的生产方式制约着整个社会生活、政治生活和精神生活的过程。①

同时,马克思和恩格斯对资本主义的社会结构进行了如下分析:

至今一切社会的历史都是阶级斗争的历史。

自由民和奴隶、贵族和农奴、行会师傅和帮工,一句话,压迫者和被压迫者,始终处于相互对立的地位,进行不断的、有时隐蔽有时公开的斗争,而每一次斗争的结局都是整个社会受到革命改造或者斗争的各阶级同归于尽……

从封建社会的灭亡中产生出来的现代资产阶级社会并没有消灭阶级对立。它只是用新的阶级、新的压迫条件、新的斗争形式代替了旧的。

但是,我们的时代,资产阶级时代,却有一个特点:它使阶级对立简单化了。整个社会日益分裂为两大敌对的阵营,分裂为两大相互对立的阶级:资产阶级和无产阶级。②

在此基础上,马克思和恩格斯运用劳动价值理论和资本积累理论对资本主义社会进行了批判。

资本积累理论以及与此相关联的剩余价值理论和剥削理论是马克思论述资本主义经济的精髓。③ 在马克思看来,存在着两类积累,一类是原始积累,另一类是资本主义基础上的资本积累。原始积累就是强使劳动者同生产资料分离(如把农民从土地上赶走,霸占村社土地等),它的结果便是在一极造成"自由的"无产者,在另一极造成货币所有者即资本家。④ 资本积累则是建立在对剩余价值的剥夺上。

在劳动者除掉自己的劳动力,除掉劳动的手和脑,再没有其他东西可出卖的时候,为了生存,劳动者只有出卖自己的劳动力。和其他商品的价值一样,劳动力的价值是由维持或再生产它所必需的劳动量来决定的。而货币的

---

① 《马克思恩格斯选集》第二卷,第32页。
② 《马克思恩格斯选集》第一卷,第272—273页。
③ 《列宁选集》第二卷,第428页。
④ 同上书,第430—433页。

所有者按劳动力的价值购买劳动力,而劳动力的价值,和其他任何商品的价值一样,是由生产劳动力所需要的社会必要劳动时间(即由工人及其家属的生活费用的价值)决定的。货币所有者一旦购买了劳动力,就有权使用劳动力。这样,除了必要劳动时间内创造补偿劳动力生活费用的价值外,就出现了资本家不付任何报酬的剩余劳动时间创造的产品或价值,他可以通过延长工作日(绝对剩余价值)或缩短必要劳动时间(相对剩余价值)来获得这种价值。这些剩余价值为劳动者创造,但为雇用劳动者的资本家所拥有。

资本家在获得剩余价值之后,出于追求高额利润、扩大生产的需要,不是把它用来满足资本家的个人需要或奢欲,而是投入新的生产,这样,剩余价值就转变为资本了。随着这种剥夺剩余价值进行资本积累的过程的加剧,资本主义生产方式不但会在一个社会中站稳脚跟,而且资本主义制度变得日益具有国际性。

> 靠自己劳动挣得的私有制,即以各个独立劳动者与其劳动条件相结合为基础的私有制,被资本主义私有制,即以剥削他人的但形式上是自由的劳动为基础的私有制所排挤。
> 一旦这一转化过程使旧社会在深度上和广度上充分瓦解,一旦劳动者转化为无产者,他们的劳动条件转化为资本,一旦资本主义生产方式站稳脚跟,劳动的进一步社会化,土地和其他生产资料的进一步转化为社会使用的即公共的生产资料,从而对私有者的进一步剥夺,就会采取新的形式。现在要剥夺的已经不再是独立经营的劳动者,而是剥削许多工人的资本家了。
> 这种剥夺是通过资本主义生产本身的内在规律的作用,即通过资本的集中进行的。一个资本家打倒许多资本家。随着这种集中或少数资本家对多数资本家的剥夺,规模不断扩大的劳动过程的协作形式日益发展,科学日益被自觉地应用于技术方面,土地日益被有计划地利用,劳动资料日益转化为只能共同使用的劳动资料,一切生产资料因作为结合的社会劳动的生产资料使用而日益节省,各国人民日益被卷入世界市场网,从而资本主义制度日益具有国际的性质。①

在马克思看来,资本主义积累的历史趋势就是剥夺的加剧,最终的结果便是资本主义制度的灭亡。

---

① 《马克思恩格斯全集》第23卷,第830—831页。

随着那些掠夺和垄断这一转化过程的全部利益的资本巨头不断减少,贫困、压迫、奴役、退化和剥削的程度不断加深,而日益壮大的、由资本主义生产过程本身的机构所训练、联合和组织起来的工人阶级的反抗也不断增长。资本的垄断成了与这种垄断一起并在这种垄断之下繁盛起来的生产方式的桎梏。生产资料的集中和劳动的社会化,达到了同它们的资本主义外壳不能相容的地步。这个外壳就要炸毁了。资本主义私有制的丧钟就要响了。剥夺者就要被剥夺了。①

二、列宁与帝国主义

全面评价列宁对马克思主义的贡献显然不是本书的主题,我们这里重点讨论的是列宁对帝国主义的分析,因为正是列宁对帝国主义的分析,将马克思主要是对资本主义社会国内经济的分析转变为对资本主义国家之间的国际政治关系的分析。正如吉尔平教授所指出的那样,列宁的《帝国主义论》"以第一次世界大战为背景,吸取了其他马克思主义著作的思想精华,既驳斥了马克思敌人的谬论,又集中概括了马克思主义对资本主义世界经济的批判。为了阐明其思想立场,列宁其实已从根本上将马克思主义从一种国内经济理论改变为一种阐述资本主义国家之间国际政治关系的理论"②。下面,我们分析一下列宁是如何阐述资本主义国家之间国际政治关系的。

与马克思所处的时代相比,在 20 世纪初期,资本主义经济发生了本质的变化,资本主义在技术上已经远先进于马克思所处的时代;同时,资本主义在地理范围上也不局限于马克思时代的欧洲,准确地说是西欧,而是变成了一种全球性的经济;在工业组织上,资本主义也由马克思时代的主要是竞争性的小工业公司发展到受大银行控制的工业集团;在性质上,资本主义开始由自由竞争的资本主义向垄断的资本主义过渡。就这一时代的资本主义而言,出现了如下五个新特征③:

1. 垄断组织的出现

在列宁看来,20 世纪初垄断资本主义或资本主义的垄断性主要有如下四

---

① 《马克思恩格斯全集》第 23 卷,第 831—832 页。
② 〔美〕罗伯特·吉尔平:《国际关系政治经济学》,第 48 页。
③ 《列宁选集》第二卷,第 584—639 页。

种形式①:第一,垄断是从发展到极高阶段的生产集中成长起来的。这就是资本家的垄断同盟卡特尔、辛迪加、托拉斯。第二,垄断加紧了对最重要的原料来源的掠夺,尤其是对资本主义社会主要的、卡特尔化程度最高的工业部门,如煤炭工业和钢铁工业所需要的原料来源的掠夺。第三,垄断是从银行成长起来的。银行已经由普遍的中介企业变成了金融资本的垄断者。第四,垄断是从殖民政策成长起来的。在殖民主义政策的无数旧的动机以外,金融资本又增加了争夺原料来源、争夺资本输出、争夺势力范围以及争夺一般经济领土等等的动机。

2. 金融寡头的形成

在马克思的时代,对于银行在一个社会的经济结构中的作用,马克思在其著作《资本论》中只是认为,"银行制度造成了社会范围的公共簿记和生产资料的公共的分配的形式,但只是形式而已"②,那么,到了列宁时代,银行的作用发生了很大的变化,用列宁自己的分析就是,"银行基本的和原来的业务是在支付中起中介作用。这样,银行就把不活动的货币资本变为活动的即生利的资本,把各种各样的货币收入汇集起来交给资本家阶级支配。随着银行业的发展及其集中于少数机构,银行就由中介人的普通角色发展成为垄断者,它们支配着所有资本家和小业主的几乎全部的货币资本,以及本国和许多国家的大部分生产资料和原料产地。为数众多的普通中介人成为极少数垄断者的这种转变,就是资本主义发展成为资本帝国主义的基本过程之一"。③

银行作用的加强加速了资本的集中和垄断组织的形成,并日益与工业资本结合起来,形成了金融资本和金融寡头。用列宁自己的话来说就是:"一方面是银行资本和工业资本日益融合,……日益长合在一起,另一方面是银行发展成为具有真正'包罗一切的性质'的机构。"④"集中在少数人手里并且享有实际垄断权的金融资本,由于创办企业、发行有价证券、办理公债等等而获得大量的、愈来愈多的利润,巩固了金融寡头的统治,替垄断者向整个社会征收贡赋。"⑤金融资本和工业资本的日益结合形成了资本主义的新的特征,不但加剧了国内经济的不平衡,而且更加剧了资本主义国家之间的不平衡。

---

① 《列宁选集》第二卷,第683—684页。
② 同上书,第603页。
③ 同上书,第597页。
④ 同上书,第609页。
⑤ 同上书,第618页。

"资本主义的一般特性,就是资本的占有同资本在生产中的运用相分离,货币资本同工业资本或者说生产资本相分离,全靠货币资本的收入为生的食利者同企业家及一切直接参与运用资本的人相分离。帝国主义,或者说金融资本的统治,是资本主义的最高阶段,这时候,这种分离达到了极大的程度。金融资本对其他一切形式的资本的优势,意味着食利者和金融寡头占统治地位,意味着少数拥有金融'实力'的国家处于和其余一切国家不同的特殊地位。"① 一句话,20 世纪是从旧资本主义进到新资本主义,从一般资本统治进到金融资本统治的转折点。

3. 资本的输出

资本输出是垄断占统治地位的最新资本主义的特征,这与以前以商品输出为特征的自由竞争占完全统治地位的旧资本主义完全不同。

经过自由竞争时期的资本积累,到 20 世纪初期,在发达的资本主义国家,出现了新的资本垄断状况,这就是,不但所有资本主义发达的国家都有了资本家的垄断同盟,而且少数积累了大量资本的最富的国家在资本主义体系中处于垄断地位。在先进的国家里出现了大量的"过剩资本"。② 这样,就在世界范围内出现了资本输出的可能性和必要性。就可能性而言,由于垄断组织的出现和金融资本的形成,世界的财富愈来愈集中于少数几个发达国家,这就使得大多数国家仍然处于落后状态,但在这些落后的国家里,地价比较贱,工资很低,原料也便宜;同时,由于 16 世纪以来西欧国家在世界范围内实行殖民主义,到了 20 世纪,许多落后的国家已经被卷入世界资本主义的流通范围之内,主要的铁路线已经建成或者开始新建,发展工业的起码条件也有保证等等,所以,在落后的国家进行投资,利润确实很高。就必要性而言,由于在少数发达国家形成的剩余资本,在本国有利可图的场所不足,国内的市场已经成熟过度,这样在国内的利润就很低,结果自然是,将过剩的资本输出到落后的国家去,以此提高利润。关于这一点,我们可以从几个发达国家在国外的投资得以发现,英国由于在欧洲之外有大量的殖民地,所以它的资本输出和殖民地有大量的联系。法国资本虽然集中于欧洲,但却采取的是借贷资本的形式而不是工业投资。

---

① 《列宁选集》第二卷,第 624 页。
② 同上书,第 627 页。

表 4-1　国外投资在世界各洲分布的大概情况（1910 年左右）

（单位：十亿马克）

	英国	法国	德国	共计
欧洲	4	23	18	45
美洲	37	4	10	51
亚洲、非洲、澳洲	29	8	7	44
总计	70	35	35	140

资料来源：《列宁选集》第二卷，人民出版社 1995 年版，第 628 页。

4. 资本家同盟分割世界

资本主义发展到帝国主义阶段的另一个特征就是，资本家同盟对世界进行分割。资本家同盟首先分割了国内市场，把本国的生产完全霸占在自己的手里。同时，在资本主义发展到帝国主义阶段，随着资本主义的扩展和殖民地势力范围的扩张，国内市场和国际市场之间的关系更为密切，特别是由于资本的输出，垄断同盟就变成了一种世界性的，形成了国际卡特尔。比如，20 世纪初，世界电力工业主要被美国的"通用电气公司"和德国的"电气总公司"所垄断，以至于世界上没有一个完全不依赖它们的电力公司。煤油工业也是如此。

5. 列强瓜分世界

帝国主义阶段的最后一个特征是，世界第一次被分割完毕。这个特点与两个事实密切相关，一个是殖民政策的加强，一个是争夺殖民地的斗争尖锐化，而这两个事实是金融资本时代的必然结果。列宁对金融资本在分割世界中所起的作用做了细致的分析：

> 对于金融资本来说，不仅已经发现的原料产地，而且可能有原料的地方，都是有意义的，因为当代技术发展异常迅速，今天无用的土地，要是明天找到新的方法，要是投入大量资本，就会变成有用的土地……因此，金融资本必然力图扩大经济领土，甚至一般领土。托拉斯估计到将来"可能获得的"（而不是现有的）利润，估计到将来垄断的结果，把自己的财产按高一两倍的估价资本化；同样，金融资本也估计到可能获得的原料产地，唯恐在争夺世界上尚未瓜分的最后几块土地或重新瓜分已经瓜分了的一些土地的疯狂斗争中落后于他人，总想尽量夺取更多的土地，不管这是一些什么样的土地，不管这些土地在什么地方，也不管采取什么手段。[①]

[①] 《列宁选集》第二卷，第 646—647 页。

帝国主义这些特征改变了资本主义国际体系中的政治关系,这突出表现在如下几个方面:

(1) 殖民政策的加强。垄断组织的出现和金融资本的形成,不是削弱了世界经济内部的不平衡和矛盾,而是加剧了这种不平衡和矛盾。这种不平衡和矛盾不仅体现在经济方面,也体现在政治方面,这使得发达的资本主义国家对发展中国家或殖民地国家的经济剥削和政治压迫日益加强。殖民政策的加强就是一个最具体的体现。"最新资本主义时代向我们表明,资本家同盟之间在从经济上瓜分世界的基础上形成了一定的关系,而与此同时,与此相联系,各个政治同盟、各个国家之间在从领土上瓜分世界、争夺殖民地、'争夺经济领土'的基础上也已形成了一定的关系。"①

(2) 阶级分化的世界化。垄断组织的出现和金融资本的形成,使得世界范围内的阶级分化日趋突出。如果说,在马克思的时代,自由竞争的资本主义使得阶级分化主要在国内日益加强,而在帝国主义时代,阶级分化日趋世界化。"从帝国主义国家移往国外的人数逐渐减少,从比较落后的、工资比较低的国家移入帝国主义国家的人数(流入的工人和移民)却逐渐增加,这也是与上述描述的一系列现象有关的帝国主义特点之一。"②

(3) 帝国主义的过渡性。与马克思关于资本主义必然灭亡的断言相同,列宁将这种断言运用到资本主义的最高阶段——帝国主义的未来上。列宁认为,帝国主义的这种前途是由帝国主义的经济实质决定的。"垄断资本主义使资本主义的一切矛盾尖锐到什么程度,这是大家都知道的。只要指出物价高涨和卡特尔的压迫就够了。这种矛盾的尖锐化,是从全世界金融资本取得最终胜利开始的过渡历史时期的最强大的动力。"③

关于列宁对古典马克思主义的贡献,吉尔平教授的评价似乎是非常中肯的:

> 列宁对马克思主义理论加以引申来解释国际范围内的现象,实际上等于对马克思主义的理论做了一次微妙的,但又是意义重大的重新论证。在马克思对资本主义的批判中,资本主义衰落的原因是经济性的;资本主义将由于经济因素而导致灭亡,因为无产阶级会不甘贫困而起来反抗。马克思进而还指出了这出戏的主角是社会各阶级。但是,列宁将

---

① 《列宁选集》第二卷,第639页。
② 同上书,第667页。
③ 同上书,第684页。

对资本主义的批判换成了一种政治的批判,实际上的主角已经变成了以经济发展为首要目标的竞争性的重商主义民族国家。列宁认为,尽管国际资本主义在经济上卓有建树,在政治上却是不稳定的,其构成是一种战争体制……列宁相信资本主义的固有矛盾是国家冲突,而不是阶级斗争。资本主义的好战本性及其政治后果,终有一天会导致资本主义的彻底灭亡。①

三、古典马克思主义的基本特征

按照罗伯特·海尔布伦纳的观点②,尽管马克思主义在马克思和恩格斯之后出现了不同的流派,但所有的马克思主义著作均包含四个最为基本的要素,第一个要素就是对认识和社会的辩证法研究。这种研究主张,人类的认识和社会现实在本质上是运动的、变化的和充满矛盾的,在任何社会中,阶级斗争以及其他社会固有的矛盾必然导致社会的失调,所以,自由主义关于社会趋于自然平衡的观点是不切实际的。第二个要素是对历史的唯物主义研究。这种研究主张,人类社会最为基本的规律是生产力决定生产关系,经济基础决定上层建筑,在阶级社会中,阶级斗争是社会发展的最为基本的动力。第三个要素就是对资本主义发展的看法,即资本主义的发展完全受一种社会运动经济规律所支配,这些规律包括不平衡规律,资本积累规律和利润率下降规律。第四个要素是对社会主义的规范化认识,所有的马克思主义者均相信,社会主义社会是一种历史发展的必然结果,也是一个必然的终结阶段。

第三节 古典马克思主义范式的贡献

尽管马克思主义在当代西方国际关系研究中一直不占主流地位,但无论就思想渊源、研究方法还是意识形态,马克思主义一直是国际关系研究中不可忽视的一个重要方面。③ 在国际政治经济学领域,20 世纪 70 年代兴起的依附理论和世界体系理论就是一个最好的体现。

古典马克思主义对 20 世纪的国际关系理论以及国际政治经济学研究的

---

① 〔美〕罗伯特·吉尔平:《国际关系政治经济学》,第 51 页。
② 转引自〔美〕罗伯特·吉尔平:《国际关系政治经济学》,第 45 页。
③ Paul R. Viotti and Mark V. Kauppi, *International Relations Theory: Realism, Pluralism, Globalism, and Beyond* (3rd Edition), Allyn and Bacon, 1999, pp. 341-359.

启示,主要体现在如下四个基本概念范式上。

1. 剩余转让

在马克思那里,剩余价值是在资本家和工人之间转让的,剩余价值最终被转让给资本家进行资本积累。在依附论以及沃勒斯坦的世界体系论中,剩余价值是在中心区和边缘区之间转让的,即剩余价值是由边缘区转让到核心区。

2. 资本积累

在马克思那里,资本积累是资本家追求的最终目标,通过资本积累,资本家扩大了生产规模,获得了高额利润。在依附论以及沃勒斯坦的世界体系论中,资本积累是中心区和边缘区共同追求的目标,所不同的是,中心区资本积累的速度快,程度高,而边缘区资本积累的速度慢,程度低。所以,中心区和边缘区的交换是一种"不等价交换",正是在这种不等价交换中体现了中心区对边缘区的"剥削"。

3. 工资水平

在马克思那里,工人的工资是由社会必要劳动时间决定的。资本家通过延长剩余劳动时间或通过缩短必要劳动时间来获得剩余价值。在沃勒斯坦的世界体系论中,工资水平是受经济周期影响的。利润的高低以及高工资商品和低工资商品供求的变化决定了资本主义经济发展的周期。

4. 资本主义体系

在马克思那里,资本主义体系内部的双重矛盾(无产阶级和资产阶级、生产力和生产关系)及其发展决定了资本主义社会必然灭亡,最终为社会主义所取代。在沃勒斯坦的世界体系论中,资本主义世界体系一旦产生便围绕着一种二分法运行:[1]一是阶级,即无产阶级和资产阶级;一是经济专业化的空间等级,即中心地区和边缘地区。资本主义世界体系将在反体系运动的冲击下被一种更高的生产方式所替代,这就是社会主义。

20 世纪 50—60 年代盛行的依附理论以及 70 年代兴起的世界体系论主要继承并运用这四个概念范式,对不发达国家和地区(依附理论主要集中于拉丁美洲的研究;世界体系论早期集中于非洲,后来扩展到所有不发达地区和国家)的发展以及资本主义世界体系(这是世界体系论享誉国际学术界的贡献)得以延续的动力、结构以及趋势进行了创造性的研究,从而形成国际政治经济学中的马克思主义流派,或马克思主义国际政治经济学。

---

[1] Immanuel Wallerstein, *The Capitalist World Economy*, Cambridge University Press, 1989, p. 162.

国际政治经济学的理论演进

  在国际政治经济学过去四十多年的发展历程中,经过两代学者的不断努力,国际政治经济学在理论创新上得以飞速发展。20 世纪 70—80 年代,"第一代"国际政治经济学者在"美国霸权衰退"的背景下,围绕着国家和市场的关系,承袭古典政治经济学的学术传统并在国际关系理论的两次论战中开始了理论构建,由此产生了五大理论:沿袭古典自由主义学术传统的相互依存论(Interdependence Theory);沿袭古典重商主义学术传统并与国际关系中的现实主义相结合的霸权稳定论(Hegemonic Stability Theory)和国家主义理论(Statist Theory);沿袭古典马克思主义学术传统的依附理论(Dependence Theory)和世界体系论(World System Theory)。20 世纪 90 年代以来,"第二代"国际政治经济学者在"经济全球化"的背景下,围绕着国家和市场的关系,吸收新古典经济学理论和分析方法,通过对"国内政治和国际政治经济的相互作用"和"国际体系"的深入研究,形成了著名的"2×2"模式,即"利益与制度"的关联性以及"国内与国际"的关联性。

第五章
相互依存理论：合作与国际机制

面对20世纪60年代末期、70年代初期国际社会出现的变革，一些学者继承了古典自由主义政治经济学的学术传统，对国际体系中出现的相互依存的特征以及过程进行了深入细致的研究，由此产生了相互依存理论。

第一节 相互依存论的兴起

一、20世纪50—60年代的现实主义

1. 霍布斯开创的现实主义传统

国际关系研究中的现实主义传统起源于霍布斯。对于霍布斯，英国著名的哲学家罗素的评价是："把霍布斯和以前的政治理论家们做个对比，他的高明之处显露得清楚极了。……除开远比他见识狭隘的马基雅维里，他是讲政治理论的第一个真正近代的著述家。"①这位被誉为"讲政治理论的第一个真正近代的著述家"对国际关系研究的贡献就是后来经常被现实主义者引用的无政府的"自然状态"思想。

霍布斯将哲学研究分为两个部分，自然哲学和公民哲学。前者以自然物体作为研究对象，后者则以国家为研究对象。"哲学的主要部分有两个。因

---

① 〔英〕罗素：《西方哲学史》下卷，商务印书馆1982年版，第78页。

为主要有两类物体,彼此很不相同,提供给探求物体的产生和特性的人们研究。其中一类是自然的作品,称为自然的物体,另一类则称为国家,是由人们的意志与契约造成的。"①在研究国家时,霍布斯引进两个概念,"自然权利"和"自然法"。"自然权利"是由人的本性决定的。人的本性就是自我保护、趋利避害。"在人的天性中我们便发现:有三种造成争斗的主要原因存在。第一是竞争,第二是猜疑,第三是荣誉。第一种原因使人为了求利,第二种原因使人为了求安全,第三种原因则使人为了求名誉而进行侵犯。"②这些就构成人的自然权利。人类最初都是按照自己的本性生活的,这种状态就是自然状态,在"自然状态"中,人人都在追求自己的自然权利,从而导致一切人反对一切人的战争。这种状态不仅是对远古人类生活状态的一种设想,而且凡是没有国家权力或国家权力软弱无力的地方都可能出现这种状态。自然状态的混乱、摆脱战争的欲望使得人们求助于理性,教导人们遵循共同的生活规则,这就是"自然法"。"自然法"的基本内容就是一条,即"己所不欲,勿施于人"。但建立在理性基础上的自然法的约束力是内发的,只有当人们完全按照理性行事时,"自然法"才有约束力。可是,人的本性是自私的,都力图按照自己的"自然权利"行事,这样一来就需要一个强有力的公共权力机构来维护人们的利益,这样的权力机构就是"国家"。这种权力机构是通过相互契约来实现的,"如果要建立这样一种能抵御外来侵略和制止相互侵害的共同权力,以便保证大家能通过自己的辛劳和土地的丰产为生并生活得很满意,那就只有一条道路:——把大家所有的权力和力量托付给某一个人或一个能通过多数的意见把大家的意志化为一个意志的多人组成的集体"③。

霍布斯这种无政府的自然状态被后来的国际关系研究者(诸如现实主义的集大成者摩根索)逻辑推演到对国家与国家的关系上。他们假定,每个国家都有自己的利益,如果都遵循自己的利益就会导致国家与国家之间发生战争,因此国家之间的战争实际上是权力之间的斗争。在这种意义上,我们说,霍布斯开创了国际关系领域中现实主义研究的传统。

2. 摩根索的《国家间政治:权力斗争与和平》

在当代国际关系研究中,对现实主义最早的倡导者是英国威尔士大学爱

---

① 北京大学哲学系外国哲学史教研室编译:《西方哲学原著选读》上册,商务印书馆1981年版,第386页。
② [英]霍布斯:《利维坦》,商务印书馆1985年版,第94页。
③ 同上书,第131页。

德华·卡尔(Edward Hallett Carr)教授,他于1939年完成了他的那本成名作《二十年危机(1919—1939):国际关系研究导论》(*The Twenty Years' Crisis 1919—1939: An Introduction to the Study of International Relations*),在其中,针对以往国际关系研究中的理想主义,卡尔提出了三个基本命题:A. 权力是政治活动的主要因素;B. 道德、民主和正义是相对的,是权力的产物;C. 政治不能脱离权力,政治活动是权力和道德的结合。由此奠定了当代国际关系研究中的现实主义基础。

随着第二次世界大战的结束以及随后国际体系中冷战结构的形成,摩根索继承了现实主义的分析传统,于1948年出版了使其久负盛名的著作《国家间政治:权力斗争与和平》(*Politics among Nations: The Struggle for Power and Peace*),成为现实主义的集大成者。现实主义从20世纪40年代末期开始到60年代一直主导着西方国际关系的研究。

摩根索的现实主义的基本观点包括:

(1) 国家是国际关系的主体

摩根索的现实主义的第一个基本命题是,国家是国际关系的真正主体。摩根索是从主权的角度来探讨这一问题的。针对理想主义过分强调国际法以及建立在国际法之上的国家体系的观点,摩根索主张应该从国家主权来理解国际体系。"许多认识到国际法体系分散的弱点与主权原则密不可分的人,常常责难主权原则,却很少郑重其事地思考和理解主权的性质以及它对现代国家体系所起的作用。"①实际上,建立在国际法基础上的国际体系之所以松散,正是由于民族国家主权的性质。在整个现代历史上,主权原则的重要性就一直存在,在16世纪后半叶现代意义上的主权概念形成时,主权就开始成为民族国家至高无上的权力,三十年战争结束时,主权作为一定领土内的最高权力已成为一种政治事实。后来的国际法领域之所以出现疑虑和困难,主要源于两个在逻辑上互不相容但又反映国际法本质的假定,"一个是国际法对各个国家施加法律限制;另一个是这些国家同时又是拥有主权的,它们都拥有最高的立法和执行法律的权力,但它们自身并不受法律限制"②。民族国家的这种主权在当代国际体系中仍然存在,所以,在理解国际体系时应该立足于国家的主权,而不是国际法,"因为如果各国不能做到互相尊重属地

---

① 〔美〕汉斯·J. 摩根索:《国家间政治:权力斗争与和平》,北京大学出版社2006年版,第342页。
② 同上书,第343页。

管辖权,如果没有对这种尊重施以法律保障,国际法和建筑在国际法之上的国家体系就显然无法存在"①。

(2) 国际政治必然是权力政治

摩根索的现实主义的第二个命题是,国际政治和国内政治一样必然是权力政治。用摩根索自己的话来说就是,"国际政治像一切政治一样,是追逐权力的斗争。无论国际政治的终极目标是什么,权力总是它的直接目标"②。"国内政治和国际政治不过是同一现象的两种不同表现而已,这一现象就是权力斗争。权力斗争之所以在两个不同领域中表现不同,是因为在各自领域中占主导地位的道德、政治和社会条件各不相同。"③摩根索对国际政治中的权力斗争作了细致的研究,这主要包括权力的定义、权力的表现、权力的限制以及追求权力的结果。

权力的定义:摩根索从人的本性出发对权力作出了定义。在他看来,生存、繁衍和支配是人的本性,其中,支配是全人类联系的一种普遍形式,这不但表现在诸如家庭、社团、社会、组织等之中,而且也表现在国际政治的权力斗争中。他在《国家间政治》中明确地指出:"我们在本书讲到权力时,不是指人驾驭自然的力量,或掌握某些艺术手段,诸如语言、会话、声音、色彩的力量,或支配生产资料或者消费资料的力量,或自我控制力量。在我们讲到权力时,是指人支配他人的意志和行动的力量。至于政治权力,我们指的是掌握政府权威的人之间以及他们与一般公众之间的相互制约关系。"④

权力的表现:摩根索认为,"全部政治,无论是国内政治还是国际政治,都显露出三种基本的模式,也就是说,所有政治现象都可以归结为三种基本类型之一。一项政治政策所寻求的,或者是保持权力,或者是增加权力,或者是显示权力"⑤。

与这三种类型的政治模式相对应,有三种国际政策,即现状政策、帝国主义政策和威望政策。所谓现状政策,是指一国的外交政策趋向于维持权力而不是朝着利己的方向改变权力分配,在这种状况下,我们可以说该国奉行的是现状政策;如果一国的外交政策目的在于通过反转现存的权力关系获得比它实际拥有的权力更多的权力,也就是说,一国的外交政策寻求的是在权力

---

① 〔美〕汉斯·J. 摩根索:《国家间政治:权力斗争与和平》,第343—344页。
② 同上书,第55页。
③ 同上书,第76页。
④ 同上书,第56页。
⑤ 同上书,第76页。

地位上的有利变化,那该国奉行的就是帝国主义政策;如果一国的外交政策寻求的是为维护或增加权力而显示它所拥有的权力,则该国奉行的就是威望政策。

权力的限制:在摩根索看来,在国际政治中,对权力的限制主要有如下三种形式,即权力均衡①、国际道德和世界舆论②、国际法③。

关于权力均衡在国际政治中对权力的限制,摩根索的观点是,"国际权力均衡仅仅是一般的社会原则,由若干独立单位构成的任何社会中,各组成单位之所以能够保持独立,都归因于这一原则;权力均衡和旨在维护权力均衡的政策,不仅是无法避免的,而且也是使由主权国家构成的社会得以稳定的基本因素;国际权力均衡的稳定,不是由于该原则的错误,而是因为该原则在一个主权国家构成的社会运行时,无法摆脱特定的环境"④。在人类历史上,权力均衡主要有如下几种方式:分而治之、补偿政策、军备以及联盟。

关于国际道德和世界舆论在国际政治中对权力的限制,摩根索的观点是,在国际关系中,道德的作用是很大的,国际政治的实质其实是可以在道德、习惯和法律的规范性秩序中发现的。道德、习惯和法律既可以缓和国际舞台上的权力斗争,改良权力斗争的手段,并把权力斗争引导到将社会各成员的生命、自由和对幸福的追求与权力斗争的牵涉减少到最低程度⑤;也可以在和平时期和战争时期保护人类生命、对战争进行道义上的谴责。

关于国际法在国际政治中对权力的限制,摩根索的观点是,尽管国际法由于其松散性而不能像国内法律制度一样成为一种非常有效的法律制度,特别是不能说国际法能够有效地控制和约束国际舞台上的权力斗争,但这并不意味着应该否定国际法对国际舞台上权力斗争所施加的限制性影响,因为,在国际法存在的400年中,绝大多数情况下国际法都得到严格的遵守。所以,如果把国际法法典化,并把它扩展为国家间政治关系的规范,那么,国际法将通过其内在的力量,即使不能取代国际政治舞台上的权力斗争,也能对这种

---

① 关于摩根索对权力均衡在国际政治中对权力的限制的详细论述,读者可参阅〔美〕汉斯·J.摩根索:《国家间政治:权力斗争与和平》,第205—257页。
② 关于摩根索对国际道德和世界舆论在国际政治中对权力的限制的详细论述,读者可参阅〔美〕汉斯·J.摩根索:《国家间政治:权力斗争与和平》,第261—306页。
③ 关于摩根索对国际法在国际政治中对权力的限制的详细论述,读者可参阅〔美〕汉斯·J.摩根索:《国家间政治:权力斗争与和平》,第309—341页。
④ 〔美〕汉斯·J.摩根索:《国家间政治:权力斗争与和平》,第205页。
⑤ 同上书,第261—265页。

权力斗争施加限制性的影响①。

追求权力的结果：尽管权力均衡、道德和世界舆论、国际法对国际政治中的权力斗争起了很大的限制作用，但摩根索同时认为，这三种限制权力的形式由于其自身存在的弱点而有很大的局限性；权力均衡的最大弱点是不确定性、不现实性和功能不足，这种不确定性主要来源于国家权力的不确定性②，所以，国际体系的稳定和国家的独立如果完全依靠权力均衡是根本不可能实现的；道德和世界舆论的最大弱点是不统一性，由于每个国家的价值和行为标准的差异，使得国际道德形成和执行非常困难，再加上民族主义影响，这就使得统一的国际道德变得更加困难；国际法的最大弱点是它的松散性，这种松散性一方面是因为国际法规则原则上只对同样规则的国家有约束力，这就严重削弱了国际法的立法职能，另一方面是，许多已得到各国同意的规则本应有约束力，但这些规则常常歧义很多，并受许多条件和保留规定的限制，使得各个国家在被吁请遵从国际法规则时，仍然具有很大程度的行动自由，这就直接影响到国际法的司法职能和执行职能。③由于限制国际政治中权力斗争的三种形式的弱点，所以，追求权力仍然是各个国家的首要目标，其最终结果必然是战争和冲突。

（3）权力政治的核心是军事

摩根索现实主义的第三个基本命题是，国际政治中权力斗争的核心是军事斗争。

尽管摩根索认为国家的权力是由地理位置、自然资源、工业能力、军事准备、人口、民族性格、国民士气、外交质量和政府质量九种因素组成，并主张在评价国家的实力时要进行综合评估，不能以单一因素（诸如地缘政治学以地理位置、民族主义以民族属性、军国主义以军事力量）来衡量国家的实力，但综观摩根索的著作《国家间政治》，军事力量仍然是摩根索关于权力论述中的核心要素，国家之间在国际政治中的权力斗争也主要是军事斗争。关于军事因素和其他因素的关系，摩根索自己的观点是：

> 军事准备使得地理、自然资源和工业能力等因素赋予一国权力实际的重要意义。因为国家权力对军事准备的依赖十分明显，不需要我们做很多论述。军事准备需要一个能够支持国家推行外交政策的军事部门。

---

① 〔美〕汉斯·J.摩根索：《国家间政治：权力斗争与和平》，第309—312页。
② 同上书，第241页。
③ 同上书，第343页。

这种能力来源于几个因素。从我们讨论的角度来看,其中最有影响的因素是技术创新、领导才能和武装力量的数量和质量。①

二、20世纪60—70年代相互依存的社会现实

以摩根索为代表的现实主义反映了20世纪40年代以来国际政治中冷战结构的现实。从第二次世界大战结束到20世纪60年代,国际社会的背景是:一方面是冷战结构的形成,这种冷战状态在20世纪50年代中期由于美国和苏联的全面对抗(政治、经济、军事和意识形态)以及两大阵营(社会主义阵营和资本主义阵营)的建立达到了顶峰;另一方面是西方各国经济赖以生存的国际体系的稳定以及各国从未有过的经济增长,其中,尤为突出的是德国和日本的经济得到了飞速的发展。这一时期占主导地位的理论就是反映以上国际社会现实的权力政治以及势力均衡论。

但从20世纪60年代末期开始,国际社会现实出现了一些本质的变化,有学者将其称为"混乱与再建"时期。② 这些变化主要表现在:

1. 美元浮动

1971年8月15日,美国总统尼克松在一次电视演讲中,宣布了一项新经济政策,即改变以其他国家的货币和黄金折算美元这一布雷顿森林体系确定的"双挂钩"规则。这一决定首先在经济上对整个世界产生了重大的影响,它标志着固定汇率时代的结束以及无体系的浮动汇率时代的开始。从此以后,各国围绕着建立一种什么样的货币体制、如何稳定汇率等问题开始了激烈的争论。

2. 石油冲击

1973年10月,埃及通过苏伊士运河与叙利亚联合进攻以色列,这就是人们所熟悉的第四次中东战争。中东战争之后,石油输出国组织的成员国联合采取了一项措施,将石油的价格由每桶的2.59美元上涨到11.65美元。这一行动对西方发达国家的经济产生了重大的影响,特别是对那些从中东进口石油的西方国家的经济来说是一个沉重的打击。阿拉伯国家对美国、西欧和日本提出挑战,如不改变对以色列的政策就中断石油供给。这是发展中国家第一次用经济或资源的力量对发达国家采取的有力行动,因而具有重要的政治意义。它反映了经济上的依存是如何转化为政治力量的现实,同时使人们注意到,能够成为国际政治中所使用的力量的不只是军事上的力量。同时,

---

① 〔美〕汉斯·J.摩根索:《国家间政治:权力斗争与和平》,第159—162页。
② 〔日〕山本吉宣:《国际相互依存》,经济日报出版社1989年版,第5页。

发展中国家以此为契机,一致要求发达国家实行"国际经济新秩序",最后促成1974年的《联合国宣言》的形成。

3. 贸易保护主义

从20世纪70年代开始,在国际领域出现了一些重大事件,这些事件包括:改用浮动汇率以及由此造成的汇率反复无常;世界能源价格的大幅度上涨;日本经济竞争力的加强;具有高度竞争力的新型工业化国家(NICs)进入世界市场;美国经济相对衰退;欧洲经济共同体越来越封闭;全球性经济滞胀的出现。① 所有这些事件结合在一起,使得第二次世界大战之后建立起来的贸易自由化进程开始缓慢,贸易保护主义开始在各国抬头。

正是在这种背景下,20世纪60年代被看作是"低层次政治"的国际经济被政治化,上升为"高层次政治"。学者们开始重新从理论上思考国际社会现实,这首先反映在理查德·库珀(Richard Cooper)于1968年出版的著作《相互依存的经济学:大西洋共同体的经济政策》,在其中,库珀曾明确地说,

> 在过去十年[60年代]间,在工业国家之间出现了一种很强的经济相互依存的趋势。这种不断增长的相互依存使得追求民族国家经济政策变得更加困难。宽泛地说,不断增长的相互依存在三个方面使得成功地追求民族经济目标变得日益复杂起来。第一,相互依存提高了每个国家收支平衡易于失调的范围和程度,这从而使政策的注意力以及政策工具转向对外平衡的恢复;第二,相互依存放慢了每个国家依据其自身能力达到国内目标的步伐;第三,对进一步一体化的反应将国际社会都卷入到对抗运动中,这使得所有国家境遇更糟。这些困难由于如下这样一个事实变得更为复杂,即比较深入的经济一体化包括国际协定,而这减少了主权国家为了寻求其经济目标所能采取的政策工具的数量。②

之后,英国著名的国际政治经济学家苏珊·斯特兰奇(Susan Strange)于1972年在《国际事务》杂志上发表的一篇论文《1971年的美元危机》也提出了类似的观点,她在其中指出,第二次世界大战后到60年代为止的国际政治学,反映了东西方对立的局面,但对安全保障势力均衡等的研究比重过大。在国际政治中,金融、贸易等经济问题是至关重要的,其重要性今后会日益显现,

---

① 〔美〕罗伯特·吉尔平:《国际关系政治经济学》,第220页。
② Richard Cooper, "The Economics of Interdependence: Economic Policy in the Atlantic Community", 载于 George T. Crane and Abla Amawi, eds., *Theoretical Evolution of International Political Economy: A Reader*, Oxford University Press, 1991, p. 110.

因此应该更加推进国际政治经济学的研究。①

20世纪60年代,一方面是美国和苏联冷战对峙的缓和,另一方面是贸易保护主义的抬头,这使得学者们逐渐对50—60年代盛行的现实主义产生怀疑,并重新思考国家与国家之间的关系,特别是国家之间在经济上的日益相互依存,以及跨国公司和地区经济一体化的日益兴起这些国际社会现实,相互依存理论就是学术界对这些国际社会现实进行理论上反思的产物。

尽管从20世纪60年代后期开始,相互依存论就以各种形式被提出,但相互依存论作为政治学,特别是国际政治学的一种比较系统的理论的出现主要是在70年代后期的美国,其主要代表人物及其代表著作有:

理查德·库珀:《相互依存的经济学:大西洋共同体的经济政策》(Richard Cooper, *The Economics of Interdependence: Economic Policy in the Atlantic Community*, 1968);

爱德华·莫尔斯:《现代化和国际关系的转化》(Edward L. Morse, *Modernization and the Transformation of International Relations*, 1976);

罗伯特·基欧汉和约瑟夫·奈:《权力与相互依存》(Robert O. Keohane and Joseph S. Nye, *Power and Interdependence: World Politics in Transition*, 1977)。

第二节 相互依存论的基本观点

自从哈佛大学国际经济学教授库珀于1968年发表《相互依存的经济学:大西洋共同体的经济政策》之后,相互依存便成为国际关系学界讨论的一个主题,到1977年罗伯特·基欧汉和约瑟夫·奈发表《权力与相互依存》之后,相互依存论便逐渐成为一种理论,罗伯特·基欧汉和约瑟夫·奈也被认为是相互依存理论的集大成者。以下关于相互依存论基本观点的论述主要基于《权力与相互依存》这本经典性著作。

一、相互依存的概念和特征

1. 相互依存的概念

关于相互依存的概念,学者们一般都同意相互依存理论的集大成者罗伯

---

① Susan Strange, "The Dollar Crisis 1971," *International Affairs*, Vol. 48, No. 2, April 1972, pp. 191-216.

特·基欧汉和约瑟夫·奈在《权力与相互依赖(存)》中所下的定义：

> 一般而言，依赖指的是为外力所支配或受其巨大影响的一种状态。简而言之，相互依赖即彼此相依赖。世界政治中的相互依赖，指的是以国家之间或不同国家的行为体之间相互影响为特征的情形。这些影响往往源自国际交往——跨越国界的货币、商品、人员和信息流动。①

2. 相互依存的理解

为了与以往的自由主义者对国际政治中的相互依存的理解相区别，相互依存者提醒人们在理解相互依存时应注意如下几个问题：

(1) 相互依存并不意味着互利

相互依存论者认为，国家或社会之间的交往活动很多，但并不是所有的国家或社会之间的交往都是相互依存，只有当为彼此的交往活动付出代价时才可以称得上是相互依存。依据这种理解，相互依存并不意味着互利，也不意味着没有国际冲突，相反，国际冲突会采取新的形式，甚至可能增多。"我们的观点的含义是：相互依存关系将总是包含着代价，因为相互依存限制自主权；但是要想事先指明某种关系的收益将大于代价是不可能的。它将既取决于行为体的价值又取决于关系的性质。没有任何东西能保证我们所说的'相互依存'关系将是以互利为特征的。"②

古典经济学或传统的自由主义认为相互依存各方共同受益(joint gains)，强调不受扭曲的国际贸易将为各方提供纯利，但忽视了利益的分配问题，比如，石油输出国政府和跨国石油公司都从石油价格高涨中获得利益，但它们在如何分享这方面的收益这一问题上存在着矛盾。相互依存论则主张，相互依存的双方只存在相对的收益和分配，即相对受益(relative gains)和相对受损(relative losses)。所以，相互依存并不意味着没有冲突。

(2) 相互依存并不意味着"非零和"

相互依存论者提醒人们，在理解相互依存时，不能机械地认为传统国际政治是"零和"政治，即一方所得必然导致另一方所失，而经济上相互依存的政治就是"非零和"政治。因为，以往军事上的相互依存并不总是零和的，比如军事联盟的成员国一般都积极地寻求相互依存来增加共同的安全，而经济相互依存的政治也包含着竞争，即使是在合作可望给合作各方带来纯收益的情况下也如

---

① 〔美〕罗伯特·基欧汉、约瑟夫·奈：《权力与相互依赖》，门洪华译，北京大学出版社2002年版，第9页。

② 同上书，第10页。

此。所以,相互依存论和传统的国际政治的区别不在于"非零和"和"零和"。

(3) 相互依存并不意味着完全平等

相互依存论者还提醒人们,不应把相互依存的定义局限于相互之间均等的依存。因为,在行为体的交往中,最有可能为行为者提供影响力的是相互依存关系中的不对称状况。而不对称的通常的情况是,依存性较小的行为体将相互依存关系作为一个筹码,进而在某一问题与依存性较大的行为体进行讨价还价,或影响其他问题。

3. 权力与相互依存:敏感性和脆弱性

在相互依存论者看来,由于在相互依存中权力的来源变得更加复杂,所以,在考察相互依存中的权力时就有必要区分两个概念,其中一个是敏感性;另一个是脆弱性。

所谓敏感性,是指在某种政策框架内各国之间的相互反应程度,也就是说,某国发生的变化导致另一国有代价的变化的速度有多快,所付代价就有多大。敏感性不仅要以跨国界的交往数量来确定,而且也以交往变化所付代价对社会或政府所产生的影响来衡量。这里有两点值得注意,一是敏感性相互依存产生于一个政策框架内各种政策的相互作用过程中,所以,它的前提假设是这种框架是不变的;二是敏感性相互依存不是某一单一要素的作用,而是各种要素相互作用的结果。所以,敏感性相互依存可以是经济的,也可以是政治或社会方面的。

脆弱性则是指在相互依存被切断时所蒙受的损失程度。用罗伯特·基欧汉和约瑟夫·奈的话来说就是:"就依赖的代价而言,敏感性指的是在试图改变局面而做出变化之前受外部强加代价影响的程度。脆弱性可以定义为行为体因外部事件(甚至是在政策发生变化之后)强加的代价而遭受损失的程度。由于政策往往难以迅速变更,外部变化的直接影响往往表现为敏感性相互依赖。脆弱性相互依赖的衡量标准只能是,在一段时间内,行为体为有效适应变化了的环境做出调整应付的代价。"①也就是说,相互依存的脆弱性程度取决于各行为体获得可替代选择的相对能力以及为此所付的代价。

二、复合相互依存:特征和过程

1. 复合相互依存的特征

相互依存论的集大成者罗伯特·基欧汉和约瑟夫·奈在谈到现实主义

---

① 〔美〕罗伯特·基欧汉和约瑟夫·奈:《权力与相互依赖》,第14页。

时曾说:"20世纪50—60年代,当我们还在学校就读之际,我们接受的教育是用现实主义的眼光来看待国际政治,但我们常常感到这种看待世界的观点不妥。它并没有分析经济相互依赖给主要资本主义国家间的政策合作带来压力的方式,也不能帮助我们理解这些国家的政府为什么在贸易、国际金融等领域确立调节相互关系的一系列规则。"①

在相互依存论者看来,以摩根索为代表的现实主义理论模型主要基于如下三个最基本的假设②:

第一,国家作为一个整体是国际政治舞台上最重要的行为体,是国际政治中的决定性因素。这是一个带有双重含义的假设:一是假设国家是最有力量的行为体,二是假设国家是作为一个整体性单位来行动的。

第二,军事力量是最为有效的手段,也就是说,武力是一种可以使用的、有效的政策工具,当然,其他工具也是可以使用的,但使用武力和以武力相威胁是行使权力的最有效的手段。

第三,世界政治中的问题有等级之分,其中军事安全是首要问题,军事安全这种"高级政治"支配经济和社会事务等"低级政治"。

相互依存论者认为,以摩根索为代表的现实主义者所作的以上三个假设中的每一个假设都是可以反驳的:

第一,社会联系的多种渠道。

各个社会之间的联系渠道是多样的,这些渠道可以概括为三类:一类是国家之间的关系,主要包括政府权势人物之间的非正式关系和外交部门的正式安排;一类是跨政府关系,包括非政府权势人物之间(面对面和通过电讯)的非正式关系;一类是跨国家关系,比如跨国公司的行为。所以,"如果我们放宽现实主义者关于国家作为整体单位而行动的假设,则跨政府联系就出现在我们的视野之内;如果我们放宽现实主义关于国家是唯一行为体的假设,则跨国联系将出现在我们的视野之内"③。

第二,问题间等级之分得以消失。

国家之间关系的议程是由多个并不是按照非常清楚的等级排列的问题构成的。军事安全并不总是国家之间关系议题中的首要问题,许多问题是由通常被认为是国内政策的事务所引起的,在这种意义上,国内问题和对外问

---

① [美]罗伯特·基欧汉、约瑟夫·奈:《权力与相互依赖》,"中文版序言"部分,第37页。
② 同上书,第24页。
③ 同上书,第25—26页。

题之间的区别并不总是非常明确的。

第三,军事力量不起主要作用。

在相互依存占主导地位的情况下,军事力量并不总是被当作一个国家反对另一个国家的手段。比如,在联盟以及与敌对集团的政治、军事关系上,军事力量起着非常重要的作用,但在解决盟国之间经济问题上的分歧时,军事力量可能是毫无作用的。

在批判现实主义①以及对相互依存理解的基础上,相互依存理论的集大成者罗伯特·基欧汉和约瑟夫·奈提出了他们自己的关于世界政治的构想,即复合相互依存(complex interdependence)。

> 现实主义的三个假设都是可以辩驳的。同时反驳这些假设,我们可以设想出一个这样的世界:非国家的行为体直接参与世界政治,各问题之间不存在明确的等级区分,而武力并非有效的政策工具。在这些条件下——我们称之为复合依赖的特征,我们可以看到与现实主义的假设截然不同的世界政治图景。②

2. 复合相互依存的政治过程

在相互依存论者看来,复合相互依存以上三个主要特征产生了不同的政治过程,这些政治过程把权力资源转化为控制结果的能力。与复合相互依存三个特征相关联的政治过程主要有:联系战略、议题的确定、跨国以及跨政府关系、国际组织的作用。

(1) 复合相互依存的政治过程之一:联系战略

传统的分析方法认为,在世界政治中,军事和经济上的强国可以通过把自己在某些问题上的政策与其他国家在其他问题上的政策联系起来,从而使自己在各种组织和各种问题上占统治地位,包括使自己在较弱地位的问题中也占上风,也就是说,传统的方法将一切问题与占支配力量的军事和经济能力联系在一起,所以,世界政治被看作是一张无缝的网。但在复合相互依存的情况下,随着武力效用的下降和各种问题的重要性趋于相等,这就意味着

---

① 这种以反驳某一理论赖以存在的前提进而取得理论上重大突破的研究方法,无论是在自然科学中还是在社会科学中都有许多先例。在自然科学中,爱因斯坦的相对论就是在扩展牛顿力学赖以成立的前提基础上提出的;在社会科学中,李嘉图的相对利益学说也是在扩展斯密的绝对利益说赖以存在的前提基础上完成的。在这里,罗伯特·基欧汉和约瑟夫·奈成功地运用了这种方法,在反驳摩根索现实主义理论所赖以建立的前提基础上提出了相互依存理论的基本理论框架。

② 〔美〕罗伯特·基欧汉、约瑟夫·奈:《权力与相互依赖》,第25页。

把不同问题联系起来的做法更加困难,而且所付代价过高。比如,一个在经济上占支配地位的国家力图通过经济力量来影响其他问题,以达到联系的目的,如果利害关系仅涉及经济目标,它可能会成功,但如果经济目标具有政治意义,则强国的经济联系战略就会受到某些国内、跨国和跨政府行为体的限制。所以,在复合相互依存的条件下,联系战略非常复杂,所付的代价也是非常高的。

(2) 复合相互依存的政治过程之二:议题的确定

传统的政治分析把注意力集中在政治和军事问题上,其他问题只有在影响政治安全和军事力量的情况下才变得非常重要。在相互依存论者看来,传统政治分析过分注重军事和安全事务,总是以军事和安全先入为主来确定国际关系的议题,忽视了国际关系中某些非军事问题(诸如国际金融政治、商品贸易条件问题、石油、粮食和多国公司等问题),也忽视了国际关系中议题的形成过程。实际上,在复合相互依存的条件下,议题产生的政治变得更加微妙,更加多样化。比如一些国内集团因为不满而将议题政治化,干预国家之间高层次的政治讨价还价,进而把被认为是国内的问题塞进国际议题之列,实力增长的政府可能把某些问题与其他问题联系起来从而使其政治化。所以,在确定关系的议题时,一定要考虑议题形成的过程,特别是政治过程。

(3) 复合相互依存的政治过程之三:跨国以及跨政府关系

在复合相互依存的条件下,由于各社会之间的联系是多渠道的,这就使得国内政治和国际政治的区别更加模糊,其结果必然是,政治联盟的伙伴不一定像传统政治分析的那样认为是受国界限制,政治讨价还价的结果也越来越受超国家关系的影响。跨国以及跨政府关系表现在,多国公司可以既是一个重要的独立行为体,又是政府操纵的重要工具。国内团体的政策立场和态度可能受它们与国外同行有组织和无组织(比如主管同类事务的政府官僚之间的联系)的交往的影响。所有这些要求我们必须改变以往国际政治中根据国家自身利益行事的观念,重视跨国和跨政府政策网络对国际关系的影响。

(4) 复合相互依存的政治过程之四:国际组织的作用

传统的现实主义认为,由于各国根据自身利益行事,并为权力和安全而斗争,在国际关系中,由于战争威胁始终存在,所以安全问题是首要问题。在这样的世界中,国际组织很难协调各国的利益,因而所起的作用很小。但在相互依存的条件下,由于各种问题联系的不完全,同时由于存在着跨国公司和跨政府联盟,所以国际组织在国际政治的讨价还价的过程中的潜在作用将大大加强。国际组织不但有助于国际议题的确定,因为国际组织可以把各国官员汇集在一起,确定哪些问题可以按类别组合在一起,而且还成为联盟产生的催化剂和弱国提出政治主张以及推行联系政策的场所。

总之,复合相互依存条件下国际政治的特征和过程与现实主义条件下国际政治的特征和过程很不相同(参见表5-1),如果立足于相互依存这一现实,不仅需要对国家利益进行重新解释,而且需要对相互依存条件下的国际体系和国际制度进行重新解释。

表5-1 现实主义和复合相互依赖(存)条件之下的政治进程

	现实主义条件之下	复合相互依赖条件之下
行为体的目标	军事安全将是首要的国家目标。	国家的目标因问题领域而异。跨政府政治的存在,导致目标难以确定。跨国行为体将追求自身的目标。
政府的政策工具	军事力量是最为有效的政策工具,尽管也采用经济手段及其他政策工具。	适用于具体问题领域的权力资源最为相关。相互依赖、国际组织和跨国行为体的管理将是主要的手段。
议程形成	势力均衡的潜在转变和安全威胁将确定高度政治领域的议程,并将对其他议程产生重大影响。	议题受到如下因素的影响:各问题领域内权力资源分配的变化;国际机制地位的变化;跨国行为体重要性的变化;与其他问题的联系以及敏感性相互依赖增强而导致的政治化等。
问题的联系	联系将降低问题领域间后果的差别,增强国际等级区分。	由于武力的效用难以发挥,强国实行联系战略将愈加困难。弱国通过国际组织推行联系战略将衰落而非增强国际等级区分。
国际组织的作用	受制于国家权力和军事力量的重要性,国际组织的作用有限。	国际组织将设置议程,促动联盟的建立,并为弱国的政治活动提供场所。选择处理某问题的组织论坛并争取支持票的能力将是重要的政治资源。

资料来源:〔美〕罗伯特·基欧汉和约瑟夫·奈:《权力与相互依赖》,第38页。

三、相互依存与国际机制

国际机制(international regime)是相互依存论者关心的另一个主题。在相互依存论者看来,相互依存关系常常发生在使行为规范化以及控制行为结果的规则、规章以及程序的网络之中,相互依存论者把这些对相互依存关系产生影响的一系列具有主导性的安排称作为国际机制。国际机制可能由国家之间的协议或条约组成,如1944年布雷顿森林会议上对国际货币所作的安排;国际机制也可能产生于建议性的正式安排,但这些安排从未得以实施;国际机制还可能是暗含的,如二战后美国和加拿大之间的关系。由于国际机制有助于提供一种政治框架,所以,它是理解相互依存政治的关键。

相互依存论者认为,研究国际机制的变化应该从研究国际体系的结构和过程入手,因为国际机制是国际体系的权力结构中进行讨价还价的中介因素,国际体系的结构对国际机制有很大的影响,国际机制反过来也影响国际体系中讨价还价的过程。从相互依存出发,有如下四种模式可以用来解释国际机制的变化,这四种模式是:经济过程、世界总体权力结构、不同问题领域中的权力结构、受国际组织影响的权力潜能。①

1. 经济过程解释模式

相互依存论者批评以往的经济学为了使经济解释更为确切和完美,常常有意地避开政治问题而进行抽象,因而没有提出一种国际机制变化模式。在相互依存论者看来,完全竞争是不存在的,即使是通过竞争性的价格体系来进行贸易,表面看来与政治权力无关,实际上也间接地受政治的影响,因为一旦公司对其所处的环境进行某种控制,讨价还价、战略、影响力以及领导等方面的问题就随即产生。所以,为了解释国际机制的变化,就必须使用带有明确政治假设的模式,将政治因素纳入分析之中。

对国际机制变化做经济过程的解释一般基于三个前提:技术变革和经济相互依存的加强,将使现存的各种国际制度过时;政府将对提高生活水准的国内政治要求作出极为迅速的反应;资本、商品以及劳务的国际性流动所带来的巨大经济利益,成为促使政府改变或者重建国际制度以恢复其效用的有利因素。在这样的前提下,国际制度变化将是一个逐渐适应跨国经济活动的新规模和新形式的过程,政府可以通过调整来逐渐适应这种变化,但为了本国的自主利益进行抵制国际制度的变化将付出昂贵的经济代价。

2. 总体权力结构解释模式

以往的现实主义根据总体权力结构而建立的国际机制变化模式的核心是,在一种国际体系中,结构,即体系中各国之间权力分配状况,决定国际机制的性质,一旦各国权力发生变化,即结构发生变化,构成国际机制的规则随之也将发生相应的变化。在现实主义关于国际体系的总体权力结构的假设中,军事实力是最重要的权力资源,因此,如果是强国制定规则,那么政治和

---

① 〔美〕罗伯特·基欧汉、约瑟夫·奈:《权力与相互依赖》,第39—61页。

军事实力的变化就会对经济制度产生影响。在罗伯特·基欧汉和约瑟夫·奈看来,现实主义的这种总体权力结构分析最容易使人们将注意力集中于霸权和领导地位的分析上,即某国强大到不但有能力维护国际体系的基本规则,而且有意愿这样做,同时,这个国家也有能力废止已有的规则和阻止采用它不赞成的规则,或者在确立新规则过程中起主要作用。

相互依存论者对现实主义者这种过分强调军事力量的总体权力结构模式提出了质疑,比如,从1944或1950年以后,虽然美国仍保持世界第一军事强国的地位,对其主要经济伙伴的军事影响力至少保持不变,但美国在世界经济中的地位以及美国在工业化地区内部、在与第三世界打交道的决策过程中所处的支配地位,已明显下降。所以,尽管军事实力分布格局影响国际经济制度,但其本身只提供一小部分的解释。相互依存论者认为,一种充分的总体权力结构解释方法,还必须增加其他三个主要因素,使之更符合战后国际经济制度的变化的现实。这三个要素包括:(1)对军事侵略威胁认识的变化。比如1947年以后美国对苏联重大威胁的认识促使其决策者对欧洲人和日本人做出各种经济让步,以便发展和维护战后的自由经济制度,这种制度促进了欧洲和日本经济在战后的恢复。(2)美国与其贸易、投资伙伴的相对经济实力的变化。欧洲经济的恢复以及由此而产生的信心,解释了狄龙回合谈判中关税的削减、货币自由兑换、减少对美元的依赖以及欧洲共同市场的建立。(3)欧洲与第三世界关系的变化。从1956年英、法入侵苏伊士运河失败以及60年代英国撤回在苏伊士运河以东的军队后,欧洲对欧洲大陆以外的控制能力已与以前的殖民时代不同,这增加了世界政治的复杂性,也为美国以及其他工业化国家改变国际经济制度增加了难度。

3. 问题领域结构解释模式

对国际机制变化的第三种解释模式是问题领域结构解释模式。问题领域结构解释模式假设:某一问题领域中的权力资源在用于其他问题领域时,就会失去部分或全部的效力。

在相互依存论者看来,在国际政治中,不同的问题领域往往具有不同的政治结构,而这些结构可能在不同程度上独立于经济、军事力量总体分布状况。比如,在石油问题领域中,沙特阿拉伯、利比亚、伊朗等国具有很大的影响力,而像澳大利亚这样的粮食大国或像瑞典那样的重要的贸易国,就不会起什么作用。所以,问题领域结构模式的结论是:武力只有在付出高昂代价的条件下才可以使用,而且对政府来说,军事问题并不总是问题等级中的最高级问题;各个问题领域不可能有效地联系起来,权力资源也不可能轻易地转化,即军事力量在经济问题领域中将是无效的,与某一问题领域相关的经济力量可能与另一问题领域无关;不同的问题领域存在不同类型的政治过程和制度。

相互依存论者认为,与总体权力结构解释模式相比,虽然问题领域结构模式不像总体权力结构模式那么有效力,但它能分清各种问题领域,因而具有很强的区别力,而这对于分析当代世界政治中的许多问题是至关重要的。但问题领域结构模式与总体权力结构解释模式一样,其最主要的弊病是只注重国家的权力潜能,忽视国内和跨国行为体。问题领域结构模式的另一个弊病就是,一旦各种问题能够联系起来,权力资源可以相互转化时,问题领域结构模式的解释价值就会下降。

4. 国际组织解释模式

对国际机制变化的第四种解释模式是国际组织解释模式。国际组织解释模式的基本假设是:一系列的网络、规则和机构一旦建立,将难以清除或者进行大规模调整。国际组织模式的有效性取决于一个假设,即行为体不会利用彼此的脆弱性而摧毁国际制度,在这种情况下,连具有优势潜能的政府有时也会感到,当它与现存的网络、机构中的既定行为方式发生冲突时,就难以执行自己的意愿。

与总体权力结构解释模式以及问题领域结构解释模式相比,国际组织解释模式主要强调政府间或跨政府关系的多层次性,所以,国际组织模式有助于解决那些信奉总体结构和问题结构模式的人们可能遇到的困难,即考虑到那些被基本权力潜能忽略或者来不及考虑的因素。比如在联合国中,如果按照强国在国际体系中通常占支配地位的观点,就不可能预测出联合国大会最后表决的结果,相反,如果我们仔细研究一国一票制这种规则,就可以预测联合国的网络、规则以及机构对某些问题诸如国际经济新秩序的影响。

但国际组织解释模式也有它自身的局限性,局限性之一就是,国际组织模式比基本结构研究法更为复杂,因而需要更多的资料,它强调与国际组织相关联的政治过程,并没有预测国际机制如何由于某一变项的原因而变化;局限性之二,与基本结构模式相比,国际组织模式的定论性和稳定性不是很强,所依靠的因素也比基本结构模式所依靠的因素更为短促、更易发生逆变,这样就有很大的选择和多层次讨价还价的余地;局限性之三,国际组织模式只能在复合相互依存条件下使用,而且即使在这种条件下,它的可预测性也主要取决于政府对国际机制的信心和态度,因为国际组织模式是建立在国际机制是稳定的这样一种基本假设的基础上,也就是说,不可能发生破坏制度的政策,一旦政策发生变化,国际机制本身就会受到挑战。

基于对以上四种解释模式的分析,相互依存论者得出结论,由于相互依存的世界是一个非常复杂的世界,所以在分析世界政治时不存在一种适合于一切的模式。"没有一种模式能够完美无瑕地解释世界政治。"①以上四种模式各有优点和缺点,所以,相互依存论者主张,在分析现实的国际政治时,可以使用一种综合解释方法,即最好先寻求最简单的模式,必要时再增加其复杂性。

第三节 相互依存论的贡献及面临的挑战

从20世纪70年代相互依存论产生以来,相互依存论一直是国际关系的主流理论之一,对后来的国际关系研究产生了广泛的影响,同时也成为国际政治经济学一个重要流派。

一、相互依存论的理论贡献

相互依存理论作为国际政治经济学中的一个重要的、在某种意义上可以说是一个主流流派,尽管在其后来发展过程中由于受到其他理论的挑战而不断进行补充甚至修正,但这并不影响相互依存理论对国际关系以及国际政治经济学的贡献。相互依存论对国际关系以及国际政治经济学研究的贡献主要表现在如下几个方面:

1. 将非国家因素引入国际关系研究之中,并将其系统化

相互依存论对国际关系中以国家为中心的理论所持的偏见提出了挑战,他们强调将多国公司以及国际组织纳入国际政治经济的分析之中。同时,相互依存论对自由主义经济学关于国际经济关系的性质做出了修改。② 以往的自由主义经济学都假设国际经济关系是和谐的,相互之间不存在冲突。相互依存论则认为,在复合相互依存中,无论是敏感性的相互依存,还是脆弱性的相互依存,某种程度冲突的存在是必然的,所以,国际经济关系并不像自由主义假设的那样不存在任何冲突。

---

① 〔美〕罗伯特·基欧汉、约瑟夫·奈:《权力与相互依赖》,第59页。
② Thomas J. Biersteker, "Evolving Perspectives on International Political Economy: Twentieth-Century Contexts and Discontinuities", *International Political Science Review*, Vol.14, No.1, 1993, p.19.

2. 将权力和相互依存结合起来，拓宽了国际关系研究的视角

在20世纪50—60年代的现实主义那里，权力是国际关系的主导因素，权力的争夺必然导致冲突甚至战争。而相互依存论则将经济利益与政治代价结合起来，从成本和收益这一最古老的经济学原理来分析权力。国际学术界对此的评价是：

> 无论是强调市场作用还是强调国家作用，到20世纪70年代有一点已经变得十分清晰，市场和国家这两种现象，无论缺少了哪一种，都无法充分地分析另外一种现象。正如基欧汉和奈在他们1977年出版的著作中所意识到的那样，将权力和相互依存结合起来加以研究是非常必要的。①

罗伯特·O.基欧汉和约瑟夫·S.奈从跨国关系这一已知的事实出发，探讨了国家之间的依赖状态，强调了相互依存所导致的经济收益与政治代价之间的关系。他们探讨了跨国关系对国家自主性的影响，这样就把对相互依存的研究与政治学的经典命题联系在一起。②

3. 将国际机制和相互依存结合起来，为后来国际机制的研究以及"新自由制度主义"的提出奠定了基础

从20世纪70年代中期以来，国际机制一直是国际关系研究的主题之一，它既是70年代自由主义向现实主义提出挑战的问题之一，也是80年代新自由主义与新现实主义论战的主题之一。自由主义/新自由主义、现实主义/新现实主义以及后来的建构主义都加入关于国际机制的论战之中③，并逐渐形成"国际机制理论"④。基欧汉在之后的学术生涯中继续关注这一问题的讨论，在他及其学生们的努力下，在国际学术界出现了以"机制"或"制度"研究为核心的"新自由制度主义"（neoliberal institutionalism）。

关于相互依存论对国际机制研究的贡献，正如后来的学者在评价《权力与相互依存》这部著作所说的：

---

① 彼得·卡赞斯坦、罗伯特·基欧汉、斯蒂芬·克拉斯纳编：《世界政治理论的探索与争鸣》，秦亚青等译，上海人民出版社2006年版，第17页。
② 同上书，第16—17页。
③ 关于自由主义、现实主义以及后来的建构主义关于国际机制的观点的比较详细的论述，读者可参阅 Paul R. Viotti and Mark V. Kauppi, *International Relations Theory: Realism, Pluralism, Globalism, and Beyond*, Allyn and Bacon, 1999, pp.215-219。
④ Andreas Hasenclever, Peter Mayer and Volker Ritterberger, *Theory of International Regimes*, Cambridge University Press, 1997.

罗伯特·O.基欧汉和约瑟夫·S.奈的合作是那么成功,他们走到了国际关系理论讨论的最前沿。虽然他们并没有创造一种跨国主义(transnationalism)新理论,如果他们进入这一领域,他们极有可能这样,相反,他们对国际关系的主要贡献在于将其他学者多年来讨论的问题综合化、范畴化以及精确化,但是,他们关于国际关系的研究视角随着其合作的深入其重要性逐渐上升。随着基欧汉和奈引用最多的著作《权力与相互依存》的出版,尽管他们主要是以跨国主义和相互依存作为研究范例,但也出现了向机制[研究]这样概念上的重要转变。①

二、相互依存论面临的挑战

与其他理论相比较而言,西方国际关系学界对相互依存论的赞美多于批评,特别是20世纪70年代全球化以及区域化两大思潮盛行以来,相互依存这一概念更是成为学者们观察和理解国际政治经济现实的一个基本的、在某种意义上也可以说是首要的既定的逻辑前提。但相互依存理论自从产生以来一直面临着许多挑战,正是这些挑战促使相互依存理论不断进行修改甚至修正。

相互依存理论提出之后所面临的理论挑战虽然不能说全部,但可以说主要是围绕着国际机制这一核心问题展开的。具体表现在两个主要问题上:一个是国际机制与霸权国家的关系问题,这主要是霸权稳定论对相互依存论的挑战;一个是国际机制与国家利益问题,这一问题则主要是国家主义理论对相互依存理论提出的挑战。

1. "机制功能理论"

"机制"这一概念是由鲁吉(John Gerard Ruggie)于1975年引入国际关系研究之中②,其后基欧汉和奈将其用于相互依存理论的构造中。20世纪70年代以来,国际机制成为国际关系研究中关注的一个主题,也成为新自由主义和新现实主义相互论战的焦点。

新自由主义的一个基本假设是将机制看作是对国家行为的一种制约,并认为机制可以促使国家相互受益。霸权稳定论基于世界是无政府的而且权

---

① Iver B. Neumann and Ole Waever, eds., *The Future of International Relations: Masters in the Making*, London: Routledge, 1997, p.93.
② John G. Ruggie, "International Responses to Technology: Concepts and Trends", *International Organization*, Vol.29, No.3, 1975, pp.557–583.

力分布是不均衡的这一现实主义的假设对相互依存论提出挑战。按照霸权稳定论的观点,相互依存的国际机制必须有一个制定者,国际机制也需要维持者,如果国际机制不能得以维持,相互依存的政治经济秩序就会遭到破坏。国际机制的制定者和维持者就是霸权国家,否则就无法解释为什么国家会追求跨国合作与相互依存。

在霸权稳定论的冲击下,相互依存论者,特别是基欧汉本人,在80年代对早期相互依存论中所主张的"国际机制"概念做了新的修正,于1984年出版了《霸权之后:世界政治经济中的合作与冲突》(*After Hegemony: Cooperation and Discord in the World Political Economy*),将现实主义的观点融入自己的理论前提中,提出了"机制功能理论"(Functional Theory of Regimes)①。在其中,他主张,即使在美国霸权衰退之后,相互依存仍然存在,因为机制一旦产生,它有时可以按照自己的逻辑来运行,而国家之所以愿意接受这种机制,主要是因为在某些问题领域的相互依存有利于国家利益。

2. "国际制度主义"理论

在相互依存理论与国家主义的论战中,在20世纪90年代还出现了另外一种理论,这就是"国际制度主义"(International Institutionalism)②,又称"新制度自由主义"。

在相互依存论者关注国际机制的同时,国家主义理论的推动者克拉斯纳(Stephen Krasner)③和吉尔平(Robert Gilpin)对国际机制予以高度重视,形成所谓的新现实主义观点。他们主张,机制可以帮助国家避免不协调的行为,而且在某些情况下可以成为弱国的一种权力资源④,国际机制并不是独立发挥作用的。

面对国家主义理论的挑战,相互依存论者开始将研究重点从国际机制在国际体系中如何独立发挥作用转向已有的国际制度如何影响冷战后欧洲国家的战略,并与新现实主义相结合,形成了"国际制度主义"一些最为基本的

---

① Iver B. Neumann and Ole Wæver, eds., *The Future of International Relations: Masters in the Making*, pp. 95-102.

② Ibid., pp. 104-110.

③ 克拉斯纳曾于1983年主编出版了《国际机制》(Stephen Krasner, ed., *International Regimes*, Ithaca, NY: Cornell University Press, 1983)一书,将国际机制的研究推向一个高潮。

④ Paul R. Viotti and Mark V. Kauppi, *International Relations Theory: Realism, Pluralism, Globalism, and Beyond*, p. 216.

观点①：

（1）制度对于有雄心的政府来说是一种潜在的资源；

（2）制度有利于有利益冲突的国家在国际制度中进行讨价还价；

（3）国际制度可以作为平衡或反对其他制度的工具；

（4）国际制度可以在政治上刺激国家表露出政府的意愿,从而为其他国家提供信息从而使得政策更具有可预测性；

（5）国际制度可以促使国家的责任具体化；

（6）国际制度不但可以影响国家的利益,而且还影响国家的基本偏好。

相互依存论者后来向现实主义靠拢,并相互影响,对此,连罗伯特·基欧汉和约瑟夫·奈这两位相互依存理论的集大成者也表现出无奈：

> 非常可笑的是,[如果]考察我们关于跨国关系的早期著作的观点,其结果不是形成另外一个前后一致的关于世界政治研究的理论框架,却是一直在扩展新现实主义,并且不断为现实主义提供新的概念。②

以上关于相互依存理论的影响及其面临的挑战表明,相互依存理论虽然拓展了国际关系的研究视野,对后来国际关系理论的发展做出了贡献,但早期相互依存理论提出的一些概念也存在着很大的争议,这是我们今天运用"相互依存"这一概念时尤其值得注意的。

---

① Iver B. Neumann and Ole Wæver, eds., *The Future of International Relations: Masters in the Making*, p.106.

② Robert Keohane, *International Institutions and State Power: Essays in International Relations Theory*, Boulder: Westview Press, 1989, p.251.

第六章
霸权稳定理论：霸权与世界经济

20世纪70年代是一个"变革"与"危机"并存的时代。如果说相互依存论是对70年代国际体系中出现的变革的顺势反映，那么，霸权稳定论则是对同一时代国际体系出现的危机的反思；从内容上讲，如果说相互依存论关心的是如何解释国际体系中国家之间经济上的相互依存本身，那么，霸权稳定论关心的则是如何维持以及管理相互依存的国际体系。

第一节 霸权稳定论的兴起

一、资本主义的第二个"黄金时期"

从第二次世界大战结束到70年代初期，资本主义世界经济进入了其历史上的第二个黄金时期，著名国际政治经济学家罗伯特·吉尔平教授甚至将20世纪这四分之一世纪概括为"人类历史上最繁荣的时期"①。其实，这一时期为西方学者们所津津乐道的成就主要体现在如下三个方面：世界贸易的飞速发展、国际经济制度的建设以及美国霸权的确立。

1. 世界贸易的飞速发展

从第二次世界大战结束到70年代初期的第一个引人注目的时代性成就

---

① 〔美〕罗伯特·吉尔平：《全球资本主义的挑战》，上海人民出版社2001年版，第52页。

是,各工业化国家的经济增长以及世界贸易的飞速发展。就工业化国家的经济增长而言,"自40年代末、50年代初战后重建阶段之后,工业化国家的经济增长率达到了史无前例的水平。50年代,西欧国家年增长率约为4.5%,60年代达到5%左右。更加非同寻常的例子是日本:50年代和60年代,日本的年增长率空前绝后地约为10%。美国落在后面,50年代约为3%,60年代约为4%"①。就世界贸易的发展而言,世界出口以及贸易得以持续稳定地增长(参见表6-1),从1948年539亿美元增长到1974年的7297亿美元。关税及贸易总协定范围内的连续几个回合的谈判,工业国的商业贸易得以飞速的发展,从1950年到1975年每年平均增长8%,比其国民生产总值增长率快一倍。②

表6-1　世界出口:1938—1974年

(单位:十亿美元)

年份	出口总值
1938	21.1
1948	53.9
1958	96.0
1960	107.8
1965	156.5
1970	265.7
1972	355.3
1974	729.2

资料来源:Robert A. Pastor, *Congress and the Politics of U. S. Foreign Economic Policy*, Berkeley: University of California Press,1980,p.99.

2. 国际经济制度的建设

这一时期第二个突出的成就就是作为资本主义世界经济飞速发展的国际制度保障的布雷顿森林体系的出现。布雷顿森林体系所确立的国际制度主要体现在如下几个领域:国际货币领域的固定汇率制;国际贸易领域的关税及贸易总协定;国际金融领域的国际货币基金组织和世界银行。

固定汇率制　第二次世界大战之后,为了建立稳定的世界经济秩序,防止20世纪30年代破坏性的经济民族主义卷土重来,美国和英国等国家相互合作,于1944年召开了布雷顿森林会议。它的主要内容是:(1) 美元与黄金

---

① 〔美〕罗伯特·吉尔平:《全球资本主义的挑战》,上海人民出版社2001年版,第52页。
② 〔美〕罗伯特·吉尔平:《国际关系政治经济学》,第219页。

直接挂钩,国际货币基金组织的会员国必须确认美国在1934年规定的每盎司黄金等于35美元的官价,并协助美国政府维持黄金的官价;(2)其他资本主义国家的货币与美元挂钩,各国货币与美元建立固定的比价,实行固定汇率制。这种双挂钩制使得美元处于中心货币的地位,并等同于黄金,成为国际储备资产和国际支付的手段。

关税及贸易总协定 在国际贸易领域,1948年建立的关税及贸易总协定为战后国际贸易谈判提供了一个体系和机制。关税及贸易总协定的根本目标就是,通过削减关税和消除其他贸易壁垒,进行更加自由和公平的贸易。[①] 关税及贸易总协定主要奉行如下三个原则:(1)不歧视、多边主义和对所有签署国实行最惠国待遇;(2)通过减少贸易壁垒来扩大贸易;(3)所有签署国之间实行无条件互惠。战后在关税范围内连续几个回合的贸易谈判,导致了关税壁垒的惊人减少和世界贸易的增长。主要工业国的商业贸易从1950年到1975年年平均增长率为8%,比它们的国民生产总值增长率4%快一倍。这种逐渐扩大的贸易网使得各工业国经济进入一个经济上互相依存的体系中。

国际货币基金组织 1944年布雷顿森林会议在国际货币领域的一个令人瞩目的成就就是建立了国际货币基金组织,其主要职能是管理成员国的汇率和收支不平衡,监督货币体系的运行,并向暂时面临收入逆差困境的国家提供中期贷款。国际货币基金组织虽然也有一些不尽如人意之处,但它的固定汇率、货币的可兑换性以及后来的特别提款权的建立,对于稳定国际货币,解决各国国内自主和国际稳定之间的矛盾起了很大的作用。

3. 美国霸权的确立

这一时期第三个显著的时代特征就是,美国继19世纪中叶的英国之后成为世界历史上又一个霸权国家。美国处处以一个警察的形象出现在国际政治和经济舞台上;在国际政治中,美国雄心勃勃,以一种世界警察的姿态卷入了越南战争[②];在世界经济中,除了确立了以美元为中心货币的国际货币体系以外,美国的对外贸易从1949年到1973年石油危机发生之时几乎在成倍地增长,美国对外贸易在世界贸易中所占的份额也持相对稳定的状态(参见表6-2)。

---

① 〔美〕罗伯特·吉尔平:《国际关系政治经济学》,第217—219页。
② Thomas D. Lairson & David Skidmore, *International Political Economy: The Struggle for Power and Wealth*, Holt, Rinehart and Winston, Inc., 1993, p.61.

表6-2 美国贸易和世界贸易(1949—1973)

(单位:十亿美元)

年份	美国	工业国家	世界出口	美国占工业国家的比例(%)	美国占世界的比例(%)
1949	12.1	33.8	55.2	35.8	21.9
1960	20.6	78.8	114.6	26.1	17.5
1970	43.2	208.3	283.7	20.7	15.2
1973	71.3	376.8	524.2	18.9	13.6

资料来源:International Monetary Fund, *International Financial Statistics Yearbook*, 1979, pp. 62—67.

总之,在这一时期,由美国领导的资本主义世界经济看起来运转得非常顺利,给人们所留下的影响正像基欧汉所描述的:

> 欧洲和日本的经济迅速从第二次世界大战的破坏中恢复。在20世纪60年代,美国已经非常强大,经济持续增长。在七个主要的工业化国家,失业率和通货膨胀率平均只有2.8%。产出量增长为5%,国际贸易的增长比产出的增长还要快,直接对外投资更是飞速增长,肯尼迪多边贸易谈判于1967年6月结束;同月,由阿拉伯国家在阿以战争后挑起的石油禁运的威胁被西方工业国轻松化解。由于成功地顶住了交换汇率,黄金还可以直接兑换美元;一种未来的国际货币,特别提款权在国际货币组织的主持下于1967年产生。"像巨人一样傲视世界"的美国,对其能力充满了信心,调动了50万人去解决越南问题。美国的力量和机制构成了问题或前提。[1]

二、20世纪70年代资本主义的危机

在经过近四分之一世纪资本主义黄金时期的飞速发展之后,70年代初期,"战后的高速经济增长到70年代初戛然而止,发达的工业化国家(值得注意的是不包括日本)陷入长达十年的滞胀时期,并以低经济增长率、高失业率和极高的通货膨胀率结合在一起为特点,这在以前从未发生过"。[2] 这次危机主要表现在如下三个方面:持续近十年的经济"滞胀"、固定汇率制的结束以及美国霸权的衰退。

---

[1] George T. Crane and Abla Amawi, eds., *The Theoretical Evolution of International Political Economy: A Reader*, p.245.

[2] 〔美〕罗伯特·吉尔平:《全球资本主义的挑战》,第53页。

1. 经济"滞胀"的出现

所谓经济"滞胀",主要是指70年代资本主义世界经济出现的特有的"一低两高"现象,即低经济增长率以及高失业率和高通货膨胀率并行,这种状况从1973年开始一直持续到1979年,构成了资本主义世界经济的10年大滞胀时期。导致这种状况的罪魁祸首是美国采取的宏观经济政策,即尽管美国的生产率在70年代之后急速下降,但美国两届政府(约翰逊政府和尼克松政府)一直在采取具有通货膨胀倾向的宏观经济政策。而1973年的石油以及其他许多产品价格的急剧上升进一步加剧世界性的萧条和通货膨胀。

70年代初期,世界经济不得不对付60年代末的高通货膨胀,战后经济高速增长结束,开始了长达十年的经济混乱。越南战争的逐步升级和与此同时约翰逊政府(1963—1969年)所推行的伟大社会计划造成了全球通货膨胀率的加速上升。为了向公民隐瞒越南战争的财政成本,美国政府拒绝增强税收,相反情愿采用具有通货膨胀倾向的宏观政策,支付战争费用和福利开支。接任的尼克松政府(1969—1974年)加重了通货膨胀问题。另外,美联储竭力刺激经济,这种毫不谨慎的行为被评论家称为公然想使尼克松再次当选。之后对币值高估的美元的投机性打击和美国贸易赤字的激增导致美国在1971年8月15日决定迫使美元贬值。1973年,第一次石油危机使世界陷入大滞胀之中;高通货膨胀、低经济增长和高失业率史无前例地结合在一起,在美国、西欧和其他国家出现,世界经济被迫作出深刻变革。[1]

2. 固定汇率制的结束

70年代资本主义世界经济危机的第二个表现就是固定汇率制的结束,在1976年国际货币基金组织的牙买加会议上,工业国在尝试建立一种新的既稳定又可调整的汇率制度的努力失败之后,原则上认同了浮动汇率制,这样,美国战后精心设计并运行良好的布雷顿森林体系正式告终。固定汇率制的结束,标志着战后资本主义世界经济得以飞速发展所依赖的稳定的国际货币体系的规则不复存在。从此,各经济强国就稳定货币价值以及相关的货币事务争论不断。一个最好的证明就是,出于对美国宏观经济政策的失望以及不满,为了稳定欧洲货币,欧洲议会于1978年接受法国总统德斯坦和德国总理

---

[1] [美]罗伯特·吉尔平:《全球资本主义的挑战》,第66—67页。

施密特的倡议,成立欧洲货币体系以及相关的欧洲汇率机制。①

3. 美国霸权的衰退

这一时期另一个显著的时代特征就是美国霸权开始衰退。与美国的力量和机制构成了问题或前提的50—60年代相比,从70年代开始,美国的霸权力量明显衰退,这主要表现在如下三个方面:在美国国内,经济增长率急速下降,由1889—1937年1.9%的年均生产增长率以及1937—1973年3%以上的年均生产增长率下降到20世纪70年代的不到1%的年均生产增长率②,同时,失业率翻了一番,通货膨胀率几乎增加了三倍,钢铁、纺织和造船业出现严重的生产过剩,并引起其他行业的恐慌;在国际政治方面,美国在60年代为显示其霸权力量而倾其全力发动的越南战争最终以美国的失败而告终;在世界经济中,欧洲在70年代以后加速了一体化的进程,并致力于在欧洲建立一个相对稳定的汇率制度;而日本实施了一系列重要的经济改革和企业重组,以此提高日本的工业生产效率并增强出口。美国越来越感到来自欧洲和日本这两个经济实体的压力和挑战,由1968年开始的美国和日本五个回合的贸易摩擦就是一个极好的证明。

美国霸权的衰退以及资本主义世界经济体系出现的危机,促使一些学者开始探讨霸权国家和国际体系的管理相互之间的关系,霸权稳定理论就是在这种背景下产生的。

霸权稳定论首先是由经济学家查尔斯·金德尔伯格提出来的,他的理论最初只是力图说明为什么会出现20世纪30年代的经济危机,他将这场经济危机归因于英国由于霸权地位的下降,因而虽有意愿却没有能力管理国际体系。这种霸权稳定论在70年代初期只限于经济领域,后来被政治学家斯蒂芬·克拉斯纳、罗伯特·吉尔平、乔治·莫德尔斯基、罗伯特·基欧汉等政治学家和国际关系学家所继承并扩展到军事、安全领域,这样,霸权稳定论就成为国际政治经济学的一个重要的流派,并在兴起的国际政治经济学中作为一种理论假说而存在。

霸权稳定论的主要代表人物及其主要著作有:

查尔斯·金德尔伯格:《1929—1939世界经济萧条》(Charles Kindleberger, *The World in Depression, 1929—1939*, Berkeley: University of California Press, 1973);

---

① 〔美〕罗伯特·吉尔平:《全球资本主义的挑战》,第68、76页。
② 同上书,第69—70页。

斯蒂芬·克拉斯纳:《国家权力和国际贸易的结构》(Stephen D. Krasner, "State power and the structure of international trade", *World Politics*, Vol. 28, No. 3, 1976, pp. 317-347);《捍卫国家利益》(*Defending National Interest*, Princeton University Press, 1978);

罗伯特·吉尔平:《世界政治中的战争与变革》(Robert Gilpin, *War and Change in World Politics*, Cambridge University Press, 1981);

罗伯特·基欧汉:《霸权之后:世界政治经济中的合作与冲突》(Robert Keohane, *After Hegemony: Cooperation and Discord in the World Political Economy*, Princeton University Press, 1984)。

第二节 霸权稳定论的基本观点

一个开放的和自由的市场体系应该具备什么条件和前提,这是许多学者在20世纪70年代资本主义世界经济体系出现危机之后思考的问题。霸权稳定论就是在回答这个问题的过程中形成的。霸权稳定论讨论的主要问题是国际体系的管理问题,具体地说,霸权稳定论主要是围绕如下三个问题展开其论述的:霸权和国际体系的稳定;霸权周期和霸权国家的兴衰;霸权战争和国际体系的变革。[①]

一、理解霸权的三种模式

何谓霸权?一个国家成为霸权国家的标志是什么?关于这个问题,目前主要存在着三种理解模式[②]:一种是基本力量模式(crude basic force model);一种是力量行动模式(force activation model);一种是马克思主义的模式(Marxian notion of hegemony)。

1. 基本力量模式

按照基本力量模式的观点,所谓霸权就是指在物质资源方面具有绝对优势,在这些物质资源中,有四种资源尤其重要,这四种资源包括:原材料、资本、市场以及在高附加值产品生产中的竞争优势。一个国家要想在世界

[①] 国内学术界对霸权及其在国际冲突中的行为的比较全面的论述是秦亚青教授的著作《霸权体系与国际冲突——美国在国际武装冲突中的支持行为(1945—1988)》(上海人民出版社1999年版)。

[②] Robert O. Keohane, *After Hegemony: Cooperation and Discord in the World Political Economy*, Princeton University Press, 1984, pp. 31-49.

政治经济中成为霸权国家,它就必须能够接近原材料市场,控制主要的资本资源,维持广阔的进口市场,以及在高附加价值的产品生产中具有比较优势。

在这种强调基本力量的模式中,不同的学者提出了相应的霸权标准。比如,国际政治经济学家吉尔平在《国际关系政治经济学》中认为①,霸权国家主要有如下三个标志:(1)市场规模。霸权国的市场规模相对巨大,是它的实力庞大的一个根源,并因此建立其经济势力范围,它既可以向友好国家开放市场,也可以拒不友好国家于自己的市场之外。(2)货币。霸权国的货币在国际体系中的核心地位,使它获得了金融和货币方面的优势。诸如利用金融力量让盟友进入资本市场。(3)经济的灵活性和流动性。经济实力既不在于掌握某种垄断权和技术,也不在于经济自给自足,而在于该国经济改造自己以及在全球经济环境中适应变化的能力。

2. 力量行动模式

力量行动模式是由国际关系学者基欧汉提出的,他在《霸权之后:世界政治经济中的合作与冲突》一书中对霸权稳定论做了比较系统的分析②,在他看来,基本力量模式指出了霸权国家应该具备的基本力量要素,这是值得肯定的,但基本力量模式有其自身的局限性,局限性之一,就是它将霸权看作是国际体系中合作的必要条件和充分条件,霸权国家的衰退必然意味着国际体系中冲突的增加。他认为,这种论断本身是没有充分证据的,经验事实表明,在1900—1913年英国力量衰退期间,世界经济中商业的冲突并不是增加而是下降了。局限性之二,就是基本力量模式忽视了国内的因素,诸如国内的态度、政治结构以及决策的过程,将霸权行为看作是一种力量的自动行为,即只要一个国家具备了力量,它就自动地表达出其向外施展的意图。在基欧汉看来,一个国家是否是霸权国家,既取决于它的能力,同时也取决于它的意愿,他将这种模式称为"力量行动模式"。在这种模式中,所谓霸权是指,一个国家有足够的能力来维持主宰国家之间关系的必要规则,并且有意愿这样做。③

---

① 〔美〕罗伯特·吉尔平:《国际关系政治经济学》,第93—94页。
② Robert O. Keohane, *After Hegemony: Cooperation and Discord in the World Political Economy*, pp. 32-39.
③ Ibid., p. 34.

3. 马克思主义的霸权概念

马克思主义从整体上并不承认霸权稳定论，按照马克思主义的观点，由于资本主义生产关系的局限性，资本主义生产关系的持续发展不可能长久，资本主义内部的矛盾肯定会发生。所以，对马克思主义者来说，霸权理论必然具有片面性，因为它不能解释资本主义所面临的矛盾的变化。但这并不是说马克思主义者不使用霸权这个概念，不重视霸权这个事实，马克思主义者也使用霸权这个概念，但只是将其放在资本主义世界政治中，将其定义为一种统治力量。① 国际学术界著名的新马克思主义者伊曼纽尔·沃勒斯坦教授关于霸权的观点就是一个典型。在沃勒斯坦看来，现代世界体系就是资本主义世界体系，资本主义世界体系作为一个体系起源于欧洲，并在随后几个世纪中伴随着资本积累得以在全球扩展，最终于19世纪成为一种世界性的体系，这种体系作为一种历史体系将最终为一种新的体系所取代。然而，当我们考察资本主义世界体系的特殊历史时期时，霸权及其军事力量发挥了很大的作用。在世界历史上，曾出现过三个霸权国家，这就是17世纪中叶的荷兰、19世纪中叶的英国以及20世纪中叶的美国。沃勒斯坦对历史上出现的这三个霸权国家做过比较，认为尽管这些霸权国家出现在不同的时代，但它们也有相似之处，这种相似性主要表现在如下三个方面：第一，每个霸权国家的兴衰与其在三个经济领域的效率是相关的。每个霸权国家都是先在农业—工业取得优势，然后在商业领域占有优势，最后在金融领域占有优势。当一个国家在所有三个领域都占有优势，它就获得短暂的霸权地位。第二，每个霸权国家在其霸权期内都奉行全球"自由主义"，反对重商主义者对贸易的限制。第三，霸权国家的全球军事力量的模型是相同的，即霸权主要是海上（现在是海上/空中）力量。霸权的物质基础在于它的公司在三个经济领域，即农业—工业生产、商业和金融有更高的效率。

基于对历史上曾出现的霸权国家的共同特征的比较，沃勒斯坦提出了他自己的关于霸权的观点，在他看来，霸权存在于资本主义世界体系的国家体系之中，国家体系中的霸权主要是指如下这样一种机制：在所谓的大国之间的竞争中，一个大国能够在很大程度上将它在政治、经济、军事、外交甚至文化上的原则和意愿强加于国家体系中。②

---

① Robert O. Keohane, *After Hegemony: Cooperation and Discord in the World Political Economy*, p.42.
② Immanuel Wallerstein, *The Politics of the World-economy: the States, the Movements and the Civilizations*, Cambridge University Press, 1984, p.38.

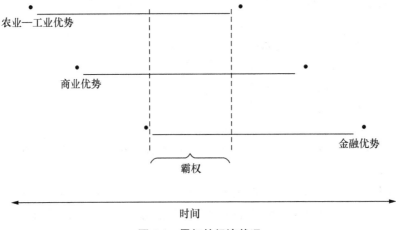

图 6-1 霸权的经济状况

从以上关于霸权的三种理解模式中,我们可以发现,尽管不同的学者们在霸权国家的具体定义和标志上存在着不同的观点,但几乎所有的学者都力图将霸权和国际体系中的合作联系起来,在理论上和现实经验中寻求二者的相关性。霸权稳定论便是其中的一种理论。

二、霸权和国际体系的稳定

霸权和国际体系的合作二者之间的关系是霸权稳定论者关心的一个首要问题,所不同的是,有的学者是从经济领域论述二者的关系;有的学者则是从政治和军事领域寻求论据。

1. 世界经济领域的霸权

在经济领域探求霸权国家和国际体系的关系的学者应首推霸权稳定论的最初倡导者、美国经济学家金德尔伯格。在《1929—1939 年世界经济萧条》这本富有影响的著作中,金德尔伯格比较全面地分析了霸权国家在世界经济稳定和发展方面的作用。他将霸权国家的领导权和世界经济体系的稳定联系起来,认为一个开放和自由的世界经济需要有一个居霸主或主宰地位的强国。

在金德尔伯格看来[1],20 世纪 30 年代之所以发生经济危机,其主要原因就是由于英国没有能力、美国没有意愿承担责任以稳定国际经济体系,从

---

[1] 〔美〕查尔斯·P. 金德尔伯格:《1929—1939 年世界经济萧条》,上海译文出版社 1986 年版,第 348—369 页。

而使得国际经济体系处于一种不稳定之中。这些责任具体表现在如下三项①：

（1）为跌价出售的商品保持比较开放的市场；
（2）提供反经济周期的长期的资本贷款；
（3）在危机时期实行贴现。

此后不久，金德尔伯格又增添了两项内容：
（4）实行管理国际汇率的宏观经济的调整；
（5）对不景气廉价产品开放市场，进而对极度供给不足的商品进行国际统一分配。②

金德尔伯格就以上几项责任未能在1929—1933年世界经济萧条中得以保证进行了细致的分析，比如在为廉价的商品保持市场方面，英国从1846—1916年一直坚持自由贸易，尽管从1873年以后，英国的发展并不快，但它坚持奉行自由贸易，从而为国外积压的剩余产品提供市场，做到了在紧张时期使得进口市场保持开放。英国在萧条时期顽强地坚持自由贸易，在金德尔伯格看来，并非出于其自觉地服务于世界经济，而是由于文化上的滞后和斯密的自由贸易传统。但在1929—1933年之间，由于没有一个大国为廉价出售的商品提供市场，没有一个大国愿意容忍贬值，更不愿意为经济困难的国家提供长期资金或贴现手段，所以导致经济危机。由此，金德尔伯格得出一个结论，这就是，国际体系中必须有一个稳定者，并且只能有一个稳定者，这个稳定者就是霸权理论中的霸权国家，它的作用就是制定有效的国际机制，保证国际经济的持续和健康的发展，防止出现全球性的经济混乱。用金德尔伯格经常被引用的话来说就是："世界经济要想保持稳定，必须拥有一个'稳定者'，即某个国家要能负责为亏本商品提供市场，让资本稳定地（不是逆循环地）流动，而且当货币制度呆滞不灵陷入困境时，它能为提供清偿能力建立某种再贴现的机制。"③

国际关系学者吉尔平也对霸权国家在世界经济合作中的作用提出了自己的观点，吉尔平极为坦率地认为，自由市场体系的出现和发展必须有三个

---

① 〔美〕查尔斯·P. 金德尔伯格：《1929—1939年世界经济萧条》，第348页。
② 〔日〕山本吉宣：《国际相互依存》，经济日报出版社1989年版，第107页。
③ Charles Kindleberger, "Dominance and Leadership in the International Economy," *International Studies Quarterly*, Vol.25, 1981，转自〔美〕罗伯特·吉尔平：《国际关系政治经济学》，第91页；秦亚青：《霸权体系与国际冲突——美国在国际武装冲突中的支持行为(1945—1988)》，第107页。

前提,即霸权、自由意识形态和共同利益。① 只有在霸权统治下的国际体系才是稳定的,否则就会出现战争或混乱。在霸权国家主宰下的国际体系既有利于霸权国家自身,又有利于国际体系的发展。通过对人类历史的研究,吉尔平认为,在人类历史上,既有利于霸权国家的领导,又有利于自由世界经济的环境只出现过两次,第一次是从拿破仑战争结束到第一次世界大战,这是英国统治下的和平时期;第二次是第二次世界大战到20世纪70年代,美国以及盟国建立了体现自由原则的"关税及贸易总协定"和"国际货币基金组织",促进了国际自由经济秩序的建立。② 对于霸权国家和国际自由经济之间的关系,吉尔平总结道:

> 我的见解是,国际自由经济的存在少不了有一个霸主。不管人们是否把这种经济看作为某个集团国家所分享的集体商品或私人商品,历史经验表明,没有一个占主宰地位的自由强国,国际经济合作极难实现或维持,冲突将成为司空见惯的现象。③

2. 世界政治和军事领域的霸权

霸权和国际体系稳定之间的因果关系不仅存在于国际经济领域,也存在于政治和军事领域。罗伯特·吉尔平在另一本著作《世界政治中的战争与变革》中对此做过系统的论述。吉尔平从现实主义出发,对国际体系的统治形式提出了自己的看法④。在他看来,对国际体系的统治或控制主要有三种途径:一种是国际体系中政治联盟之间权力的分配;一种是国家间威望的不同层次;一种是国际体系中的一系列权力与规则。

(1) 国际体系中政治联盟之间权力的分配

关于国际体系中政治联盟之间权力的分配,在吉尔平看来,历史上有三种颇具特色的通过政治联盟控制国际体系的形式,第一种是帝国主义或霸权主义的结构,即一个单一的强大国家控制或统治该体系内部比较弱小的国家。这种类型是最为普遍的,它一直延续到近代。第二种是二元结构,即两个实力强大的国家控制和调节各自势力范围内及其相互之间的互动关系。第三种是均势结构,即三个或更多的国家通过施展外交手段、更换盟友以及

---

① 〔美〕罗伯特·吉尔平:《国际关系政治经济学》,第88页。
② 同上书,第89页。
③ 同上书,第105页。
④ 〔美〕罗伯特·吉尔平:《世界政治中的战争与变革》,中国人民大学出版社1994年版,第25—34页。

挑起公开冲突来控制相互的行为。均势结构体系最为典型的例子当属"欧洲均势",这种均势被认为从1648年《威斯特伐利亚和约》开始,并一直保持到第一次世界大战爆发前夕。由此,吉尔平总结道:

> 国家间权力的分配构成了各种国际体系的主要控制形式。每种国际体系中占支配地位的国家或帝国都在该体系内,尤其是在其各自的势力范围内,组织并维持一种政治、经济以及其他领域的网络。这些在历史上被称为列强、在今天被称为超级大国的国家,在各自单方面努力和相互作用的共同影响下,确立并实施了既左右它们自己,也控制该体系内相对比较弱小国家的行为的基本规则和权力。①

(2) 国际体系中的威望

对国际体系实行统治的第二种方式是威望。吉尔平在这里将威望定义为一个具有一定的特殊内容的命令将为一定的人群所服从的可能性。威望虽然并不等同于实力,但最终取决于经济和军事实力。所以,威望就是实力的声望,尤其是军事实力的声望,是国际关系中的通用货币。威望的树立总是与战争相关联的。关于威望与战争之间的关系,吉尔平特别强调了如下三点:

> 第一,虽然威望在很大程度上是经济和军事能力的一种功用,但威望主要是通过成功地使用力量,尤其是通过战争的胜利来加以实现的。国际体系中威望最高的成员是那些刚刚成功地使用其军事或经济力量,并且由此而将自己的意志强加于他人的那些国家。第二,无论是权力还是威望,最终都是无法估计和难以确定的,因为任何事先的计算都不可能绝对地搞清这个问题。只有通过比试,尤其是战场上的较量才能明了这些问题。第三,战争,尤其是我们称之为霸权战争的主要作用之一,就是确定国际性威望的不同层次,并由此确定由那些国家实际上统治这个国际体系。②

(3) 国际体系中的权力与规则

对国际体系实行统治的第三种方式就是国际体系的一系列权力和规则。这些权力以及体现权力的规则既来源于习惯,也来源于正式谈判所达成的国际条约。在当代国际体系中,这些权力和规则主要涉及三个广泛的领域,其

---

① 〔美〕罗伯特·吉尔平:《世界政治中的战争与变革》,第30页。
② 同上书,第33页。

一,涉及外交行为和国家之间的政治往来,这些政治往来受制于详尽系统的法典;其二,涉及某些战争法规;其三,涉及国家之间经济和其他领域交往的体系规则,比如国际贸易、技术合作以及与此类事务相关的规则。这些权力与规则尽管在某种程度上是以共同的价值和利益为基础的,但其主要依据还是一个社会体系中居支配地位的集团或国家的权力和利益。比如,波斯帝国是第一个通过制定立法将调整国际经济关系的规则强加于其他国家,并对其较小邻国间的争端进行调解的国家;古罗马帝国在地中海地区实施自己的法典,并给西方文明留下了第一部国际法这样的遗产;而现在的国际法的规则则是西方文明施于当代世界的,它反映了西方文明的价值观念和利益。

这样,霸权稳定论者通过国际政治和军事领域以及世界经济领域的经验事实,在霸权国家和国际体系的稳定之间建立了因果关系,霸权稳定论之名就来源于此。

3. 理解霸权和国际体系稳定需注意的问题

在霸权国家和国际体系稳定的相互关系中,有一些问题仍然需要澄清,为什么霸权国家愿意付出代价来管理国际体系;在国际体系中,为什么其他国家愿意服从霸权国家的管理;如何避免"免费搭车"现象。这就涉及如下三个问题,即霸权国家的利益、国际体系的公共利益、国际体系中的相互受益。

(1) 霸权国家的利益

为什么霸权国家愿意来管理国际体系,甚至在霸权国家国内萧条时,如金德尔伯格所指出的,也要付出代价来维持国际体系?这个问题涉及霸权国家建立和维持国际自由经济的动机。

根据霸权稳定论者的解释,霸权国家之所以愿意来建立和维持国际体系,主要是出于霸权国家的国家目标和利益。根据吉尔平的分析[①],一个国家的目标主要有三个类型:国家的第一目标就是领土征服,以此来谋取更多的经济、安全和其他利益。尤其是在工业革命之前,领土征服是一个群体或国家能够扩大其安全和财富的主要手段。国家的第二个目标是扩大它对其他国家行为的影响。每一个国家都力图通过使用威胁和高压政治手段,组织联盟国以及建立排他性的势力范围来创立一种国际政治环境和国际体系的规则,因为这有助于国家实现其政治、经济和意识形态的利益。国家的第三个目标就是实现对世界经济的控制或者至少是施加影响。从以上国家的三个目标来看,国家的对外政策都是围绕自己的切身利益制定的。为了捍卫切身

---

① 〔美〕罗伯特·吉尔平:《世界政治中的战争与变革》,第23—25页。

利益，每个国家不惜诉诸战争。所以，霸权国家的国家利益是其建立和维持国际体系的动机和动力。按照吉尔平的解释①，美国在第二次世界大战之后，发起建立固定汇率的布雷顿森林体系、实施马歇尔计划、带头参加关税及贸易总协定的贸易自由化谈判，主要出于其自身的利益，即在经济上维护自由世界经济，在政治上建立安全的国际秩序，在意识形态上向国外弘扬它的价值观念，所以，美国的动机是"开明的自私自利"。

对于霸权国家对自身利益的追逐，马克思主义者则从不同的角度进行了分析。沃勒斯坦对霸权国家政策的分析就是其中一例。沃勒斯坦批判了以往两种对待资本主义的态度，一种认为资本主义的特征就是生产要素的自由流动，另一种认为资本主义的特征就是国家机器不干预市场。沃勒斯坦认为，资本主义的特征其实是生产要素部分流动，政治机器有选择地干预市场②，霸权就是后者的一个例证。资本主义最为根本之处就是追求无休止的资本积累，而有选择地干预市场的目的就是加速积累的过程。国家这种有选择地干预市场一般采取两种形式：一种是直接干预，诸如国家可以采取征收直接税或间接税，以此来改变利润率进而影响一种产品的竞争性；另一种是国家通过颁布相应的法规和法则来影响资本、劳动力和货物的流动，或制定最大或最小价格。总之，霸权国家通过国家这个政治机器来为其在世界市场上获得的最大利润提供垄断政治条件(oligopolistic conditions)。这就是霸权在世界经济中的政治职能。

(2) 国际体系的公共利益

为什么在国际体系中的许多国家愿意接受霸权的统治，霸权国家统治的合法性基于什么？对此，吉尔平曾给予如下回答：

> 概言之，对一个强国来说，其"统治权"的合法性被认为取决于三个因素。第一，它取决于这个强国在最近的霸权战争中的胜利，以及它所表现出来的把自己的意志强加于他国的能力。在这种情况下签订的确立现状的条约，以及为现存秩序而制定的章法便具有权威性，因为它们仅仅是上述现实的反映而已。第二，由于居支配地位的大国提供了诸如某种有利可图的经济秩序或某种国际安全一类的"公共商品"，故其统治常常为人们所接受。第三，这种大国所居的支配地位可望在意识形态、

---

① [美]罗伯特·吉尔平：《国际关系政治经济学》，第 106—107 页。
② Immanuel Wallerstein, *The Politics of the World-economy: the States, the Movements and the Civilizations*, p.43.

宗教或者别的方面得到与其有共同价值观念的一系列国家的支持。①

霸权稳定论者认为，自由的国际经济体系可以提供种种公共商品，这些公共商品包括建立在不歧视原则和无条件互惠原则基础上的自由开放的贸易制度，也包括有利于人们从事商业活动的稳定的国际货币，同时还包括国际安全，等等。但自由经济体系不可能自行延续下去，因为开放、自由的国际经济经常受到"免费搭车"行为威胁，即有些国家希望得益于公共商品，却拒绝为此承担合理的支出。为了自由的国际体系得以建立并长期维持下去，就需要一个强大的国家。所以，国际体系中的其他国家之所以愿意接受霸权的统治，主要是因为霸权国家能够为国际体系提供并维持公共商品。

（3）国际体系中的相互受益

霸权稳定论者并不认为霸权统治之下的国际体系只对霸权国家有益，在他们看来，霸权统治下的国际体系既对霸权国家有益，也对国际体系的成员国有益，所以，稳定的国际体系是相互受益。吉尔平认为，这种霸主国和国际体系成员国相互受益的机会并不是很多，从历史上来看只出现过两次②，第一次是从拿破仑战争结束到第一次世界大战爆发，是英帝国统治下的和平时期；第二次是第二次世界大战结束后到20世纪70年代，是美国统治下的自由国际经济秩序盛行时期，其中，"关税及贸易总协定"与"国际货币基金组织"是其体现。

> 霸权国家或许被认为是以提供公共利益（安全和保护财产权）来换取报偿的。像罗马统治下的和平一样，英国统治下的和平与美国统治下的和平保证了一种相对和平与安全的国际体系。英国和美国创立和巩固了一个自由国际经济秩序的规则。英国和美国的政策促进了自由贸易和资本的自由流动。这些大国提供了关键货币并管理了国际货币体系……它们承担起这些责任是因为这样做有利可图。对它们来说，保持现状、自由贸易、外国投资和一个功能完善的国际货币体系所带来的收益大于相应的成本。霸权国家的政策在给它们自己带来好处的同时，也使那些期望并能够利用国际政治和经济现状的国家得到好处。③

霸权稳定论者认为，相互受益既是霸权国合法性的基础，也是国际体系

---

① 〔美〕罗伯特·吉尔平：《世界政治中的战争与变革》，第34页。
② 〔美〕罗伯特·吉尔平：《国际关系政治经济学》，第89页。
③ 〔美〕罗伯特·吉尔平：《世界政治中的战争与变革》，第145页。

稳定的基础。① 因为,在国际体系中,霸权国也是受制约的,霸权国家之所以愿意承担维护国际机制的责任,一方面是由于自身的国家利益,同时也获得了其他国家的认同。如果霸主国的公民认为其他国家弄虚作假,或者认为霸权国家为维持领导地位所付出的代价超过预期的利益,那么建立在霸权基础上的国际体系的稳定性就会下降;同样,国际体系中的其他成员国之所以愿意接受霸权国家的统治,既出于自身的利益,同时也是出于对霸权国家在国际政治体系中的威望和地位的尊重。如果成员国认为霸权国家的行动是在牟取私利,并且与他们的政治和经济利益背道而驰,那么,国际体系的稳定性也会削弱。

三、霸权周期和国际体系的变革

霸权国家是国际体系稳定的维持者,但霸权国家并不是永远处于霸权状态,霸权国家也有不断兴衰的过程,霸权国家的兴衰与国际体系的变革有什么关系?这是所有霸权稳定论者关心的一个课题。

1. 霸权周期

霸权周期一般是指霸权国从兴起到衰退的整个历史时期。许多学者都相信,世界政治中存在着长周期,这种周期与霸权国家的兴衰密切相关。这方面著名的代表人物有莫德尔斯基、沃勒斯坦、吉尔平等人。如莫德尔斯基认为,世界政治中存在五个长周期,这五个长周期分别是:1540—1560 年的葡萄牙周期、1640—1660 年的荷兰周期、1740—1763 年的第一次英国周期、1850—1873 年第二次英国周期、1973—2000 年美国周期(如表 6-3 所示)。

沃勒斯坦等人认为,就像世界经济体系在不断的周期性运行过程中会出现垄断(康德拉季耶夫周期的 A 段)一样,国家体系在其运行过程中也会出现周期性的变动,这个周期是一个长周期,我们通常称之为"霸权周期"。根据生产、商业和金融领域的优势,不但霸权国家在历史上出现得很少,而且每个霸权国家都有一个兴衰历史,即霸权上升阶段(ascending hegemony)—霸权胜利阶段(hegemonic victory)—霸权成熟阶段(hegemonic maturity)—霸权衰退阶段(declining hegemony),而真正达到霸权的时间却是非常短暂的。自资本主义世界体系产生以来,国家体系主要经历了三个霸权周期,产生了三个霸权国家:17 世纪中期的荷兰、19 世纪中期的英国和 20 世纪中期的美国,其霸权时期和周期分别是:荷兰是在 1620—1650/1672 年;英国是在 1815—1850/1873 年;美国是在 1945—1967 年。每个霸权国家都经历了霸权上升阶段、霸

---

① 〔美〕罗伯特·吉尔平:《国际关系政治经济学》,第 88—89 页。

权胜利、霸权成熟时期和霸权衰退阶段四个时期(如表6-4所示)。

表6-3 全球政治中的长周期

全球战争事件 主要战争	世界强国 作用	合法性衰退阶段	分化 挑战者
		葡萄牙周期	
1491—1516 意大利和印度洋战争	1516—1539 荷兰	1540—1560	1560—1580 西班牙
		荷兰周期	
1580—1609 西班牙—荷兰战争	1609—1639 荷兰	1640—1660	1660—1688 法国
		第一次英国周期	
1688—1713 路易十四战争	1714—1739 英国	1740—1763	1764—1792 法国
		第二次英国周期	
1792—1815 法国革命和拿破仑战争	1815—1849 英国	1850—1873	1874—1914 德国
		美国周期	
1914—1945 第一、二次世界大战	1945—1973 美国	1973—2000	2000—2030 苏联

资料来源:George Modelski, *Exploring Long Cycles*, Lynne Rienner Publishers, 1987, p.4.

表6-4 霸权周期

霸权	时期	周期
荷兰	1575—1590	上升阶段
	1590—1620	霸权胜利
	1620—1650	成熟时期
	1650—1700	衰退阶段
英国	1798—1815	上升阶段
	1815—1850	霸权胜利
	1850—1873	成熟时期
	1873—1897	衰退阶段
美国	1897—1913/1920	上升阶段
	1913/1920—1945	霸权胜利
	1945—1967	成熟时期
	1967	衰退阶段

资料来源:Terence K. Hopkins and Immanuel Wallerstein, eds., *World-Systems Analysis: Theory and Methodology*, p.118.

吉尔平则认为,在前现代世界,国际政治的转变都是以帝国周期为特征的,"过去的 1000 年里,国际政治的转变形式被描绘成一个帝国周期。世界政治以强大帝国的兴衰为特征,每一个帝国都统一并安排了它自己的国际体系"①。而在现代世界,大不列颠和美国的霸权取代了以往的帝国周期,继承了以往的霸权,国际体系则以这些霸权国家的兴衰为特征。在国际体系中,霸权国家的周期表现为扩张—平衡—衰落—新的扩张—新的平衡—新的衰落。国际体系就是在这种霸权国家的周期中不断变革的。"千百年来,那些不断兴衰的帝国、霸主和大国统治着国际体系。这些相继占支配地位的国家改变了这一体系,一直扩张到在进一步的变革和扩张的成本与收益之间达到一种平衡为止。一旦达到这一平衡状态,占支配地位的国家国内外环境的发展就开始破坏这种平衡。"②

2. 霸权周期的动力:成本与收益

为什么会出现周期性的霸权,也就是说,霸权周期的基本动力是什么?对此,吉尔平和沃勒斯坦给了看似不同实际却相同的论述。

在吉尔平看来,霸权周期的动力从根本上讲是一个经济成本问题。无论是霸权国家的扩张、霸权国家对国际体系的控制,还是霸权国家的衰落都与经济成本密切相关。吉尔平以帝国和现代国家体系中的霸权国家为例对此进行了论述。

吉尔平认为,帝国周期的主要决定因素是以农业为基础的社会结构。③在工业出现之前,由于没有突出的技术进步,经济和财富增长的基本因素是土地的可获得性和人与土地的比率。一国财富和力量增长主要源于可以产生经济盈余的领土。因此,在其他条件相同的情况下,一个帝国的领土扩展及其政治控制越大,可征税的盈余就越多,帝国的力量也就越大。但由于这种方式会遇到一个收益递减的问题,当财政上不能进一步支持帝国的领土扩张时,比如维持最好武器的经费,帝国或是分裂,或是被迫减少领土控制和财政负担。一旦不能成功地收缩,达到成本和资源的平衡,帝国将衰败并为下一个帝国周期所代替。

在现代国家体系中,经济成本和收益同样是霸权周期的动力。现代国际关系与帝国统治时期的国际体系最大的区别就在于:民族国家取代帝国成为

---

① [美]罗伯特·吉尔平:《世界政治中的战争与变革》,第 112—113 页。
② 同上书,第 156 页。
③ 同上书,第 113—117 页。

国际关系的主角;经济增长主要建立在现代科学技术之上;世界性市场经济的出现。这三者相互作用虽然改变了霸权国家扩张的形式,即由以帝国和领土扩张为获得财富的手段转变为以民族国家和经济扩张为积累财富的手段,但这种转变并未改变霸权周期的动力。在世界性市场经济中,通过国际分工,每个国家都能从国际交换中获益,每个国家财富的多少主要取决于市场以及交易量的大小,所以,加入国际经济并分享扩大的贸易体系的利益成为民族国家进行经济扩张和政治扩张的动力。但在经济扩张中,虽然大多数国家都能从世界性市场经济中获益,但由于技术上的差异,结果往往是那些效率较高和技术较先进的国家获益更多,这些国家享受着更高的利润和更有利的贸易条件,从而也就成为富有经济竞争力的国家或强国。由于这些占效率和技术优势的国家能够从世界性市场经济中获利更多,这种经济利益便成为这些国家创立和维持世界市场经济的根本动力。比如,19 世纪中叶的英国和 20 世纪中叶的美国便是自由世界市场经济的积极倡导者。这些霸权国家之所以愿意承担统治国际体系的责任,是因为对它们来说,"保持现状、自由贸易、外国投资和一个功能完善的国际货币体系所带来的收益大于相应的成本。霸权国家的政策在给它们自己带来好处的同时,也使那些期望并能够利用国际政治和经济现状的国家得到好处"[①]。但随着时间的推移,根据效益递减规律,霸权国家收益逐渐减少,成本逐渐增加,从而限制了霸权国家的进一步扩张,这样进一步的变革与扩张在成本和收益上达到平衡。发展的趋势便是,保护国际体系所需成本增加,而霸权国家收益减少,如果成本和收益持续的失衡以及霸权国家财政上的枯竭不能解决,霸权国家在经济上和政治上就会衰落。所以,霸权国家的扩张—平衡—衰落周期的根本动力就是经济成本和收益。

沃勒斯坦也是从经济成本和收益来分析霸权周期的。沃勒斯坦认为,人类历史上每一次"特长周期"的出现都与一种世界范围内的新的经济制度的创新(诸如新的贸易方式、新的金融体制的出现)密切相关,而这些新的经济制度一般都是一个强的核心国家强加于世界体系之中,所以,"特长周期"与"霸权兴衰的周期"密切相关。[②] 在沃勒斯坦看来,当一个国家在经济上和军事上占有优势时就会出现霸权状况,一个国家是否是霸权国家主要取决于它在生产、商业和金融领域的优势。通过研究经济史,他发现,霸权周期和经济

[①] 〔美〕罗伯特·吉尔平:《世界政治中的战争与变革》,第 145 页。
[②] Immanuel Wallerstein, "Long Waves as Capitalist Process," *Review*, Vol. 7, No. 4, 1984, p. 571.

周期(主要是特长周期)密切相关,比如,16世纪的A段与西班牙哈布斯堡"接近于"霸权密切相关,A段的终结与西班牙衰退的时间大致相当,荷兰获得了霸权,但在随后的B段中衰退了;英国的上升与19世纪的A段时间上大致相当,而它的衰退与随后的B段在时间上是一致的;美国的霸权与20世纪的A段在时间上是完全一致的。[①] 对于经济周期和霸权之间的关系,世界体系论者曾给出过一个非常明晰的总结,如表6-5所示:

表6-5 康德拉季耶夫和霸权/竞争

霸权	哈布斯堡	荷兰	英国	美国
A1 霸权上升 低工资商品短缺	1450	1575—1590	1798—1815	1897—1913/20
B1 霸权胜利 供求平衡		1590—1620	1815—1850	1913/20—1945
A2 霸权成熟 高工资产品的生产上升	1559	1620—1650	1850—1873	1945—1967
B2 霸权下降 高工资商品的市场短缺	1559—1575	1650—1672	1873—1893	1967—?
IIa:A3			1672—1700	
B3			1700—1733/50	
A4			1733/50—1770	
B4			1770—1798	

资料来源:Terence K. Hopkins and Immanuel Wallerstein, eds., *World-Systems Analysis: Theory and Methodology*, p.118.

但是,霸权的政治职能并不是无限的。因为霸权国家本身也处于国家体系之中,离开国家体系本身,也就无霸权而言,因此,霸权国家要想将其自身的观念以及规则强加于国家体系,它就必须为此付出代价,只有当它的所获远超过它付出的代价时,它才能被称之为霸权。同时,霸权国家在将其自身

[①] Immanuel Wallerstein, "Crisis: The World-Economy, the Movement, and the Ideologies", in A. Bergesen(ed), *Crisis in the World-System*, Beverly Hills, CA:Sage,1983,pp.21-36.

的偏好强加于国家体系时,必然会遭到一些国家的反对,如荷兰曾遭到英国和法国的反对,英国曾遭到德国和美国的反对,而美国遭到日本和西欧的反对。正是在这两种意义上,沃勒斯坦认为,在国家体系中,霸权不是一种存在的状态,而是连续的大国相互竞争中的一个点,在这一点上,存在着几个力量相互平衡的国家,因此,霸权统治时期的国家体系是暂时稳定的,国家体系本身并不总是在霸权统治之下,但追求霸权地位就如同经济中追求利润的最大化一样,是各个国家的目标。资本主义世界体系正是在这种经济上追求利润最大化、政治上追求霸权地位的推动下不断进步,并呈现出周期性的变化。

3. 霸权战争与国际体系的变革

关于霸权和国际体系的关系,霸权稳定论者的观点是,霸权维持着国际体系的稳定,而当国际体系出现失衡状态时就会出现霸权战争,霸权战争通常会导致国际体系基本规则的变革。

如果国际体系中出现了失衡状态,这表明在国际体系内出现了对现存的统治方式以及权力分配的不满,那些处于上升势头的国家开始意识到可以通过改变现存的国际体系来增加自己的收益,并力图通过改变现存的国际体系结构来增加自己在国际体系内的权力,这就是说,以往霸权国家的统治地位开始受到挑战。在吉尔平看来[1],面对国际体系的失衡和新兴国家的挑战,霸权国家首要的任务就是力图通过改变政策来恢复国际体系的平衡,为此,霸权国家有两条行动路线:一是增加资源,即霸权国家能够寻求增加用于保持它在国际体系中的地位和承担的义务所需的资源;一是减少成本,即霸权国家能够减少它现在承担的义务以及相应的成本,使得它的国际地位最终不至于受到危害。

但通常的情况是[2],占支配地位的国家寻求不到足够的资源来保证自己的义务,它能够做到的只是把成本和承担的义务减少到能够对付的范围内,在这种情况下,国际体系内霸权国家力图保持其地位和新兴国家力图把国际体系纳入能够促进自己利益的轨道的矛盾会变得越来越尖锐,国际体系被紧张、不稳定和危机所困扰。通观历史,解决国际体系内这种现存的结构和权力再分配之间不平衡的主要手段就是战争,特别是霸权战争。正是在这种意义上,霸权稳定论认为,霸权战争是现存国际体系中大国相对地位转变的最终测定。

---

[1] 〔美〕罗伯特·吉尔平:《世界政治中的战争与变革》,第185—186页。
[2] 同上书,第195页。

霸权战争在历史上一直是世界政治体系变革的基本机制。霸权争斗,是由于维持一个帝国或霸权地位的包袱与占支配地位的国家为执行这一使命所需获得资源之间越来越不平衡引起的,从而导致一个新的国际体系的建立。……一场霸权战争的结束是另一次成长、扩张,并且是最终衰落周期的开端。不平衡发展规律继续重新分配权力,从而破坏着上一次霸权争斗建立起来的现状。不平衡代替平衡,世界走向一轮新的霸权冲突,这种周期已经并且还将继续下去直至人类或者毁灭自己,或者学会发展一种有效的和平变革的机制。①

第三节 霸权稳定论的影响和局限性

一、霸权稳定论的影响

霸权稳定论从 20 世纪 70 年代产生以后,虽然并没有形成一个非常完整而系统的理论,学者们就霸权稳定论也一直存在着激烈的争论,但这丝毫不影响这一理论在国际学术界的广泛影响,如"国际问题研究联合会"中的"国际政治经济学分会"于 1990 年专门以"世界领导权和霸权"为题出版了第五卷《国际政治经济学年刊》②。在其中,学者们对霸权的概念、霸权力量的合法性、美国霸权的衰退对国际经济关系的影响、多边主义与全球秩序、霸权之后的国际合作、霸权的局限性、日本和世界领导权、全球的领导权等问题进行了激烈的讨论。

具体地讲,与世界体系论强调经济因素有所不同的是,霸权稳定论突出了政治结构的变动对国际经济秩序的影响,对此,吉尔平教授的评价是:

> 霸权稳定论的一个优点,是它集中关注民族国家体系的作用,以及国际政治关系在组织和管理世界经济中的作用。尽管世界体系论显然正确地认为,现代民族国家归根到底是历史力量造成的,但是民族国家及其行动不能仅仅归因于经济力量。一旦民族国家问世,它就会按照竞争性的国家体系的逻辑行动。③

---

① 〔美〕罗伯特·吉尔平:《世界政治中的战争与变革》,第 207 页。
② David P. Rapkin ed., *International Political Economy Yearbook Volume 5: World Leadership and Hegemony*, Lynne Rienner Publishers, 1990.
③ 〔美〕罗伯特·吉尔平:《国际关系政治经济学》,第 102 页。

我认为,该理论与完全注重经济因素的二元经济论及与现代世界体系论必然有联系。霸权稳定论指出,政治环境是国际自由经济秩序存在的条件,并指出霸主的兴衰是结构变革的重要决定因素。因此,它对我们理解国际政治经济学的动力做出了一份贡献。①

二、霸权稳定论的局限性

霸权稳定论的理论前提和一些基本观点也受到了强有力的挑战,其中,最有影响的批评者是罗伯特·基欧汉,他在《霸权之后:世界政治经济中的合作与冲突》一书中对霸权稳定论进行了系统的评价。在他看来,霸权稳定论的局限性主要集中对霸权与国际合作、霸权与国内因素以及霸权与社会联系的理论假设和论述上。

1. 霸权与国际合作

霸权稳定论的第一个局限性,就是将霸权假设为国际合作的充分条件和必要条件,不能解释霸权衰退之后国际合作的可能性。在基欧汉看来,尽管霸权是国际体系的稳定者,"合作可以通过霸权来培育,为了制定和加强规则,霸权要求合作,但霸权和合作并不是互为替代物。相反,它们彼此之间通常是一种共生关系"②。霸权稳定论关于霸权是国际合作的必要条件,也是国际合作的充分条件的论断是没有充分证据的。比如,大不列颠在其强大的时期,尽管它能维持海上自由,但在1870年以后,它不能劝导欧洲大陆的大国坚持自由贸易政策③;1967—1977年在美国霸权衰退的情况下,发达工业国家之间的国际合作仍然进行④。所以,在国际体系合作方面,起决定性作用的不是霸权,而是国际机制。"霸权是以一种复杂的方式与合作以及制度,诸如国际机制相联系。成功的霸权领导者自身取决于某种特定的不平衡合作。霸权起着一种决定性的作用,但是,与帝国力量不同,没有其他主权国家的某种程度的认同,霸权不能制定规则,也不能强加规则。第一、二次世界大战期间的经验表明,只是物质上的优势既不能保证稳定也不能保证领导。实际上,为了保证霸权国家所偏好的规则能够指导其他国家的行为,霸权国家必须挖掘

---

① 〔美〕罗伯特·吉尔平:《国际关系政治经济学》,第109页。
② Robert O. Keohane, *After Hegemony: Cooperation and Discord in the World Political Economy*, p. 46.
③ Ibid., p. 36.
④ Robert O. Keohane, "The Theory of Hegemonic Stability and Changes in International Economic Regimes, 1967-1977", in George T. Crane & Abla Amawi, eds., *The Theoretical Evolution of International Political Economy: A Reader*, pp. 245-263.

机制方面的资源。"① 在霸权衰退之后,国际合作仍然是可能的,这一方面是因为共同的利益会使得相关的国家为了自己利益的实现创造合作机制,所以,没有霸权国家,只要相关的国家认为共同利益非常重要,并且其他重要的合作条件也能满足,那么,这些国家也会寻求合作并创造合作机制②;另一方面是因为霸权的衰退并不必然导致国际机制的衰弱。因为国际机制的维持要易于国际机制的创造,一旦某种国际机制产生之后,国际机制也会按照自身的逻辑逐渐形成制度和问题的网络(networks of issues and regimes),这些制度和问题网络并不是某国政府所即刻能够改变的,相反,由于国际机制在创立和维持过程中已经获得相关国家政府的认同,所以,某一霸权国家的衰退既不能促使已运行的国际机制停止运行,也不能阻止其他国家的政府否认既存的国际机制。③

2. 霸权和国内因素

霸权稳定论的第二个局限就是过分忽视国内因素。虽然霸权稳定论能部分地解释战后经济制度变化的原因,但它不是一种非常清晰的解释模式,也不能清楚地预测国际体系的变化,确切的原因是霸权稳定论对国内政治、利益和问题所作的预期不够充分。④ 霸权稳定论认为,霸权国家衰退必然导致国际体系的变革,这种分析的证据是不充分的。因为,尽管霸权国家衰退了,但霸权国家中跨国公司、金融界名人以及政府官僚在现存国际体系中的利益仍然存在,这些利益集团希望维护自己既得的利益,他们会对国家的外交政策产生影响,这样就会出现维护现存国际体系和国际经济制度的跨国联盟。

3. 霸权和社会联系

霸权稳定论的第三个局限性就是过分强调国家和政府因素对市场经济的影响,强调政府之间的联系是国际体系各个社会联系的唯一渠道,忽视了各个社会之间多渠道联系所造成的复杂情况。⑤ 在现实的国际体系中,国家和政府的行为有时和相应的社会行为的联系并不完全一致,各个社会联系并

---

① Robert O. Keohane, *After Hegemony: Cooperation and Discord in the World Political Economy*, p. 46.
② 基欧汉用理性选择的方法对此进行了比较系统的分析,详细内容,请读者参阅 Robert O. Keohane, *After Hegemony: Cooperation and Discord in the World Political Economy*, pp. 65—84。
③ 关于对现存国际机制运行逻辑的分析,读者可参阅 Robert O. Keohane, *After Hegemony: Cooperation and Discord in the World Political Economy*, pp. 85—109。
④ 〔美〕罗伯特·基欧汉、约瑟夫·奈:《权力与相互依赖》,第50页。
⑤ 同上。

不一定通过国家和政府这样正式的渠道,有时也通过非正式的渠道。社会联系多渠道的形式包括跨国公司和其他跨国行为体,以及官僚之间非正式的、跨政府的联系。这种社会联系的多渠道所造成的复杂情况,使得识别问题领域的难度增加,而霸权稳定论假设能够控制所有问题,但实际上分不清各个问题领域,这样就很难有说服力,也很难预测问题。比如,在1973—1974年的石油危机中,尽管美国在军事上和经济上比中东产油国要强大得多,但它却无法说服产油国降低石油价格。

对于霸权稳定论这些局限性,连霸权稳定论的积极倡导者吉尔平也不得不承认:

> 霸权稳定论(至少其最原始的见解),往往过分强调国家和政治因素在国际市场经济生存和运营过程中的作用。同时却很少强调意识形态动机、国内因素、社会力量、技术发展以及市场本身在决定全局时的重要性。不管霸权稳定论的倡导者是否曾经想把这个理论搞成这个样子,批评家评论和批评它为国际政治经济学的一般理论,它们正确地指出了该理论的局限范围,指出它未能证明实力和结局之间的密切联系,也未能预测霸主在特定情况下什么时候以及如何采取行动。[1]

---

[1] 〔美〕罗伯特·吉尔平:《国际关系政治经济学》,第109页。

第七章
国家主义理论:国家利益、权力结构与对外经济政策

在国际政治经济学中,沿袭古典重商主义政治经济学学术传统并与后来国际关系领域中的现实主义结合最为突出的是国家主义理论(Statist Theories)[①],有时又称经济现实主义(Economic Realism)、经济民族主义(Economic nationalism)或新重商主义(Neo-Mercantilism)[②]。与霸权稳定论关心霸权国家与自由的国际经济体系管理之间的关系不同的是,国家主义理论主要集中于国家的行为以及国家的利益(不只是霸权国家)对国际经济关系的影响,从而推动了国际政治经济学中的国家权力结构分析方法的发展。

第一节 国家主义理论的复兴

20世纪60年代末期、70年代初期,随着布雷顿森林体系的衰落、日本和欧洲经济的复苏以及美国霸权的衰退,在国际社会出现了一系列对资本主义

[①] 关于国家主义理论讨论的问题,《国际政治经济学年刊》曾以专卷(第8卷)予以讨论,对此,读者可以参阅 David P. Rapkin and William P. Avery, eds., *International Political Economy Yearbook Volume 8, National Competitiveness in a Global Economy*, Boulder: Lynne Rienner Publishers, 1995。

[②] 关于对经济现实主义或新重商主义的详细探讨,读者可以参阅 R. J. Barry Jones, *Conflict and Control in the World Economy: Contemporary Economic Realism and Neo-Mercantilism*, NJ: Humanities Press International, Inc., Atlantic Highlands, 1986。

世界经济,特别是世界贸易产生重大冲击的现象,其中,最为突出的是:(1)日本和新兴工业化国家的兴起;(2)美国带头推行新贸易保护主义;(3)欧洲区域一体化的深化。

一、日本和新兴工业化经济体的兴起

日本和新兴工业化经济体的兴起,特别是亚太地区新兴工业化经济体的兴起,是20世纪70年代发生在世界经济领域中的一件具有重大意义的事件。从60年代末期开始,在世界经济增长率急速下降时,在亚太地区,先是日本实施了一系列重要的经济改革和企业重组,提高了日本工业的效率,建立了高效的出口机制;然后是亚洲"四小龙"(韩国、新加坡、中国香港和中国台湾)以及东盟国家(泰国、马来西亚、菲律宾、印度尼西亚)经济得以飞速发展,成为新兴工业化经济体。据统计,在70年代,西太平洋地区经济的年平均增长率为5.5%,而东盟国家在同时期的年平均增长率(1970—1980)为7.4%,同时期的欧共体的年平均经济增长率只有2.8%。[①]

建立了高效出口机制的日本,不仅加强了对美国和欧洲的贸易,特别是工业间的贸易;而且出于建立亚洲市场的目的也加强了对亚太地区,特别是"四小龙"以及东盟国家的投资与贸易,在1966—1976年,日本对东盟的投资年均增长率为375%,远高于美国在同时期(1966—1977)137%的年均增长率。[②] 出于对日本贸易策略的对抗,也出于对自己经济增长的担心,美国和欧盟主动采取贸易保护政策。诚如吉尔平教授所概括的那样:

> 新保护主义发生的背景是日本和此后亚太新兴市场的崛起,以及它们给世界贸易格局造成的巨大冲击。与其他发达工业国家不同的是,日本基本上进行的是工业间贸易。70年代日本出口大增,几乎涵盖了所有工业产品(大部分流向别的工业化国家);日本进口的商品则多数是美国、发展中国家和其他国家的食品、能源和原材料。人们对日本这种独特的贸易模式的阐释存在很大争议,……不管这种贸易模式的成因是什么,美国和西欧国家政府指责日本故意不向它们的制成品开放市场。此外,美国修正派也批评日本对抗性的经济战略有意逐个破坏其贸易伙伴国的高科技产业。80年代,亚太地区正在工业化国家的出口由初级产品

[①] 王正毅:《边缘地带发展论:世界体系与东南亚的发展》,上海人民出版社1997年版,第44页。
[②] 同上书,第48页。

向制成品的转变大大加剧了东西方的贸易摩擦。①

二、美国带头推行新贸易保护主义

自从1944年布雷顿森林体系产生以来,为了建设一个稳定开放的世界经济,在关税及贸易总协定这一国际机制的不歧视原则以及多边主义的指导下,经过最初几轮回合的贸易谈判,从1963年到1967年,关税削减了近73%,到了1963—1967年的肯尼迪回合谈判,制造品的贸易壁垒减少了约33%,世界贸易得以飞速发展,由此形成了一个经济上相互依存的世界。但60年代末、70年代初世界范围内的经济滞胀、石油危机、固定汇率的结束以及日本和欧洲经济的兴起,特别是美国霸权的衰退,最终导致新贸易保护主义的崛起。

随着美国成为世界领袖,布雷顿森林体系建立起来了。通过关税及贸易总协定促进了贸易自由化,美元充当了发挥重要作用的国际货币,并且成为国际货币稳定的一个重要源泉。但是,20世纪60年代及其以后,美国的领导地位江河日下。尼克松政府在1971年放弃了固定汇率制,70年代中期美国带头实行新的保护主义;80年代中期里根政府做出了重大的转变,从奉行多边主义转向多渠道对外经济政策,而克林顿政府则执行了咄咄逼人的地缘经济学谋略以及战略性贸易政策,凡此种种都严重损害了布雷顿森林体系的基本原则。冷战结束后,美国及其盟友实行了更加狭隘的政策,强调在本地区而不是在全球范围解决问题。实际上,自80年代中期以来,西欧把注意力集中到了欧洲经济和货币统一的进程上。越来越多的美国人、西欧人以及其他国家的人在本国国内对自由贸易、不受管制的金融流动以及跨国公司随心所欲的活动的代价提出了质疑。②

美国经济增长率的下降、霸权的衰退以及日本的挑战促使美国带头推行贸易保护主义,分别于1973年通过《国际纺织品协定》以及1974年通过《1974年贸易法》,从而导致世界贸易由战后布雷顿森林体系的贸易自由化以及多边主义开始向贸易保护主义和单边主义转化,在世界范围内兴起了一种新的贸易保护主义。

之所以称为新保护主义,是因为它有着与旧的贸易保护主义方式不

---

① 〔美〕罗伯特·吉尔平:《全球资本主义的挑战》,第78—79页。
② 同上书,第45页。

同的特征。前者在许多方面都是非正式的、不透明的;换句话说,保护手法很隐蔽,难以辨认。保护主义有时表面上采取行政决定形式,指望维护经济的兴旺和安全。保护主义还更加强调双边贸易谈判。虽然关税及贸易总协定体制基于透明原则、多边主义和正式贸易壁垒的取消,但新保护主义却大大增加非正式的贸易壁垒、单边主义和行政决定。①

三、欧洲区域一体化的深化

20 世纪 70 年代在世界经济领域发生的另一件具有深远历史意义的事件是欧洲区域一体化的深化。欧洲一体化起于 1951 年建立的欧洲煤钢联营,并在 1957 年的《罗马条约》中通过扩大成员并组建欧洲经济共同体。但欧洲的一体化却是在 1967 年通过建立欧洲共同体(共同市场)以取代欧洲经济共同体得以加速,并开始进一步深化,其中最突出的措施是:1969 年欧共体首脑在海牙会议提出建立经济以及货币联盟,加强机构职能,扩大政治合作;1970 年通过维尔纳计划提出实现货币统一;1979 年启用欧洲货币体系,其中包括实施比较松散的固定汇率机制。欧洲一体化在 20 世纪 70 年代的深化,一方面是应对欧洲由于 1973 的石油危机而导致的经济增长率的急速下降;另外一方面是出于对美国经济优势减弱的担心而稳定欧洲货币市场;同时更为主要的是应对日本对世界贸易格局的冲击。所有这些都加剧了新贸易保护主义的蔓延。

正是在这种背景下,在国际关系研究领域,一些西方学者对国际政治经济学中以自由主义为基础的研究方法所抱的期望值降低,并皈依古典重商主义政治经济学传统,兴起了强调国家利益的国家主义理论或经济民族主义理论。

国家主义理论的主要代表人物及其著作有:

罗伯特·吉尔平:《美国的实力与跨国公司》(*U. S. Power and the Multinational Corporation: The Political Economy of Foreign Direct Investment*, 1975)、《贸易、投资和技术政策》(*Trade, Investment, and Technology Policy*, 1982)、《国际关系政治经济学》(*The Political Economy of International Relations*, 1987)、《全球资本主义的挑战》(*The Challenge of Global Capitalism*, 2000)、《全球政治经济学》(*Global Political Economy: Understanding the International Economic Order*, 2001);

---

① 〔美〕罗伯特·吉尔平:《全球资本主义的挑战》,第 78 页。

彼得·卡赞斯坦:《国际关系与国内结构》(International Relations and Domestic Structures: Foreign Economic Policies of Advanced Industrial States, International Organization 30, Winter 1976)、《国内与国际力量与对外经济政策战略》(Domestic and International Forces and Strategies of Foreign Economic Policy, International Organization 31, Autumn 1977)、《公司主义与变革》(Corporatism and Change: Austria, Switzerland and the Politics of Industry, 1984)、《世界市场中的小国》(Small States in World Markets: Industrial Policy in Europe, 1985);

斯蒂芬·克拉斯纳:《国家权力和国际贸易结构》(State Power and the Structure of International Trade, World Politics 28, April 1976)、《捍卫国家利益》(Defending the National Interest: Raw Materials Investments and U.S. Foreign Policy, Princeton University Press, 1978)、《国际机制》(International Regimes, 1983)、《结构冲突》(Structural Conflict: The Third World against Global Liberalism, 1985)。

第二节 国家主义理论的基本观点

与继承自由主义政治经济学传统的相互依存论以及继承马克思主义政治经济学传统的依附论和世界体系论相比,继承重商主义政治经济学传统以及后来国际关系领域中现实主义传统的国家主义理论的最大特点在于,尽管国家主义提供了一种与自由主义/新古典理论以及马克思主义非常不同的关于经济现实的重要观点,但国家主义并没有一种系统的政治经济学理论体系。

经济现实主义,以及它的新重商主义的逻辑推论,提供了一种与自由主义/新古典理论以及马克思主义"非常"不同的关于经济现实的重要观点。它的论述更多的是立足于现实主义而不是它的理论公式的优雅。它所提供的不是一种严密的理论,而是一种现实的主张,这种主张很少是学说性的观点和判断,而是那些在真实的世界中经常能被采纳的政策和实践。①

对此,罗伯特·吉尔平的评价则更为直截了当:

经济民族主义与经济自由主义很相似,在过去的几百年中经历了数

---

① R. J. Barry Jones, *Conflict and Control in the World Economy: Contemporary Economic Realism and Neo-Mercantilism*, NJ: Humanities Press International, Inc., Atlantic Highlands, 1986, p. 83.

次变革。从重商主义、中央集权下的经济统治论、保护主义、德国历史学派直至今天的新保护主义等等,其名称在不断改变着。不过从所有这些代表性学说中,看不出具有继承性的、系统的政治经济学理论体系,而只是一系列的论点或看法。其中心思想就是经济活动要为——而且也应该为国家建设的大目标(或国家的整体利益)服务。所有的民族主义者均强调国家、国家安全以及军事实力在国际体系的组织与运转过程中的首要作用。①

尽管在强调国家利益以及国家实力这一点上所有的国家主义者是一致的,但在一些具体问题的关注以及论述上却并不相同,比如吉尔平关注的是跨国公司,克拉斯纳关注的是对原材料的投资,卡赞斯坦更多关注的是发达工业化国家对外经济政策的区别。在这里,我们只就当代国际关系领域几位著名的国家主义倡导者的观点做一分析。

一、罗伯特·吉尔平的《美国的实力与跨国公司:对外直接投资的政治经济学》

如何分析跨国经济关系是国家主义者关心的一个重要问题,对此做出重大贡献的是罗伯特·吉尔平,这集中体现在他于1971年发表在《国际组织》的论文《跨国经济关系的政治分析》②以及1975年出版的著作《美国的实力与跨国公司:对外直接投资的政治经济学》③。通过对跨国公司以及跨国经济关系的政治基础进行分析,罗伯特·吉尔平推动了国际政治经济学中国家权力分析法的复兴。

1. 关于国家和世界市场三种模式

在20世纪70年代,随着跨国公司在全球的兴起,关于政治和经济的相互关系再一次进入学者们的视野中,具体地说就是,如何看待高度一体化的跨国经济和民族国家的相互关系。用罗伯特·吉尔平教授的概括就是:

> 这个问题用专业术语来讲就是多国公司是否已经成为或即将成为国际事务中的一个重要角色,并替代或至少部分替代民族国家。如果多

---

① 〔美〕罗伯特·吉尔平:《国际关系政治经济学》,第41—42页。
② Robert Gilpin, "The Politics of Transnational Economic Relations", *International Organization*, Vol. XXV, No. 3, Summer 1971, in George T. Crane and Abla Amawi, *The Theoretical Evolution of International Political Economy: A Reader*.
③ Robert Gilpin, *U. S. Power and the Multinational Corporation: The Political Economy of Foreign Direct Investment*, New York: Basic Books, Inc., Publishers, 1975.

国公司确实是在成为日益重要的独立的国际角色,又是什么因素致使它打破了民族国家的政治垄断呢?这两组政治角色间有何联系?多国公司对国际关系又有何重要意义?最后,未来又将是什么样的呢?如果多国公司现在的角色是政治和经济的特殊结构所造成的,那么人们能否预见到它的重要地位在将来的继续存在呢?①

针对跨国公司在世界经济中的作用以及跨国公司与民族国家的关系,在20世纪70年代的国际学术界曾出现三种理论模式②:主权困境模式(the "sovereignty at bay" model)、依附理论模式(the dependencia model)以及重商主义的模式(the Mercantilist model)。

(1)"主权困境"模式

"主权困境"模式得名于维农(Raymond Vernon)1971年出版的关于跨国公司的著作《主权困境》③,这种模式其实就是自由主义的模式。这种模式的主要观点是:由于不断增长的经济上的相互依存以及在通讯和交通上的技术进步,民族国家正在变得不合时宜。经济的发展和技术的进步正在促使传统经济的载体——民族国家逐渐让位于跨国公司,跨国公司正在逐步取代传统的民族国家而成为世界经济的主体。这种观点的主要论据包括如下几点:

第一,跨国公司正在促使世界经济成为一个相互依存的世界经济。由于跨国公司在市场、生产以及资源供应方面不断跨越国家界线,所以,生产、市场以及投资的组织在人类历史上首次是在全球范围内而不是在以往的国家经济中运行。比如,美国的跨国公司不断增加对海外的投资,并在其他国家设立子公司,而日本和欧洲的公司也不断地增加对美国的投资,所以,跨国公司已经使得发达国家的经济成为一个经济体。

第二,民族国家经济日益融入相互依存的世界经济中。通过贸易、投资以及金融,国际社会正在日益交织在一起。在这样一个相互依存的国际社会中,一旦民族主义者为了独立的民族经济而从世界经济中脱离出来,将付出很高的代价。在日益相互依存的世界经济中,民族国家面临着一个无法解决的悖论:融入世界经济中可以满足国内日益增长的经济需求,但必须付出的

---

① Robert Gilpin, "The Politics of Transnational Economic Relations", in Crane George T. and Abla Amawi, eds., *The Theoretical Evolution of International Political Economy: A Reader*, p.170.

② Robert Gilpin, *U. S. Power and the Multinational Corporation: The Political Economy of Foreign Direct Investment*, pp.220-262.

③ Raymond Vernon, *Sovereignty at Bay*, New York: Basic Books, 1971.

代价是将自己传统的对国内以及经济事务的控制权让位于跨国公司;增强民族国家的安全以及权力,但付出的代价是不能从相互依存的世界经济中受益。

第三,相互依存的世界经济使得发达国家和发展中国家相互受益。随着世界经济的发展,发达国家的能源以及原材料贸易条件将日益恶化,劳动力的成本将日益提高,这就迫使发达国家的制造业不断地向欠发达国家或发展中国家转移,诸如美国在亚洲和拉丁美洲设立海外生产基地,西欧不断地吸收地中海地区的劳动力。在廉价的能源以及有利的贸易条件结束以后,这种制造业中心的转移将日益有益于欠发达国家或发展中国家。发展中国家将从这种制造业中心的转移中获得资本、技术以及管理知识。所以,在这样一个相互依存的世界经济中,发达国家和发展中国家的关系是一种自愿的合作关系,正是在这种合作中,人人都在分享经济增长带来的益处。

(2) 依附理论模式

依附理论模式其实就是马克思主义的模式,关于这种理论模式兴起的背景、基本观点以及学术影响,我们将在本书的第八章"依附理论"中进行比较详细的探讨。这里只就依附理论模式在关于民族国家和跨国公司以及由此而产生的世界经济的关系的观点作一论述。

依附理论模式与"主权困境"模式有许多共同之处,在关于民族国家和世界市场的关系上,两种模式的共同之处主要表现为两点:第一,两种模式都认为世界经济是一个日益相互依存的经济体,发达国家和发展中国家都是世界经济的参与者;第二,主导世界经济的主体不是民族国家,而是跨国公司。

但依附理论模式与"主权困境"模式存在着许多不同之处,在某种意义上,这种不同更为根本。依附理论模式关于民族国家和世界经济的观点主要集中在如下三个方面:

第一,在相互依存的世界经济中,发达国家和发展中国家的关系是一种剥削与被剥削的关系。与"主权困境"模式认为在相互依存的世界经济中,经济增长和财富是由发达国家流入发展中国家的观点相反,依附理论认为,相互依存的世界经济是存在等级的。在这个存在等级的世界秩序中,纽约、伦敦以及东京由于拥有先进的技术、金融、公司、研究以及管理,因而是全球生产和消费体系的中心,而发展中国家因为低廉的劳动力、丰富的原材料以及落后的技术因而成为世界经济的边缘地区,其结果自然是世界经济增长所创造的财富是由全球,特别是从欠发达国家流向那些具有金融实力以及金融决定权的发达国家所在的核心区。所以,在相互依存的世界经济中,欠发达国家处于被剥削的地位。

第二,世界经济中的跨国公司是遵循着"不断扩大公司规模"规律运行的。所谓"不断扩大公司规模"规律是指,自从工业革命以来,资本主义发展的趋势是从作坊到工厂到国家公司到多分属公司再到跨国公司。

第三,发展与欠发展是同一个过程的两个方面。世界经济的发展是遵循着"不平等发展"规律运行的。所谓"不平等发展"规律是指,资本主义世界经济的趋势是在创造富有的同时也创造了贫穷,在创造发展的同时也创造了欠发展。欠发展国家之所以欠发展就是因为在政治上缺乏自主权,在经济上依附于发达国家。

(3) 重商主义模式

与自由主义模式强调世界经济的合作是有益的合作的模式不同,也与马克思主义强调世界经济的合作是帝国主义的不等价合作的模式不同,重商主义的模式强调的是世界经济中的民族国家利益,这种模式将民族国家的政治和经济目标看成是世界经济的首要的因素。关于民族国家和世界经济的关系,当代重商主义模式的基本观点是:快速全球经济增长的时代已经结束,特别是随着美国技术优势的下降以及其他国家经济竞争能力的提高,民族国家之间的竞争将加强,当代国际社会面临的一个首要问题是如何组织工业化的世界经济,其结果必然是世界经济被分割成不同的区域以及经济集团。

第一,快速全球经济增长的时代已经结束。与自由主义模式认为自由化孕育了全球经济增长以及成功的观点不同,重商主义者认为,过去几十年不间断的经济增长一方面得益于相对便宜的能源,诸如中东地区的石油以及其他地区的原材料;另一方面得益于美国和其他国家技术的差距,正是这种技术差距将日本带入世界经济,使得欧洲得以统一,并进而使得世界经济融为一体。但随着世界能源价格的上涨以及美国和其他国家技术差距的缩小,世界经济得以快速增长以及全球相互依存的条件正在消失,因此,全球经济自由化已经不可能。

第二,民族国家之间的竞争和冲突正在加强。随着美国经济实力的衰退,在国际社会中已经出现了民族国家之间的竞争和冲突,诸如发达的资本主义国家之间的冲突,发达国家和石油输出国之间的冲突,发达国家和以出口导向为发展战略的新兴工业化国家之间的冲突,以及发达国家和发展中国家之间的冲突。所有这些都表明,过去那种由跨国公司主导的有益于所有国家利益的相互依存的世界经济已经成为历史,代之而起的是民族国家之间在市场、投资、技术以及原材料等方面的日益激烈的竞争。

第三,区域化是当代国际社会面临的主题。随着美国经济实力的相对衰退以及其他国家诸如日本以及德国经济实力的提高,几乎所有民族国家都力图通过建立地区经济集团或经济联合来提高本民族国家的利益,其结果必然是地区内部的贸易、投资以及金融安排逐渐取代美国强调的多边自由贸易、美元的国际作用以及美国跨国公司的统治。对于这种日益出现的地区安排,重商主义者的评价也是不同的,恶意的重商主义者认为这种区域化将导致国际经济冲突加强,而善意的重商主义者认为这种区域化将稳定世界经济关系。但无论在区域化的具体观点上有何差异,所有的重商主义者都认为,今日的世界经济是区域化主导的经济,而不是以往的自由化的经济。

2. 对三种模式的批判

在吉尔平看来,无论是自由主义的"主权困境"模式以及马克思主义的依附模式,还是重商主义的模式都存在着这样或那样的缺陷,不足以解释当代国际经济关系的本质。吉尔平本人对这三种模式进行了详细的分析和批判。

(1)"主权困境"模式的局限性

在吉尔平看来,自由主义者提出的"主权困境"模式最主要的局限性就是没有处理好民族国家利益与跨国公司的关系:

> 从根本上讲,"主权困境"模式可以还原为一个关于利益与实力的问题:谁有实力来使得跨国公司和世界经济为其利益服务?这一点只有通过考察跨国公司和民族国家之间的关系才能得以验证。"主权困境"模式关于这种关系的论述是最应该受到批评的。[①]

吉尔平从20世纪70年代以后国际社会出现的经验事实对"主权困境"模式进行了如下的批评。

第一,美国的跨国公司受到日本和欧洲国家的国家经济的挑战。"主权困境"模式在关于跨国公司与东道国关系上错误假设是:许多民族国家缺乏规模经济,缺乏本土的技术以及缺乏本土的公司,因而当民族国家出于经济的需要吸引跨国公司时,主动权和优先权在跨国公司这一边。吉尔平认为,这种情况只适应于第二次世界大战之后美国占统治地位的20—25年,70年代以后,国际社会现实发生了重大的变化,这就是美国的跨国公司并没有主宰日本和欧洲的国家经济:日本成功地打破了外国投资所需要的资本、技术

---

① Robert Gilpin, *U. S. Power and the Multinational Corporation: The Political Economy of Foreign Direct Investment*, p.237.

以及公司的瓶颈，日本不需要资本，没有通过美国的公司日本也得到了技术，日本的公司掌握在日本人的手中；在欧洲，虽然美国的跨国公司不愿意在共同市场建立其子公司，而是选择不同的国家进行单独投资，但这种策略受到德国和法国的挑战，德国加强了其在欧洲的投资，而戴高乐执政的法国则努力寻求德国跨国公司的投资，以此制约和反对美国跨国公司对欧洲共同市场的主宰。

第二，无论发达国家还是发展中国家的政府都开始采取措施挑战国外的跨国公司。70年代以后，无论是发达国家还是发展中国家都开始采取措施减少跨国公司在本国经济发展中的作用，其中，最为引人注目的措施包括：办理技术准入证；提高税收；建立投资壁垒；发展国有跨国公司与外国跨国公司抗衡。在这些东道国政府的措施面前，跨国公司不得不牺牲母国政府的利益来满足东道国政府以及地方的要求。这种状况对美国的跨国公司以及美国的国家利益冲击最大。

第三，美国跨国公司实力的衰退既改变了美国政府和美国跨国公司之间的关系，也改变了美国政府和其他国家之间的关系。美国跨国公司在世界经济中实力的衰退无论是对美国政府还是对美国的跨国公司都有着不寻常的意义。对美国的跨国公司和美国政府之间的关系而言，当美国的跨国公司实力下降时，东道国政府对美国跨国公司的技术、投资以及管理的需求就开始下降，日本和欧洲的跨国公司借此进入世界市场进行竞争，这样，美国的跨国公司为了参与竞争就不得不满足东道国政府的要求，这就导致美国的跨国公司不能完全像以前那样很好地满足美国政府的要求；就美国政府和东道国政府的关系而言，随着美国跨国公司优势的衰退，以及日本和欧洲国家跨国公司实力的增强，东道国政府不必像以前那样因为想吸引美国的跨国公司的投资、技术以及管理而对美国政府言听计从，在众多跨国公司面前，东道国政府可以为本国经济利益而与美国讨价还价，这从根本上改变了东道国政府与美国政府的政治关系。

所有这些都表明，世界经济中跨国公司和民族国家之间的关系已经发生了根本性的转变，世界经济被跨国公司，特别是美国的跨国公司所主宰的局面已经被民族国家利益所取代。自由主义者所倡导的"主权困境"模式却忽视了这一点，这正是这种模式的局限性所在。

（2）依附理论模式的局限性

在吉尔平看来，在关于跨国公司和民族国家利益的关系上，马克思主义依附理论模式提出了许多值得思考的问题，这些问题包括：

第一,关于对外国投资依附的问题。跨国公司确实破坏了当地的公司,因而也限制了东道国政治和经济的发展。但这种认识不能绝对化,因为,在一些国家由于跨国公司的进入使得本国的工业,特别是那些幼稚工业得不到发展从而失去了发展本国工业的机会,但在另外一些国家,对外国投资的依附被看作是快速发展经济的捷径。

第二,关于技术依附问题。跨国公司通过投资确实为东道国带来技术,从短期来看,东道国通过吸引跨国公司获得了技术上的优惠,但从长期来看,东道国这种对跨国公司技术的依附是非常危险的,因为跨国公司的技术是在不断更新之中,但新一代技术仍然掌握在工业化国家之中。

第三,关于经济增长和发展的问题。尽管跨国投资刺激了经济增长,但跨国公司使得东道国的经济结构以及消费结构畸形发展,从长远来看,这不利于东道国经济的发展。

但依附模式也存在着许多局限性,这种模式的局限性主要集中在如下三个方面。

第一,依附模式过分夸大了美国、欧洲以及日本这些非共产党国家之间的共同利益。事实上,在世界经济中,美国的国家利益与欧洲国家的利益以及日本的国家利益并不完全相同。非常明显的事实是,美国仍然努力通过其在技术、农业以及资源方面的优势将美国经济作为国际经济体系的核心;欧洲则努力建立自己的贸易、投资以及货币区域,以此与美国抗衡;日本则努力通过自己的技术优势进入美国和欧洲的市场,同时加强对亚洲地区的投资,以此与美国和欧洲争夺亚洲市场。这些都表明,美国、欧洲国家以及日本国家利益的差异远远大于其共同利益。

第二,依附模式低估了亚洲、非洲、中东以及加拿大这些边缘国家在世界政治和经济关系中的地位。在吉尔平看来,现在的边缘地区与两个世纪以前大不相同,现在边缘地区的精英们已经不再是无知的以及逆来顺受的被殖民者,这些精英们在西方接受教育,他们明白如何与跨国公司打交道;同时,这些国家正在成为世界经济力量平衡的新的中心。加入这些地区组织得当的话,他们可以通过控制重要的资源而使得核心国家依附于这些边缘国家。1974年石油输出国组织的行动就充分证明了这一点。

第三,依附模式关于发达国家和发展中国家之间存在着剥削关系的假设也是值得商榷的。在吉尔平看来,关于跨国公司获得廉价的原材料供应的例子不胜枚举,但仅以此就认为发达国家对发展中国家进行剥削似乎太武断,这一方面是因为1973—1974年石油价格的上涨从而带动了其他商品价格的上涨,所以何为合理的原材料价格仍然存在着许多争议;另一方面,由跨国公司带来的技术确实使得东道国的经济在某些产业领域获得资本和技术。因此,资本主义积累财富的动力使得资本流向国外,但并不是剥削而是扩大经济收益。

(3) 重商主义模式的局限性

相对于自由主义的"主权困境"模式以及马克思主义的依附模式,对于重商主义的模式,吉尔平的批评显然不是很激烈。

> 我们对重商主义的模式的批评将严格限制在当代重商主义者的思想的一个方面,即重商主义者认为世界经济正在瓦解成经济团体或区域集团。无论是恶意的重商主义者还是善意的重商主义者,所有的重商主义者都将区域化以及经济联合看作是当代经济关系最为可能的结果。①

在吉尔平看来,当代重商主义者关于世界经济将被区域化所取代的判断是没有充分说服力的。这种观点至少忽视了如下两个事实:

第一,尽管美国的经济开始衰退,但美国仍然主宰着世界经济。美国的经济,无论是经济规模以及经济多样化,还是经济动力,仍然是世界经济的中心,而且美国在农业以及资源方面拥有欧洲和日本无可比拟的优势。在某种意义上,美国仍然有能力通过在某一个领域的谈判弥补其在另外一个领域的损失。

第二,美国仍然为欧洲和日本提供军事和安全保障。尽管美国的实力开始下降,其在世界经济中的地位不但受到日本和欧洲的挑战,而且也受到诸如中东石油输出国的挑战,同时还受到诸如中国等国家的挑战,但所有这些挑战并没有彻底改变美国在军事以及安全上的优势。美国继续为日本和欧洲提供军事和安全上的保护,没有这种保护,日本和欧洲自己将无法保证在能源、石油等经济上的稳定以及安全上的保障。

所以,只要欧洲和日本没有找到其他途径来取代对美国经济和军事上的依赖,重商主义关于区域集团的模式就缺乏可信度。

3. 国家权力分析方法

在对自由主义的"主权困境"模式、马克思主义的依附模式以及重商主义的模式进行批判性分析的同时,吉尔平以市场(经济力量)和政治(国内和国

---

① Robert Gilpin, *U. S. Power and the Multinational Corporation*: The Political Economy of Foreign Direct Investment, p. 253.

际政策)与对外投资的相互关系为切入点①,对其所主张的国家权力分析方法在国际经济关系中的应用进行了详细的论述。

(1) 世界经济的增长与扩散

吉尔平接受了国际关系研究中的结构主义关于国际体系的观点,即认为,一个相互依存的国际体系(无论是地区层次、国家层次还是国际层次)是一个有等级结构的体系;所谓结构是指国际体系存在着核心或中心区与边缘区之分;所谓等级是指,核心区在国际体系中处于主导和支配地位,而边缘区在国际体系中处于从属地位,核心区从边缘区获得食品、原材料以及劳动力,而边缘区从核心区获得商品、服务以及市场。但吉尔平既不同意非马克思主义者认为国际体系中有许多核心区,也不同意马克思主义者将整个资本主义经济看成是核心区,把整个第三世界看成是边缘区,并且认为核心区与边缘区的关系是一种剥削与被剥削的关系。

吉尔平认为,当代有等级结构的国际体系有两个最为基本的特征:一是,核心只是指一个在国际经济中发挥某种政治和经济功能的民族国家②;另一个是,核心区和边缘区的关系不是一种剥削关系,而是一种功能关系③。

吉尔平首先对核心区的标准进行了界定,以此与以往的非马克思主义,特别是自由主义相区别。在他看来,衡量一个国家是否是国际体系的核心主要依据其发挥的如下三种功能④:一是,在国际体系中发挥一种国际银行的功能,即为国际体系提供国际货币和国际结算,建立并且管理国际货币体系;二是,在创立以及组织国际贸易中发挥重要作用,诸如英国于 1846 年通过《谷物法》建立的单边自由贸易体系,以及美国于 1944 年通过布雷顿森林体系建立的多边自由贸易体系;三是,能够通过私人投资或对外援助,为国际体系提供投资资本并且促进国际体系的发展。在吉尔平看来,能够满足这三个条件的核心国家只有 19 世纪国际体系中的英国以及 20 世纪国际体系中的美国。在 19 世纪相互依存的世界中,英国是核心区,而国际经济中的其他大部分地区和国家是边缘区;在 20 世纪中叶以后的相互依存的世界经济中,美国是核心区,而世界其他地区和国家是边缘区,尽管欧洲和日本也是高度工业化的国家,但就技术、管理知识以及工业组织而言,欧洲和日本相对于美国仍然是

---

① Robert Gilpin, *U. S. Power and the Multinational Corporation*: *The Political Economy of Foreign Direct Investment*, p. 59.
② Ibid. , p. 49.
③ Ibid. , p. 48.
④ Ibid.

落后的,因而仍属边缘区。

国家主义和马克思主义的分水岭在于另外一个问题,即这种由核心国家主导的国际体系是否只有利于核心国家?吉尔平认为,关键在于如何看待世界经济的增长与经济扩散。与马克思主义认为经济增长只存在于核心区,经济扩散只有利于核心区的观点不同,国家主义的倡导者吉尔平认为,经济增长不仅存在于核心区,而且也出现在边缘区;经济扩散不仅只有利于核心区,而且也有利于边缘区。

吉尔平认为,国际经济体系中的财富、权力以及经济活动存在着两个过程:一个是世界经济增长分布的极化过程;一个是世界经济扩散的过程。所谓世界经济增长分布的极化过程是指世界经济的增长以及分布是不均匀的。核心区往往是世界经济增长分布集中的地区,这一方面是因为核心区市场的力量以及比较优势,核心区拥有技术优势,丰富的人力资源,特别是技术劳动力,优良的交通体系,比较好的社会和技术设施,比较低的交易成本,比较高的储蓄率以及比较大的经济规模;另一方面是由于核心区在其技术以及比较优势处于初始阶段常常阻止工业化的扩散,因为只有这样才能在工业化核心区的激励竞争中保持其技术以及经济优势。而边缘区则是低技术、低技术工业以及原材料生产商集中的地区。但如果就此认为核心区和边缘区的关系是一种剥削与被剥削的关系,那就错了。在吉尔平看来,在注重世界经济增长和分布的同时,必须看到这一过程的另外一个方面,即经济扩散的过程。所谓世界经济的扩散过程是指,随着工业化程度的提高以及相互依存的世界经济的加强,所有的生产要素,包括劳动力、资本、技术以及土地本身都是流动的,这种流动主要通过技术劳动力的移动、贸易的扩展以及对外投资而从核心区流向边缘区。在世界经济的扩散过程中,有两点特别值得注意:其一,世界经济扩散的过程及其结果在世界经济体系中并不是均衡的。由于边缘区在原材料、交通网络以及其他要素方面的不同,从而导致财富以及权力在不同的边缘区增长和分布的不同,其中,有的边缘区在世界经济的扩散过程中成为一个新的增长中心以及进一步扩散增长的中心。其二,在世界经济的扩散过程中,在边缘地区出现了债权人。在世界经济扩散过程的开始阶段,由于依附于外国投资,边缘地区的年轻的债务人不得不大量吸收资本以发展其制造业,随着其经济的发展,这些债务人变为成熟的债务人并逐渐减少其对外国资本的依附,最后变成新型的债权人并开始向外输出他们自己的资本。随着其盈余的上升,这些新型的债权国家在国际工业以及权力分布中成为新的工业中心。

正是由于经济增长和扩散不仅有利于核心区,而且也有利于边缘区,所以,导致边缘区愿意接受由核心国家制定并且主导的国际体系的规则,吉尔平对此的总结是:

> 总之,核心国家制定国际交换以及发展的规则,并且强迫这种规则的实行。而边缘区之所以愿意接受这些规则,部分原因是核心区的力量,部分原因是因为国际体系不但为核心区而且为边缘区提供了经济增长。①

(2) 国内政治和经济政策与对外投资

对外投资不仅受到世界市场力量的影响,而且也受到国内政治秩序和经济政策的影响,特别是在一个国家经济衰退时,对外投资的"政治化"尤为明显。吉尔平以核心国家英国和美国为例对此进行了详细的分析。

在英国和美国经济处于上升以及统治时期,其国内政治以及经济政策都倾向于在国内和国外推行自由的经济秩序。就国内政治而言,在19世纪的英国,社会阶层等级严格,大量国家财富掌握在租赁阶层手中,下层阶级比较温驯;在20世纪60年代以前的美国,大量国家财富掌握在大公司手中,在这种情况下,国内政治有利于储蓄者和投资者;就经济政策而言,由于政治和经济领导者相信自由主义的观点,所以,这一时期的经济政策是鼓励自由贸易、资本流动以及有效的国际劳动分工。

但在英国和美国的经济开始衰退时,它们将对外投资政治化,英国是在19世纪最后10年,美国是在肯尼迪政府时期。这种对外投资的政治化主要表现在核心国家所采取的经济战略中,吉尔平将这些经济战略归纳为四类②:

第一类,核心区以借贷或安全投资(portfolio investment)的形式将资本输出到正在工业化或非工业化的边缘地区。在这种情况下,核心区国家成为租赁者,可以从海外的投资获得比国内更高的利润。比如,英国在19世纪的后期就是采取安全投资战略。

第二类,核心区采取跨国公司的对外直接投资战略,这种战略主要是美国在第二次世界大战之后,特别是1958年以后实行的。与英国的安全投资战略不同的是,美国的对外投资主要是通过跨国公司的直接投资而不是通过金融或银行。在这种战略中,跨国公司通过在海外设立分工厂或子公司,一方

---

① Robert Gilpin, *U. S. Power and the Multinational Corporation: The Political Economy of Foreign Direct Investment*, p. 48.
② Ibid., pp. 63–72.

面可以通过垄断优势在海外获得比在国内更高的利润;另外一方面可以进一步刺激美国的对外投资以对付来自国内和国外的竞争者对其垄断优势的挑战。

第三类,为了防止核心区国家经济的下降,核心区国家重新盘活核心区经济本身。这种战略主要集中在政府鼓励发展新的技术、新的工业以及资本流向那些核心区经济以往被忽视的产业。在这种战略中,政府对内鼓励对公共产业,诸如教育、交通、城市重建的投资;对外政府鼓励贸易而不是投资。

第四类,核心国家政府采取保护战略或建立某种有益于本国经济的体系。随着边缘地区经济的发展,边缘地区脱离对核心区依附并且使得投资条件变得有利于边缘地区,在这种情况下,核心国家就会采取保护主义的经济策略。

由此可见,在国内事务中,市场力量和政治秩序以及公共政策的关系是一种互动的关系。

在国内事务就像在国际事务中一样,政治秩序是经济活动方向的一个主要的决定性因素。市场力量不会在一个政治真空中运行;相反,国内政治秩序和公共政策在努力地框定经济力量朝某一个方向而不是其他方向发展。与在国际事务中相同,经济、政治以及技术力量在努力转变国内利益的结构并且破坏现存的政治秩序以及公共政策。当围绕着国内和国际经济政策出现经济利益冲突的变化时,经济关系就会变得越来越"政治化"。新出现的国内政治秩序以及公共政策就会重新引导经济力量进入一个新的渠道。因而,在国内事务就像在国际事务中一样,政治和经济的关系是一种互动的关系。[1]

(3) 工业扩展和国际冲突

随着核心区经济的衰退以及边缘地区经济的起飞,旧的核心区与新的核心区就会在市场、原材料以及投资不断发生冲突,也就是说,工业的扩展会导致国际冲突。按照吉尔平的观点,在这种情况下,会出现三种可能性[2]:

第一种可能性,原来的核心国家会想方设法维持或重新确立自己在新出现的核心国家中的统治地位,继续制定规则。比如,英国在其经济衰退后的很长一段时间内一直在努力维持其在国际货币体系以及对外投资中的统治

---

[1] Robert Gilpin, *U. S. Power and the Multinational Corporation: The Political Economy of Foreign Direct Investment*, p. 60.

[2] Ibid., p. 72.

地位,直到经济大萧条为止。

第二种可能性,国际体系由一个有等级的国际体系转变为一个由几个相对平等的核心区组成的体系,这几个核心区一起通过谈判从而确定贸易以及投资的规则。比如,在20世纪70年代中期,几个工业国家力图通过谈判来确立国际贸易规则。

第三种可能性,国际体系解体并分化成相互冲突的帝国体系或区域集团。比如,19世纪后半叶以及两次世界大战期间都出现过这种情况。

由工业扩展而带来的国际冲突是暂时的,这主要是由于国际体系中核心国家经济的衰退所致,当一个国家崛起而成为新的核心国家时,国际冲突就不存在了,历史上英国统治下的和平时期以及美国统治下的和平时期都表明了这一点。

二、彼得·卡赞斯坦的《国内和国际力量与对外经济政策战略》

在国际政治经济学中,彼得·卡赞斯坦经常被引用的论文是他于1977年发表在《国际组织》杂志上的文章《国内和国际力量与对外经济政策战略》[1],在其中,他将国内政治结构(domestic political structure)和国际力量(international force)相结合,对不同发达国家的对外经济政策进行了比较分析,以此来解释为什么不同的发达工业国家在现实中追求不同的对外经济战略这一现实主义、自由主义以及马克思主义难以解释的问题。这些观点在其随后主编出版的著作《权力和富裕之间:发达工业国家的对外经济政策》[2]得以系统化。彼得·卡赞斯坦的这种方法通常被称为国际政治经济学的"比较研究分析方法"(comparative analyses)。

1. 两种研究方法:国际力量法和官僚政治法

彼得·卡赞斯坦教授曾对国际学术界盛行的探讨对外经济政策的方法进行了分析。在他看来,从国际政治经济学的角度研究国家的对外经济政策通常有两种方法,一种是国际力量探讨方法,这种方法尤为关注影响一国对外经济战略的国际体系有何不同的政治、经济和技术特征;一种方法则是国内官僚政治研究方法(bureaucratic politics approach,又译作"科层政治研究方

---

[1] Peter Katzenstein, " Introduction: Domestic and International Forces and Strategies of Foreign Economic Policy", *International Organization*, Vol. 31, No. 4, 1977, pp. 587–606.

[2] Peter Katzenstein, ed., *Between Power and Plenty: Foreign Economic Policies of Advanced Industrial States*, Madison: University of Wisconsin Press, 1978.

法"),这种方法尤为关注国内因素、官僚因素及政治制定过程等详细情况对国家的对外经济政策的影响。虽然这两种方法各有所长,对国际力量的关注尤其有利于分析对外经济政策选择的范围;而对官僚因素的分析则可以说明战略的偶然性,但这两种方法都存在着不足。

(1) 国际力量研究方法

在彼得·卡赞斯坦看来,在关于对外经济政策的分析中,近年来国际学术界已经开始系统地将决定对外经济政策的国际力量和国内力量进行区分。无论是现实主义,还是自由主义,抑或是马克思主义,虽然对日益增长的国际劳动分工对一国对外经济政策的限制的理解不同,但在重视国际体系对一国对外经济政策的影响这一点上却是相同的。如现实主义者认为,尽管国际劳动分工在增加,国际商业和金融在发展,但自1945年以来美国霸权主导的国际体系在国际政治经济中影响着所有发达工业国的对外经济政策,而这种霸权是建立在美国相对无敌的军事和经济基础之上的,即使在1971年的布雷顿森林体系解体时以及在1973年的石油危机里,这种影响也仍很明显;马克思主义者对国际政治经济的解释认为,工业和金融资本的国际化都是对一国实施政治战略的反对和约束,无论是通过"遍及全球"的跨国公司实现的工业资本,还是通过多种银行机构实现的金融资本国际化,都根植于限制政治选择的资本主义世界体系的经济结构之中;而自由主义者的解释则集中于阐述技术变化对资本流动增多的影响,以此探讨一国经济对世界体系发展的敏感性如何限制其对外战略的选择。

彼得·卡赞斯坦认为,尽管现实主义、自由主义以及马克思主义对国际政治经济的解释不同,但是有一点是共同的,这就是,它们都强调世界经济以及国际体系力量对国家对外经济政策的影响,换句话说就是,它们都集中论述资本主义世界经济对单一国家所施加的各种不同约束和限制。但是,对世界经济以及国际体系力量的过分强调,不能从根本上回答如下两个问题:为什么不同的发达工业国家在现实中追求的对外战略不同;国际体系的发展与不同发达工业化国家的对外政策有什么因果关系。

(2) 国内官僚政治研究方法

与重视国际力量对于国家对外经济政策的影响不同的是,另一种研究方法却把探讨的焦点放在决定对外经济策略的国内政府机制上,这种方法被称为国内官僚政治研究方法。这种方法一方面源于韦伯(Max Weber)的理想模型中的现代"理性"官僚主义,另一方面源于美国管理理论中对"非理性"官僚主义的描述。由国内官僚政治研究方法所建立的模式,一直处于"理性"与

"非理性"这两个极端之间。

国内官僚政治研究方法是许多研究美国对外政策的学者们欣赏的一种研究方法。① 国内官僚政治研究方法之所以适应于美国的对外政策研究,在彼得·卡赞斯坦看来,是因为美国对外政策的决策过程比较特殊。美国的官僚系统的范围及其操作的规模都很大,个人在对外政策决策中的控制力比较小。美国对外政策的制定经常受到诸如与个人品质和地位相联系的非正式网络和联盟的影响,也受到国会和行政部门自主权的制约,同时还受到各利益集团的影响。所有这些都加强了美国对外政策制定的偶然性。国内官僚政治研究方法最大的优点在于,这种研究模式有利于详细阐述施加在对外经济策略上的官僚系统内部大量复杂的偶然因素。

但国内官僚政治研究方法也有其局限性,这主要表现在两个方面:它不能解释为什么发达工业国追求不同的对外战略,也就是说,它忽视了不同发达工业国内部官僚系统的特殊影响,进而忽视了不同类型的对外经济政策;这种主要基于美国对外政策研究的方法说不清楚美国的特有缺陷在多大程度上被普遍化了,也说不清在多大程度上将普遍的现象特殊化了。

鉴于国际力量研究方法和国内官僚政治研究方法各自的优点以及局限性,彼得·卡赞斯坦在比较不同发达国家对外经济政策的基础上,提出研究对外经济政策两点主张:一是,从国家(官僚政治系统)和社会相互关系的角度研究对外经济政策,以此克服只基于美国经验的国内官僚政治研究方法的局限性;二是,在研究对外政策,特别是对外经济政策时,要将国际力量和国内政治结构(包括统治联盟和政策网络)结合起来,以此克服单独运用两种方法固有的局限性。

2. 国家、社会与对外经济政策

(1) 国家与社会的关系

关于国家和社会的关系,在西方政治思想史上主要有三种观点:一种观点来源于马基雅维里或者博丁,他们主要关注管理国家的能力,而且将社会视为受制于统治机构的对象,这种观点换句话说就是,社会是国家之下的社会。一种观点来源于法国的启蒙运动,他们主要关注的是不同法制框架下社会状况,这实际上就是19世纪自由主义关于国家的社会观点,这种观点换句话说就是,国家是社会中的国家。一种观点来源于托克维尔(Tocqueville)、黑

---

① 关于这方面比较有代表性的成果,读者可以参阅〔美〕杰里尔·A.罗赛蒂:《美国对外政策的政治学》,世界知识出版社1996年版。

格尔、马克思、涂尔干(Durkheim)以及韦伯,他们认为,国家和社会既有部分程度的相互依赖性,又在一些领域的活动中相互独立。也就是说,国家主要是公共利益领域,而社会却包含着个人利益,这种包含个人利益的社会就是所谓的市民社会。这三种观点如图7-1所示:

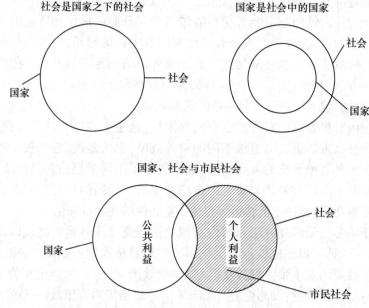

图7-1 关于国家与社会相互关系的三种观点

彼得·卡赞斯坦对以往关于国家、社会以及与对外经济政策的关系的观点进行了批判性的分析。在他看来,在以往探讨国家、社会与对外经济政策相互关系的研究中一般有两条研究思路:一是,关注构成政策制定过程中特殊情节的一些特别决定和事件,这就是通常所说的案例分析法;一是,探讨用以描述不同政策的一般特征,通常将这种方法称为比较分析法。在第一条思路中,案例分析法给出了政策过程各特殊阶段里有用的、重要的细节描述,但也常常留下政策意义未能说清的问题;在第二种思路中,比较分析主要讨论政策的意义,但比较分析研究面临的难题是,如何将特殊政策或者政策制定的特殊阶段与不同类型的政策的抽象定义联系起来。

在20世纪50—60年代,比较分析方法曾在国际学术界非常盛行,许多学者将比较分析方法用于现代化研究之中,如摩尔(Barrington Moore)曾用这种方法对不同国家的现代化道路进行过分析。在《民主与专制的社会起源》一书中,他对以往国家的现代化道路进行过比较,认为现代化道路主要有三种,即民主自由化、法西斯主义和共产主义道路。但在彼得·卡赞斯坦看来,摩尔的这种比较分析方法只强调了各国国内结构的相似点,而没有突出区别,这种方法是传统的区别"国家"和"社会"的方法,不利于我们理解今天的发达工业化国家之间的区别。

彼得·卡赞斯坦认为,认识到国家与社会的区别以及联系对于分析对外经济政策是非常必要的。当从国家和社会的角度来解释对外经济政策时,一定要注意如下几点:

第一,如果将国家与社会相区别并对国家的对外经济政策做社会的分析时,就会有两种解释模式:一种是民主的解释模式,这种模式是从群众利益(全社会成员的私人利益和公共利益)到通过选举形成政府政策(代表全国人民的公共利益和私人利益);一种是利益集团模式,这种模式认为,在对外经济政策的领域中,政党和选举对政策的形成和补充远没有利益集团重要,利益集团通常总是通过社会相关部门以及政治机构将私人利益不断地向公共利益和公众选择灌输。总之,无论是利益集团模式还是民主模式,都认为对外经济政策主要是反映了社会的压力。

第二,如果将国家和社会相联系并以国家为中心来分析对外经济政策时,就会发现,在以国家为中心的政策模式中,决策常常发生在公共领域中:国家用很多方式管理着它所控制的社会,在这种"中央集权"的对外经济政策制定过程中,群众的偏好、政党和选举通常被看作是政府政策的结果,而不是原因;利益集团也不是对政策的制定施加决定性压力的自主性力量,而是附属于国家的力量。

第三,如果将国家和社会看作是一种共生关系并以此来分析对外经济政策时,不同的学派对二者的关系会做出不同的解释。经济学家弗里德曼和哈耶克认为,国家地位的不断上升使得发达工业国的私人部门在20世纪失去活力。而加尔布雷思这样的自由主义学者却认为国家和社会间新的渗透是现代公司力量作用的结果。加尔布雷思认为,发达工业国的经济可划分为技术先进、资本密集、少数厂商垄断的部门和技术落后、劳动密集、竞争的部门。现代商业的规模巨大,而大商业又需要大政府,然而现代政府却过于弱小以至于不能有效地管理现代公司。新马克思主义则认为,国家和社会的共生表明,国家对经济干预的增多不仅反映了当代资本主义社会内部的不稳定,同时也是对资本主义制度的一种补充。

彼得·卡赞斯坦主张,如果要得到富有成果性的见解,必须对国家和社会的联系以及区别在不同发达国家对外经济政策制定过程中的作用进行具体的分析,只有这样,才能真正理解发达国家之间在对外经济政策上的区别。

对一些发达工业化国家进行比较分析有助于将一个国家的问题放到更广阔的视野来研究。在最近国际政治经济论著中,情况却并不总是如此;许多分析范畴,有时是来自一个国家的特殊经验。例如,法国的传统将会让人认为国际经济的政治化是由于国家在管理国内社会中扮演的重要角色所致。尽管国家与社会在日本也是紧密地相联系着的,但日本政府所采用的非政治化战略似乎与以上结论相悖。类似地,在一些国际关系论著里,对政府间关系和官僚政治的关注只是部分地反映了美国联邦官僚政治。然而美国政治和英国政治在性质上是不同的。[1]

(2) 国内政治结构与对外经济政策

与过去运用国内官僚政治研究方法研究美国对外政策的学者不同的是,卡赞斯坦提出一个更为宽泛的范畴,即"国内政治结构"(domestic political structure)。国内政治结构既包括统治联盟(ruling coalition),也包括政策网络(policy networks)。统治联盟既包括国家官僚机构和政治党派(通常被称为"政治团体"),也包括有组织的社会力量(通常被称为"利益集团");政策网络将国家和社会的相关要素结合起来。统治联盟的职责是制定国家对外政策的目标;而政策网络决定政策的实行。在每个发达工业国家的对外经济政策中,社会力量和统治联盟都努力在政策网络中寻求其制度代言人,这种制度在实施国家的对外经济政策时把公共部门和私人部门联系起来。所以,统治联盟以及政策网络是决定和补充对外经济政策的国内组织的核心。这就是对外经济政策制定过程中的国内因素和力量。

卡赞斯坦认为,马克思主义者强调资本主义社会生产资料的私人占有,而自由学派则强调发达工业国以市场作为分配的机制,但这两者都不能很好地用于解释发达工业国家在国际政治经济中所遵循的不同战略,因为马克思主义过于一般和理想,而自由主义又过于具体和现实,所以,只有介于一般化和具体化之间,才能够使我们对所有发达工业国家管理联盟和政策网络普遍存在的唯一的、约定俗成的组成部门有所了解。正是在这种意义上,我们说,在运用利益集团以及政治团体这些国内因素或力量分析对外经济政策制定

---

[1] Peter J. Katzenstein, "Domestic and International Forces and Strategies of Foreign Economic Policy", in Crane George T. and Abla Amawi, eds., *The Theoretical Evolution of International Political Economy: A Reader*, p.197.

的过程时,国家主义者接受了马克思主义的观点,但又不完全同意马克思主义;国家主义者也接受了自由主义的观点,但又不完全同意自由主义的观点。用卡赞斯坦的话来说,就是接受了马克思主义的自由学派关于政治的解释。

根据统治联盟和政策网络在不同发达国家的具体表现,卡赞斯坦把美、英、西德、意大利、法国和日本的对外经济政策分为三类:一类是英、美两国的对外经济政策,其追求的主要目标是自由的国际经济,它们大体上依靠于有限的几种政策手段来影响整个经济,而不是依靠影响个别部门和个别厂商的那些政策,商业和国家的联盟对国家官员相对不利,联系公共部门和私人部门的政策网络相对来说不完整;一类是日本的对外经济政策,其特征是国家官员在与商业社团的交往中占有一个相当显著的地位,其政策网络也是紧密融合在一起的;一类是中间道路,其中,西德和意大利与美、英模式比较接近,而法国则和日本有些相似之处,更为确切地说,西德与英美模式较相近,法国更接近日本模式,而意大利则处在德、法两种模式之间。由此,彼得·卡赞斯坦总结道:

> 所有发达工业国家外交部门所哀叹的"失控"不仅植根于国外,也植根于国内。在国内政治上、不采取行动或者行动不合适,往往会导致国际政治经济方面的严重后果。国家主义也赞同,满足全球性需要的全球性方法本身似乎显得是对付国际政治经济问题的无效率的或无绩效的方法。不过,国家主义仍强调,对管理和互相依赖的分析应从国内做起。①

3. 国内政治结构、国际力量与对外经济政策

比较发达国家对外经济政策制定过程中的统治联盟和政策网络这些国内力量的区别是必要的,它可以帮助我们确切地理解不同的发达工业国家对外经济政策的区别,但仅此是不够的,因为这种方法不足以解释发达工业国家的对外经济政策和国际体系之间的关系,所以,必须考虑不同的发达国家对外经济政策与其所依赖的国际力量之间的关系。只有将国内力量和国际力量结合起来,才能确切地理解发达国家的对外经济政策。彼得·卡赞斯坦以发达国家为例,详细阐述了不同发达国家的对外经济政策是如何受国内政治和国际力量相互制约的。

---

① Peter J. Katzenstein, "Domestic and International Forces and Strategies of Foreign Economic Policy", in Crane George T. and Abla Amawi, eds., *The Theoretical Evolution of International Political Economy: A Reader*, pp.198–199.

在彼得·卡赞斯坦看来,发达工业国家的对外经济策略主要源于国际力量与国内力量的相互作用。这种相互作用在过去150年国际政治经济的霸权周期(上升和衰退)中表现得尤为明显。

19世纪40年代至80年代和20世纪40年代至60年代分别是英国霸权的上升时期和美国霸权的崛起时期,这两个时期的共同特征是:出现了有利于国际交易进程的开放式国际政治经济,国家的政治活动频繁丰富,崛起的霸权国家之间相互联合,以此来保持开放的国际政治经济;同时,因为国际经济事务中的问题主要集中在分配和管理上,发生在既定的结构里,国际政治经济的有序促进了国家的政治结构的运作,因而国家的力量是隐性的。关于这些特征,我们可以从这一时期英国和美国的对外经济政策中得以验证。

从19世纪20年代开始,英国的工业技术及其决定逐渐转为低关税国家的政策,使其成为19世纪国际政治经济中的领导国家。这种地位反映了英国国内各种力量的均衡重组正在逐渐倾向于商业、工业和金融业的巨头。1846年废除《谷物法》时,英国贵族地主们所受的打击是英国历史上的一个重要的分界线。直到英国在20世纪70年代初期加入共同市场时,对食品进口不征关税的原则才再次受到了质疑。但《谷物法案》的废除也对国际政治经济产生了重要的影响,因为它同时向欧洲大陆的谷物出口开放了英国市场,从而促进了国际贸易的发展。特别是通过1860年签署的《科布登—切维勒尔条约》(Cobden-Chevalier),英国快速扩张的工业、商业和金融业在国际上得到了合法性,并以此开辟了整个欧洲大规模削减双边关税的时期。这样,英国内部政治力量的重组直接外溢到由英国优势确定的国际政治经济秩序上。

类似的情况出现在第二次世界大战后美国霸权的上升时期。在美国霸权的领导下,布雷顿森林体系通过在1959年实现自由兑换和随后在肯尼迪回合(1967年结束)中最终实现大幅削减关税而得到了加强,并在很大程度上促进了国际政治经济的开放,使国际贸易在20世纪得到了空前的增长。多国公司作为这种自由市场的机构组织成为在美国支持下自由运转的国际政治经济中最富戏剧性的角色。这种国际经济秩序是以大西洋两岸国内外政策利益的集中为基础的,一个开放的、非政治化的世界市场被认为是成功地再建一个"资产阶级欧洲"的必要前提,在美国的政府援助和私人资本的支持下,被战争破坏了的西欧和日本经济得到了快速的恢复,并从60年代起逐渐开始削弱了美国的霸权地位。

国内力量和国际力量的相互作用也体现在国际政治经济中的霸权衰退时期。19世纪80年代至20世纪20年代以及20世纪70年代以后分别是英国霸权和美国霸权的衰退时期,这两个时期的共同特征是:各国,特别是霸权国家政治活动缺乏,国际政治经济呈现出某种封闭状态,国际社会中已有的机构受到挑战;世界经济中的政治问题的本质主要集中在再分配问题上以及对已有机构提出质疑的体制辩论之上;衰落的霸权国家的联合,最终将不愿也不能抵抗推行封闭政策的力量,国际政治经济的无序状态阻碍了霸权衰落国实施有效的领导,这样,国家的力量就成为显性的了。卡赞斯坦以霸权衰退时期的英国、美国以及德国的对外政策为例对此进行了论述。

从19世纪70年代开始,英国在国际政治经济中的霸权地位开始衰退,它不愿也没有能力成功地反对在19世纪70年代后期出现的日益严重的保护主义。作为对1873—1896年间经济萧条的反应,在国际政治经济中出现了保护主义的浪潮。比如,在这一时期,德国作为英国的主要政治对手,其国内兴起了非常强的经济民族主义,其中最为著名的是,德国以高关税政策为基础,将钢铁业与黑麦业联合,并将其称为"帝国的再创"(the Second Founding of the Empire)。这种政治力量的重组对德国的重要性就如同《谷物法案》之于英国,而且它对推动国际政治经济偏离自由主义的道路是至关重要的。德国对英国的挑战最终导致了国际经济的政治化,因为经济和军事利益无论在国内还是在国外都是密不可分的。

霸权力量的缺乏和国际政治经济中的保护主义在20世纪30年代的大萧条中显得更为突出。食品、资本和劳动力的流动并不是由市场力量决定的,而是取决于政治对竞争性贬值和削价政策的参与,于是使两次大战间的世界经济政治化了。世界自由经济秩序的崩溃反映了一战对欧洲所有国家带来的深刻的社会巨变。旧中产阶级的衰弱和有组织的劳资双方日益激烈的矛盾,将更多的欧洲国家推向了"右"的道路。法西斯主义和集权主义使国家在国内外经济事务中的普遍性地位合法化了。

从20世纪60年代末开始,随着美国霸权在国际政治经济中的衰退,类似的情况又出现了。由于欧洲和日本经济的崛起,美国带头在全球范围内推行贸易保护主义,并出现了美国与欧洲、美国与日本之间不间断的贸易摩擦。与此相应,由于没有美国霸权的维护,国际政治经济再一次陷入混乱之中。

由此,彼得·卡赞斯坦得出结论道:

> 从19世纪中期开始,国内外因素就在国际政治经济的历史进程中相互纠缠着。国内结构的变化导致了英、德、美对外经济战略的基本变化。而这些国家又发现它们所处的国际背景反过来又影响着其国内结构,也

就间接地影响了它们所采取的国际政治经济战略。但在霸权衰落期里决定对外经济策略的过程中,国内结构所起的作用却是在增强。只要国际政治经济中的权力分配不出问题,对外经济策略主要就是由国际政治经济结构决定的。但当这个结构不能再被视为理所当然的时候,正如今天这样,那么国内力量对制定对外经济策略的相对重要性就提高了。在过去十年中,被关注的问题逐渐由军事安全转到了经济问题,这就进一步提高了国内结构在对外经济政策中的重要性。受国际政治经济明显影响的国内利益的数量在各国都要远多于以前在国家安全政策时期里的数量。[1]

三、斯蒂芬·克拉斯纳的《捍卫国家利益:原材料投资与美国的外交政策》

斯蒂芬·克拉斯纳于1978年出版的《捍卫国家利益:原材料投资与美国的外交政策》[2]是国际政治经济学理论关于国家主义分析方法的又一部重要著作。在其中,通过对美国外交政策中关于原材料投资政策的分析,克拉斯纳推动并且深化了外交领域中的国家主义分析方法。

1. 国家利益与美国的原料政策

为了从经验上总结国家主义的分析方法,克拉斯纳对美国的原料外交政策进行了比较系统的分析。[3] 在他看来,美国的原料政策大致可以划分为如下几个阶段:1900年以前对原料的忽视;第一次世界大战和第二次世界大战期间对石油的重视;朝鲜战争期间对商品价格的重视;20世纪70年代初期对环境的重视以及随后转向对原料短缺的重视。

在1900年以前,美国并不存在原料短缺问题。广阔的版图以及丰富的自然资源使得美国人相信,美国的自然资源是无限的,所以美国在这一时期政策的重点是如何开发这些资源。在这一时期,美国颁布了许多法令鼓励土地转让,以便开发资源,其中,最为著名的是《宅地法》(Homestead Act),鼓励将公共土地转让给私人。尽管美国在19世纪后期也意识到森林资源的浪费,分别于1881年设立林业委员会(Forestry Division),1897年建立国家林业部

---

[1] Peter J. Katzenstein, "Domestic and International Forces and Strategies of Foreign Economic Policy", in Crane George T. and Abla Amawi, eds., *The Theoretical Evolution of International Political Economy: A Reader*, p.192.

[2] Stephen D. Krasner, *Defending the National Interest: Raw Materials Investments and U. S. Foreign Policy*, Princeton University Press, 1978.

[3] Ibid., pp.47–54.

(National Forests),但这些并未改变美国人对资源的态度。

真正促使美国政府重视原料问题是两次世界大战。第一次世界大战导致美国政府对原料供应的担心,因为美国在战争开始之前并未准备参战。美国国内石油界人士既担心美国国内石油短缺,也担心世界石油资源为英国所垄断,这种国防的需要导致美国在 20 世纪 20 年代中期鼓励对拉丁美洲原油开采进行投资。① 第二次世界大战期间,原料供应再一次进入短缺状态,美国政府于 1939 年通过了《国家储存法》(National Stockpiling Act)法令,允许政府为了国防的需要进行原料的投资,这导致了美国在 20 世纪 40 年代对中东石油投资采取保护政策。②

冷战的开始,特别是朝鲜战争再一次导致美国社会以及政府对原料的重视。1951 年,美国总统杜鲁门专门任命了一个由威廉·佩利(William Paley)领导的委员会对原料问题进行研究,佩利委员会于 1952 年提供了一份名为《自由之资源》(Resources for Freedom)的报告,认为为了建立一个自由的世界,也为了防止来自共产党国家的威胁,美国政府必须拥有丰富的原料资源基地。1953 年,艾森豪威尔在其内阁中任命了一个特殊委员会专门研究矿产资源政策。

随着冷战的缓和,国家安全问题开始在美国的外交政策中下降,原料问题也随之被环境问题所替代,美国于 1970 年通过《国家资源政策法案》(The National Materials Policy Act),该法案主要强调对环境的保护,特别是对美国国内矿产资源的保护性开发。但 70 年代中期以后,随着阿拉伯国家对石油的禁运、通货膨胀率的上涨,原料短缺的意识在美国的国内以及对外政策中又一次提高,这促使参议员曼斯费尔德(Mansfield)提出议案,主张建立"国家供应和短缺委员会"(National Commission on Supplies and Shortages),每年为政府提供政策选择的依据。

美国原料政策的演变表明,美国的原料政策一直是围绕着美国的国家利益进行的,美国原料外交政策的目标主要有三个:(1) 使美国消费者的成本最小化;(2) 保证美国经济供应的安全;(3) 拓宽外交政策的目标。③

---

① 关于美国在这一时期对墨西哥和加勒比海石油的投资的详细论述,读者可参阅 Stephen D. Krasner, *Defending the National Interest: Raw Materials Investments and U. S. Foreign Policy*, pp.155-188。

② 关于美国在这一时期对中东地区石油的外交政策的详细论述,读者可以参阅 Stephen D. Krasner, *Defending the National Interest: Raw Materials Investments and U. S. Foreign Policy*, pp. 188-213。

③ Stephen Krasner, *Defending the National Interest: Raw Materials Investments and U. S. Foreign Policy*, p.53.

国家利益是外交政策的目标,问题的关键在于如何定义国家利益,正是在这一点上,显示了国家主义的分析方法与自由主义以及马克思主义分析方法上的不同。

2. 马克思主义与自由主义的范式

国家主义学者有一个共同的理论取向,即他们都研究一国对外经济政策中的问题(因变量),探讨包括清晰地理解这些问题所需的国内外政治经济力量(自变量),换句话说,就是探讨国家、社会与对外经济政策的相互关系。正是在这种分析中显示了国家主义与自由主义和马克思主义的不同理论范式。正如克拉斯纳所言:"只有通过比较它[国家主义]的假设与其他两种关于政治过程的突出的观点——马克思主义与自由主义——所持的假设,才能更好地理解国家主义这种基本的方法。这些范式对政策制定以及官员行为的目标的论述是不同的。"[1]

(1) 马克思主义的范式

在关于国家的对外经济政策的分析中,可以将马克思主义理论分为两种,一种是工具马克思主义理论;一种是结构马克思主义理论。[2] 工具马克思主义将政府的行为看作是社会压力的直接产物,主张国家就是某些特殊的资本家或资产阶级的直接代言者。所以,工具马克思主义者主张研究大资本家和政府官员之间的关系,或研究资本家的产业和政府官员之间的关系。实际上,这种对国家和社会关系的主张就是我们通常所说的,国家就是阶级统治的工具,国家的对外经济政策就是国内统治阶级利益的延伸,国家只是这些社会中占统治地位的阶级的直接代言人。结构马克思主义则认为,国家在资产阶级体系的整体结构中起着一种独立的作用,在这种结构中,国家也许有时采纳资产阶级反对的政策,但从整体上讲,国家的作用主要是维持整个体系的一致。在这种关于国家和社会关系的范式中,国家实际上是各种矛盾或冲突调和的产物,其行为主要包括调和资本主义体系内各种经济和政治矛盾。

在国家主义者看来,尽管工具马克思主义者和结构马克思主义者在一些具体观点上有所不同,但在国家和社会的关系上首先强调社会这一点上却是相同的,这种社会优先的分析范式导致所有马克思主义者在理解国家利益上

---

[1] Stephen Krasner, *Defending the National Interest: Raw Materials Investments and U. S. Foreign Policy*, p. 20.

[2] Ibid., pp. 20–26.

的共同之处,这些共同点包括如下三个方面①:

第一,所有马克思主义者反对民族国家利益的概念,国家的目标只是反映了某些资产阶级或者资本主义体系的利益,而不是社会整体的福利。

第二,国家的行为与其经济目标密切相关,其他的目标只是工具而已。特别是,意识形态目标与经济目标密切关联,而且意识形态掩盖了剥削的现实。

第三,所有马克思主义者都相信,离开了社会背景就不可能理解国家。在资本主义体系中,国家有其特殊的任务,并最终与某个特定阶级的利益密切相关。

(2) 自由主义的范式

在国家和社会关系以及由此导致的关于对外经济政策的论争中,自由主义的范式无论是在学者(政治学家)中还是在美国的政治领导者中都占据着主导地位。

与马克思主义的范式相同,在国家和社会的关系上,自由主义主要关心的是社会,自由主义者最为基本的分析单位是社会中的集团和个人。与马克思主义范式不同的是,马克思主义认为权力从根本上被掌握在资本家阶级手中,而自由主义者所谓的政治就是不同集团的利益的相互竞争,权力是由那些在利益驱动下的个人实施的。

自由主义在国家和社会关系上的理论通常被称为利益集团理论或多元主义理论,这种理论认为,所谓政治就是许多集团将其利益强加给国家,使得国家权力最后朝着最强的社会力量推动的方向发展。这种理论通常被用来解释外交政策,特别是对外经济政策,也就是说,国家的对外投资以及商业安排通常会对社会的某些阶层或社会整体产生各个方面的影响,利益集团理论认为,在这种情况下,公共政策总是受某个特殊阶层影响或反映某个特殊阶层的利益;利益集团理论反对民族国家利益的概念,在他们看来,政府的政策就是社会中那些有权力的集团的利益反映;政府机构只是处理社会的输入与输出,并不是一个自治的因素,如果说国家有什么积极的作用的话,国家的作用就在于维持游戏的基本规则,以便保证所有的集团有同样平等的机会参与竞争。

---

① Stephen D. Krasner, *Defending the National Interest: Raw Materials Investments and U. S. Foreign Policy*, p. 26.

总之，自由主义在国家和社会关系问题上的理论范式主要包括如下三点①：

第一，自由主义反对将国家看作是一个独立自治的要素，而主张国家无论是在动机上还是在资源上与社会中的其他机构别无两样。

第二，自由主义反对将国家利益看作是超越社会中所有成员的个体利益的利益。

第三，自由主义认为，政府的本质作用就在于创造一种环境，在这种环境中个人能够自由地实施他们的意愿，而不是努力地保护国家的权力资源以及社会的福利。

3. 国家主义的范式

与马克思主义和自由主义范式强调社会不同，国家主义的范式强调以国家为中心的分析，这种分析主要基于如下两个理论前提：第一，国家和社会是有区别的，国家所追求的目标不可还原为社会中个人需求的总和，国家是一个自治的要素，国家所追求的目标就是国家利益。第二，理解国家的目标不能只根据经济的或战略的目标，而是要根据意识形态的目标。

国家利益是国家主义分析方法的出发点和逻辑前提，正如克拉斯纳所说的，"国家主义的方法一定要从定义核心决策者所追求的目标开始，这些目标可以被称作为国家利益"②。所以，国家主义者关心的首要问题就是如何分析国家利益。

关于国家利益的研究，一般有两种方法：一种是逻辑演绎法；一种是经验归纳法。国家主义者克拉斯纳对这两种研究方法进行了详细的分析③。

逻辑演绎地研究国家利益，其最为基本的假定就是，国家将追逐其特定的目标，特别是领土的完整以及政治的统一。这种分析方法在某些情况下是非常有用的。就国际政治而言，16—18 世纪的欧洲历史已经表明，当国际秩序处于无政府状态下，国家必须努力保证其独立，以免使得一个国家占据主导地位，进而对其他国家进行统治，其结果自然是倡导权力平衡；就对外经济政策而言，17 至 18 世纪之所以倡导重商主义，主要是出于经济安全的考虑，因为当一个国家由于自然资源禀赋以及技术知识不能自给自足时，为了稳定

---

① Stephen D. Krasner, *Defending the National Interest: Raw Materials Investments and U.S. Foreign Policy*, p.30.
② Ibid., p.35.
③ Ibid., pp.36–54.

经济以及政治系统,国家必然会尽其最大努力控制对外资源。正是在这种意义上,我们说,逻辑演绎地定义国家利益是有意义的。但如此定义国家利益也存在着许多缺点:第一,逻辑演绎地定义国家利益无法解释霸权国家以及帝国的国家利益,因为霸权国家的领土是完整的,政治统一是安全的。在这种状况下,霸权国家的国家利益是什么?第二,逻辑演绎地定义国家利益无法解释那些与领土完整以及政治安全无关的国内政治问题。而这些国内问题在许多国家都是存在的。如何把这些国内问题和国家利益联系起来?

经验归纳地定义国家利益,就是根据国家的操作者所说以及所为来定义国家利益,也就是说根据统治机构的具体兴趣来定义国家利益。这里会遇到两个问题,一个问题是来自马克思主义者的挑战,如果统治机构的兴趣只代表或反映了上层经济阶层的偏好时如何定义国家利益?另一个问题是,如果统治机构的兴趣和社会的长久的目标相冲突时如何定义国家利益?

在克拉斯纳看来,当从国家主义的角度研究对外政策时,既可以运用逻辑演绎法,也可以运用经验归纳法。但当接受经验归纳法来定义国家利益时,国家主义者(包括克拉斯纳本人)主张根据统治机构的兴趣来定义国家利益,但为了避免经验归纳法所面临的两个问题,国家主义者附加了两个条件:一个条件是,统治机构的兴趣不能从始至终地有益于某个特殊的阶级或集团;另一个条件是,统治机构的兴趣应该是比较持久的,而不是短暂的。在这两个条件同时得到满足的情况下,统治机构的兴趣或政策决策者的所说以及所作就是国家利益的体现。正如克拉斯纳的总结:"总之,归纳的国家主义研究方法主张,国家利益包括一系列相互可以转换的国家的偏好,这些偏好主要关心持续长久地推动社会的整体福利。"[①]

由此我们可以看出,国家主义的分析方法是将国家作为一个自治的因素,外交政策反映了国家本身的利益。在国家制定对外经济政策中,国家一方面受制于社会,代表社会共同的、持久的偏好;另一方面,国家又必须克服社会的压力,特别是那些特殊阶层以及利益集团的压力。正是在这种意义上,国家主义的分析方法介于现实主义和结构主义之间。

> 国家利益就是建立一系列可以转换的偏好,这些偏好是比较持久的,并且和社会的总体目标相联系。但这些目标的存在并不意味着它们将能够被实现。国际关系中的现实主义方法一直认为国际体系中的其

---

① Stephen Krasner, *Defending the National Interest: Raw Materials Investments and U. S. Foreign Policy*, p. 45.

他因素也许使国家领导者无所适从,而国家主义的分析方法在坚持同样的假设的同时,强调强加于国家的国内压力;在国际关系的结构主义分析方法中,国家是弹子游戏中的一个球,其内部构成不受外在压力的影响,而在国家主义的分析方法中,国家是一系列核心决策制度和规则,这些制度和规则既要面对国内的反对又要面对国外的挑战。决定一个国家克服国内压力的能力的核心特征是该国在与它自己的社会的联系中建立它的力量。[1]

以上我们只是以吉尔平对跨国公司的分析、卡赞斯坦对发达国家对外经济政策的比较分析以及克拉斯纳对原料投资和美国的对外政策的关系的分析为例,比较一下国家主义者在一些具体问题上的观点以及主张。当然,我们也能从这种具体的分析中总结出国家主义分析方法的一般范式,特别是国家主义的范式与自由主义的范式以及马克思主义的范式的明显区别。但有一点非常值得我们注意,无论是自由主义(古典自由主义以及当代的自由主义)还是马克思主义(古典马克思主义以及当代马克思主义)都有比较系统的、有继承性的理论体系,而国家主义并没有一个系统的、具有继承性的理论体系。在当代国际政治经济学中,国家主义的理论观点和分析方法散现在学者们对不同问题的分析中,也反映在决策者关于对外经济政策的不同主张中。

第三节 国家主义理论的贡献及面临的挑战

一、国家主义理论的贡献

国家主义理论的最大贡献就在于将民族国家放在国际体系的中心,进一步发展了权力分析方法。与自由主义强调国际体系以及国际机制不同,也与马克思主义强调国际体系以及不等价交换不同,国家主义的理论范式强调的是国家的主权、安全以及民族感情,在这种意义上,国家主义理论继承了古典重商主义政治经济学传统以及后来国际关系领域中的现实主义传统。但国家主义并不是简单地重复传统的现实主义观点,而是对以往的现实主义进行了修正,学术界将其称为"新现实主义"(Neo-realism),具体表现在如下三个方面:

---

[1] Stephen D. Krasner, *Defending the National Interest: Raw Materials Investments and U. S. Foreign Policy*, p. 56.

第一,推动了国家利益的研究,丰富了现实主义的内容。

这是国家主义理论最具特色的,也是国家主义理论对国际关系研究的最大贡献。在20世纪70年代的国际关系学界,与马克思主义(依附论和世界体系论)基于体系(例如资本主义世界体系)和国内政治(例如阶级)不同,也与自由主义强调国内政治(如社会联系的多渠道)和非国家因素(如非政府组织)有别,国家主义将国家利益和国家组织作为国际关系研究中的一个独立行为体,形成了以国家为中心的现实主义。这种以国家为中心(强调国家利益)的现实主义与肯尼思·沃尔兹(Kenneth Waltz)以体系为中心(强调体系决定国家的权力分配)的现实主义一起,构成了现实主义的两大流派。[①]

20世纪70年代,以自由主义和马克思主义为基础的研究纲领主要采用的是国内政治理论。国家主义对国家这种组织形式予以极大的重视,尤其是那些负责维护整个实体稳定和繁荣的国家组织。国家可以被视为一个独立的行为体,而不仅仅是不同利益集团为得到对自己有利的政策而相互竞争的场所。[②]

第二,强调国际体系中权力结构的不对称性以及权力来源的多样性。

以往的现实主义主张,国际体系主要是由国家构成的,国家的兴趣就在于使其权力最大化,而权力又总是相对的,所以,一个国家权力的扩大必然意味着其他国家权力的下降,在国际体系中,国家之间的关系是一种"零和"关系。国家主义者接受了现实主义关于国际体系是有等级的,国家是国际体系的核心要素的观点,但国家主义并不同意现实主义对国家之间关系的看法。国家主义者认为,国家权力的分布可以对一系列外在的环境产生影响,诸如国家权力可以框定世界贸易的结构、外层空间的利用,也就是说,国家在某一领域的目标并不受其他因素的影响。在国际体系中,由于国家的实力以及利益目标不同,国家所获得的权力并不总是对称的。

第三,将机制(regime)引入国家之间关系的分析之中。

自由主义一直主张研究国际机制,并认为只有从国际机制出发才能真正理解相互依存的世界经济。而国家主义者则主张从国家权力出发研究世界经济,但国家主义者同时看到了机制对国家的影响[③],因为机制本身并不总是

---

① 〔美〕罗伯特·吉尔平:《全球政治经济学》,第13—22页。
② 彼得·卡赞斯坦、罗伯特·基欧汉、斯蒂芬·克拉斯纳编:《世界政治理论的探索与争鸣》,秦亚青等译,上海人民出版社2006年版,第27页。
③ Stephen D. Krasner, ed., *International Regimes*, Cornell University Press, 1983, pp. 355-368.

随着国家的衰退而消失,有时,国家已经衰退了,而由衰退的国家制定的机制仍然在起作用。克拉斯纳认为,机制有四种反馈作用,即机制可以影响评估利益的要素;机制可以改变利益本身;机制可以变为权力的一个来源;机制可以改变国家权力的能力。① 这样,国家主义综合了自由主义对机制的重视以及传统的现实主义对国家的重视,在理论上前进了一步。

二、国家主义理论面临的挑战

国家主义理论也面临着许多挑战,其中,最为突出的挑战有三个:一是来自国内政治的挑战;二是来自全球化的挑战;三是地区主义的挑战。

1. 国内政治与国家利益

在以体系为中心的现实主义受到冷战结束的挑战时,以国家为中心的现实主义却受到国内政治研究的挑战。当国家主义将国家视为单一的行为体时,它既无法解释为什么同一个国家在一些领域是强大的,而在另外一些领域是软弱的;它也无法解释为什么不同的国家在同样的国际体系中会有不同的国家利益。

> 国家主义理论在关于国家组织机构之间的关系方面没有特别成熟的论述。国家在一些问题领域是强大的,在另外一些领域则是软弱的。国家主义理论很难对不同问题领域之间的协调平衡做出具体的说明,也很难讨论国家和社会之间的具体关系。这一理论不仅将国家与利益集团剥离开来,也将国家与其所处的政治实体剥离开来。②

正是国家主义理论在20世纪70—80年代所面临的这种挑战,不但激发了国家—社会关联性的研究,包括国内官僚政治、利益集团以及社会联盟对国家利益形成或者对外经济政策制定的影响;而且还激发了国内政治—国际经济关联性的研究,包括世界经济对国家的政治制度以及国内社会集团和行业集团的影响。如果我们认为,90年代以来"第二代"国际政治经济学者从"国家—社会"关联性以及"国内—国际"关联性来探讨国家利益并取得了丰硕的成果,那么,70—80年代的国家主义理论的贡献是功不可没的。难怪国家关系学界三位富有影响的学者彼得·卡赞斯坦、罗伯特·基欧汉、斯蒂芬·克拉斯纳在谈到国家主义的局限性时说道:

---

① Stephen D. Krasner, ed., *International Regimes*, p.361.
② 彼得·卡赞斯坦、罗伯特·基欧汉、斯蒂芬·克拉斯纳编:《世界政治理论的探索与争鸣》,第27页。

最近,关于国家与社会关系的研究使用了理性选择理论对政府组织进行了分析,尤其探讨了承诺的重要意义。这些研究表明,被视为国家主义理论缺点的因素恰恰是这一理论的长处。与集权国家相比,民主国家往往能够从自己的社会中得到更大的支持,原因恰恰是市民社会的成员信任政府,被人们视为弱势的政府往往会恪守承诺。那种认为国家只有独立于它所在的社会才是强大国家的观点完全是错误的。国家只有受到自己社会的制约才可以从这个社会中获得自己的力量源泉。①

2. 地区主义与"主权让渡"?

国家主义理论所面临的另外一个挑战就是地区一体化过程中的"主权让渡"问题。在国家主义理论出现的20世纪70年代,尽管地区一体化已经在部分地区出现,并且在欧洲取得了进展,但地区主义仍然面临着许多问题,所以,吉尔平在当时的判断是,全球经济只能在霸权国家管理之下:

> 重商主义模式的一个根本的弱点就是缺乏取代美国为中心的世界经济的可信选择。西欧——美国最主要的经济挑战者——在内部仍然处于分裂状态;它在诸如工业以及能源或经济和货币统一方面未能形成共同的政策。现在,它只是拥有共同农业政策的关税同盟。还有日本,它继续在安全方面依靠美国。只要西欧和日本无法找到一条道路摆脱它们对美国军事和经济上的依附,重商主义者的区域模式就是不可行的。②

四分之一世纪之后的今天,地区一体化正在全球兴起,如欧洲区域一体化、北美自由贸易区以及东盟的成功,其中,欧洲的区域一体化远远超出学者们的预见,尽管国家主义理论的倡导者吉尔平教授仍然坚持民族国家利益至上,"不管把'一个欧洲'说得如何天花乱坠,21 世纪初西欧仍然带有由多个民族国家组成、相互竞争、主要追逐各自经济和政治利益等特征"③,但如何理解欧洲一体化过程中各国的主权让渡问题,是国家主义无法回避的理论问题。

3. 全球化与国家利益的合法性

全球化成为目前学术界以及人们日常生活中最为流行的话语,关于全球

---

① 彼得·卡赞斯坦、罗伯特·基欧汉、斯蒂芬·克拉斯纳编:《世界政治理论的探索与争鸣》,第27页。
② Robert Gilpin, *U. S. Power and the Multinational Corporation*: *The Political Economy of Foreign Direct Investment*, p.254.
③ 〔美〕罗伯特·吉尔平:《全球资本主义的挑战》,第223页。

化的定义,目前学术界主要有如下四种观点①:第一种观点认为,全球化是一个特殊的历史时期,这个时期是20世纪70年代以后全球经济的一种延续;第二种观点认为,全球化是一种经济的融合,它意味着市场的自由化和非规则化、财产的私有化、国家福利功能的衰退、技术的扩散、生产以及对外投资的跨国界的分布以及资本市场的融合;第三种观点认为,全球化是美国价值观的霸权,它意味着历史在意识形态领域的终结以及盎格鲁—撒克逊式的市场活动组织的在经济领域的胜利;第四种观点认为,全球化是一种技术和社会革命,它意味着全球社会由于技术革命正在从工业资本主义走向后工业时代。

尽管学者们没有形成一个统一的关于全球化的定义,但几乎所有学者都认为,全球化具有如下三个基本特征:第一,全球化意味着生产和交换的多国化;第二,全球化意味着全球金融市场的日益融合;第三,全球化意味着国家自治能力以及政策决策能力的下降。

国家主义者虽然已经认识到生产的多国化以及全球金融市场的日益融合,但如何面对国家自治能力的下降是国家主义理论面临的重大理论挑战。尽管吉尔平在后来出版的著作《全球资本主义的挑战》中力图解释这一难题,在其中,他仍坚持认为,"即使经济因素将在决定全球经济的特点中发挥重要作用,但是最重要的因素现在是并且将来仍是政治。包括美国、西欧、日本、中国和俄罗斯在内的主要国家间的安全和政治关系,在很大程度上正在并将继续决定未来全球经济的特征"②。但关于这些大国之间可行的政治合作框架,即全球化背景下国家利益的合法性问题③,吉尔平本人没有给出一个令人满意的理论解释,这是现在也是将来国家主义理论不得不面对的难题。

---

① Richard Higgort,"Review of 'Globalisation'",20 November 1998. 这篇文章是英国Warwick大学全球化和区域化研究中心Richard Higgort教授为英国经济和社会发展委员会(The Economic and Social research Council, UK,)准备的,在这里非常感谢Richard Higgort教授将这篇富有创造性的论文赠给本书作者。

② 〔美〕罗伯特·吉尔平:《全球资本主义的挑战》,第47—48页。

③ 关于对中国国家利益的合法性认识,读者可参阅王正毅:《国家利益是合法性相互制约的利益》,《中国社会科学季刊》(香港)1997年8月刊(总第20期)。

第八章
依附理论:核心与边缘

在自由主义者关心国际体系的相互依存以及机制的建立、现实主义者关心国际体系的维持与管理以及国际体系中民族国家利益的同时,另外一些学者更为关心的是发展中国家在国际体系中的发展问题以及资本主义体系的命运,并由此先后出现了依附理论和世界体系理论。依附理论和世界体系理论继承了古典马克思主义政治经济学的学术批判传统,对发展中国家在国际体系中的发展以及世界体系本身进行了系统的分析,因而被认为是马克思主义在国际政治经济学中的具体体现,是古典马克思主义在当代的翻版。

第一节 依附理论的兴起

第二次世界大战结束无论是对国际体系的变动还是发展中国家的发展都是一个大的转折点,这主要表现在:一是,资本主义世界体系的中心第一次远离欧洲大陆移到美国,美国成为继17世纪的荷兰、19世纪的英国之后的第三个霸权国家。二是,16世纪以来的欧洲殖民体系彻底解体,以前欧洲的殖民地成为有独立主权的国家,发展问题成为首要问题。

第二次世界大战结束以后,广大发展中国家纷纷从西欧殖民体系中脱离出来,开始了艰难的独立之路。这种独立不仅表现在政治上要求建立有独立主权的国家,而且表现在经济上希望真正独立于以前的西方宗主国。也就是说,发展中国家独立以后面临的首要问题是,如何在宣布成为有独立主权国家以后真正保证政治上和经济上的独立。在长期的西欧殖民体系统治下,发展中国家无论是在政治上还是在经济上都对西方殖民国家有一种依赖关系,尽管这些发展中国家对这种依赖关系从一开始就不是自愿的,但这种依赖关系的确存在,而且经过长达四个多世纪的依赖,这种关系变得越来越强,所以,殖民体系的瓦解并不能马上改变发展中国家对发达国家的长期依赖关系。正是在这种背景下,发展中国家的发展和现代化问题成为西方学术界和政府决策部门关注的焦点,出现了各种各样的现代化理论。

现代化理论的起源大致可以追溯到美国政治统治阶层和知识分子对第二次世界大战以后国际环境的反映,特别是冷战的影响,以及在欧洲殖民帝国解体下第三世界社会的同时出现,并在世界政治舞台上成为杰出的角色,所有这些现象在同一个时期聚合在一起——而且确实是有史以来第一次——使知识界的兴趣和精力越过了美国甚至欧洲的界限,转向对亚洲、非洲和拉丁美洲的社会进行大量的研究。①

一、"现代化理论"的崛起②

围绕着发展中国家的发展和现代化问题,在20世纪50、60年代西方学术界,政治学家们、经济学家们和社会学家们从各自不同的角度进行了研究,政治学中出现了政治发展学说,经济学中出现了发展经济学,社会学中出现了专门研究发展问题的发展社会学。

1. 帕森斯及其追随者的社会现代化理论

战后美国的社会科学家大概都不会忘记帕森斯(Talcott Parsons,1902—1970),他是一位杰出的将欧洲的社会学转化到美国的社会学家,他的理论对20世纪50年代的美国社会科学家产生了很大的影响。他最为著名的理论就是根据行为建立起来的社会系统理论。他把现代化分为三个阶段③:第一阶段以欧洲的西北角(英国、法国和荷兰)为主导,其代表是英国的产业革命和法国的民主革命;第二阶段是以欧洲的东北角(德国)的工业化为主导;第三阶段是以第二次世界大战结束后的美国为主导,与欧洲的现代化相比,美国的现代化将产业革命和民主革命更好地结合起来。

---

① 〔美〕西里尔·E. 布莱克:《比较现代化》,杨豫、陈祖洲译,上海译文出版社1996年版,第94页。
② 本节的主要内容来源于王正毅:《世界体系论与中国》,商务印书馆2000年版,第21—31页。
③ Talcott Parsons, *The Social System*, New York: The Free Press, 1964.

帕森斯之后，美国的社会学家们开始将本来作为历史概念的现代化（主要用来概括欧洲的现代化经验）作为一个普遍性的概念来对待（用来概括所有国家的现代化的进程）。这种学术倾向几乎成了这一时期关于现代化研究的主流。如穆尔（Wilbert Moore）对现代化初始条件的研究①，列维（Marion J. Levy Jr.）对现代化社会结构的研究②，等等。丹尼尔·雷讷（Daniel Lerner）对此做过明确的表述，他认为他的工作就是表明，"西方的现代化模式所包含的要素及其结果是全球性的"，"从本质上来看，同样基本的模式将再现在世界各大洲的所有进行现代化的国家"③。

2. 阿尔蒙德和阿普特尔的政治现代化理论

这一时期的政治学家以同样的热情关注现代化理论的建设。正如政治学家亨廷顿后来所总结的：

> 20世纪50年代比较政治学的新发展包括把关注的地理范围从西欧及其有关区域扩大到非西方的"发展中"国家。政治学家们不再忽视变革。确实，他们似乎在倾注全部精力去研究亚洲、非洲和拉丁美洲正在现代化的社会中所发生的许多变化。政治科学家们接受了现代化的理论，他们从现代化的背景来注视比较政治学。④

这一时期的主要著作包括阿尔蒙德的《发展中地区的政治分析》（Gabriel

---

① 穆尔将现代化的初始条件归纳为四个方面：在价值观念上，由亲属优先的思维过渡到业绩优先的思想方法，以及建立在国粹主义基础上的国民统一；在制度上，建立能够为经济生产而动员土地和资本的可转让的私有制，以及使劳动力能够自由流动的劳动市场制度和促进流通的商品交换系统；在组织上，建立专业化金字塔式的统治的科层制组织和得当的国家财政组织；在个人动机上，培养有创造精神的个性、业绩主义的志向、向上的积极性以及对教育的渴望。

② 列维在1952年出版的《社会结构》（Marion J. Levy, Jr., *The Structure of Society*, Princeton N. J., 1952）和1966年出版的《现代化和社会结构》（*Modernization and the Structure of Society*, Princeton, N.J., 1966）把传统社会和现代化社会的区别性特征归纳为八个方面：(1)现代化社会的政治组织、经济组织以及教育组织等诸单位的专业化的程度比较高，而在非现代化的社会中，专业化的程度比较低；(2)在现代化的社会中，单位是相互依存的，功能是非自足的，而在非现代化的社会中，亲属群体和临近共同体的自足性比较强，缺少功能的分化；(3)在现代化的社会中，伦理具有普遍主义的性质，而在非现代化的社会中，伦理只具有个别的性质；(4)现代化的国家权力是集权但不是专制，而在非现代化的国家中，即使是在权力比较分化的情况下，其性质也仍然是专制的；(5)现代化的社会的社会关系是合理不一、普遍主义功能有限和感情中立，而非现代化的社会关系是传统的、个别的、功能无限和具有感情色彩的；(6)现代化的社会有发达的媒介和市场，而在非现代化的社会中，交换媒介和市场还没有发展起来；(7)现代化的社会有高度发达的科层组织，而在非现代化的社会中，即使有科层组织也是建立在个别的社会关系之上的；(8)在现代化的社会中，家庭是向小家庭发展的，其功能也在缩小，而非现代化社会的家庭结构是多样化的，家庭功能也是多重的。

③ Daniel Lerner, *The Passing of Traditional Society*, Glencoe, Ⅲ, 1958, p.67.

④ 〔美〕西里尔·E.布莱克：《比较现代化》，第41页。

A. Almond and James S. Coleman, *The Politics of Developing Areas*, Princeton, N. J. 1960)、利普塞特的《政治人》(Seymour M. Lipset, Political Man, *Garden City*, NY,1960)和阿普特尔的《现代化的政治分析》(David E. Apter, *The Politics of Modernization*,Chicago,1965)等等。其中,尤以阿尔蒙德的研究最为突出:

  政治学家与社会科学家同样关注现代性和传统性之间的两大极划分方法和现代化的伟大进程,从60年代开始他们更积极地对说法不一的政治现代化或政治发展过程发生兴趣并展开研究。传统性和现代性的概念是他们的出发点。这种方法基本上是注重比较和静态的方法,最后转向对动态的和以发展为方向的内容给予更多的关心。这一转变可以明显地在50年代和60年代初期美国社会科学学会的比较政治学委员会所进行的研究工作中看出来,尤其可以从这个委员会的主席和知识界领袖加布里埃尔·阿尔蒙德的著作中看出来。①

  如果就研究方法而言,有三种研究方法在研究政治发展中非常盛行:第一种方法是体制—功能法,这种方法的特征和贡献就是发展了一套用以分析和比较政治体制类型的概念和范畴,其中心概念是"体制"和"功能";第二种方法是社会过程法,这种方法不是从政治体制和社会体制出发,而是从与现代化某个部分有关的社会过程出发,诸如工业化、城市化、商业化、文化扩散、职业流动性等等;第三种方法是比较历史法,这种方法的特征是,既不从某种理论模式出发,也不去集中精力讨论两个或两个以上的变量因素之间的关系,而是对两个或两个以上的社会演变进行比较。② 尽管这些研究方法有所不同,但这一时期的研究政治现代化的政治学家们在如下两点是相同的:

  (1) 将"现代性"和"传统性"的概念用于政治分析中。如阿尔蒙德把"发达的"与"不发达的"或"发展中的"政治体系加以区别。发达的政治体制是现代社会的特征,而不发达的政治体制则是传统社会的特征。

  (2) 把政治体系的一般概念用于非西方国家的政治研究上,依此来构造一个单一的、全面的分析框架来比较西方的和非西方的政治体系。如阿普特尔主张③,现代化是发展的一种特殊情况,它需要三个条件:不断创新的社会体系;被分化的、易变的社会结构;以及一种能够提供在科学技术发达的世界生存的技术和知识的社会。

---

① 〔美〕西里尔·E. 布莱克:《比较现代化》,第58页。
② 同上书,第69—79页。
③ David E. Apter, *The Politics of Modernization*, Chicago, 1965, p. 67.

3. 罗斯托的经济成长阶段论

在帕森斯从社会学的角度、阿尔蒙德从政治学的角度构建现代化理论时,罗斯托则从经济学的角度提出了著名的经济成长阶段论,并被誉为发展中国家发展经济的"圣经"。

关于提出经济成长阶段论的目的,罗斯托指出:"成长阶段论的目的是要解决很多种的问题。传统的农业社会在何种力量推动下开始现代化的过程?正常的成长在什么时候和如何成为每个社会的内在特征呢?何种力量推动持久的成长过程向前发展和决定它的轮廓?在每一阶段,我们可以看出成长过程有哪些共同的社会和政治特征?在每一阶段,每一个社会的特殊性是在哪些方面表现出来?"①在他看来,"我们可以按照社会的经济规模,把所有社会列入五类之一,这五类是:传统社会、为发动创造前提条件阶段、发动阶段、向成熟推进阶段和高额群众消费时代"②。

第一,传统社会。"传统社会是这样一个社会,它们的结构是在生产功能有限的情况下发展起来的,它是以牛顿以前的科学和技术以及牛顿以前的对物质世界的态度为基础的。"③其特征是依靠仅能维持生存的农业和部分手工业,社会等级森严,不把商业成功看作是社会地位的标志。处在这一阶段的国家包括中国的各个朝代、中东和地中海文明,以及中古欧洲世界。

第二,为发动创造前提条件阶段。这一阶段的动力来自社会的外部而不是内部。"现代史的较为普遍的情况却是,创造前提条件阶段不是从内部引起的,而是较为先进的社会的外来侵略所引起的。这种侵略——或是实际上的或是比喻性的——使传统社会受到震动并且开始或加速它们的崩溃;但是,外来侵略也推动了一些思想和感情,这些思想和感情引起了在旧文化的基础上建立现代社会以代替传统社会的过程。"④这一阶段的特征是鼓励有价值的当地初级产品的生产和出口,投资兴建铁路和公路等基础设施。这一阶段最早开始于英国。

第三,"起飞"阶段,其特征是在短时期内(20—30年)实现经济和生产方式的剧烈转变,由于鼓励制成品的生产而导致经济增长超过人口增长。

第四,成熟阶段,其特征是增长在经济生活中更为普遍,人口城市化和受

---

① 〔美〕罗斯托:《经济成长的阶段:非共产党宣言》,商务印书馆1962年版,第8页。
② 同上书,第10页。
③ 同上。
④ 同上书,第12—13页。

教育程度逐渐提高,社会不平等已开始下降。

第五,高额群众消费阶段,其特征是大规模群众性消费,服务行业飞速发展以及人口高度城市化。

关于这一时期的现代化理论还有很多,有学者曾对这一时期的发展和现代化理论以及代表人物做过一个总结。① 尽管不是很全面,但仍能反映出这一时期西方学术界对发展或现代化研究的重视,参见表8-1:

表8-1 现代化和发展理论

	认识论 转化中的社会:融合			
	严格的进化论	单一	多重	不同的结果
社会学的: 分层 价值取向	Parsons Inkeles-Smith Almond-Coleman	Parsons Apter Deutsch	Lerner Riggs	Almond-Powell Bendix
经济学的: 稀缺 积累	Rostow	Lipset	Gerschenkron Deutscher Heilbroner de Schweinitz Apter	Huntington
历史的: 适应结果			Black	Pye B. Moore

注:因某些学者的中文译名目前国内学术界仍无统一,为读者查询方便起见,以上所列这一时期西方学术界研究现代化的代表人物全用原文。

资料来源:Andrew C. Janos, *Politics and Paradigms*: *Changing Theories of Change in Social Science*, Stanford University Press, 1986, p.60.

尽管这些发展和现代化理论侧重的角度不同,有的是从经济学的,有的是从政治学或社会学的,但仔细分析一下这些发展理论,不难发现它们在方法论上的一些共同特征:

第一个共同之处就是分析的单位。分析的单位是共同的,即都以"民族国家"为分析单位,分析国家的政治制度、经济战略和社会系统,并由此而认为,发展和现代化就是单个国家和单个社会的发展。

虽然现代化的研究集中在许多不同的层次,从个人、当地社区到国家和国际等单位,但是,占有某个疆域的民族国家才在理论上具有至关

---

① Andrew C. Janos, *Politics and Paradigms*: *Changing Theories of Change in Social Science*, pp.58—64.

重要的意义,尽管这一点并没有明确地说出来。正是在国家这个层次上,现代化过程的各个方面才被看作是集合在一起的。然而,它可能被概念化,无论是工业化、经济增长、合理化、结构差异化、政治发展、社会动员,以及(或)世俗化,还有其他一些过程,都是如此。现代化过程中的每个组成部分都被看作是在国家这一层次上起作用的变化根源,虽然对这些组成部分的研究显然也可以在其他的各种层次上进行。[1]

第二个共同之处就是追求一个普遍的、一般的模式。这些理论均以一个假定为前提,即不论各个国家在历史上、文化习俗、资源的禀赋上有何差异,都可以走一条普遍的发展道路,遵循一个普遍的发展模式,这个模式就是西方国家曾经走过的模式。所以,这些发展理论的共同结论便是,只要新独立的发展中国家或非西方国家遵循西方发达国家所走过的道路,就能成为现代化的国家。换句话说,发展中国家要想发展就必须走发达国家曾经走过的道路,只有效仿西方发达国家,才能最终达到发达国家的水平,从而成为政治、经济和社会都发达的国家。这样,作为历史概念的现代化就被西方学者当作是普遍概念的现代化。[2]

二、"现代化理论"面临的困境

然而,这些发展理论和现代化理论在60年代中期以后受到现实的强烈挑战:

第一,世界范围内的民族主义运动的兴起,反对霸权、反对帝国主义和新殖民主义成为这一时期的主题。即使是在发达国家内部,也出现反叛,法国的"五月风暴"、美国的"知识分子运动"等。以美国、英国为首的霸权体系在政治上、经济上和知识结构上受到现实的强烈挑战表明,发展中国家并不以西方发达国家为模型。

第二,一体化开始在局部地区出现,并大有发展之势。欧洲经济共同体、东南亚国家联盟、石油输出国组织、北大西洋公约组织、华沙条约组织等,这种国家之间的联合以及共同发展的趋势,对60年代提出的各种发展理论以单一国家为研究单位提出了强有力的挑战。

---

[1] 〔美〕西里尔·E.布莱克:《比较现代化》,第97页。
[2] 〔日〕富永健一:《"现代化理论"今日之课题——关于非西方后发展社会发展理论的探讨》,转自〔美〕塞缪尔·亨廷顿等:《现代化:理论与历史经验的再探讨》,上海译文出版社1993年版,第107—123页。

第三,冷战格局的强化。以美国为首的西方资本主义世界和以苏联为首的东方社会主义世界的对抗在60年代达到了顶峰,这表明任何国家的发展和安全都离不开这两大主要集团,这种格局持续了近半个世纪,主宰着战后世界政治经济格局。任何国家的发展都是在这种大的世界背景下的发展。这种特征也促使一些国家,尤其是那些小国以及刚刚独立的国家为了各自的发展不得不加入某一地区联盟或集团。

第四,南北差距的加大。这表明,任何国家的发展绝不是该国一国之事,每一国家均处于世界这个整体之中,尽管这个整体的各个部分还存在着差异,但是,这种差异并没有大到使得各个国家能完全脱离世界体系这个整体之外。所以,发展不只是发展中国家的事业,也是发达国家的事业,"发展"这一问题使得发达国家和发展中国家变成一个整体。只要发展中国家不发展,发达国家的增长将受到严重的制约,因此,南北关系问题成为这一时期最为重要的问题。

这些来自现实的挑战使得50年代提出的各种现代化理论和发展理论面临着严峻的考验。学者们又开始重新思考发展问题,重新在理论上建构发展和现代化理论,重新思考发达国家和发展中国家、世界秩序和发展中国家发展的关系,这样,在50—60年代出现了著名的"依附理论"(dependence theory)。

三、依附理论的兴起

依附理论首先兴起于拉丁美洲,拉丁美洲长期以来是西欧殖民主义的殖民地,从殖民地时期起,拉丁美洲就一直依靠出口原料和农产品来寻求发展,但这种外向型发展由于30年代的资本主义危机而受到严重的破坏。这促使一些经济学家和政治家,特别是拉丁美洲的经济学家和政治家重新考虑发展中国家的发展,而"现代化理论"在50年代面临的挑战为此提供了现实条件和理论氛围。对此作出重大贡献的当推阿根廷的经济学家普雷维什。

劳尔·普雷维什(1901—1986),出生于阿根廷的土库曼,他曾出任阿根廷的财政部副部长(1930—1932),以后长期在联合国任职(1948—1962年任联合国拉丁美洲经济委员会常务秘书,1962—1964年任拉丁美洲经济与社会计划研究所所长,1964—1969年任联合国贸易与发展会议秘书长)。从30年代开始,他就对当时盛行的新古典经济学理论产生怀疑,"在20年代,当我开始自己的青年经济学家和教授生涯的时候,我曾坚信新古典主义理论。然而,资本主义第一次大危机——世界30年代大萧条——促使我对这些信仰产生了严重怀疑"①。"为什么我必须突然抛弃已经习以为常的信仰？为什么国家要在发展中发挥积极作用？为什么在中心制定的政策到外围就不能实行？"②在西方社会科学家们纷纷为发展中国家的发展开列现代化理论处方的四五十年代，普雷维什从1943年开始就一直在思考以上这些问题，并提出了与自由主义经济学家不同的"中心—外围"理论，即依附理论。

这种理论不但引起许多学者们的兴趣，诸如美国经济学家安德烈·冈德·弗兰克、埃及经济学家萨米尔·阿明、巴西社会科学家多斯桑托斯等都加入了这一理论的讨论之中（安德烈·冈德·弗兰克和萨米尔·阿明后来又成为世界体系理论的主要推动者），而且，这一理论关于自主资本主义发展的主张也得到了当时民主左翼政治家和社会民主主义政治家的积极响应，诸如秘鲁的阿亚·德拉托雷、委内瑞拉的罗慕洛以及阿根廷的阿图罗·弗朗迪西都从实践上推动了这一理论的发展。

依附理论的主要代表人物及其主要著作有：

劳尔·普雷维什：《制定积极的拉丁美洲发展政策》（Paul Prebisch, *Towards a Dynamic Development Policy for Latin America*, New York: United Nations, 1963）；

多斯桑托斯：《依附的结构》（Theotonio Dos Santos, "The Structure of Dependence," *American Economic Review*, Vol. 60, No. 2, May 1970, pp. 231–236）；

安德烈·冈德·弗兰克：《资本主义和拉丁美洲的低度发展》（Andre Gunder Frank, *Capitalism and Underdevelopment in Latin America*, London: Penguin, 1971）；

费尔南多·卡多佐：《拉丁美洲依附性资本主义的发展》（Fernando H. Cardoso, "Dependent Capitalist Development in Latin America," *New Left Review*, Vol. 74, July-August 1972, pp. 83–95）；

萨米尔·阿明：《不平等的发展：论外围资本主义的社会形态》（Samir Amin, *Unequal Development: An Essay on the Social Transformations of Peripheral Capitalism*, New York: Monthly Review Press, 1976）。

---

① 〔阿根廷〕劳尔·普雷维什：《我的发展思想的五阶段》，载于〔美〕什杰拉尔德·迈耶、达德利·西尔斯编：《发展经济学的先驱》，经济科学出版社1992年版，第177页。

② 同上书，第178页。

第二节 依附理论的基本观点

虽然依附理论并没有一个统一的理论,但依附论者在一些基本观点上却是一致的。这里,我们就这些基本观点作一介绍和分析。

一、依附的定义和形式

尽管依附论者们从不同的角度对依附提出了各种各样的看法(参见表8-2),但几乎所有的学者都认为,依附反映了当代发达的资本主义国家和发展中国家之间的相互关系,特别是经济上的相互关系,这种相互关系是一种双重关系:一方面,是发达国家对政治、经济、金融、技术的垄断,进而对发展中国家形成经济和社会上的扩张和渗透,促使发展中国家在经济和社会方面对资本主义发达国家的依附;另一方面,是发展中国家的发展道路的选择,即或由于依附于发达国家以及跨国公司发展本国的经济,或由于依附于发达国家而变得落后、贫穷。依附的这种特征在巴西社会科学家特奥托尼奥·多斯桑托斯关于依附的定义中得到明确的体现:

> 所谓依附,我们指的是这样的情况:某些国家的经济取决于它们所从属的另外一些经济的发展与扩张。两个或两个以上经济社会之间的相互依存关系,这些经济社会与世界贸易之间的相互依存关系,在有些国家(统治国)只能依此作为扩张的反映时,就采取了依附的形式,这对于它们当前的发展具有积极的或消极的影响。①

表8-2 对依附的不同看法

非马克思主义 反帝国主义	马克思主义 反帝国主义
发展主义的、结构主义的,以及民族主义的自主发展(普雷维什、富尔塔多和松凯尔)	垄断资本主义(巴伦与斯威齐)
国内殖民主义(冈萨雷斯·卡萨诺瓦)	次帝国主义(马里尼)
发展极(安德拉德)	资本主义的不发达的发展(弗兰克、罗德内)
	新依附(多斯桑托斯)
	依附性资本主义发展(卡多佐)

资料来源:〔美〕罗纳德·H.奇尔科特:《比较政治学理论:新范式的探索》,社会科学文献出版社1998年版,第323页。

---

① Theotonio Dos Santos, "The Structure of Dependence", in George T. Crane and Abla Amawi, eds., *The Theoretical Evolution of International Political Economy: A Reader*, p. 144.

不但对依附有着各种各样的定义,而且依附的形式也是多种多样的,根据桑托斯的总结,在不同的历史时期,主要出现了如下几种依附形式①:

1. 殖民性依附(colonial dependence)

这种依附主要出现在16世纪至19世纪,它的特征就是商业和金融资本与殖民主义国家一起主宰着欧洲殖民者和殖民地之间的经济关系,殖民者通过对殖民地的土地、煤矿以及人力资源的垄断进而垄断贸易,促使殖民地在经济上依附于殖民者宗主国家。

2. 金融—工业依附(financial-industrial dependence)

这种依附主要出现于19世纪末期,这种依附的特征是,在霸权中心区,大资本占据主导地位,这种资本通过对原材料生产以及农产品生产的投资进而向国外扩展,以此来满足霸权中心的消费。这样就在依附性国家中出现了一种生产结构,这种生产结构集中于产品的出口,联合国拉丁美洲委员会将其称为"依附于外国的发展"(foreign-oriented development)。

殖民依附和金融—工业依附两种依附形式的共同特征是:(1)非依附性国家的国民收入主要来源于出口;(2)在依附性国家里,有效劳动力承受着剥削,这使得他们的消费非常有限;(3)有效劳动力的消费主要是生存经济;(4)在依附性国家,土地和矿产资源主要被掌握在外国人的手里,剩余价值以利润的形式汇往国外。

3. 新依附(new dependence)

与以上两种依附形式不同,在战后出现了一种新的依附形式,即以跨国公司投资为基础,这就是所谓的"新依附"。新依附的特征是②:(1)工业发展主要依靠出口产业,因为出口能赚取外汇来购买资本货物。这种依附的第一个结果就是需要保持传统的出口产业,这在经济上由于保持落后的生产关系因而限制了国内市场的发展,在政治上就会通过那些颓废的统治者维持权力。(2)工业发展为国际收支的波动所左右,这往往导致附属国在国际收支上出现赤字。这主要是因为在高度垄断化的国际市场上进行贸易,也因为外国利润的汇出,同时还因为需要依靠外资的援助。(3)工业发展受帝国主义中心国家的技术垄断所左右。这种基于跨国公司的新依附使得附属国的生产结构出现如下的状况:

---

① Theotonio Dos Santos, "The Structure of Dependence", in George T. Crane and Abla Amawi, eds., *The Theoretical Evolution of International Political Economy: A Reader*, p.146.

② Ibid., pp.146-149.

首先,由于需要保护农业或矿业出口结构,从较落后部门榨取剩余价值的比较先进的经济中心之间就出现了联系,国内"宗主"中心与国内互相依存的"殖民地"中心之间也出现了联系。国际范围资本主义发展的不平等和联合的性质在国内精确地重演了。其次,工业与技术结构更紧密地响应跨国公司的利益,而不是响应国内发展的需要……第三,霸权经济社会中同样的技术与财富积聚不加多大改动就转移到大相径庭的经济社会中去,造成了生产结构的高度不平等、收入的高度集中、生产设备的开工不足、对于集中于大城市的现有市场的加紧利用,等等。①

所以,在这种新依附中,如果附属国内部结构以及与统治国的外部关系不变的话,附属国与统治国之间的不平等关系就不会改变。随着附属国的国内和国际结构受跨国公司、国际商品以及资本市场影响性的加强,依附性的结构就会加深,附属国就仍然处于不发达的状况。

二、中心—外围的结构

依附理论一个最为基本的也是首要的理论假设就是认为存在一个中心—外围结构。这种结构不仅存在于国际体系之中,而且存在于一个国家内部。这种结构不仅影响到发达国家和发展中国家之间的相互关系,而且对发展中国家的贫困、收入分配、失业、国际贸易以及外援等问题有着广泛的影响。

依附理论关于中心—外围结构的理论假设中包括的具体内容主要有:(1) 单一的资本主义世界市场;(2) 不等价交换;(3) 二元社会结构。

1. 单一的资本主义世界市场

依附论者关于国际体系的一个首要假定就是,国际体系中只存在一个市场,即资本主义世界市场,所有的国家(无论是发达国家还是发展中国家)都生活在这个世界市场中。

在依附论者看来,追逐利润是资本主义的本质,对利润的追求引起了竞争,这样就刺激每个公司进行积累,扩大生产规模,并到处搜寻廉价原材料和出售更多商品的机会。所以,扩大市场成为资本主义的一个固有倾向。从16世纪地理大发现到18世纪以及19世纪产业革命的时代通常被称为资本主义的史前史和商业资本的时代,资本主义生产方式在不断的扩张过程中形成了专业化的国际分工,这种分工既是地理资源上的,也是资本和劳动力上的,国

---

① Theotonio Dos Santos, "The Structure of Dependence", *The American Economic Review*, Vol. 60, May 1970, pp. 231–236.

际贸易主要发生在作为中心区的西欧和作为边缘区的美洲和非洲,到了19世纪和20世纪,虽然贸易的性质发生了改变,即贸易主要是发生在中心区之间,但就世界贸易和国际资本流动而言,一个资本主义世界体系已经形成。在这个资本主义世界体系中,存在的只有一个市场,即资本主义市场,在这个市场中,不等价交换是它的一个最为显著的特征。

2. 不等价交换

依附论者第二个假定就是,在发达的中心区和不发达的边缘区存在着一种不等价交换关系,或者说存在着一种剥削与被剥削的关系。这种不等价交换关系既存在于中心区和边缘区的贸易之中,也存在于多国公司对南方的投资之中。

在依附论者看来,在这种中心—外围的结构中,存在着一种不平等的关系,这种关系是发达国家之所以发达的根源,也是发展中国家不发达的根源,因而,探求这种不平等的性质、原因和动态,并研究它的表现便成为依附论者的核心任务。

在古典自由主义经济学家亚当·斯密和大卫·李嘉图那里,国际贸易符合交换双方专业化的利益,古典经济理论力图表明,劳动是一切价值的来源,这样,在国内交换领域中,价值法则意味着包含等量劳动的两种商品交换价值的相等;在对外交换领域中,交换商品包含不平等的劳动量,反映不平衡的生产率水平。所以,李嘉图理论的结论自然是,在一定时刻,根据当时生产率水平的分布而实行交换,即使是不平等的交换,也是符合两国利益的。依附论者认为,这完全是一种主观主义经济学,对于我们理解现实是无用的,"我们被束缚在一切主观主义的传统经济学的基本同义反复之中:交换给双方带来了'利益',因为进行了交换。但是这种'理论'是完全无用的。它阻碍我们了解历史,因为它不谈生产力的初始水平和发展的力量"①。因为,比较利益的经济理论既不能回答为什么不发达国家限于实行这种或那种专业化,也不能解释为什么发达国家之间的贸易增长速度快于发达国家和不发达国家之间的贸易。

关于比较利益的经济主义理论,即使是科学的李嘉图派,也只有有限的有效性;它描述一定时刻的交换情况,但并不根据在某一时刻所存在的比较生产率(换句话说,这些生产率的改善)而考虑在发展中对某种

---

① 〔埃及〕萨米尔·阿明:《不平等的发展:论外围资本主义的社会形态》,商务印书馆1990年版,第113页。

专业化给予优先。它不能说明世界贸易在资本主义制度的背景下发展方式所特有的两个重要事实:(1) 各先进国家的结构类似,因此比较生产率也类似,它们之间的贸易发展似乎快于先进国家与不发达国家之间的贸易发展,虽然在后者情况下比较生产率的分布有更大的差别;(2) 外围国家的专业化采取不断变化的形式,包括它目前的形式,外围国家在这种专业化形式下提供主要由生产率高的现代化资本主义企业所生产的原料。①

在依附论者看来,发达国家和不发达国家之间的不平等主要是由外围国家占统治地位的资本在组织劳动力供应方面所奉行的政策所造成的。资本主义有一个固有的倾向,这就是不断扩大市场。扩大市场可以到处搜求廉价的原材料,出售更多的商品,在扩大市场的过程中形成了两类交换:中心与外围的交换,以及中心地区内部的交换。在自由竞争的资本主义时代,中心国家所遵循的经济政策是对殖民地的征服以及为宗主国的利益打开受保护的工业,摧毁殖民地的手工业,出现了中心和外围之间的不平等;而在垄断时代,由于商品输出伴之以资本输出,中心国家的经济政策是,开发剩余价值率高于中心国家的新地区,减少劳动力成本和不变成本。中心国家的资本并不是因为在中心国家缺乏出路而被迫转移的,它只是发现外围地区有较高的报酬才转移到外围来,因为中心国家可以通过输出资本在外围国家组织越来越多的剩余劳动力,从而出现了中心与外围之间在生产率相等情况下的工资差异。所以说,中心国家内垄断资本的兴起也导致了中心与外围之间的不平等。由此,依附论者萨米尔·阿明得出结论道:"分析发达国家和不发达国家之间的交换,使我们观察到:只要生产率相同的劳动在外围国家得到较低的报酬,那么,交换就是不平等的。"②

在外围地区,伴随着资本的输出,就会出现两种现象,一种现象是外围地区对中心地区的依附。由于在外围地区的出口部门在形成市场方面起决定性的作用,这样,外围地区的社会就失去了传统的功能,一切都以出口部门为主导。尽管出口部门也能带来国内市场的发展,但这种发展将是有限的和畸形的,和中心国家相比,这种市场需求的不是大众消费品,而是奢侈品,对奢侈品的消费主要是大庄园主、富农、买办贸易资产阶级和国家官僚这些寄生

---

① 〔埃及〕萨米尔·阿明:《不平等的发展:论外围资本主义的社会形态》,商务印书馆1990年版,第122页。
② 同上书,第123页。

性社会集团;另一种现象是群众的"贫穷化",导致这种普遍贫穷化的机制包括,农业小生产者和手工业小生产者的无产阶级化,农村的半无产阶级化,城市化,以及城镇地区公开失业与就业不足的大规模增加,等等。这表明,外围地区被中心地区输出的资本所统治是造成外围地区无产阶级化的主要原因。

3. 二元社会结构

依附论者的第三个假定是,发达和不发达这种二元社会结构不仅存在于国际体系之中,而且也存在于不发达国家内部。依附论者松凯尔曾说:

> 我们设想发达与不发达是同一普遍进程的两面……它在地理上表现为两大阶级分化:一方面是世界上工业化的、先进的、发达的、宗主的国家与不发达的、落后的、贫穷的、外围的、依附的国家之间的两极分化;另一方面是国内根据地域、落后的、原始的、贫困的、依附的集团和活动的两极分化。①

一般认为,这种发达与不发达的二元社会结构的主要内容包括如下四个方面②:(1)条件优越者和条件恶劣者并存。这主要是指国际经济中富强的工业化国家和贫困的农民社会并存,在国内,受过良好教育的上层人物和目不识丁的劳苦大众并存,城市现代生产方式和农村传统的生产方式并存。(2)二元结构的并存不是一种暂时的现象,而是一种长期的现象。(3)优劣的程度不仅没有任何缩小的趋势,而且有一种内在的扩大的趋势。比如发达国家和发展中国家的劳动生产率的差距在年复一年地扩大,在发展中国家中,贫富的鸿沟以及现代与传统的生产方式的鸿沟不仅在各个发展中国家中,而且在各个发展中国家集团中,都呈现了增长甚至扩大的迹象。(4)优劣两种成分之间的关系是,现存优势并没有或很少对改善劣势成分起什么作用,甚至可能把劣势成分向更加劣势的方向推。

有一点值得注意,依附论者并不认为这两个社会是两个并列的不同的社会,而是认为这两个社会是同一个资本主义世界体系的两个部分。"事实上,并不是有两个并列的社会,因为不发达的经济只是一个机器,即资本主义世界经济的一部分。它在这个世界范围的体系中占据一种特殊的位置,并完成其有限的职能。"③

---

① 转自〔美〕罗纳德·H. 奇尔科特:《比较政治学理论:新范式的探索》,第325页。
② 〔美〕M. P. 托达罗:《第三世界的经济发展》(上),中国人民大学出版社1988年版,第117页。
③ Samir Amin, *Accumulation on a World Scale: A Critique of the Theory of Underdevelopment*, Volume 1, Monthly Review Press, 1974, pp. 19–20.

三、外围社会的一般形态及其发展

在依附论者阿明看来,随着外围地区从前资本主义形态发展为外围资本主义形态之后,所有的外围资本主义都有四大共同社会形态:(1) 在国营部门中,农业资本主义占主导地位;(2) 产生一个追随占统治地位的外国资本的当地资产阶级;(3) 具有当代外围地区所特有的特殊官僚主义发展的趋势;(4) 无产阶级化的现象具有不完全的特点。①

1. 在国营部门中,农业资本主义占主导地位

不发达社会中最突出、最明显的特点就是农业资本主义占主导地位。不发达世界中统治阶级的传统形象不是封建主,而是大地主,是为出口市场搞生产的种植园主,这些大地主往往以适应出口农业的要求而与政治统治集团合为一体,它们日益强大,变成了资产阶级型的地主。农业资产阶级占统治地位给外围社会带来了农业危机,这突出地表现在,越来越多的农业劳动力被排挤出生产循环系统,无地农民比例增加,因为在前资本主义体系中,不论有多少过剩劳动力,所有的人都有权得到土地,随着资本主义形态的发展,这种权利丧失了。与此同时,不平等交换的机制使得农村人口日益贫困。

2. 产生一个追随占统治地位的外国资本的当地资产阶级

出口农业的商业资本主义在外围地区占主导地位之后,买办贸易就会出现两种形式,一种是由发源于土地寡头的新城市资产阶级来进行,即由当地兴起的资产阶级来进行,拉丁美洲和许多东方国家的情况就如此;一种是直接由殖民资本来进行,比如在撒哈拉以南的非洲地区就是如此,在这种情况下,形成当地商业资产阶级的余地就极为有限。在外围地区,即使形成当地商业资产阶级,这个资产阶级也是追随占统治地位的外国资本,比如在第一次世界大战以后,在拉丁美洲和东方,大庄园主和买办寡头通过进口替代而从事零星的工业化,而且,它总是同统治着这种新的轻工业的外国资本合作。特别是,这些当地的商业资产阶级与国家机器相联系,从而与官僚集团的上层融合起来,公开地或间接地形成了买办新资产阶级,这样,他们不但能把殖民地贸易的职能接过来,而且还设法同采矿、工业和银行等现代部门中的外国资本取得联系。

3. 具有当代外围地区所特有的特殊官僚主义发展的趋势

在殖民地时期,外围地区由于中心国家的资本的统治地位产生了当地的

---

① 〔埃及〕萨米尔·阿明:《不平等的发展:论外围资本主义的社会形态》,第285—312页。

统治阶级,但这些阶级是在世界体系的结构内行使其权力的,所以他们的行为是有利于中心国家,也有利于他们自己。随着外围地区的政治独立以及民族国家的形成,官僚机构出现了特殊的发展趋势,这突出地表现在,在外围形态先进的地区,由于外围经济只是作为中心经济的附庸而存在,缺少类似宗主国的资产阶级,本地资产阶级的发展比较薄弱,所以,官僚机构就显得更有分量;在外围形态并不高度发达的地方,官僚机构甚至是舞台上唯一的角色。独立增加了新的官僚机构在民族社会中的特殊分量,使其成为主要的社会驱动力。传统的行政官僚机构在国家独立以后成为经济活动的主角,它由于把外资部门接受过来而变成国家资产阶级,有时官僚机构可以通过国家的力量寻求有利于私营或国营的民族资本的发展。尽管如此,国家资产阶级仍然遵循两种模式发展:一种模式是,外围资本主义主要基于农业资本主义的发展,其中,富农成为主要的形式,在这种结构中,中心国家的工业和金融资本占统治地位,官僚机构或当地的国家资产阶级主要起传送带的作用,这种情况相当于第三世界国家中进口替代工业仍然直接受外资控制,而本国企业资产阶级无法形成的情况。第二种模式是,国家资产阶级是官僚机构在生产过程中起作用的时候出现的,它通过控制经济而接管了国内生产的部分剩余。在这种情况下,只要经济是依附性的,只要中心国家的控制能使中心国家占有剩余的主要部分,那么,这个官僚机构就始终是依附性的。

4. 无产阶级化的现象具有不完全的特点

在依附论者看来,在马克思的时代,可以说世界无产阶级的核心在中心国家,这一方面是由于中心国家没有发生社会主义革命,另一方面是由于资本主义还没有进入垄断阶段。但在今天,阶级斗争的世界条件发生了变化,因为资本主义主要矛盾表现为利润率下降,而在世界范围内解决这个矛盾的唯一办法就是提高剩余价值率,而外围地区的本质使之有可能把外围地区的剩余价值率提高到比在中心地区高得多,结果必然是,外围地区的无产阶级比中心地区的无产阶级受剥削的程度更高。所以说,世界无产阶级的核心是在外围地区而不是在中心地区。有一点值得引起人们的注意,这就是外围地区的无产阶级具有不完全化的特点,也就是说,外围地区的无产阶级并不完全由大企业中的工资收入者组成,它还包括被迫进入世界贸易体系中的农民群众,他们也是外围地区不完全无产阶级化的一种形式,他们也像城市工人阶级一样为不平等交换付出代价。

针对外围社会的一般形态,依附论者们一致认为有必要提出一种过渡战略,以使得外围地区摆脱对中心地区的依附。依附论者阿明认为,"对外围国家来说,它们的抉择事实上是这样的:或者是依附性发展,或者是自主中心发展,这在形式上必定是创新的,有别于当前的发达国家……外围国家使自己摆脱中心国家政治统治的每一个严肃的行动都导向种种冲突而令人考虑社会主义前景的必要性,这并非偶然"①。依附论者普雷维什则提出外围国家自主发展工业化战略。因为在发达国家和发展中国家之间存在着很大的不平等,所以,普雷维什强烈反对以往的外向型发展战略(出口导向战略),提出了一系列外围国家发展资本主义的战略。其中,工业化是普雷维什关心的主要目标。"我对拉美国家情况的判断,是在批评外向发展模式的基础之上作出的。我认为这些模式不能使这些国家充分发展。我提出的发展政策的目的在于建立能克服先前模式局限性的新发展模式,其主要目标是工业化。"②为此,普雷维什对外围国家的发展提出了一系列政策建议,主要集中在如下三个方面:一是工业化,由于中心国家的技术在向外围渗透时主要集中在那些和初级产品出口相关的活动上,而不进入劳动力集中、生产效率低下的生产活动部门,因而,发展中国家采取出口导向政策有很大的局限性。如果国内生产成本比进口工业品生产成本高,而且造成的收入损失低于出口收入因价格下跌造成的损失,扩大初级产品的出口还是有利的,但一旦超过这一点,就应该选择进口替代战略,这有利于纠正发展受外国约束的趋势。"由有节制、有选择的保护政策刺激起来的进口替代,是取得某些合意效果、经济上明智稳妥的好办法。"③二是和中心的关系,中心国家应该放弃旧的国际分工观念,应该对其贸易政策作重大变革,因为中心国家在坚持贸易许可制度的基础上实行互惠一般会损害外围国家的经济增长。外围国家可以在一定程度上实行保护措施。三是计划化的必要性,为了减少外在的脆弱性,政府应合乎理性地并有远见地加强在基础设施方面的投资,并协调好工业、农业和其他部门的关系。

第三节 依附理论的贡献和争论

依附理论主要兴起于第二次世界大战后的拉丁美洲,通过联合国拉丁美

---

① 〔埃及〕萨米尔·阿明:《不平等的发展:论外围资本主义的社会形态》,第329页。
② 〔阿根廷〕劳尔·普雷维什:《我的发展思想的五阶段》,载于什杰拉尔德·迈耶、达德利·西尔斯编:《发展经济学的先驱》,第179页。
③ 同上书,第181页。

洲经济委员会的工作将其制度化。后来,学者们逐渐把依附这一概念应用于亚洲、非洲等第三世界国家的政治、经济和社会结构的分析上。现在,依附理论已经成为国际政治经济学教科书①和学术研究②中的一个重要理论和流派。

一、依附理论的贡献

依附理论在学术上的最大贡献就是继承和发展了马克思主义政治经济学传统,并将其创造性地应用于国际经济秩序的分析中,否定了西方主流学术界关于"存在一个普遍的现代化模式"的论断,为20世纪70年代以后兴起的世界体系论提供了思想渊源。

在20世纪50—60年代西方学术界盛行的现代化理论中,一个暗含的逻辑前提是,发展和现代化有一个可以遵循的普遍模式,西方发达国家遵循这些模式,所以得到了发展。当代不发达国家之所以不发达,其主要原因是这些国家和地区本身的原因。所以,当代不发达的国家要想得到发展,就必须改变本国的政治体制、经济结构和教育系统,效仿发达国家已经走过的现代化道路。这种观点其实是所有自由主义者的共同观点。这种自由主义的观点在20世纪50—60年代的西方学术界非常盛行,而马克思主义在同时期受到冷落有多方面的原因,但有两个原因却是不可忽视的③:一个原因是,这一时期的马克思主义理论与苏联的共产主义实践联系在一起,而苏联式的共产主义在统治社会科学研究领域的美国学者眼里,是一种集权主义,并且是美国倡导的自由主义的一个主要国际竞争对手;另一个原因是,在战后的二十年时间里,社会科学被整个西方工业社会的经济奇迹所笼罩,所以马克思关于工人阶级生活条件不断恶化的信条以及列宁关于资本家之间自我毁灭性的竞争的论断都不为社会科学中占统治地位的新自由主义学者所信服。在这种背景下,拒绝接受或研究马克思以及马克思主义是很自然的。

20世纪60年代中期以后,随着发展和现代化在发展中国家受挫,一些学者开始重新思考发展中国家的发展和现代化。其中,最为突出的是依附理论

---

① Frederic S. Pearson & Simon Payaslian, *International Political Economy: Conflict and Cooperation in the Global System*, The Mcgraw-Hill Companies, 1999, pp. 43–45; George T. Crane and Abla Amawi, eds., *The Theoretical Evolution of International Political Economy: A Reader*, pp. 146–149.

② Thomas J. Biersteker, "Evolving Perspectives on International Political Economy: Twentieth-Century Contexts and Discontinuities", *International Political Science Review*, Vol. 14, No. 1, 1993.

③ Andrew C. Janos, *Politics and Paradigms: Changing Theories of Change in Social Science*, pp. 69–70.

和世界体系理论。他们提出的共同问题是：为什么发展中国家效仿西方发达国家的现代化道路仍然不能得到发展（以拉丁美洲和非洲为例）？不发达国家不发达的原因到底是什么呢？依附论和世界体系论者的共同思路是开始把不发达国家的不发达和发达国家的发达放在一个国际体系中一起加以考虑。经济学家弗兰克（Andre Gunder Frank）在研究拉丁美洲经济发展的基础上总结道：

> 经济发达和不发达是同一个钱币的两个方面……二者都是资本主义世界体系的必然结果以及矛盾在当代的表现……它们是单一的，但辩证地讲是矛盾的经济结构和过程的产物，[在这个过程中]，中心地区剥削附属地区的经济剩余并以此使其经济得以发展。①

依附论者则从世界政治经济结构的特点、资本主义生产方式的本质以及资本主义世界体系运行的规则出发，对发达国家和不发达国家差距的日益扩大以及不发达国家经济落后的根源进行了分析，指出，不发达国家不发达的根本原因就在于资本主义世界体系形成以后出现的中心和边缘的结构，以及中心和边缘的不平等交换，或者说中心对边缘的剥削。这对分析20世纪70年代以来南北差距日益扩大的现实无疑有着重大的理论意义和现实意义。

二、依附理论的争论

但依附理论也引起了各种各样的争论，这些争论既有来自马克思主义政治经济学传统内部的，也有来自马克思主义政治经济学传统之外的。

来自马克思主义政治经济学传统的学者对依附论的批评主要有如下几个方面②：

第一，有些新马克思主义学者认为，依附论过分强调民族主义。在他们看来，依附论者关于依附的定义暗含着一个理论逻辑，即依附就是民族控制的丧失，就是民族自我决定和独立的丧失，依附论的这种分析其实是一种着重点的错位，因为在当代世界，真正的敌人不是外国控制和主宰，而是生产方式的私人控制和主宰。

第二，有些新马克思主义者批评依附论者缺乏辩证的态度。他们的理由是，依附论者对取代依附性发展的道路充满信心，所以依附论就停留在这一

---

① Andre Gunder Frank, *Capitalism and Underdevelopment in Latin America*, New York, 1967, p. 9.
② Thomas J. Biersteker, "Evolving Perspectives on International Political Economy: Twentieth-Century Contexts and Discontinuities", *International Political Science Review*, Vol. 14, No. 1, 1993, pp. 22-23.

方向上,依附关系好像是不可改变的,是静态的。这种静态地观察发展道路的方式本身就不完全是马克思主义的。

第三,有些新马克思主义者批评依附论对非依附性发展的前景持一种乌托邦的思想。因为对自力更生的国家政策的追求只是一种逻辑上的设想,很少有统治阶级会自愿放弃他们存在的物质基础。所以,在许多早期依附以及自力更生的理论中,存在着对国家的作用认识不充分的问题。

来自马克思主义政治经济学传统之外的学者们对依附论的批评主要包括如下几个方面[①]:

第一,一些非马克思主义者批评依附论存在着概念模糊的问题。依附论的著作整篇在论述依附的原因、类型、结构以及结果,却很少对概念给以准确的定义,比如,依附论的核心概念"依附""发展"的定义很不精确,而且有时前后不相一致。

第二,依附论存在着方法论上的不充分性。依附论通常是在二分法中进行概念化的,比如或者依附,或者不依附,除了说明依附的形式外,他们不能准确地说明如何衡量依附的程度;同时依附论不能解释依附的前资本主义的形式,以及在社会主义条件下的依附关系。

第三,依附论很少注意资本主义发展的成功的模式。比如,东亚和东南亚新型工业化国家的成功表明,融入资本主义世界经济能够推动快速的发展。中国自1976年以来为了国家的发展和实现四个现代化采取的是开放政策而不是闭关锁国政策。

尽管对依附理论存在着这样和那样的批评,但依附理论对当代国际体系分析的独特性以及对国际学术界马克思主义政治经济学的复兴所作的贡献一直是学术界所公认的。

[①] Thomas J. Biersteker, "Evolving Perspectives on International Political Economy: Twentieth-Century Contexts and Discontinuities", *International Political Science Review*, Vol. 14, No. 1, 1993, pp. 23-24.

第九章
世界体系理论：世界经济、历史体系与文明

国际政治经济学中继承古典马克思主义政治经济学学术传统的另一种理论就是世界体系理论。① 世界体系论与依附理论的共同之处在于，二者有着共同的国际社会现实背景，而且在学术观点上也比较接近，因而，部分依附理论的倡导者以及追随者后来也加入世界体系论的行列。世界体系理论与依附理论不同之处在于，在产生的时间顺序上，依附理论先于世界体系理论，并成为后来世界体系论的学术思想渊源②；在关注的焦点上，依附理论主要关注的是拉丁美洲的发展，而世界体系理论关注的主要是资本主义世界体系本身的发展以及处于其中所有国家和地区的发展③；在理论的倾向以及理论的完整上，世界体系论比依附理论走得更远，而且有一套更为完整的理论体系

---

① 关于在英语世界对世界体系论比较系统的研究，读者可参阅 Thomas R. Shannon, *An Introduction to the World-System Perspective*(Westview Press, 1989,1996)；关于在日语世界对世界体系论比较系统的研究，读者可参阅田中明彦：《世界系统》（东京大学出版会1989年版）；关于在法语世界对世界体系论的系统论述和研究，读者可参阅由美国纽约州立大学布罗代尔研究中心和法国人文科学院合作在剑桥大学出版社出版的名为 Etudes sur le capitalism moderne/studies in modern capitalism 系列丛书；关于在汉语世界对世界体系理论比较系统的研究，读者可参阅王正毅：《世界体系论与中国》（商务印书馆2000年版）。

② 王正毅：《世界体系论与中国》，商务印书馆2000年版，第42—44页。

③ 关于这一点，读者可参阅《世界体系论研究的课题》，载于王正毅：《世界体系论与中国》，第82—90页。

和分析方法①。

第一节　世界体系论的兴起②

世界体系理论(world system theory)作为一种理论和分析方法首先兴起于20世纪70年代美国学术界，主要标志是美国社会科学家伊曼纽尔·沃勒斯坦(Immanuel Wallerstein)于1974年出版的享誉国际学术界的《现代世界体系(第一卷):16世纪资本主义农业和欧洲世界经济的起源》。

一、世界体系论的社会现实起源

与依附理论相同,世界体系论也起源于对20世纪五六十年代兴起的现代化理论的批判。第二次世界大战结束以来,随着西欧殖民体系的瓦解和亚、非、拉新兴国家独立,从50年代中期起,在西方学术界出现了一股研究这些新兴国家发展和现代化的热潮,"发展"和"现代化"成为这一时期欧、美学术界关注的主题,如经济学界出现了罗斯托的"经济成长阶段论",即无论是在西方,还是在东方,现代化的道路必须经过五个阶段,即传统社会、起飞准备阶段、起飞阶段、成熟阶段和高额群众消费阶段。在政治学界,出现了阿尔蒙德等的政治现代化模式,即政治现代化只有模仿英国的参议院民主制和美国的总统民主制。社会学界的帕森斯主张现代化就是西方化。尽管这些发展和现代化理论侧重的角度不同,但它们在如下两点上却是共同的:(1)分析的单位是共同的,即都以"国家"为分析单位,分析国家的政治制度、经济战略和社会系统,由此而认为,发展就是单个国家和单个社会的发展。(2)追求一个普遍的、一般的模式。这些理论均以一个假定为前提,即不论各个国家在历史、文化习俗、资源的禀赋上有何差异,都可以走一条普遍的发展道路,遵循一个普遍的发展模式,这个模式就是西方国家曾经走过的模式。也就是说,发展中国家只有模仿西方发达国家的政治、经济、社会结构以及文化模式,才能真正走向现代化。

但这些发展理论在60年代末、70年代初受到现实的强烈挑战:一是世界范围内的民族主义运动的兴起,反对霸权、反对帝国主义和新殖民主义成为

---

① 世界体系理论是一种理论,但更重要的是一种分析问题的方法,关于这一点,读者可参阅世界体系论的倡导者和完善者沃勒斯坦教授为王正毅所著《世界体系论与中国》所作的序言。

② 本节内容主要取材于王正毅:《世界体系论与中国》,第14—66页。

这一时期的主题。即使是在发达国家内部,也出现反叛,法国的"五月风暴"、美国的"知识分子运动"等。以美国、英国为首的霸权体系在政治上、经济上和知识结构上受到现实的强烈挑战。二是一体化开始在局部地区出现,并大有发展之趋势,欧洲经济共同体、东南亚国家联盟、石油输出国组织、北大西洋公约组织、华沙条约组织等,这种国家之间的联合以及共同发展的趋势,对60年代提出的各种发展理论以单一国家为研究单位提出了强有力的挑战。三是冷战格局的形成。以美国为首的西方资本主义世界和以苏联为首的东方社会主义世界的对抗在60年代达到了顶峰,这表明任何国家的发展和安全都离不开这两大主要集团,这种格局持续了近半个世纪,主宰着战后世界政治经济格局。任何国家的发展都是在这种大的世界背景下的发展。这种特征也促使一些国家,尤其是那些小国以及刚刚独立的国家为了各自的发展不得不加入某一地区联合或集团联合。四是南北差距的加大,这表明,任何国家的发展绝不是该国一国之事,每一国家均处于世界这个整体之中,尽管这个整体的各个部分还存在着差异,但是,这种差异并没有大到使得各个国家能完全脱离世界体系这个整体之外。所以,发展不只是发展中国家的事业,也是发达国家的事业,"发展"这一问题使得发达国家和发展中国家变成一个整体。只要发展中国家不发展,发达国家的增长将受到严重的制约,因此,南北关系问题开始成为这一时期最为重要的问题。

这些挑战促使学者们开始从理论上重新审视50—60年代西方学术界盛行的"现代化理论"。

二、世界体系论的学术思想起源

走出现代化理论的误区,重新思考发展中国家的发展,最早并不是伊曼纽尔·沃勒斯坦所为。实际上,在现代化理论和发展理论鼎盛时期,一批西方社会科学家开始放弃寻求"普遍模式"的努力,其中,最为突出的是本迪克斯的《建国和公民权》(Reinhard Bendix, *Nation-Building and Citizenship*, New York, 1964);白鲁恂的《政治发展的诸方面》(Lucian W. Pye, *Aspects of Political Development*, Boston, 1966);摩尔的《民主和专制的社会起源》(Barrington Moore, *The Social Origins of Dictatorship and Democracy*, Boston, 1966)。但对世界体系论思想的形成起重大影响并直接成为世界体系论学术思想渊源的主要是如下三位社会科学家:熊彼特①、波拉尼②、普雷维什③。

1. 熊彼特的《资本主义、社会主义和民主》

在西方主流社会科学家们赞美西方的道路并把其作为一个普遍的模式应用于发展中国家的现代化研究时,熊彼特却在对资本主义社会进行研究后,于1942年发表了著名的《资本主义、社会主义和民主》一书,对资本主义社会进行了批判,认为资本主义是一个创造性毁灭过程。

在熊彼特看来,资本主义社会自身目前正孕育着反资本主义的观点,这些观点将导致资本主义的失败。他从四个方面对此进行了详细的分析。

(1) 企业创新是资本主义的本质特征,但资本主义经济发展自身破坏了创新功能

熊彼特认为,资本经济之所以能够周而复始地"繁荣"和"衰退",其根本原因就是企业家的不断创新,包括利用新发明,或生产新商品,或开辟新原料的来源,或开辟产品的新销路,或重组产业等等,比如早期的铁路建设、第一次世界大战前的电力生产、蒸汽机和钢铁、汽车以及殖民地冒险都是创新的结果。但现在出现了不适合这种创新的环境:一是现在革新本身被当作是一种例行公事,技术成为一伙训练有素的专家的业务,这样,早期的商业冒险的浪漫气息正被急剧地磨灭;二是周围的环境已经变得习惯于经济变革,把它当作是一种自然之事,这样,人格和意志力就变得不那么重要了。熊彼特由此得出结论:"既然资本主义企业由于它自身的成就趋于使进步自动化,我们可以由此得出结论:它趋向于使自己成为多余的东西——它会被自己的成就压得粉碎。"④

(2) 保护性阶层是资本主义制度机构的保障,而资本主义在破坏封建社会体制的同时破坏了自己的保障

在熊彼特看来,资本主义摧毁了封建制度的社会体制,包括采邑、庄园和手工行会。这表面看来资产阶级丢掉了枷锁,建立了符合自己利益的社会秩

---

① 约瑟夫·A.熊彼特(Joseph A. Schumpeter, 1883—1950),美籍奥地利经济学家。他的一系列著作为世界社会科学家所称道,如《经济发展理论》(1912)、《经济周期:资本主义过程之理论的、历史的和统计的分析》(1939)、《资本主义、社会主义和民主》(1942)、《经济分析史》(三卷,1980)。

② 卡尔·波拉尼(Karl Polanyi, 1886—1964),奥地利经济学家。他的主要著作是《大转变:我们时代的政治经济起源》(1944)。

③ 劳尔·普雷维什(Raul Prebisch, 1901—1986),阿根廷经济学家,依附论的著名代表。他的主要著作有:《拉丁美洲的经济发展及其主要问题》(1950)、《变革与发展》(1965)、《外围资本主义:变革与发展》(1980)。

④ Joseph A. Schumpeter, *Capitalism, Socialism and Democracy*, Harper & Brothers, 1950, p.134.

序。但实际上,资产阶级在丢掉枷锁的同时也失去了自己的保护阶层。因为在熊彼特看来,资产阶级的兴起和民族国家的产生,在 16 世纪、17 世纪、18 世纪产生了一个两栖性质的社会结构,即一方面是资产阶级,另一方面是充斥国家机关里的政策制定者,这些政策制定者作为统治阶级仍然按照前资本主义的模式行事。他们虽然考虑到资产阶级的利益,但总是小心地与资产阶级保持一定的距离。"这是两个阶层的积极共生,其中一个阶层无疑在经济上支持了另一个阶层,但在政治上反过来受到另一个阶层的支持。"①对于这些与资产阶级共生的阶层所生存的社会制度,资产阶级却在资本主义过程中将其作为镣铐摧毁了它们。所以,熊彼特说:"在破坏前资本主义的社会制度时,资本主义就这样不仅破坏了妨碍它前进的障碍,也拆掉了阻止它崩溃的临时支架。"②

(3) 资本主义鼓励理性的、批评的态度,而这反过来成为反对资本主义社会体系的力量

在熊彼特看来,尽管理性思维发展的进程先于资本主义数千年,但资本主义给这种理性的发展注入了新的动力。"资本主义创造了一种思想批判的氛围,它在毁灭了那么多种制度的道德威信之后,最后回过头来反对自己的道德威信。资产阶级惊讶地发现,理性主义的态度不以打击国王和教皇的符玺为满足,还进而打击私有财产和资产阶级的整个价值图式。"③这种批判力量主要来自知识分子集团。

(4) 长驱直入社会主义

尽管熊彼特并不完全同意马克思的观点,但在社会主义将取代资本主义这一点上他是同意马克思的。"在关于资本主义社会灭亡的方式的预言上,马克思是错误的,但在关于资本主义社会必然灭亡的预言上,他没有错。"④为此,他在 1949 年 12 月 30 日召开的"美国经济联合会"(American Economic Association)上做了题为"长驱直入社会主义"(The march into socialism)的开幕词,比较明确地阐述了他关于社会主义的观点。他将社会主义定义为"一种社会组织,在这种社会组织中,生产方式得以控制,关于如何生产、生产什么以及谁将得到什么,将由公共权力而不是私有的以及私人管理的公司来决

---

① Joseph A. Schumpeter, *Capitalism, Socialism and Democracy*, p.136.
② Ibid., p.139.
③ Ibid., p.143.
④ Ibid., p.425.

定。而长驱直入社会主义则意味着人们的经济事务从私人转移到公共领域"①。

那么,为什么资本主义会自我毁灭,而社会主义会出现呢?熊彼特认为,主要有如下四点理由:第一,商业阶级的成功为所有的阶级创造了一种新的生活水平,而这反过来破坏了商业阶级的社会和经济地位。第二,资本家有"理性"的活动使得人们的活动理性化,这种理性化的活动破坏了以往的人们在合同中的那种忠诚和服从性。如今,人们的活动都被短期的功利目的所驱使。第三,商业阶级日益集中于工厂和办公室,这样便产生了一个政治系统和一个知识分子阶级,这个阶级逐渐产生了一种从商业阶级独立出来的,并对商业阶级的利益怀有敌意的情绪。第四,与资本主义经济成功有着因果联系的是,资本主义社会的价值不仅失去了它对大众的控制,而且也失去了它对"资本家"阶层自身的控制。

2. 波拉尼的《大转变:我们时代的政治经济起源》

在自由主义社会科学家为资本主义的工业革命和"自我调节的市场"(self-regulating market)高歌时,波拉尼于1944年出版了《大转变:我们时代的政治经济起源》,提出了市场威胁着人、自然和社会的著名论断。他断言:"经济自由主义误解了工业革命的历史,因为它是从经济的角度来判断社会事件的",而实际上,"在18世纪工业革命中,生产工具的提高伴随着普通人生活方式的灾难性的混乱"②。波拉尼对工业革命和市场经济进行了仔细的分析。

在波拉尼看来,19世纪的文明主要基于如下四种制度:权力平衡体系,它阻止了大国之间长期的和破坏性的战争;国际性的金本位制,它象征着一个独特的世界经济组织;自我调节的市场,它提供了前所未闻的物质财富;自由的国家。③ 其中,最为根本的是自我调节的市场。现在,19世纪的文明崩溃了,其根本原因就是人们过于相信自我调节的市场的魔幻般的作用。事实上,19世纪的文明崩溃正是由于自我调节的市场对人、自然以及社会的破坏所致。波拉尼从以下几个方面对此进行了考察。

---

① Joseph A. Schumpeter, *Capitalism, Socialism and Democracy*, p. 415.
② Karl Polanyi, *The Great Transformation: The Political and Economic Origins of Our Time*, Rinehart and Company, Inc., 1957, p. 33.
③ Ibid., p. 3.

(1) 自我调节的市场是被创造出来的一种机制

与自由主义经济学家认为市场是自然而然产生的观点不同,波拉尼从经济历史的角度对此进行了分析。在他看来,经济自由主义所说的自我调节的市场不是自然而然产生的。在古代社会,一直存在着三种贸易,一种是对外贸易(external trade),也就是长距离贸易(long distance trade);一种是国内贸易(internal trade);一种是地方贸易(local trade)。无论是对外贸易(不同气候区之间),还是地方贸易(城市和农村之间),都是由于地理上的原因而致,这些贸易并不意味着竞争,而是相互补充的,因而,这两种贸易并不一定产生市场。经济自由主义那种认为远距离贸易也包含着市场的观点是不符合历史事实的,"人类团体似乎从来没有预言对外贸易,这种贸易并不一定包含市场。对外贸易,从起源上来看,更多地源于冒险、探索、猎取、海盗行为以及战争,而不是进行交换"[1]。所以,并不是由于有了市场才进行贸易,正好相反,正是由于有了贸易,才有了市场。在19世纪以前,市场并没有进入到社会之中,即使是在重商主义的时代也是如此,"从16世纪开始,市场既是大量的,也是重要的。在重商主义制度下,市场事实上成为政府关心的事业。但仍然没有迹象表明市场控制了人类社会。相反,规则和范围比以前更为严格,自我调节的市场的观念并不存在"[2]。

自我调节的市场作为一种机制渗透到整个社会之中出现于19世纪,是由于政府的干预而被创造出来的,"西欧的国内贸易实际上由国家干预而被创造出来的"[3],它是伴随着国内贸易的产生而产生的。与对外贸易和地方贸易有所不同的是,对外贸易和地方贸易并不一定意味着竞争,但国内贸易从本质上来说是竞争性的贸易,即交换过程中会出现来自不同资源的同类产品的竞争,这样,竞争就会被看作是贸易的一个一般的原则被接受下来。由于竞争会最终导致垄断,而垄断又会威胁人们的日常生活,所以,国家进行干预并推出重商主义的国内贸易政策。[4]

(2) 自我调节的市场对人、自然和社会是一种极大的破坏

由于国家的干预,自我调节的市场机制在19世纪被作为一个神话创造出来。一切都被设想为商品,包括人和自然。自我调节意味着所有的产品都是

---

[1] Karl Polanyi, *The Great Transformation: The Political and Economic Origins of Our Time*, p.59.
[2] Ibid., p.55.
[3] Ibid., p.63.
[4] Ibid., pp.66-67.

为了在市场买卖,而所有的收入都来源于这种买卖。这种买卖不仅包括物品,而且包括人、土地和钱。由此而形成的价格分别是工资(对劳动而言)、地租(对土地而言)和利息(对钱而言)。这样,经济自由主义者就将劳动、土地和钱这些工业的必要的要素完全市场化,由此构造了一个经济系统,并将这个经济系统社会化,于是,社会就成为市场化的社会,"由此,人类社会便变成经济的附属物"。① 英国的工业革命正是在这种思想的指导下,于18世纪通过圈地运动(Enclosure)、《史边咸法案》(Speenhamland Law)和《济贫法案》(Poor Law)这些手段创造出"自我调节市场",并于19世纪向世界推广。波拉尼对19世纪的社会历史作了如下的总结:"19世纪的社会历史是一种双重运动的结果:关于真实的商品的市场组织的扩展以及与之相伴的虚拟商品相关市场组织的限制。一方面,市场向全球的所有角落扩展,其涉及的商品的数量增长到难以相信的地步,另一方面,各种措施和政策所构成的网络被转化为强有力的制度,目的是抑制与劳动力、土地和金钱相关的市场行为。"②

但波拉尼认为,劳动力、土地和金钱本身并不是商品,劳动力不过是人类活动的另外一个名称,土地只是自然的另外一个名称,而金钱不过是人们购买力的一种象征,"他们之中没有一个是为了买卖而生产出来的,把劳动力、土地和金钱描述为商品完全是虚构的"③。正因为如此,"自我调节的市场"运动受到"社会自我保护"(self-protection of society)运动的反对。这种运动通过各种手段来阻止"自我调节的市场"运动对人和自然的本性的抹杀。这样,在19世纪的社会中,就出现了双重运动④:一种是经济自由主义运动,它在贸易阶级(trading classes)的支持下,将自由贸易作为其方法,其目的是建立一个自我调节的市场;一种是社会保护主义运动,它在工人阶级和农民阶级的支持下,运用保护性立法、限制性组织以及其他干预工具,其目的就是保护人、自然和生产组织。正是这种双重运动,破坏了近一个世纪的和平,促使19世纪的资本主义文明瓦解。

(3)重建文明首先是保证社会的自由

从以上的分析中,波拉尼得出一个结论⑤:19世纪文明的崩溃不是由于内部或外部野蛮人的入侵,不是由于世界大战,也不是由于无产阶级的反抗,而

---

① Karl Polanyi, *The Great Transformation: The Political and Economic Origins of Our Time*, p.75.
② Ibid., p.76.
③ Ibid., p.72.
④ Ibid., p.132.
⑤ Ibid., p.249.

是由于自我调节的市场对人、自然和社会的扭曲而导致。外在的战争只不过是加强了对它的破坏。

在波拉尼那里,对市场社会(market society)的批判并不意味着否定经济,因为任何社会都是以经济为基础,他所批判的是那种被认为有自律性的经济。在他看来,亚当·斯密所勾画的经济模型是现实社会中最不常见的一种模型,近代的文化人类学已拆穿了这种理性构造的真实性。"经济史表明,国内市场的出现完全不是经济领域逐渐地和自动地脱离政府控制的结果。相反,市场一直是政府有意识地,并且通常是粗暴地干预的结果,而在这种干预中,政府为了非经济的目的将市场组织强加于社会之中","19世纪社会的先天性的弱点不是因为它是工业社会,而是因为它是一个市场社会"。①

在未来的社会中(无论采取什么形式,民主的还是贵族的,立宪的还是专制的,还是目前无法预见的任何形式),要重建文明,有一点是共同的:不要相信自我调节的市场,将劳动力、土地和金钱从市场中解放出来(比如,不再将工资合同主要当作私人合同;将土地用于学校、教堂以及自然保护区;在将金钱看作商业金钱的同时,也要将其看作代币等等),还劳动力和自然的自然本性,使社会成为一个自由的社会。用波拉尼自己的话来说:"事实上,统一的市场经济的解体就已经在产生各种各样的新的社会。同样,市场社会的终结并不意味着没有市场,市场仍然以各种形式来保证消费者的自由、标明需求的变化、影响生产者的收入,以及作为一种会计的功能发挥作用,但它停止作为经济自我调节的喉舌。"②这就是未来一个自由社会(与市场社会相对)的图像。

3. 普雷维什的《拉丁美洲的经济发展及其主要问题》

在熊彼特批判资本主义、波拉尼批判自我调节的市场时,阿根廷的经济学家普雷维什对资本主义的国际体系提出了与以往自由主义经济学家非常不同的看法,这就是著名的依附论。关于依附理论,我们在上一章已经做了比较系统的论述和分析。

这里需要指出的是,尽管在依附理论的发展过程中,普雷维什本人的思想也经过不同的阶段(他自己概括为五个阶段),但他关于国际体系存在着一种中心—外围的结构的观点一直没有变。

---

① Karl Polanyi, *The Great Transformation: The Political and Economic Origins of Our Time*, p. 250.
② Ibid., p. 252.

事实上存在着一种"经济星座",其中心是工业国。由于受惠于这种地位和早期的技术进步,工业国组成了为他们利益服务的整个体系。生产出口原料的国家则以其资源的功能和中心发生联系,从而形成了以不同方式和不同程度结合在这个体系中的、一个广大的、参差不齐的外围。①

这种将国际体系分为"中心—外围"结构的观点成为霍普金斯和沃勒斯坦等人构造世界体系论的直接学术思想来源,所不同的是,世界体系论者在中心—外围这种结构中又加入"半边缘",成为"核心—半边缘—边缘"这样的结构。

以上从学术上对资本主义经济的成功(熊彼特)、自我调节的市场(波拉尼)以及资本主义国际经济体系(普雷维什)的反思,对当时西方社会科学界普遍盛行的"现代化理论"无疑是一个重大的冲击,也为沃勒斯坦构建世界体系理论营造了学术氛围。

沃勒斯坦教授早期是以研究非洲问题而著名的。关心非洲的发展和现代化一直是他学术研究的焦点。在1974年他的成名作《现代世界体系》(第一卷)出版之前,他的五部著作中有四部是关于非洲的:《非洲独立的政治》(1961)、《迈向独立之路:加纳和象牙海岸》(1964)、《非洲:统一的政治》(1967)、《非洲:传统与变革》(1972)。通过对非洲的研究使他认识到,西方社会科学家们所开的现代化处方并不适合于非洲,这促使他重新思考现代化理论,并把目光放在与非洲密切相关的资本主义世界体系的考察上。② 而对资本主义世界体系的研究必须首先回答资本主义世界体系形成的时间和地点问题,于是他开始从欧洲资本主义世界体系的形成入手,这促使他于1974年完成他的成名作《现代世界体系》(第一卷)。关于这一点,只要我们看一看这本书的副标题"16世纪资本主义农业和欧洲世界经济的起源"就一目了然了。

三、世界体系论的分析方法起源

世界体系论的创始人霍普金斯和沃勒斯坦都开诚布公地宣布,他们在构造世界体系理论时吸收了法国年鉴学派的长时段和大范围研究方法、康德拉

---

① 〔阿根廷〕劳尔·普雷维什:《我的发展思想的五阶段》,载于〔美〕什杰拉尔德·迈耶、达德利·西尔斯编:《发展经济学的先驱》,第179页。

② 这种学术思想上的转向是他于1995年在巴黎人文科学院(Masion des sciences de L'Homme)给我们授课时回忆他的思想进程时所讲的。

季耶夫的经济周期分析方法以及马克思的资本积累理论。①

1. 法国年鉴学派:长时段和大范围

年鉴学派是法国战后非常重要的历史学派,主要得名于法国历史学家吕西安·费弗尔(Lucien Febvre,1878—1956)和马克·布洛赫(Marc Bloch,1886—1944)于1929年在斯特拉斯堡创办的《经济与社会史年鉴》杂志。其后,年鉴学派的发展大致经历了三个阶段,第一阶段(1929—1945)是年鉴学派的创建阶段,其代表人物是费弗尔和布洛赫;第二阶段(1945—1968)是年鉴学派的"制度化"阶段,其代表人物是费尔南·布罗代尔和夏尔·莫拉泽(Charles Moraze);第三阶段(1968—)是年鉴学派创立"新史学"阶段,其代表人物是毕尔吉埃尔(Andre Burguiere)、费罗(Marc Ferro)、勒戈夫(Jacques Le Goff)等人。

年鉴学派主张对全人类活动及其相互关系进行研究。布罗代尔是年鉴学派的第二代领袖,在他的成名作《菲力蒲二世时代的地中海及地中海世界》(1949)以及随后出版的三卷本《15至18世纪的物质文明、经济和资本主义》(1979)中,布罗代尔对以往的历史和社会科学进行了猛烈的抨击,提出一种新的书写历史的方法,即长时段研究方法。他认为,过去的历史著作只注重历史"事件"(event)的"短时段"研究,这使得社会科学研究误入歧途。新的研究方法主要有两方面,一是在研究历史时,除了"短时段"研究外,应加强对历史的长时段(long-term)研究。二是不但要研究政治"事件",更要注重对日常生活(everyday life)的结构研究②。布罗代尔的这种方法可以用表9-1简单表示如下③:

表9-1 布罗代尔的历史时段

	所使用的时段
结构(structure)	长时段(long duree)
物质生活(material life)	4000—5000
	400—500
联系(conjuncture)	中期(moyen)
经济的活动(economic)	20—50年
事件(event)	短期(court)
政治的活动(political)	

---

① 关于这一点,读者可参阅沃勒斯坦为王正毅著的《世界体系论与中国》一书所写的序言。

② Peter Burke, ed., *Economy and Society in Early Modern Europe: Essays from Annals*, Harper and Row, 1972, pp.15-17.

③ 这是沃勒斯坦教授在给笔者授课时讲到他与布罗代尔的联系与区别时所总结的。

（1）历史和时段

在布罗代尔看来，人类社会存在着三种不同的时间度量（time periods）：长时段、中时段和短时段。这三个时段在人类社会历史进程中的作用是非常不同的。

所谓短时段是指传统历史学家们所集中研究的历史事件（event），这些事件是指报纸以及按照年代记述的日常生活中的事件，诸如一场大火、一场铁路交通事故、小麦的价格、一起犯罪事件、一场电影以及一场洪水。这些事件涉及我们生活的各个方面，经济的、社会的、文字的、制度的、宗教的、地理的以及政治的。但在布罗代尔看来，"短时间是最为变幻莫测而且是极具欺骗性的一种时间形式"①。

> 任何历史著作或多或少地、有意地按照好恶来分析过去，并在年历体系中进行选择。传统的历史，都在注意短时段，单个人和事件，使得我们长时期以来习惯于突发性的、剧烈的和不间隙的故事的记载。②

> 并不是说这些术语（指三个时段）是绝对清楚的。比如说"事件"，就个人而言，我愿意将其置于短时段：事件是爆发性的，它是新事物。事件用烟雾遮住了当代人的眼睛；但是，事件不能持久，而且它的光辉也几乎是看不到的。③

所谓中时段，是介于短时段和长时段之间，时间可以是10年、25年，也可以是康德拉季耶夫的50年。布罗代尔用一个词"局势"（conjuncture）来表示。这种"局势"包括价格波动、人口增长、工资运动、利率波动、生产预测以及货币的分析等等。

> 一种新的历史记述的方式出现了，我们可以称之为"局势"、周期或者是"周而复始的周期"的"记述方式"；它为我们提供了解一种可选择的时间——10年、25年，甚至是康德拉季耶夫的50年的古典周期。④

所谓长时段是指在一个相当长的时间内起作用的那些因素，诸如地理格局、气候变迁、生产率限度、社会组织、思维模式以及文化形态等等。长时

---

① Fernand Braudel, "History and the Social Sciences", in Peter Burke, ed., *Economy and Society in Early Modern Europe: Essays from Annales*, p.15.
② Ibid., p.13.
③ Ibid., p.14.
④ Ibid., p.16.

段一般以几百年甚至几千年为计算单位,它处于历史的最深层。以长时段来观察历史,历史似乎处于静止状态。但正是在这种似乎不动的历史中存在着一种相对稳定的"结构",这种"结构"能够帮助我们看到人类社会的真谛。

(结构)在长时段问题中居于首位。在考察社会问题时,"结构"是指社会上现实和群众之间形成的一种有机的、严密的和相当稳固的关系。对我们历史学家来说,结构无疑是建筑构件,但更是十分耐久的实在。有些结构因长期存在而成为世代相传、连绵不绝的恒在因素:它们妨碍着或左右着历史的前进。另有一些结构较快地分化瓦解。但所有的结构全都具有促进和阻碍社会发展的作用。这些阻力表现为人及其经验几乎不可超越的限制(数学术语中的极限)。①

尽管布罗代尔也承认不同时段的重要性,但他最为看好的则是长时段:

对历史学家而言,接受长时段意味着风格和方式的变化。这意味着思想的变动以及(接受)一种新的关于社会生活的整体的概念。②

历史,就其本性而言,就是要求对时段以及容易打破时段的所有变化(或运动)给予特殊的、优先的关照。但是,就活动的整个领域而言,长时段,对我们而言,似乎是观察和思考的最有用的线路。这些轨迹是所有社会科学所共同追寻的。③

(2) 历史和地理空间

除了强调长时段在人类社会历史进程中的地位以外,年鉴学派与以前历史学家研究和书写历史的另外一个不同就是,年鉴学派强调对大范围的历史进行研究。这种大范围的含义主要有二:一是地理空间跨度大;二是覆盖层面范围广。

比如布罗代尔的成名作《菲力蒲二世时代的地中海及地中海世界》(1949)以及后来出版的三卷本《15 至 18 世纪的物质文明、经济和资本主义》(1979)都体现了这一点。我们单以三卷本《15 至 18 世纪的物质文明、经济和

---

① Fernand Braudel, "History and the Social Sciences", in Peter Burke, ed., *Economy and Society in Early Modern Europe: Essays from Annales*, pp.17–18.
② Ibid., p.20.
③ Ibid., p.38.

资本主义》为例①,这三卷本探讨的问题的时间跨度是15世纪至18世纪,其中第一卷集中探讨了这一时期的物质生活,第二卷讨论这一时期资本主义活动,第三卷集中于经济生活。在第一卷关于物质生活的探讨中,布罗代尔不但探讨了这一时期世界各地的面包、饮食(盐、奶品、鸡蛋、海鲜以及各种各样的饮料)、住宅、服装和时尚,而且还探讨了这一时期的世界范围内的能源、冶金、技术、货币和城市。第二卷则对这一时期的欧洲以及欧洲以外的市场、国家以及资本主义进行了系统的考察。第三卷则从更为宏观的角度对这一时期的经济世界以及资本主义进行了系统的论述。就地理范围而言,这三卷本不仅仅局限于欧洲,而且还讨论了这一时期与欧洲密切相关的亚洲、非洲和拉丁美洲。就覆盖层面而言,这三卷本著作涉及基本的物质生活、国家、民族、资本主义等等各个方面。关于地理空间包容性,布罗代尔曾给予精辟的概括:

> 地域作为说明的本原,同时涉及历史的全部实在,涉及整体的所有组成部分:国家、社会、文化、经济等等。根据人们选择这些集合中的这个或那个集合,地域的意义和作用便有所变化,当然不是彻底的变化。②

对于世界体系理论与法国年鉴学派的关系,世界体系论的倡导者曾直言不讳地说:"这种研究[指世界体系的研究]直接来源于以前关于过去、现在和未来长时段、大范围的社会变化的研究。"③

沃勒斯坦于1976年创办了"费尔南·布罗代尔研究中心",以布罗代尔之名命名,以示其世界体系论与法国年鉴学派的关系。在学术上,沃勒斯坦同意布罗代尔用"长时段"书写历史的方法,也同意年鉴学派主张多学科相结合进行综合研究。与布罗代尔稍有不同的是,他认为"联系"(conjucture)是"结构"(structure)的一部分,并将布罗代尔的"结构"改为"历史体系"(historical system),在这个历史体系中,既有周期性规律(cyclical rhythm),又有长期

---

① 参见〔法〕费尔南·布罗代尔:《15至18世纪的物质文明、经济和资本主义》(第一卷:日常生活的结构:可能和不可能),顾良、施康强译,生活·读书·新知三联书店1992年版;〔法〕费尔南·布罗代尔:《15至18世纪的物质文明、经济和资本主义》(第二卷:形形色色的交换),顾良译,生活·读书·新知三联书店1993年版;〔法〕费尔南·布罗代尔:《15至18世纪的物质文明、经济和资本主义》(第三卷:世界的时间),施康强、顾良译,生活·读书·新知三联书店1993年版。
② 〔法〕费尔南·布罗代尔:《15至18世纪的物质文明、经济和资本主义》(第三卷:世界的时间),第1页。
③ Terence K. Hopkins & Immanuel Wallerstein, *World-System Analysis: Theory and Methodology*, Sage Publications, 1982, p.9.

的趋向(secular trends),他曾以图(图9-1)显示他与布罗代尔的不同。① 正是在这种方法的影响下,沃勒斯坦等人从政治、经济和文明三个层面来研究世界体系的历史演变、结构特征、运行规则及发展趋势。

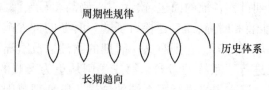

图9-1　周期性规律、长期趋向与历史体系

2. 康德拉季耶夫:经济周期和百年趋势

世界体系论的第二个方法论出发点是康德拉季耶夫周期以及比此更长的经济周期。世界体系论的两位主要倡导者霍普金斯和沃勒斯坦对此直言不讳,"我们认为,资本主义世界经济增长有一个'周期性的'特征,这种周期性的模式是世界经济的根本。资本主义世界经济是这样一种经济,对积累的无休止的追求产生这样的矛盾,即它的增长不可能是不间断的,并且永远是资本主义"②。

经济周期问题一直是经济史学家们和经济学家们关心和探讨的一个重要问题,为此,学者们提出了各种各样的经济周期理论和模型:就强调周期中的要素而言,有熊彼特和门什(Mensch)强调技术创新的经济周期理论,曼德尔(Mandel)和福里斯特(Forrester)强调资本的经济周期理论,弗里曼(Freeman)的劳动理论以及罗斯托(Rostow)强调原材料和富德斯图福斯(Foodstuffs)的经济周期理论,等等③;就经济周期的时间而言,有3—4年的"基钦"(Kitchin)周期,有6—8年的"朱格拉"(Juglar)周期,有10—12年的"拉布鲁斯"(Labrousse)周期,有20年左右的"库兹涅茨"(Kuznets)周期,当然,最为著名的是认为经济周期时间为40—60年的"康德拉季耶夫"(Kondratieff)周期。

在世界经济的发展过程中,增长和停滞的时代各占多长时间? 从20世纪20年代起,这一问题一直是经济学家们探讨的问题。俄国经济学家康德拉季耶夫在1926年的一篇论文里,首次论述了被学者们广泛运用的"康德拉季耶

---

① 这种区别也是沃勒斯坦教授在给笔者授课时讲的。
② Terence K. Hopkins and Immanuel Wallerstein, eds., *World-Systems Analysis: Theory and Methodology*, p. 106.
③ Christopher Freeman, ed., *Long Waves in the World Economy*, Butterworths, 1983, pp. 1–12.

夫周期"的思想。在其中,他详细考察了1780—1920年间世界经济中生产和价格的变动,提出世界经济每隔50年会出现一次上升期和一次下降期的主张。在1780—1920年间,他发现,世界经济经历了三个周期,出现了六次波动:

  A 第一次周期的上升时期,时间是从18世纪80年代的后期/18世纪90年代的早期,到1810年/1817年前后,这就是后来所说的经济周期中的A1段;

  B 第一次周期的下降时期,时间是从1810年/1817年,到1844年/1851年前后,这就是后来所说的经济周期中的B1段;

  C 第二次周期的上升时期,时间是从1844年/1851年,到1870年/1875年前后,这就是后来所说的经济周期中的A2段;

  D 第二次周期的下降时期,时间是从1870年/1875年,到1890年/1896年前后,这就是后来所说的经济周期中的B2段;

  E 第三次周期的上升时期,时间是从1890年/1896年,到1914年/1920年前后,这就是后来所说的经济周期中的A3段;

  F 第三次周期可能的下降时期,时间是从1914年/1920年开始,进入了经济周期中的B3段。[①]

那么,在经济周期的上升期和下降期会出现哪些现象呢?根据康德拉季耶夫的观察,主要会出现如下一些现象:

  A 每次上升期前或上升过程中,社会经济结构会出现重大的变化,这突出地表现为,技术的重要革新、新的国家加入世界经济行列,黄金生产的扩大以及货币循环出现各种变化。

  B 每次上升期间都会发生无数次大的社会变动,特别是战争和革命。

  C 在每次经济下降期间,农业部门会发生长期的危机。

  D 在经济上升时期,其繁荣持续时间长,萧条时间短;而在经济下降时期,经济繁荣持续时间短,萧条时间则长。[②]

康德拉季耶夫对经济周期的探讨在20世纪20年代并未引起学者们的关注,但随之而来的资本主义经济危机(1929—1933),使得学者们对他所研究的周期刮目相看。特别是1945—1967年资本主义世界经济的飞速增长以及

[①] Nikolai Kondratieff, *The Long Wave Cycle*, Richardson and Snyder, 1984, p. 62. 关于长周期的讨论,可参考 Christopher Freeman, ed., *Long Waves in the World Economy*, Butterworths, 1983。

[②] Nikolai Kondratieff, *The Long Wave Cycle*, pp. 64—80.

随后而来的经济萧条,促使许多经济学家们研究经济周期问题。其中,熊彼特立足于技术创新的周期理论(1939)、曼德尔立足于资本积累的周期理论(1975)以及罗斯托立足于粮食和原材料的周期理论(1978)对经济周期的贡献尤甚。

经济学家们对资本主义世界经济周期的探讨也影响到沃勒斯坦本人对资本主义历史体系的基本观察:

> 任何历史体系的通常功能既是周期性的(cyclical),也是长期的(secular),既是系统性的(因而存在着自身系统内的压力),也是历史性的(因而总是朝着一个远离平衡的方向前进)。就世界生产体系而言,最主要的周期性规律就是所谓的康德拉季耶夫周期(平均时间是50—60年),这个周期体现了创造垄断(形成这个周期的 A 段)以及因新的供给而导致市场过剩而衰落(形成这个周期的 B 段)的过程。①

从笔者目前对世界体系论的研究所得来看,世界体系论主要在如下两个方面接受了康德拉季耶夫周期:

一是,世界体系论者,特别是沃勒斯坦将康德拉季耶夫周期应用于 16 世纪以来开始形成的资本主义世界经济体系的发展之中,并将康德拉季耶夫经济周期引入百年历史趋势研究之中,提出了上升阶段、下降阶段和标志着达到顶点的危急时刻。关于这一点,连布罗代尔本人也不得不赞同:

> 在上升、危机、下降这三种情况下,我们必须按照沃勒斯坦的三个圈进行分类,这样就能得出九种不同情形;由于我们又区分四种社会集团——经济、政治、文化、社会等级[阶梯],我们就会遇到三十六种情形。最后,预见到正规的类型划分不会完全行得通,如果我们拥有适当的资料,那就还会区分许多特殊情况。②

二是,世界体系论者将康德拉季耶夫经济周期与国家体系中核心国家和边缘国家,以及国家体系中霸权国家的出现结合起来。霍普金斯和沃勒斯坦等人专门就康德拉季耶夫经济周期和霸权国家以及核心国家之间的竞争作了细致的探讨。

---

① Immanuel Wallerstein, "The interstate structure of the Modern World-System", Fernand Braudel Center, State University of New York at Binghamton, 1995, p. 21.
② 〔法〕费尔南·布罗代尔:《15 至 18 世纪的物质文明、经济和资本主义》(第三卷:世界的时间),第 79 页。

3. 卡尔·马克思:资本积累

世界体系理论的第三个方法论出发点便是马克思的资本积累理论,正如世界体系者自己所说的:"马克思关于资本主义的资本积累理论对我们来说是一个非常有用的出发点,其原因有二,一是它在近代世界体系发展中是一个中心主题。另一个就是他的视角:他的理论实际上是关于这一主题的唯一的理论,不是关于国内(或国际)发展,而是关于资本主义一般的发展,正如我们所解释的,关于世界范围内的资本主义发展的理论。"①

世界体系论主要继承并发展了古典马克思主义四个理论范式,即剩余转让、资本积累、工资水平,以及资本主义体系,关于这一点,我们在本书第三章关于古典马克思主义理论范式的论述中已经做了比较详细的分析,这里就不再多述了。

正是在以上这些社会现实背景、思想氛围以及已有的分析方法的基础上,世界体系论产生了。

世界体系论的主要代表人物及其著作有:

伊曼纽尔·沃勒斯坦:《现代世界体系》(四卷)(Immanuel Wallerstein, *The Modern World-System*,1974,1980,1988),《历史资本主义》(*Historical Capitalism*,1983),《世界经济的政治分析》(*The Politics of the World-Economy*, 1984),《地缘政治和地缘文化》(*Geopolitics and Geoculture*,1991),《从社会科学中走出来:19世纪范式的局限性》(*Unthinking Social Sciences*: *The Limits of Nineteenth-Century Paradigms*,1991),《自由主义之后》(*After Liberalism*,1996),《开放社会科学》(*Open Social Science*,1997);

特伦斯·霍普金斯、伊曼纽尔·沃勒斯坦:《世界体系分析:理论与方法》(Terence K. Hopkins & Immanuel Wallerstein, *World-System Analysis*: *Theory and Methodology*,1982);

吉范尼·阿瑞盖:《漫长的20世纪:金钱、权力和我们时代的起源》(Giovanni Arrighi, *The Long Twentieth Century*,1994);

萨米尔·阿明:《世界规模的积累》(Samir Amin, *The Accumulation on World Scale*,1970);

安德烈·冈德·弗兰克:《资本主义和拉丁美洲的低度发展》(Andre Gunder Frank, *Capitalism and Underdevelopment in Latin America*,1967),《拉丁美

---

① Terence K. Hopkins and Immanuel Wallerstein, eds., *World-Systems Analysis*: *Theory and Methodology*, p.14.

洲:低度发展还是革命》(Latin America: Underdevelopment or Revolution, 1970),《世界积累1492—1789》(World Accumulation, 1492-1789, 1978),《世界经济的危机》(Crisis: In the World Economy, 1980),《第三世界的危机》(Crisis in the Third World, 1981);

克里斯托弗·蔡斯—邓恩:《世界体系中的社会主义国家》(Christopher Chase-Dunn, Socialist States in the World-System, 1982),《跨国公司与低度发展》(Transnational Corporations and Underdevelopment, 1985),《前资本主义世界中的中心和边缘关系》(Core/Periphery Relations in the Precapitalist Worlds, 1991),《全球的形成:世界经济的结构》(Global Formation: Strctures of the World-Economy, 1989),《国际政治经济学的历史演进》(Historical Evolution of the International Political Economy, 1995),《兴起与衰落:世界体系的比较》(Rise and Demise: Comparing World-Systems, 1997),《未来全球的冲突》(Global Conflict in the Future, 1998)。

第二节 世界体系理论的基本观点

与"现代化理论"以单个"国家"和"社会"为研究单位不同,世界体系论主张以"世界体系"为研究单位。何为世界体系？沃勒斯坦认为,世界体系是一个实体,这个实体具有单一的劳动分工和多元文化。世界体系理论探讨的问题很多,其主要创始人伊曼纽尔·沃勒斯坦将其归纳为十个:(1) 周期和趋势;(2) 商品链;(3) 霸权和竞争;(4) 地区性和半边缘性;(5) 融入和边缘化;(6) 反体系运动;(7) 家庭;(8) 种族主义和性别歧视;(9) 科学和知识;(10) 地缘文化和文明。① 但总括起来,主要集中在如下三个层面上:一是世界经济,二是国家体系,三是世界文明。

一、单一的世界经济

资本主义世界体系的首要特征是它以单一的世界经济作为其存在的基础,这是世界体系的经济层面,也是世界体系论者集中讨论的主题。它主要涉及如下三个问题:世界体系的形成,世界体系的运作,世界体系的周期和趋向。正如沃勒斯坦所概括的那样:"关于现代世界体系,有三个相互不同的问

---

① Immanuel Wallerstein, *Report on an Intellectual Project: The Fernand Braudel Center 1976-1991*, Fernand Braudel Center, SUNY, Binghamton, 1991.

题可能被提及。第一个是起源的解释,即16世纪的欧洲世界体系如何得以生存,而以前的体系为什么不能续存。第二个问题是这个体系一旦巩固以后是如何运行的。第三个问题是这个资本主义体系的基本趋向,以及如何解释它作为一个社会体系的最终衰退。"①

1. 世界体系的起源和形成

在沃勒斯坦看来,"世界社会科学主要断言之一,就是认为在人类历史上有一些大的分水岭,这样的分水岭之一是农业革命,另一个就是近代世界的产生"②,世界体系正是在近代世界形成的,所以沃勒斯坦称之为近代世界体系(modern world-system)。这里的关键问题是近代世界体系何时形成,首先在哪里形成,即关于世界体系的起源的时间和空间问题。

世界体系论者们一致认为,这一体系最初形成于16世纪的欧洲,其主要标志是一个资本主义世界经济在西欧的形成。沃勒斯坦在其成名作《现代世界体系:16世纪资本主义农业和欧洲世界经济的起源》一书中对此做了详细的分析。

在沃勒斯坦看来,16世纪以前的欧洲是封建经济。尽管欧洲的封建经济在1150—1300年就开始在地理范围上以及人口规模上不断地扩张,但这种扩张与欧洲封建经济的性质密切相关(这一过程从葡萄牙开始一直到13世纪)。由于封建系统只能支持有限的远距离贸易,所以在这一时期欧洲的大部分地区没有直接进入这种经济网络中。在随后的两个世纪(1300—1450)中,欧洲经济进入萎缩和危机之中,出现了战争、疾病和经济停滞,从而导致了统治者收入的下降。

大约从1450年开始,西欧的统治者为了提高其收入,开始考虑改变剩余分配的方式,即采取市场的形式以此恢复其收入,由此形成欧洲世界经济。在欧洲世界经济形成过程中,有三件事是非常重要的:一是世界在地理规模上的扩张,二是对世界经济的不同产品和不同地区的劳动的控制方式的发展(在核心区的西欧采取的是雇佣劳动;在半边缘区的意大利北部采取的是分成制;在边缘区的东欧采取的是强制性地从事销售性农作物的劳动),三是相对强的国家机器的产生,这些国家随之也成为资本主义世界经济的核心国家。这样,在地理扩张、经济空间专业化的以及专断"国家"的作用下,资本主

---

① Immanuel Wallerstein, *The Capitalist World Economy*, Cambridge University Press, 1989, pp.160-61.

② Immanuel Wallerstein, *The Modern World-System I*, Academic Press, 1974, p.3.

义世界体系雏形在16世纪的西欧首先形成了。

16世纪形成的资本主义世界经济与以前的封建经济不同,封建经济和资本主义经济的显著区别就在于剩余转让的方式不同。沃勒斯坦曾对封建经济和资本主义经济做过如下比较:

> 世界帝国:农业剩余以朝贡形式直接分配。
> 欧洲封建主义:农业剩余以封建地租形式分配。
> 资本主义世界经济:有效的和扩大的生产(先是在农业部门然后是工业部门)带来的剩余通过世界市场机制和国家机器来分配。①

16世纪形成的资本主义世界体系并不包括整个世界,一直到19世纪,资本主义世界体系才完成其向整个世界的扩展过程。对于将欧洲世界经济称为世界体系,沃勒斯坦的解释是:

> 称之为"世界"体系并不因为其包括整个世界,而是因为它比任何法律形式定义的单位要大,称之为"世界经济",因为这个系统各个部分的联系是经济的,尽管这种联系在某种程度上被文化联系而且最终被政治安排和联盟结构所加强。②

2. 世界体系的运作和机制

沃勒斯坦认为,世界体系一旦建立便围绕着两个二分法运行,一是阶级,无产阶级和资产阶级;二是经济专业化的空间等级,中心地区和边缘地区。③其中"不等价交换"和"资本积累"是这个体系运行的动力。资本积累过程中的不等价交换不仅存在于无产阶级和资产阶级之间,而且也存在于中心地区和边缘地区之间。

(1) "三个地带"和"不等价交换"

"劳动分工"一直是西方社会科学家探讨的课题,由此而形成了著名的"绝对利益学说"和"比较利益学说",并发展成为古典自由主义。自由主义主张,劳动分工有利于社会进步,有利于资源分配,有利于各国财富的增长。世界体系论者也将劳动分工用于世界范围内生产关系及其结构的分析上。在世界体系论者看来,世界范围内的劳动分工将世界划分为三个地带,即核心地区、半边缘区和边缘区,这是资本主义世界体系与以前的社会体系之根本

---

① Immanuel Wallerstein, *The Modern World-System I*, pp. 37–38.
② Ibid., p.15.
③ Immanuel Wallerstein, *The Capitalist World-Economy*, p.162.

不同之处。在16世纪以后形成的资本主义世界体系中,核心地区与边缘地区的最大区别在于:核心地区是技术含量高、资本密集以及高工资产品所在的地区;边缘地区则是指技术含量低、劳动密集以及低工资产品所在的地区。与自由主义贸易学说主张的贸易对交换双方均有利的主张有所不同,沃勒斯坦等人认为,资本主义世界体系之所以能运转至今,其根本点在于核心地区和边缘地区之间存在着"不等价交换",即边缘区工人创造的剩余价值通过交换流入核心区高工资产品的生产商手中。这种"不等价交换"可以通过许多机制进行,如殖民垄断贸易(东印度公司),当代跨国公司内部转换,通过一种或多种商品交换形成世界性的市场或国家间双边或多边贸易协定,等等。通过这些手段,不断形成新的中心和边缘地区。对于核心地区和边缘地区的关系也应从历史的角度分析,即核心和边缘并非固定的,它们的形成和发展是彼此相连的,这种关系在世界体系形成和发展过程中被不断重新做出安排,如以前的核心地区经过一定时期的发展可能成为边缘地区,而以前的边缘区经过竞争而成为核心地区,这主要视其资本积累的速度和程度。在核心地区和边缘地区之间有一个半边缘地区。半边缘地区这个概念,主要是指那些处于核心区和边缘区之间的地区:对邻近的核心地区而言,它呈现一种边缘化过程,但相对于邻近的边缘地区而言,它又呈现一种核心过程[①],诸如今天的南非即可被看作是这类国家。[②]

(2)"融入"(incorporation)和"边缘化"(peripheralization)

"融入"和"边缘化"是世界体系论者论述资本主义世界体系的运作机制时经常使用的另外两个重要范畴。这两个范畴实际上表达了世界体系运行过程中,体系内的国家和地区与体系外的国家和地区之间的相互关系。在世界体系论者看来,已经进入世界体系的国家和地区有核心区、边缘区和半边缘区之分,核心区和边缘区依靠"不等价交换"来运行。但是,由于资本主义世界经济在一开始只占全球的一部分(即西欧),因此,还有很多国家在19世纪以前没有进入始于16世纪的西欧的资本主义世界体系,这样,资本主义世界体系的运行就有一个"融入"和"边缘化"的过程。

资本主义世界体系在16世纪的欧洲产生以后,出于资本积累的需要,便

[①] Terence K. Hopkins and Immanuel Wallerstein, eds., *World-Systems Analysis: Theory and Methodology*, Sage Publications, 1982, p. 47.

[②] Immanuel Wallerstein, *Report on an Intellectual Project: The Fernand Braudel Center 1976–1991*, p. 6.

开始了向全球的地理扩张和经济掠夺,这一过程开始于1500年,到19世纪末西欧殖民体系在全球的建立,完成了现代世界体系向全球的扩展过程。在世界体系向全球扩展的过程中,资本主义世界体系和未进入世界体系的国家以及地区之间存在着一种"融入"和"边缘化"关系,融入和边缘化是一个过程的两个方面,"融入"是指世界体系之外的国家和地区不断进入世界体系的过程,而"边缘化"则指世界体系不断包容新的国家和地区的过程。[①] "融入"只是"边缘化"的第一步,随着"边缘化"过程的深入,被边缘化的国家和地区不断加入整个世界经济的"商品链"(commodity chain)中。

在这里存在一个历史界限问题,即在历史上哪一点或哪一时期才能说世界其他地区和国家进入世界体系之中。沃勒斯坦等人认为这涉及平等和不平等的贸易以及奢侈品问题[②],如果进行贸易的是奢侈品,就不能认为是资本主义的组成部分,比如印度,在1750年或1765年以前,尽管它也同欧洲进行贸易,但是这种贸易不是资本主义部分,但19世纪印度和英国的贸易却是资本主义部分,也就是说,边缘化过程使得印度从一个外在于世界体系的区域转入资本主义世界体系的边缘地区。沃勒斯坦等人发现,1650—1700年的加勒比、1750—1820年的奥斯曼帝国、1870—1920年的南部非洲都出现过这种现象。

3. 世界体系的周期和趋向

周期(cycles)和趋向(trends)是世界体系论者关心的另一重点(他们又称之为 cyclical rhythms 和 secular trends),这是他们接受"长时段"(long duree)方法最好体现。如果说,劳动分工以及由此带来的核心区、边缘区、半边缘区是"世界体系"的空间表现,那么,"周期"和"趋向"则是"世界体系"在时间方面的体现。

(1) 两种周期

与霸权稳定论关注国际体系中霸权国家的周期有所不同的是,世界体系论者主要关注的是资本主义世界体系的周期。特别值得注意的是,世界体系论关心的不是世界经济的短周期,而是康德拉季耶夫周期以及比它更长的150—300年的"特长周期"。正如沃勒斯坦所说的那样:

在某种程度上我们关心长时段社会变化,我们的兴趣主要是较长的

---

① Terence K. Hopkins and Immanuel Wallerstein, eds., *World-Systems Analysis: Theory and Methodology*, p. 99.

② Ibid.

第九章 世界体系理论:世界经济、历史体系与文明

周期(longer cycles),即那些平均长为 50—60 年,通常被称作康德拉季耶夫周期,以及更长一些(200—300 年)有时也称之为特长周期(logistics)①。

世界体系论者接受了康德拉季耶夫周期,并将其用于资本主义世界体系的分析之中。沃勒斯坦等人同意停滞和扩张这种相互交替的过程,也就是康德拉季耶夫的 A 段和 B 段。他们认为,在经济周期中,一般是停滞(B 段)先于扩张(A 段),为扩张提供了三个要素,第一要素是停滞为资本之集中提供了机会;第二要素是停滞过程中出现的阶级斗争以及由此引起的收入之重新分配会扩大需求;第三要素是停滞阶段在边缘地区产生了大批低工资工人。② 在此基础上,沃勒斯坦等人根据利润高低、高工资商品以及低工资商品的供求变化将康德拉季耶夫周期分为四个阶段 A1-B1-A2-B2。③ 在 A1 时期,高工资商品和低工资商品的生产急剧增长;在 B1 时期,低工资商品的需求开始小于低工资商品的供给,同时高工资商品的供给等于高工资商品的需求,这时就进入 B1 阶段,这时低工资的商品先于高工资商品出现停滞;在 A2 时期,高工资商品的需求高于低工资商品的需求,在一些时期,高工资商品的需求小于高工资商品的供给,但是低工资商品的需求大于低工资商品的供给,这就进入 A2 阶段;在 B2 时期,高工资商品生产的下降的幅度远高于低工资商品生产的下降,于是经济又回复到 A1 段。以此来分析现实世界,其经济周期如下:A1:1897—1913/1920,B1:1920—1945,A2:1945—1967,B2:1967—?。④

与此同时,世界体系论者非常赞同应用比康德拉季耶夫周期更长的周期来分析资本主义世界经济(体系),这个周期一般是 150—300 年,他们将其称为"特长周期"。⑤ 在世界体系论者看来,"特长周期"与康德拉季耶夫周期

---

① Immanuel Wallerstein, *Report on an Intellectual Project*:*The Fernand Braudel Center 1976-1991*, p. 2.

② Terence K. Hopkins and Immanuel Wallerstein, eds., *World-Systems Analysis*:*Theory and Methodology*, p. 112.

③ Ibid., p. 113.

④ Ibid., p. 114.

⑤ 这个周期最早是由西米昂(Francois Simiand)提出来的,卡梅伦(Rondo Cameron)在 1973 年将其系统化,并称之为 "logistic",他提出了四个长周期:(1) 9/10 世纪到 15 世纪中叶(12 世纪达到高峰);(2) 15 世纪中叶到 18 世纪中叶(16 世纪晚期达到高峰);(3) 18 世纪中叶到 20 世纪中叶;(4) 1945 年至今,详细内容,请参见 R. Cameron, "The logistics of European economic growth: a note on historical periodization", *Journal of European Economic History II*(Spring 1973):145-148;Terence K. Hopkins and Immanuel Wallerstein, eds., *World-Systems Analysis*:*Theory and Methodology*, pp. 104-120;Thomas R. Shannon, *An Introduction to the World-System Perspective*, pp. 135-136。

最大的区别就在于"特长周期"除了 A 段和 B 段以外,还有一个"T"(过渡)阶段,即"特长周期"表现出的周期用"A-T-B"表示更为准确。

几乎所有的分析都假设 A-B 模式。康德拉季耶夫周期与"特长周期"都有一个 A-T-B 这样一个模式,其中,与 A 和 B 不同的是,T 表示的不是生产和价格的共时运动,而是一种相反的运动,[这]是否可能? T 段的存在对于康德拉季耶夫周期也许是不重要的,但在分析"特长周期"时可能是非常不同的。[1]

在沃勒斯坦看来,资本主义世界体系到今天经历过三个特长周期:第一个"特长周期"(即从 1450 年到 16 世纪早期)主要发生在工业革命之前,即 16 和 17 世纪的商业资本主义;第二个"特长周期"(即 1750 年到 1897 年/1917 年)是工业化的初始表现;第三个"特长周期"(即 1897 年/1917 年到现在)就是我们现在正在经历的时期,它代表了工业资本主义的新阶段。[2]

(2) 五种趋向

尽管资本主义世界体系在政治和经济上不断出现繁荣—平衡稳定—上升—衰退这样的周期,但在世界体系论者看来,资本主义世界体系自从其产生以来,一直在向广度和深度不断地扩展。就广度而言,资本主义世界体系在经过 1450—1520 年、1620—1660 年、1750—1815 年以及 1880—1900 年的扩展以后,在地理空间上终于从西欧一直扩展到全球;就深度而言,资本主义世界体系的基本内容深入到社会生活的各个方面,由此构成了资本主义世界体系的长期趋向。对于这些基本趋向,世界体系论者列出了如下五个方面:[3]

① 商品化(commodification)。资本主义世界体系使得越来越多的商品,既可以买卖,也可以变成财产。其中最为突出的两种形式是土地和劳动力的商品化。劳动力商品化使得越来越多的世界人口作为半无产阶级和无产阶级进入资本主义世界体系,这个过程就是"无产阶级化"过程,它是资本主义世界体系不等价交换的必要条件;土地商品化使得资本主义世界体系中的剥削成为可能。

---

[1] Terence K. Hopkins and Immanuel Wallerstein, eds., *World-Systems Analysis: Theory and Methodology*, p. 109.

[2] Immanuel Wallerstein, "Long Waves as Capitalist Process," *Review* 4, 1984, p. 571.

[3] 对此读者可以参阅 Terence K. Hopkins & Immanuel Wallerstein, eds., *World-Systems Analysis: Theory and Methodology*, pp. 104-106; Immanuel Wallerstein, *Historical Capitalism*, pp. 13-47; Thomas R. Shannon, *An Introduction to the World-System Perspective*, pp. 127-131.

② 机械化(mechanization)。即以机器形式而出现的资本的比例不断上升的趋向。这就促使资本家为了获得更大的利润就必须降低劳动成本,从而促使资本家重视技术的作用。

③ 合同化(contractualization)。即越来越多的社会关系和经济关系是由正式的、精确的法律协定来决定,而不像以前主要是由习惯和地位来决定。这就要求以前那些基于革命、战争、殖民地以及帝国主义而形成的立法制度作出相应的改变。合同化一般采取保护产权的形式,当然,这也包括那些由合同而不是有习俗认定的集体产权。

④ 相互依存。即随着商品化程度的深入,劳动分工专业化也在不断加强,交换成为必不可少的,结果自然是越来越多的工人、组织、团体以及地区融入专业化生产之中,世界经济中一个地区的生产越来越多地依靠、融入世界经济中其他地区的生产过程之中。这样,贸易就不是以"奢侈品"贸易为主的贸易,而是以"必需品"或"日常生活品"为主的贸易,所以,贸易本身不是衡量相互依存的依据,只有"必需品"贸易才是衡量相互依存的依据。

⑤ 两极化。这主要是指,随着世界经济地区发展的不平衡,核心地区和边缘地区在社会福利和社会结构方面的差距越来越大。就社会福利而言,由于技术先进,使得世界资本越来越多地向核心地区流动,也由于不平等交换使得边缘地区的剩余资本流向核心地区,这样,在核心地区,劳动力完全被商品化,工人的工资就变得很高;而在边缘地区,劳动力受到过度的剥削,因而,他们的生活水平逐渐下降。就社会结构而言,核心地区的劳动组织方式比较自由,政治上采取自由的民主的方式,这就使得工人对高工资的要求容易成功;而在边缘地区,劳动采取的是强制劳动方式,政治上采取的是更为专制的方式,这样就导致国家对社会资源垄断程度的加强。

二、多重国家体系

世界体系论认为,与以往的历史体系相比较,资本主义世界体系在政治上的一个独特特征就是多重国家并存,国家和国家体系是资本主义世界经济独特的产物。在这方面,世界体系论者主要关心三个问题:(1) 国家和国家体系;(2) 国家与世界体系;(3) 反体系运动。

1. 国家和国家体系

在世界体系论者看来,国家是伴随着资本主义世界经济的产生而产生的。尽管在资本主义世界经济产生以前也存在着各种政治实体,诸如封建帝国,但只有资本主义的世界经济才导致国家的产生。国家自从产生以来就一直不是一个完全独立的政治实体,因为所有的国家从其一开始就存在于国家体系中。

我们认为,国家是被创造出来的制度,[这种制度]反映了在世界经济中发挥作用的阶级的力量的需求。然而,国家并不是凭空创造的,而是在国家体系的框架内创造的。事实上,国家体系是定义国家的框架。资本主义世界经济的国家存在于国家体系框架内这一事实是近代国家的特殊性,区别于其他的官僚政体。①

处于国家体系之中的国家主要有如下几个特征:

第一,国家主权的有限性。

所谓国家的主权并不是意味着完全自治,而是意味着合法性的相互制约。国家的形式、力量以及边界就是在国家体系中不断变化的,正如沃勒斯坦所说的那样,"国家并不是生来就有的。它们是被创造的制度,而且通过国家体系的相互作用在形式上、力量上和边界上不断变化的。就像世界经济随着时间不断扩展一样,它(世界经济)的政治表现——国家体系——也是一直在扩展的"②。在国家体系中,一个国家可以变得更为强大,但不可能完全自治,原因主要有两个,一个就是在国家体系中,其他国家不允许任何国家完全自治,否则,就可能在必要的时候进行政治上的和军事上的干预;另一个原因,也是最为主要的原因就是,生产要素的流动不允许完全自治,现存的资本主义世界经济意味着,边缘国家从资本主义世界经济中独立出去必然是以牺牲其经济利益为代价。③ 所以,完全自治只有发生在封闭经济中。

第二,国家力量的等级性。

在国家体系中,国家的力量并不是完全相等的,而是有等级性的,"请记住,国家处于权力的等级之中。对国家自治的限制主要来源于这种等级的存在"④。在这种有等级的国家体系中,规则不是根据同意或一致同意的规则来制定,而是由强国将一些限制性规则首先强加于弱国,然后强加于彼此之间。国家力量的等级性使得资本主义世界体系得以延续,而不像其他政治结构那样很容易变成单一的政治结构,从而转变成一个帝国。

---

① Immanuel Wallerstein, *The Politics of the World-Economy:the States,the Movements and the Civilizations*, p.33.
② Ibid., p.4.
③ Ibid., p.84.
④ Immanuel Wallerstein, *Historical Capitalism*, p.57.

第三,国家力量的均衡性。

在世界体系论者看来,国家体系所遵循的原则是势力均衡(balance of power)原则。但与那些将势力均衡归之于军事因素和政治因素的学者有所不同的是,世界体系论者对国家体系中的势力均衡原则做了新的解释。在他们看来,势力均衡主要根植于资本积累,资本积累是资本主义世界经济的原动力和最终目标。每一个国家都希望从事能获得最大利润的生产活动,加强本国的经济基础,进而使得其国家变得比较强大。在这种动机的驱使下,每一个国家都力图运用自己的国家机器促进资本积累,这样就导致国家之间的竞争甚至冲突。然而,在资本主义世界体系中,每一个国家都处于国家体系之中,这样就促使那些强国和中等强国进行联盟,以阻止某一个国家来控制其他所有的国家,这样就导致国家体系中的势力均衡。"势力均衡——既制约强者也制约弱者——并不是一种能够简单操作的政治现象。它根植于历史资本主义中资本积累的各个方面。"①

以上这几个特征便是国家体系的特征。正是这些特征使得资本主义世界体系有别于以往的世界帝国和帝国之前的小体系。

2. 国家与世界体系

(1)"核心国家"与"边缘国家"

劳动分工是资本主义世界经济的基础,国家体系是资本主义世界经济的政治体现。在关于资本主义世界经济结构中,世界体系论的一个重要观点就是,根据资本积累、技术以及劳动分工,资本主义世界经济存在三重结构:核心区、边缘区以及介于二者之间的半边缘区。与此相对应,作为资本主义世界经济的政治特征的国家体系也存在着二重结构:核心国家和边缘国家,或强国和弱国。

在国家体系的变化过程中,存在着两重过程:一是核心区的"中心化"过程,即在世界经济中,国家在几个地区不断地垄断商品,利用国家机器在世界经济市场中使其利润最大化,这些国家也因此成为"核心国家",核心国家之间通过相互的斗争,出现了"霸权"国家;另一个过程是在边缘区发生的"边缘化过程",即国家在世界经济市场中利用不太先进的技术以及过多的劳动力,这些国家也因此成为"边缘国家"。与这种经济两极化过程相对应的是政治两极化,即在核心区出现了强国,而在边缘区出现了弱国。帝国主义的过程之所以成为可能,就是因为核心国家和边缘国家之间"不等价交换"的经济过

---

① Immanuel Wallerstein, *Historical Capitalism*, p.60.

程所导致的。

历史资本主义创造了巨大的物质财富,但也导致了报酬的极大分化。许多人从中受益,但更多人的真正收入以及生活质量实质上是在下降的。当然,分化也是空间的,因而,在一些地区似乎并不存在。这也是为受益斗争的结果。受益的地理分布总是变化的,因而掩盖了分化的现实,但是就历史资本主义所覆盖的时—空总体,无休止的资本积累一直意味着真正差距的不停加大。①

(2) 霸权与世界经济

在沃勒斯坦看来,就像世界经济体系在不断的周期性运行过程中会出现垄断(康德拉季耶夫周期的 A 段)一样,国家体系在其运行过程中也会出现周期性的变动,这个周期是一个长周期,我们通常称之为"霸权周期"。自资本主义世界体系产生以来,国家体系主要经历了三个霸权周期,产生了三个霸权国家:17 世纪中期的荷兰、19 世纪中期的英国和 20 世纪中期的美国。

在沃勒斯坦看来,国家体系中的霸权主要是指如下这样一种机制:在所谓的大国之间的竞争中,一个大国能够在很大程度上将它在政治、经济、军事、外交甚至文化上的原则和意愿强加于国家体系中。② 霸权的物质基础在于它的公司在三个经济领域,即农业—工业生产、商业和金融有更高的效率。

沃勒斯坦对历史上出现的三个霸权国家做过比较,认为尽管它们出现的时代有所不同,但它们也有相类似之处,这主要表现在如下三个方面:第一,每个霸权国家的兴衰与其在三个经济领域的效率是相关的。每个霸权国家都是先在农业—工业取得优势,然后在商业领域占有优势,最后在金融领域占有优势,当一个国家在所有三个领域都占有优势,它就获得短暂的霸权地位。第二,每个霸权国家在其霸权期内都奉行全球"自由主义",反对重商主义者对贸易的限制。第三,霸权国家的全球军事力量的模型是相同的,即霸权主要是海上(现在是海上/空中)力量。这三个特征只是霸权的一般特征。霸权虽然是以经济和军事作为基础,但我们也不应忽视霸权的政治方面,即霸权国家如何在世界市场中发挥其政治职能。

沃勒斯坦批判了以往两种对待资本主义的态度,一种认为资本主义的特征就是生产要素的自由流动,另一种认为资本主义的特征就是国家机器不干

---

① Immanuel Wallerstein, *Historical Capitalism*, p. 72.

② Immanuel Wallerstein, "The three instances of hegemony in the history of the capitalist world-economy", *International Journal of Comparative Sociology*, Vol. 24, No. 1-2, 1983.

预市场。沃勒斯坦认为,资本主义的特征其实是生产要素部分流动,政治机器有选择地干预市场①,霸权就是后者的一个例证。资本主义最为根本之处就是追求无休止的资本积累,而有选择地干预的目的就是加速积累的过程。这种干预一般采取两种形式,一种是直接干预,诸如国家可以采取征收直接税或间接税,以此来改变利润率进而影响一种产品的竞争性,一种是国家通过颁布相应的法规和法则来影响资本、劳动力和货物的流动,或制定最高或最低价格。总之,霸权国家通过国家这个政治机器来为其国家在世界市场上获得最大利润提供垄断政治条件(oligopolistic conditions)。这就是霸权在世界经济中的政治职能。

但是,霸权的政治职能并不是无限的。因为霸权国家本身也处于国家体系之中,离开国家体系本身,也就无霸权可言,因此,霸权国家要想将其自身的观念以及规则强加于国家体系,它就必须为此付出代价,只有当它的所获远超过它付出的代价时,它才能被称为霸权。同时,霸权国家在将其自身的喜好强加于国家体系时,必然会遭到一些国家的反对,如荷兰曾遭到英国和法国的反对,英国曾遭到德国和美国的反对,而美国遭到日本和西欧的反对。正是在这两种意义上,沃勒斯坦认为,在国家体系中,霸权不是一种存在的状态,而是连续的大国相互竞争中的一个一个点,在这一点上,存在着几个力量相互平衡的国家,因此,霸权统治时期的国家体系是暂时稳定的,国家体系本身并不总是在霸权统治之下,但追求霸权地位就如同经济中追求利润的最大化一样,是各个国家的目标。资本主义世界体系正是在这种经济上追求利润最大化、政治上追求霸权地位的推动下不断进步,并呈现周期性的变化。

(3) 边缘国家与世界经济

按照世界体系论者的观点,资本主义世界经济首先产生于16世纪的欧洲,随后开始向全球扩展,一直到19世纪资本主义世界体系成为真正的全球性的世界体系。在资本主义世界经济的扩展过程中,域外区域首先有一个在经济上不断融入资本主义世界体系的过程。这里的问题是,这些域外区域在经济上融入资本主义世界体系的同时,在政治上是如何融入资本主义世界体系的?

在未融入资本主义世界体系的域外区域中,有着非常不同的政治结构,从自治性非常强的世界帝国,这些帝国有很强的中央集权并且有很长的历史,到无国家的游牧和采集民族,还有介入其中的各种各样的政治结构。在

---

① Immanuel Wallerstein, *The Politics of World-Economy*, p. 43.

资本主义世界体系的扩展过程中，不同的政治结构会采取不同的态度来对待"融入过程"，在具体的融入过程中也就会面临着不同的问题。

从资本主义世界经济的主导力量的角度来看，最新被融入的区域的理想的政治结构无非有两种：一种是国家结构不是很强，无法干预商品、资本和劳动力在其所管辖的地区和资本主义世界经济的其他地区之间的流动。也就是说，这样的国家没有能力控制商品、资本以及劳动力的流动；一种是国家的力量不但很强，而且能够很好地控制商品、资本以及劳动力的流动，并且努力为这种流动创造条件。这样，对于边缘地区以及域外区域，政治融入过程其实是一个政治重建过程，所面临的选择或者是削弱以前的国家结构，或者是加强现存的国家结构。

沃勒斯坦根据融入过程中政治结构的特点，将边缘地区的国家结构分为如下三类①：

第一类是具有比较大而且强的政治结构的地区。在资本主义世界体系产生以后，还存在着许多世界帝国，诸如俄罗斯帝国、奥特曼帝国、波斯帝国以及中华帝国。这些帝国在政治上的一个显著特征就是有相对强的政治结构。在这些帝国融入资本主义世界体系的过程中，外在的力量往往是削弱这些政治结构的力量并且缩小其边界。这些进入融入过程中的国家结构最后变成列宁和其他学者所称的"半殖民"状态。

第二类是诸如加勒比地区、北美洲或澳大利亚等，这些地区在融入过程中，本土政体遭到破坏，通常在欧洲殖民者到来之后建立了新的殖民国家，并伴有大量的欧洲人来定居。

第三类是其他广大的地区，诸如印度次大陆和东南亚以及非洲的大部分地区，这些地区有些国家有很强的政治结构，但有些国家政治结构相对弱。这些地区由于被侵略而成为殖民地，但受殖民者的政治统治既不单纯是直接的，也不单纯是间接的，而是"直接"和"间接"相混合。

到了1900年左右，世界大部分地区在资本主义世界经济扩展中成为殖民地，在政治上受到欧洲殖民者的直接支配。而那些处于边缘地区没有被殖民化的国家虽然也仍然以主权国家的面貌出现，但这种主权也由于"租借"（比如在中国）而被削弱，成为"典型的"弱国。

在域外区域的政治结构融入资本主义世界体系之后，这些被新融入的国家或地区在经济上就成为资本主义世界体系的边缘地区，这些国家或地区的

---

① Immanuel Wallerstein, *The Politics of World-Economy*, p. 81.

政治结构本身也就成为国家体系的一个部分。国家体系随之就促使边缘地区的生产过程边缘化,并通过不平等交换使得剩余价值流向核心地区。边缘地区那些新出现的或重建的政治结构或者公开地被掌握在帝国主义者的手中,或者服从于帝国主义者,所以,在这些国家或地区被融入国家体系之后,在其国内出现的抵制运动通常总是首先反对欧洲的帝国主义者,同时也反对这些帝国主义政治势力在国内的代言人。这样,在整个20世纪就出现了各种各样的民族主义运动(特别是民族解放运动)以及其他的革命运动。

3. 反体系运动

在世界体系论者看来,资本主义世界体系从其产生以来就一直存在着反体系运动。而在19世纪,有两种反体系运动一直引人注目,一种是社会主义劳工运动(labour-socialist movement);一种是民族主义运动(nationalist movement)。这两种反体系运动的共同之处就在于:第一,这两种运动都在谈论一种共同的语言,这就是法国大革命遗留下来的口号——自由、平等和博爱;第二,这两种运动都以一种启蒙运动的意识形态来武装自己,即进步的必然性以及人类的解放这种人类内在的权力;第三,两种运动都力图破旧立新。

但这两种反体系运动在19世纪也存在着显著的不同,这主要集中在如下几个方面:社会主义劳工运动主要集中在城市、没有土地的工资劳动者(无产阶级)和经济结构的所有者(资产阶级)的矛盾上,所以,社会主义劳工运动认为"工作报酬的分配"是不平等的、压迫性的和不公正的。这样,这种运动自然首先出现在世界经济中那些有重要生产能力的地区,即西欧地区。而民族主义运动则主要集中于多数被压迫的人民和在既定政治制度下占统治地位的人们之间的矛盾。占统治地位的人们比被压迫的人民有更多的政治权力、经济机会以及文化表达的合法性。因此,民族主义运动认为"权力的分配"是不公平的、压迫性的和不公正的。所以,民族主义运动自然首先在世界经济的半边缘地区,特别是在奥匈帝国和奥特曼帝国。

进入20世纪以后,尽管这两种运动仍然在强调它们之间的不同,并且为此而争论不休,但就他们所采取的战略而言,这两种运动也有相似或共同之处[①],这主要表现在,第一,无论是社会主义劳工运动还是民族主义运动,他们的政治目标就是攫取国家权力,其中就民族主义运动而言,攫取国家权力也包括建立新的国家边界;第二,建立革命的意识形态,这种意识形态反对现存

---

① Immanuel Wallerstein, *Historical Capitalism*, p. 68; Immanuel Wallerstein, *The Politics of World-Economy*, p. 136.

的建立在资本—劳动、核心—边缘这种不平等结构基础上的历史的资本主义。

尽管反体系运动在20世纪得到了加强,并且改变了资本主义世界体系目前阶段的政治①,但我们并不能因此就认为反体系运动取得了绝对性的胜利,资本主义世界体系就要走到它的尽头。

三、作为一种文明的世界体系

研究世界体系的文明层面,是世界体系论者最近几年集中探讨的问题,这集中体现在沃勒斯坦的著作《地缘政治和地缘文化》(Geopolitics and Geoculture)、《从社会科学走出来:19世纪范式的局限性》(Unthinking Social Science: The Limits of Nineteenth-Century Paradigms)、《开放社会科学》(Open Social Science)以及最近几年他主持的研究项目中。

在沃勒斯坦看来,关于"文明"这个词,有两个非常不同的含义,一种是与"野蛮"相对应,即文明是少一点"动物性",在这种意义上,文明是单一的;另一种含义则是指特殊的世界观、习惯、结构和文化,这些现象形成一种历史的整体,并与其他同样的现象共存,在这种意义上,文明是多元的,文明是作为一种特殊性而非普遍性存在。②

当我们把文明作为一种特殊性来看待时,那么如何看待各个文明之间的关系呢?世界体系作为一种文明意味着什么呢?世界文明的前景又是如何呢?

沃勒斯坦认为,当我们将文明看作是不同的习惯、结构和文化而讨论各个文明之间的关系时,我们应该将其放在一个历史体系中来分析不同文明之间的关系,这就涉及一个结构问题。

事实上,尽管在1500年以前世界上存在着各种各样的文明,但自从牛顿力学产生以来,追求科学不但是自然科学家的目标,而且在19世纪以后成为研究社会的学者们的目标。追求科学是文明的象征。这一思潮伴随着英国的工业革命以及资本主义世界经济向全球的扩展而成为一种具有"普遍性"的文明,这是资本主义世界体系在文明上的表现。对于这种被认为是一种具有"普遍性"的文明,处于边缘地区的那些原来具有独特的文明的国家的反应是什么呢?在这里我们应该从世界体系的结构来加以分析。

对于那些处于边缘地区的国家而言,由于它们在政治上和经济上都处于

---

① Immanuel Wallerstein, *Historical Capitalism*, p. 71.
② Immanuel Wallerstein, *Geopolitics and Geoculture: Essays on the Changing World-System*, Cambridge University Press, 1991, p. 215.

边缘地区,所以,对于核心区所创造的这种文明是很难作出有效的反应的,他们往往陷入一个两难境地:拒绝接受将是一个损失,接受也是一个损失。① 也就是说,如果拒绝接受,边缘地区就很难享受科学这种文明给世界所带来的益处,如果接受,那就意味着放弃自己以前所具有的文明,所以,边缘地区的国家在整个19世纪和20世纪在文明上所走的是一条"Z"的道路。这主要是由于边缘地区的国家在世界体系中所处的边缘地位造成的。

那么,未来文明的走向如何呢?沃勒斯坦认为,有三种可能性②:

第一种可能性是,单一的世界体系被打破,形成多种历史体系,每一个体系拥有不同的劳动分工。也就是说,我们又回到1500以前的世界。这种可能性并不是很大。

第二种可能性是,现在这种全球范围的历史体系转化成一个不同类型的全球范围历史体系。沃勒斯坦认为,这似乎是非常可能的,也就是说,我们可以建构一种和我们以前的体系一样的充满等级、不平等和压迫的体系,也可以建构一个相对和平民主、充满法国大革命口号的体系。在我们建构这样的体系时,必须认真思考一下我们目前所处的世界体系的结构,只有这样,我们才明白从何处开始建构一个新的体系。

第三种可能性是,如果我们希望建立一个新的体系,什么是最可能的?什么是最需要的?我们如何使得这些最需要的变成最可能实现的?沃勒斯坦认为,我们目前还没有搞清楚这些问题,关于这些问题目前还没有一个很好的答案。"因为这绝不是单个个人所能达到,而只有社会实践才能达到。而这种社会实践更多地在于反体系运动,而不在于国家机器、经济领域或文化—意识形态领域。"③

第三节 世界体系论的影响及其争论

一、世界体系论的影响

世界体系论自20世纪70年代在美国产生以来,经过近30年的发展,这一理论已经成为一种世界性思潮,它不仅在纽约州立大学有其研究中心"布

---

① Immanuel Wallerstein, *Geopolitics and Geoculture: Essays on the Changing World-System*, p. 217.
② Ibid., pp. 225–230.
③ Ibid., p. 229.

罗代尔中心：经济、历史体系和文明研究"(Fernand Braudel Center for the Study of Economies, Historical Systems, and Civilizations)，出版了颇具特色的杂志《评论》(Review)，而且在政治学、社会学、历史学、世界经济和政治地理学诸领域产生了广泛的影响①。在这里我们重点讨论一下世界体系论对国际关系研究的影响。

世界体系论对国际政治学界的影响主要集中在三个方面：(1) 对国际关系的政治和经济相结合的研究；(2) 对世界政治的长周期研究；(3) 对国际体系(资本主义体系)的研究。

1. 政治和经济相结合的研究

正如我们在以前所指出的，与20世纪50年代、60年代相比，70年代国际关系研究的一个最为显明的特征就是政治和经济相结合，由此产生了国际政治经济学。

随着国际政治经济学作为一门学科的产生，世界体系理论被作为一个重要流派写进这一学科的教科书中。罗伯特·吉尔平教授在他那本驰名欧美学术界的《国际关系政治经济学》就将世界体系理论与刘易斯的二元经济论、金德尔伯格的霸权稳定论一起称为当代国际政治经济学最有影响力的三大理论：

> 近年来，阐述国际经济学的兴起、发展和功能的当代三大理论已经产生影响。第一种理论主要源出于经济自由主义，不妨称之为"二元"经济论，它认为，市场的逐步演进，是人们为实现提高效率和最大限度地增加财富的普遍愿望而作出的反应。第二种理论受到马克思主义的强烈影响，冠以"现代世界体系论"的名称也许十分恰当，它认为世界市场实际上是发达的资本主义国家在经济上剥削不发达国家的一种机制而已。第三种理论同政治现实主义有着密切的，但并非完全的联系，已经以"霸权稳定论"闻名，这种理论从先后几个自由强国如何主宰世界的角度，阐明现代国际经济的崛起和运转。尽管这三大理论对某些具体细节问题的见解是南辕北辙，我觉得它们在其他方面是互为补充的，一起为解释清楚国际政治经济的动力和功能而提出了重要精辟的论证。②

对于世界体系论将政治和经济相结合的研究，世界体系论的追随者蔡

---

① 关于世界体系论对社会科学诸学科影响的详细讨论，读者可参阅王正毅：《世界体系论与中国》，第227—275页。

② 〔美〕罗伯特·吉尔平：《国际关系政治经济学》，第81页。

斯—邓恩的观察是,在以往马克思主义关于资本主义世界的论述中存在着两种倾向,一种是经济主义,即简单地假定经济决定政治,比如斯大林式的第三国际就是如此;一种是历史主义,这种思维否认社会规律的可能性,而将全部精力集中在政治关系上。这样,经济和政治就是相互独立的,是两种逻辑。而沃勒斯坦的世界体系论克服了以往马克思主义者简单的经济主义(economism)和历史主义(historicism)的局限性,他把经济和政治看作是相互联系的,政治和经济首先是通过一种共同的逻辑来联系的,这个共同的逻辑就是资本积累。正是在这种意义上,蔡斯—邓恩认为只有世界体系论才真正将政治和经济结合起来。所以,有的学者观察到:"对于蔡斯—邓恩来说,沃勒斯坦将资本主义作为一个世界体系的观点,是国际政治经济学理论中最有前途的分析框架,主要是因为世界体系理论既克服了经济主义的局限性,也克服了历史主义的局限性。"[1]还有学者甚至评价说:

> 也许利用新马克思主义的剩余转让概念最有雄心的作品是伊曼纽尔·沃勒斯坦的关于资本主义世界经济的著作《现代世界体系》。通过总结大量的马克思主义和新马克思主义的观点,将国际收入的不平等放入历史的视野之中,伊曼纽尔·沃勒斯坦的研究是一个充满艰辛探索的典范,其中关于政治和经济的关系充满了真知灼见……现代世界体系的产生,不仅在高档次和低档次商品的生产者之间进行了一种新的全球性的劳动分工,而且还伴随着两类社会和政治组织不断增长的两极化。[2]

2. 对世界政治的长周期研究

世界体系论对国际关系研究的第二个显著贡献,就是对世界体系的长周期进行研究。与霸权稳定论只关注霸权国家的周期不同的是,世界体系论不但主张对作为世界体系重要组成部分的国家体系中的霸权周期进行研究,而且主张对整个资本主义世界体系(世界经济)的周期进行研究,并且认为后者更为基本。

世界体系论关于资本主义世界体系的周期以及国家体系中的霸权周期的核心观点是,资本主义世界体系(世界经济)的发展每50年(康德拉季耶夫周期)或更长时间(比如特长周期)就会出现一个周期(上升—下降),与经济周期相对应,国家体系中的国家力量也会不断地重新组合,在追求霸权中形

---

[1] George T. Crane and Abla Amawi, eds., *The Theoretical Evolution of International Political Economy*, p. 142.
[2] Andrew C. Janos, *Politics and Paradigms: Changing Theories of Change in Social Science*, p. 76.

成周期性运行,但从根本上讲,经济周期是最基本的,即使是霸权国家的霸权也主要取决于它在农业—工业、商业和金融领域的优势地位。

在世界体系论的影响下,对世界政治进行长周期研究成为20世纪70年代中期以来国际政治学界非常关注的一个课题,1975—1985年,在英语世界发表和出版了大量这方面的文章和著作①,兴起了一种长周期理论。正如这方面最突出的代表人物莫德尔斯基(George Modelski)所说的:

> 长周期为世界政治研究提供了一个新的视角,它倡导对世界战争的周期性发生,以及英国和美国这样的领导国家以一种有序的方式更替的途径进行细致的研究。它提请人们注意这样一个事实,即大的战争和主导性大国也和类似地理大发现或工业革命这样的伟大革新运动相关联,正是这些革新运动使得现代世界成为现在这样。长周期有助于培养一种长远(long term)的观察国际事务的眼光。②

在这种信念支配下,莫德尔斯基等人对世界政治中的这种长周期进行了深入细致的研究,特别是对现代世界体系中政治体系的周期进行了专门性的和创造性的探讨。③ 与世界体系论将资本主义世界体系的周期主要建立在经济周期基础之上不同,莫德尔斯基对现代资本主义体系中政治体系的周期的研究则主要立足于如下五个假设④:

　　A 政治体系和经济体系从根本上来说是两个不同的体系,每个体系都有相对的自治性。
　　B 这两个体系是相互联系的,它们都力图通过竞争来利用有限的资源。
　　C 政治体系和经济体系的显著的时期是彼此交替的;一个体系在其突出的时期内往往解决另一个体系在其突出的时期内没有解决的问题。

---

① "A bibliography of long cycles: 1975-1985", in George Modelski, ed., *Exploring Long Cycles*, Lynne Rienner Publishers. Boulder, 1987, pp. 249-256.
② George Modelski, *Long Cycles in World Politics*, University of Washington Press, 1987, p. 1.
③ 这方面的详细论述,可参见George Modelski, *Long Cycles in World Politics*, University of Washington Press, 1987; George Modelski, ed., *Exploring Long Cycles*, Lynne Rienner Publishers. Boulder, 1987; George Modelski and William R. Thompson, *Seapower in Global Politics 1494-1993*, Seattle: University of Washington Press, 1988; William R. Thompson, ed., *Great Power Rivalries*, University of South Carolina Press, 1999。
④ Shumpei Kumon, "The Theory of Long Cycles Examined", in George Modelski, ed., *Exploring Long Cycles*, p. 62.

D 在政治体系突出的时期内,资源主要被政治体系所利用,这导致经济体系中资源的稀缺,结果导致价格上涨。

E 能够对两个体系的关系进行调节的是在更广泛意义上的价值体系——价格是这个体系的代表性的变量之一。

在这些假设的基础上,莫德尔斯基认为,现代世界体系主要起源于16世纪[①],这个体系从结构上讲包括不同的地区,从功能上讲包括三个亚体系:全球性的政治体系;全球性的经济体系;全球性的文化体系。其中,全球性的政治体系是现代世界体系的核心。全球性的政治体系从其产生以后就遵循如下这样一个周期,这个周期包括四个阶段,见表9-2。

表9-2 全球政治体系的周期

周期阶段	对秩序的追求	秩序的有效性
(1)	高	低
(2)	高	高
(3)	低	高
(4)	低	低

资料来源:George Modelski, *Long Cycles in World Politics*, 1987, p.31。

在这里,阶段(1)是严重政治冲突阶段,也可以称其为全球战争阶段(global war),在这一阶段对秩序的期望值很高,但在现存的条件下却很难实现。阶段(2)是世界秩序已经建立的阶段,也可以称其为世界权力阶段(world power)。在这一阶段对秩序的期望值仍然很高,因为这种秩序是世界领导者的产物。阶段(3)是合法化减退的阶段(delegitimation),在这一阶段,对秩序的期望让位于各种各样的安全;阶段(4)是权力分散的阶段(deconcentration),在这一阶段,无论是对秩序的期望(preference for order)还是秩序的有效性(availability of order)都达到最低点。这四个阶段形成世界政治的长周期。

对于莫德尔斯基对世界政治长周期研究的贡献,西方学术界的评价是:

> 莫德尔斯基及其他学者的关于现代世界的长周期理论代表了美国70年代(特别是70年代中期以后)社会科学界的一种新的趋势,与"世界体系理论"一样,长周期理论也将15世纪末以来的现代世界体系进化过程整体作为其研究对象,但长周期理论更为清晰地表达了周期理论的特

---

① George Modelski, *Long Cycles in World Politics*, p.19.

征。与"转化模型"和"霸权稳定论"一样,长周期理论更多地阐述的是政治方面而不是经济方面,同时论述了政治和经济的密切关系;但长周期理论在将政治、经济和文化这三个亚体系作为世界体系的组成要素方面有明显的特征。①

尽管长周期理论与世界体系论在分析现代世界体系的周期的具体细节方面存在许多差异,但关于世界政治中的长周期理论的兴起深受世界体系论的影响,莫德尔斯基自己从未回避:

> 关于长周期研究是世界体系研究的一种形式这种观点已在《世界体系分析方法争论》(Contending Approaches to World-System Analysis, 1983)一书中得以表示。威廉·汤普森(William Thompson)提出世界体系分析有三个共同所指:一是存在一个世界体系;二是世界体系的结构及其重要的过程能够解释这个体系内的行为;三是研究世界体系的方法要求跨学科。……无论是世界经济分析还是长周期分析都能满足这些标准。因为长周期是全球政治体系的具体化的体系,也因为全球政治体系是世界体系的一个组成部分,所以,长周期研究自然是世界体系分析的组成部分。②

3. 国际体系(资本主义体系)的历史研究

世界体系论对国际政治(国际关系)研究的第三个大的影响就是对国际体系(资本主义体系)的研究。有学者对此做过精辟的概括:

> 十五年前,伊曼纽尔·沃勒斯坦的《现代世界体系》就像一枚概念炸弹,其余波慢慢波及美国对外关系研究中。结果便是重新激起了学者们对国际体系研究的兴趣,但是,这个体系与传统的以国家因素、地缘政治动力以及力量平衡为特征的传统的国家体系是非常不同的。③

从世界体系的理论观点中我们可以发现,把资本主义世界体系作为一个历史体系进行研究是世界体系论的核心问题,世界体系论的倡导者沃勒斯坦还专门以此为题出版了一本著作《历史资本主义》④。尽管有学者对此提出批

---

① George Modelski, ed., *Exploring Long Cycles*, p.58.
② Ibid., p.12.
③ Michael J. Hogan and Thomas G. Paterson, *Explaining the History of American Foreign Relations*, Cambridge University Press, 1991, p.89.
④ Immanuel Wallerstein, *Historical Capitalism*, London: Verso, 1983.

评,认为"沃勒斯坦和世界体系研究方法很不容易融入主流之中。相反,他一直遭到主流理论家们的猛烈攻击,特别是他们攻击[沃勒斯坦]没有认识到国家一直在接近政治权力,这使得国家能够独立于由资本主义世界经济建立起来的结构而行事"[1]。但也有学者认为,"沃勒斯坦是为数不多的一位从非常不同的框架来研究国际关系[的学者],这个框架产生了一个被制度化的资本主义概念,正是这个因素导致对资本主义的胜利作出独特的评价"[2]。特别是在冷战结束以后,有的学者将沃勒斯坦在世界体系论中对资本主义体系的分析与福山在《历史的终结》[3]中对资本主义的分析相比较,认为"这两种理论尽管角度是非常的不同,但他们对国际关系研究中的主流思想提出了挑战"[4]。

在冷战期间以及冷战后的今天,就如何分析资本主义体系,国际关系理论界一直为两大流派所主宰,这就是现实主义(Realism)或新现实主义(Neo-realism)和自由主义(Liberalism)或多元主义(Pluralism),有学者称之为国际关系学的主流思想。尽管现实主义和自由主义这两大主流学派之间存在着各种各样的分歧,比如现实主义在讨论国际体系时强调国家的独立性和自主性,而自由主义则突出国际体系中的相互依存、一体化(integration)、跨国主义(transnationalism);现实主义着重探讨国际体系中的东方和西方的关系,而自由主义关注更多的是西方世界内资本主义的国际发展;现实主义假设国际体系是处于无政府状态,因而强调权力争夺的重要性,而自由主义关心的是国际体系中制度的建设,因而强调合作的重要性,等等。但现实主义和自由主义也存在着一些共同的特征:二者都是从解决现存国际体系面临的问题入手,因而有学者称之为解决问题的理论(problem-solving theories);二者都是在现存的国际体系框架内论证国际体系的合法性和发展,因而缺乏历史理论。[5]

与国际关系这两种所谓的主流学派观点有所不同的是,沃勒斯坦从一种非常不同的角度——历史的角度——来分析国际体系,特别是资本主义世界

---

[1] Richard Little, "International Relations and the Triumph of Capitalism", in Ken Booth and Steve Smith, eds., *International Relations Theory Today*, Pannsylvania: The Pannsylvania State University Press, 1995, p.85.

[2] Ibid., p.76.

[3] Francis Fukuyama, *The End of History and the Last Man*, London: Penguin Books, 1992.

[4] Richard Little, "International Relations and the Triumph of Capitalism", in Ken Booth and Steve Smith, eds., *International Relations Theory Today*, p.63.

[5] Ibid., pp.66-67.

体系的发展,向自由主义和现实主义提出了挑战。① 对于冷战结束、苏联的解体,沃勒斯坦作出了与福山不同的回答。在福山看来,冷战的结束和苏联的解体,标志着倡导自由民主的资本主义的最终胜利,资本主义为人类活动提供了最为理想的条件,因而资本主义的最终胜利也就标志着历史的终结。福山的结论是:

> 当我们观察过去十多年所发生的事件时,难以抑制的感觉是,一些根本性的东西在世界历史中发生了。20世纪发达世界突然进入意识形态的系列冲突之中,先是自由主义和绝对主义的残余的冲突,然后是和布尔什维克主义和法西斯主义,最后是和一种威胁说要导致核战争的马克思主义的冲突。但是,开始就对西方自由民主的最终胜利充满信心的世纪在经过了一圈之后似乎回到了它的起点:不是回到"意识形态的终结"或资本主义和社会主义的融合,正如早期所预言的,而是回到一种经济和政治自由主义不折不扣的胜利的状态之中。②

与福山为自由主义和资本主义高唱胜利赞歌不同,沃勒斯坦也从历史和同一事件(即苏联的解体)出发,向自由主义提出了挑战:

> 柏林墙的拆除以及随后苏联的解体,一直被看作是共产主义的衰落和马克思列宁主义在现代世界作为一种意识形态的力量的崩溃。这毫无疑问是正确的。这些事件也被看作是自由主义作为一种意识形态的最后的胜利。这完全是对现实的一种误解。恰恰相反,这些同样的事件更多地标志着自由主义的解体,以及我们最终进入到"自由主义之后"的世界。③

对沃勒斯坦而言,苏联的解体并不意味着资本主义的胜利,而正是对资本主义生存的一系列挑战的一个部分。

我们认为,注意到世界体系论,特别是沃勒斯坦对国际关系研究的贡献是比较公允的。长期以来,国际关系理论一直为美国所主宰,而在美国的社会科学研究中又是自由主义思潮占主导地位,这种状况导致国际关系研究中

---

① 他曾将在冷战结束以后的三年时间里(1990—1993)对冷战后的资本主义世界体系的意识形态的思考汇集成册,于1995年出版了《自由主义之后》(Immanuel Wallerstein, *After Liberalism*, New York; The New Press,1995)一书,作为对自由主义的挑战。

② Francis Fukuyama, "The End of History?", in Richard K. Betts, *Conflict After the Cold War: Arguments on Causes of War and Peace*, Macmillan, 1994, p.5.

③ Immanuel Wallerstein, *After Liberalism*, p.1.

对马克思主义、新马克思主义思潮的排斥。但只要我们仔细考察一下冷战时期国际关系理论的发展,就不难发现,国际关系研究对世界体系论的排斥并不是很有道理的。因为在冷战时期以及冷战后的今天,尽管出现了各种各样的具体的国际关系理论,但是从研究的角度来看,只经历过三次大的转变:行为主义的方法(behavioral approach)、结构主义的方法(structural approach)和进化的方法(evolutionary approach)。① 进化的方法其实也包括历史研究法。

二、世界体系论的争论

尽管世界体系论作为一种理论和方法对社会科学研究产生了广泛的影响,但对世界体系论也存在着各种各样的争论,这些争论主要表现在四个方面:(1) 1500 年以前的世界体系是否存在?(2) 世界体系究竟有什么特征?(3) 世界体系的未来是社会主义还是其他?(4) 世界体系论是否是一种新的理论?②

1. 1500 年以前的世界体系是否存在?

这一问题主要涉及世界体系起源的时间和地点。早期的世界体系论者几乎一致认为,现代世界体系起源于 1500 年左右的西欧。但这一结论后来受到两种观点的挑战。一种观点来自美国西北大学的阿布鲁(Janet L. Abu-Lughod)教授,她在其名著《欧洲霸权之前:1250—1350 年的世界体系》③中集中探讨了 16 世纪以前,特别是 13 世纪的世界体系。④ 在她看来,在 11 世纪之后就存在一个世界体系,这个体系将亚洲和中东的农业帝国与欧洲独立的城市连成一个体系,并在 13 世纪达到了高峰。14 世纪、15 世纪,这个体系由于

---

① John Lewis Gaddis, "International Relations Theory and the End of the Cold War", in Sean M. Lynn-Jones and Steven E. Miller, eds., *The Cold War and After: Prospects for Peace*, The MIT Press, 1994, pp. 323-388.

② 关于对世界体系论争论的详细论述,读者可参阅王正毅:《世界体系论与中国》,第 276—299 页。

③ Janet L. Abu-Lughod, *Before European Hegemony: The World System A. D. 1250-1350*, Oxford University Press, 1989.

④ Janet L. Abu-Lughod, *Before European Hegemony: The World System A. D. 1250-1350*, 在这部著作中,她主要研究了 13 世纪的世界体系。这部著作主要分三个部分,第一部分(The European Subsystem)主要探讨这一时期欧洲的体系;第二部分(The Mideast Heartland)主要探讨中东腹地出现的体系;第三部分(Asia)则主要探讨亚洲地区的世界体系,特别是印度次大陆和中国的体系。这部著作因此获得美国社会学会 1990 年度杰出著作奖。美国社会学会授奖委员会对这部著作的评价是:"这部著作写得很漂亮,她的范围可以与伊曼纽尔·沃勒斯坦和费尔南·布罗代尔所涉及的范围相媲美,通过强调从杭州到布拉格共同拥有的文化和商业制度,阿布鲁富有实质性的分析促使我们重新思考[以往对]现代世界体系所作的欧洲中心论的解释。"

战争、瘟疫等才开始衰退,出现了沃勒斯坦所说的"封建危机"。她认为,13世纪的世界体系,无论就劳动力转移的方法以及组织的方法,还是合同的实现、价格的形成、交换率的确定等都是一个很先进的体系。另一种观点来自施奈德(Jane Schneider)、蔡斯—邓恩①以及弗兰克等人。他们批评批评沃勒斯坦过分局限于1500年以后的以欧洲为中心的世界体系的分析,而不承认1500以前世界体系的存在,他们主张,"在理论上迈开第一步,以此来证明将世界体系回溯到远早于1500年,而这个日期(我现在相信是错误的)被一些人看作是我们的现代世界体系诞生的日期"②。

2. 世界体系究竟有什么特征?

关于世界体系的特征,世界体系论者,特别是沃勒斯坦本人,有两个为人熟知的观点,这就是:(1)资本主义世界体系是单一的世界经济,各部分的联系主要是经济联系。而世界体系包括一个相互竞争的国家体系,这是资本主义世界体系与以前的作为一个经济世界的世界帝国的重要区别。资本主义世界经济和国家体系之间的关系是,资本主义世界经济是最为基本的。(2)决定世界体系的是"大宗产品贸易"而不是"奢侈品贸易",这是资本主义世界体系区别于以往封建帝国的一个重要特征。这两个观点也受到挑战。

第一个观点主要受到蒂利(Charles Tilly)③、莫德尔斯基④、佐尔伯格(Aristide Zolberg)、斯格波(Theda Skocpol)的批评,他们主要批评沃勒斯坦将资本主义世界体系完全立足于资本主义世界经济关系而忽视了政治因素的独立作用。在这些批评者看来,世界体系中的国家之间的关联并不总是为了经济上的利益,为了军事安全以及领土扩展而进行的战争就是政治因素的独立作用。

> 与沃勒斯坦的理论努力相反……"体系各部分基本的联系"并不总是经济的,从一开始,另一相同的结构与他显示给我们的结构联系便相互作用——(对于)这种结构,他看不到,或将看不到……我所提及的这

---

① 关于施奈德和蔡斯—邓恩的观点,参见 Christoper Chase-Dunn and Thomas D. Hall, eds., *Core/Periphery Relations in Precapitalist Worlds*, Westview Press, 1991。

② Andre Gunder Frank, "A Theoretical Introduction to 5000 Years of World System History", *Review*, Vol. XIII, No. 2, Spring 1990, p.159. 另外,弗兰克的新作《白银资本:重视经济全球化中的东方》(中央编译出版社2001年版)正是这一思想的系统化。

③ Charles Tilly, "War Making and State Making as Organized Crime", in P. Evans, D. Rueschemeyer and T. Skocpol, eds., *Bringing the State Back In*, Cambridge University Press, 1985, pp. 169-191.

④ George Modelski, "Long Cycles of World Leadership", in W. Thompson, ed., *Contending Approaches to World-System Analysis*, Beverly Hills, CA: Sage, 1983, pp. 115-140.

种结构关联包括一系列的政治—战略因素。①

——佐尔伯格

但是,这里有一个非常不同的观点可以被接受,即民族国家,从更为根本的意义上来看,是这样一些组织,它们控制国家的版图和人口,并且在国际体系中与其他国家进行实际的或可能的军事竞争。国际上的国家体系作为军事竞争的跨国结构并不起源于资本主义。在整个现代世界历史上,国家体系只是代表了一种可分析的自治层次上的跨国现实——在结构上和动力上与世界资本主义相互依赖,但不能完全还原为资本主义。②

——斯格波

世界体系论关于世界体系特征的第二个观点受到施奈德的批评。在施奈德看来,在早期的中国以及其他帝国的扩展中,正是"朝贡"体系使得扩展成为可能。因为,正是通过奢侈品的分配才使得朝贡体系得以维持,所以,在这种意义上,朝贡贸易也是一种世界经济,正是这种朝贡贸易使得在前资本主义世界中各种各样世界体系的存在成为可能。③

3. 世界体系的未来是社会主义还是其他?

沃勒斯坦等人的世界体系理论的另一个观点就是资本主义世界体系将会采取一种新的形式,即世界社会主义政府。这一结论显然是受马克思的影响,虽然沃勒斯坦在许多方面不同意马克思,诸如他不同意马克思及马克思主义者将商业资本与产业资本分开。他认为,成功的资本家往往能够同时从事三种不同的资本经营——商业资本、产业资本、金融资本,等等。但至少在三方面他们很受马克思的影响,因此被西方学术界称为"新左派"。一是经济联系是世界体系的基础。他将之称为资本主义世界经济。二是经济活动对政治结构的影响以及无产阶级和资产阶级矛盾在资本主义社会中的作用。二是所有的国家都将凋萎,由此沃勒斯坦特别揭出了社会主义政府的思想。④

这种观点也招致许多学者的批评。后来当我们在一起讨论这一点时,他作了两点补充,一是他对当前政治结构及未来政治结构不能完全肯定,所以

---

① William Thompson, ed., *Contending Approaches to World-System Analysis*, p. 258.
② Theda Skocpol, *States and Social Revolutions*, New York: Cambridge University Press, 1979, p. 22.
③ Christoper Chase-Dunn and Thomas D. Hall, *Core/Periphery Relations in Precapitalist Worlds*, p. 55.
④ 他曾接受香港《知识分子》杂志的采访,以"资本主义世界体系与社会主义"为题谈了他的观点,见该杂志 1986 年夏季号。

现在他宁愿使用"秩序"(order)一词来代替"政府"(government)一词;二是,他的主张完全是一种可能性演绎,即根据演绎而提出。

4. 世界体系论是否是一种新的理论?

尽管世界体系理论作为一种理论获得西方社会科学界的广泛称赞,但也有学者对这种理论提出了质疑。这种质疑主要来自两个方面:一是世界体系论是否是一种新的理论? 一是是否能创造一种像世界体系论那样所追求的历史理论?

对于世界体系论是否是一种新的理论,伯格森(Albert Bergesen)提出了质疑。在他看来,所有世界体系学说均集中在如下几个问题并为此而争论不休:资本主义的经济逻辑只产生于16世纪(沃勒斯坦)还是也可以在古代文明中发现(吉尔斯和弗兰克)? 整个世界历史有一个共同的社会经济逻辑还是有许多世界体系类型? 这些类型是否取决于不同的生产方式? 在伯格森看来,弗兰克、沃勒斯坦都未能很好地回答这些问题,原因在于"生产方式分析概念停留在社会阶级之间的关系中,这种关系不能用来概念化世界范围内的生产过程,资本主义可以用工资收入者和资本拥有者之间关系来定义,但在世界范围内富裕国家和贫穷国家并无工资关系"①,世界体系理论者,无论他们认为这个体系起源于16世纪或过去5000年,均未设计出一种全球理论,而只是把(以往)社会的模型扩展,使得这些模型好像是全球范围内的。

伯格森认为,我们完全有理由相信世界范围内的生产方式存在。假如全球性的世界体系理论真的存在,那么生产过程必须从社会束缚中解放出来。他曾举例说,为什么在南美洲拣棉花的手被认为是奴隶制生产方式,而在英国织布的手成为资本主义生产方式,这是没有道理的。他进而批评说,问题的关键是"世界体系理论专心于世界交换、世界网络、世界劳动分工",但是并未说明"世界生产",而现实中却是"生产关系先于交换关系"②。所以,在克服这一局限之前,世界体系理论永远是更为基本的社会科学之注脚。既然我们相信存在世界体系,那么我们就应该从全球生产方式来探讨,而不应该像现在的世界体系理论只是简单地将社会模型扩展到全球。

世界体系理论其实是一种历史理论,与其他历史理论所不同的是,世界体系理论只应用于资本主义世界经济那一部分,而且只应用于1500年以后的

---

① Christopher Chase-Dunn & Thomas D. Hall, eds., *Core/Periphery Relations in Precapitalist Worlds*, p. 86.
② Ibid., p. 88.

时期。尽管这种理论得到许多历史学家的认可,但对于世界体系理论是否是一种合适的历史理论,仍然有一些学者提出了质疑。比如政治学家佐尔伯格同意世界体系论从全球的范围研究历史过程,但他不认为有"世界体系"这样一种实体,并且能够形成关于这个实体变化的一般规律。世界体系论作为一种理论太抽象,不能很好地说明具体的历史事件:

> 如此广阔的时间包括如此广泛的变量,[这些变量]存在于为了宏观分析理论的目的而必须加以考虑的因素、条件以及结果之中……理论上的努力必然导致形式主义,[以及]关于极为抽象的性质诸如"规律"和"周期"的命题的论述。①

他同时还认为,世界体系论作为一种方法从本质上讲也是不科学的,因为科学的研究一般是从众多的案例中发现那些不断出现的事件,这些事件是某些原因的结果。而世界体系分析却只有一个案例,即现在的世界体系这样一个案例来研究,没有重复性,因而其科学性是值得怀疑的。②

---

① Aristide Zolberg, "World and 'System': A Misalliance", in W. R. Thompson and Beverly Hill, eds., *Contending Approaches to World-System Analysis*, p. 275.
② Thomas Richard Shannon, *An Introduction to the World-System Perspective*, p. 168.

第十章
全球化与国际政治经济学:超越"范式之争"?

20世纪70—80年代国际政治经济学的兴起以及理论建构主要是围绕着"美国霸权衰退"及其对国际体系的影响而展开的,进入90年代,有两个事件对国际关系,特别是国际政治经济学的研究产生了重大影响:一是冷战的结束;二是全球化的深入。冷战的结束对国际关系研究产生的重要影响在于,它不仅为强调强权的现实主义和强调契约关系的自由主义的争论提供了学理空间,同时也为强调文化和社会的建构主义的产生提供了空间。就国际政治经济学的发展而言,冷战的结束尤其为自由主义开辟新的研究纲领提供了空间。全球化对国际关系研究最为直接的影响在于,国内政治的比较研究以及国际政治经济和国内政治的互动进入到现实主义和自由主义的理论框架内。与20世纪70—80年代"美国霸权衰退"背景下国际政治经济学的研究有所不同,冷战的结束以及全球化的深入对国际政治经济学产生的影响主要表现在如下三个方面:核心概念的确定与认同;研究议题的变化;理性主义分析的加强。

第一节 国际关系理论论战与国际政治经济学

国际政治经济学的产生及其理论演进,不仅与国际关系的现实变革密切相关,而且也与国际关系的理论论战相关联。在过去四十多年的国际关系理论发展历程中,曾经经历过四次理论论战:第一次论战发生在20世纪20—30年代(古典现实主义与传统的理想主义);第二次论战发生在70年代(自由主义挑战现实主义);第三次论战发生在80年代(新自由主义/自由制度主义与新现实主义的论战);第四次论战发生在90年代(理性主义与社会建构主义的论战)。① 而国际政治经济学的兴起与发展则主要与国际关系理论的后三次论战密切相关。

一、自由主义挑战古典现实主义

正如学习西方国际关系理论的学生们所熟知的,国际关系理论发展的第一次论战发生在20世纪30年代,论战的双方是崛起的古典现实主义与传统的理想主义,论战的最终结果是古典现实主义开始主导国际关系的研究,其里程碑式的著作便是摩根索于1948年出版的《国家间政治》。古典现实主义有如下四个最为基本的假设②:第一,国家是世界政治中的主导行为体。国际关系研究应该集中在国家这一研究单位上,非国家因素(例如跨国公司以及国际组织)是次要因素。第二,国家是单一的行为体,而且只有一个声音。第三,国家是理性的,根据自我利益采取行动,国家可以根据其现存的能力达到其特定的目标。第四,国际体系处于霍布斯式的无政府状态。国家之间的冲突会导致战争并可能出现强权政治。所以,在国际事务中,国家安全居于第一位,换句话说,经济和社会事务属于"低级政治",而军事安全或战略问题属于"高级政治"。

国家、权力以及国际体系的无政府状态是现实主义的核心概念。"冷战"为现实主义的理论提供了强有力的证据。在这种状况下,安全问题成为学术界和政策制定者关注的首要问题。

然而,从60年代末、70年代初期开始,古典现实主义理论受到国际政治现实中一系列事件的挑战,这些事件包括:1958年开始的欧洲一体化进程的进展(虽然后来出现了波折);1971年布雷顿森林体系的瓦解;1968年开始的美国与日本的贸易摩擦;1973/74年石油输出国组织的胜利。这些事件使得霸权国美国主导的世界经济以及与其相应的国际体系受到了挑战。国际学

---

① 〔美〕彼得·卡赞斯坦、罗伯特·基欧汉、斯蒂芬·克拉斯纳:《世界政治理论的探索与争鸣》,秦亚青等译,上海世纪出版集团2006年版,第5页。

② 同上书,第18页;Paul R. Viotti and Mark V. Kauppi, *International Relations Theory: Realism, Pluralism, Globalism, and Beyond*(3rd Edition), Allyn and Bacon, 1999, p.55。

术界和政策制定者在关注安全的同时,也开始关注经济要素和机制的作用。

在这种背景下,首先是经济学家库珀、金德尔伯格和维农从经济学的角度对相互依存、霸权以及跨国经济关系进行探讨。受他们的影响,吉尔平、斯特兰奇、基欧汉等政治学家也开始关注经济要素以及机制,并对古典现实主义的四个基本假设提出了挑战,国际政治经济学早期的研究纲领正是在这种挑战中形成的。

首先,对"国家是世界政治的主导行为体"假设提出挑战的是关于"跨国公司"的研究,并由此于20世纪70年代形成了"跨国关系及关联政治学派",其早期经典性的著作是基欧汉和奈的《权力与相互依存》。跨国关系及关联政治学派的主要观点可以概括为:国家并不是世界政治的唯一行为体,也不是主导行为体,非政府行为体(诸如跨国公司以及国际组织)在国家之间的交往中也是非常重要的。

其次,"国家是单一的行为体"假设提出挑战的是关于"国内政治"的研究,并由此在70年代形成了"官僚政治学派"(bureaucratic politics),国际政治经济学早期在这方面堪称方向性的文献当推卡赞斯坦的《国际关系与国内结构:发达工业化国家的对外经济政策》①。官僚政治学派力图打破国家这个"黑匣子",把握国家的真正性质以及政策制定的复杂过程,特别是利益集团在国家对外经济政策形成过程中的作用。官僚政治学派将多元利益集团理论扩展到政府本身,认为对外政策是政府不同机构之间妥协的产物,由于权力和利益在不同的领域密集程度不同,所以,任何国家都无法制定连贯一致的对外政策。② 这一研究为90年代以后寻求国内政治与国际政治经济的关联性奠定了方向性的基础。

再次,对"国家是理性的行为体"假设提出挑战的是对"非理性"因素的关注,并由此在90年代发展起来的认知心理学派,其标志性的成果是杰维斯于1976年出版的著作《国际政治中的知觉和错误知觉》③。认知心理学派的基本观点是,在国际政治领域中,国家的决策并不总是理性的,由于心理和认识上的错觉,非理性因素在国家的决策过程中发挥作用是经常的,也是难免的。

最后,对"国际体系处于无政府状态"假设提出挑战的是对"国际机制"的

---

① Peter J. Katzenstein, "International Relations and Domestic Structure: Foreign Economic Policies of Advanced Industrial States", *International Organization*, Vol. 30, No. 1, 1976, pp. 1–45.
② 〔美〕彼得·卡赞斯坦、罗伯特·基欧汉、斯蒂芬·克拉斯纳:《世界政治理论的探索与争鸣》,秦亚青等译,第19页。
③ 〔美〕罗伯特·杰维斯:《国际政治中的知觉和错误知觉》,秦亚青译,世界知识出版社2003年版。

关注,并在70年代开始逐渐形成"国际机制学派"。关于国际机制的早期经典性的文献是鲁杰的《对技术的国际回应:概念和趋势》一文[1],此后基欧汉和奈对其进行了详细的论述。国际机制学派并不否认现实世界政治中存在一种能够强制执行规则的制度化等级权威机构,但国际机制学派认为,现实世界政治中确实存在基于规则之上的机制或制度,并不是完全处于无政府状态。[2] 对国际机制以及国际制度的研究成为国际政治经济学发展过程中重要的研究纲领。

这样,通过对古典现实主义四个基本假设的挑战、70—80年代的国际政治经济学的两个最为基本的研究纲领初步明晰:(1) 在国际体系层面主要研究国际机制和国际制度;(2) 在国家对外经济政策层面主要研究国内政治和国际政治经济的关联性。

无论是现实主义者,还是自由主义者,抑或是马克思主义者,在70—80年代都加入这两个研究纲领所涉及的一系列问题领域的论战之中,并由此形成我们在前面所列述的五大理论流派(相互依存论、霸权稳定论、国家主义、依附理论和世界体系论)。因为基于现实主义而提出的霸权稳定论以及国家主义在现实中最具操作性,也由于马克思主义学术意识形态在西方学术界不占主流,同时由于自由主义提出的国际机制与其他要素无法用因果关系准确地描述出来,所以,现实主义不但在这一时期的国际关系研究中占据主导地位,而且在早期的国际政治经济学研究中也占据着主导地位。

二、新自由主义/自由制度主义与新现实主义的论战

20世纪60年代末、70年代初期自由主义对古典现实主义的挑战,虽然最终并没有撼动现实主义在国际关系领域的主导地位,但却促使推崇现实主义的学者们开始对以摩根索为代表的古典现实主义进行修正,由此在70年代中期以后出现了新现实主义,其里程碑式的成果是沃尔兹的《国际政治理论》(1979)。新现实主义的核心便是著名的"体系层次理论"。

在新现实主义产生的同时,自由主义也围绕着"国际机制"和"国际制度"的讨论得到了飞速的发展,并由此形成新自由主义以及自由制度主义,其标

---

[1] John Gerard Ruggie, "International Responses to Technology: Concepts and Trends", *International Organiztion*, Vol.29, No.3, 1975, pp. 557—583.
[2] 〔美〕彼得·卡赞斯坦、罗伯特·基欧汉、斯蒂芬·克拉斯纳:《世界政治理论的探索与争鸣》,秦亚青等译,第20页。

志性的成果是基欧汉于 1982 年发表在《国际组织》杂志上的文章《对国际机制的需求》(The Demand for International Regimes)以及 1984 年出版的对国际制度进行系统论述的《霸权之后:世界政治经济中的合作与纷争》。新自由主义的产生以及与新现实主义的论战不但为国际政治经济学的迅速发展提供了学理空间,而且使得国际政治经济学在具体研究纲领上逐渐具有可操作性和可证伪性。

新自由主义与新现实主义的论战主要是围绕如下六个议题进行的:无政府状态的性质和后果;国际合作;相对收益与绝对收益;国家的优先目标;意图与能力;机制与制度。见表 10-1。

表 10-1 新自由主义与新现实主义的论战

研究议题	新自由主义	新现实主义
无政府状态	世界政治处于无政府状态,但国家之间有相互依存的可能性	世界政治处于无政府状态,国家之间只有相互竞争,不存在相互依存
国际合作	国际合作取决于国际机制和国内政治,而不是国家的实力	国际合作取决于国家的实力,霸权主导下的国际合作最为可能
相对收益与绝对收益	主要关注国际合作中现实的和潜在的绝对收益,并努力将其最大化	不仅关注国际合作中的相对收益,而且更关注对方的相对收益的增加是否对自己的政策执行有利
国家的优先目标	国家的经济福利是国家的优先目标,所以倾向于政治经济学研究	国家安全是国家的优先目标,所以倾向于研究相对权力、安全和生存
意愿与能力	强调国家的意愿和偏好在国际合作中的作用,认为能力只是影响国家的意愿和偏好	强调国家的能力而不是政治家们的意图,认为能力是国家安全的最终基础
制度与机制	机制和制度对于国家之间的合作不仅是重要的,而且是有效的,可以缓和无政府状态对于国家之间合作的制约	机制和制度对于国家之间的合作并不重要,因为机制或制度无法改变世界政治的无政府状态

资料来源:根据 David A. Baldwin, ed., *Neorealism and Neoliberalism: The Contemporary Debate*, New York: Columbia University Press, 1993, pp. 3-24 编写。

20 世纪 80 年代新自由主义和新现实主义的这次争论,学术界一般将其称为国际关系研究中的"第三次论战"。与 70 年代的"第二次论战"大为不同的是,新现实主义和新自由主义虽然在具体的研究纲领上仍然存在着分歧,但经过"第三次论战"之后,新现实主义和新自由主义在研究议题以及内容上彼此吸收对方在知识积累上的贡献,不断修正自身的前提假设,出现了理论趋向和价值趋向的趋同之势[①]。这为国际政治经济学在国际关系研究框架内发展的合法性奠定了学理基础,"政治经济学分析"与"安全研究"逐渐成为国际关系研究的两个不可分割的重要部分。

进入 90 年代,国际政治经济学在新自由制度主义的旗帜下,无论是在学理研究上,还是在现实的可操作性上,都得到了突飞猛进的发展。尤其值得一提的是,围绕着"利益"和"制度"进行学理研究的国际政治经济学,与 90 年代以来不断深化的全球化的现实结合在一起,使得国际政治经济学成为国际关系研究中的一门"显学"。

三、理性主义与社会建构主义的论战

尽管自由主义/新自由主义/自由制度主义与古典现实主义/新现实主义在具体研究纲领上存在着这样或那样的争论,但在将政治和经济这些物质因素作为理性分析的最基本的要素这一点上却是相同的,所以,学者们将偏好市场(经济发展与技术变革)并对其进行制度分析的自由主义与偏好国家结构和利益并对其进行权力分析的现实主义通称为"理性主义"(Rationalism)。理性主义通过成本-收益分析法来解释权力和制度是如何形成的以及如何运作的,但却无法解释权力和制度为何如此形成以及如此运作。其根本原因在于理性主义在解释权力和制度如何形成以及如何运作的过程中,只重视物质因素(成本-收益分析法),而忽视了这种物质因素的观念化(conceptualization)和社会化(socialization)的过程。而 90 年代兴起的"社会建构主义"(Social Constructivism)正是通过借鉴社会学和文化理论对这些物质因素的观念化和社会化过程进行研究,由此形成了国际关系理论演进中著名的"社会建构主义"与"理性主义"的论战,这次论战通常被称为国际关系研究中的"第四次论战"。

---

① 秦亚青:《译者前言:国际关系理论的争鸣、融合与创新》,载于〔美〕彼得·卡赞斯坦、罗伯特·基欧汉、斯蒂芬·克拉斯纳:《世界政治理论的探索与争鸣》,秦亚青等译,上海世纪出版集团 2006 年版。

社会建构主义有不同的分类(如常规建构主义、批判建构主义和后现代建构主义),但按照社会建构主义的积极倡导者温特的观点,主流社会建构主义主要基于三个基本理论假设:第一,国家是国际体系的主要行为体,但国家间的合作是一个社会化(socialization)过程;第二,国际体系的主要结构是通过主体之间的互动性而非物质性的因素形成的,因而文化(culture)具有优先性;第三,国家认同以及国家利益在很大程度上是通过这些结构形成的,而非由外在于这个体系的人类本性或者国内政治决定的,因而规范(norms)具有重要的建构作用。①

比较国际关系研究中理性主义和社会建构主义对国际政治经济学发展的影响,我们可以发现如下两个主要特征。

(1)理性主义逐渐成为国际政治经济学的主导性分析框架。关于理性主义,尽管仍然存在着新现实主义和新自由主义的争论,但正是在相互之间的争论中推动了国际政治经济学理论的发展。就新现实主义而言,虽然新现实主义由于没有预测到国家相对实力的变化,尤其是冷战的结束而备受质疑,而且也由于新现实主义对冷战结束后的国际冲突现象没有提出实质性的解释而备受批评,但在国际政治经济学领域,运用新现实主义的分析框架来分析这一领域的许多研究议题仍然具有很强的解释力。② 基于新现实主义分析框架而在国际政治经济学领域产生的具体的研究纲领主要有:强权是否可以使得某些行为体的境况恶化? 不对称讨价还价会发生什么后果? 无政府条件下做出承诺会产生什么问题?

与新现实主义相比,新自由主义,特别是后来的新自由制度主义由于能够解释冷战的结束不会削弱像北约以及欧盟这样的国际组织,因而在冷战结束后得到了飞速的发展,并逐渐成为国际政治经济学的主导分析框架,并由此产生了一系列具体的研究纲领来讨论权力、利益与制度之间的关系。这些具体的研究纲领包括:国内政治如何影响国际制度的设计? 在国际制度的设计和运行中,国家之间是如何讨价还价的? 在国家的对外战略中,国家的偏好是如何形成的?

(2)寻求理性主义和社会建构主义的融合。尽管在国际关系的安全领域,

---

① 王正毅:《亚洲区域化:从理性主义走向社会建构主义?》,《世界经济与政治》2003年第5期。
② 〔美〕彼得·卡赞斯坦、罗伯特·基欧汉、斯蒂芬·克拉斯纳:《世界政治理论的探索与争鸣》,秦亚青等译,第34页。

自觉采用建构主义理论进行的经验研究越来越多①,但是在20世纪90年代的国际政治经济学领域,相对于理性主义而言,建构主义的研究还很少②。进入21世纪之后,寻求理性主义和建构主义的融合成为国际政治经济学理论发展的一个重要趋向。这主要表现在三个方面:

第一,认识到理性主义和建构主义的互补性。尽管理性主义和建构主义在最初的论战中都强调双方的差异性,如理性主义强调偏好、信息、战略和共同知识,而建构主义强调认同、规范、知识和利益,但双方都承认自身的局限性,理性主义承认无法解释共同知识的来源,而建构主义承认没有提出解释战略的理论。③但随着论战的深入,双方都意识到各自在认识世界政治的局限性以及双方之间的互补性。坚持理性主义的学者认识到,如要解释共同知识的来源,就必须了解行为体的社会规范,而这正是建构主义的范式;而建构主义也认识到,如要解释利益的社会化过程,就必须了解行为体的偏好,而这正是理性主义的范畴。理性主义和建构主义的这种互补性为国际政治经济学的理论趋向和价值趋向的融合奠定了方向性基础。

第二,寻求共同的分析工具。博弈论作为一种分析工具,可以阐明理性主义与建构主义之间的分歧,如理性主义假设行为体的偏好和共同知识是既定的,因而可以进行战略性讨价还价,而建构主义假设行为体的身份是给定的,因而可以在环境中进行讨价还价。但博弈论同时也为理性主义和建构主义未来进一步的融合提供了分析工具,如理性主义认为,为促进物质利益而建立的制度可以产生规范结构,而建构主义认为,规范可以确定博弈者的选择范围并决定他们的偏好。博弈论作为理性主义和建构主义共同认可的分析工具,为国际政治经济学研究的可操作性提供了一种切实可行的路径。

第三,核心概念的确定和认同。将"利益"(interest)与"制度"(institution)作为国际政治经济学不可还原的两个核心范畴,并在此基础上构建了一个既有学理性又有可操作性的国际政治经济学分析框架。这是20世纪90年代中期以来"第二代"国际政治经济学者在理论研究上的重要贡献。通过将"利益"和"制度"放在国内与国际的关联性中,寻求理性主义与建构主义的融

---

① 比较有代表性的著作是〔加〕阿米塔·阿查亚的《建构安全共同体:东盟与地区秩序》(王正毅等译,上海人民出版社2004年版),其中,阿查亚运用建构主义对东南亚的安全和国际关系进行了富有创造性的研究。

② 〔美〕彼得·卡赞斯坦、罗伯特·基欧汉、斯蒂芬·克拉斯纳:《世界政治理论的探索与争鸣》,秦亚青等译,第36页。

③ 同上书,第40页。

合,并最终形成国际政治经济学研究中著名的"2×2模式"(利益与制度、国内与国际)①。这种趋向的经验性研究开始大量出现在国际学术界,比如,对联合国教育、科学和文化组织的研究、欧洲国家政府与欧洲法院的研究②,以及对东亚地区的经济安全研究③,等等。

四、国际政治经济学的"国际组织学派"和"英国学派"?

在国际政治经济学过去近40年的发展中,美国学术界(国际关系学界)以及《国际组织》(International Organization)杂志一直主导着国际政治经济学的发展进程,上述国际关系理论的论战以及国际政治经济学的产生和发展主要发生在美国的学术界。随着国际政治经济学作为国际关系研究的一个重要领域被国际学术界广泛接受,其他国家学者的贡献也开始受到广泛关注,并被写进国际政治经济学的教科书中,其中,最为引人注目的是国际政治经济学的"英国学派"。

在20世纪70年代,英国率先研究国际政治经济学最具代表性的学者当推苏珊·斯特兰奇(Susan Strange)教授,尽管她自己并非有意识地提出后来学术界所说的"英国学派",但后来的英国学术界确实在有意识地构建国际关系的"英国学派"(British school of IPE),以此与美国学术界的"国际组织学派"(The "IO" school of IPE)相对应(参见表10-2)。

与美国国际关系学界主要立足《国际组织》杂志而推动国际政治经济学发展的"国际组织学派"相比,英国学术界则主要基于后来建立的《国际政治经济学评论》(Review of International Political Economy)杂志而推动国际政治经济学的发展,并逐渐形成"英国学派"。"国际组织学派"与"英国学派"在国际政治经济学研究中主要有如下两个不同特征④:

---

① Lisa Martin, "International Political Economy: From Paradigmatic Debates to Productive Disagreement", in Michael Brecher and Frank P. Harvey, eds., *Millennial Reflections on International Studies*, The University of Michigan Press, 2002, p. 654.

② 读者可以参阅〔美〕莉萨·马丁、贝思·西蒙斯编:《国际制度》,黄仁伟、蔡鹏鸿等译,上海人民出版社2006年版。

③ Helen E. S. Nesadurai, ed., *Globalisation and Economic Security in East Asia: Governance and Institutions*, London: Routledge, 2006.

④ 读者可以参阅 John Ravenhill, ed., *Global Political Economy*, pp. 51–52; Robert O'Brien and Marc Williams, *Global Political Economy: Evolution and Dynamics*, pp. 27–28; Robert A. Denmark and Robert O'Brien, "Contesting the cannon: international political economy at UK and US universities", *Review of International Political Economy*, Vol. 4, No. 1, 1997, pp. 214–238。

表10-2 "国际组织学派"与"英国学派"的区别

	国际关系	政治经济学
国际组织学派	其目标是将国家之间的关系作为理性行为体进行的一种"零和"博弈而模型化。博弈发生在国际经济谈判(如世界贸易组织或八国集团)之中,不能将谈判理解为谈判者走在一起,以一种民族对话的方式来决定对世界整体而言什么是最好的。任何声明都被看作是掩盖狭隘的国家利益的烟幕弹。所以,国际经济谈判被认为是国家为了获得控制权的一种相互竞争的场合。国家之间有时相互做出让步,但这种让步极有可能是获取最大收益的一种战略。	其目标是将经济代理人之间的关系作为理性行为体进行的一种"零和"博弈而模型化。这些经济代理人之间的关系是非常不同的,包括公司和股东们、工人和管理者、消费者和消费文化、发展目标和世界银行以及国际货币基金组织之间的相互作用。这些相互作用的过程被认为是充满竞争的斗争,其中,每一方都力图将自己的利益强加于另一方。只有在他们之间的利益趋于一致时,斗争才停止。所有行为体的目标都是将经济活动的效用最大化,他们的行为主要围绕着这一目标,不考虑其长远利益。
英国学派	其目标是探寻国家硬实力和软实力的根源,以证明这些实力是如何转化成经济资源的。英国学派研究的领域也可能是国际经济谈判,但是,它相信谈判的结果并非完全受坐在谈判桌上执行国家利益的代表所影响。谈判的结果也受到流行的意识形态的影响,所以,研究占主导地位的世界观是如何产生的以及这些世界观在国家与非国家行为体之间的互动中如何起作用也是必要的。在很多情况下,非国家行为体也许是主要受益者,而且他们的受益甚至是以牺牲国家利益为代价的。	其目标是探寻既定的经济思维规则与日常经济生活实践之间的关联性。英国学派尤其集中在结构性机制(政治的、文化的以及认知的)研究上,研究个人是如何通过这些结构性机制进行社会化,创造出与蕴涵在经济理论中所意指的行为特征完全一致的生活方式。所以,经济理论被看作是对世界的一种意识形态的介入,而不是对那个世界中各种关系的政治中立的描述。无数行为体将经济理论的建设带入他们的意图之中,然后通过他们的日常生活实践将这些假设在社会中广泛传播。但是,这些日常生活实践也面临着不同文化运动的挑战,这些不同的文化也力图[通过各自的文化]影响日常生活。所以,经济领域必然是一个社会斗争的领域。

资料来源:John Ravenhill, ed., *Global Political Economy*(2nd Edition), Oxford University Press, 2008, p.55。

第一,分析框架的差异。"谁得到什么以及如何得到?"(Who gets what and how),这是国际政治经济学的"国际组织学派"和"英国学派"共同关心的问题,但在回答这个问题的具体路径(分析框架)上二者存在着明显的差异。"国际组织学派"在回答这个问题时主要关注的是行为体在效用最大化的过程中将如何耗费要素禀赋,因而,"国际组织学派"主张国际政治经济学应该研究如何通过理性选择达到效用最大化;而"英国学派"在回答这个问题时关注的是经济的初始环境在不同的经济和社会关系中是如何形成的,所以,"英国学派"主张国际政治经济学应该研究框定各类经济生活的社会组织的价值观念。"英国学派"的这种分析框架其实早在英国的国际政治经济学奠基人苏珊·斯特兰奇那里已经显现出来:

> 不同制度反映出财富、秩序、公正和自由四大观念不同的比例组合,从根本上说,决定这种组合性质的是权力问题。……在政治经济学研究中,仅仅问权威在哪里——谁掌握了权力是不够的。重要的是问为什么他们拥有权力——权力的来源是什么。……如果不对如何使用权力塑造政治经济和如何把成本、收益、风险与机会分配给该制度中各社会集团、企业和组织等根本性问题做出明确或含蓄的回答,就不可能得到结果,即实现国际政治经济学研究和分析所追求的最终目标。①

第二,方法论的差异。这是"国际组织学派"与"英国学派"在国际政治经济学研究中最为主要的差异。"国际组织学派"的基本假设是,无论是"个人"还是"国家"都是理性的,在既定的权力结构中,他们/它们作为行为体,都是遵循理性原则而进行行为选择的,即利益最大化原则,所以最终的政策结果无非是通过相互的博弈达到利益均衡(国内的和国际的),总之,"理性主义"是"国际组织学派"的方法论基础;而"英国学派"则假设,任何行为体都受到其所处的经济环境和社会结构的制约,其行为选择并不总是对外在环境的理性的回应,行为选择反映了行为体的社会愿望,而这种愿望则是社会对经济规范认同的结果,所以,"英国学派"关注的是分配结构(国内的和国际的)是如何影响行为体的经济利益与经济认同(国内的和国际的),简而言之,"历史社会科学"和价值批判是"英国学派"的方法论基础。

---

① 〔英〕苏珊·斯特兰奇:《国家与市场》,第19—20页。

第二节　国内政治与全球政治经济:政策偏好与制度选择

20世纪70年代以来,国际政治经济学就一直围绕着两个既相互关联又各自独立的领域展开研究:一个是国内政治和国际政治经济之间的相互作用,另一个是国际体系的研究。① 冷战的结束以及全球化的深入,对这两个研究领域的一般理论趋向和具体的研究纲领均产生了广泛的影响。

在国际政治经济学过去近40年的发展历程中,关于国内政治和国际政治经济之间相互作用的研究,主要体现在对国家的对外经济政策分析上,并因此形成四种具体的研究路径:以体系为中心的研究路径、以国家为中心的研究路径、以社会为中心的研究路径,以及以行业间要素流动为中心的研究路径。② 前两种研究路径主要是基于"国家是单一的行为体"的假设来研究国家的对外经济政策,是70—80年代"第一代"国际政治经济学者所普遍采用的,并被90年代以来的"第二代"国际政治经济学者不断深化;而后两种研究路径则将国家这个"黑匣子"打开,立足于国家和社会的关系来研究对外经济政策,是90年代中期以来"第二代"国际政治经济学者们普遍推崇的。

一、以体系为中心的研究路径

在"第一代"国际政治经济学者中,无论是继承自由主义和现实主义学术传统,还是继承马克思主义传统,以体系为中心(system-centric approach)来研究国家的对外经济政策是非常普遍的。不管他们在具体的主张上是如何的不同,但在强调国际体系或世界体系的重要性上是完全一致的。

以体系为中心的研究路径主要有如下三个最为基本的假设:

(1) 世界经济体系是有结构的。世界经济体系是在历史中形成的,不管世界经济体系如何演变,世界经济体系的结构却是既定的,这种结构最为明显的特征是中心和边缘。至于哪些国家处于核心区,哪些国家处于边缘区,

---

① 〔美〕彼得·卡赞斯坦、罗伯特·基欧汉、斯蒂芬·克拉斯纳:《世界政治理论的探索与争鸣》,秦亚青等译,第5页。

② 关于前三种路径富有总结性的经典文献当推 G. John Ikenberry, David A. Lake, and Michael Mastanduno, "Introduction: approaches to explaining American foreign economic policy", *International Organization*, Vol.42, No.1, Winter 1988;而关于最后一种研究路径的富有影响的成果则是 Ronald Rogowski, *Commerce and Coalitions: How Trade Affects Domestic Political Alignments*, NJ: Princeton University Press,1989; Michael J. Hiscox, *International Trade and Political Conflict: Commerce, Coalitions and Mobility*, NJ: Princeton University Press,2001。

在不同的历史时期是经常变化的。

（2）国家是单一行为体,在世界经济体系中,国家是有富裕和贫穷之分的。但在回答为何国家会有富裕和贫穷之分,继承不同学术传统的学者会做出不同的回答：自由主义者认为,这是由比较优势决定的;现实主义者认为,这是由这些国家采取的不同的国家战略而导致的;马克思主义认为,这是因为富国和穷国家之间的"不等价交换"而导致的。

（3）体系决定国家的对外经济政策选择。一个国家采取什么样的对外经济政策,是由该国家在世界经济体系结构中的地位决定的。一般而言,拥有比较优势的国家一般处于世界经济体系的核心区,因而倡导自由贸易;而没有比较优势的国家一般处于世界经济体系的边缘区,因而推行贸易保护或战略贸易。

二、以国家为中心的研究路径

以国家为中心(state-centric approach)来研究对外经济政策,在国际政治经济学中一直占据着主导地位。尽管这种以国家为中心的研究路径起源于欧洲社会科学,特别是马克斯·韦伯,但在美国政治学界,将国家作为一个重要变量并置于国际关系研究中主要始于20世纪80年代学者们用以解释发达国家和发展中国家的对外经济政策的差异性,其代表人物有克拉斯纳(Stephen Krasner)、斯格波(Theda Skocpol)[①]、卡赞斯坦(Peter Katzenstein)以及吉尔平(Robert Gilpin)等国家主义理论的倡导者。这种研究路径的关键是如何定义国家,在这个问题上,学者们存在着很大分歧。这些分歧可以归为三类：第一类是将国家定义为一种组织结构或制度安排;第二类是将国家看作是一个行为体;第三类是将国家看作是一种由官员和制度组成的政治结构。因为国家定义的差异,学者们在分析国家的对外经济政策时侧重点也不同。

（1）第一类定义将国家定义为一种组织结构或制度安排,其研究的重点是制度或组织惯性。国家作为一种组织结构或制度安排,它是历史形成的,因而是不可逆的。这种组织结构或制度安排一旦形成,就有某种制度惯性或组织惯性,这种惯性不会因为某个个体或某种观念而产生大的转折。这种制度惯性或组织惯性会对一个国家对外政策的形成产生影响。因此,研究一个国家的对外经济政策的形成,必须首先研究国家作为一种组织或制度的

---

① Theda Skocpol, ed., *Bringing the State Back In*, Cambridge University Press, 1985.

特点。

(2) 第二类定义将国家看作是一个行为体,其研究的重点是政治家或行政官员的偏好。这种研究路径有一个最为基本的假设,这就是,在一个国家的对外经济政策的决策过程中,也许存在着许多参与者,但相对于其他参与者,唯有政治家和行政官员能够将"国家利益"而不是某种"特殊利益"作为优先考虑的目标。因此,如果将对外经济政策作为一个国家的"国家利益"的组成部分,就应当首先研究政治家或行政官员在对外经济决策过程中的偏好。

(3) 第三类定义将国家看作是一种由官员和制度组成的国内政治结构,其研究的重点是国家的制度特性如何影响对外经济决策的过程以及官员执行政策的能力。这种研究路径的基本假设是:民族国家并不总是相同的,即使同为民主国家,各国的国内政治结构也是不同的,这种结构的不同一方面是由于国家赖以产生的社会不同,另外一方面是由于国家和社会的紧密关系不同。这种国内政治结构的不同,使得国家在对外经济政策决策过程中,无论是作为一种制度还是作为一个行为体,所扮演的角色很不相同,有的国家扮演着"强"角色,有的国家扮演着"弱"角色,而"强"国家与"弱"国家所制定的对外经济政策是完全不同的。

三、以社会为中心的研究路径

与以国家为中心的研究路径侧重研究官僚政治结构对一个国家对外经济政策影响不同的是,在20世纪70—80年代还出现了以社会为中心的研究路径,这种研究路径主要偏重于不同的利益群体是如何通过相互竞争或联盟来影响一个国家的对外经济政策。这种研究路径最早始于沙特施奈德(E. E. Schattschneider)于1935年出版的《政治、压力与关税》(*Politics, Pressure and the Tariff*),80年代以来不断被提及的著作主要是加州大学的古雷维奇教授于1986年出版的《艰难时期的政治:对国际经济危机反应的比较研究》[①]。

以社会为中心的研究路径主要有如下两个最为基本的假设:

(1) 国家利益不是抽象的,国家利益实际上反映了国内不同政治集团以及社会力量的利益,因此,社会在国家的对外经济政策中起着决定性的作用。在国家的对外经济政策制定过程中,无论是政府官员还是制度本身并非起决

---

① Peter Gourevitch, *Politics in Hard Times: Comparative Responses to International Economic Crises*, Ithaca and London: Cornell University Press, 1986.

定性作用,特别是在民主国家,我们既不能设想政府官员的利益偏好是一致的,也不能假设制度本身是脱离社会力量的。因为,选举本身就表明政府或制度的偏好受制于社会力量。

(2) 对外经济政策是社会中不同的政治集团以及社会利益群体博弈的结果。社会不是铁板一块,社会是由不同的政治集团(比如政党)以及不同的社会利益群体(例如工业协会、劳工组织、消费者协会等)组成的。在一个国家的对外经济政策制定的过程中,这些利益不同的政治集团以及社会群体总是通过竞争或联盟努力将自己的利益反映在对外经济政策之中。

四、以行业间生产要素流动为中心的研究路径

无论是以国家为中心的研究路径,还是以社会为中心的研究路径,在某种意义上都是考察一种相对静态的对外经济政策,因为他们都假设国内的利益集团(阶级联盟和行业联盟)是既定的,因而也是稳定的。但这两种研究路径都无法解释,为什么在制定经济政策的过程中,有时会出现阶级联盟,而有时又会出现行业联盟?

20世纪90年代中期以来,"第二代"国际政治经济学者开始关注这一问题,他们以行业间生产要素(土地、劳动力和资本)流动为中心,研究生产要素在同一国家的不同历史时期以及同一历史时期的不同国家的行业之间的流动对阶级分化的影响程度,由此出现了以行业间要素流动为中心的研究路径(inter-industry production factor mobility),从而将国际政治经济学在对外贸易政策方面的研究向前推进了一大步。这种研究路径的代表人物主要有两位,一位是罗纳德·罗戈夫斯基(Ronald Rogowski),其代表作是《商业和联盟:贸易如何影响国内政治结盟》[1];另一位是迈克尔·希斯考克斯(Michael J. Hiscox),其代表作是《国际贸易与政治冲突:贸易、联盟与要素流动程度》[2]。

以行业间要素流动为中心的研究路径主要基于如下三个基本假设:

(1) 政治联盟在贸易政策的制定过程中处于核心地位。贸易会导致社会分化,从而引发国内政治冲突。在贸易政治的研究中,一般将贸易引发的社会分化分为两类:一类是基于行业的社会分化,这类研究明确地假设以行业

---

[1] Ronald Rogowski, *Commerce and Coalitions: How Trade Affects Domestic Political Alignments*, NJ: Princeton University Press, 1989.

[2] Michael J. Hiscox, *International Trade and Political Conflict: Commerce, Coalitions and Mobility*, NJ: Princeton University Press, 2001.

为基础的政治联盟,关注行业集团(又称"特殊利益集团")与劳工组织在贸易政策制定过程中的冲突,其代表人物是前面提及的加州大学的古雷维奇教授①,这种基于行业的社会分化对对外贸易政策的影响被引用的经典证据是1930年美国国会在行业集团游说下通过的《斯姆特—霍利关税法案》;一类是基于阶级的社会分化,这类研究明确地假设以阶级为基础的联盟,主要关注土地、劳动力和资本的所有者在贸易政策的冲突,其代表人物是普林斯顿大学的罗戈夫斯基教授②,这种基于阶级的分化对对外贸易政策的影响为学者们广泛援引的经验证据是19世纪英国工人与资本家联合起来与执政的保守党以及土地所有者进行斗争,以支持更加自由的贸易,反对《谷物法案》。

(2)政治联盟并不是稳定的,政治联盟在同一国家的不同历史时期以及同一历史时期不同的国家存在着很大差异。在现实的对外贸易政策制定过程中,政治联盟并不完全是基于以行业为基础的联盟或以阶级为基础的联盟。政治学者们曾通过研究选举来探讨相关国家的政治联盟状况,在关于选举(比例代表制度或直接选举)是促使政治家迎合广泛的利益(阶级利益)还是迎合特定利益(行业利益),学者们得出的结论是,尽管可以假定在对外贸易政策制定的过程中,存在以行业为基础的联盟,但更为基本的却是阶级联盟。在任何国家和社会中,行业联盟和阶级联盟并不完全是固定的,随着利益分配的变化,二者有时是可以转换的。

(3)贸易政策中政治联盟的类型主要取决于行业间要素流动的程度。根据行业间要素流动的程度来确定贸易政策中政治联盟的类型(是行业联盟还是阶级联盟)是"第二代"国际政治经济学者迈克尔·希斯考克斯的学术贡献。在他看来,经济学理论中无论是假设生产要素完全流动的斯托尔珀—萨缪尔森模型,还是假设生产要素完全不流动的李嘉图—维纳模型,都是两个极端。在现实中,生产要素在不同的行业流动的程度是不同的。通过对生产要素在历史上六个国家不同行业流动程度的比较,希斯考克斯发现,"在贸易政治中形成什么类型的政治联盟,很大程度上取决于一个基本的经济特征:生产要素在行业间流动的程度。行业间要素流动程度高的时候,更容易出现以阶级为基础的联盟;而行业间要素流动程度低的时候,则更容易出现以行

---

① Peter Gourevitch, *Politics in Hard Times: Comparative Responses to international Economic Crises*.
② Ronald Rogowski, *Commerce and Coalitions: How Trade Affects Domestic Political Alignments*.

业为基础的联盟"①。

表 10-3 要素流动与政治联盟

要素流动程度	联盟	对以阶级为基础的政党和组织的影响	对行业集团的影响
低	行业联盟	在贸易问题上内部分裂,采取模糊的政策立场	游说活动活跃,进口竞争行业争取保护,而出口行业争取自由贸易
高	阶级联盟	在贸易问题上内部统一,采取一贯的保护主义立场(当代表稀缺要素时)或自由贸易立场(当代表充裕要素时)	不活跃

资料来源:〔美〕迈克尔·希斯考克斯:《国际贸易与政治冲突——贸易、联盟与要素流动程度》,第64页。

以上基于对国家对外经济政策的分析而发展出的四种研究路径,是经过"两代"国际政治经济学者近40年的学术努力逐渐形成的,反映了国际政治经济学在国内政治和国际政治经济之间的相互作用研究方面的不断深入。在运用这四种研究路径时,有两点尤其值得我们注意:

第一,国家对外经济政策决策过程的复杂性。国家是对外经济决策过程的主要行为体,对外经济政策的外部性决定了任何国家的对外经济政策必然会受到其所处的国际体系的影响,同时还受到国家自身组织结构的影响,"以体系为中心的路径"和"以国家为中心的路径"正好解释了这一点,但"以体系为中心的路径"无法解释为什么处于同样体系的国家会有不同的对外经济政策,"以国家为中心的路径"无法解释国家对外经济政策的过程是如何形成的;在对外经济政策的制定过程中,尽管国家是主要行为体,但不是唯一的行为体,任何国家对外经济政策的制定不但要受到阶级联盟的影响,还要受到行业联盟的影响,"以社会为中心的路径"和"以行业间要素流动为中心的路径"分别认识到这一点,但"以社会为中心的路径"无法解释为什么阶级联盟即使在同一国家的不同历史时期是不同的,"以行业间要素流动为中心的路径"无法解释跨国之间的行业联盟或跨国之间的阶级联盟是如何转化的。所以,四种研究路径的划分,只是为理论研究方便之用,运用任何一种研究路

---

① 〔美〕迈克尔·希斯考克斯:《国际贸易与政治冲突:贸易、联盟与要素流动程度》,于扬杰译,中国人民大学出版社2005年版,第279页。

径,都有其自身的优点和局限性。

第二,国家对外经济政策过程中问题领域的优先性。以上研究国家对外经济政策的四种路径的合理性和局限性告诫我们,在分析任何国家的对外经济政策过程中,不但要看到国家对外经济政策决策过程的复杂性,还要关注对外经济政策中的具体问题领域。在不同的问题领域,政治—经济关联性、国家—社会关联性以及国内—国际关联性的程度以及表现并不是完全相同的。比如在贸易领域,由于世界贸易体系是比较完善的,国内的行业和阶级受贸易的影响也是比较明确的,因此,运用四种研究路径中的任何一种都是比较容易理解的,至于具体运用哪一种研究路径,主要取决于具体的国家。在金融货币领域,由于国际金融货币体系是不稳定的,国内阶级和社会联盟也不是非常明显,因此,运用任何一种规范的研究路径都需要谨慎。在直接投资领域,国际多边投资协定远没有贸易和货币领域的国际协定完善,跨国公司东道国不但影响东道国的行业联盟和阶级联盟,而且也影响母国的行业联盟和阶级联盟,因此,即使是运用"以行业间要素流动为中心的路径",也要顾及不同国家宏观经济政策中优先考虑的产业。事实上,在现实的国家对外经济政策的制定过程中,很难将世界经济体系、国家、社会以及生产要素完全割裂,但在具体问题领域分析中,由于不同的国家有不同的政策偏好,学者们或政策制定者们可以将其中之一作为主要变量来分析具体的国家对外经济政策。

第三节 国际体系:机制/制度设计与战略选择

国际政治经济学关于国际体系的研究,主要体现在对国际机制/国际制度的研究上。20世纪90年代以来"第二代"国际政治经济学者关于国际制度/国际机制的研究具有如下三个基本趋向:第一,在理性选择的基础上进一步加强国际体系中国家之间相互合作的研究,以此区别于现实主义/新现实主义对国际体系中国家之间冲突的过分关注;第二,通过国内政治和国际政治经济的关联性来研究国际制度/国际机制,寻求国际制度或国际机制的国内政治根源,由此发展出"新自由制度主义",以此区别于新自由主义;第三,通过运用经济学的分析工具将国际体系中的国际制度/机制的设计以及相关国家的战略选择变得具有可操作性,以此有别于"第一代"国际政治经济学者对国际机制/国际制度的研究主要停留在概念的争论中。

一、国际体系面临的困境:"共同利益困境"和"共同失利困境"

在全球化背景下,国际体系的一个明显特征是:一方面,随着资本、技术、劳动力这些生产要素在全球的流动,国家之间在贸易、金融与货币、投资以及环境等领域的相互依存度越来越高,这就要求国家之间必须加强合作;另一方面,由于每个国家的国内政治和社会结构的不同以及经济发展水平的差异,不但导致各个国家的利益以及偏好有所不同,而且也影响到各个国家参与全球化的成本和收益。所以,如何避免或者减少国家之间的冲突,加强彼此间的合作,成为学术界和政策制定者们关注的主要议题。

根据国际学术界研究成果,在国际体系中,国家间的相互合作主要面临两种挑战:"共同利益困境"和"共同失利困境"。[1]

1. "共同利益困境"

国际体系中的"共同利益困境"(dilemmas of common interest)是由相关国家的"免费搭车"行为造成的。在国际体系中,国家间相互合作面临的第一个挑战是公共物品的成本承担问题。所谓公共物品(public goods),是指非竞争性和非排他性的物品。非竞争性是指使用者对该物品的消费并不减少它对别的使用者的供应,非排他性是使用者不能被排斥在对该物品的消费之外。这些特征使得对公共物品的消费进行收费是不可能的,因而私人(或单个国家)提供者就没有提供这些物品的积极性。换句话说,公共物品是指所有赋予它以价值的人均能从其供应中获益的物品,而不管他们对其成本是否做出了贡献,而且一个人(或国家)享受这种物品或服务并不妨碍其他人(或国家)去享受它。在国际体系中,公共物品既包括富有效率的国际市场、运转良好的国际秩序以及科学研究,也包括具体领域的协议和协定。

公共物品的非竞争性和非排他性使得公共物品很容易受到免费搭车的挑战。因为有的国家出于自身利益的考虑,不但不愿意为公共物品的建设付出任何代价,而且愿意等待其他国家采取行动来建立和维持公共物品。而当一个国家知道其他国家将会如何去做时,几乎所有的国家都不愿做那种对其他国家也有利而只需自己付出成本的事情。最后的结果必然是,在一个没有全球政府巨大财力支持的国际体系中,国际合作、世界和平、基础研究、货币稳定、国际市场进入以及世界发展这些极其必需的公共物品将供给不足,学

---

[1] David A. Baldwin, ed., *Neorealism and Neoliberalism: The Contemporary Debate*, New York: Columbia University Press, 1993, pp.29-53; John Ravenhill, ed., *Global Political Economy*, pp.68-71.

术界将这种困境称为"共同利益困境"。其中,典型的案例就是人们所熟悉的"公有地悲剧"(tragedy of the commons),即每一个牧人按自己的私利行事,多放养属于自己的牛羊,结果,公共放牧过度,牧场成了沙漠。"免费搭车"使得国际体系陷入一个两难境地:要么某个国家心甘情愿地为国际体系提供公共物品,并允许其他国家免费搭车;要么为了抵制其他国家免费搭车而拒绝为国际体系提供公共物品。

2. "共同失利困境"

国际体系中的"共同失利困境"(dilemmas of common aversion)是由相关国家的利益分配争执造成的。在国际体系中,国家间相互合作面临的第二个挑战是利益分配问题。尽管几乎所有的国家都认识到相互合作的重要性,但理性的国家基于成本和收益的考虑,在相互合作可能带来的收益和损失的分配上并不是一致的。这种不一致通常会造成"共同失利的困境"。

国际体系中的"共同失利困境"是指,在国际体系中,假如每一个国家都理性地促进本国的国家利益时,最终造成一种使所有国家处境更坏的情势,然而,没有一个行为者愿意单独消除这些坏事,这种坏事通常被称作是国际体系中的公共坏事(public bads)。经济学家理查德·库珀曾把这种情势比作一大群人,其中每一个人因为想要更好地看到经过的游行队伍,都踮起脚尖来,结果每一个人都比以前更不舒服。①

就像公共物品[好事]在国际体系中由于面临"免费搭车"的挑战而供应不足那样,国际体系中公共坏事的供应却由于各国在利益分配上的争执绰绰有余。在当代国际体系中,这样的公共坏事举不胜举,如竞争性的保护主义、以邻为壑的通货膨胀或通货紧缩、通货膨胀的扩散、投资战、军备竞赛、全球性的大气和海水污染、捕鱼过度以及对没有明确财产权归属的可耗竭资源的过分利用,等等。

利益分配的不一致使得国际体系中的各国政府陷入两难境地:要么各国根据理性完全按照符合它们各自利益的方式行事,不顾及国际体系中的相互合作;要么寻求协调和合作,或者是超国家的制裁(其极端是政府放弃理性选

---

① Richard N. Cooper, *The Economics of Interdependence*: *Economic Policy in the Atlantic Community*, New York: MaGraw-Hill, 1968, pp.160–173.

择,达成科斯协定,从而在帕累托最优配置中寻求补偿①)。

无论是"共同利益困境",还是"共同失利困境",都源于民族国家对各自利益的追求。为了使得所有行为体得到共同希望的结果(共同利益),避免出现共同不希望的结果(共同失利),各国必须建立和加强国际制度/机制,对各国利益进行合作与协调,从而避免公共物品的减少或公共坏事的增加。

二、理性选择、制度/机制与国际合作

对于如何摆脱国际体系所面临的困境,几乎所有的国际关系学者认为,应当加强相互合作,在理性选择的基础上进行机制和制度的建设,正是这种共识使得国际政治经济学在20世纪90年代以后得以飞速发展,形成了理性主义主导的局面。

1. 理性选择的基本假设

理性选择分析(rational choice),最早起源于20世纪50—60年代经济学领域分析方法的变革,其经典性的著作主要有经济学家唐斯的《民主的经济理论》(Anthony Downs, *An Economic Theory of Democracy*, 1957)、政治学家里克的《政治联盟理论》(William Riker, *The Theory of Political Coalitions*, 1962)以及经济学家奥尔森的《集体行动的逻辑》(Mancur Olson, *The Logic of Collective Action*, 1965)等。由于奥尔森在《集体行动的逻辑》对北大西洋公约组织的联盟行为所作的经济分析中所涉及的核心问题是公共物品(public goods),所以这种方法也被称为公共选择方法(public choice)。这种方法假定行为体都是理性的,所以通常被称为理性选择方法。

按照一般的定义,理性选择就是"用经济学的分析工具和方法来研究非市场决策的理论"②。换句话说,理性选择就是用新古典经济学的分析工具来分析政治过程,力图将"理性人"或"经济人"的假设扩展到政治问题的研究中。所以,理性选择有时也被称为"政治的经济理论"或"新政治经济

---

① 科斯协定是指,在不存在交易成本的情况下,当存在有法律体制和充分信息时,如果甲国对乙国造成的损害大于甲国自己所得的利益,则乙国可以订立合同,补偿甲国,使之不对自己造成损害,自己仍比在受到甲国损害时处境较好。或者如果甲国对乙国造成的损害小于甲国自己所得的利益,则甲国可以补偿乙国遭受的损害,仍比在放弃损害乙国时处境较好。这种国际补偿或讨好事实上并不常见。但它在原则上指出了与囚徒困境相反的另一极端。在一个科斯结局的世界中,会造成帕累托最优配置,因为任何偏离都会产生潜在的共同利益,损失者可以从中得到走向帕累托最优条件所采取的步骤的补偿。转自杨敬年编:《西方发展经济学文献选读》,南开大学出版社1995年版,第761页。

② Robin Lynton, *Introducing Political Science: Themes and Concepts in Studying Politics*, Longman, 1985, p. 93.

学"。

理性选择分析或公共选择分析主要基于如下三个基本假设①:

第一,个人是分析的基本单位和逻辑起点。这种分析假定个人对刺激所做出的反应是理性的,即每个人在既定约束条件下都在追求效用最大化,因而每个个体的行为是可以预测的。

第二,个人的行为可以通过分析其所面临的约束条件的变化来解释。也就是说,个人的偏好被假定为是持续的,而且个人被假定能够依其偏好比较选择各种相互替代的方案,实现其最优选择。

第三,理性选择或公共选择强调分析的严密性和逻辑性,即任何理论假设和命题都是可以在实际研究中得以检验,即结论必须产生一个能经受经济或政治检验的命题。

20世纪80年代,理性选择作为一种分析方法被引入国际政治经济学研究中并被广泛应用,新自由主义基于理性选择对国际体系中的国际制度、国际机制、国际组织、公共物品、联盟和搭便车现象、关税和贸易限制进行了分析②;而新现实主义则基于理性选择分析对国际体系中的安全合作和"安全困境"进行了深入研究③。

2. 机制/制度:定义与特征

如果说国家是理性的这一假设为国际体系中国家之间的相互合作提供了基础,那么,机制和制度建设则为解决国际体系中的合作困境提供了一条路径。

对于国际体系中机制/制度的研究④,虽然早期主要来源于自由主义学派,但随着自由主义/新自由主义与现实主义/新现实主义的论战,它们逐渐被融入其他理论流派之中,特别是新现实主义中,因而成为国际政治经济学中非常重要的研究纲领。对国际体系中的机制(regimes)和制度(institutions)

---

① George T. Crane and Abla Amawi, eds., *The Theoretical Evolution of International Political Economy: A Reader*, pp. 220-221.
② [美]莉萨·马丁、贝思·西蒙斯编:《国际制度》,黄仁伟、蔡鹏鸿等译,上海人民出版社2006年版。
③ Robert Jevis, "Cooperation under the Security Dilemma", *World Politics*, Vol, No. 2, 1978, pp. 167-214; John J. Mearsheimer, "The False Promise of International Institutions", *International Security*, Vol. 19, No. 3, 1994/1995, pp. 5-49.
④ 有些学者也对机制和制度进行了细致的区分,认为根据对国家行为的限制,机制可以分为"元机制"(规章和规范)和"机制"(规则和程序);而制度则更为宽泛,既包括"元机制",也包括"机制",关于这些区分,读者可以参阅John Ravenhill, ed., *Global Political Economy*, p. 81。为了研究方便起见,在本书中没有对"机制"和"制度"进行细致的区分。

最早给予理论上清晰表述的有普查拉（Donald J. Puchala）、霍普金斯（Raymond F. Hopkins）①和克拉斯纳（Stephen D. Krasner）②，所不同的是，前两者是从自由主义的角度对国际机制进行了表述，而后者则更倾向于从现实主义的角度来谈国际机制。

所谓机制，通常是指在国际关系的某一个既定的[问题]领域内，行为者期望达成的一系列明确的或不明确的章程（principles）、规则（norms）、规定（rules）以及决策程序（decision-making procedures）。这些章程、规则、规定以及决策程序限制参与者的行为并且使其合法化；影响参与者决定哪些问题应该列入议事日程，哪些不应该；决定哪些活动是合法化的或被谴责的；并且影响是否、什么时候以及如何解决冲突。③

一种机制通常由四个定义性要素组成：(1) 章程：是关于世界如何运行的内在一致的理论陈述，如《关税及贸易总协定》基于自由主义的原则而断言，自由贸易将使得全球福利最大化。(2) 规则：是关于行为的一般标准，具体地说，就是关于国家的权利和义务，比如在《关税及贸易总协定》中，规则是指降低关税以及非关税壁垒直至最后消除。(3) 规定：章程和规则是定义一种机制的特征的两个核心要素，而规定的一般性相对低一些，规定通常是用来调和章程和规则之间的矛盾或冲突的，比如在《关税及贸易总协定》中，发展中国家通常提出一些规定，依此将发展中国家与发达国家区别开来。(4) 决策程序：是为行为开列的特殊方案，当一种机制得以加强和扩展时，这些具体的特殊的方案通常可以改变。④ 比如在《关税及贸易总协定》的历史中，尽管章程和规则一直未变，但规定和程序却在不断地修正。

---

① 读者可以参阅 Stephen D. Krasner, ed., *International Regimes*, NY: Cornell University Press, 1983, p. 2; Donald J. Puchala & Raymond F. Hopkins, "International Regimes: Lessons from Inductive Analysis", *International Organization*, Vol. 36, No. 2, Spring 1982, in George T. Crane and Abla Amawi, eds., *The Theoretical Evolution of International Political Economy: A Reader*, Oxford University Press, 1991, pp. 266–282。

② Stephen D. Krasner, "Transforming International Regimes: What the Third World Wants and Why", *International Studies Quarterly*, Vol. 25, No. 1, March 1981, in George T. Crane and Abla Amawi, eds., *The Theoretical Evolution of International Political Economy: A Reader*, pp. 283–296。

③ Donald J. Puchala & Raymond F. Hopkins, "International Regimes: Lessons from Inductive Analysis", *International Organization*, Vol. 36, No. 2, Spring 1982, in George T. Crane and Abla Amawi, eds., *The Theoretical Evolution of International Political Economy: A Reader*, p. 266。

④ John Baylis & Steve Smith, *The Globalization of World Politics*, Oxford University Press, 2001, p. 373。

一般来说,国际机制主要有如下五个特征[①]:

第一,国际机制并不是客观的,而是主观的。也就是说,国际机制的存在主要是作为参与者对合法化、合适或者道德行为的一种理解、希望以及信念。

第二,一种国际机制包括恰当的决策程序网络。这就要求我们在确定一种机制时,不仅要依据一个主要的本质性的规则,而且还要考虑这些规则所能适应的更为广泛的规则。

第三,描述一种国际机制一定要包括它所支持的主要规则的特征,同时也包括那些显示正常或异常的行为的规则。如能估计规则的主次并且预测规则强制性的前景,那将是特别有意义,这样就可以处理可能性的变化。

第四,每一个机制都有许多精英,他们是机制的实践者。尽管国际组织、跨国组织,有时甚至国内的组织,在实践上以及合法性上是国际机制的参与者,但民族国家的政府是许多国际机制的主要官方成员。当然,机制的参与者主要是官僚机构或者是代表这些官僚机构的个人,这些机构和个人通过发明和维持某些机制来主导国际关系的问题领域(issue-areas)。

第五,一种国际机制存在于国际关系的每一个实质性的问题领域之中,在那里,有非常明晰的行为规范。在那些行为有规则的地方,一定存在某种规定、规则或章程来解释它。

3. 机制/制度与国际合作

在假设国家是理性的条件下,机制/制度为何能阻止国家我行我素的政策行为、促进国家之间的合作呢?基于国际机制/制度的上述特征,机制/制度在国际合作中主要有如下三种功能。

第一,机制/制度具有强制功能。机制/制度的首要功能是通过使参与者的行为合法化而限制参与者的行为。由于国际体系中的公共物品具有非排他性,这就很容易使得参与国具有免费搭车的动机。机制/制度作为相互合作的行为体共同产生的第三方,它可以通过强制性的协定或者协议阻止行为体双方的相互背叛或者免费搭车行为。也就是说,机制/制度既可以通过积极的措施鼓励成员国遵守业已建立的规章、规则、规定和程序,如国际货币基金组织曾为处于金融危机中的韩国和泰国提供贷款,鼓励韩国政府和泰国政府接受国际货币基金组织的政策建议;机制/制度也可以通过惩罚性的措施对

[①] Donald J. Puchala & Raymond F. Hopkins, "International Regimes: Lessons from Inductive Analysis", *International Organization*, Vol. 36, No. 2, Spring 1982, in George T. Crane and Abla Amawi, eds., *The Theoretical Evolution of International Political Economy: A Reader*, pp. 266-267.

那些违反业已建立的规章、规则、规定和程序的成员国进行惩处,如世界贸易组织的争端解决机制主要是基于国际协定来解决各种争端,防止或阻止各种形式的贸易保护主义。机制/制度的强制功能要求参与者应该权利与义务并重。

第二,机制/制度具有监督功能。如何进行利益分配是国际体系中几乎所有国家都关心的问题。一般而言,国际体系中的利益分配主要有四种方式,即共同获利、共同失利、零和利益(一方获利意味着另一方失利)以及和谐利益(一方能够完全主导利益分配)①。在这四种利益分配方式中,后两种分配方式主要依靠国家的实力,而前两种方式就不是国家实力所能解决的,需要通过相互之间的合作来解决。机制/制度作为第三方由于具有监督功能,因而也可以帮助成员国解决利益分配中的冲突。机制/制度可以通过设定适当的议事日程来了解成员国各自偏好的结果,使得双方都能顾及对方的利益偏好,如在关税及贸易总协定的"东京回合"谈判中,尽管发达国家和发展中国家在非关税壁垒上的主张不同,但通过相互协商,最终在非关税壁垒的减让上达成一致;机制/制度也可以通过具体的问题领域来建议成本如何分摊,防止双方因成本分摊的争论而导致共同失利,如在关税及贸易总协定的"乌拉圭回合"谈判中,由于发达国家之间、发达国家与发展中国家之间在新的贸易领域的成本分摊上存在着分歧,最后导致关税及贸易总协定的解体。所以,机制/制度虽然并不能解决国际体系中所有的利益分配问题,但机制/制度的监督功能确实可以帮助解决国际体系中因国家之间在利益分配上的争执而导致的共同失利的困境。

第三,机制/制度具有预期和补偿功能。世界政治的无政府状态使得国家间的相互合作存在着许多不确定性。按照基欧汉的研究②,这种不确定性主要有三个来源:一是信息不对称,某些行为体可能比其他行为体对一种形势所占有的信息更多;二是道德风险,某些行为体可能因为短期利益而去追求冒险而不是规避风险的行为;三是不负责任的行为,某些行为体总是做出无法兑现的承诺。国际体系中这些不确定性使得许多国家对合作信心不足,因而在政策上举棋不决,摇摆不定。机制的建立或者制度安排虽然不能完全消除这些不确定性,但至少可以减少这些不确定性。机制/制度所制定的规

---

① David A. Baldwin, ed., *Neorealism and Neoliberalism: The Contemporary Debate*, pp. 29 – 53, pp. 234—249.

② 〔美〕罗伯特·基欧汉:《霸权之后:世界政治经济中的合作与纷争》,苏长和等译,上海人民出版社2006年版,第94—97页。

则使得预期的领域缩小了,因而不确定性相应就降低了;机制/制度促进了信息的广泛交流,所以分配的不对称性得到了缓解;机制/制度关于各种特定议题的具体规定加大了不负责任的行为的成本;机制/制度的持续存在使得合作的长期利润可用来补偿即时成本,从而可以缓解道德风险。总之,机制/制度既可以通过资源共享消除国际合作中由于不确定性而导致的对合作信心不足问题,如世界银行通过对发展中国家基础设施的援助帮助它们消除贫困;机制/制度也可以通过长期地扩大共享资源鼓励国家之间的合作,如东亚国家(东盟、中国、日本和韩国)在2009年2月协定的"清迈协议多边化"中,通过将地区外汇储备基金规模从800亿美元提高到1200亿美元,以鼓励东亚国家在地区货币和金融领域的相互合作。

三、制度设计、战略互动与博弈论

20世纪70—80年代"第一代"国际政治经济学者对理性选择和国际合作(集中在国际机制和国际制度)主要停留在借鉴(从经济学那里)和描述之中,进入90年代中期以后,"第二代"国际政治经济学者则一直在努力将理性选择分析变成一种可操作的分析工具。这种分析工具的运用不但回击了新现实主义认为新自由主义在现实中不可操作的指责,而且将新自由主义在理论上大大推进了一步,从而使得自由制度主义在国际关系理论中"鹤立鸡群"。

与"第一代"国际政治经济学者相比,"第二代"国际政治经济学者在国际体系研究方面最为引人注目的进展,就是将博弈论这种分析工具引入国际机制/制度的设计和谈判之中[1],从而使得国际机制/制度具有可操作性和可检验性[2]。

1. 决策选择:单独决策和相互依存决策

理性行为体通常会根据其所处的环境和条件进行决策选择,而行为体的决策选择一般可以分为两类:一类是单独决策(individual decision-making)过程;另一类则是根据其他行为体的可能性回应进行决策,这类决策通常被称为相互依存的决策(interdependent decision-making)过程。

单独决策主要是行为体根据自己所掌握的信息进行决策,这种决策主要

---

[1] 关于"第二代"国际政治经济学者对国际制度研究的一些富有影响的成果,读者可以参阅〔美〕莉萨·马丁、贝思·西蒙斯编:《国际制度》,黄仁伟、蔡鹏鸿等译,上海人民出版社2006年版。

[2] 这方面标志性的成果,读者可以参阅 Pierre Allan and Christian Schmidt, eds., *Game Theory and International Relations: Preference, Information and Empirical Evidence*, Edward Elgar Publishing Limited, 1994; Andreas Hasenclever, Peter Mayer and Volker Ritterberger, *Theory of International Regimes*, Cambridge University Press, 1997;〔美〕莉萨·马丁、贝思·西蒙斯编:《国际制度》。

有如下三种:第一种是在确定条件之下的决策,即在做决策之前行为体对具体情况十分清楚,如决策者知道 A 国侵犯 B 国,B 国一定会反击,决策者事先知道这个确定的前提,那么在做决策时就可以预先考虑到这一后果;第二种是在一定风险条件下决策,即在决策之前只知道一个情况出现的概率,并不能确定其发生的必然性,即如果 A 国侵犯 B 国,B 国有 90% 的可能性反击,10% 的可能性不反击,那么做决策之前决策者只知道一个概率很高的可能性事件,但不知道确定的结果如何;第三种是在不确定条件下决策(under uncertainty),即 A 国不知道侵犯 B 国之后 B 国会如何反应,这是在没有任何信息的情况下进行决策。解决这个问题的两种方式之一是创造特定情节(creation of scenarios),另一种方式是遵循德尔菲法(Delphi technique)[1],可以降低在不确定条件下的风险性。

相互依存的决策是指,具有不同偏好的行为体在不同的相互依存环境和条件下做出行为选择的过程。博弈论作为一种分析工具,主要是解决相互依存的选择过程以及对结果的预期。

2. 博弈论的基本概念

一般而言,博弈论有一个基本假设、三个基本要素和两种状态。

基本假设:共同知识(common knowledge 或 mutual knowledge)。这是博弈论的一个最为基本的假设,其目的是用来理解博弈的均衡如何依赖于信息结构。共同知识作为一个概念,首先由美国哲学家列维斯(David Kellogg Lewis)于 1969 年提出,1976 年以色列数学家奥曼(Robert J. Aumann)第一次将这一概念运用在博弈论中。根据奥曼的定义,"如果我们称一个事件为两个人 A 和 B 之间的'共同知识',那就意味着,不仅仅 A 和 B 都知道该事件;而且 A 知道 B 知道这一事件,B 知道 A 知道这一事件,A 知道 B 知道 A 知道这一事件,以此类推。例如,当某一事件发生时,A 和 B 都在现场,且彼此看到对方在场,那么这一事件就是共同知识。……如果 A 和 B 相互告知各自的经验(posterior)知识并彼此信任,那么这些经验知识就是共同知识。如果只是假设人们知道彼此的经验知识,那么上述结论就不正确"[2]。用相对通俗的语言

---

[1] 德尔菲法是依据系统的程序,采用匿名发表意见的方式,即专家之间不得互相讨论,不发生横向联系,只能与调查人员发生关系,通过多轮次调查专家对问卷所提问题的看法,经过反复征询、归纳、修改,最后汇总成专家基本一致的看法,作为预测的结果。这种方法具有广泛的代表性,较为可靠。

[2] Robert J. Aumann, "Agreeing to Disagree", The Annals of Statistics, Vol. 4, No. 6, 1976, pp. 1236-1239.

来说,所谓共同知识是指,"所有参与者知道,所有参与人知道所有参与人知道,所有参与人知道所有参与人知道所有参与人知道"的知识①。

三个基本要素:行为体(actors/players),是指一个博弈中的决策主体,其目的是根据自己的偏好,通过选择性的行为(战略)将自己的效用最大化。行为体可以是自然人,也可以是团体,诸如企业、国家以及国际组织。效用(utility),是指行为体对自己所得利益的估计。战略(strategy),是指行为体在给定信息集的情况下的行动规则,它规定行为体在什么时候选择什么行动。

两种状态:纳什均衡(Nash Equilibrium):假设有 n 个行为体参与博弈,在给定其他人策略的条件下,每个行为体都会选择自己的最优策略(个人最优策略可能依赖于也可能不依赖于他人的策略),从而使自身效用最大化。所有行为体的策略会构成一个策略组合(strategy profile)。纳什均衡指的是这样一种策略组合,这种策略组合由所有参与者的最优策略组成。即在给定别人策略的情况下,没有人有足够理由打破这种均衡。简言之,纳什均衡就是在给定所有其他行为体选择的情况下,没有人能通过选择另外一个策略来获得更大的利益。因此,纳什均衡被认为"体现了战略博弈行动的稳定状态,在此状态里每一个参与人都拥有对其他参与人行动的正确预期,并且能理性行动。它并不试图去检查稳定状态达到的过程"②。

帕累托最优(Pareto optimality),亦称帕累托效率(Pareto efficiency),是指资源分配的一种状态,即在不使任何人境况变坏的情况下,不可能出现再使某些人的处境变好的状态。帕累托改进(Pareto improvement),是指一种变化,在没有使任何人境况变坏的情况下,使得至少一个人的效用变得更好。一方面,帕累托最优是指没有进行帕累托改进余地的状态;另一方面,帕累托改进是达到帕累托最优的路径和方法。简言之,如果改变策略,有两个行为体 A 和 B,如果能让 A 在不损害 B 利益的情况下改善 A 的利益,则称为帕累托改进;如果在某一个状态下,不存在帕累托改进,则称当前状态为帕累托最优。

3. 博弈模型与制度设计

博弈论的产生和不断完善,不但推动了经济学的研究,而且促进了整个社会科学研究的思维。在国际关系领域,博弈论不但使得"国际合作"在理论

---

① 张维迎:《博弈论与信息经济学》,上海人民出版社1996年版,第49页。
② 〔加〕马丁·J.奥斯本、〔美〕阿里尔·鲁宾斯坦:《博弈论教程》,魏玉根译,中国社会科学出版社2000年版,第13页。

上成为可能,而且使得"国际合作"在现实中变得与"冲突"研究一样具有可操作性。在这里,我们仅就被国际政治经济学界广泛使用并最为典型的四种博弈模型进行简要的梳理和介绍。①

(1) 协作博弈

协作博弈(collaboration game)的经典模型是囚徒困境博弈(Prisoner's Dilemma),该模型是国际关系学界研究得最为透彻、应用最为广泛的一种博弈模型。在囚徒困境的经典博弈模型中,A 和 B 分别代表两个行为体(罪犯),S1(不招供罪行)和 S2(招供罪行)代表他们的行为战略选择。他们的利益在于所受惩罚的轻重程度,其中 4 表示利益最大(所受惩罚最轻),1 表示利益最小(所受惩罚最严重)。囚徒困境的经典模型描述的是如下这样一种情况:两个罪犯(A 和 B)共同参与了一项犯罪活动,在没有串供可能性的情况下,各自选择什么样的战略(S1 表示"不招供",S2 表示"招供")来面对法官的审问,从而达到惩罚最轻的效用(4 表示惩罚最轻,1 表示惩罚最重)。法官告诉他们每个人的规则是,如果他们招供将减轻处罚。

		B	
		S1	S2
A	S1	3,3(P)	1,4
	S2	4,1	2,2(N)

注:S1 表示不招供,S2 表示招供,P 表示帕累托最优,N 表示纳什均衡。

图 10-1 协作博弈(囚徒困境)

协作博弈战略选择的结果是:如果双方的战略选择不一致(例如 A 选择 S1,B 选择 S2;或者 A 选择 S2,B 选择 S1),结果是一方自身利益最大化,而对方的利益必然受到损失(4,1 或者 1,4),这样必然导致受损的一方改变战略;如果双方的战略选择相一致(例如 A 和 B 都选择 S1,或者 A 和 B 都选择 S2),其结果是双方的利益效用相同(3,3 或者 2,2)。如果 A 和 B 双方都选择 S1,其效用(3,3)对双方都是最优,但是这种结果很不稳定,因为任何一方都可以通过改变自己的战略达到利益最大化,这样就回到损害对方的局面中(4,1 或者 1,4);如果 A 和 B 双方都选择 S2,其结果(2,2)最为稳定,因为任何一方都

---

① 这里主要参考 Pierre Allan & Christian Schmidt, eds., *Game Theory and International Relations*: *Preference, Information and Empirical Evidence*, Edward Elgar Publishing Limited, 1994; Andreas Hasenclever, Peter Mayer and Volker Rittberger, *Theory of International Regimes*, Cambridge University Press, 1997; John Ravenhill, ed., *Global Political Economy*, pp. 73-80; David A. Baldwin, ed., *Neorealism and Neoliberalism*: *The Contemporary Debate*, pp. 29-115;〔美〕莉萨·马丁·贝思·西蒙斯编:《国际制度》,第 35—64 页。

不可能通过改变自己的战略从而使得自己获益更大(纳什均衡),但是,这种战略选择的结果对双方而言只能是次优。

协作博弈有两个基本特征:第一,协作博弈的均衡结果对于双方而言都是次优,双方都想摆脱次优的困境,所以,不合作就成为博弈双方主导的战略;第二,在囚徒困境中,因为任何一方都有通过欺骗对方而使得自己的利益最大化的可能,所以,处于囚徒困境中的双方存在着背叛和搭便车的可能性。

协作博弈对于我们研究国际关系有两点重要启示:一是,国家之间的相互合作是解决囚徒困境的重要途径,而在相互合作中,任何国家都需要获得有关其他国家行为的广泛信息。如果没有信息透明的制度或机制做保证,每个国家出于自身利益最大化的考虑,必然采取不合作的战略,这样,最终的结果只能是次优。二是,解决国家之间的协作博弈必须有强有力的正式的制度或者机制做保障,通过建立较强的制度或者机制,使得背叛行为付出高昂的代价。如果没有强有力的制度或者机制的监督以及强制力,就很难避免自利国家的背叛行为或者免费搭车行为。

在国际关系研究中,协作博弈被广泛地应用于分析国际体系中的"集体行动"问题或"公共物品"问题。而在国际政治经济学中,协作博弈通常被运用在两类问题的分析之中:一类是互惠贸易自由化;一类是资源的集体管理。

在国际体系中,贸易互惠经常陷入囚徒困境之中:几乎所有国家都既想从开放贸易中受益,又同时不开放本国国内市场,这就使得这些国家只要有机会,就背叛对自由贸易的承诺,出现"搭便车"行为。解决这种困境的重要途径就是加强互惠贸易机制的建设,通过赋予机制强制力或者执行力,对那些搭便车或者背叛承诺的国家进行惩罚,从而使得这些国家不但认识到拒绝签署协议的国家不能得到提供给签约国的利益,而且认识到保持持续合作比欺骗更有利。

协作博弈也存在于对环境这样的公共物品的管理之中:如果所有国家都不考虑环境的代价只顾经济发展,虽然短期来看带来了好处,但是全球环境这个公共物品最终会受到无法逆转的摧毁,所有国家的福利都会因此受损。走出这种困境的唯一途径就是国家之间相互合作,制定强有力的约束机制,使得相关国家不但相信节能减排对于经济持续发展的重要性,而且也相信背叛节能减排等环境领域的国际协定将受到惩罚。《京都议定书》长期无法顺利推行的原因就在于,在全球范围内缺乏一个强有力的保护环境的约束机制,这就使得某些国家虽然做出减少二氧化碳排放的承诺但并不严格执行。

(2) 协调博弈

协调博弈(coordination game)的经典模型称为性别大战(Battle of the Sexes)。在该博弈模型中,行为体 A 代表丈夫,行为体 B 代表妻子,S1 代表看戏,S2 代表看球。夫妻约定在下班后一起度过晚上的时光,但由于某种原因他们相互之间失去联络,因此两人都面临着是去戏院看戏还是去足球场看球的选择。夫妻二人的面临难题是:妻子更喜欢看戏,而丈夫更喜欢看球,而且他们只有在一起看球或者看戏双方才会很满意;如果夫妻双方分开行动的话,双方都不是很满意。

		B	
		S1	S2
A	S1	4,3 (P,N)	1,1
	S2	1,1	3,4 (P,N)

注:S1 代表合作,S2 代表背叛,P 表示帕累托最优,N 表示纳什均衡。

图10-2 协调博弈(性别大战)

协调博弈中战略选择的结果是:如果双方都选择自己的偏好,即丈夫选择去球场看球,而妻子选择去戏院看戏,那么,由于他们不能在一起,因此双方都不满意(1,1 或者 1,1);如果双方都同时选择一起去看戏,或一起去看球,尽管都会有一方略微做出让步,却能使得双方利益最大化(4,3 或者 3,4)。

协调博弈有两个基本特征:第一,尽管博弈双方的偏好有所不同(如丈夫偏好看球,而妻子偏好看戏),但必须有一个共同的意愿和选择趋向(例如夫妻双方都希望在一起看球或看戏)。第二,博弈双方必然有一方做出轻微的让步,这对双方都是有利的,但也存在着由于双方在利大利小分配上的争执,最后导致"共同失利困境"(dilemma of common aversion)的可能性,即双方都最不愿意得到的结果。

协调博弈对于国际关系研究的启示是:处于协调博弈中的国家,尽管每个国家都有自己偏好的结果,但由于没有主导战略,所以,双方面临的主要困境在于在两种均衡结果中何者将获胜。如果能够通过协定或者协议使得双方在分配问题上达成一致,就可以获得双方利益最大化的结果。

在国际政治经济学中,协调博弈通常被应用于全球或地区市场的监管分析上。全球或地区市场的监管需要相关国家的相互合作,但是,由于存在多种多样的监管方式,而且不同的国家都有自己偏好的监管方式,这就需要这些国家相互合作。因为在协调博弈中没有国家会通过背叛来获取利益,所以,国家之间的合作并不需要强有力的机制和制度,只要通过谈判建立一个合理的标准和协定,就比"协作博弈"更容易达成合作。到目前为止,协调博弈在国际政治经济学界被广泛应用于三个具体研究议题的分析中:一是发达国家之间进行的宏观经济政策协调;二是第二次世界大战后美国和英国关于未来国际经济秩序的博弈;三是最近欧盟内部关于货币统一的博弈。[1]

(3) 保证型博弈

保证型博弈(assurance game)的经典模式通常被称为"猎鹿博弈"(Stag Hunt)。模型中的行为体 A 和 B 分别代表两个猎人,S1 表示两个猎人只选择等待时机捕获一只经济价值比较大的鹿;S2 表示双方先开枪捕获经济价值比较小的兔子而放弃捕获鹿。猎鹿博弈的经典模型描述的是如下这样一种情况:两个猎人 A 和 B 在傍晚的时候一起出去打猎,他们分别在一个猎场的两边等待鹿的出现。如果两个猎人的目标是共同捕获一只经济价值比较大的鹿(S1)的话,他们就必须耐心等待鹿的出现,从而放弃捕获其他动物(如兔子)的机会。假如一只经济价值比较小的兔子出现,只要他们中的任何一个人先开枪(S2),尽管他们会捕获到一只兔子,但由于惊动鹿的出现,因而失去捕获鹿的机会。

		B	
		S1	S2
A	S1	4,4 (P,N)	1,3
	S2	3,1	2,2 (N)

注:S1 代表捕鹿,S2 代表捕兔,P 表示帕累托最优,N 表示纳什均衡。

图10-3 保证型博弈(猎鹿博弈)

保证型博弈中行为体的战略选择结果是:如果行为体的任何一方怀疑对方等鹿的动机(S1),那就可能将对方推向选择先捕获兔子(S2),那结果就是自己的收获最小(1,3 或者 3,1);如果行为体双方都背叛对方,其结果对双方虽然是均衡的(2,2),但对双方都不是最优的;如果行为体双方能够遵守彼此之间的协定,那结果不但是均衡的,而且对双方都是最优的(4,4)。

保证型博弈有两个最为基本的特征:第一,两个行为体有一个共同偏好的最优结果(4,4),由于双方都没有主导战略,因此,只要双方合作就可能使得双方利益最大化(帕累托最优);第二,虽然相互背叛在博弈中也有一个均衡结果(2,2),但这个结果对双方而言是次优结果,而不是最优结果,这就不存在搭便车的可能性,所以,行为体双方没有背叛的动机。

---

[1] John Ravenhill, ed., *Global Political Economy*, p.77.

保证型博弈给国际关系学者的启示是:在保证型博弈中,国家作为一个行为体,如果其拥有公开透明的内部制度和协调一致的政策,就能通过相互合作使得自己的利益最大化,任何国家的单边行动都不利于其利益的最大化。相反,如果一个国家对他国的动机产生怀疑而采取背叛战略,就不能保证自己的利益最大化。因此,信息的透明度以及国家行为的理性化是保证此类博弈中国家达到利益最优的关键。如果参与博弈的国家的信息是透明的,而且各国的行为是理性的,那么,制度建设就是没有必要的。[1]

在国际政治经济学中,保证型博弈主要用于全球金融市场或地区金融市场中相关国家如何进行合作的分析中。随着资本在相关国家之间流动性的不断提高,全球金融市场或者地区金融市场为相关国家提供了越来越多的融资机会。如果相关国家认识到自己是全球金融市场或地区金融市场的一部分,并且采取适当的政策维持金融市场的稳定性,那么,这些国家就能从稳定的全球金融市场或地区金融市场中受益。相反,如果某些国家错误的政策使得全球金融市场或者地区金融市场产生了不稳定,那么,其他国家由于担心这种不稳定性所带来的消极影响,因而会采取其他政策来消除这种负面影响或者限制资本的流动,这虽然降低了自身在全球或地区金融市场的风险,但同时也降低了本国投资收益的机会。[2]

保证型博弈可以很好地解释1992年欧洲发生的货币危机。欧洲货币体系的危机就是由于当时的德国在其经济实力不断增强、马克坚挺的情形下,还偏执于本国利益,不顾英意两国经济一直不景气而为本国经济发展提出降低利率的要求,不仅拒绝了七国首脑会议要求其降息的呼吁,反而提高利率。过高的德国利率引起了外汇市场出现抛售英镑、里拉而抢购马克的风潮,致使里拉和英镑汇率大跌,从而导致1992年欧洲货币体系的危机。如果欧洲各国在当时能够在货币问题上进行合作,问题就能够得到缓解。不过,正是由于此次危机的教训,也使得欧洲各国意识到合作性的货币政策的重要性,促使了欧元区的形成。

(4) 劝说型博弈

以上三种博弈模型分析的是在行为体的偏好对称条件下的博弈选择,然而,在现实世界中,还存在着行为体偏好不对称的博弈,劝说型博弈(suasion game)就是其中的一种。

---

[1] 〔美〕莉萨·马丁、贝思·西蒙斯编:《国际制度》,第49—51页。
[2] John Ravenhill, ed., *Global Political Economy*, p. 76.

		B	
		S1	S2
A	S1	4,3 (P)	3,4 (P,N)
	S2	2,2	1,1

注：S1 代表合作，S2 代表背叛，P 表示帕累托最优，N 表示纳什均衡。

图 10-4　劝说型博弈（兰博博弈）

　　劝说型博弈，又称兰博博弈（Rambo game），主要是由德国的学者佐恩（Michael Zürn）和美国学者马丁（Lisa Martin）提出的。佐恩于 1990 年分析冷战时期联邦德国和民主德国的相互合作时发现这样一种情形：当集体行动结果可能（通常是）为次优时，行为者为实现自己的利益最优而拒绝合作，除非利己的"兰博们"得到"劝说"：合作有利于他们长期的利益，或者关乎他们从属的共同体的安危，或者与其他问题相关联。在这种情形下，不满意的一方通常会尽量将其他事务牵连进来，以改变自己的不利情形。① 后来，佐恩借用风靡一时的动作片《第一滴血》的主人公"兰博"（Rambo，虽处于弱势却是孤胆善战的英雄）的名字将这种情形称为"兰博情形"。而几乎在同时，美国学者马丁在研究作为霸权国的美国与其他国家在对技术出口的控制的合作机制时也发现了同样的情形，马丁称其为"劝说博弈"②。

　　劝说型博弈中行为体双方的战略选择结果是：当处于强势的行为体 A 将合作作为主导战略，如果处于劣势但勇敢的行为体 B 选择合作战略，那么行为体 A 获得了其最偏好的结果（4,3），但由于行为体 B 所获得的结果是次优而不是最优，所以，行为体 B 通常对这种结果不满意；当行为体 B 采取背叛或者免费搭车行为时，如果行为体 A 作为惩罚也采取背叛时，其结果要么是行为体 A 放弃主导战略（1,1），要么是行为体 B 对得到的结果也是其不愿意的（2,2）；当行为体 A 坚持其主导战略，同时又能通过策略上的问题联系方式给予行为体 B 以额外补偿时，就可以得到双方都满意的结果（3,4）。

　　劝说型博弈的基本特征有三个：第一，两个行为体的利益偏好是不对称的；第二，强者一方将合作作为主导战略，并愿意单方面提供公共物品；第三，博弈双方不但存在利益分配问题（正如在"协调博弈"中一样），而且还存在着背叛问题（正如在"囚徒困境"中一样）。

---

① Michael Zürn, "Intra-German Trade: an Early East-West Regime", in Volker Rittberger, ed., *International Regimes in East-West Politics*, London: Print Publishers Ltd., 1990, pp. 151–188.

② Lisa Martin, "Interests, Power and Multilateralism", *International Organization*, Vol. 46, No. 4, 1992, pp. 765–792.

劝说型博弈对我们研究国际关系的启示是,在现实的国际体系中,并不是所有的国家在实力和利益偏好上都是对称的,当国家之间在实力和利益偏好不对称且处于优势状态的国家(例如霸权国家)愿意采取主导战略单方面提供公共物品时,强国必须面对其他国家的"搭便车"的挑战。如果强国采取单边行动而允许弱国"搭便车",那么为强国所主导的公共物品就会陷入前面所讨论的"囚徒困境"中,而这是强国所不愿意的。如果强国更愿意与其他国家合作,强国就必须劝说或者强迫其他国家来合作,这必然涉及强国与合作国的利益分配问题,使得强国面临新的困境。为了摆脱这种困境,强国通常通过问题联系途径(issue-linkages)采取两种战略劝说弱国合作:一种是威胁(减少给弱国的偿付额度);一种是承诺(提高相互合作所支付的额外额度)。① 在这种两种战略中,尽管强国都要付出成本(如果威胁没有效果,强国必须承担高昂的成本;如果承诺有效,强国也只能得到次优的结果),但强国在国际层面上却拥有了持久的主导权,这种持久的主导权可以补偿即时付出的成本。所以,处于劝说型博弈中的国家,只要相互之间建立了可信度,相互合作既能避免"免费搭车"现象,也能进行利益的合理分配。

在国际政治经济学研究中,劝说型博弈通常被引用的案例是上文提到的美国对技术出口的控制②以及在冷战期间联邦德国与民主德国的合作③。最近也有学者将劝说型博弈应用于朝鲜半岛的安全机制的分析上④。

以上四种博弈模型是博弈论被引进国际关系以及国际政治经济学领域后最为常用的模型。博弈模型的引入,主要是帮助我们理解如何加强国家之间相互合作以及如何避免国家之间的冲突。在国际体系中,加强国家之间相互合作、避免相互之间冲突的途径也许有许多种,但历史经验表明,制度/机制的途径是其中最具可能性和可操作性的一种途径。但我们也必须明白,制度/机制并不能解决所有的国际冲突。由于博弈论被作为分析工具引入国际关系研究中主要是解决国际体系中国家之间的利益分配问题,所以,根据这些博弈模型的基本特征以及解决利益冲突的可能性和可操作性,我们可以初

---

① 〔美〕莉萨·马丁、贝思·西蒙斯编:《国际制度》,第46—47页。
② John Ravenhill, ed., *Global Political Economy*, pp. 79-80;〔美〕莉萨·马丁、贝思·西蒙斯编:《国际制度》,第46—48页。
③ Volker Ritterberger, ed., *International Regimes in East-West Politics*, London: Print Publishers Ltd., 1990, pp. 151-188.
④ 在国内学术界很有代表意义的论文是李滨:《朝核问题与朝鲜半岛建立安全规制的前景:基于说服型博弈的分析》,《世界经济与政治》2009年第7期。

步评估出制度/机制对于解决国家利益分配的难易程度(参见表10-4):保证型博弈由于是"没有分配冲突的合作博弈",所以非常容易解决;协调型博弈虽然是"存在分配冲突的合作博弈",但也容易解决;囚徒困境博弈由于存在着"进退两难境况",所以很难解决;而劝说型博弈不但涉及利益分配,而且还涉及免费搭车,所以最难解决。

表10-4 利益、战略选择与制度解决的难易度

利益分配类型	没有分配冲突	存在分配冲突	进退两难境况	利益分配与免费搭车
战略选择类型	猎鹿博弈 (保证型博弈)	性别大战 (协调型博弈)	囚徒困境 (合作型博弈)	兰博情形 (劝说型博弈)
制度解决难易度	非常容易解决	容易解决	很难解决	最难解决
例证	金融一体化 贸易专门化	调整的管理 多边谈判	贸易自由化 偿还债务再安排	技术出口的管理
制度的作用	合作的强化者 (1) 资源的共享 (2) 知识和能力的提供者	解决分配冲突的协调者 (1) 谈判论坛 (2) 议程设定 (3) 联系议题	提供强制执行合同的渠道 (1) 监管/监督 (2) 制裁机制 (3) 政策转移	提供问题联系的渠道 (1) 威胁 (2) 承诺
制度解决的案例	资源的共享:国际货币基金组织的份额制 知识和能力的提供者:世界贸易组织的技术合作;世界银行;国际货币基金组织;联合国贸易与发展会议	谈判论坛:世界贸易组织的理事会;世界银行和国际货币基金组织的执行委员会;联合国贸易与发展会议 议程设定:国际货币基金组织和世界银行的全体成员	监管/监督:国际货币基金组织中的第四条款和第八条款;世界贸易组织的贸易政策评估机制 制裁:国际货币基金组织的有条件性;世界贸易组织的争端解决中对制裁的授权 政策转移:欧盟的共同贸易政策以及经济和货币委员会	威胁或者承诺:出口控制协调委员会(COCOM)

资料来源:根据 Andreas Hasenclever, Peter Mayer and Volker Rittberger, *Theory of International Regimes*, pp.44-82 和〔美〕莉萨·马丁·贝思·西蒙斯编:《国际制度》第39—51页中的相关内容并在 John Ravenhill, ed., *Global Political Economy*, p.88 中的表格基础上修改和扩充而成的。

4. 博弈论的局限性

尽管这些博弈模型对于理解已有的国际机制/制度以及设计新的国际机制/制度是非常有用的，因为正是由于这些分析工具的引入，才使得国际机制/制度研究超越了 20 世纪 70—80 年代的概念争论，从而在现实中具有可操作性和检验性，并在 90 年代以后逐步形成了以"国际机制理论"为核心的"新自由制度主义"①，但我们不能因此过分夸大博弈论在国际关系研究中的作用。博弈论作为一种理性分析工具，也有其自身的局限性，这些局限性与博弈论的基本假设密切关联。

（1）理性的有限性。博弈论最为基本的假设是，人不仅是理性的，而且是完全理性的，因此，作为理性的个体总是能没有错误地计算出通过最佳的手段达到某种特殊的目的。随着研究的深入，研究者们逐渐发现，人是理性的，但人的理性是有限的理性，因为，任何人不可能是全知的决策者；任何人不可能考虑到所有可能的选择；任何人也不可能考虑到其他人的选择的所有可能的结果。所以，在有限理性假设中的人，与其说将其效用最大化，不如说是效用的满足。②

（2）偏好的社会局限性。博弈论还假设，人总是根据自己的偏好进行独立理性选择。但在现实世界中，由于理性的有限性，作为个体的人的行为选择并不总是以理性的方式来进行。特别是在政治活动中，人们通常是通过某种情感来表达他们对某种特殊价值的忠诚，或对某种社会规范的反感。理性选择最大的局限性，就是假设人是抽象的工具理性动物，而忽略了作为个体的人，其偏好选择要受到诸如阶级、意识形态以及权力这些社会属性的影响③。特别是当我们将理性选择用于国家行为的分析时，我们很难忽视国家的意识形态以及国家的实力对国家行为选择的影响，这也是为什么当国际关系学者将理性分析工具应用于国家行为选择时反复强调"国家是理性的"主要原因。

（3）集体行动过程的复杂性。博弈论被应用于国际关系研究中必须面对决策过程的复杂性。当任何国家决定是否与其他国家进行合作时，这个决策过程是非常复杂的。一般而言，任何国家的决策过程要受到如下三个政治要

---

① 比较有代表性的成果，读者可以参阅 Andreas Hasenclever, Peter Mayer and Volker Rittberger, *Theory of International Regimes*；〔美〕莉萨·马丁·贝思·西蒙斯编：《国际制度》。
② Andrew Hindmoor, *Rational Choice*, Palgrave Macmillan, 2006, p.16.
③ Ibid., pp.14–15.

素的制约,即该国在国际体系中的整个地位;该国的特殊实力;该国国内联盟的强弱程度。① 换句话说,国家之间形成集体偏好既要受到相互之间业已形成的结构的影响,也要受到不同问题领域的优先性的影响,还要受到相互之间互动过程的影响。尽管博弈论作为一种数学模型,对现实世界的复杂性给予了尽可能的关注,但如果我们认为博弈论已经囊括了国际关系结构和过程的所有变量,就很容易犯简单化的错误,出现政策决策上的偏差。

(4) 信息的透明度与可信度。博弈论一个最为基本的假设就是所有参与者拥有共同知识,而这主要取决于参与者所拥有的信息。博弈论在理论上已经发展出不同信息状态下的各种模型,诸如完全信息静态博弈、完全信息动态博弈、不完全信息静态博弈、不完全信息动态博弈。尽管国际关系学者已经将这些不同的博弈模型应用于国际关系研究中,并且取得了令人鼓舞的成果②,但这些研究都基于一个假设:无论是在国内政治中,还是在国际谈判中,行为体所拥有的信息都是真实的。而在现实政治市场中,我们不但要拥有真实的信息,还要剔除虚假的信息。对于真实的信息,我们可以应用博弈论的模型进行分析,但如果我们将虚假的信息误认为是真实的信息,那结果的可信度就大打折扣。这就是为什么国际关系学者在应用博弈论分析国际关系时反复强调信息透明度和可信度的一个重要原因。

---

① Pierre Allan & Christian Schmidt, eds., *Game Theory and International Relations: Preference, Information and Empirical Evidence*, Edward Elgar Publishing Limited, 1994, p. 3.

② 这方面被国际学术界广为称颂的著作当推 Helen V. Milner, *Interests, Institutions and Information: Domestic Politics and International Relations*, Princeton University Press, 1997。

国际政治经济学的实证分析

  自从 16 世纪资本主义世界经济产生以来,关于国家和世界市场的关系不仅是学术界关注的主题,并由此出现了不同的理论范式;而且也是不同时代社会现实论争的焦点,并由此导致不同国家对世界市场采取不同的政策。在现实国际体系中,国家之间的论争主要是围绕着框定世界市场的国际金融和货币、国际贸易、跨国直接投资、发展与转型以及地区一体化诸问题进行的。20 世纪 70 年代出现的国际政治经济学,无论是理论的演进,还是政策建议,也都是围绕着这些问题领域展开的。因此,虽然我们不能认为国际金融和货币、国际贸易、跨国直接投资、发展与转型以及地区一体化是国际政治经济学的全部议事日程,但我们可以肯定地说,这些问题是国际政治经济学的主要议事日程。

第十一章
国际金融和货币的政治学

第一节 国际金融和货币政治学的核心议题：汇率制度选择和国际货币体系

国际货币与国际贸易既是资本主义世界经济得以形成并不断延续的两大支柱，也是国际经济学和国际政治经济学长期以来关注的两个核心议题。当人们直接用一种商品/服务来换取另外一种商品/服务时，我们可以将这种贸易称为物物贸易，而当人们通过某种媒介来计算两种商品/服务的价格时，这就是货币。关于国际货币的基本知识，所有的国际经济学教科书都有详细的介绍。[①] 与国际经济学不同的是，国际政治经济学在对货币政策以及国际货币体系进行政治分析时，主要关注两个核心议题：一是单个国家汇率政策偏好的形成问题；二是国际货币体系的管理问题。

一、货币及货币的政治职能

按照通行的经济学教科书的定义，货币在理论上应该是满足如下三种职

---

① 关于国际贸易和国际货币的基本知识，构成所有国际经济学教科书的主要内容，例如最近在西方大学里比较盛行的教科书〔美〕保罗·克鲁格曼、茅瑞斯·奥伯斯法尔德：《国际经济学》（第五版），海闻等译，中国人民大学出版社2002年版，第18、19、20、21章。

能中的全部或部分:交换媒介、计价单位(价值尺度)、价值储藏以及延期支付标准。货币的交换媒介职能是指,货币是一种特定的物质,能在支付过程中被交易双方在给予和收受时普遍接受;计价单位职能是指,在衡量产品服务的成本、债务以及合同中出现支付时被作为一种广泛认可的计价标准,这种职能便于确定毫不相关的商品的相对价值;价值储藏职能是指,货币可以把现实的购买力转移到未来产品和服务的购买上。由于这些职能,货币成为商业、储蓄、投资的基础。

货币除了以上经济学定义的职能之外,还与政治权力密切关联。货币从其产生起,就一直与政治权力密切关联,并且成为政治权力的一个重要组成部分。货币与政治权力的关联性主要表现在如下四个方面:

(1) 货币的价值通常取决于政府的信用。金属货币和纸币一般是公认的通货选择,因为他们可以在控制数量的前提下进行大规模生产,其价值取决于发行机构的信用价值,而这通常是指政府的信用价值。例如17世纪初由于荷兰的阿姆斯特丹市政府的信用担保,从而使得1609年建立的阿姆斯特丹银行成为欧洲经营外汇、黄金和白银的中心。①

(2) 货币以及因此而出现的金融市场的管理通常是政府的重要责任。货币的储存导致银行的产生,并由此形成了金融市场。而政府为制定银行规则、金融交易和金融市场活动承担越来越多的责任。② 政府对国内和国际金融进行有效的管理,从而使得贸易、投资以及劳动力的流动能够有序地进行。比如,1844年,英国议会通过了《银行宪章议案》,将银行发行纸币最大额的上限固定在1400万英镑,并且有政府债券进行担保,以此防止通货膨胀。

(3) 货币是政府进行支付和赔偿的手段。货币作为一种"信用工具"成为政府实现经济增长的手段以及提供公共物品的工具。比如,在17世纪的荷兰,政府通过提供保障,使得阿姆斯特丹银行发行的"银行票据"具备了特定的信用,从而使得荷兰成为许多商品的"囤积地""集散地"和"中转地"③。

(4) 货币是一个国家主权的象征。虽然货币变得越来越具全球性或区域性(比如关于欧洲单一货币的争论),但一国的货币仍然是国家主权强有力的象征。

---

① 王正毅:《17世纪中叶的"荷兰奇迹"》,载王正毅:《世界体系与国家兴衰》,第112页。
② 〔英〕苏珊·斯特兰奇:《国家与市场》,第96页。
③ 王正毅:《17世纪中叶的"荷兰奇迹"》,载王正毅:《世界体系与国家兴衰》,第112页。

二、汇率及"汇率政治三难"

汇率是指一国货币用另一国货币表示的价格,或指一种货币自由兑换另一种货币的价值。汇率的经济学分析告诉我们,在一个开放经济中,汇率的高低既受国内市场的影响,又受国际市场的影响。就国内市场而言,汇率的高低既与利率相关,也与对未来的预期有关,而这些又是由国内货币市场的供给与需求决定的。从长期的角度来看,汇率的变动还要受到各国货币政策、通货膨胀以及货币供给以外的要素诸如商品和劳务市场需求变化的影响。就国际市场而言,汇率还要受到诸如贸易以及投资要素的制约。

对于汇率,经济学家和政治学家关注的角度是不同的。经济学家关注的是汇率体系的经济效率和社会福利后果,而政治学家则更对作为干预经济手段的汇率政策感兴趣。① 在一个开放经济或一个逐渐开放的经济中,汇率问题极少是一个纯经济学问题。在多数情况下,汇率的确定以及汇率的浮动成为国内政治和国际政治争论的核心问题,由此而形成国际政治经济学在国际金融和货币研究领域中著名的"汇率政治三难"问题。②

"汇率政治三难"是指,国际货币体系中的任何单个国家是在追求三个政策目标:稳定的汇率、自主的国家货币政策和资本流动。但研究者们发现,任何一个国家只能同时实现其中的两个政策目标,到目前为止,没有一个国家能同时实现三个政策目标。任何国家,只要实行开放经济,如果这个国家要保持资本的流动和固定汇率,它就必须放弃独立自主的货币政策。假如一个国家为了促进资本的流动而实行独立的货币扩张政策,那么结果必然是资本外流,国内利率下降。在这种情况下,只有调高利率,同时放弃开始的货币政策,才能维持固定汇率。如果政府坚持扩张性的货币政策,那政府只能是要么控制资本流动,要么采取浮动汇率,从而牺牲其他两个政策目标中的一个。这是浮动汇率制实行以来任何国家都难以解决的难题,亦即目前国际货币体系中著名的"汇率政治三难"问题。

---

① Nikolaos Zahariadis, ed., *Contending Perspectives in International Political Economy*,北京大学出版社 2004 年影印版, p.103.
② 近年来,在国际学术界关于"汇率政治"的经典性文献是 Jeffry A. Frieden, "Exchange Rate Politics", in Jeffry A. Frieden & David A. Lake, *International Political Economy: Perspectives on Global Power and Wealth*(《国际政治经济学:审视全球权力与财富》),北京大学出版社 2003 年影印版, pp.257-269。Frieden 关于汇率政治的假设在他最近出版的《全球资本主义》(*Global Capitalism*)中进行了比较充分的论述。

就国内政治而言,构成"汇率政治三难"的核心议题是其中的货币政策。所以,究竟是采取独立的货币政策还是放弃货币政策的自主性,成为各国国内政治以及对外经济政策争论的核心问题。[①] 这主要是因为各国政府的货币政策表面上是政府刺激经济增长的一种手段,但在现实中,任何货币政策的制定以及实行必然涉及国内不同的利益集团或不同的产业部门,由此而形成了政府的"汇率政策偏好"。也就是说,不同的产业部门出于不同的利益而对汇率的偏好是不同的,例如,从事出口贸易的生产商一般偏好汇率升水,这样,他们的产品由于价格低而在国际市场上富有竞争力;而从事进口贸易的生产商则偏好汇率贴水,这样,他们的产品与进口的同类产品相比就具有价格优势。这些不同的产业部门或生产商经过国内政治博弈,最终影响政府的汇率政策。因此,对影响政府汇率政策偏好形成的国内利益集团及其政治过程进行研究,便成为国际政治经济学在货币领域的一个重要研究议题。

三、国际货币体系及其管理

货币及汇率政策涉及一个国家的主权,是一个国家改变国内收入以及就业水平的手段,因而,货币以及汇率政策与国内利益集团相关,而与世界上其他任何国家无关。这只是一个理论上的假设,是为分析方便而进行的假设。在现实中,这种假设在某种程度上是不能成立的,因为,任何一个国家的汇率变动,必然影响到其他国家汇率的反向变化,进而影响到相应国家之间商品的需求(贸易)以及投资的趋向(资本的流动)。特别是随着国家之间商品以及服务往来的加强,国家之间相互依存的程度也在不断加深,这就使得建立一种稳定而有效的国际货币体系成为许多国家长期以来奋斗的目标。

国际货币体系的功能:任何一个国家的宏观经济政策都有两个基本目标:内部平衡(物价稳定和充分就业)和外部平衡(国际收支平衡)[②],这就要求任何国际货币体系必须满足相关国家的这两个目标。为了达到这个目标,一个稳定而有效的国际货币体系必须同时具有三个职能:清偿能力、调整和

---

① 这也是最近在西方的国际政治经济学教科书中将"对外经济政策的国内根源"列入教学内容的一个重要原因,见 John Ravenhill, *Global Political Economy*, pp.50-86。

② 〔美〕保罗·克鲁格曼、茅瑞斯·奥伯斯法尔德:《国际经济学》(第五版),海闻等译,第505页。

信心①,否则,就很难建立一个稳定而有效的国际货币体系。所谓清偿能力是指,任何国际货币体系必须能够供应充足的货币,为贸易融通资金,为调整创造条件,并能提供金融储备。所谓调整是指,针对各国国际收支不平衡,国际货币体系必须拿出解决的办法,或改变汇率,或迫使相关国家进行国内经济的扩张或收缩,或直接控制国际贸易。所谓信心是指,国际货币体系必须防止各国金融储备机构出现不稳定,从而使得各国对储备货币充满信心。

国际货币体系的类型:依照上述三种职能,国际货币体系在过去150年里主要经历四个时期:满足以上三种职能的国际货币体系主要有两个时期,分别是1870—1914年的金本位时期和1945—1973年布雷顿森林体系下的固定汇率时期;未能满足以上三种职能的1918—1939年两次世界大战之间的混乱时期(吉尔平教授也将其称为空位期②)以及1973年布雷顿森林体系解体以来的浮动汇率时期。

根据国际货币体系的储备金,国际货币体系主要有三类:一类是采取固定汇率的货币体系,在这种国际货币体系中,相关国家的货币要么以某种贵重金属诸如黄金或白银为基准;要么以某国的货币例如"美元"为基准。第二类是采取完全浮动汇率的国际货币体系,在这种货币体系中,相关国家的币值主要根据国际金融市场的波动来确定。这两类国际货币体系是两个特例,是处于极端状态的国际货币体系。第三类介于其中的就是我们今天所熟悉的"有管理的浮动汇率",这类国际货币体系的核心问题就是国际货币体系的"管理"问题。

国际货币体系的管理:无论是采取固定汇率的国际货币体系,还是介于固定汇率与完全浮动汇率之间的国际货币体系,都涉及国际货币体系的管理问题,这也是1973年布雷顿森林体系解体以来当代国际货币体系面临的核心问题。关于国际货币体系的建立,各国已经基本达成共识,但在如何对国际货币体系进行管理的问题上,各国分歧很大,分歧的根源主要集中在如下六个问题上③:(1)货币政策的自主性;(2)汇率的自动稳定;(3)纪律性;(4)投机行为;(5)国际贸易和投资;(6)政策协调。这六个问题也是国际政

---

① Benjamin J. Cohen, *Organizing the World's Money: The Political Economy of International Monetary Relations*, New York: Basic Books, 1977; 另外参见〔美〕罗伯特·吉尔平:《国际关系政治经济学》,杨宇光等译,上海世纪出版集团2006年版,第111页。

② 〔美〕罗伯特·吉尔平:《国际关系政治经济学》,第119页。

③ 〔美〕保罗·克鲁格曼、茅瑞斯·奥伯斯法尔德:《国际经济学》(第五版),海闻等译,第562—505页。

治经济学在货币领域关注的主要问题。

第二节 汇率制度选择的三种解释模式[①]

从20世纪70年代国际政治经济学产生以来,"汇率政治三难"就一直是国际政治经济学在国际货币领域关注的核心问题,汇率制度形成的原因也就成为国际政治经济学者们研究的核心议题,并因此出现了三种主要解释模式:霸权国家偏好、国内社会集团联盟以及国内政治制度。

一、霸权国家偏好

从霸权国家的偏好分析汇率制度选择是20世纪70—80年代国际政治经济学在国际货币领域的最具影响力的研究路径,这种研究路径是霸权稳定论所倡导的。从本书第六章对霸权稳定论所进行的论述和分析中,我们已经发现,霸权稳定论在提出之初主要是解释国际货币和金融机制的变革问题,之后才逐渐被政治学家应用于政治和军事领域。

霸权稳定论在解释国际货币和金融领域的机制变革问题时提出了一个最为基本的命题:霸权国家的偏好决定了国际货币和金融机制的选择。其主要论据包括如下三个方面。

第一,霸权国家主导着世界政治的总体权力结构。世界政治的总体权力结构处于不断转化和变革之中,导致权力的这种转化和变革的根本原因就是国家之间的相互竞争,而相互之间竞争的目标无非是增加财富以及增强国力。然而,为了避免无休止的战争,各国又都希望有一个相对稳定的权力结构,以保证财富的持续增长。正是在世界权力结构的这种矛盾状态中,在过去500年的历史中出现了两种权力结构状态:一种是势力均衡(balance of power),即大国或强国通过相互之间的权力平衡来建立或维持一个稳定的国际体系;另一种是霸权(hegemony),即一个国家有足够强的能力来建立或维持国际体系的稳定。英国霸权(1870—1914)及其主导下的被宣称为"和平时期"(政治意义上)和"第一个黄金周期"(经济意义上),以及美国霸权(1945—1973)及其主导下的被宣称为"和平时期"(政治意义上)以及"第二个黄金周期"(经济意义上)是霸权稳定论的倡导者和追随者通常引用的两个

[①] 本节内容是在王正毅、曲博的《汇率制度选择的政治经济分析:三种研究路径比较及其启示》(《吉林大学学报》2006年第3期)的基础上修改而成的。

最为典型的案例。

第二,霸权国家的意愿(偏好)和能力是国际机制建立和维持的关键因素。尽管关于霸权国家的动机存在着不同的观点(是主要出于霸权国家自身的利益?还是主要出于为国际社会提供公共物品?),但在霸权国家有意愿建立和维持稳定的国际体系这一点上,学者们的观点几乎是一致的。在霸权国家意愿的基础上,霸权国家的偏好直接决定着建立什么样的国际机制。在国际货币和金融领域,一个最为典型的案例便是解释为什么国际货币体系在第二次世界大战后选择固定汇率制。

第二次世界大战后,为了防止20世纪30年代的金融危机以及各国"以邻为壑"政策的再现,美国开始主动承担世界经济秩序建设的领导者责任,设计一个既能防止经济民族主义,又能通过国际合作来保证的自由经济体系。在美国主导下建立起以固定汇率制度和资本控制为基础的布雷顿森林体系,国际货币基金组织就是维护固定汇率制度的重要国际组织,成员国的汇率变动需要得到国际货币基金组织的同意。固定汇率制度为国际贸易提供了稳定的交易支付方式,并且同时实行资本控制,这样可以防止缺少资本的欧洲国家资本外流,同时也有利于维持美国在战后的经济地位。所以,固定汇率制的选择反映了美国作为霸权国家的偏好。

第三,霸权国家的能力保证国际机制得以顺利实施。在霸权国家主导的世界政治的总体权力结构中,国际机制的选择不但反映了霸权国家的意愿,同时也取决于霸权国家的能力。经济学家金德尔伯格分析1929—1939年世界经济危机时,就曾提出一个论断,即20世纪30年代经济危机之所以出现,就是因为英国霸权衰落后虽有意愿却没有能力,而美国虽有能力却没有意愿承担领导者的责任。[①] 同样的情况也出现在1944—1947年间,尽管布雷顿森林体系已经建立,但在1944—1947年之间既不能有效地调节国际金融关系,也不能有效地解决当时西欧国家面临的经济困难。而正是霸权国家美国弥补了布雷顿森林体系的不足,在美国单边管理的基础上建立了美元本位,从而为国际经济提供了流动性和协调。从1947年到1960年,美国有能力也愿

---

① 〔美〕查尔斯·金德尔伯格:《1929—1939年世界经济萧条》,上海译文出版社1986年版,第348—349页。

意管理国际货币体系。① 这一时期国际货币体系确实是在美国霸权的支持下建立和运转的,美国霸权确定的固定汇率制度和资本控制也就成了当时西方多数国家的政策选择。以美国霸权为基础的布雷顿森林体系为国际经济稳定、国际贸易发展、经济增长和发达国家间的政治合作奠定了基础,并且平稳地运行了25年。②

所以,就汇率制度选择而言,霸权国家的汇率制度偏好确定了国际货币体系的汇率制度安排,参与国际货币体系的其他国家是霸权国汇率制度安排的接受者。因此,无论是英国霸权下的金本位制,还是美国霸权下的双挂钩的固定汇率制都被看作是分别反映两个霸权国利益偏好的制度安排。诚如国际政治经济学的推动者基欧汉等人所总结的:

> 霸权稳定论这种"总体结构模式在解释战后初期国际货币领域的机制变迁最为成功。美国的军事和经济支配地位在建立布雷顿森林体系复兴机制和全面实施布雷顿森林机制中发挥了重要作用。在导致1971年机制变迁的事件上,在1971—1976年谈判中,美国的军事和经济支配也发挥了重要的——尽管不是压倒一切的——作用"。③

但是,以霸权国家偏好为路径来研究汇率制度选择的总体权力结构分析也存在现实和理论上无法解释的问题。从现实来看,霸权稳定论对国际货币体系变化的某些事件并不能提供令人信服的解释。首先,霸权国家偏好无法解释两次世界大战之间的货币制度安排。第一次世界大战后,美国拥有世界上最强大的军事和经济实力,已然成了世界经济中的霸权国家,但是第一次世界大战后的国际货币制度并不是以美国为中心的安排,衰落的英国仍然是国际货币关系的中心。④ 其次,霸权稳定论无法解释20世纪70年代布雷顿森林体系的崩溃。这部分是由于学者们对70年代以来美国霸权是否衰落存在着争论。如果是因为美国霸权的衰落导致了布雷顿森林体系的解体,那么为什么是美国人自己亲手终结了布雷顿森林体系而没有采取挽救措施?如果美国霸权并没有衰落,那么国际货币体系变动的动力何在?最后,霸权稳

---

① Joan Spero and Jeffrey Hart, *The Politics of International Economic Relations*, New York: St. Martin's Press, 1997, pp. 36-43; Barry Eichengreen, "Hegemonic Stability Theories of the International Monetary System", in Jeffry Frieden and David Lake, eds., *International Political Economy: Perspectives on Global Power and Wealth*, pp. 220-244.
② Joan Spero and Jeffrey Hart, *The Politics of International Economic Relations*, p. 36.
③ 〔美〕罗伯特·基欧汉、约瑟夫·奈:《权力与相互依赖》,第143页。
④ 同上书,第142—143页。

定论也无法解释70年代以来国际货币关系的发展。70年代以后关于浮动汇率制与固定汇率制的争论,欧洲货币一体化进程似乎都难以用霸权来解释。

从理论上看,霸权稳定论关注的焦点是国际货币体系的创建和解体,强调霸权国家的汇率制度偏好决定国际货币制度的安排,但是并没有说明霸权国本身的汇率制度偏好是如何形成的,因此在解释国际货币关系变化时也就缺乏逻辑的连贯性。比如,对70年代布雷顿森林体系解体以后国际货币体系基础从固定汇率制转变为浮动汇率制的解释,有的学者认为这是符合霸权国美国的利益,强调开放、自由的金融秩序更能维持美国在国际金融中的霸权地位。[①] 但是也有学者则强调正是美国霸权才导致固定汇率无法维持。

现实和理论上的困境使得霸权稳定论对国际货币关系的解释逐渐失去了吸引力,学者们开始寻找替代的解释路径,即既能解释国际货币体系创建的动力和衰落的根源,又能解释国家汇率制度偏好的形成,以及在此基础上进行的国际货币合作。受国际关系研究在80年代后期重新关注国内政治的影响,国际政治经济学者也开始引入国内政治要素来分析国际货币关系,强调汇率制度安排的经济后果和政治后果,进而讨论国际货币体系的汇率制度安排以及地区货币一体化进程。

伴随着国际关系理论在20世纪80年代出现的两次理论论战(自由主义挑战现实主义、新自由主义/自由制度主义与新现实主义的论战)的深入,国际政治经济学对国际货币关系以及汇率制度选择的研究已经超出了20世纪70年代的总体权力结构解释模式——霸权稳定论,开始关注国内要素与国际要素对汇率制度选择的影响,并以70年代以来国际货币关系发展为依据,从国内/国际和政治/经济的角度对汇率制度选择进行了深入研究,逐渐形成了两种新的研究路径,以社会为中心的路径和以制度中心的路径。

二、国内社会利益集团

从国内社会利益集团的偏好来解释汇率制度选择是20世纪80年代以来国际政治经济学在货币和金融领域研究中出现的一个全新的研究路径。

---

① Eric Helleiner, "From Bretton Woods to Global Finance: A World Turned Upside Down", in Geoffrey Underhill and Richard Stubbs, eds., *Political Economy and the Changing Global Order*, London: Macmillan Press, 1994, pp.166-167.

20世纪70年代以来世界经济的一个显著特征就是,相互依存不断加深,资本流动迅速扩展,全球金融市场一体化日渐形成。导致全球金融市场一体化主要有三个原因:一是金融机构的全球化,美国国外的银行分支从1965年的13家增加到1974年的125家,资金总额也由91亿美元增加到1250亿美元;二是生产的全球化,大型跨国公司控制了大量的流动资本,这些资本可以根据利率和预期汇率调整来投资获利;三是欧洲货币市场的发展,为全球金融市场的一体化以及国家之间的货币合作树立了典范。① 这种趋势的直接结果是,国际资本流动的速度和流量都迅速膨胀,到了80年代后期,全球每天外汇的交易量达到了6500亿美元,超过国际贸易量近40倍。② 而通信技术的发展以及金融工具的扩展使得这种金融全球化趋势深入到每一个国家的内部,受世界经济影响的国内部门集团以及社会群体也越来越多,国际金融关系的扩展突显了汇率制度的国内政治意义。

国际金融的迅速扩展改变了相关国家国内利益集团对汇率政策选择以及国际货币制度的态度。在布雷顿森林体系盛行的时代,由于相关国家采取的是固定汇率制,缺乏金融自主权,所以,国内利益集团和政党很少关注货币政策的社会福利后果,而更多关注的是贸易政策。③ 然而,这种情况随着固定汇率制的结束、浮动汇率制的开始而发生了改变。尤其是在进入20世纪80年代以后,随着浮动汇率制的盛行以及各国货币政策自主权的加大,关于国内社会利益集团对汇率制度选择的影响被提到日程上来,学者们开始研究汇率制度安排的国内政治经济后果,并以此为基础讨论国际货币合作的可能性。国内社会利益集团模式就是在这种背景下提出来的。

国内社会利益集团解释模式强调的是汇率制度选择的国内社会基础,认为一个国家国内不同的社会部门是影响该国汇率制度安排的根源。简单地说,汇率表示的是两国货币的相对价格,汇率调节的就是国内和国外商品的相对价格。而国内和国外商品的相对价格是影响国际贸易、金融和投资的重要因素。因此,要理解一国汇率制度选择就必须分析国内不同社会部门的汇率制度偏好。一般而言,固定汇率制度能够保证汇率稳定,从而能够扩展国际贸易和投资,这样国内的出口商和投资者都会倾向采用固定汇率制度。然而,采用固定汇率制的成本是政府将失去货币政策自主权,从而无法为了政

---

① Joan Spero and Jeffrey Hart, *The Politics of International Economic Relations*, pp. 48—53.
② Eric Helleiner, "From Bretton Woods to Global Finance: A World Turned Upside Down", p. 163.
③ [美]罗伯特·基欧汉、约瑟夫·奈:《权力与相互依赖》,第165—166页。

治目的而改变或者影响汇率高低,这样,那些进口竞争部门就失去了政府可能提供的保护政策的机会,成为固定汇率制下潜在的受损者。同样的情况也存在于浮动汇率制选择中,如果政府采取浮动汇率制,出口部门和投资部门则必须面对因汇率的波动而带来的风险,成为浮动汇率制潜在的受损者,而进口部门则因政府采取的保护政策成为潜在的受益者。

由于汇率制度选择会对国内社会集团的利益分配产生影响,所以,这些社会集团对汇率制度安排对自身福利的影响非常敏感,它们通常采取游说活动,影响国家的汇率制度选择。这样,对汇率稳定性(固定汇率制)和货币政策自主性(浮动汇率制)的选择自然就转变成了国内不同社会部门的博弈过程:那些同国际经济联系紧密的部门和行为体比那些国内取向的部门会更愿意实行固定汇率制度,比如国际银行、跨国投资者以及跨国公司还有出口商都会希望政府提高汇率的稳定性和预测性,愿意采用固定汇率制度;而那些非贸易商品和服务的提供者以及主要面向国内市场的厂商则更愿意有灵活的货币政策,从而希望实行浮动汇率制度。① 哈佛大学的弗里登(Jeffry Frieden)教授曾根据外向部门/内向部门、贸易商品/非贸易商品将汇率制度偏好分成四类(表11-1)。

表11-1 汇率政策偏好

		汇率水平的偏好程度	
		高	低
汇率灵活性或国家货币独立性的偏好程度	低	国际贸易商和投资者	出口竞争贸易商品生产商
	高	非贸易生产商	进口竞争贸易商品生产商

注:就汇率水平而言,"高"是指汇率的上升,而"低"则是指汇率的降低;就汇率灵活性而言,"高"意味着完全浮动汇率,而"低"则意味着固定汇率。

资料来源:Jeffry A. Frieden, "Exchange Rate Politics", in Jeffry Frieden and David Lake, eds., *International Political Economy: Perspectives on Global Power and Wealth*, p.260。

弗里登认为,不同社会部门出于自身的利益对汇率制度和汇率定价会有不同的偏好,而国家的汇率制度就是这些社会部门利益综合的过程或者是博弈的结果。那些面向国内的生产者更愿意采用浮动汇率制度,而面向国际的生产者则愿意采用固定汇率制度;贸易部门的生产者期望本币贬值,而非贸

---

① Jeffry A. Frieden, "Exchange Rate Politics", in Jeffry Frieden and David Lake, eds., *International Political Economy: Perspectives on Global Power and Wealth*, pp.257-269.

易部门和海外投资者则希望强货币。① 弗里登用这种方法来解释欧洲货币一体化进程,认为在欧洲货币一体化进程中,那些投资者和出口商支持地区货币一体化,而进口竞争部门则会因政府失去货币政策自主性而受损,有可能失去竞争力,因而成为地区货币一体化的反对力量。② 总之,以社会利益集团为中心的研究路径强调汇率制度对国内不同部门利益的影响,并据此设定这些不同部门的汇率制度偏好。对国家而言,作为国内利益的代表者会根据自己的经济状况和政治联盟基础来选择汇率制度安排。

以社会利益集团为中心的研究路径的一个最为基本的理论假设就是将汇率政策视为一个完全市场,在这个市场中,统治者是善意的统治者,是政策的供给者,而国内不同的部门是政策的需求者,因此,政治家完全是根据社会集团的偏好来选择汇率制度的。但是,这种解释在理论上存在着两个重大缺陷。首先,这种研究路径暗含了一个假定:出口商和投资者是规避风险的,也就是说汇率波动会增加贸易和投资的风险,而固定汇率则降低了这种风险。正是在这个假设基础上,以弗里登为代表的学者才会坚持认为面向世界市场的厂商和投资者会支持固定汇率制,而进口竞争者会反对固定汇率制。但是风险规避的前提并未得到经验证明,而且有经验表明出口商和投资者在风险规避、风险中立和追逐风险中并无明显差异。第二,汇率制度的分配性后果不同于贸易政策,国家贸易政策是歧视性的,因此针对贸易政策,利益集团是会采取集体行动的。但是汇率制度不同,从汇率制度变化中受益的群体并非小群体,汇率制度改变的收益也非排他性的,因此,社会集团缺少进行集体行动的动力。③ 总之,以社会利益集团为中心的研究路径最大的缺陷就是忽略了政策制定者本身在政策制定过程中的偏好。

三、国内政治制度

从国内政治制度的偏好来解释汇率制度选择是20世纪90年代以来国际政治经济学在货币和金融领域研究中出现的一个新的研究路径。这种研究路径强调汇率政策制定者们在政策制定过程中为了自身利益而产生的政策

---

① Jeffry A. Frieden, "Exchange Rate Politics", in Jeffry Frieden and David Lake, eds., *International Political Economy: Perspectives on Global Power and Wealth*, p. 261.

② Jeffry Frieden, "Real Sources of European Currency Policy: Sectoral Interests and European Monetary Integration", *International Organization*, Vol. 56, No. 4, 2002, pp. 831–860.

③ Joanne Gowa, "Public Goods and Political Institutions: Trade and Monetary Policy Processes in the United States", *International Organization*, Vol. 42, No. 1, Winter 1988, pp. 15–32.

偏好,主张从选举制度入手,探讨政治家以及政党所偏好的政治制度对汇率制度选择的影响。

从国内政治制度角度研究汇率制度选择的学者一般接受以下基本假设:(1)政治家或政党都是理性行为体,其行动的基本原则就是效用最大化,政治家或政党为了能够持续执政或夺取政权,在民主制度中他们的基本目标就是赢得选举;(2)利益集团和选民也是为了自身的经济利益参与投票,他们会选择最能体现自己利益的政治家或政党;(3)政策选择是不同偏好的行为体互动的结果,没有预先设定的最优政策;(4)政治过程是开放的,决策过程是分享的,对外经济政策的形成是国内政治妥协的过程;(5)不同政策之间具有可替代性和机会成本。

这种研究路径的主要依据包括如下两个方面:

第一,政党的偏好直接决定汇率政策的选择。对政党或政治家而言,实行固定汇率制还是浮动汇率制对赢得选举有不同的意义。固定汇率制可以提供稳定的贸易环境,降低汇率的不确定性并降低跨国界的交易成本,因此,政党选择固定汇率制度会促进本国贸易部门和投资的发展。如果这种选择能够增进国家的整体福利和强化特定集团对政府的支持,那么执政党或政治家就愿意采用固定汇率制。浮动汇率制度的收益在于政治家可以应用货币政策干预经济,从而为选举和执政党创造有利的宏观经济基础。因此,政党对固定汇率制和浮动汇率制的选择问题的前提在于是否可以赢得选举。

第二,选举制度不但决定政府对汇率政策选择的偏好,而且还决定政府执行汇率政策的能力。使用货币政策干预经济的成本和收益同国家的选举制度密切相关,多数选举制和比例代表制同汇率制度之间的选择有明显的因果关系。学者们认为,实行多数选举制的国家倾向固定汇率制;而实行比例代表制的国家则倾向浮动汇率制。这是因为,从政权更替的角度来考虑,多数选举制一般会产生单一政党主导的政府,所以因选举产生不同政府的可能性很高。为了保证政策的稳定和透明,各政党更愿意放弃货币政策自主性而采用固定汇率制;而在比例代表制下政权更迭的可能性不是很大,而且即使政权更迭,一般也会产生联合政府,在政治制衡方面能够保证。既然执政党与在野党都能影响货币政策的制定,所以在比例选举制度下,政府倾向采用浮动汇率制。① 同时,选举制度还决定政府执行汇率政策的能力。因为,实行固定汇率制需要必要的市场监管和保证汇率稳定的能力,只有权力集中的政府才能执行这样的任务。多数选举制度容易产生单一政党执政的政府,这样的政府能够保持稳定和长期执政,从而有能力保证并维持固定汇率制度;而比例代表制一般会产生联合政府,在政策协调和政府维持固定汇率制方面存在困难,一般愿意采用浮动汇率制度。②

以政治制度为中心的研究路径关注的是国内制度制约下行为体的政策偏好,通过研究选举的政治制度结构的不同来分析政策选择过程和结果。这种研究路径的贡献在于,它将研究重点集中在政策制定者自身的偏好对政策制定过程的影响,相对社会利益集团模式而言,又深入一步。同时,这种方法更多地借鉴了政治学和比较政治的研究方法,这是将国内政治重新引入国际关系研究的重要发展。但是,这种相对新颖的研究路径也存在着一些理论上的难题。第一,政府干预经济的政策工具在不同体制的国家内是不同的。有的政府习惯使用财政政策工具,而有的政府倾向于货币政策工具,因此实行多数选举制的国家也可能由于习惯使用财政政策而选择固定汇率制。也就是说,选举制度同汇率制度的因果联系相对脆弱。第二,这种解释路径主要关注的是工业化相对发达的民主国家,而在解释发展中国家汇率制度选择上因缺少经验证据,因而在理论上无法进行延伸。

在国际政治经济学过去四十多年的发展历程中,在国际金融和货币领域,对汇率制度选择进行国内政治根源的探讨取得了长足的进展,特别是20世纪90年代以来发展起来的国内社会集团模式和国内政治制度模式,克服了70—80年代盛行的"霸权稳定论"的局限性,在理论研究上前进了一大步,为我们深入理解政治和经济以及国内政治和国际经济的关联性做出了重大贡献。

但是,正如我们在前面所指出的那样,由于开放经济的外部性,任何一个国家的汇率政策选择必然涉及其他国家的商品和劳务的输出和输入以及国际资本的流动。这就要求我们不但要关注并比较单个国家汇率制度的选择,同时必须对国际货币体系以及国际货币制度安排进行深入的了解。

---

① Ronald Rogowski, "Trade and the Variety of Democratic Institutions", *International Organization*, Vol. 41, No. 2, 1987, pp. 203-223.

② Nouriel Roubini and Jeffrey Sachs, "Political and Economic Determinants of Budget Deficits in the Industrial Democracies", *European Economic Review*, Vol. 33, No. 5, 1989, pp. 903-933.

第三节 汇率政策与国际货币体系

一、国际货币体系:演进与困惑

正如前面所述,19世纪以来,国际货币体系经历了四个阶段:金本位时期、固定汇率时期、混乱时期以及浮动汇率时期。这里,我们就每一个时期的主要特征以及所面临的挑战做一比较详细的论述。

1. 金本位制(1870—1914)

(1) 金本位制的起源

金本位制起源于以黄金作为交换媒介、价值尺度和储藏手段。因为黄金和白银属于贵重金属,所以,黄金和白银自古以来就有这些功能,这也是为什么早期实行重商主义的国家将黄金等同于财富进而限制黄金外流的主要原因。但真正将黄金作为唯一的国际货币则起源于1819年英国国会颁布的《恢复条令》,要求英格兰银行恢复从拿破仑战争(1793—1815)爆发以后被终止了四年的将通货与黄金按一固定比率兑换的业务。《恢复条令》标志着金本位制的正式采用。[1]

金本位制在开始时只有英国和其殖民地所用,到了19世纪70年代,许多国家逐渐效仿,包括德国(1872)、斯堪的纳维亚(1873)、荷兰(1875)、比利时、法国和瑞士(1878)以及美国(1879),到了1879年,许多工业化国家已经采用金本位制。尽管在1873—1896年经济危机之中,关于是否采用金本位制在许多国家内部出现了政治争论,但经济危机之后,随着黄金价格的上涨,金本位制得到了加强,日本和俄国(1897)、阿根廷(1899)、奥匈帝国(1902)、墨西哥(1905)、巴西(1906)以及泰国(1908)也纷纷加入了金本位制。到了1908年,除了中国和波斯(现在的伊朗)在进口结算不用黄金外[2],几乎所有的国家都接受了金本位这种固定汇率制度。

(2) 金本位制的特点和机制

关于金本位制的特点,本杰明·J.科恩将其归纳为两点:① 实行金本位

---

[1] 〔美〕保罗·克鲁格曼、茅瑞斯·奥伯斯法尔德:《国际经济学》(第五版),海闻等译,第510页。

[2] Jeffry A. Frieden, *Global Capitalism: Its Fall and Rise in the Twentieth Century*, New York: W. W. Norton & Company Ltd., 2006, pp.6-17.

制国家的中央银行按固定价格买卖黄金;② 公民私人可以自由进口和出口黄金。① 金本位制的这两个特点保证了黄金在国家之间的自由流动。

金本位制所依据的基本原理是价格-硬币流动机制。价格-硬币流动机制是由 18 世纪的哲学家休谟提出的。17 世纪盛行的重商主义者认为,英国必须实行严格的国家贸易和收支管制,否则,英国将会由于国际收支赤字而导致流通中的黄金货币不足,从而导致国内贫困。而休谟则认为,黄金的流入会导致国内价格水平的上升,从而使得国际收支趋于平衡,因此,长期的顺差是不存在的。通货短缺将造成国内价格水平的下降以及外汇收支盈余,而这最终会使货币流入本国直到本国实现平衡。所以,国家之间的贸易和收支不平衡可以通过黄金的流动自动地恢复平衡。②

(3) 金本位制成功原因的解释

关于金本位制的成功有目共睹,无论是政治学家还是经济学家的评价几乎是一致的。但关于金本位制为何如此成功,政治学家和经济学家出现了很大的分歧。了解这种分歧对于我们理解国际政治经济学这门学科的分析框架则是至关重要的。

国际经济学家将金本位制成功的原因主要归之于如下三点③:① 国际货币市场是"自我调节"的,因而黄金的自由流动可以使得各国之间国际收支自动地平衡;② 国内经济对国际经济政策的反应是自然的,每个国家都是在开放经济的条件下考虑内部平衡(充分就业和物价稳定)和外部平衡(经常项目达到最优);③ 国际货币体系对每个国家的影响是均衡的。总之,金本位制下的国际货币体系是人类历史上一个最为成功的具有"自我调节"功能的典范。

国际政治经济学者则对经济学家的前提假设提出了挑战,对于金本位制成功的原因给出了不同的解释。④ 他们的主要观点是:① 国际货币市场是"创造出来"的,创造者则为当时作为霸权国的英国。② 各个国家对国际货币体系的反应并非是非人格化的。国际货币体系从其产生起就具有一种结构

---

① Benjamin J. Cohen, *Organizing the World's Money: The Political Economy of International Monetary Relations*, p.77, 转引自〔美〕罗伯特·吉尔平:《国际关系政治经济学》,杨宇光等译,上海世纪出版集团 2006 年版,第 116 页。

② 〔美〕保罗·克鲁格曼、茅瑞斯·奥伯斯法尔德:《国际经济学》(第五版),海闻等译,第 513 页。

③ 同上书,第 509—513 页。

④ 〔美〕罗伯特·吉尔平:《国际关系政治经济学》,杨宇光等译,第 116—117 页。

性的特征,伦敦是其中心,而其他西欧国家次于英国,这种地位决定了相应国家对国际货币体系的反应是不同的。③ 国际货币制度对不同国家的影响并不是均衡的。比如,发达国家由于是资本输出国,所以可以比较容易地通过调节资本的流量来对付国际收支不平衡,而不发达国家由于是资本输入国,所以就无法运用这样的手段来调节国际收支不平衡。

总的来看,经济学家所依据的"自我调节"可以解释国际货币制度的兴起,但他们既无法解释为何很多国家在金本位制时期不遵守金本位制下的"游戏规则"①,也不能解释后来的金本位制度为何衰落。而国际政治经济学的解释力不仅在于它解释了金本位制为何成功(霸权国的意愿和能力),而且也解释了为何金本位制衰落(霸权国没有能力),经济学家金德尔伯格的著作《1929—1939年世界经济萧条》非常合理地解释了后者,这种逻辑上的一贯性是国际经济学所不能及的。正如斯特兰奇所论述的:

> 某种称作为金本位制的机械式的自动体系解释不了1914年以前正在发展中的全球金融结构的相对稳定性和影响到世界贸易的主要汇率的相对有序性。只有某个政府出于各种理由(大部分是国内原因)对其金融机构和金融市场实施的一系列政治上有效的安排,才能解释这种现象。②

总之,政治上的"势力均衡"和经济上的"金本位制"一起奠定了1870—1914年资本主义世界经济的"第一个黄金周期",而当政治上的"势力均衡"失去有效性的时候,金本位制也就无法维持了。关于这一点,国际货币制度在20世纪20—30年代的遭遇给予充分的证明。

2. 两次世界大战期间的混乱时期(1918—1939年)

如果说金本位制的建立为政治(霸权、势力均衡)和经济(国际货币制度)的关联性提供了正例,那么,两次世界大战期间国际货币领域的混乱则为这种关联性提供了反例,即没有政治上的合作,经济上的合作是非常困难的。

关于第一、二次世界大战期间各国的经济状况以及国际货币体系的遭遇,几乎所有的经济史著作中都有描述,所不同的只是描述的详细程度。限于篇幅,我们在这里不准备对这一时期具体的历史事件进行逐一描述,而只

---

① 〔美〕保罗·克鲁格曼、茅瑞斯·奥伯斯法尔德:《国际经济学》(第五版),海闻等译,第512页。
② 〔英〕苏珊·斯特兰奇:《国家与市场》,第103页。

就与国际货币制度密切关联的一个问题进行重点分析。这个问题就是20世纪70年代以来被国际政治经济学领域几乎所有研究者不断提及并由此导致的一个重要理论命题:国际金本位制度的崩溃是否是霸权国的责任?

这是国际货币关系中一个典型的政治经济学命题,即国际货币体系与霸权国家的关系问题。关于金本位制度的崩溃以及随后的世界范围内的经济萧条是否是霸权国的责任,一直是学术界广泛争论的问题,也是今天国际货币领域争论的一个命题。

关于1929—1939年长达10年的世界经济萧条的原因,在20世纪70年代霸权稳定论出现之前,学术界曾存在着广泛争论。其中,最为突出的是1969年在美国电视辩论中公开出现的两种针锋相对的观点:一种是经济学家米尔顿·弗里德曼提出的观点,他认为世界经济萧条是由于美国采取了错误的货币政策;另一种是经济学家萨缪尔森所持的观点,他认为世界经济萧条是一系列偶然事件造成的。[①]

对于1929—1933年世界范围内的经济萧条的原因进行理论探讨并取得突破性进展主要发生在20世纪70年代。1971—1973年世界范围内的经济萧条再次发生,学术界和政策制定者力图通过反思1929—1933年世界范围内经济萧条寻求两次经济萧条的共同性,经济学家金德尔伯格的《1929—1939年世界经济萧条》就是在这种背景下完成的。

在金德尔伯格看来,经济危机时期保证一个稳定的世界经济至少需要具备如下三个条件[②]:(1) 为跌价出售的商品保持比较开放的市场;(2) 提供反经济周期的长期贷款;(3) 在危机时期实行贴现。然而,这三个条件并不具有自律性,而是需要相关国家提供的。但并不是所有国家都能提供这三个条件,只有霸权国家才具有能力提供。在1929—1939年世界经济危机时期,英国已经不具备提供三个条件的能力,而美国虽具备这种能力却又不愿意为世界经济提供这三个条件,因而发生了世界范围内的经济危机。由此,金德尔伯格得出结论:霸权国家既有意愿又有能力的领导作用是世界经济稳定的必要条件。

---

① 〔美〕查尔斯·P. 金德尔伯格:《1929—1939年世界经济萧条》,上海译文出版社1986年版,第1—5页。

② 同上书,第348页。

3. 布雷顿森林体系(1944—1973年)

为了使得经济快速从战争的创伤中恢复起来,也为了避免1929—1933年世界性经济大萧条的再度发生,西方国家在二战之后出奇一致地将两大目标作为战后经济政策优先的目标:在国内实现经济增长以及充分就业;在国际建立稳定的世界经济秩序。①

1944年,由44国联合在美国的新罕布什尔州的布雷顿森林召开的货币金融会议就是为建立稳定的世界经济秩序而采取的一大举措,由此形成了后来著名的布雷顿森林体系,包括关税及贸易总协定(GATT)、世界银行(或国际复兴开发银行)、国际货币基金组织(IMF)以及新的美元汇兑本位制。布雷顿森林体系为世界经济秩序的稳定提供了基础,由此也形成了资本主义世界经济史上的"第二个黄金周期"。

(1) 布雷顿森林体系的目标

布雷顿森林体系最为基本的目标是解决国内自主和国际标准之间的矛盾。与1870—1914年传统金本位制下完全牺牲国内政策目标的自由经济不同,也与20世纪20—30年代牺牲国际稳定而一味追求国内政策目标的经济民族主义有别,布雷顿森林体系的目标是建立一种能够满足各国国内经济福利的世界经济秩序。正如鲁杰所概括的:"与20世纪30年代经济民族主义不同,它具有多边性;与金本位和自由贸易的自由主义不同,它的多边主义建立在国内政府干预的基础上。"②

布雷顿森林体系在国际货币领域主要有三大目标③。① 在满足各国经济自由的情况下,国际货币秩序要以固定汇率为基础,以防止30年代各国竞相进行货币贬值。② 货币要有可兑换性,主要是用于经常项目收支的货币具有可兑换性,以此促进贸易的发展。③ 在一国发生"根本不平衡"的条件下,允许一国改变其汇率。

(2) 布雷顿森林体系的机制

布雷顿森林体系在国际货币领域所采用的机制就是我们所熟悉的"双挂钩制"。"双挂钩制"是指,黄金与美元挂钩,也就是在国际金融市场上维持1盎司黄金兑换35美元的比率;其他国家的货币与美元挂钩,即其他国家可以

---

① 〔英〕苏珊·斯特兰奇:《国家与市场》,第106页;〔美〕罗伯特·吉尔平:《国际关系政治经济学》,第125页。
② 转引自〔美〕罗伯特·吉尔平:《国际关系政治经济学》,第124页。
③ 同上书,第123页。

用美元进行国际储备和信用支付,需要黄金时,可以通过中央银行用美元来兑换黄金,所以,对于这些国家来说,只要钉住美元就可以了,这就是人们所熟悉的固定汇率制。"双挂钩制"使得美元成为国际储备以及清偿的主要货币,这也标志着"美元霸权时代"的到来。

(3) 布雷顿森林体系的动力

尽管布雷顿森林体系在 1944—1958 年之间主要停留在文件上[1],但从 1958 年到 1968 年,布雷顿森林体系中的核心机制"双挂钩制"圆满地运行了 10 年,为世界经济的稳定和繁荣作出了巨大贡献。对于其成功的原因,归纳起来主要有如下两个:

① 美国的主导作用。无论是布雷顿森林体系的建立还是其在 1958—1968 年 10 年之间的运行,美国的主导作用是不可忽视的。美国的作用主要表现在如下两个方面:第一,树立美国作为领导者的国际信用。"布雷顿森林体系"在 1944—1958 年之间之所以主要停留在文件上,其根本性的原因就在于欧洲国家对于美国能否维持稳定的世界经济秩序没有信心,所以,美国的首要任务是让欧洲对美国因而对美元树立信心。从 1946 年到 1958 年,欧洲从美国共获得援助和政府贷款净额高达 250 亿美元(主要是通过"马歇尔计划")[2],欧洲经济开始恢复,欧洲国家对美国的信心开始加强。第二,开放美国的国内市场。为了避免经济民族主义的复燃,美国通过关税及贸易总协定降低关税,带头开放美国国内市场,鼓励日本和西欧国家的产品进入美国市场。

② 国际货币合作机制的建立。布雷顿森林体系在 1958—1968 年之所以能够顺利运行的另外一个原因就是新的国际金融与货币秩序的建立。在布雷顿森林体系中,涉及金融货币领域的国际机制主要有两个,一个是国际复兴开发银行(the International Bank for Reconstruction and Development),又称世界银行(World Bank);另一个是国际货币基金组织(International Monetary Fund,简称 IMF)。前者主要立足于长期的发展项目以及减少贫穷项目;而后者则集中于宏观经济与金融问题。国际货币基金组织和世界银行的重要意义在于它们为建立和稳定战后国际经济秩序提供了制度性的保证,促进了国家之间的多边合作。

---

① 〔美〕罗伯特·吉尔平:《国际关系政治经济学》,第 123 页。
② 〔英〕苏珊·斯特兰奇:《国家与市场》,第 105 页。

国际货币基金组织的宗旨及其职能

按照 IMF 组织宪章规定，该组织的宗旨如下：

1. 为成员国在国际货币金融问题上进行磋商与协作提供所需的机构，通过该机构来促进国际合作。
2. 促进国际贸易的均衡发展，借此达到高水平的就业和实际收入，并扩大生产能力。
3. 促进汇率的稳定和有条不紊的汇率安排，以避免国家间竞争性的通货贬值。
4. 为经常性交易建立一项多边支付和汇兑制度，并设法消除对世界贸易发展形成障碍的外汇管制。
5. 在临时性的基础上和具有保障的条件下，为成员国提供金融资金，纠正国际收支的不平衡。
6. 缩短和减轻国际收支不平衡的持续时间和程度。

国际货币基金组织的职能如下：

1. 监督职能。为了通过多边合作推动全球经济的稳定性，国际货币基金组织对国际金融体系以及其成员国的经济和金融政策进行评估和监督。
2. 借贷职能。国际货币基金组织通过贷款给那些收支平衡存在问题的国家，帮助这些国家重建它们的国际储备、稳定它们的货币、支付进口以及恢复经济增长。
3. 技术援助职能。国际货币基金组织通过帮助成员国有效地管理经济政策和金融事务，诸如提高人力和制度资源的效率、制定合适的宏观经济、金融政策，以推动成员国生产资源的发展。

资料来源：http://www.imf.org

（4）布雷顿森林体系的成就

从第二次世界大战结束到 20 世纪 70 年代初期，资本主义世界经济在布雷顿森林体系的推动下建立了稳定的经济秩序，美元成为固定汇率的基础，美元成为世界经济的主要交换媒介、记账单位以及价值储备的手段，这样，国际货币秩序的调整问题、清偿能力问题以及信心问题就得以解决。正因为如此，相关国家之间的贸易、投资以及福利国家的建设都取得了长足的发展。就贸易而言，1950 年，西欧国家出口额为 190 亿美元，1973 年达到 2440 亿美元；对于经合组织（OECD）国家而言，1973 年每个国家的国际贸易是其 1950

年的2—3倍。① 就投资而言,与以前的对外借贷和证券投资不同的是,由于布雷顿森林体系控制对外借贷和证券投资,所以出现了跨国公司的对外直接投资。对外直接投资的目的地由以前的殖民地和贫穷国家转向发达国家,到了1973年,跨国公司在全世界的直接投资大约为2000亿美元,其中,四分之三进入发达工业国家②;投资的方式也由以前的证券投资转向国外工厂的建设,比如,1950年美国跨国公司的直接投资是其证券投资的2倍,到了1970年达到了4倍。③ 就福利国家而言,贸易和投资的自由化也促进了公共部门的发展,根据统计,从1950年到1973年,在工业化国家,公共部门占国内生产总值的平均比例由1950年的27%上升到1973年的43%,社会保障占国内生产总值的平均比例由1950年的7%上升到1973年的15%。④ 因此,这一时期被学者们称为资本主义世界经济的"第二个黄金周期",以此与1850—1914年资本主义世界经济的"第一个黄金周期"相对应。

(5)布雷顿森林体系的困境及其终结

在布雷顿森林体系框架下,资本主义世界经济以及相关国家在贸易、投资以及社会福利方面取得了巨大进步,但布雷顿森林体系内在的不稳定性却一直存在。而首先发现并阐述这一内在不稳定性的却是在学术研究中,这就是著名的"特里芬难题"。

① "特里芬难题"

1960年,美国耶鲁大学经济学家特里芬(Robert Triffin)出版了《黄金与美元危机》一书,率先从学理上对布雷顿森林体系所依赖的美元汇兑本位制提出了质疑,指出该制度在清偿能力机制与国际上对该制度信心之间存在本质上的矛盾,后人将其称为"特里芬难题"。特里芬指出,美元-黄金汇兑本位制在本质上是不稳定的,这种制度主要是依靠美国国际收支赤字来提供国际清偿能力的,也就是说,只有当美国为世界提供更多的美元时,其他国家才能持有美元进行国际结算;但当其他国家持有的美元数量增加时又得不到美国持有的黄金的支持和兑换时,就会对美元失去信心,而一旦对美元失去信心,就会导致金融危机,威胁到整个货币制度。其结果必然是,要么美国尽量避免国际收支赤字;要么寻求一种新的清偿能力机制。

---

① Jeffry A. Frieden, *Global Capitalism: Its Fall and Rise in the Twentieth Century*, p.289.
② Ibid., p.293.
③ Ibid.
④ Ibid., p.297.

这种学术研究在开始时并未引起政策决策者们的重视,然而,在后来的1969年以及1971年发生的两件事不但证实了这种学术研究的正确性,而且改变了布雷顿森林体系的命运。

② 创设新的国际货币:"特别提款权"

为了解决国际货币体系中的"特里芬难题",必须创设一种与任何国家的国际收支平衡没有关系的新的国际货币,"特别提款权"(Special Drawing Rights)就是在这种背景下产生的。"特别提款权"是国际货币基金组织于1969年创造的一种储备资产,根据16种主要货币设计的、总额为300亿特别提款权由国际货币基金组织按照其成员国在国际货币基金组织中所占的份额分配给成员国。"特别提款权"不是一种个人可以使用的货币,而是相关国家货币和金融部门作为一种储备资产来解决国家之间的收支不平衡,它的基本功能就是改变国际社会在国际储备资产方面对美元的过分依赖,为相关国家提供一种新的国际清偿能力手段。

长期以来,关于特别提款权对于国际关系的意义受到了忽视。其实,"这个通过国际组织创造货币的步骤本身具有改变国际关系的深远潜力"①。这里有一个核心问题需要回答:为什么美国于1965年一改过去维持美元霸权的政策,率先提出通过国际货币基金组织创设一种与美元相匹敌的新的综合性国际储备资产计划?

在某种意义上,美国在20世纪60年代初期仍处于鼎盛时期,1960年,其产量占世界产量的34%,其贸易进口占世界进出口份额的11%,出口占15%②,美元是国际贸易和相关国家外汇储备的主要手段。然而,在1965年,美国一改过去维持美元霸权的政策,主动提出要通过国际货币基金组织创设一种新的国际货币,这在一般公众看来简直是匪夷所思,答案只能有两种:要么是国内政党和利益集团使然;要么是国际市场开始出现了结构性的变革。

关于从国内政治(政党和利益集团)来回答这一问题,学者们的反应似乎是共同的,即政党和利益集团对这一时期美国的对外经济政策没有太大的影响。因为国内政治在这一时期没有发生变化,民主党一直主宰着白宫和国会,利益集团,例如国际银行家和公司董事们也不支持美国政府的新政策③。

---

① 〔美〕约翰·奥德尔:《美国国际货币政策——市场、力量和观念是政策转变的根源》,中国金融出版社1988年版,第54页。
② 同上书,第79—80页。
③ 同上书,第88—91、113—114页。

而从国际力量结构的变化来解释这一问题,学者们则出现了一些分歧。[①] 大多数学者认为,美国在20世纪60年代中期主张建立一种新的国际货币作为国际清偿能力的手段,主要是因为国际力量结构变化所致,这些变化包括:A. 欧洲的复兴。比如法国以及联邦德国经济已经复兴,特别是欧洲国家开始使用"黄金杠杆",即用盈余美元兑换国库的黄金,以此牵制美国。[②] B. 美国外汇市场从全面顺差转变为全面逆差,这使得其他国家对美元的信心开始动摇。C. 美国借助跨国公司在欧洲进行广泛投资,欧洲国家认为这是在输出通货膨胀。[③]

总之,"特别提款权"的创设对于国际关系具有重大的意义,尽管关于为什么美国于1965年一改过去维持美元霸权的政策,率先提出通过国际货币基金组织创设一种与美元相匹敌的新的综合性国际储备资产计划,学术界仍然存在着争议,但美国政策的转变对于我们重新认识美国霸权以及20世纪60年代的国际政治经济具有重大意义。

③ 终结美元与黄金挂钩:"尼克松冲击"

在美国的支持下,国际货币基金组织于1965年创设了"特别提款权",作为一种新的储备资产以补充美元在解决国际清偿能力上面临的不足,但这一措施并未从根本上解决布雷顿森林体系固有的结构性难题:一方面,美元作为储备、交易以及干预性货币扩大了美国在世界经济和政治结构中的特权,并使得美国在制定国内政策和外交政策时无须顾及其国际收支平衡问题;另一方面,美国为了维持其国际贸易的地位,改善国际收支平衡必须让美元贬值,但这又遭到欧洲国家和日本的抵制。[④] 这样,国际货币体系的结构性难题就成为美国对外经济政策的难题:要么阻止美元贬值,牺牲美国的经济利益(贸易和国际收支),维持国际货币体系的稳定;要么放弃了以固定汇率为基础的国际货币体系,维护美国的经济利益。美国最终选择了后者,于1971年颠覆了布雷顿森林体系,这就是著名的"尼克松冲击"。

1971年8月15日,美国总统尼克松在一次电视演讲中,宣布了一项新经

---

① 也有学者认为,尽管这一时期国际经济力量虽然出现了变化,但这种国际力量的变革只能解释美国为什么在这一时期外交政策出现了变化,却无法解释美国主张创设一种新的国际货币的行为。参见〔美〕约翰·奥德尔:《美国国际货币政策——市场、力量和观念是政策转变的根源》,第79—115页。

② 参见〔美〕约翰·奥德尔:《美国国际货币政策——市场、力量和观念是政策转变的根源》,第79—87页。

③ 同上书,第82页。

④ 〔美〕罗伯特·吉尔平:《国际关系政治经济学》,第128—129页。

济政策,对内,美国政府冻结工资和物价,并准备消解税收和开支以刺激私营部门减少失业;对外,美国停止兑换黄金,改变以其他国家的货币和黄金折算美元这一布雷顿森林体系确定的规则,学术界称之为尼克松冲击。这一决定首先在经济上对整个世界产生了重大影响,用著名经济学家金德尔伯格和林德特的话来说就是,"他[指尼克松]用几句简练的话宣布以其他国家的货币和黄金折算的美元值必须改变,从而结束了一个时代而开始了另一个时代"①。这个时代就是1973年以来的浮动汇率时代。

1973年布雷顿森林体系做出了让汇率浮动的决定,1976年国际货币基金组织签订了《牙买加协定》,其中有两点尤为重要,一是浮动汇率合法化,二是一国货币面值的决定是自己的责任。这样,建立在固定汇率基础上的布雷顿森林体系正式宣告终结。

4. 浮动汇率制及其困惑:"汇率政治三难"

自从1973年以固定汇率为基础的布雷顿森林体系解体以来,世界经济进入一个浮动汇率的时代。在过去近40年,无论是学术界还是政策决策者一直在为这种浮动汇率制度困惑不已,争论不休。其中,最为困惑的是这种浮动汇率制引起的"汇率政治难题"。

汇率政治的核心问题就是处理国家自主与稳定的国际体系的关系问题:一方面各国努力维持本国货币政策的自主性,通过促进资本流动进而促进本国的贸易与投资;另一方面,建立稳定的国际货币体系,避免由于各国的相互恶性竞争而导致世界经济衰退。然而,自从固定汇率制崩溃以来,全球不但没有建立一个稳定的国际货币体系,相反,金融危机不断,有学者曾做出统计,1945—1971年全球只发生了38次金融危机,而1973—1997年全球则发生了139次金融危机。② 仅20世纪90年代以来就有1992年英国金融危机、1994年墨西哥金融危机、1997年亚洲金融危机以及2008年的全球金融危机。究竟是采取固定汇率制还是浮动汇率制,无论是学术界还是政策决策者,褒贬不一,理由各异③,这是目前国际货币体系面临的最大困惑。

---

① 〔美〕彼得·林德特、查尔斯·金德尔伯格:《国际经济学》,上海译文出版社1985年版,第1页。

② "Greed-and fear: A special report on the future of finance", *The Economist*, January 24th-30th 2009, p.4.

③ 〔美〕罗伯特·吉尔平:《全球政治经济学:解读国际经济秩序》,第276—280页。

二、地区货币合作:最优货币区理论及欧元的诞生

面对布雷顿森林体系解体后国际货币体系的困惑,人们提出了另外一种假设:如果不能在所有国家实行固定汇率,那么,能否在若干国家之间实行固定汇率?如果可以,在什么样的国家之间可以实行固定汇率?学者们开始尝试从理论上回答这一问题,这就是著名的"最优货币区理论"。

1. 最优货币区理论

最优货币区理论(Theory of Optimum Currency Areas)最早是由诺贝尔经济学奖获得者蒙代尔(Robert Mundell)于1961年提出的,意在评估几个国家建立一个货币联盟的成本和收益。后来,经过经济学家的不断努力,最优货币区理论逐渐完善,被选入新近出版的标准的国际经济学教科书中,并通过建立 GG-LL 模型来说明最优货币区。[1]

所谓最优货币区是指通过商品和服务的贸易以及要素的流动,使得多国经济紧密相连的地区,也就是说,如果各国之间的贸易和要素流动性很大,那么,实行固定汇率对各个成员国都有益处。

最优货币区理论的一个最为基本的理论假设是,在相关国家之间实行固定汇率可以促进商品和服务贸易以及生产要素在地区内的流动,从而避免这些国家通过汇率政策工具影响价格、工资以及贸易。衡量最优货币区一般有三个标准[2]:第一个标准是贸易的开放性,贸易的开放性表明价格是由地区市场决定的,汇率影响相对价格的能力在减弱。第二个标准是每个国家经济的多样化,经济的多样化表明受某个国家经济冲击的可能性在减小,从而使得相关国家的汇率成为一种无用的工具。第三个标准是区域内要素的流动性,特别是劳动的流动性,较高的要素流动性意味着可以通过要素流动避免不对称的冲击,从而减少通过汇率变动进行经济调整的可能性。

最优货币区理论主要是一种理论上的推演,在现实中并不存在这样的货币区。尽管欧盟从20世纪90年代推行"欧元"计划并最终于2002年开始实行单一货币,但学者们仍然认为"欧元"区至少在目前阶段仍不是理想中的最

---

[1] 例如〔美〕保罗·克鲁格曼、茅瑞斯·奥伯斯法尔德:《国际经济学》(第五版),海闻等译,第20章。

[2] Charles Wyplosz, "EMU: Why and How It Might Happen", in Jeffry A. Frieden and David A. Lake, eds., *International Political Economy: Perspectives on Global Power and Wealth*(《国际政治经济学:审视全球权力与财富》,北京大学出版社2003年影印版),p.273.

优货币区①,其根本原因在于这些国家对欧元有着不同的政治诉求。

2. 欧元诞生的政治逻辑

欧洲国家从20世纪50年代开始了欧洲一体化进程:先是1951年建立煤钢联营;1957年6个创始成员国签订《罗马条约》建立欧洲经济共同体(EEC);1962年欧洲委员会制定货币统一目标;1969年欧共体要求建立"经济和货币联盟"(EMU),扩大政治合作;1979年欧洲货币体系(EMS)启动;《马斯特里赫特条约》草签于1991年、1992年被批准并于1993年生效,同意建立统一货币并确定分三阶段完成;2002年1月1日正式启动"欧元"。

从20世纪50年代开始地区一体化进程以来,如果只从贸易、投资、金融以及劳动力流动来看,北美经济一体化的程度远高于其他地区。但就一体化进程的创造性而言,没有哪个地区可与欧洲一体化相比。欧洲一体化进程中最引人注目的就是货币统一与政治统一。这里,值得我们反思的一个关键问题是:是什么动力促使欧洲相关国家最终放弃各国自己的货币,走向单一货币?

欧元的产生是欧洲一体化在经济上合作的结果,而其具体过程则与三个条约的签订密切关联,这三个条约分别是:1969年的"经济和货币联盟"(EMU);1979年的"欧洲货币体系"(EMS);1991年的《马斯特里赫特条约》(Maastricht Treaty)。限于篇幅,我们无法对这些条约的内容进行详细的描述,所以,我们采取分析性和描述性(逻辑和历史的统一)结合的方法对欧元诞生的政治逻辑进行分析。

在我看来,欧元的产生主要来自三种动力:规避国际货币风险;德国和法国的政治联盟;以及欧洲小国的"民主的合作主义"政策。

(1) 规避国际货币风险

第二次世界大战后出现的布雷顿森林体系建立了以固定汇率为基础的国际货币体系,作为美国的主要盟国,西欧国家为了经济复苏,愿意持有美元,并追随美国的政策偏好,而美国也利用美元的国际地位获得了"铸币利差"(Seigniorage)权,从而在世界经济中实行"美元霸权"。进入20世纪60年代,随着欧洲经济的复苏以及美国依靠美元霸权向盟国输出财政赤字,欧洲国家逐渐对美国以及国际货币体系产生不满。正是在这种背景下,欧洲国家

---

① 〔美〕保罗·克鲁格曼、茅瑞斯·奥伯斯法尔德:《国际经济学》(第五版),海闻等译,第595—598页;Charles Wyplosz, "EMU: Why and How It Might Happen", in Jeffry A. Frieden and David A. Lake, eds., *International Political Economy: Perspectives on Global Power and Wealth*, pp.273-274。

于1969年提出建立"经济和货币联盟",其目标主要是力图通过政治合作,在成员国之间稳定汇率,保护欧洲货币免受美元急剧波动的影响。但"经济和货币联盟"除了稳定汇率以外,在货币合作方面并未取得多大进展。

1971年布雷顿森林体系崩溃以后,为了应对石油危机以及经济滞胀,欧洲经济共同体的8个国家(法国、德国、意大利、比利时、丹麦、爱尔兰、卢森堡和荷兰)于1979年启动"欧洲货币体系",有人也将其称为"小布雷顿森林体系",其目标是实行相互钉住汇率。"欧洲货币体系"最为主要的创新就是选择了一个参考货币,即"欧洲货币单位"(European Currency Unit, ECU),它由一揽子欧洲货币而定,其组成反映了各成员国在共同体内生产和交易的比重。篮子的组成是固定的(德国马克33%,法国法郎19.8%,英国英镑13.4%,荷兰盾10.5%,意大利里拉9.5%,比利时法郎9.2%,丹麦克朗3.1%,爱尔兰镑1.15%,卢森堡法郎0.35%),但可以定期修改调整货币价值。1989年6月,西班牙宣布加入欧洲货币体系,1990年10月英国也宣布加入,使欧洲货币体系的成员国扩大到10个。① 为了实行相互钉住汇率,欧洲货币体系的政策措施主要有两个:一个是将参与国的货币汇率限制在限定的浮动范围之内(2.25%,意大利里拉为6%),并定期对货币价值进行调整(1979年3月到1987年1月之间调整了11次);另外一个措施是,如果成员国的汇率超出允许的浮动范围,该国的中央银行有义务对其进行干预。

1991年的《马斯特里赫特条约》则是欧洲国家对国际货币体系最为激烈的反应,也是欧洲一体化进程的重要里程碑。1990年冷战的结束以及德国的统一,导致德国通货膨胀率急速上升。为了抵制这一趋势,德国中央银行提高利率,而欧盟成员国为了维持其货币对德国马克的汇率,也同时提高了本国货币的利率,这最终导致欧洲货币体系的危机。为了阻止欧洲经济的衰退,1991年12月10日,欧盟国家领导人在荷兰古城马斯特里赫特会晤并批准了影响深远的《罗马条约》修正案,这就是著名的《马斯特里赫特条约》。《马斯特里赫特条约》的核心目标是真正建立一个"欧洲经济与货币联盟",具体地说就是创建一个共同的欧洲货币和欧洲中央银行,从而为实现欧洲市场一体化提供前提条件,这较1979年提出的建立"欧洲货币体系"以协调欧洲

---

① 〔法〕皮埃尔·热尔贝:《欧洲统一的历史与现实》,中国社会科学出版社1989年版,第359页。

汇率机制前进了一大步。①《马斯特里赫特条约》最为创造性的思想并且于2001年在现实中完成的便是欧洲货币统一的三个具体步骤：第一阶段从1990年1月1日开始，取消资本控制，对成员国经济政策进行协调和全面监管，通过欧洲货币体系的固定汇率机制将欧共体成员国的货币结合起来；第二阶段开始于1994年1月，建立欧洲货币局以管理欧洲货币体系，协调成员国的货币政策；第三阶段开始于1999年1月1日，对欧元区成员国之间的汇率予以固定，欧洲中央银行全面负责欧洲货币政策。②

从上述欧元诞生过程的简要描述中，我们可以得出一个结论：欧洲国家之所以如此不懈地进行货币合作，尽管在各个阶段有不同的政策重点，但有一点是贯穿欧元诞生全过程的，那就是如何通过国家之间的合作规避以美元为核心的国际货币的波动而带来的风险。正是在这种意义上，规避国际货币风险是欧盟国家进行货币合作的首要动力。

（2）德国和法国的政治联盟

对于"政治联盟"和"势力均衡"，熟悉欧洲历史的学生们并不感到陌生。历史经验告诉我们，"势力均衡"与"金本位制"一起曾于1870—1914年成就了资本主义世界经济的第一个黄金周期。而当"势力均衡"不存在时，金本位制度也就难以维持，这是发生在国际货币体系中的一个教训。而当国际货币体系于20世纪70年代出现危机时，为了规避国际货币波动给各自国家以及欧洲地区带来更大的风险，也为了联合起来共同对付强大的美国，欧洲的德国和法国再次走上"政治联盟"之路，共同推动欧洲联合进程，特别是在推动统一货币的进程中，这种"政治联盟"成为不可或缺的动力，并最终于2001年完成欧洲货币统一的进程。没有德国和法国的这种"政治联盟"，很难想象欧洲一体化进程会如此之快，更难想象欧洲国家会放弃各自作为主权象征的货币，转而接受一个统一的欧元。这里的关键问题是，为何在20世纪70年代，德国和法国形成"政治联盟"，共同推动欧洲一体化，特别是统一货币的进程？我们在这里从这两个国家面临的国内政治经济和国际政治经济条件进行分析。

在欧洲一体化进程中，德国的作用既体现在经济方面，也体现在政治方面。就经济方面，德国特别受益于其战后所采取的货币政策。第二次世界大战结束时，作为一个战败国，德国不仅在政治上被分成两个国家（联邦德国和

---

① 〔美〕罗伯特·吉尔平：《全球资本主义的挑战：21世纪的世界经济》，第198页。
② 同上书，第201—202页。

民主德国),而且在经济上彻底衰退。经过战后短暂的恢复,从50年代开始,在币制改革、恢复市场结算价格以及"马歇尔计划"提供的援助下,德国经济开始繁荣,并且一直持续到1973年。① 在德国经济繁荣的过程中,财政政策和货币政策起到了关键性的作用,尤其是货币政策,对于战后德国经济奇迹的创造发挥了至关重要的作用。一般来说,大多数国家的货币政策主要有四大目标:稳定物价、充分就业、适度的经济增长以及维持国际收支平衡。因为德国在两次世界大战期间饱受恶性通货膨胀之苦,所以,德国在战后货币政策的独特之处在于将稳定物价放在其货币政策的首位。为此,德国通过法律授予中央银行高度的自主权,使其不受其他部门的干涉,德国中央银行的首要任务就是维护德国马克的币值稳定,阻止通货膨胀。德国货币政策的这种独特性使得德国马克在欧洲各国享有广泛的信誉。所以,在国际货币体系特别是美元出现波动时,欧洲大多数国家政府固定本国的货币与德国马克的汇率,以此阻止国内通货膨胀。而当1979年建立欧洲货币体系时,德国马克成为最重要的参考货币,当某成员国货币与马克的汇率接近上限或下限时,该国中央银行就往往要引起警觉,或直接进行干预。通过德国马克的信誉,德国自然成为欧洲一个经济强国。而在政治方面,为了避纳粹化之嫌,德国一直希望借助政治联合来确认自己已经回到民主的欧洲。②

与德国相比,法国则是一个经济实力相对较弱的国家。但法国一直没有停止在欧洲一体化进程中发挥领导作用。法国最早提出欧洲联合,这就是1950年5月9日的政府申明,后来被称为"舒曼计划","舒曼计划"促使《巴黎协定》(1951年)以及欧洲煤钢联营的建立。③ 让·莫内的"争取欧洲合众国行动委员会"和戴高乐将军的建设一个"欧洲人的欧洲"推动了欧洲六国于1957年签订著名的《罗马条约》,并在10年内了实现了关税同盟,推行共同农业政策。④ 进入20世纪80年代,尽管法国对欧洲政治领域的联合一直举棋不定,但在推动欧洲一体化进程的加快以及货币统一方面一直起着重要的作用。法国在欧洲一体化进程中之所以如此积极,在笔者看来主要有三个原因:第一,在过去500年世界历史中,法国一直是一个悲情国家,与17世纪中叶的荷兰、19世纪中叶的英国以及20世纪中叶的美国相比,法国一直努力成

---

① 〔美〕查尔斯·金德尔伯格:《世界经济霸权1500—1990》,第275—279页。
② 〔美〕罗伯特·吉尔平:《全球资本主义的挑战:21世纪的世界经济》,第197页。
③ 参见〔法〕皮埃尔·热尔贝:《欧洲统一的历史与现实》,第四章。
④ 同上书,第六章。

为世界体系中的霸权国家,但在历史上并未成功。所以,挑战强国以及强国主导的世界经济一直是法国的国家目标,正是在这种意义上,有学者将其称为"永远的挑战者"①。第二,战后的欧洲在某种意义上成为美国主导的欧洲,无论是在政治和军事上,还是在经济领域,欧洲都成为美国全球战略的一个重要部分。挑战美国非法国一个国家所能完成,这促使法国在欧洲寻求政治联盟。欧洲地区一体化成为法国对外政策的一把双刃剑:既能发挥法国的领导作用,又能挑战作为霸权国家的美国。第三,法国在欧洲的最大挑战者是英国与德国。在法国最早提出"舒曼计划"时,最先的挑战者便是英国,但这种挑战随着《罗马条约》的签订而失败了。随着德国经济的繁荣,特别是德国马克的信誉提高,德国在欧洲的地位在不断提高,德国成为法国在欧洲的重要挑战者。与以前的对抗战略不同,法国采取了与德国联盟的战略,通过这种政治联盟,法国达到了两个战略目标:一是通过与德国的政治联盟进而在欧洲一体化进程中与德国分享金融和货币事务的权力,阻止德国独享欧洲的控制权;二是通过与德国的政治联盟,促使欧洲实现更为广泛的联合,以此阻止美国势力的进一步渗透。

从以上对德国和法国在欧洲一体化进程中作用的分析中,我们可以得出一个结论:德国与法国的政治联盟以及由此而出现的"势力均衡"是欧洲一体化得以开始、延续并加快的最为主要的政治动力。没有这种政治联盟,欧洲一体化在经济以及货币领域也不可能走得这么远。

(3) 欧洲小国的"民主的合作主义"

在探讨欧洲一体化进程的动力的时候,还有一个不可忽视的动力便是欧洲小国的国家利益新诉求。毫无疑问,德国和法国这样的大国之间的政治联盟在推动欧洲一体化进程中起了关键作用,但是如果没有德国和法国之外的其他欧洲小国的合作,德国与法国的政治联盟甚或欧洲一体化进程也将无法实现。这里的关键问题是:这些小国为何愿意以及如何推动欧洲一体化进程?

在国际学术界,关于欧洲小国在第二次世界大战后面对国际经济的变革所做出的政治选择的经典性研究,当推卡赞斯坦于1985年出版的《世界市场中的小国:欧洲的工业政策》②。他认为,欧洲小国推行了与大国不同的政策,即"民主的合作主义"(democratic corporatism)。"民主的合作主义"既是欧洲

---

① 〔美〕查尔斯·金德尔伯格:《世界经济霸权 1500—1990》,第 167—200 页。
② Peter J. Katzenstein, *Small States in World Markets: Industrial Policy in Europe*, Cornell University Press, 1985.

小国应对第二次世界大战后对国际经济变革的政策选择，也是这些小国实现自身国家利益的政治选择。通过"民主的合作主义"，欧洲小国非常有效地将国际经济的自由化与国内补偿结合起来。

第一，对世界市场的依赖。对于美国以及英国这样的大国而言，因为它们能够主导全球经济，所以，它们可以利用本国在全球政治经济中的地位维持一个自由的国际经济，并通过各种经济政策将国内的诸如通货膨胀、财政赤字以及不平衡的国际收支转移到国际市场中，以此减少本国的经济成本。对于日本和法国这样的大国而言，因为这些国家可以利用国家和政府的力量优先对国内的经济结构进行调整，进而主动适应国际经济的变革。而对于欧洲小国而言，如果它们采取保护主义，很容易受到其他国家政府的报复。在这种情况下，它们只能希望有一个开放自由的国际经济，因为只有开放的国际经济才有利于国际资本的流入以及产品的出口，这些欧洲小国又没有能力去维持这样一个自由的国际经济环境，所以，只能采取灵活的产业调整政策去适应国际经济的变革。

欧洲小国的这种基于产业的灵活调整政策最早体现在对"欧洲经济共同体"的支持上。第二次世界大战结束以后，在美国霸权的主导下，世界经济在贸易和金融领域呈现出前所未有的开放程度。为了帮助欧洲经济复苏，美国不但推出了著名的"马歇尔计划"对其进行援助，还开放美国的国内市场，力图将西欧国家的经济完全纳入"大西洋"经济中。然而，美国的这种"大西洋"色彩构想从一开始就遭到法国的抵制，于是在 1950 年 5 月，"舒曼计划"出台了。该计划的核心要点是①：既然英国不愿与法国一起建设一个以英国和法国为基础的经济上联合的欧洲，那么，法国应该与联邦德国和解共同来承担这一责任；既然不能自上而下地建设统一的欧洲，那么，就先自下而上地在某些基础部门发展合作，首先以煤炭和钢铁这两个核心部门为目标；在这两个部门建立起共同市场后，逐渐扩展到工业、商业和农业领域。而对于"舒曼计划"，由于比利时钢铁工业已经实现了现代化，所以持积极态度；卢森堡是钢铁出口大国，而荷兰的煤钢工业正在迅速发展中；意大利认为这可以给自己带来政治实惠，使意大利重新获得和战胜国一样的待遇。② 这里尤其值得注意的是，法国最先提出的建立一个独立于各国政府的高级机构的倡议遭到比利时、荷兰和卢森堡三国反对，为了防止高级机构为大国法国和德国所主导，

---

① 〔法〕皮埃尔·热尔贝：《欧洲统一的历史与现实》，第 97—98 页。
② 同上书，第 108—109 页。

他们要求建立一个代表各国政府的超国家机构"特别部长理事会",这一建议获得确认。① 最后,《欧洲煤钢联营集团条约》于1951年4月18日在巴黎正式签订。1957年6个创始成员国根据《罗马条约》建立了欧洲经济共同体(共同市场),1969年要求建立经济和货币联盟,合作领域从单个部门领域逐渐向经济和货币领域全面展开。由此,我们可以发现,欧洲小国(比利时、荷兰和卢森堡)之所以同意建立"欧洲共同市场",主要是因为"欧洲共同市场"有利于其有限的产业(例如煤炭和钢铁)的发展。

第二,国内补偿性的工业政策。面对战后国际经济的自由化,与英国和美国这样的大国在国内采取"自由放任"政策不同,也与法国和日本这样的大国在国内采取"结构调整"不同,为了确保经济的开放性,欧洲小国在国内采取了"补偿性的工业政策",其核心是"扩大公共部门"政策、"限制收入"政策以及"提高社会福利"政策。②

"扩大公共部门"和"提高社会福利"是欧洲小国为确保经济开放性而采取的"补偿性工业政策"的一个核心内容。在一个开放经济中,不同的产业由于其竞争力的不同会导致社会收入的不平衡,为了获得国内不同利益群体对开放经济的认同,欧洲小国加强了政府的计划和干预,其中最为重要的措施就是扩大公共部门的比例,提高社会福利。根据经济合作与发展组织的统计③,在50年代,大国的公共开支占国内生产总值的比例与欧洲的比例略高,到了70年代中期,欧洲小国公共开支占国内生产总值的比例平均为45%,而大国的平均比例则为38%。同样,在1956—1957年,欧洲小国的社会保障开支占国民收入的比例与大国一样,同为13%,但到了1971年,欧洲小国的平均比例上升到20.9%,而大国的比例则是14.3%。与扩大公共开支相伴随的是提高税收政策,比如,在1955—1957年,欧洲小国的税收只比五大国(法国、德国、英国、美国和日本)的26%高一个百分点,到了70年代中期,欧洲小国税收占国内生产总值的比例达到41%,而同时期的大国为32%。

"限制收入"政策是欧洲小国采取的"补偿性工业政策"的另一个核心内容。为了平衡国内政治中"左翼"(社会主义)和"右翼"(自由主义)的争论,欧洲小国或者通过政府协调(例如在荷兰和丹麦),或通过集体讨价还价(例

---

① 〔法〕皮埃尔·热尔贝:《欧洲统一的历史与现实》,第113页。
② Peter J. Katzenstein, *Small States in World Markets: Industrial Policy in Europe*, pp. 47–56.
③ 转引自 Peter J. Katzenstein, *Small States in World Markets: Industrial Policy in Europe*, pp. 55–56。

如在瑞士和挪威),或通过二者的结合(例如在奥地利)制定收入(工资)政策。① 通过限制性的收入政策,保护那些生产力较低的产业以及幼稚工业,同时通过增加研发的投入,提高那些技术含量比较高的工业在国际市场的竞争力。②

如果说在 20 世纪 50—60 年代国际经济自由化的黄金时代,欧洲小国将欧洲市场的开放视为国际经济自由化的一个重要组成部分,因而通过政府的作用,采取灵活的产业调整政策支持欧洲经济一体化,那么当 70 年代以后保护主义开始盛行,特别是美国和日本相继推出保护主义政策时,欧洲小国只能完全依靠德国和法国主导的欧洲经济共同体的建设进程。因为,只有欧洲共同市场的开放性才能保障这些小国的国家利益。

3. 欧元的政治经济意义

欧洲国家经过大胆的尝试,依据最优货币区理论,从 80 年代起,不断努力,最终于 2002 年初实现了货币的统一,各成员国的纸币和硬币于 2002 年中期退出流通。"欧元"产生以后,无论是学术界还是政策决策者圈中都争论不断,争论的焦点主要集中在如下两个问题上:一是对欧元的成本和收益评估;二是欧元对全球政治经济的影响。

(1) 欧元的成本和收益评估

对欧元的支持主要来自欧洲大陆的政府官员和学者们,其中,最为权威的论据来自欧洲共同体委员会自身。该委员会在 1990 年 10 月发表的《一个市场,一种货币》中曾经历数单一货币的 10 大优点,这些优点包括③:① 在单一市场内没有了外汇交易,贸易成本将会降低,按当时(1990 年)估计,每年可节约 300 亿美元;② 统一货币将减少汇率的不稳定,因而贸易和资本流动效率就可提高;③ 单一货币将使货币保持稳定,平衡物价,从而有效防止通货膨胀;④ 单一货币将加强欧盟与美国的谈判地位,还会使欧盟成为一个更好的经济伙伴;⑤ 单一货币为最后的财政联邦化提供先决条件;⑥ 单一货币将减少出现竞争性贬值的风险;⑦ 单一货币将增加经济交易的透明度,推动价格下降;⑧ 通过增加竞争和提高生产率,欧元将加快经济一体化和经济增长;⑨ 欧元和单一市场将鼓励公司重组,成立拥有充分资源和规模经济的欧洲大公司,与美国和日本的巨无霸公司匹敌;⑩ 经济和货币联盟将加快政治一体化

---

① Peter J. Katzenstein, *Small States in World Markets: Industrial Policy in Europe*, pp. 47-56.
② Ibid., pp. 60-70.
③ 转引自〔美〕罗伯特·吉尔平:《全球资本主义的挑战:21 世纪的世界经济》,第 203 页。

进程。

尽管优点如此之多,货币一体化进程如此之快,但批评仍然接踵而来,一个奇怪的现象是,批评者大多是来自英国和美国的经济学家。批评者的主要理由是:第一,依据最优货币区理论创建的欧洲货币区并不是一个"最优货币区"。例如,经济学家保罗·克鲁格曼认为①,因为欧洲产品市场和要素市场还不够统一,欧盟每个成员国与其他成员国的相互贸易不到本国国民生产总值的四分之一,虽然资本能够自由流动,但劳动力的流动性很差,所以,欧盟还不能称为"最优货币区"。

第二,欧元的统一对各成员国的宏观经济政策是一个极大的挑战。欧洲国家采取统一货币的最大特点就是解决了汇率的波动对国内经济的影响,但付出的代价则是各成员国没有独立的货币政策。没有独立货币政策的国家只能通过财政政策来推动国内经济增长,以此来解决就业问题。而欧盟又不可能对其成员国的财政给予支持,所以,当成员国经济出现波动时,通过财政政策来进行调整就非常缓慢,近年来,欧洲国家失业率居高不下就是一个证据。

第三,尽管欧洲实现了货币统一,但要完成《马斯特里赫特条约》提出的在三个领域,即经济和货币事务、外交和安全事务以及社会政策的联合,欧洲国家仍然要付出代价,而关于这些代价,目前还不能确定。这主要取决于欧洲的管理,诸如财政政策在欧盟中的作用是什么?欧洲中央银行将实行严格的反通货膨胀政策,还是实行以增长为目标的扩张性政策?经济和货币联盟是否应为高失业和其他经济问题承担责任?②

不管是赞成还是反对,欧洲一体化进程在现实中一直在行进,这促使我们不得不对我们已有的知识进行反思,也许我们的学术研究只能扮演一个批评的角色。正如一位经济学家所说的那样:"依据量化的方法评估货币联盟的成本和收益既是无益的,也是没有用的。说是无益的,因为作为经济学家,我们不可能做出精确的计算,而我们又未能公开承认这一点。我们对金融和汇率政策的理解是有限的,而且,缺乏先例导致我们猜想多于确定。另外,除非被用以反对其他相关选择的成本和收益,否则量化估计就是无用的,而这又超出我们目前的能力。在这种情况下,我们至多能够对成本和收益可能在哪

---

① 〔美〕保罗·克鲁格曼、茅瑞斯·奥伯斯法尔德:《国际经济学》(第五版),海闻等译,第597页。

② 〔美〕罗伯特·吉尔平:《全球资本主义的挑战:21世纪的世界经济》,第210—211页。

里有一点理解。"①

（2）欧元对全球政治经济的影响

欧元正在改变欧洲，这是毫无疑问的，但欧元会改变世界吗？这是欧元产生之后学术界和政治决策者普遍关心并且广泛争论的一个问题。争论的焦点集中在两个具体的领域：一是在国际货币领域，人们关心的是欧元会取代美元成为国际货币吗？二是在国际贸易领域，基于欧元的贸易区是否会破坏全球贸易体系的开放性？

问题之一：欧元会取代美元成为国际货币吗？

布雷顿森林体系解体以后，人们对美国是否能够继续维持美元的全球货币地位产生了怀疑。然而，从20世纪80年代以来，美元相对于其他国家的货币而言，仍然是国际货币体系中的硬通货（计价单位、价值储藏手段以及交换媒介）：美元仍然是世界许多国家进行国际贸易支付的主要货币；美元仍然是许多国家的政府进行外汇储备的手段；在最近几年非常活跃的国际金融市场中，许多私营金融公司持有的也主要是美元。美元的这种全球货币地位使得美国通过"铸币利差"（seigniorage）继续维持美国在全球经济中的霸权地位。

进入21世纪之后，美元的全球货币地位不断受到挑战。挑战之一就是欧元的产生。根据欧洲委员会在1990年发表的《一个市场，一种货币》的报告，欧元可能或者能够挑战美元主要表现在如下两个方面②：第一，因为欧元是由欧洲中央银行发行的，而欧洲中央银行奉行的准则就是保持欧元价格的稳定，统一而稳定的欧元将使得欧洲成为全球最大的市场。第二，如果欧盟成员国用欧元而不是美元作为外汇储备的手段，那么，欧盟成员国总体4万亿美元中2.3万亿美元就是不必要的，这将对美元在全球市场中的霸权地位产生巨大冲击。这种挑战的政治意义在于，全球政治经济的结构将发生实质性的变革，即由现在的美国霸权主导下的全球经济转变为"势力均衡"主导的全球经济。这样，美国就失去了以前为了美国自身的利益进而可以牺牲全球经济利益的特权。

关于欧元对美元可能产生的冲击，美国大多数学者以及决策者持保留态

---

① Charles Wyplosz, "EMU: Why and How It Might Happen", in Jeffry A. Frieden and David A. Lake, eds., *International Political Economy: Perspectives on Global Power and Wealth*, p.279.

② 这个报告后来于1992年正式出版成书，参见 Michael Emerson, Daniel Gros and Alexander Italianer, *One Market, One Money: An Evaluation of the Political Benefits and Costs of Forming an Economic and Monetary Union*, Oxford University Press, 1992。

度。他们的共同观点是,如果欧元成为一种国际货币与美元竞争,或取代美元成为一种国际货币,至少应该具备两个必要条件:第一,除非欧盟能够建立一个统一高效的金融市场,欧元才能在国际金融交易中取代美元。而这主要取决于欧盟政治统一的程度,没有强有力的政治基础,货币以及经济合作就无法深入展开。[①] 但从目前来看,不但德国、法国和英国这些大国之间在欧盟的政治结构设计上存在着争议,而且欧洲中央银行在协调各成员国经济政策上也面临着巨大挑战。第二,美元是否能够被欧元取代,这种可能性不取决于欧洲,而是取决于美国金融体系的国际竞争力。除非美国失去了其消减贸易赤字以及国际收支赤字的调整能力,否则,欧元与美元竞争,甚或取代美元只是欧盟国家的一厢情愿而已。

问题之二:基于欧元的市场是否会破坏全球市场的开放性?

自从欧元产生以来,引起国际社会普遍关注的另一个问题是,基于欧元的市场是否会破坏全球市场的开放性? 之所以会产生这一问题,主要有两个原因,第一,尽管其他地区在20世纪90年代以来也签订了各种地区协定(RTAs),例如北美自由贸易区(NAFTA)、东盟自由贸易区、亚太经合组织,等等,但这些地区的贸易和投资主要或完全以美元作为计价单位,而只有欧盟从2002年起拥有地区共同货币"欧元",尽管欧元还没有完全成为欧盟25国的货币,但这一进程一直在进行。一旦欧元在欧盟25国完全通行,不仅会对区域内相关国家的贸易以及资本的流动产生很大的影响(许多欧洲学者相信会产生积极的影响),而且也会对主要以美元为计价单位的全球贸易以及跨国资本流动产生影响。[②] 第二,欧盟是世界货物贸易的第二大进口商,也是全球对外直接投资的最大的输出者和接受者,所以,欧盟市场的开放程度直接关系到全球市场的开放程度。尽管欧盟一直努力在全球多边层面扮演着推动贸易和投资自由化的角色,但其"共同农业政策"的制定、在多哈回合谈判中与美国在农产品上的争论,以及在2008年全球金融危机爆发后对美国以及美元为基础的国际货币基金组织的批评,都使得学者们和政策制定者们对欧洲市场的开放忧心忡忡:

> 迄今为止,无论欧盟的贸易出现什么样的结果,欧洲开放的远景仍难以指望,尽管努力改革了共同农业政策,但欧洲市场能否在不久的将

---

① 〔美〕罗伯特·吉尔平:《全球资本主义的挑战:21世纪的世界经济》,第214—215页。
② Andrew K. Rose, "One Money, One Market: Estimating the Effect of Common Currencies on Trade".

来打开大门也很难说;开放欧洲市场这个问题对美国尤其重要。并且,欧盟一直在扩大经济影响力的范围,这给非成员国带来了额外的麻烦。接纳大量东欧国家加入欧盟的欧洲计划(2000年议程)可能成为走向更加封闭的欧洲集团的一步。欧盟已经与非洲的前欧洲殖民地签订了特殊经济协定,并与其他国家(如土耳其)订立了双边贸易协议。此外,它正与其他许多地区(包括地中海周边国家、南美共同市场和东亚)谈判贸易协议。目前出现的这种从中心向四周辐射的经济联结体系不可能成为更开放的世界经济的基石。①

第四节 金融危机与国际货币体系

国际货币体系不仅因美元的浮动以及欧元的诞生受到挑战,而且因为20世纪80年代以来的债务危机以及90年代全球性金融危机的爆发陷入困境。国际货币体系与国内金融政策的关系再次成为学术界和政策制定者关注的焦点。

一、全球性金融危机

20世纪70年代末、80年代以来,资本主义世界经济中发生的金融危机主要有五次:第一次是70年代末、80年代初许多发展中国家发生的债务危机;第二次是1992年和1993年发生的欧洲汇率机制危机;第三次是1994年发生的墨西哥比索危机;第四次是1997年发生的亚洲金融危机;第五次是2008年的全球金融危机。

1. 20世纪80年代的债务危机

20世纪70年代末、80年代初许多发展中国家发生的债务危机是布雷顿森林体系解体以后资本主义世界经济面临的第一次冲击。对于这次危机,世界银行报告的描述是:"在1982年以前,高负债的国家每年从国外可以收到相当于GNP的2%的资金;但在1982年以后,它们每年大约要汇出相当于GNP的3%的资金。它们的国内储蓄不得不提高相当于GNP的5%,换句话说,GNP的25%用于抵消资金净转移的变化。"②

---

① 〔美〕罗伯特·吉尔平:《全球资本主义的挑战:21世纪的世界经济》,第217页。
② 世界银行:《1989年世界发展报告:金融体系和发展世界发展指标》,中国财政经济出版社1989年版,第17页。

关于这次债务危机的原因,分析家们进行了大量的探讨,且在如下三点上持共同的观点。第一,世界性的经济滞胀。由于石油价格的上涨,石油输出国组织成员国因此出现了资金盈余,它们将大量盈余资金投入到欧洲美元市场上。但1973年石油危机也导致西方发达工业化国家出现了经济滞胀(经济停滞和通货膨胀),这样,石油产出国的剩余基金必须寻找新的投资方向。第二,发展中国家的投资热。与发达国家相比,60年代中期以后,发展中国家特别是拉丁美洲国家大力推动工业化政策(或进口替代,或出口导向),需要大量资金,政府为了刺激经济增长,吸引资金流入,成为负债国。负债国主要有两种,一种是债务国主要是欠别国政府的,这主要指撒哈拉以南非洲;一种是债务国主要欠国际商业银行,这主要是拉丁美洲国家。第三,美国提高利率。美国为了抑制国内通货膨胀,在1973年石油危机之后提高了美元的贷款利率,这样,国际贷款的利率就由70年代的2%上升到80年代早期的18%,这一政策直接导致债务国债务的恶化。

2. 1992/1993年欧洲汇率机制危机

1979年3月诞生的欧洲货币体系被认为是布雷顿森林体系解体以来在固定汇率方面最为雄心勃勃的实验。欧洲货币体系推出的一个重要措施就是建立一种新的货币单位,即欧洲货币单位。欧洲货币单位以1979年成员国货币为基础,以1979年成员国的GDP为权重,采取一种货币加权平均值,同时欧洲货币单位的构成因素会根据成员国GDP的变化进行调整。创设欧洲货币单位最为主要的目的是在欧洲追求固定汇率,参与欧洲汇率机制的国家有责任将其货币波动的幅度维持在正负2.25%,个别国家(诸如西班牙、葡萄牙和英国)货币波动的范围被限制在正负6%。

然而,1992年9月英镑汇率机制危机爆发,1993年8月欧洲第二次汇率机制危机爆发。为了应对危机,欧洲货币体系被迫将汇率浮动空间扩大到正负15%,这样,欧洲汇率机制几乎成为浮动汇率机制了。

尽管欧洲汇率机制发生在欧洲这一地区,但由于欧洲汇率机制是在国际货币体系出现危机之后的一种区域货币合作尝试,所以,欧洲汇率机制危机引起了学术界和政策决策者的广泛而深入的思考和争论。争论的焦点在于趋同的欧洲汇率机制与各国国家经济利益的关系。

关于欧洲汇率机制危机产生的原因,目前学术界和政策制定者普遍认同的主要有如下两点①:第一,欧洲汇率机制要求采取大规模的"趋同交易",而各国为了自己国家的经济利益对本国的货币采取不同的利率。这种趋同交易导致了各国货币的利率和欧洲汇率机制允许的浮动范围出现利差,进而为国际投资者利用市场头寸进行投机提供了机会。第二,德国将本国的国家利益放在欧洲共同体利益之上。1989年11月柏林墙倒塌,德国实现了统一。统一后的德国面临着不断增加的财政预算赤字和通货膨胀的压力。为了解决德国国内的财政赤字和通货膨胀压力,德国联邦银行在危机之前出人意料地实行紧缩货币政策,于1992年7月提高了德国马克的利率。在欧洲国家为了稳定欧洲汇率不断降低国内利率而进行趋同时,德国提高利率的政策促使其他国家不得不提高利率。第一次欧洲汇率机制危机就是在英国于1992年7月提高英镑利率的情况下发生的,第二次欧洲汇率机制危机则是在法国和意大利于1993年8月提高国内利率的情况下爆发的。

3. 1994年墨西哥比索危机

墨西哥在20世纪80年代曾被誉为新兴市场经济的典范。在90年代早期,资本大规模进入墨西哥,根据国际货币基金组织的估计,在1990—1993年间,墨西哥吸收了910亿美元的外资,占流入所有发展中国家资本的五分之一②,并且于1993年与美国、加拿大一起签订了《北美自由贸易区协定》。然而,在1994年12月爆发了著名的"墨西哥比索危机"。

关于墨西哥比索危机的原因,争论比较简单,一种观点认为,这场危机是由于政治动荡产生的,因为当时制度革命党总统候选人唐纳德·卡洛西奥(Donaldo Colosio)在1994年3月23日被暗杀,这导致了投资者对墨西哥政治稳定失去了信心,因而开始投机性的攻击。一种观点认为,墨西哥比索危机是墨西哥经济的真实表现,这主要表现在三个方面:第一,由于过分追求经济增长,因而政府的经常账户出现了庞大的赤字,有数字表明,墨西哥的经常账户赤字由1988年的38亿美元上升到1994年的295亿美元③;第二,墨西哥政府于1994年4月引进一种新的政府债券(Tesobonos)对政府债务结构进行重组,这种债券是一种以美元为面值但以比索来支付的短期债券,到1994年12

---

① 关于欧洲汇率机制危机最为简要通俗的描述,读者可以参考 David F. Derose, *In Defense of Free Capital Markets*: *The Case against a New International Financial Architecture*,中译本为〔美〕戴维·德罗萨,《20世纪90年代金融危机真相》,中信出版社2008年版,第54—62页。

② 〔美〕戴维·德罗萨:《20世纪90年代金融危机真相》,第65页;Robert O'Brien and Marc Williams, *Global Political Economy*: *Evolution and Dynamics*, Palgrave, 2007, p.233。

③ 〔美〕戴维·德罗萨:《20世纪90年代金融危机真相》,第65页。

月占到政府债务的三分之二。所以,当美国担心国内通货膨胀加剧而提高美元的利率(从 1994 年 2 月到 11 月,美国提高利率合计 300 个基点)后,由于比索是钉住美元的,这样比索对美元贬值就进一步增加了墨西哥政府的债务。在这次危机中,墨西哥政府欠债 550 亿美元,出于国会的反对,美国只承诺 220 亿美元,但同时强迫国际货币基金组织和国际清算银行(Bank for International Settlements)承诺另外的 320 亿美元一起来挽救墨西哥危机。

总之,政治动荡、政府财政赤字、政府债券政策以及美元利率提高共同导致了 1994 年墨西哥比索危机。

4. 1997/1998 年亚洲金融危机

东亚地区的经济增长在 1993 年还被世界银行称为"东亚奇迹",但 4 年之后该地区就爆发了大规模的金融危机。在 1997 年 7 月到 1999 年 1 月不到两年的时间里,这场金融危机从泰国开始,先后蔓延到马来西亚、中国香港、韩国、印度尼西亚、日本、俄罗斯、巴西。危机波及范围之广是 20 世纪 80 年代以来罕见的,对此,吉尔平的观察是:

> 先前的那些危机集中在特定地区,没有威胁到大范围里的世界经济,并且至少与东亚金融危机相比,控制起来较为容易。东亚金融危机与以前的几次真有天壤之别。世纪末的这场危机起始于世界上经济最强劲的地区,它的结果对该地区来说确实是灾难性的,而且危机还外溢到世界上更大范围。①

在过去 10 年里,尽管亚洲金融危机成为学术界、政策决策者以及企业界广泛谈论的话题,但关于其产生的原因远没有达成共识。归纳起来,主要集中在三个层面:国内层面、地区层面以及国际层面。就国内层面而言,分析家们普遍认为,亚洲金融危机的产生主要是由于这些国家的经济结构和金融脆弱性所导致。这些国家国内政治经济结构有三个共同特征②:第一,外国资本的大量涌入与当地投资者的冒险行为结合在一起导致这些国家经济出现了泡沫。第二,国内宏观经济政策的失误,特别是信贷发放过度、大量的短期债务导致这些国家清偿能力不足。第三,这些国家对银行业和金融机构监管不力,政治机构中的"裙带关系"经常导致政府部门"任人唯亲",其中,印度尼西

---

① 〔美〕罗伯特·吉尔平:《全球资本主义的挑战:21 世纪的世界经济》,第 137—138 页。
② Timothy Lane, "The Asian Financial Crisis: What Have We Learned?", *Finance and Development*, Vol. 36, No. 3, September 1999, http://www.imf.org/external/pubs/ft/fandd/1999/09/lane.htm.

亚苏哈托政府最为典型。

就地区层面而言,吉尔平教授给出三个原因①:第一,从1996年开始,东南亚国家的商品出口已经开始放缓,这使得投资者对该地区的经济前景产生疑感。第二,中国的崛起。中国的崛起吸引了大量的投资者将投资的目标从东南亚转移到中国,中国低廉的劳动力使得中国的出口商品更具国际竞争力。第三,不少经济部门的生产能力过剩,并且需求下降,这使得投资者们对该地区长期推行的出口导向战略产生疑虑。

就国际层面而言,人们更多地将焦点放在国际投资者和国际货币基金组织。对于前者,马来西亚首相马哈蒂尔的观点最有代表性,他认为,亚洲金融危机的罪魁祸首是那些金融投机者,这些投机者别有用心,力图搞垮东亚经济。作为对这种观点的政策反应,马来西亚于1998年9月1日全面停止外汇交易,并阻止所有的外国投资资本撤离马来西亚②,并拒绝接受国际货币基金组织的援助。对于后者,分析家们的观点似乎是一致的,即由于国际货币基金组织的政策失误,导致这场危机很快蔓延开来。经济学家米尔顿·弗里德曼曾经这样写道:"在东亚,国际货币基金组织已经成为一个不稳定因素。这么说不仅因为它为私人金融机构提供了逃避各种不良投资后果的港湾。可以说,没有国际货币基金组织,东亚危机可能不会发生,尽管许多国家也许存在各种内部危机——像日本,它的经济困境不能归咎于国际货币基金组织。"③

5. 2008年全球性金融危机

与以上四次危机不同的是,2008年金融危机有两个非常明显的特征:一是这次金融危机起源于世界经济的主导国家美国;二是这次金融危机迅速向世界蔓延,成为真正意义上的全球性金融危机。

2008年全球性金融危机起源于美国国内的房产金融市场发生的次贷危机。2007年,占美国政府担保公司的全部信用组合五分之四的两家房产公司——房地美(Freddie Mac)和房利美(Fannie Mae)④出现了次贷危机,随后这场危机迅速从银行业和其他金融服务业蔓延到实体经济,由美国蔓延到世界其他国家和地区。这场金融危机对世界经济的影响大大出乎人们特

---

① 〔美〕罗伯特·吉尔平:《全球资本主义的挑战:21世纪的世界经济》,第139页。
② 〔美〕戴维·德罗萨:《20世纪90年代金融危机真相》,第96页。
③ 同上书,第162页。
④ "Fannie Mae and Freddie Mac: End of illusions", *The Economist*, July 19th-25th 2008, pp.71-73.

别是经济学家的预料,世界经济整体上在衰退,人均收入在下降,各国失业率在不断上升,贸易保护主义在不断抬头,各国政府纷纷出台干预经济政策。

关于这次全球性金融危机的根源可谓是众说纷纭,有人认为美国政府对银行以及金融体系监管不力是掌握专业技能的、聪明的美国人设计出过分复杂的金融服务体系导致的;也有人将其归为亚洲的冲击,认为美国长期处于经常项目赤字之中,所以美国必须允许外国资本进入美国进行投资,而亚洲国家长期处于经常项目盈余,大量亚洲的资本进入美国资本和证券市场,使得美国的资本市场和证券市场膨胀。[①]

2008年全球性金融危机的原因仍在争论中,各国恢复经济增长的各种政策措施也正在实施中,如果对这些理论上的争论和政策上的不同进行比较,我们会发现,这些不同的理论和政策主要涉及两个最为基本的问题:一是经济增长。在国内层面,各国政府竞相推出刺激经济增长的各种政策,防止通货膨胀,提供新的就业机会;而在国际层面,针对美国提出的"购买美国货",为了避免经济民族主义的复兴,各国意识到在刺激计划上必须加强多边协调,以保证经济的开放性。[②] 二是制度监管。无论是发达国家还是发展中国家都认识到制度监管的重要性,在国内层面,各国政府既鼓励创新(包括金融创新和企业创新),又加强了制度监管;而在国际层面,对国际货币基金组织的监督职能进行改革的议题再次被提到日程上来。关于对各国目前所推出的各种刺激经济的政策以及加强制度监管的呼声的学术思考,一位经济学者的分析尤其值得称道:

> 我们应该注意经济增长问题,只要全球体系不彻底崩溃,即使是极其严重的经济危机,也只会给大多数国家带来几个百分点的GDP下降,如果考虑到几年前的过度扩张,这样的下降也许是不可避免的合理回归。……因此,从一项政策或者福利的角度来看,以牺牲经济增长来解决当前危机是一个糟糕的选择,这一点不证自明。
>
> 最近发生的事件并不能否定创新的重要性。相反,我们在过去的20年间已感受到快速创新(与金融泡沫和金融灾难无关的)带来的繁荣。我们目睹了软件、硬件、电信、制药、生物技术、娱乐、零售和批发贸易的

[①] "Greed-and fear: A special report on the future of finance", The Economist, January 24th-30th 2009.

[②] "The return of economic nationalism", The Economist, February 7th-13th 2009, pp. 9-10.

创新以惊人的速度发生。这些创新引发了过去 20 年总生产率的大幅提高。即便是金融创新,在大多数情况下,也具有社会价值,也有益于增长。复杂的证券被错误地用来让缺乏风险意识的当事人承担经济下行风险。但是,如果受到合理的监管,它们也能用于更为复杂的风险分担和分散化策略。它们曾经而且终将再次降低企业的资金成本。①

二、国际货币基金组织的改革

国际货币基金组织自 1944 年成立以来,其成员国在不断扩大,由最初的 47 个国家发展到 2005 年的 185 个国家,其基本职能并没有改变,依然集中在三个方面:监督、金融援助和技术援助。1973 年布雷顿森林体系崩溃时,国际货币基金组织虽然失去了存在的理由,因为美元转而实行浮动汇率,但由于许多国家仍然把国际货币基金组织作为最后的贷款人和金融危机的稳定器,这使得该组织成功地逃过解体的命运。然而 20 世纪 90 年代频繁出现的金融危机,特别是亚洲金融危机的爆发使得人们对国际货币基金组织的信心产生动摇,并开始探讨国际货币基金组织的改革问题。

关于国际货币基金组织的改革,除了两种极端的观点(取消国际货币基金组织和维持国际货币基金组织),其焦点主要集中在结构改革和功能改革两个方面,前者涉及该组织的合法性,后者涉及该组织的有效性。

1. 国际货币基金组织的结构改革

关于国际货币基金组织结构的改革主要集中在该组织的份额制和执行董事席位的再次分配。

份额制度是 IMF 组织的主要特点之一。参加 IMF 组织的每一成员国都要认缴一定的基金份额,份额目前以特别提款权(SDRs)表示。成员国份额的多少不但决定它向 IMF 缴纳款项的额度与 SDRs 分配的百分比,而且影响成员国的投票权与取得 IMF 组织资金融通的最高额度。执行董事会负责处理 IMF 组织的日常事务,行使 IMF 指定给它和理事会赋予它的权力。执行董事会最初由 12 名执行董事组成,根据 IMF 协定,在基金组织拥有最多份额的 5 个会员国(即美、日、德、法、英)各指定一名执行董事,另外 7 名执行董事由其所在选区选举产生。今天,执行董事名额增加到 24 名。

由于份额制度和执行董事名额体现了成员国在国际货币基金组织中的

---

① 〔美〕达龙·阿西莫格鲁:《2008 年的金融危机:对经济学和来自经济学的结构性教训》,《比较》2009 年第 1 期,中信出版社 2009 年版,第 1—7 页。

权力,所以成为今天要求改革国际货币基金组织的焦点。① 对份额制度和执行董事名额要求改革的国家主要有如下几类:第一类是那些经济快速发展的国家,例如,2006年9月在新加坡召开的国际货币基金组织年会上,成员国同意提高中国、韩国、墨西哥和土耳其的份额,以便与这四国的经济规模相对称。第二类是那些低收入国家,它们希望在国际货币基金组织的执行董事会中有自己的声音和投票权。因为在国际货币基金组织中,10个工业化国家(简称"10国集团"或"巴黎俱乐部")在该组织的减贫项目中占52%,而80个低收入国家仅占10%。第三类是亚洲的新兴工业化国家,它们借助金融危机希望重新分配份额和执行董事席位。总之,国际货币基金组织的结构改革的总体目标是希望该组织在决策程序上能够由霸权国美国主导的组织向更加民主的多边主义转化。

2. 国际货币基金组织的功能改革

关于国际货币基金组织的功能改革,其焦点主要集中在该组织的监督功能以及管理机制上。②

关于监督功能,在布雷顿森林体系建立时,为了防止20世纪30年代相关国家"以邻为壑"(beggar-thy-neighbour)的经济政策重演,国际货币基金组织对世界经济的金融问题给予了很大的关注,该组织就是在这种背景下产生的。在20世纪70年代,当基于固定汇率制的布雷顿森林体系解体时,国际货币基金组织根据该组织的《协定条款》的第Ⅳ条,希望成员国能够与国际货币基金组织合作并且相互合作共同推动全球汇率体系的稳定。而国际货币基金组织主要负责:(1)监督国际货币体系以保证其有效运行;(2)监督成员国履行其政策责任。③ 这就是国际货币基金组织的监督职能,监督既包括双边的也包括多边的,监督的内容主要是成员国的金融政策、汇率以及资本项目。为了更好地完成这一职能,国际货币基金组织还于90年代将国际资本市场部与货币和金融体系部合并。

尽管国际货币体系在亚洲金融危机之后力图加强其监督功能,但效果并不是非常显著。基于国际货币基金组织目前在监督方面的表现,研究者们提

---

① 参见 Eric Helleiner and Bessma Momani, "Slipping into Obscurity? Crisis and Reform at the IMF", Working Paper No. 16, February 2007, http://www.cigionline.org。

② Domenico Lombardi and Ngaire Woods, "The Political Economy of IMF Surveillance", Working Paper No. 17, February 2007, http://www.cigionline.org。

③ http://www.imf.org/external/np/exr/facts/surv.htm。

出了两点方向性的改革建议:第一,加强监督的强制性。① 在研究者们和主张改革的政策决策者看来,国际货币基金组织的监督功能长期以来不能非常有效地运行,其主要原因是该组织将自己定位为一个官僚机构和一个和蔼的"顾问",而不是一个行之有效的"组织"和规则的严厉"仲裁人"。这样,国际货币基金组织就在实质上成为一个信息收集者和通报者,对相关国家的政策调整影响很小。所以,国际货币基金组织的监督功能改革的方向之一应该是加强其监督功能的强制性。第二,改革监督功能的"单向性"。② 在国际货币基金组织的监督功能里,有双边的监督和多边的监督之分。双边的监督主要发生在国际货币基金组织和成员国之间。这种监督的过程一般是国际货币基金组织的职员首先制定议事日程,然后要求成员国官员向国际货币基金组织提供数据和资料进行"填空"。当填空活动结束以后,国际货币基金组织的研究人员撰写研究报告,然后将报告提交给董事会进行交流。在整个过程中,相关成员国与国际货币基金组织之间缺乏交流和对话。因此,应该将双边监督中的单向性改为"双向性",这样,相关成员国就有了学习和反思的机会。同样的情况也存在于多边的监督功能上。国际货币基金组织每年就世界经济的状况发表《世界经济展望》(*The World Economic Outlook*)和《全球金融稳定报告》(*The Global Financial Stability Report*),准备这两个年度报告的过程与准备双边监督报告的过程完全一样。更有意思的是,这两个的题目与8国集团或20国集团讨论的议题经常重复,但国际货币基金组织的报告很少关注8国集团或20国集团的活动。这样,国际货币基金组织的多边监督就完全变成单向性和程序性的,缺乏交流性和实质性,以此为基础的多边监督就很难是及时的和具体的。为了使国际货币基金组织的监督功能更为有效,应该将国际货币货币基金组织改革为一个学习论坛,不但让成员国参与,而且还应该让其他相关国际组织参与。

面对国际金融的脆弱性以及全球货币危机的频繁发生,在国际货币体系中建立什么样的管理机制才能防范未来金融机制的崩溃? 这是针对国际货币基金组织改革中争论最为激烈的一个问题。研究者们和政策决策者们普

---

① Eric Helleiner and Bessma Momani, "Slipping into Obscurity? Crisis and Reform at the IMF", Working Paper No. 16, February 2007, http://www.cigionline.org.

② Domenico Lombardi and Ngaire Woods, "The Political Economy of IMF Surveillance", Working Paper No. 17, February 2007, http://www.cigionline.org.

遍认为，金融危机管理机制的建立应该从如下三个方面进行①：贷款程序、结构改革和宏观经济政策。

就贷款程序而言，国际货币基金组织在金融危机产生时通常贷款给出现危机的国家，根据国际货币基金组织的规定，贷款必须是分阶段的，以此确保受援国政府在贷款项目下进行政策调整。但在现实中，由于这些贷款的数目通常不能与私人资本的数目相比，按照国际货币基金组织的统计，1990—1997年，每年有平均1300亿美元私人净资本流入新兴市场国家，而同期官方资本（援助和其他政府基金）只有210亿美元；1998—2002年金融危机期间，每年有平均790亿美元私人净资本流入新兴市场国家，而同期官方资本（援助和其他政府基金）只有80亿美元。② 这就使得受援国政府政策调整还没有完全实现时，私人资本就已经大量外逃了，而私人资本大量外逃以及国际货币基金组织的贷款没有完全到位又进一步影响了受援国政策调整的及时性，使之无力偿还债务。这就使得受援国家陷入资本外流、贬值以及最终无力偿还外债的恶性循环中。所以，国际货币基金组织贷款项目改革的目标应该是将重点放在如何防止私人资本因对受援国失去信心而产生资本外流，而不是强迫政府推行无法进行的改革。

就经济结构改革而言，根据国际货币基金组织的规定，接受该组织贷款是有条件的，即受援国必须按照国际货币基金组织的要求进行金融制度和金融监管方面的改革，以解决金融危机，很少考虑到受援国的宏观经济结构和社会结构。但任何金融制度和金融监管的改革都会触及宏观经济结构和社会结构，如果只进行金融制度的改革，而不考虑宏观经济结构和社会结构，改革的最后结果就很难预期。例如，在东亚金融危机发生后，国际货币基金组织在接受印度尼西亚的贷款请求时，由于完全没有考虑到这一点，因而使得危机加重了。日本前财务次长榊原英资曾这样回忆道："由于是匆匆制定的，没有考虑计划的经济和社会影响，国际货币基金组织的改革计划有几个致命缺陷。计划要求关闭16家银行，但由于计划没有提供如存款保险之类的金融安全网，印度尼西亚的金融体系很可能被完全摧毁……随着印度尼西亚16家银行的关闭，银行接连破产，由此造成的金融市场和外汇市场的恐慌从11月

---

① John Ravenhill, *Global Political Economy*, Oxford University Press, 2005, pp. 264-269; Timothy Lane, "The Asian Financial Crisis: What Have We Learned?", *Finance and Development*, September 1999, Volume 36, Number 3, http://www.imf.org/external/pubs/ft/fandd/1999/09/lane.htm；〔美〕戴维·德罗萨：《20世纪90年代金融危机真相》，第152—168页。

② 转引自 John Ravenhill, *Global Political Economy*, Oxford University Press, 2005, p. 267。

底一直持续到 12 月。卢比的价格因此大跌。"①

就宏观经济政策而言,国际货币基金组织在发生金融危机时通常要求受援国采取紧缩货币政策,但在现实中,各国面临金融危机时其国内经济状况并不总是一样的,因此,很有必要提高该组织的危机管理能力。例如,墨西哥发生危机时的国内经济状况与东南亚国家就完全不同,但国际货币基金组织却开出了同样的药方。著名经济学家斯蒂格利茨曾这样评论道:国际货币基金组织在亚洲的失败就是,它认为"当高涨的公共赤字和宽松的货币政策导致通货膨胀失控时,用处理 20 世纪 80 年代拉丁美洲的金融恐慌的方式去处理东南亚危机会有效。国际货币基金组织对拉丁美洲作为援助的先决条件是,要求各国政府实施的财政紧缩和货币紧缩政策在当时是正确的。因此,在 1997 年,国际货币基金组织对泰国施加同样的要求"②,然而在东南亚国家发生危机时,这些国家并没有出现预算赤字,其中有些国家已经在实施紧缩货币政策。

三、建立新的国际金融体系?

尽管在改革国际货币组织基金这一点上已经达成共识,但研究者和政策者们对于管理好全球金融体系仍然没有把握。正如吉尔平教授所提醒的:

> 在人类步入 21 世纪的时候,还没有一个管理好国际金融的机制,这肯定是世界经济的一个最突出的特征。尽管世界经济在 20 世纪 90 年代经历了三场金融大危机(1992—1993 年汇率机制危机、1994—1995 年从墨西哥起始的拉丁美洲金融危机以及 1997 年东南亚金融危机),但创造管理国际资本流动和其他金融事务的有效调制机制的努力,虽然有些进展,但实在是少得可怜。③

也许困扰全球金融货币体系的稳定并值得继续深入研究的问题有很多,但从国际政治经济学的角度来看,至少如下三个问题是值得我们继续深入研究的。

1. 固定汇率还是有管理的浮动汇率?

是否存在一种最优的汇率制度?这是学术界和政策制定者们一直探讨的问题,但到目前为止,并没有一个非常明确的答案。因为,现实经验表明,

---

① 转引自〔美〕戴维·德罗萨:《20 世纪 90 年代金融危机真相》,第 89 页。
② 同上书,第 165 页。
③ 〔美〕罗伯特·吉尔平:《全球资本主义的挑战》,第 158 页。

无论是采取固定汇率或严格钉住还是采取浮动汇率制度都可能导致金融危机。正如国际货币基金组织首席副总裁斯坦利·费希尔所观察到的：

> 结果发现，在过去5年的每次大危机中，包括墨西哥1994年危机、泰国危机、印度尼西亚危机、韩国危机、俄罗斯危机和巴西危机，所有国家在危机前实行的都是固定或钉住汇率制。这有力地证明，固定汇率制容易导致危机。我发现的另一个同样有力的证据是：有一些国家，本来可能发生危机却由于实现浮动汇率制——1998年的土耳其、南非、以色列和墨西哥——虽然也遭受了严重的影响，但危机规模却要小得多。对于融入国际资本市场的国家来说，这些事实使得我们对汇率制度陷入了一个两极选择，那就是要么实行严格钉住的汇率制，要么实行浮动汇率制。①

这里就出现一个需要进一步探讨的问题：影响一个国家进行汇率制度选择的要素是什么？与国际经济学强调经济要素分析不同的是，国际政治经济学强调的汇率制度选择的国内政治基础和决策过程的分析，例如国内政治过程（政党政治）或国内社会利益集团博弈过程，这是90年代中期以来国际政治经济学在金融货币领域的最新研究方向之一。

2. 国家自主、地区合作还是全球合作？

对于防范金融危机，是加强国家的行政干预，还是加强地区合作、建立最优货币区，抑或是加强全球合作，人们对此争论不断，不确定性犹在。经济学家保罗·克鲁格曼在研究亚洲金融危机之后提出了这样的告诫：

> 对于亚洲正在复苏这一事实，没有人能够独自邀功。令我感到惊奇的是——如果不考虑印度尼西亚——尽管各国政策相异，但其表现却如此相似。韩国接受了国际货币基金组织的建议，其经济正在反弹；泰国接受了国际货币基金组织的建议，也开始恢复；马来西亚拒绝了国际货币基金组织的建议，并且做了所有国际货币基金组织不让它做的事情——它也正在快速地复苏。每个人都在为它们的政策引以为豪：马哈蒂尔说是他带来了成功，国际货币基金组织说是它的功劳。事实上，这些经济体只不过是自然恢复。②

这种告诫实际上是在提醒我们一个重要事实：国际资本流动、汇率稳定

---

① 转引自〔美〕戴维·德罗萨：《20世纪90年代金融危机真相》，第138—139页。
② 同上书，第161页。

和国内货币政策自主这个"三维悖论"在现实中仍然存在。其实,各国为了促进资本流动仍然在国内货币政策自主和汇率稳定中进行艰难选择。无论是地区货币合作,还是全球金融合作,各国的政策目标实际上是趋同的:既要稳定汇率,又要最大限度地坚持国内货币政策自主。与主流国际经济学主张通过自由的资本市场来解决这个"三维悖论"不同的是,国际政治经济学认为,由于各国汇率政策的选择,不但要受到国内经济结构的影响,而且还要受到国内政治利益集团以及社会结构的影响,因此,各国的汇率政策都是在国内货币政策自主和稳定汇率之间寻求平衡。关于国内政策自主的研究也就成为20世纪90年代以来国际政治经济学在金融货币领域的第二个最新研究方向。①

3. 改革国际货币基金组织还是建立新的全球金融机制?

在全球层面如何建立一个稳定的金融体系以阻止或防范金融危机的发生成为20世纪90年代以来学者们和政策制定者们普遍关注的一个难题,但到目前为止,人们并没有找到一个相对明确的答案。

对于如何在全球层面建立一个稳定的金融体系,出现了两种倾向,一种倾向是运用已有的知识而教条地或不知错误地应对现实,对此,经济学家克鲁格曼曾提出尖锐的批评:

> 当固定汇率的布雷顿森林体系在20世纪70年代初解体时,大部分国际经济学家并不感到惊讶。他们不仅认为,汇率的更大浮动是一件好事;而且他们认为,他们非常清楚新的体系将如何运作。他们错了。过去20年的国际货币体系面临着一个又一个惊人事件,而大部分是不好的。它们迫使经济学家匆忙去解决各种新问题和各种老问题中诸多意外的变化。②

另外一种倾向则是基于对目前的国际货币体系不满,或要求改革国际货币基金组织,或呼吁超越国际货币基金组织,建立一个全新的全球金融体系。加拿大国际政治经济学者波特(Tony Porter)在详细研究国际货币基金组织赖以运行的全球制度环境之后提出:

> [国际货币基金组织赖以运行的全球制度环境出现了三种转变。]第

---

① 关于这方面最新研究成果,读者可以参阅 David H. Bearce, *Monetary Divergence: Domestic Policy Autonomy in the Post-Bretton Woods Era*, Michigan University Press, 2007。

② 转引自〔美〕戴维·德罗萨:《20世纪90年代金融危机真相》,第150页。

一种是由等级和正式的规则向包括网络和非正式规则在内的多元安排的转变。第二种是将物质资源的配置看作是权力和财富的关键来源向将知识和通讯的掌握看作是权力和财富的关键来源的转变,并认识到知识具有社会建构的特征。第三种是将霸权视为国际事务规则制定中最为合法和有效的方式向将多边机制和民主视为国际事务规则制定中最为合法和有效的方式的转变。以上这些转变趋势意味着,国际货币基金组织过去是在与美国国家实力相互加强的关系中独立于其他国际制度来运行,并为自己能够通过正式的规则管理金融资源的配置而引以为荣,但假如它要继续存在就必须向以知识为基础的关节点(node)转变,而这个关节点孕育于日益网络化的制度中,在这些制度中权力是分散的而不是集中的。①

如何将现存的国际金融组织(例如世界银行、国际结算银行)、地区组织(例如欧洲中央银行和亚洲的清迈协议)以及国家之间的非正式组织(例如"8国集团"和"20国集团")与国际货币基金组织的改革结合在一起,共同构筑稳定而高效的全球金融体系是20世纪90年代中期以来国际政治经济学在金融货币领域的第三个最新研究方向。

专栏

亚洲金融危机的三大教训

亚洲金融危机的第一大教训是,国际资本市场根本无法辨别好的风险和坏的风险。危机爆发前以及危机期间,投资者中间并没有多少集体理性:1996年金融市场把大量的资金带入该地区时就犯了很大的错误,而在1997年它们又集体撤资,再次犯了错误。这种情况表明,过于依赖流动性很高的短期资本(遭受危机打击最甚的三个国家均属这种情况)是一个非常危险的战略。

亚洲金融危机的第二大教训是,危机表明,贸易导向本身与遭遇严重的清偿问题的打击并没有什么关系。受到资本流动逆转影响最大的亚洲经济体是世界上经济最具外向型特征的国家,过去它们通常被认为是其他国家可资借鉴的榜样。与1982年国际债务危机和1994年墨西哥比索危机一样,这

---

① Tony Porter, "Beyond the International Monetary Fund: The Broader Institutional Arrangements in Global Financial Governance", Working Paper No.19, February 2007, http://www.cigionline.org.

次危机的主因仍然是金融的或宏观经济的。贸易和产业政策顶多是一些次要的因素。

亚洲金融危机的第三大教训是,国内冲突解决机制对于遏制危机初期不利的经济影响至关重要。危机伊始,极权政府看起来更有能力处理危机带来的爆炸性的社会问题,与之相对应,那些"混乱"的民主国家可能会因应对失措而蒙受损失。但事实上,许多对西方式自由民主持批评态度的人士认为,泰国和韩国在危机初期的问题以及印尼的明显控制与解决,反映了基于所谓"亚洲价值观"的政府至上倾向。但是,结果刚好相反。印尼是一个由专制政府统治的种族分裂极为严重的国家,它实际上堕入了动乱的深渊,GDP 的下降幅度超过 20%。韩国和泰国实行的民主体制保证了社会集团之间的磋商和合作得以顺利展开,落实了经济必需的政策调整措施。尽管泰国和韩国在 1998 年底都未能摆脱困境,但是,它们在危机中的经历显示出,争端解决机制、特别是民主机制,在应对外部冲击方面具有十分重要的意义。

资料来源:〔美〕丹尼·罗德里克:《新全球经济与发展中国家:让开放起作用》,王勇译,世界知识出版社 2004 年版,第 75—76 页。

第十二章
国际贸易的政治学

第一节 贸易政治学的核心议题:政治联盟、对外贸易政策与全球贸易机制

对国际贸易进行政治学分析,是国际政治经济学从其产生时就关注的一个议题,也是国际政治经济学在过去四十多年里成果最为丰富而且最有争议的一个研究领域。在国际政治经济学过去四十多年的发展过程中,尽管对国际贸易进行政治分析的文献汗牛充栋,但我们可以发现,国际政治经济学在贸易领域的核心研究议题主要有两个:一是对国家对外贸易政策的研究;二是对全球/区域贸易体系的研究。

一、贸易与政治联盟

简单地说,贸易就是用一种商品/服务来换取另外一种商品/服务,只要两个人或多个人交换商品/服务,他们就在从事贸易。当人们所从事的商品/服务交换发生在一个国家时,这种贸易被称为国内贸易;而当一个国家的人们与另外一个国家的人们交换商品/服务时,这种贸易被称为国际贸易。

关于贸易的重要性,学者们基本达成了共识:就生产要素而言,贸易可以促进生产要素的流动,从而达到资源的有效配置;就个人而言,贸易扩大了消

费者选择的范围;就企业和公司而言,贸易扩大了市场规模,增加了投资收益;就国家而言,贸易既增加了政府的财政收入,又提高了社会福利;就全球而言,贸易不但增加了全球财富,而且使得贸易参与国的实力得以增强。由于贸易对于增加财富有着无可比拟的重要性,所以,从贸易活动开始以来,贸易就成为政治联盟和冲突的重要原因。

关于政治联盟,按照流行的定义,它不仅包括一群拥有共同政策偏好的人或国家,而且也隐含了为影响政策制定而进行的某种形式的政治活动(比如选举、游说、抗议或者威胁)。[①] 如果以国家为分析单位,政治联盟可以在两个层面加以讨论,这就是国内层面和国际层面。就国内层面而言,既包括阶级联盟(工人的工会、资本家或农场主),也包括行业联盟(例如汽车工业协会、纺织工业协会)。而就国际层面而言,既可以是双边联盟,例如美日联盟;也可以是多边联盟,例如地区贸易协定(EU、NAFTA、APEC、AFTA)和全球贸易协定(GATT 和 WTO)。

传统经济学对贸易政策的研究主要关注其经济结果,很少关注贸易政策制定的政治过程及其政治结果,所以,贸易政策的理论研究与贸易政策的现实相差很远。这促使政治学家和经济学家开始关注对外贸易政策的制定过程以及政治结果。正如经济学家迪克斯特所观察到的:

> 大多数国家实际所采取的贸易政策与经济学家提出的规范建议之间的差异非常大,以至于我们只有从政治学角度对此进行研究才能有助于理解贸易政策的制定。研究与政策相关的领域[如公共政策、产业组织、宏观经济(财政、货币)政策以及国际经济冲突与合作]的经济学家们同样也需要关注政治学。而另一方面,政治学家们也对经济政策以及选举、立法和规章制度的正规模型越来越感兴趣。[②]

二、国内政治过程与对外贸易政策

对贸易政策进行国内政治研究最早起源于政治学,其奠基性的著作是美国政治学家沙特施奈德(E. E. Schattschneider)于 1935 年针对美国 1930 年颁

---

① 〔美〕迈克尔·希斯考克斯:《国际贸易与政治冲突:贸易、联盟与要素流动程度》,于扬杰译,中国人民大学出版社 2005 年版,第 58 页。
② 〔美〕阿维纳什·迪克斯特:《经济政策的制定:交易成本政治学的视角》,刘元春译,中国人民大学出版社 2004 年版,第 6 页。

布《斯姆特—霍利法案》而出版的《政治、压力和关税》①。这本经典性著作引发了政治学家和经济学家对对外贸易政策制定的国内政治过程的思考②,其中的核心问题是:利益集团(或压力集团)如何影响政府的对外贸易政策的制定过程?

利益集团或压力集团通常是指意在影响政府政策或行为的有组织的政治联盟。利益集团与政党的区别在于:前者是从外部施加影响,而后者是通过选举赢得或行使政府权力。利益集团与社会运动的区别在于利益集团更有组织性。利益集团有多种类型,一般分如下几类。③

根据利益集团的功能,利益集团主要有两类:部门性利益集团和公共利益集团。部门性利益集团(sectional group)主要是指那些代表社会中一部分人利益的政治联盟,在美国被称为"私人利益集团",比如工人、雇主、消费者、种族或宗教团体。公共利益集团又被称为促进性利益集团(promotional group)主要是指那些为了促进集体的而不是有选择性的人群的利益的政治联合。还有一些利益集团介于二者之间,既关心部门成员的利益,又关心全社会的利益,例如工会。

根据利益集团和政府的关系,利益集团可以分为内部人集团和外部人集团。内部人集团是指那些通过例行咨询和代表政府实体而拥有通往政府的特许的制度性渠道的政治联盟;而外部人集团则是指没有通往政府的正式渠道而只能借助媒体和社会公众运动对政府政策的制定施加间接影响的政治联盟。

利益集团的多样性导致了贸易政策制定的国内政治过程的复杂性。在民主制国家里,政府制定经济政策必须在公众利益和特殊群体利益寻求平衡。如果不考虑公众利益,政党就无法赢得选举,也就不可能拥有并行使政府制定经济政策的权力;如果不考虑特殊利益群体,政党就无法获得竞选资金,拥有并行使政府制定经济政策的权力便成为一句空话。所以,利益集团如何影响政府对外贸易政策的制定过程,也就自然成为国际政治经济学在贸易领域关注的一个核心课题。

---

① E. E. Schattschneider, *Politics, Pressures and the Tariff: A Study of Free Private Enterprise in Pressure Politics, as Shown in the 1929-1933 Revision of the Tariff*, Englewood Cliffs, N. J.: Prentice-Hall, 1935.

② 这方面比较有影响的著作包括:[美]G. M 格罗斯曼·E. 赫尔普曼:《利益集团与贸易政策》,李增刚译,中国人民大学出版社2005年版;[美]I. M. 戴斯勒:《美国贸易政治》,王恩冕、于少蔚译,中国市场出版社2006年版。

③ [英]安德鲁·海伍德:《政治学核心概念》,吴勇译,天津人民出版社2008年版,第275—276页。

三、贸易政策的"外部性"与国际机制

在理论上、特别是在经济学的规范理论模型中,一个国家的对外贸易政策完全可以由本国政府根据本国的比较优势制定对外贸易政策,但在现实世界中,为什么一个国家不能完全按照本国政府的偏好来制定贸易政策? 这就涉及贸易政策的"外部性"概念。

外部性也被称作"外溢性",主要是指发生在市场之外的交易,这意味着它不受价格的控制,外部性的存在经常导致市场失灵和经济低效。外部性一般可分为正向外部性和负向外部性:正向外部性是指,当某人或某行为体的行为使得另一个人或另一个行为体的利益增加,但受益者并没有为其获得的利益做出支付时,我们就称为正向外部性;负向外部性是指,当某人或某行为体的行为对另一个人或另一行为体产生不利结果,但受损者却没有获得任何补偿时,我们一般称为负向外部性。

对外贸易政策也会遇到同样的情况:一个国家的对外贸易政策通常对其他国家产生影响,如果产生正向外部性效应时,就会出现"免费搭车"现象;如果产生负向外部性效应时,就会出现 20 世纪 30 年代世界范围内的"以邻为壑"(beggar-thy-neighbor)现象。为了避免或阻止各国贸易政策外部性效应("免费搭车"或"以邻为壑")的发生,国家之间通过谈判与相互合作,建立国际贸易机制或制度。

在国际贸易领域建立的国际机制或制度主要包括:(1) 全球多边贸易机制,其中最具有代表性的是 1947 年 44 国签订的关税及贸易总协定(GATT)以及 1994 年决定成立的世界贸易组织(WTO);(2) 地区多边贸易合作机制,例如北美自由贸易区(NAFTA)、亚太经合组织(APEC)、东盟自由贸易区(AFTA);(3) 双边自由/特惠贸易协定(FTAs/PTAs)。

第二节 关于国际贸易的三种传统范式及其困境

在国际体系层面上解释贸易重要性的历史远久于国内层面,因而,在国际层面上贸易理论解释的严密性和完整性以及人们对这些理论的熟悉程度和争论程度也远高于国内层面。到目前为止,对国际贸易进行政治经济学的研究主要有四种理论:自由主义的国际贸易理论、现实主义的国际贸易理论、结构主义的国际贸易理论以及新政治经济学理论。前三种理论是"第一代"国际政治经济学者以国家为分析单位,在寻求政治和经济关联性的过程中形

成的;最后一种理论则是"第二代"国际政治经济学者在分析"利益与制度"以及"国内与国际"两种关联性的过程中发展起来的。

一、自由主义的国际贸易理论

自由主义国际贸易理论在美国以及欧洲的经济学中一直占据着主导地位,其古典范式最早可以溯源于亚当·斯密的"绝对利益学说"以及后来大卫·李嘉图的"比较利益学说",关于这一点,我们在本书的古典自由主义理论范式部分已经做了比较详细的论述。其中,古典自由主义在贸易问题上一个最为基本的观点是:劳动分工以及由此引起的经济专业化,不但可以提高劳动生产率,而且还可以增强国民收入。

自由主义国际贸易理论在现代最为经济学家津津乐道的当推关税同盟理论以及赫克歇尔—俄林模型(又称 H-O 模型)。关税同盟的理论是雅各布·维纳(Jacob Viner)为在几个国家内部贸易自由化辩护的理论。该理论认为,在计算从这种独特的安排中获得的福利/财富净增长时,要把这些国家之间实行贸易自由化所带来的增加贸易的作用(即贸易创造)与贸易从该集团外比较有效的生产者转到该集团内不大有效的生产者那里去所造成的贸易转移的作用进行比较。如果总计是正数,那么,根据自由主义原则,关税同盟作为解决多边自由化的次优办法可以得到赞同。而由两位瑞典经济学家阐述的赫克歇尔—俄林模型则强调,一个国家的比较利益,取决于它的相对丰裕以及几种生产要素最有利的组合,这种模型提出,各国在生产不同产品时的比较利益来自它们的生产要素——资本和劳动——禀赋的差异。发达国家和发展中国家之所以相互进行贸易,是因为前者资本充裕,而后者劳动充裕。要素的不同组合会引起一个国家生产供国内消费和出口的资本密集型产品,另一个国家生产供国内消费和出口的劳动密集型产品。[①]

不管是古典自由主义的贸易理论,还是现代自由主义的贸易理论,在国家和市场的相互关系上一直奉行一个最为基本的原则,即市场是完全的市场,在这个完全市场中,政府无须过分干预经济活动,政府唯一的职能是创造一个有利于自由贸易的环境,并使之合法化。市场完全可以根据比较优势促

[①] 〔英〕苏珊·斯特兰奇:《国家与市场》,第209页。

进贸易扩展,进而刺激经济增长。①

二、现实主义的国际贸易理论

现实主义的国际贸易理论最早起源于古典重商主义的理论,关于古典重商主义的理论范式以及20世纪末的国家主义一般理论观点,我们在前面也作了比较系统的论述。这里需要再一次强调的是,与自由主义贸易理论相比,尽管重商主义没有一个完整的贸易理论体系,但重商主义的思想从近代重商主义的倡导者弗里德里希·李斯特(Friedrich List)以及亚历山大·汉密尔顿(Alexander Hamilton)一直延续到19世纪末德国的历史学派以及20世纪末各种经济民族主义的观点中。② 政策先于理论似乎一直是重商主义的传统,正如斯特兰奇所观察到的:

> 当自由主义理论统治着学术界的时候,现实主义理论在政治领域居支配地位。在百余年的历史上,许多国家(尤其以日本为最典型)实际上是按照现实主义理论而不是按照自由主义理论办事的。现实主义理论的基本主张是,国家的生存和自治是政策的主要目标,但率先完成工业化的国家和后来进行工业化的国家的利益并不一致。自由贸易适合于前者,后者从未能够在公平竞争中迎头赶上。为了使工业化取得成功,他们需要国家干预和贸易保护。在美利坚合众国刚刚独立时,亚历山大·汉密尔顿(Alexander Hamilton)有力地论述过这种现实主义的立场,在俾斯麦于1870年统一德国之前几十年,弗里德里希·李斯特(Friedrich List)也曾雄辩地简述过这种现实主义的事例。多年来法国和日本在政府和工业界之间发展起来的密切联系,同样都建立在共同看法的基础上:政府的干预和恰当地利用保护手段、补贴及其他非关税壁垒,有选择地提供信贷,有时候甚至抑制竞争,所有这一切会很有助于企业增强在世界市场上的竞争能力。在现实主义学派的分析中,不言而喻地包含了不同时期、不同部门的政策抉择所带有的实用主义。③

---

① Frederic S. Pearson and Simon Payaslian. *International Political Economy: Conflict and Cooperation in the Global System*, The Mcgraw-Hill Companies, 1999, p.188.

② 关于经济民族主义和重商主义的关系详细探讨,读者可以参阅 R. J. Barry Jones, *Conflict and Control in the World Economy: Contemporary Economic Realism and Neo-Mercantilism*, NJ: Humanities Press International, Inc., Atlantic Highlands, 1986。

③ 〔英〕苏珊·斯特兰奇:《国家与市场》,第209—210页。

三、结构主义的国际贸易理论

结构主义的国际贸易理论,也称依附贸易理论,主要起源于古典马克思主义的学术传统,关于古典马克思主义的理论范式及其在20世纪70年代的翻版——依附理论以及世界体系理论的一般观点,我们在本书的理论范式部分也已经作了详尽的论述。这里,我们只就结构主义在国际贸易的理论观点做一简略论述。

结构主义的国际贸易理论主要有如下几个基本观点。

第一,世界财富的分布是不平等的。这种不平等分布不仅表现在贸易的地理分布上,而且表现在贸易商品构成上。[①] 贸易的地理分布主要集中在发达国家之间,贸易构成也由以前的以农产品、矿物等原材料为主向工业制成品以及服务贸易演进,这种分布对亚洲、非洲以及拉丁美洲国家越来越不利。因此,追求国际体系中的平等应该是发展中国家优先考虑的目标。

第二,市场是不完全的,由于贸易条件和贸易规则的制定主要掌握在发达国家的手中,因而出现的结果必然是市场信息的不对称,"即使发达国家和发展中国家的政府对国内贸易实行相同的规章制度,并且都同样实行自由贸易和保护主义并存的对外贸易政策,发达国家的规模和它国内市场的广大,仍意味着它为自我利益服务的规章对发展中国家出口商的影响比后者的规章对它的影响大。在发达国家和发展中国家之间,政府在通过贸易协议和规章确保各自经济安全方面所拥的权力基本上是不对称的,制造商的联合组织和初级产品生产者的联合组织在这方面的权力,基本上也是不对称的"[②]。

第三,战略贸易是必要的。由于不发达国家在国际贸易中处于劣势,没有市场竞争力,所以,发展中国家或依靠关税以及非关税政策促进经济发展,或借助国际社会稳定商品价格、增加援助、放宽信贷条件、提供贸易优惠,建立国际经济新秩序,以彻底改变目前的国际贸易结构。

四、传统"范式争论"的困境

20世纪70年代以来,以上三种国际贸易理论自恃各自的标准和价值取向,各执一词,而各国又根据本国在世界市场中的状况,对各自所奉行的理论

[①] Frederic S. Pearson and Simon Payaslian, *International Political Economy: Conflict and Cooperation in the Global System*, p. 188.

[②] 〔英〕苏珊·斯特兰奇:《国家与市场》,第204页。

进行不同的解释,从而使各自的政策合理化,如积极主张贸易自由主义政策的国家——美国——也是最积极主动搞贸易制裁行动的国家;重商主义的、最不喜欢实行贸易自由化政策的日本却是实行出口导向、最依存于国际贸易和贸易竞争力最强的国家;为争夺国际市场而发动两次世界大战的德国,却又主张并实施对欧洲十几个国家(欧盟)的贸易自由,向欧盟国家完全敞开国内市场。这就使得国际贸易无论是在理论上还是在政策方面一片混乱,矛盾百出。① 斯特兰奇的概括是:

> 在国际政治经济学中,关于贸易的各种理论比其他问题的理论更加众说纷纭,而且,在贸易问题上大多数理论更是与事实有差距。这些理论各执一词,就因为它们遵循了各自的标准学说,它们对实际情况的解释反映了不同学说对假设情况的阐述,每种理论都受各自支持者对效率、平等、自由和安全等不同价值观念孰轻孰重的看法的影响。这也可以说明为什么世界经济中贸易关系的实际变化,同按照各种理论设想的贸易关系变化之间有显著的差距。②

尽管作为"第一代"国际政治经济学者代表人物的斯特兰奇教授意识到了三大理论与现实贸易政策的差距,但她本人并没有找到走出这种困境的路径。真正走出这种困境的是"第二代"国际政治经济学者主张的新政治经济学研究路径,笔者将其称为"混合主义的理论"。

第三节 新政治经济学:政府偏好与对外经济政策

导致传统的国际贸易规范理论与各国贸易政策现实之间存在差异的原因有很多,其中,只重视贸易政策的经济结果(提高社会福利)而忽视贸易政策的政治后果(社会福利的分配)是一个最为主要的原因。所以,从20世纪80年代开始,经济学家在构建规范贸易理论与模型时也开始考虑贸易政策制定的政治过程,并因此形成新政治经济学,而"第二代"国际政治经济学者则

---

① 已故国际政治经济学家苏珊·斯特兰奇认为,三大国际贸易理论没有一种理论可以解释如下国际贸易事实,这些事实包括:(1) 国际贸易发展速度高于生产发展速度;(2) 国际贸易的发展非常不平衡;(3) 贸易构成的变化;(4) 各国参与世界贸易的不平等;(5) 国际贸易的规章没有标准;(6) 贸易条件的变化。详细论述,读者可以参阅〔英〕苏珊·斯特兰奇:《国家与市场》,第194—206页。
② 同上书,第193页。

广泛吸收新政治经济学的微观分析方法与模型①,使得国际政治经济学在贸易领域的研究进入了一个全新的时代,用马丁(Lisa Martin)教授的话来概括,那就是国际政治经济学从20世纪80年代泛泛的"范式争论"(paradigmatic debates)正在走向具体问题领域的"富有成果的分歧"(productive disagreement)。② 这一新的研究趋向主要基于如下四个最为基本的假设。

(1) 国家不是单一的行为体,特别是在民主制国家里,国家是社会中的国家。不同的国家,其国内政治结构(利益集团)和社会力量是不同的,即使是同一国家,在不同的历史时期,其政治结构和社会力量的表现也是不同的。

(2) 政府是有偏好的,这种偏好是国内不同利益集团和社会力量相互竞争和博弈的结果。政府的偏好既要受到政党的影响,也要受到阶级联盟和产业集团的影响。

(3) 对外贸易政策不仅可以提高一个国家的社会福利,同时也对国内社会福利的分配产生影响,在国家内部形成受益者和受损者。因此,任何国家的对外贸易政策在考虑效率的同时必须考虑公平。

(4) 贸易政策存在着外部性,这种外部性的存在使得一国在国内价格出现扭曲的情况下无法依靠国内政策来解决,而只能依靠国际协调机制来解决,因此,贸易领域的国际合作机制的存在是必要的。

综合经济学家将政治要素作为贸易政策制定的一个内生变量所建立的规范理论和模型以及"第二代"国际政治经济学者立足于国内政治结构和社会力量对贸易政策所做的具体研究,我们可以将新政治经济学在贸易领域研究的最新进展概括为如下两个方面:一个是政府偏好与对外经济政策的制定过程;另外一个就是全球贸易制度安排。本节我们重点讨论政府偏好与对外贸易政策的制定。

政府在对外经济政策(贸易、汇率)的制定过程中是有偏好的;不同国家的政府会有不同的偏好;即使是同一国家的政府,其在不同的历史时期也存在着不同的偏好。问题的关键是:政府在制定对外经济或贸易政策过程中的

---

① 在这方面代表性的人物是海伦·米尔纳教授,她的两本著作是一个重要标志,参见 Helen V. Milner, *Resisting Protectionism: Global Industries and the Politics of International Trade*, Princeton University Press, 1988; Helen V. Milner, *Interests, Institutions and Information: Domestic Politics and International Relations*, Princeton University Press, 1997。

② Lisa L. Martin, "International Political Economy: From Paradigmatic Debates to Productive Disagreements", in Michael Brecher and Frank P. Harvey, eds., *Millennial Reflections on International Studies*, The University of Michigan Press, 2005, pp. 654–656.

这种偏好是如何形成的？

关于从新政治经济学的角度对政府偏好进行的研究，20世纪80年代以来在国际学术界出现了各种各样的数理模型或规范模型（参见表12-1），但根据这些模型对政府的假设，归纳起来主要有三种类型："仁慈的政府"模式、"自利的政府"模式和"民主的政府"模式①。

表 12-1　主要贸易政策政治经济学模型的比较

模型	需求分析		供给分析		均衡
	收入分配效应	利益表达方式	政府目标	制度约束	
芬德雷—威尔茨模型（Findlay and Wellisz, 1982）	特殊要素模型	利益集团院外游说	—	—	非合作博弈纳什均衡
施蒂格勒—帕尔兹曼模型（Stigler, 1971; Peltzman, 1976）	特殊要素模型	—	政治支持函数（取决于绝对收入）	—	求解政治支持函数最大化
希尔曼模型（Hillman, 1982）	特殊要素模型	—	政治支持函数（取决于与自由贸易相比的收入）	—	求解政治支持函数最大化
朗和伍斯登模型（Long and Vousden, 1991）	特殊要素模型	—	政治支持函数（取决于与最近政治均衡相比的收入）	—	求解政治支持函数最大化
梅耶模型（Mayer, 1984）	H-O-S 模型 特殊要素模型	投票	全民公决	投票制度	中间选民票数占优均衡
马吉—布洛克—扬模型（Magee, Brock and Young, 1989）	H-O-S 模型	利益集团政治资金捐助	选举概率函数	两党制	两阶段非合作博弈纳什均衡

---

① 国际学术界的总结可参见〔美〕科依勒·贝格威尔、罗伯特·思泰格尔：《世界贸易体系经济学》，雷达、詹宏毅等译，中国人民大学出版社2005年版，第15—35页；而国内学术界关于这方面总结性的成果当推盛斌教授的著作，参见盛斌：《中国对外贸易政策的政治经济分析》，上海人民出版社2002年版，第35—50页。

(续表)

模型	需求分析		供给分析		均衡
	收入分配效应	利益表达方式	政府目标	制度约束	
一般均衡模型（Pant, 1997）	特殊要素模型	利益集团院外游说	合作与非合作博弈相比净收入最大化	集权政府民主政府	合作博弈的一般均衡
芬斯特—巴格瓦蒂模型（Feenstra and Bhagwati, 1984）	H-O-S 模型	利益集团院外游说	社会福利最大化	—	政府与利益集团斯塔克伯格博弈均衡
格罗斯曼—赫尔普曼模型（Grossman and Helpman, 1994）	特殊要素模型	利益集团政治资金捐助	政治资金收入与社会福利之和最大化	公共代理制国际贸易制度	两阶段非合作博弈纳什均衡或合作博弈均衡

资料来源：盛斌：《国际贸易政策的政治经济学》，《国际政治研究》2006年第2期，第80页。

一、"仁慈的政府"模式：提高社会福利

这种模式最为基本的假设是，政府是一个仁慈的政府，它没有任何私利，政府的最大目标就是通过对外贸易政策的制定提高社会福利，消解社会风险。由此，出现了两种模型：一种是社会福利方法；一种是承诺方法。

社会福利方法假定政府是一个仁慈的专制者，并无私地追求社会的公共利益，将实现社会公平、收入均等以及减少贫困视为政府的目标，而对外贸易政策是达到这些社会福利目标的手段之一。支持这种模式的经济学模型是1974年高登的"保守的社会福利函数"和1991年克鲁格曼等的"加权的社会福利函数"。

承诺方法（又称社会保险理论）主要探讨的问题是，私人部门在无法获得政府偏好信息而遇到外国竞争的风险时，政府是否仍能保证其承诺？承诺方法的核心思想是：当私人市场不能够抵御未来收入水平因外国的竞争而下降的风险时，政府的对外贸易政策可以起到替代的功能。支持这种模式的经济学模型是1985年伊顿-格罗斯曼证明的模型、1986年卡森-希尔曼-朗提出的模型以及1987年斯泰格-塔贝里尼的模型。

二、"自利的政府"模式：追求个人利益和集团利益

这种模式最为基本的假定是，政府是由公众选举出来的代表（政治家和官员）组成的，和任何理性的人一样，这些代表也都是追求个人自身利益最大化的个人，这就导致政府也是在追求利益最大化，这样就形成了一个政治市

场。在这个政治市场中,"贸易政策"被认为是政治市场上的一种商品,政府是"贸易政策"这种商品的供给者,不同的个人、利益集团成为"贸易政策"这种商品的需求者,而"贸易政策"的价格(关税或补贴)是由政治市场上的供求关系来决定的。经济学家将经济学的价格原理搬到了假设的政治市场上,而最早奠定这种研究方法基础的是鲍德温教授在1982年提出并在1985、1989年不断深化的非数理模式。

  按照盛斌教授的总结,鲍德温的非数理模式主要涉及如下四个核心问题[①]。第一,收入再分配问题。以前主张自由贸易的经济学标准模型认为,自由贸易不但会提高全社会的福利,而且会产生收入分配效应,这种分配可以通过对受益者一次性税收并将其转移给受损者来完成。但由于收入再分配需要经济成本和社会成本,而且政府收入再分配政策也受到许多条件的限制而不能完全实现,因此,贸易保护政策在收入再分配上所采用的方式更隐蔽,成本更低。第二,信息和投票成本问题。以往支持自由贸易政策的标准模型假设,每个参加自由贸易的个体都能够受益,因而都愿意投票。但在现实中,如果每个劳动力从贸易分摊中获利远低于其成本(诸如时间与精力),他们可能选择不去参加投票。第三,"免费搭车"问题。这主要回答如果每个劳动力从自由贸易中的收益高于成本,他们一定会投票吗?对于传统的经济学理论而言,这是不言而喻的:只要一个集团的个人是理性的并且是追求自我利益的,他们就会采取行动以实现集体的目标。但经济学家奥尔森在讨论集体行动的逻辑时发现了集体行动面临着"免费搭车"的困境。依此类推,当将贸易政策作为公共产品时,我们会发现,劳动力作为大集团,尽管他们知道自由贸易对于集体是有收益的,但如果没有约束机制,他们也不会自愿地分摊成本而对自由贸易进行投票,这样就会出现"免费搭车"问题。相反,作为资本家的小集团,由于每个成员可以从中获得比较高的收益并且容易就总成本的分摊达成协议,形成约束和奖励机制,这样,贸易保护政策就可以战胜自由贸易政策。所以,如何在大集团中避免免费搭车问题是自由贸易政策的一个难题。第四,不完全信息和代议制。由于在民主制国家里多以代议制为主,通过选民代表来投票,而非全民投票制。这样就会出现一个难题,由于政治市场中信息不完全,选民并不完全了解代表的决策对他们福利的影响。同时,代表为了竞选连任而需要政治活动资金,这就为少数利益集团的游说和寻租行为提供了机会。不完全信息和代议制威胁自由贸易政策。

---

① 盛斌:《中国对外贸易政策的政治经济分析》,上海人民出版社2002年版,第38—40页。

这四个不利于自由贸易政策的问题构成政治供给和政治需求考虑的关键问题,之后研究者们对政治需求和政治供给建构的数理模型主要是建立在避免这几个问题的基础上的。这些数理模型的建立,反映了经济学家在政治需求和政治供给方面研究的专业化程度,而这正是传统经济学研究所缺乏的。这种研究对第二代国际政治经济学者产生了广泛的影响,尽管他们并不以模型为主,但经济学家在思考贸易政策时将政治约束(事前约束和事后约束)作为一个内生变量而建立的数理模型使"第二代"国际政治经济学者对这门学科的专业化充满了信心。

三、"民主的政府"模式:平衡公共利益与个人利益

与"仁慈的政府"模式假设政府只关注"公共利益"不同,也与"自利的政府"模式假设政府只关注"个人利益"或"利益集团的利益"有别,"民主的政府"模式试图将"个人利益"和"公共利益"结合起来。"民主的政府"模式假设,在一个民主制的社会里,政府作为一个平衡者,如果其贸易政策的制定只顾平衡各个利益集团之间的利益,而不考虑选民的意愿,其政权的合法性就会受到挑战。所以,在"民主的政府"模式中,政府的对外贸易政策的目标必须兼顾利益集团的利益和选民的利益。一个好的民主政府就是既能满足利益集团的利益,又能使得社会福利最大化。

支持这种模式的数理模型主要有两个:一个是1982年由芬斯特和巴格瓦蒂建立的模型。芬斯特-巴格瓦蒂模型是在 H-O-S 模型基础上构建的一个由政府与利益集团进行博弈的局部均衡模型。这个模型假设,在任何时候都只有一个按生产要素组成的利益集团向政府进行院外游说活动,利益集团的游说成本取决于初始的关税率、工资率和利润率。当国内价格仍然高于征税后的进口价格,而且关税不能完全抵消进口价格的下降,利益集团一般要进行游说,以寻求关税保护。而对于政府而言,政府利用关税收入向利益集团进行反游说,希望利益集团为其捐献,而当政府得到收入补偿后,必然降低关税,这样,政府就既满足了利益集团的保护要求,又最大限度地提高了全社会的福利。[①]

另一个是1994年由格罗斯曼和赫尔普曼模型建立的格罗斯曼-赫尔普曼模型,该模型的基本思路是,政府为了获得政治支持而将不同的贸易政策(高低不等的关税率或补贴率)进行"菜单式"的拍卖,以换取政治捐献资金,同时

---

① 盛斌:《中国对外贸易政策的政治经济分析》,第46—47页。

尽可能地满足普通选民的利益;而专有要素组成的利益集团则通过向政府提供不同的捐资来获得关税或出口补贴。在这种假设的前提下,政府和利益集团进行两阶段博弈,首先是利益集团之间在政治捐资价格上达成纳什均衡,然后是政府在给定政治捐资的基础上再决定最优的价格(关税或补贴)均衡。①

专栏

《斯姆特—霍利关税法案》(1930)和《互惠贸易协定法案》(1934)

这是国际政治经济学教科书中经常被引用的国内政治过程影响对外贸易政策制定的两个经典案例。

1930年,美国国会通过了美国历史上著名的《斯姆特—霍利关税法案》,这一法案建立了美国历史上最高的普通税率结构,使得实际税率达到了应税进口商品价值的60%,从而引起其他国家提高关税壁垒加以报复。但事隔4年之后,美国国会又颁布了一个大相径庭的贸易法案,即《1934年互惠贸易协定法案》,这一法案授权总统可以不经国会批准将任何一项美国关税最多降低50%。这里的问题是:如何解释同一国家立法机关在不到4年时间里通过两个大相径庭的贸易法案?

尽管对《斯姆特—霍利关税法案》为何形成并得以通过有多种分析,但几乎所有的分析都涉及当时美国国内政治结构的四个组成要素:(1) 国会,在20世纪30年代之前,根据美国宪法规定,只有国会有权制定法律、征税和拨款,所以,国会作为立法机关,其权力是最大的;(2) 政府,研究者们普遍发现,在1930年之前,总统代表的政府在关税方面的权力是非常有限的;(3) 政党,在美国的两党制形成过程中,其政策分歧的倾向一直是很明显的,在对外贸易政策上,共和党倾向于贸易保护政策,而民主党则更倾向于自由贸易政策;(4) 利益集团,在1930年,美国的利益集团按照行业来划分主要有农业、工商业、金融服务业,他们通过游说来影响国会和政府。

在1930年《斯姆特—霍利关税法案》形成和通过的过程中,共和党同时掌握着国会(1928年美国众议院选举结果为:共和党为270席、民主党164

---

① 盛斌:《中国对外贸易政策的政治经济分析》,第46—47页;〔美〕G. M. 格罗斯曼、E. 赫尔普曼:《利益集团与贸易政策》,李增刚译,中国人民大学出版社2005年版,第129—154页。

席、农工党1席;参议院选举结果为:共和党56席、民主党39席、农工党1席)和政府(胡佛总统),而总统在对外贸易政策制定过程中的权力又是有限的,所以,政党和利益集团对国会的影响便成为决定性的因素。就两党最后投票的结果来看,在参议院,同意通过的两党票数比例为44(共和党)比5(民主党),反对通过的票数比例为34(民主党)比13(共和党);而在众议院,同意通过的两党票数比例为228(共和党)比17(民主党),反对通过的票数比例为138(民主党)比27(共和党)。就利益集团来看,在对众议院筹款委员会进行游说的78个行业集团中,支持保护政策的有69个,而支持自由贸易的只有9个。

1932年,美国国内的政治结构发生了变化,其中,最为主要的变化有两点:一是民主党(福兰克林·罗斯福总统)赢得了总统选举,并且控制了国会;二是国会授权总统负责与外国进行降低关税的谈判,总统可以不经国会批准将任何一项关税降低最多50%,总统的这种权力持续三年。这样,政府在制定对外贸易政策过程中的权力扩大了。当美国面临国际社会的报复时,为了推动美国进出口贸易的增长,也为了世界经济的复苏,民主党以及总统希望变革,最后于1934年通过了《互惠贸易协定法案》。该项法案通过的结果是,其他国家恢复了与美国的贸易,推动了自由贸易的发展,并为战后世界性的自由贸易协定(GATT)的形成奠定了原则性基础。1937年,当总统三年授权期满时,国会又延续了对总统的授权。1974年,国会又将总统的授权扩展到非关税贸易壁垒上,总统可以不经国会批准与任何其他国家进行非关税贸易壁垒的谈判,这进一步推动了美国国内政策向自由贸易转向。

资料来源:根据 John Ravenhill, ed., *Global Political Economy*, Oxford University Press, 2008, p.116; Jeffry A. Frieden & David A. Lake, *International Political Economy: Perspective on Global Power and Wealth*(《国际政治经济学:审视全球权力与财富》,北京大学出版社2003年影印版) pp.37-46;迈克尔·希斯考克斯:《国际贸易与政治冲突——贸易、联盟与要素流动程度》(中国人民大学出版社2005年版);I. M. 戴斯勒:《美国贸易政治》(王恩冕、于少蔚译,中国市场出版社2006年版)相关内容编写。

第四节 全球贸易制度安排:从 GATT 到 WTO

从政府偏好来研究对外贸易政策主要反映了贸易政策制定过程及其结果的国内层面。而任何国家的贸易政策的制定不但要受到其他国家贸易政策的影响,同时也影响其他国家的贸易政策,这就是贸易政策的国际层面。从国际层面来考察贸易政策主要涉及两个核心问题:一个是国际贸易制度的建立,另一个是国际谈判与讨价还价。在回答这两个问题时,学术界和政策制定者们主要关注的案例就是关税及贸易总协定(GATT)和世界贸易组织(WTO)。为什么建立关税及贸易总协定以及世界贸易组织一直是国际经济学和国际政治经济学关注的课题,所不同的是,当国际经济学研究 GATT 和 WTO 时,其研究的重点在于通过规范的经济学模型来证明贸易自由化如何能够使得贸易国受益以及受益的程度如何①;而当国际政治经济学研究 GATT 和 WTO 时,其研究的重点是,将 GATT 和 WTO 作为一个政治制度,研究这种国际制度是如何形成以及这种国际制度对贸易国的贸易政策的制定以及实施有何影响②。

与认识到贸易是各国财富增长的动力相比,认识到在贸易领域建立一种国际机制,以避免相关贸易国的"以邻为壑"贸易政策或者"免费搭车"的贸易政策,却是很晚的事情。

一、1860—1945 年:自由贸易与贸易保护之争

国际贸易是一个比较古老的范畴,"几百年来,贸易税收一直是帝国和政治集团最重要的财源之一。许多帝国选择以贸易为契机而发展起来,并且为了控制亚洲、非洲和中东的贸易路线,曾经彼此大动干戈"③。1648 年民族国家体系出现之后,各国仍将贸易作为财富增长的火车头,并因此在欧洲历史上出现了著名的"重商主义"。在 1846 年之前,欧洲人关注的是贸易对国家财富增长的重要性,在这一点上,各国是一致的。至于如何进行贸易,并不是各国关注的重点,所以,相关国家(西班牙、葡萄牙、英国、法国和荷兰)采取的贸易手段是非常不同的。而真正认识到贸易的"外部性"特征以及贸易制度的建设,则是 1860 年自由贸易兴起之后才开始的。

---

① 参见〔美〕科依勒·贝格威尔·罗伯特·思泰格尔:《世界贸易体系经济学》,雷达、詹宏毅等译,中国人民大学出版社 2005 年版。

② Gilbert Winham, "The Evolution of the Global Trade Regime", in John Ravenhill, *Global Political Economy*, Oxford University Press, 2008, chapter 5.

③ 〔美〕罗伯特·吉尔平:《国际关系政治经济学》,第 195 页。

(一) 自由贸易的兴起

关于自由贸易兴起的标准以及准确年代,经济史学家们并无定论[①],这对于国际政治经济学的研究也无多大意义。但研究国际贸易史的学者们在如下两点几乎达成一致:第一,自由贸易发生在19世纪,并且首先在欧洲形成;第二,英国为推动并维护自由贸易做出了重大贡献。

关于自由贸易兴起的原因有很多,但如下三点在自由贸易兴起过程中所起的作用是无法忽视的。

第一,自由贸易的理念。尽管进行广泛的自由贸易兴起于19世纪中叶,但在此之前的一个世纪,理念上的准备已经很完善了,这就是亚当·斯密于1776年出版的《国富论》。在这部被称为自由贸易的奠基性著作中,斯密不但对先前盛行的重商主义从理念上彻底清算,更为重要的是,斯密从"劳动分工"这个最为基本的概念出发,建立了一个完整的自由主义思想体系。在这个思想体系中,一个重要的理念就是,政府不应干预贸易与商业。

第二,英国先行的政策。尽管英国在19世纪中叶之前也在推行贸易,但却是贸易保护和自由贸易并举。从17世纪中叶开始,政府的贸易保护被局限于特殊的领域,如航海条例的规定、对渔业的补贴、对澳大利亚纽卡斯尔与伦敦之间煤炭贸易的补贴,其中,最著名的莫过于1651年颁布的《航海条例》。而在其他领域,政府的权力逐渐退出,交由个体商人来接替。[②] 英国真正通向自由贸易道路始于19世纪中叶,其中,在1841—1846年罗伯特·皮尔担任英国首相期间,600多种关税被取消,1000多种关税被降低[③],特别是航海条例和木材关税的取消以及《谷物法》的废除使得英国在通向自由贸易的道路上迈出了一大步。尤其是1846年英国颁布的《废除谷物法》,使得推崇贸易保护的农场主不得不接受自由贸易的理念,这就使得英国国内政治中需要政府提供贸易保护的最后一个重要领域也开始实行自由贸易了。斯密的政府不干预贸易与商业的理念在现实的政策中得以真正实行。

第三,法国和其他国家的响应。如果没有其他国家的响应,英国的自由贸易政策也是不可能实现的,这就是我们在前面提到的贸易政策的"外部性"特征。1860年,英国和法国签订了《科布登—谢瓦利埃条约》,英国废除对法

[①] Charles P. Kindleberger, "The Rise of Free Trade in Western Europe", in Jeffry A. Frieden & David A. Lake, *International Political Economy: Perspectives on Global Power and Wealth*(《国际政治经济学:审视全球权力与财富》,北京大学出版社2003年影印版), pp.73—89。

[②] 〔美〕查尔斯·P.金德尔伯格:《世界经济霸权1500—1900》,商务印书馆2003年版,第205页。

[③] 同上书,第215页。

国白酒的歧视(而这也有利于西班牙和葡萄牙),作为交换,法国为英国的制造品提供广阔的市场。在之后的四分之一个世纪里,法国、德国、意大利以及其他国家相继或直接或通过双边协议降低关税。在这种意义上,我们可以认为,从1860年开始,西欧创造了一个自由贸易世界。这个自由贸易世界伴随着工业革命的到来和金本位制的实施迅速向西欧之外的地区和国家扩展,并且一直持续到1914年,形成了资本主义世界经济中的"第一个黄金时期"。

(二) 贸易保护:20世纪30年代的"以邻为壑"贸易政策

1873—1896年,欧洲乃至世界经济出现了大萧条。这次经济萧条的特点是产品价格逐渐下降,比如,1873—1896年,英国商品的价格下降了22%,美国商品的价格下降了32%;而在世界贸易中,原材料的价格下降了59%,小麦的价格下降了58%,煤炭的价格下降了57%。[1] 世界贸易中产品价格的下降,使得贸易国对"自由贸易"和"金本位制"不满,贸易保护开始在欧洲各国蔓延。奥匈帝国于1876年提高了关税,德国于1879年转向贸易保护政策,法国开始限制德国产品作为对德国的回应,美国继续其保护主义政策。实行自由贸易政策的国家只剩下英国、低地国家和瑞士,到了19世纪末,英国成了唯一实施自由贸易的国家。[2] 之后,世界贸易价格在1896—1913年之间逐渐上升,在这近20年期间,英国的价格上升了16%,美国的价格上升了41%[3],随着英国的金本位制度在更广的范围被参与贸易的国家所接受,自由贸易在世界范围内勉强得以延续。

但随之而来的两次世界大战以及1929—1933年世界范围的经济危机对自由贸易的冲击却是致命的。战争以及相伴的经济危机对世界贸易的影响是可想而知的。其中,灾难性的结果之一便是贸易保护的盛行以及贸易战的发生。

将19世纪末期、20世纪初期世界范围内的"以邻为壑"贸易政策推向极端并最终导致30年代贸易战的便是美国国会于1930年颁布的《斯姆特—霍利关税法案》,这标志着1870—1914年建立的基于自由贸易和国际金本位制的世界经济秩序彻底瓦解,世界经济萧条进一步恶化。

(三) 恢复自由贸易:1934年美国的《互惠贸易协定法案》

在国际贸易史上,1934年美国颁布的《互惠贸易协定法案》是一个重要历

---

[1] Jeffry A. Frieden, *Global Capitalism: Its Fall and Rise in the Twentieth Century*, NY: W. W. Norton & Company, Inc., 2006, p.8.

[2] C. P. Kindleberger, "Group Behavior and International Trade", *The Journal of Political Economy*, Vol.59, No.1, 1951, pp.30-46.

[3] Jeffry A. Frieden, *Global Capitalism: Its Fall and Rise in the Twentieth Century*, p.16.

史事件。该法案的颁布对贸易领域有两个重大贡献:第一个贡献是国内政治对贸易政策的影响;第二个贡献,也是最大的贡献在于贸易领域的双边贸易协定概念的产生。前者是贸易政策的国内政治决策过程,关于这一点,我们在前面已经进行过比较详细的论述;后者是贸易政策对国际社会的影响,我们在这里重点论述1934年美国的《互惠贸易协定法案》对世界贸易的影响。

1929—1933年世界经济危机期间,美国国会于1930年通过了著名的《斯姆特—霍利关税法案》。该法案出台之后,立即遭到其他国家的报复。这一法案不但扩大了世界经济萧条的范围,而且也使得美国经济进一步恶化:美国的进口额从1929年的44亿美元下降到1933年的14.5亿美元,而出口则从1929年的51.6亿美元降到1933年的16.5亿美元。① 之后,在一片谩骂和争论声中,美国国会又于1934年颁布了一部大相径庭的贸易法案《互惠贸易协定法案》。该法案的核心内容是:国会授权总统负责与外国进行降低关税的谈判,总统可以不经国会批准将任何一项关税降低最多50%。

1934年美国的《互惠贸易协定法案》对之后的世界贸易机制的建设起到了不可忽视的作用。第一,从国际政治的角度来看,《互惠贸易协定法案》告诫人们,削减关税不是单边的,而应该是双边的。根据统计,到1945年,美国与27个国家共达成了32个双边贸易协定,对64%的应税进口商品进行关税减让,使税率平均降低了44%。② 第二,国际贸易合作谈判应该建立在最惠国待遇或非歧视原则的基础上。这项原则允许一个国家可以与多个国家进行双边贸易谈判,这为后来关税及贸易总协定进行的多边谈判奠定了基础。

无论是美国,还是世界其他国家,都从1934年的《互惠贸易协定法案》受益。出于对恢复经济的渴望以及对战争的恐惧,在美国的带领下,相关国家于第二次世界大战结束前开始尝试多边自由贸易机制的建设。关税及贸易总协定(GATT)以及后来的世界贸易组织(WTO)就是这种努力的结果。

二、GATT(1947—1994):作为捍卫自由贸易的"临时多边协定"

(一)"国际贸易组织"(ITO)与"关税及贸易总协定"(GATT)

在1944年召开的布雷顿森林会议上,美国以及相关国家曾经倡导在贸易

---

① 〔美〕I. M. 戴斯勒:《美国贸易政治》,王恩冕、于少蔚译,第11页。
② 同上书,第12页;John Ravenhill, ed., *Global Political Economy*, p.142。

领域建立一个"国际贸易组织",但最终流产了。这里有一个值得深思的问题:为什么在战后酝酿的"国际贸易组织"流产了,而代之产生的是一个作为"临时协定"的"关税及贸易总协定"?

这个问题起源于一个众所周知的事实:关税及贸易总协定的建立并非参与各国之本意。在第二次世界大战结束之前,美国及其西方盟国出于贸易限制不利于世界经济发展的理念,提议在贸易领域建立一种国际制度,促进世界范围内的贸易自由化。1947年7月,在布雷顿森林会议上,相关国家原则上同意建立一个"国际贸易组织"(International Trade Organization)。当时国际社会希望能通过拟议中的"国际贸易组织"实现对全世界贸易关系的协调。美国政府在1945年向联合国经济与社会理事会提交了国际贸易组织宪章草案(又称《哈瓦那宪章》)。联合国经社理事会通过了该宪章,然而却最终遭到美国国会的拒绝(因为《哈瓦那宪章》中某些条文与美国国内法规定有冲突,而未予通过)。美国立法机构与行政当局之间的意见分歧,使当时国际社会建立一个世界性贸易组织的愿望化为泡影。既然拟议中的国际贸易组织未能成立,在现实中又很需要一个贸易机制,于是只好以关税及贸易总协定临时代替。这样,原属"临时性协定"的关税及贸易总协定一直运作到1995年1月才告结束,"临时协定"运作时间达47年之久。

(二) GATT 的原则

GATT 作为国际贸易领域的一个"临时协定",在长达47年的运行过程中几经修改和补充,更不必说还有繁多的副协定和议定书的产生,然而 GATT 的基本原则却一直没有多大变化。[1] GATT 有三个最为基本的原则。

第一,在减免关税和其他贸易优惠上的普遍最惠国待遇原则。最惠国待遇原则(most-favoured-nation principle)起源于20世纪30年代的贸易协定,并于1947年被作为关税及贸易总协定的第一条款,该条款要求所有参加国都受益于该协定。最惠国待遇原则主要是为了避免成员国之间的歧视,如果一个国家在某一产品上给了另外一个国家以最惠国关税,这种关税将适用于所有国家的同类产品。这一原则从根本上抵制了贸易政策中的"免费搭车"现象,从而为创造一个统一规则的多边贸易体系奠定了基础。

第二,反对进口数量限制或其他非关税限制。关税及贸易总协定主张各

---

[1] 关于关税及贸易总协定的概况、在战后世界贸易中的作用以及面临的问题比较权威的分析,可以参阅 http://www.gatt.org; Gilbert R. Winham, *The Evolution of International Trade Agreement*, University of Toronto Press, 1992。

国政府应通过减少贸易壁垒来扩大贸易,而不应在关税之外设立其他非关税壁垒。

第三,所有成员国之间实行无条件互惠。互惠(reciprocity)是关税减让谈判中一个非常重要的概念和原则,它确保成员国之间通过关税减让相互受益。

以上三项原则是 GATT 多边贸易体制最为核心和重要的原则,也是 GATT 作为一个多边贸易体制得以存在并在战后国际贸易中发挥其职能的基石。

(三) GATT 的成效和困境

从 1947 年关税及贸易总协定作为一个推动贸易自由化的"临时协定"而运行开始,在 GATT 框架内前后进行了 8 个回合的多边贸易谈判:日内瓦回合(1947)、安纳西回合(1949)、托奎回合(1951)、日内瓦回合(1956)、狄龙回合(1960—1961)、肯尼迪回合(1963—1967)、东京回合(1973—1979)、乌拉圭回合(1986—1993)。关于这些谈判的文件以及各种评论的著作浩如烟海,我们在这里主要讨论这些回合的谈判如何促进国际贸易机制的建设。

1. 肯尼迪回合(1963—1967):关税减让谈判的创新与反倾销

从严格意义上来讲,关税以及贸易总协定并不是一个国际机制,而只是贸易领域中一个"临时多边协定",尽管这种协定以前在历史上也存在,例如英国曾经颁布《航海条例》,但都是双边协定。作为一个"临时多边协定",GATT 的最初目标主要是通过国际谈判进行关税减让。事实上,关税及贸易总协定在 70 年代以前的贡献也主要集中在关税减让上,GATT 的前六轮谈判所要削减的壁垒都只限于关税方面。

表 12-2　1947—1994 年的 GATT 谈判

名称	日期及参加缔约方数量	题目及方式	结果
日内瓦回合	1947 年,23 个	关税:产品对产品的谈判	45000 个税号的减让
安纳西回合	1949 年,29 个	关税:产品对产品的谈判	适度的关税降低
托奎回合	1950—1951 年,32 个	关税:产品对产品的谈判	8700 个税号的减让
日内瓦回合	1955—1956 年,39 个	关税:产品对产品的谈判	关税适度的降低
狄龙回合	1960—1961 年,39 个	关税:产品对产品的谈判;欧共体关于工业制成品 20% 线性削减建议未被通过	1957 年欧共体建立后进行关税调整;4400 个税号的相互减让

(续表)

名称	日期及参加缔约方数量	题目及方式	结果
肯尼迪回合	1963—1967年,74个	关税:公式法减让,辅之以产品对产品的谈判;非关税措施;反倾销、海关估价	发达国家平均降税35%;30 000个税号被约束;反倾销和海关估价协议
东京回合	1973—1979年,102个	关税;非关税壁垒	平均关税减让35%;非关税壁垒的六原则;修改GATT中关于发展中国家的条款
乌拉圭回合	1986—1994年,128个	农业和纺织业;服务业;与贸易相关的投资和知识产权;GATT条款的修改	平均关税减让39%;签订12个协定(包括农业、服务业、补贴、保护关税);新的贸易问题:服务业和知识产权;争端解决机制;创建世界贸易组织

资料来源:〔美〕伯纳德·霍克曼、迈克尔·考斯泰基:《世界贸易体制政治经济学》,法律出版社1999年版,第10页;John Ravenhill, *Global Political Economy*, Oxford University Press, 2008, pp.158-159。

然而,从1947年到1963年的关税减让谈判并不是非常顺利,1947年首轮谈判中关税减让20%,而到了1960年狄龙回合谈判中关税减让只有10%。关于在前五轮的关税减让谈判中收效甚微的原因探讨有许多,其中如下两个原因是至关重要的:第一,欧洲国家的担心。尽管西欧国家在美国"马歇尔计划"的支持下经济逐渐得以恢复,但西欧国家出于对20世纪30年代"以邻为壑"政策的恐惧,所以他们的首要目标是欧洲邻国经济政策的协调。从1957年开始,欧洲六国(德国、法国、意大利、比利时、荷兰和卢森堡)在贸易领域主要着手两项政策:一是在成员国之间进行关税减免,建立关税同盟;二是为了保证农产品价格的稳定,通过统一关税来消除欧洲农产品价格与世界价格的差额。欧洲的利益高于世界其他国家特别是美国的利益,促使欧洲国家对更大范围内的关税谈判犹豫不决。第二,产品对产品的谈判。在前五轮回合的关税减让谈判中,谈判的方法是产品对产品的谈判,这就使得谈判不是各国贸易政策的整体协调,而是各国贸易政策在某一产品上的协调。

1963年开始的肯尼迪回合谈判,对贸易领域国际谈判的贡献主要集中在四个方面:第一,新的关税谈判方法。美国在肯尼迪回合谈判中提出了一种新的方法,也就是一揽子方法。根据最后的协定,主要的工业化国家除了一些特殊行业的关税保持不变以外,其他关税一律削减50%,最后的结果是,成员国平均关税减让达到了35%。第二,成员国贸易政策的整体协调。肯尼迪回合谈判的焦点不是集中在行业或产品关税削减的幅度上,而是在成员国贸易政策的偏好上,即哪些行业或产品属于成员国贸易保护。正是在这种意义上,肯尼迪回合谈判被认为是关税及贸易总协定谈判历史上第一个富有实质性意义的谈判,贸易领域中通过多边谈判来协调成员国经济政策的机制开始确立。第三,反倾销谈判。肯尼迪回合谈判的另外一个贡献就是将反倾销作为国际谈判的一个重要议题。经济学中的倾销是指厂商对其出口的产品制定一个比其国内市场要低的价格行为[①],而政治经济学意义上的倾销是指国家在其贸易政策中为了提高其产品在国际市场的竞争力,对该产品进行价格补贴,使其以低于国外同类产品的价格销往国际市场。肯尼迪回合开始了反倾销谈判,框定了反倾销的行为规则,关于这一议题的谈判在后来的东京回合和乌拉圭回合谈判中一直是一个重要议题。反倾销谈判的意义在于将成员国对外贸易政策"标准化"。第四,地区政治集团的兴起。在肯尼迪回合谈判中最后一个值得我们深思的现象是,肯尼迪回合第一次允许欧洲经济共同体作为一个单个行为体参加谈判,这为后来地区层面上的多边贸易协定奠定了基础。

2."东京回合"(1973—1979):非关税壁垒与战略贸易政策

"东京回合"谈判从1973年开始一直延续到1979年,共有102个国家参加。"东京回合"谈判对推动贸易自由化的贡献主要有如下三个方面。

第一,继续进行关税减让谈判。尽管关税减让不是"东京回合"谈判的重点,但关税减让谈判仍然是"东京回合"的目标之一。最后的结果是,9个主要工业国家的市场上产品的关税平均降低35%,制造产品的平均关税降至4.7%。这次关税减让的幅度可以与"肯尼迪回合"的结果相比。

第二,"非关税壁垒"(non-tariff barriers, NTBs)减让的谈判。如果说GATT在前6轮谈判主要集中在关税减让上,并且取得了巨大成就,那么1973年开始的"东京回合"谈判则主要集中在"非关税壁垒"减让的谈判上。20世纪70年代是一个保护主义抬头的年代:一方面是1973年世界范围内的经济滞胀,另外一方面是日本和新兴工业化国家坚持一贯的贸易保护政策;最为

[①] 〔美〕保罗·克鲁格曼、茅瑞斯·奥伯斯法尔德:《国际经济学》(第五版),海闻等译,中国人民大学出版社2002年版,第134—136页。

重要的是美国贸易逆差的增加、出口贸易的减速以及国内失业率的提高促使美国国内贸易保护主义抬头。在这种背景下,由于关税及贸易总协定经过7个回合的关税减让谈判,其协定内的关税壁垒已经撤销,这导致大多数国家出于保护本国利益的目的转而采取非关税壁垒。所以,"东京回合"主要是针对这些非关税壁垒进行谈判①,并且取得了重大进展。同时,"东京回合"谈判还试图将贸易规则扩展到其他方面,例如政府采购、安全以及健康标准等,但并没有成功。②

第三,尝试在关税及贸易总协定内确定"框架"协议。这主要是由发展中国家巴西动议的,其目的在于力图对关税及贸易总协定的义务加以明确。也就是说,明确关税及贸易总协定的义务,通过通知、协商以及争端解决等手段以帮助发展中国家发展幼稚工业、消除收支赤字等。尽管这一动议并未取得进展,但却促使关税及贸易总协定成员国开始意识到发展中国家贸易的重要性,并思考如何通过法律机制来解决贸易争端。

3. "乌拉圭回合"(1986—1994):新的贸易问题及其困境

"乌拉圭回合"谈判始于1986年9月,终于1993年12月,相关的协定于1994年4月签署,前后历时8年,共有128个国家参加了谈判。在关税及贸易总协定47年的历史中,"乌拉圭回合"是持续时间最长、争议最为激烈但成果最为丰富的一次谈判,也是关税及贸易总协定历史上最富有意义的一次谈判。从这次谈判的过程和结果来看③,"乌拉圭回合"主要有如下三个显著特征。

第一,谈判的议题。与前几次贸易谈判相比,"乌拉圭回合"谈判的议题主要集中在如下四个方面:市场准入(包括传统的农业和纺织业);GATT 规则的修改;将 GATT 作为一个制度的手段;以及新的贸易问题(包括服务业、投资以及知识产权)。④

(1) 市场准入问题:共同农业政策和《多种纤维协定》。市场准入问题(market access)主要涉及农产品贸易和纺织品贸易的保护政策。农产品市场

---

① 关于从国际政治经济学的角度对"东京回合"谈判进行的比较详细的讨论,读者可以参阅〔美〕罗伯特·吉尔平:《国际关系政治经济学》,第223—226页,以及 Edward D. Mansfield and Marc L. Busch Source,"The Political Economy of Nontariff Barriers: A Cross-National Analysis", *International Organization*, Vol. 49, No. 4, Autumn 1995, pp. 723-749。

② 关于从国际政治经济学的角度对"东京回合"谈判进行的比较详细的讨论,读者可以参阅〔美〕罗伯特·吉尔平:《国际关系政治经济学》,第223—226页。

③ 关于"乌拉圭回合"谈判的过程以及结果详细的描述,读者可以参阅 Terence P. Stewart, ed., *The GATT Uruguay Round: A Negotiating History(1986-1994)*, MA: Kluwer Law International, 1999。

④ John Ravenhill, *Global Political Economy*, p.152.

准入问题主要是针对欧盟、日本以及其他农产品出口国在农业领域的保护政策。欧盟从1960年实行共同农业政策,通过关税保护,支持共同体内农业的发展以及农产品价格的稳定。欧洲在农业领域的保护政策取得了成果,从1958年到1970年,共同体农产品的交易增长了6倍,而与第三国的交易只增长了1.5倍。① 经过70年代对农产品价格的持续支持,到了80年代,欧洲的农产品已经开始出现剩余,仅1985年,欧洲各国牛肉储备达78万吨,黄油120万吨,小麦1200万吨,为了避免无限制的储备增长,也迫于欧共体内部农民的政治压力,欧盟转而采取出口补贴政策。② 欧盟对农产品出口的补贴与关税及贸易总协定追求的贸易自由化的目标背道而驰。同样的情况也存在于日本对农产品采取的进口限制政策上。正是在这种背景下,市场准入成为"乌拉圭回合"谈判的一个重要议题。

如果说农产品市场准入的提出主要是美国针对欧盟的共同农业政策而提出的,那么,纺织品的市场准入问题则主要是针对发达国家与发展中国家曾经签订的《多种纤维协定》(Multi Fiber Arrangement, MFA)而提出的。纺织品通常是工业化早期优先发展的产业,因为纺织品工业是劳动密集型的产业,纺织业不但能够吸收大量劳动力,而且所需资金也较少。所以,纺织业也就成为战后发展中国家工业化进程中优先发展的产业。尽管第二次世界大战后世界贸易在GATT的推动下朝着贸易自由化飞速发展,但纺织业一直是一个例外。在发展中国家,纺织业成为出口的主要产业(参见表12-3),根据统计,1963—1976年,发达国家从发展中国家进口的纺织品和服装上升了14.1%,发展中国家纺织业和服装业在世界市场的出口额也从1976年的32.2%上升到1987年的50%。为了保护本国企业的利益,发达国家在1961年与发展中国家签订《棉花贸易的短期协定》(The Short-Term Arrangement Regarding International Trade in Cotton),对发展中国家出口棉花进行定额限制,1962年签订《长期协定》,1974年签订《多种纤维协定》,范围扩展到合成纤维和羊毛整个纺织业。这些协定规定,纺织品贸易的谈判只限于双边贸易额度谈判,这样《多种纤维协定》就将纺织品贸易排除在GATT多边贸易谈判议题之外。但到了80年代,随着发展中国家纺织品出口贸易的增加,发达国家认为有必

---

① 〔法〕皮埃尔·热尔贝:《欧洲统一的历史与现实》,中国社会科学出版社1989年版,第225页。
② 〔美〕保罗·克鲁格曼、茅瑞斯·奥伯斯法尔德:《国际经济学》(第五版),海闻等译,第189页。

要就纺织品在 GATT 内进行多边谈判,这样,取消《多种纤维协定》对纺织品贸易的保护、推动纺织品贸易自由化自然成为"乌拉圭回合"谈判的议题。

表 12-3　发展中国家占世界出口的份额

(％)

出口	1976	1980	1987
纺织业和服装业	32.2	40.6	50.0
纺织业	26.0	30.0	36.4
服装业	43.1	57.7	65.6
制造业	9.4	13.2	18.1

资料来源:联合国贸易统计,转引自 Junichi Goto, "The Multifiber Arrangement and Its Effects on Developing Countries", *Research Observer*, Vol.4, No.2, July 1989, The International Bank for Reconstruction and Development/World Bank。

(2) 新的贸易问题:服务业、投资与知识产权。除了传统的农业和纺织业,"乌拉圭回合"谈判出现了一个新的议题,这就是服务业以及与贸易相关联的投资和知识产权。

20 世纪 80 年代开始,世界贸易的性质和结构发生了巨大的变化。就贸易的性质而言,除了传统的货物贸易以外,服务贸易无论是在各国特别是发达国家对外贸易中所占的比例还是在世界贸易中所占的比例都在不断上升。而对于服务业,各国又没有一个统一定义,GATT 只是把服务业定义为"非货物贸易"。由于 GATT 长期以来一直集中在货物贸易的关税减让上,这就为相关国家在服务贸易中采取保护政策提供了机会,服务贸易领域就成为各国政府进行贸易保护的一个重要领域。

对外直接投资是战后世界经济以及相关国家经济增长的动力,但跨国公司在异地的生产,不但容易形成对某种产品在世界市场的垄断,而且容易冲击东道国同类产品以及相关的产业,所以,跨国公司和东道国主权的关系成为各国政策决策者关注的焦点。自从加拿大 1974 年率先设立"投资管理局",对美国的跨国公司在加拿大的投资进行管理以后,其他国家纷纷效仿。到了 80 年代,世界贸易中相当大的比例是跨国公司内部的贸易,投资自由化成为贸易自由化的一个不可或缺的条件。投资自由化自然成为"乌拉圭回合"谈判关注的问题。但由于投资自由化直接威胁到相关国家的主权,所以,最后各国同意将"与贸易相关的投资手段"(trade-related investment measures, TRIMs)作为"乌拉圭回合"谈判的议题。

"与贸易相关联的知识产权"(trade-related aspects of intellectual property rights，TRIPs)问题是"乌拉圭回合"谈判中出现的第三个新问题。随着服务业的发展,高科技产品(诸如电子信息、金融风险评估)成为服务贸易的一个重要方面,而如何对这些产品的产权进行保护成为各国关注的一个议题。

(3) GATT 的规则问题。GATT 规则的修改以及如何将 GATT 建设成一个富有成效的国际组织成为"乌拉圭回合"谈判中的一个重要议题。其实,早在之前的"东京回合"谈判中,相关国家已经意识到这一问题的重要性,因为 GATT 长期以来一直是作为一个"临时多边协定"存在的,其目标主要集中在货物贸易的关税减让上。但到了 20 世纪 80 年代,随着货物贸易关税的降低以及新的贸易问题的出现,GATT 规则的修改以及关于 GATT 是否具有法律效应成为各国关注的议题。

第二,谈判的行为体。与前几次贸易谈判相比,"乌拉圭回合"谈判的另一个明显特征就是谈判的行为体以及行为体之间的关系发生了变化,这就是参加谈判的行为体类型开始多样化。如果说"东京回合"谈判之前七轮谈判的主体是发达国家,那么,从"乌拉圭回合"谈判开始,参加谈判的国家既有原来的发达国家,也有新兴工业化国家,还有发展中国家;既有国家,也有地区集团(例如欧盟),还有国际经济组织(例如七国集团)。谈判行为体多样化以及利益的交叉,导致"乌拉圭回合"谈判的时间和难度超出以往任何一个回合的谈判。

第三,谈判的结果。"乌拉圭回合"谈判持续了 8 年,从结果上来看,"乌拉圭回合"谈判还是取得了丰富的成果。这些成果主要表现在如下三个方面:一是贸易谈判领域的扩大。以往的贸易谈判主要集中在制造业关税的减让,而在"乌拉圭回合"中,贸易谈判的领域不但扩展到传统的农业和纺织业领域,而且也包括服务业、投资以及知识产权这些新的贸易领域。尽管在"乌拉圭回合"的部门性协议中,这些领域的问题远没有解决,但有一点是至关重要的,那就是将这些问题(传统的和新出现的)纳入新成立的世界贸易组织的框架内,这就使得世界贸易朝着更加自由化的方向发展。二是国际贸易谈判由原来的权力主导方式开始向规则主导方式过渡。在前六轮回合的谈判中,国际贸易谈判主要是由美国来主导,即使到了"东京回合"谈判,议题也主要是由占世界贸易出口份额三分之二的美国和欧盟来主导,所以是一种权力主导方式。到了"乌拉圭回合"谈判,随着新兴工业化国家以及发展中国家或采取贸易保护的"进口替代战略",或实施更加自由化的"出口导向型战略",这导致这些国家在世界贸易谈判中的地位不断上升,并最终导致贸易谈判由以往的权力主导型向规则主导型转变。其中,最为典型的一个表现就是,当发达国家将农业、服务业和知识产权列为"乌拉圭回合"谈判的议题时,遭到了印度和巴西的激烈反对,从而使得谈判不断地延期。三是在制度建设方面。"乌拉圭回合"谈判的最大结果是成立"世界贸易组织"。尽管"乌拉圭回合"谈判力图在农业问题、服务业问题以及高技术产业三个领域有所突破,但由于发达国家与发达国家之间、发达国家与发展中国家之间的意见相左,最终也没有达到既定目标。在 1993 年 10 月"乌拉圭回合"谈判的最后阶段,与会国接受了贸易全面自由化协定,同时终止关税及贸易总协定这一运行 47 年之久的"多边临时协定",成立世界贸易组织(World Trade Organization, WTO)取而代之,继续协调国际贸易谈判。这样,世界贸易组织成为一个与国际货币基金组织和世界银行并行的国际组织。

三、WTO(1995 年至今):全球贸易制度

1995 年 1 月 1 日,作为一个新的国际组织,WTO 正式取代了运行长达 47 年之久的作为"临时多边协定"的 GATT。那么,世界贸易组织在哪些方面与关税及贸易总协定相承接,又在哪些方面与关税及贸易总协定有所不同?

(一) WTO 的目标与基本原则

作为一个制度性的世界贸易组织,WTO 主要有如下四个目标:第一,制定并强化国际贸易规则;第二,为贸易自由化谈判和监督提供一个平台;第三,推动贸易政策的透明度;第四,解决贸易争端。[1] 在这四个目标中,除了推动贸易政策透明度以外,其余三个目标在 GATT 都有阐述,所不同的是 WTO 远比 GATT 更全面、制度性更强。

WTO 作为一个国际组织在组织形式上替代了 GATT,但基本原则方面依然继承了 GATT 的原则,集中体现在如下两个方面。

第一,在减免关税和其他贸易优惠上的普遍最惠国待遇原则。也就是说,在世界贸易组织协定下,任何国家对待其贸易伙伴不得进行歧视,只要对某些国家进行贸易优惠,这种优惠必须适用于所有世界贸易组织的其他成员国。最惠国待遇原则原是 GATT 的第一条款,主要适用于货物贸易(不包括纺织品和服装),但在 WTO 中,最惠国待遇延续为《服务贸易总协定》(General Agreement on Trade in Service, GATS)的第二条款和《与贸易相关的知识产权协定》(Agreement on Trade-Related Aspects of Intellectuals Property Rights,

---

[1] The WTO Secretariat, *From GATT to the WTO: The Multilateral Trading System in the New Millennium*, Kluwer Law International, 2000, p.8.

TRIPs)的第四条款。这样,通过这三个协定(即 GATT,GATS 和 TRIPs),WTO 不仅涵盖了所有的货物贸易(既包括纺织品和服装,也包括敏感的农业),而且还包括服务业、资本以及观念(知识产权)这些新的贸易领域。

第二,在进口产品的国内流通与销售上的国民待遇原则。即任何国家对待进口的商品与对待国内生产的商品采取相同的标准,这一原则同样适用于服务业和知识产权,也就是说,对待外国的服务以及商标、版权和专利与对待国内的相同。这一原则作为 GATT 的第三条款,也成为《服务贸易总协定》第十七条款和《与贸易相关的知识产权协定》第三条款。

(二) WTO 作为一个制度性的国际组织

尽管 WTO 继承了 GATT 的基本原则,而且在"乌拉圭回合"谈判之后,GATT 的秘书处也成为 WTO 的永久性秘书处,但 WTO 作为一个制度性的国际组织,与 GATT 作为一个"临时协定"有着明显的不同,这些不同集中体现在 WTO 与 GATT 的结构、过程和程序三个方面。①

第一,从基于权力的部门贸易谈判向基于法律的贸易体系转变。

正如我们在前面讨论 GATT 时所指出的,在 GATT 推动贸易自由化的历史进程中,强国一直占据着主导地位,所以世界贸易自由化进程一直是权力推动的。这种权力推动性的贸易自由化进程由于无法制止贸易保护主义的增长(美国、日本以及欧盟的贸易保护),不能有效地解决争端(美国和欧盟关于农产品争端),以及部门贸易自由化不能均衡发展(货物贸易和服务贸易)②,所以最终导致 GATT 的解体。WTO 作为一个正式的国际组织,它从诞生之日起就力图建立一个基于法律规则的贸易体系。与关税及贸易总协定不同的是,它在推动贸易自由化进程中,不是一个问题领域一个问题领域(item by item)地讨价还价,而是采取"一揽子行动"(a single undertaking)。也就是说,世界贸易组织作为一个法律体系,对成员国的权利和义务有着明确的规定。任何国家,无论是发达国家还是发展中国家,也不管是富裕的强国还是贫穷的弱国,更不管是单个国家还是地区贸易集团,一旦成为世界贸易组织的成员国,对世界贸易的所有协定必须同时接受。这些协定包括③:建立世界贸易组织的协定;1994 年关税及贸易总协定以及其他多边贸易协定,包

---

① http://www.wto.org;The WTO Secretariat, *From GATT to the WTO: The Multilateral Trading System in the New Millennium*, pp. 7-29; Gilbert Winham, "The Evolution of the Global Trade Regime", in John Ravenhill, ed., *Global Political Economy*, pp. 159-169.

② Robert O'Brien and Marc Williams, *Global Political Economy: Evolution and Dynamics*, p. 157.

③ Ibid.

括卫生(Sanitary and Phytosanitary Measures)、贸易技术壁垒协定(TBT),以及与贸易相关的投资协定(TRIMs);服务贸易总协定(GATS);与贸易相关的知识产权协定(TRIPs);争端解决的规则和程序谅解录;贸易政策评估机制(TPRM)。

在"一揽子行动"的基础上,世界贸易组织将其组织的权力结构规范化。WTO 的最高决策结构为部长级会议(Ministerial Conference),部长级会议按照规定每两年召开一次。WTO 的日常事务由理事会(General Council)负责,理事会包括 WTO 的所有成员国,负责部长会议两年间隙的决策,理事会包括争端解决委员会(Dispute Settlement Body)和贸易政策评估委员会(Trade Policy Review Body)。此外,WTO 还有三个专门的功能性的委员会,即货物贸易委员会(the Council for Trade in Goods);服务贸易委员会(the Council for Trade in Service);以及与贸易相关的知识产权委员会(the Council for Trade-Related Intellectual Property Rights)。

第二,从单一货物贸易关税减让向国内贸易政策及制度性规则建立的转变。

对货物贸易进行关税减让谈判一直是 GATT 的核心任务,但关税减让谈判主要是针对部门产品。尽管 GATT 在货物贸易的关税减让方面取得了巨大成就,但从"东京回合"开始,由非关税壁垒导致的贸易保护主义对世界贸易构成挑战,而"乌拉圭回合"出现的新的贸易问题使得 GATT 面临着巨大挑战,并最终导致 GATT 的终止。WTO 与 GATT 的不同之处在于,WTO 开始将成员国的国内贸易政策的评估纳入其制度性建设框架之内,其核心就是明确对成员国具有约束力的义务。也就是说,只要是 WTO 的成员国,就有义务通过其国内贸易政策的制定来推动世界贸易自由化。WTO 的约束力使其超越了 GATT 集中于产品的关税减让的局限性,而是将各国对外贸易政策的制度化建设放在首位,这样,在问题领域方面,WTO 较之 GATT 更为全面。除了传统的工业品关税问题以外,WTO 涵盖了农业、服务业、高新技术产业等 GATT 无法解决的贸易问题。就目前来看,WTO 主要集中在贸易产品、服务业和知识产权方面:在贸易产品上主要集中于农产品和纺织品的标准、补贴以及反倾销;在服务业方面主要集中于银行业、保险业、电讯业、旅游业;在知识产权方面主要集中于专利、生产许可证以及版权方面。

第三,从基于国家间政治博弈的争端解决机制向基于国际协定的争端解决机制过渡。

《争端解决谅解协议》(Dispute Settlement Understanding,DSU)是 WTO 较之

GATT 最为显著的进步。GATT 时期的世界贸易也有争端解决机制,但其争端解决机制是失败的。因为,GATT 时期的争端解决机制主要是建立在国家之间政治博弈的基础上,而且要求一致同意。如果贸易争端方不能达成一致同意,任何一方就可以拒绝接受争端委员会做出的决定。WTO 的争端解决机制在 GATT 时期的基础上进行了重大修改,其主要目的是积极地解决相关国家的贸易争端,它的基础不是基于争端国家之间的相互讨价还价,而是基于国际协定,也就是说,只要是 WTO 的成员国,就必须遵守 WTO 的争端解决机制。一旦进入 WTO 的争端解决程序,即使是在结果中失败的国家,也必须接受最终的结果。WTO 专门设立一个上诉委员会(Panel/Appellate Body Review)来处理各种争端,这样,贸易争端的解决就超越争端双方,而主要是立足于世界贸易自由化的发展,在最大程度上防止或阻止各种形式的贸易保护主义。

(三) WTO 的谈判议题及其挑战

从 1995 年 1 月 1 日生效以来,WTO 作为一个制度性的国际组织,一方面积极实行"乌拉圭回合"谈判最终达成的各种协定,另一方面必须面对国际贸易体系中不断出现的各种新的挑战。关于在"乌拉圭回合"谈判中各国做出的降低进口关税和农业补贴,以及加强知识产权的承诺的详细内容,限于篇幅无法在这里进行详细讨论。① 我们在这里主要就 WTO 作为一个国际组织在过去 10 多年以及目前所面临的挑战进行一个比较简要的概括。

根据 WTO 的制度性设计,到目前为止,WTO 部长级会议已经举行 7 次,其主要的议题以及挑战集中在三个问题上:发展中国家的贸易;不断兴起的地区贸易协定;环境保护与可持续发展。

挑战之一:发展中国家的发展与自由贸易。

关税及贸易总协定以及后来的世界贸易组织一直强调贸易的互惠原则,但也有许多例外条款,关于发展中国家的贸易与发展就是其中之一。GATT 第四部分的相关条款中曾规定,在发达国家和发展中国家的贸易谈判中,当发达国家给予发展中国家贸易优惠时,不能希望发展中国家给予发达国家以同样的优惠;而在后来的《关于服务贸易总协定》中也允许给予发展中国家以优惠待遇;另外,WTO 的协定中关于发展中国家的其他特殊条款还包括发展中国家完成其承诺的时间、贸易条件、反倾销和技术壁垒等。

尽管如此,将发展中国家的发展与贸易纳入 WTO 仍然是 WTO 建立世

---

① 对此比较详细的讨论,读者可以参阅 W. Martin and L. A. Winters, eds., *The Uruguay Round and the Developing Countries*, Cambridge University Press, 1996。

贸易制度的重中之重。无论是 GATT 的"东京回合"谈判和"乌拉圭回合"谈判,还是 WTO 建立以后于 2001 年 11 月开始的"多哈回合"谈判,发展中国家的发展与贸易问题一直是国际谈判的主要议题和难题。之所以如此,是因为在 WTO 近 150 个成员国中,有三分之二是发展中国家。不仅发展中国家的数量庞大,而且发展中国家在全球贸易中所占的份额也在不断增加,同时,发展中国家已经认识到贸易在其经济发展过程中的重要性,并将贸易作为其经济政策的一个重要手段。

推动贸易谈判是 WTO 的核心任务之一。WTO 框架下贸易谈判与 GATT 框架下贸易谈判的主要区别在于,GATT 框架下的贸易谈判主要基于关税实践(customary practice),而 WTO 框架下的贸易谈判则是将贸易问题纳入"永久性的多边谈判机制"内。为此,从 2001 年 11 月开始的"多哈回合"谈判中专门设立了"多哈发展日程",其目的就是关注发展中国家的利益。尽管如此,在农业问题和服务业问题上,发达国家和发展中国家仍然还没有达成一致,这成为"多哈回合"谈判持续到现在一直努力解决的议题和难题。

挑战之二:地区贸易协定(RTAs)、特惠/自由贸易协定(PTAs/FTAs)与全球贸易自由化。

20 世纪 90 年代以来,随着新一轮地区主义的兴起,地区贸易协定也随着产生。根据 WTO 的统计,到了 2005 年,只有一个 WTO 的成员国蒙古不是地区贸易协定的成员国,WTO(或其前身 GATT)获得通知的有 330 个地区贸易协定,其中,206 个是 1995 年 1 月 WTO 产生以后签订的,180 个已经生效。[1]

地区贸易协定(regional trade agreements)以及特惠/自由贸易协定(preferential/free trade agreements)的兴起,是对全球贸易体系的加强,还是对全球贸易体系的分化? 这是 WTO 成立以来密切关注的问题。尽管 WTO 理事会于 1996 年 2 月 6 日为此专门成立了"地区贸易协定委员会"(WTO's Committee on Regional Trade Agreements),其目的是对地区集团所签订的贸易协定进行评估,评估这些地区贸易协定是否与 WTO 的规则相一致,地区贸易协定如何影响多边贸易体系,以及地区贸易安排与多边贸易安排的关系如何,但就目前的状况来看,无论是已有的理论分析还是经验证据都无法给出一个明确的结论。[2]

---

[1] http://www.wto.org.

[2] The WTO Secretariat, *From GATT to the WTO: The Multilateral Trading System in the New Millennium*, pp. 125–126.

地区贸易协定(RTAs)以及特惠/自由贸易协定(PTAs/FTAs)究竟是贸易全球化的铺路石还是绊脚石,学术界为此争论不休,争论双方给出了各自的理由。澳大利亚国立大学的国际政治经济学家雷文修(John Ravenhill)教授曾对此做过系统的总结。①

坚持地区贸易协定是全球贸易自由化"铺路石"的学者们和政策制定者们给出的理由主要有:(1) 地区贸易协定的签订使得参与全球谈判的行为体减少,行为体越少,谈判越容易达成一致;(2) 在地区层面就深入一体化的问题达成协议相对容易,而这为全球层面的协议的达成提供示范;(3) 地区协定可以提高国内工业的竞争力,从而为这些工业的全面自由化铺平道路;(4) 地区协定可以提高那些出口导向的利益者的金融地位,从而促使他们游说政府进行更广范围的自由化;(5) 当地区协定为一些国家的企业接近国外市场提供优惠时,另外一些国家的同行竞争者就会游说政府去签订协定,以便获得同样的优惠。

而主张地区贸易协定是全球贸易自由化的"绊脚石"的学者们和政策制定者们给出的理由包括:(1) 地区贸易协定强化了权力不平等在国际贸易关系中的影响,允许大国将其意愿强加给小国,并通过原产地原则获得了优势,而这在全球层面上进行贸易谈判是无法达到的;(2) 地区贸易协定将全球贸易谈判中有限的官僚资源和政治领导权的一部分转化到地区贸易谈判中,因而分化全球贸易自由化谈判;(3) 地区贸易协定导致关税和原产地原则的多样性,因为随着一个国家成为几个地区贸易协定的成员国,而这些地区贸易协定的规则又有所不同,规则的多样性以及各国国内不同利益集团不同的诉求最终提高了国际贸易谈判的成本;(4) 地区贸易协定为出口商提供了进入国外市场的便利,因而削弱了这些出口商进一步游说政府或在全球层面进一步自由化或进一步开放国内市场的积极性;(5) 地区贸易协定允许政府将政治上敏感的产业从自由化中免除,最终加强了保护主义的力量,为在全球层面进行贸易自由化增加了阻碍力量。

总的来看,争论双方各自的理由非常充分,并有各自的现实经验证据,但争论的核心仍然是世界贸易组织的第XXIV条款与地区贸易协定和特惠/自由贸易协定的规则的相容性或一致性问题,具体地说就是三个问题,即最惠

---

① John Ravenhill, ed., *Global Capitalism*, pp.200-201;雷文修:《亚太地区新双边主义的政治经济学分析》,载王正毅、迈尔斯·卡勒、高木诚一郎主编:《亚洲区域合作:制度建设、安全合作与经济增长》,上海人民出版社2007年版,第435—455页。

国的关税、原产地原则以及透明度和执行力问题。① 在这三个问题上地区贸易协定是否与世界贸易组织的第 XXIV 条款一致,是全球贸易自由化面临的一个难题。

挑战之三:环境、可持续发展与国际贸易。

长期以来,南北关系始终围绕着原料、贸易、投资、市场、债务等问题展开,这是"南方国家"迫切要求改造和重建国际政治经济秩序的具体表现。20世纪80—90年代,随着各国工业化的进展以及西方跨国投资项目的飞速增加,国际社会开始对环境污染,尤其是正在进行工业化国家的环境恶化问题给予重点关注,环境问题从而成为南北关系的新焦点。② 1972 年,联合国在斯德哥尔摩建立联合国人类环境会议(United Nations Conference on Human Environments),之后,世界环境与发展委员会(World Commission on Environment and Development)在挪威政治家布鲁特莱(Gro Harlem Brundtland)的领导下(后被称为布鲁特莱委员会)于 1983 年提出了世界环境恶化的报告,联合国安理会于 1987 年 10 月 29 日接受了布鲁特莱委员会提交的名为《我们共同的未来》(Our Common Future)的报告,首次提出了发达国家和发展中国家都能接受的"可持续发展"的概念,使得环境问题成为国际社会共同关心的问题,也成为发达国家和发展中国家相互合作的议题。

虽然 WTO 并没有就环境问题形成一个特殊的协定,但在推动全球贸易自由化的同时,WTO 也强调各国政府对环境的保护。为此,在 1994 年结束的"乌拉圭回合"谈判中,专门成立了"贸易与环境委员会"(Trade and Environment Committee),将环境与可持续发展问题纳入 WTO 的工作框架内,并在 2001 年的"多哈部长级会议"上就环境问题展开了谈判。然而,WTO 在处理贸易与环境以及可持续发展的关系上遇到了前所未有的挑战。挑战主要包括两个问题:一个问题是如何处理 WTO 协议与其他环保协议之间的关系;另一个问题是如何处理"绿色贸易"与世界贸易体系的关系。

如何处理 WTO 协议与其他环保协议之间的关系是 WTO 面临的第一个难题。尽管 WTO 坚持认为一个开放、公平和非歧视的多边贸易体系有助于推动相关国家保护其环境和自然资源,但 WTO 只是一个多边贸易体系,并不

---

① The WTO Secretariat, *From GATT to the WTO: The Multilateral trading System in the New Millennium*, p. 126.

② Frederic S. Pearson and Simon Payaslian, *International Political Economy: Conflict and Cooperation in the Global System*, pp. 354−356.

能代表或取代其他国际环保组织。关于这一点,WTO 在成立"贸易与环境委员会"也曾明确过。"贸易与环境委员会"主要基于两个最为基本的原则①:第一,WTO 作为一个多边贸易体系的唯一任务就是进行贸易自由化谈判,以此推动全球贸易的发展。WTO 不是一个环境机构,所以,WTO 的成员国不能利用 WTO 对各国具体的环境政策及其标准进行干预。"贸易与环境委员会"只对那些对贸易产生影响的环境问题进行研究。第二,"贸易与环境委员会"解决环境问题时,其解决方案必须遵循 WTO 贸易体系的规则。在现实世界中,WTO 之外的有关环境问题的国际协议大约有 200 多个,但其中只有 20 个协议与贸易相关。②

如何处理"绿色贸易"与世界贸易体系的关系是 WTO 面临的另一个难题。由于在贸易问题上发达国家和发展中国家存在着严重分歧,"绿色贸易"标准问题成为发达国家和发展中国家贸易争端的焦点,也成为一个国家干预其他相关国家的国内贸易政策和环境政策的手段。在这方面最为著名的案例是 1991 年墨西哥在 GATT 框架下诉美国的"金枪鱼—海豚"案和 1998 年印度、马来西亚、巴基斯坦和泰国在 WTO 框架内诉美国的"河虾—乌龟"案。

专栏

慢车道的 WTO 与快车道的自由贸易协定(FTAs)

作为"抵制进口商品组织"(Swadeshi Jagran Manch,SJM)——印度民族主义组织"同盟家族"(Sangh Parivar)的保护主义游说团体——最主要的理论家,古鲁穆尔蒂(S. Gurumurthy)呼吁印度在 WTO 坎昆部长级会议上发表强硬谈话,他表示:"印度应该考虑退出 WTO,转而推行双边贸易协定。"根据报道,古鲁穆尔蒂先生认为,"中国经过多年与美国的双边贸易协定,在此期间它变得足够强大,从而有能力面对多边主义的世界,然后才加入 WTO"。

这些说法是如此的不准确,本来完全不值得对它们给予社论回应,但是考虑到阐述这些观点的不是别人,而是古鲁穆尔蒂先生,一个在商界、政界和新闻界能够发挥重大影响的金融顾问,所以还是需要进行澄清。

---

① http://www.wto.org.
② Ibid.

考虑一下印度面临的可能选择。假设印度联邦商务部长阿伦·贾艾特里(Arun Jaitley)来到坎昆后,拒绝了别人提议的有关贸易自由化的所有建议,并且宣布印度退出WTO,然后回国推行双边贸易自由协议。那么,他将要和谁来展开双边贸易协议?有人要说,当然是和印度的主要贸易伙伴。那么,它们是谁?美国、欧盟、中国、东盟成员国、韩国、日本、巴西、墨西哥、南非、以色列、俄罗斯以及我们的南亚邻邦,其中当然有波斯湾的石油出口国——我们向它们购买石油并且向它们输出我们的熟练工人。

这些国家一起构成了印度在产品和服务贸易领域的主要交易对象。在这份长长的名单中,哪个国家将会同意和印度达成这样一个双边自由贸易安排,其中有关贸易自由化的义务比印度希望通过在WTO的多边进程所获得的保证还要轻松?或许俄罗斯和一些邻邦可能如此。

几乎所有其他的国家都希望进入到自由贸易的快车道,因为它们已经走在了印度的前面。进一步说,OECD国家占了印度几乎50%的出口市场,其中有哪些国家会与印度达成一个比《多哈发展议程》要求更低的FTA?一个也不会。此外,要想维持与中国、日本、韩国和东盟成员国等亚洲邻邦迅速增长的贸易关系,与它们达成的贸易自由化双边承诺需要比WTO进程的要求还要更快。

不妨看看我们目前与泰国进行的FTA谈判中发生了一些什么事情吧。泰国正在寻求对汽车零配件市场的零关税进入权。那些在泰国有生产基地的日本汽车生产商将立刻从中获益,因为它们能够绕道泰国向它们在印度的汽车组装厂出口零配件。那些已经在印度建立了工厂的汽车公司,像塔塔汽车公司、现代和TVS都持反对态度。它们希望有更长的时间来为零关税做准备。按照WTO的建议,汽车零配件领域的"零对零"关税的时间是在2015年,而印度与泰国的FTA将在2005年生效。到底哪一个是慢车道?

再看看我们与近邦的自由贸易协议。印度已经与斯里兰卡这一较小的经济体达成了FTA。斯里兰卡的关税比印度更低,而且准备在WTO与新加坡就所有问题达成协议。我们期望与南方共同市场达FTA。而巴西和阿根廷在WTO的几乎所有问题上都比印度要领先一步。最后,我们看看东盟,本周印度主持了印度—东盟商务峰会。我们与新加坡就《全面经济合作协议》进行了谈判,并且希望与东盟商谈FTA。难道这一进程会比WTO的进程还慢吗?

"抵制进口商品组织"的一个领导人认为,马来西亚总理马哈蒂尔·穆罕默德是WTO中来自第三世界的英雄,贾艾特里先生在坎昆必须向他学习。"看看马哈蒂尔,"据报道,该组织的领导人认为,"他敢于抵抗那些白人(gore log)。"真的是这样吗？那么，所谓的"新加坡问题"是如何列入WTO议程的呢？正是马来西亚在1996年的新加坡部长级会议上搅乱了局面，使得新加坡问题进入到WTO议事日程。马哈蒂尔先生冲着西方国家大声嚷嚷，可是西方在马来西亚的投资却比在印度的投资要多。"抵制进口商品组织"对白人的种族主义称呼(gore log)不但令人憎恶、令人不快，而且，考虑到西方国家是我们的主要贸易伙伴，这样做对我们的国家利益没有丝毫好处。

更为重要的是，马来西亚目前正在通过减少其对印度食用油出口的方式，来抱怨印度在推进双边贸易方面做得不够。在7月份的英联邦商务委员会伦敦会议上，马来西亚的贸易部长告诉我，印度在推动"南南"贸易方面做得很不够。顺便提一下，这也是WTO正式议题中的新问题。像印度这样的发展中大国正在为欠发达的发展中小国做点什么呢？我们的南亚邻邦也向我们提出了这样一个问题。我们一方面想与南亚各国达成FTA，然而另一方面我们却无法接受来自斯里兰卡和孟加拉国的竞争吗？这难道就是抵制进口商品组织领导人及其同类所引以为傲的"伟大母亲印度"吗？

我们不要再自欺欺人了。不管从经济还是政治角度来看，各种替代WTO的机制并不会更好。它们无助于印度的国家安全利益。在1998—2001年间，印度国家安全顾问委员会对该问题进行了深入的考虑，其深思熟虑的结论是，相比于放弃WTO转而寻求双边或区域FTA，WTO支持下的多边贸易体系将更加有利于印度的国家利益。

进一步说，即便我们打算达成一些FTA，也应该是和美国、欧盟及东盟这样的主要贸易伙伴，我们和这些国家有可能形互补性的"双赢"贸易关系。然而，在WTO的"成绩表"上，它们全部位居印度之前，而且，它们所要谈判的FTA，其中所包括的议题全部是我们打算在WTO中拒绝谈判的问题。因此，有人设想双边或区域FTA是印度逃脱WTO多边协定所要求义务的方便之门，这无异于痴人说梦。生活在一个虚幻的世界中本也没有什么不对，只要不把国家政策的制定当成这种儿戏就好！

资料来源：[印]桑贾亚·巴鲁：《印度崛起的战略影响》，黄少卿译，中信出版社2006年版，第137—139页。

第十三章
跨国公司与国家

尽管真正意义上的跨国公司可以追溯到1867年美国的辛格(Singer)在苏格兰的格拉斯哥建立的第一个越洋工厂,从而在世界不同地区生产具有相同样式、相同品牌的同种产品,但在20世纪50年代之前,公司和企业的生产活动仍主要是在各国国内,因此,早期研究国际经济的学者们并不把跨国生产列入其研究议题。

最早对进行跨国生产和投资的商业活动给予关注的是20世纪60年代初国际商业机器公司(IBM)从战略的角度创造出的词"多国公司"(multinational corporations/enterprises)[1],之后,美国哈佛大学为了分析美国的商业活动而设立"哈佛大学多国公司研究项目"(Harvard Multinational Project)来描述这种在多个国家进行生产的新现象。在研究中,学者们曾使用过不同的术语:多国公司(multinational corporations/enterprises)、国际公司(international firms)以及跨国公司(transnational corporations/enterprises)。后来,学者们发现跨国公司这个词更能准确地表达公司的所有权属性,经过联合国的使用,跨国公司这个词才逐渐固定下来。[2]

随着生产的国际化以及资本的跨国流动,民族国家成为一个复杂的"理

---

[1] 〔英〕苏珊·斯特兰奇:《国际与市场》,杨宇光等译,上海世纪出版集团2006年版,第89页。
[2] Robert O'Brien and Marc Williams, *Global Political Economy: Evolution and Dynamics*, Palgrave Macmillan, 2007, pp.177–179.

性者":一方面各国通过采取各种宏观经济政策,积极吸引外国跨国公司的投资以及推动本国公司走向世界市场;另一方面,各国又因担心跨国公司对本国经济的控制以及冲击而不断加强对外国跨国公司的监管。这种状况使得民族国家陷入一个"两难境地":一方面,为了本国的经济增长有必要吸引跨国公司的投资;但另一方面,跨国公司的引入对国家主权有侵蚀的危险。如何走出这种"两难境地",成为20世纪70年代兴起的国际政治经济学关注的一个核心议题。

第一节 直接投资政治学的研究议题:直接投资、国内政治与国际机制

一、跨国投资:直接投资与间接投资

20世纪60年代以来,资本的跨国流动主要是以对外直接投资的方式来进行的,而对外直接投资则主要是通过跨国公司来完成的。尽管统计口径有所差异(例如国家层面、地区层面以及全球层面),但就对外直接投资以及跨国公司在世界经济的表现而言,其统计结果几乎是一致的。无论是哪种层面的统计都表明,从20世纪60年代,特别是70年代以来,对外直接投资以及跨国公司都得到了飞速的发展,跨国公司成为推动国际生产的企业。根据联合国贸易与发展会议(UNCTAD)的统计,在20世纪90年代,跨国公司已经占有世界生产的25%、世界工业产值的80%、世界商品贸易的40%以及世界GDP的10%[1]。对此,联合国贸易与发展会议在《2000年世界投资报告》中开宗明义地指出,"现在为数已达63 000家左右的母公司拥有大约690 000家国外分支机构以及许多企业内部安排,其国际生产实际上已经分布到所有国家并包括所有经济活动,从而使这些公司成为当今世界经济中令人可怕的力量"[2]。

经济学家们一般将跨国投资分为两类:直接投资与间接投资。

直接投资(foreign direct investment),是指投资者在本国之外以控制企业部分产权、直接参与经营和管理从而获取利润的资本对外输出。直接投资既包括固定资产,也包括中间产品,如资本、技术、管理技术、市场准入以及企

---

[1] 转引自 John Ravenhill, *Global Political Economy*, Oxford University Press, 2008, p.289。
[2] 联合国贸易与发展会议:《2000年世界投资报告:跨国并购与发展》,中国财政经济出版社2000年版,第1页。

业。对外直接投资一般有两种形式,一种是创办新企业(公司)或收购外国现有企业(公司);另一种是通过购买外国企业股票进而拥有对该企业进行股权的控制。关于控制股权的比例达到多少才能算直接投资,按照国际货币基金组织的定义[1],只要拥有10%或超过10%的股权,就可视为直接投资,而低于10%股权的投资则被称为证券投资。

间接投资(foreign indirect investment),又称证券投资(portfolio investment),主要是指用于购买外国公司的股票、其他证券的投资以及中长期国际信贷。按照间接投资的主体分,间接投资可以分为国际机构投资、政府投资和私人投资;按筹资的手段和管理方法分,间接投资可以分为国际银行信贷、政府贷款、国际金融机构贷款以及国际证券等。与直接投资最大的区别在于,间接投资不参与企业或公司的经营和管理。

尽管学术界对两种投资做出了比较严格的区分,但在现实世界中的投资远比理论界定复杂,这是由跨国公司的多样性导致的。根据跨国公司的结构,一般将跨国公司分为如下三类[2]:(1)垂直型跨国公司(vertical TNCs),这类跨国公司的特征是生产过程的不同阶段在不同的国家由同一个公司来完成。比如,英国的石油公司在中东拥有油井,在英国销售石油和天然气。(2)水平型跨国公司(horizontal TNCs),这类跨国公司的特征是同一个公司在不同的国家生产相同的产品。比如,日本的丰田公司为了避免保护主义分别在欧洲和美国设立工厂生产同一类型汽车。(3)多种经营型跨国公司(conglomerate TNCs),这类跨国公司的特征是一个公司为了分散经营风险,采取多元化的经营战略,在不同的国家生产不同的产品。比如日本的三井物产和韩国的大宇。

二、跨国公司与国际机制

跨国公司在全球的飞速发展以及跨国公司生产结构的变革,不仅对全球经济的结构产生了重大影响,而且也改变了跨国公司自身的功能。因此,跨国公司及其对全球经济的结构和功能的影响,不仅引起了经济学家的广泛讨论,而且也引起了政治经济学家的广泛关注。与经济学家从企业发展的角度

---

[1] International Monetary Fund, *Balance of Payments Manual*, Wahsington D. C., 1993, p. 86.
[2] 参见 Robert O'Brien and Marc Williams, *Global Political Economy: Evolution and Dynamics*, p. 179;联合国贸易与发展会议:《1999年世界投资报告:外国直接投资和发展的挑战》,中国财政经济出版社1999年版,第102—105页。

关注跨国公司的结构、管理、组织以及战略不同,政治经济学家主要关注的是,跨国公司的这种全球性的扩展以及生产结构的变化对相关国家之间的关系(多边关系、双边关系)以及国际体系本身产生什么样的影响。

国际政治经济学从20世纪70年代产生以来,跨国直接投资与国际贸易、国际货币一起成为国际政治经济学研究的三大主题。国际政治经济学从全球/地区层面对跨国公司进行政治学研究的核心问题是跨国公司与国际机制的关系,具体研究主要集中在如下三个议题上:第一个议题是为什么跨国公司优先考虑对外直接投资,而不是对外借贷?第二个议题是,跨国公司是否是一个独立的行为体?如果是一个独立行为体,它有何特征?第三个议题是,跨国公司作为一个国际组织,对国际体系的机制建设(多边协定以及双边协定)究竟产生了什么样的影响?

三、跨国公司与国内政治

在20世纪70年代跨国公司兴起的早期研究中,无论是经济学家(主要基于成本-收益分析)还是政治学家(主要基于权力分配),不论他们信奉自由主义还是推崇马克思主义,几乎一致地假设,跨国公司作为母国的企业必然是母国国家利益的代言人,所以,20世纪70年代以来出现的几乎所有关于跨国公司的理论解释模式都基于一种"二分法",即母国/跨国公司与东道国,研究的重点主要集中在母国与东道国的关系,或跨国公司与东道国的关系。所不同的是,自由主义者认为,由于跨国公司的产生以及对外投资,母国/跨国公司和东道国的关系是相互依存并相互受益的关系;而马克思主义者认为,由于跨国公司代表东道国的国家利益,所以,母国/跨国公司与东道国的关系是一种不等价交换关系。

20世纪80年代末、90年代初以来,随着经济学领域新政治经济学的兴起以及国际关系研究领域对"国家是单一的"这一假设挑战的成功,学术界在研究跨国公司时,开始超越以前关于母国/跨国公司与东道国这种简单的"二分法",逐渐转向研究母国(国内政治)—跨国公司—东道国(国内政治)三者的互动关系。从母国的国内政治以及东道国的国内政治的角度研究跨国直接投资,主要集中在如下三个具体的研究议题上:第一个议题是,母国的国内政治或东道国的国内政治如何影响跨国直接投资的流入或流出;第二个议题是,跨国直接投资的流入与流出对母国的国内政治或东道国的国内政治产生什么样的影响;第三个议题是,跨国直接投资的流入或流出对母国和东道国之间的政治关系产生何种影响。

第二节 直接投资的政治经济学：三种理论模式及其超越

跨国公司作为一种国际力量不但改变了企业生产组织本身，而且对国际体系和民族国家也产生了重大影响。所以，关于跨国公司的研究从20世纪70年代开始成为经济学界和政治学界关注的主题，出版了许多富有影响的学术成果①，并逐渐形成三种分析框架：自由主义的分析模式、马克思主义或激进学派的分析模式以及国家主义的分析模式。

一、自由主义的分析模式

20世纪60年代以后，学术界开始对直接投资以及跨国公司的飞速增长进行理论探讨。在自由主义的分析框架下，对跨国公司的扩张行为进行理论研究并取得突出成就的主要有三种理论：20世纪60年代哈佛大学经济学家维农教授的"产品周期理论"；70年代英国经济学家邓宁教授及其同事提出的"折中理论"；90年代哈佛大学经济学家波特教授的"战略理论"或"价值链理论"。

1. 产品周期理论

"产品周期理论"是由维农（R. Vernon）在1966年发表的论文《产品周期中的国际投资与国际贸易》②中提出的。之后，在1971年出版的《主权困境》一书中，维农教授进一步分析了跨国公司的兴起对主权国家的影响，提出了"主权困境模式"。

跨国公司为何能够得以飞速发展？为了解释这一问题，维农提出了著名的产品周期理论。产品周期理论的一个基本命题是，任何产品都有一个生命周期，其发展经历三个阶段，即产品的创新阶段、产品的成熟阶段、产品的标准化阶段。维农以美国公司为例对此进行了详细的探讨。在产品的创新阶段，美国公司具有明显的比较优势，因为美国市场规模巨大，科学研究能力比较强，所以公司研发出的新产品首先在美国国内市场进行销售，并开始向其他国家出口这种新产品。但随着产品的成熟，产品的生产技术逐渐标准化以

---

① 这方面经典性的文献，读者可以参阅 Benjamin Gomes-Casseres and David B. Yoffie, eds., *The International Political Economy of Direct Foreign Investment*, Volume I and Volume II, Edward Elgar Publishing Limited, 1993。

② R. Vernon, "International Investment and International Trade in the Product Cycle", *Quarterly Journal of Economics*, Vol. 80, No. 2, May 1966.

及专业知识向国外的传播,其他国家的产品进口商就会获得技术,一旦这些进口商获得技术,他们就可以依靠低廉的成本(相对廉价的劳动力和交通费用的节省)生产出同类产品来满足国内市场的需求,替代该产品的进口。因此,为了维持美国公司对产品的垄断地位,削弱和阻止外国公司在市场上的竞争,美国公司就会进行跨国直接投资,在国外建立生产基地,直接进入外国的市场。

维农的产品周期理论主要依据的是国家之间财富和技术的差异,由于在20世纪五六十年代,美国不但是全球最富有的国家,而且和其他国家之间在技术上的差异也很大,因而产品周期理论很好地解释了美国跨国公司在20世纪60年代向全球的扩张行为。但进入70年代以后,随着欧洲和日本经济的飞速发展,美国与欧洲和日本在财富和技术上的差距开始缩小,特别是日本和欧洲跨国公司的不断兴起,产品周期理论不但不能完全解释美国的跨国公司行为,而且最为重要的是无法解释20世纪70年代中期以后不断兴起的欧洲和日本的跨国公司的扩张行为。

2. 折中理论或"OLI 模式"

"折中理论"(eclectic paradigm)是由英国的经济学家邓宁和他所在的里丁大学的同事们共同倡导的,因而也被称为"里丁学派"。对"折中理论"进行全面总结的是邓宁于1977年发表的《贸易、经济活动的区位和多国公司:一种折中路径的探究》。[①]

"折中理论"涉及三个最为基本的概念:所有权(ownership)、区位(location)和内部化(internalization),因此,"折中理论"又被学术界称为"OLI 模式"。

所有权优势是折中理论中的最为重要的概念,在折中理论看来,与特定区位禀赋对公司的重要性相比而言,所有权的禀赋对于特定公司而言是内在的,所有权禀赋既包括有形资源(例如技术本身),也包括无形资源(例如对资源利用的效率)。一个国家的公司相对于其他国家的公司拥有的比较优势首先表现在所有权的优势上。所有权优势表现在三个方面:第一,拥有规模性经济、垄断能力(诸如专利、商标以及管理技术)以及更好地利用资源的能力;第二,拥有接近市场的知识和能力、高效的行政管理经验以及研发能力;第

[①] John H. Dunning, "Trade, Location of Economic Activity and the MNE: A Search for an Eclectic Approach", in B. Ohlin et al., eds., *The International Allocation of Economic Activity*, London: Holmes and Meier Publishers, 1977, pp. 395-418.

三,拥有适应多国的不同要素禀赋以及市场状况的能力。如果一个公司拥有以上比较优势,它就不但可以克服本国市场的不完全性,对资源的分配进行公共干预,而且可以进入其他国家的市场进行资源配置,由此形成跨国公司。

区位优势是折中理论涉及的另一个重要概念。传统的区位理论主要强调三个要素,即资源的地理空间分布;无法转移的成本,例如税收以及当地政府的各种限制;运输成本的节省。这三个因素导致公司的经济活动通常地区化,这是传统区位理论的基本观点。那么,如何解释跨国公司的国际生产行为呢?根据邓宁的理论,跨国公司具有独特的区位优势,这主要表现在如下四个方面:第一,跨国公司将其研发活动内部化,这种研发活动主要是在市场或者接近市场的地区进行,然后将所研发的产品标准化,并依靠对产品的所有权(包括专利、商标等)获取利润。第二,跨国公司在不同的市场环境中,能够更好地协调不同的经济活动,适应各地消费者的需求以及政府的政策。第三,相对于国际贸易,跨国生产可以直接控制价格转移,监控市场信息,降低交易成本。第四,国际生产可以作为某个公司国内战略的自然延伸,而无须提出新的概念,这样就可以保持公司战略的一致性。以上这四个方面共同构成跨国公司的区位优势。

内部化是折中理论涉及的第三个概念。在折中理论看来,一个国家的国际竞争力主要取决于两点,一是其公司的所有权禀赋和区位禀赋;二是其货物和服务从一个国家向另一个国家流动的交易成本。跨国公司的所有权优势和区位优势对资源的国际分配会产生深刻的影响。跨国公司可以克服经济活动中的扭曲现象,诸如技术转让壁垒、关税和非关税壁垒以及价值不成比例的汇率。另外,在一个不确定和信息不对称的世界中,跨国公司可以直接监督生产过程,可以对不同的市场信号做出灵活的反应。这些特点使得跨国公司能够更好地推动资源在国际范围内进行有效配置。

3. 竞争战略理论

竞争战略理论或"价值链理论"是由波特(Michael Porter)在其1990年出版的《国家竞争优势》[①]一书中进行系统论述的。

波特的战略理论主要是针对以往的比较优势理论提出的。在传统的比较优势理论看来,一个国家之所以在国际贸易中具有竞争优势,而其他国家则没有,这主要是由于生产要素禀赋所致,包括低廉而丰富的劳动力、广阔的国内市场、丰富的自然资源。作为比较优势理论的延续,"产品周期理论"则

---

① Michael E. Porter, *The Competitive Advantages of Nations*, The Free Press, 1990.

突出了国家的财富和技术优势,而"折中理论"强调了所有权、区位和国际化的优势。但在波特看来,生产要素比较优势理论是在假设生产要素不流动的状态下解释相关国家的竞争优势的,这种观察是一种静态的观察。但第二次世界大战结束以来,尽管生产要素禀赋在工业生产中仍然非常重要,由于越来越多的工业生产成为知识密集型,生产要素在全球广泛流动。

生产要素在全球的广泛流动主要由于如下三个原因[①]:第一,技术变革。技术变革不但体现在微电子方面,而且更体现在高级原材料以及信息系统中,这种技术变革在战后的工业发展中显示出其广泛性和持续性。技术变革对工业的影响在于,不同国家的公司由于技术水平差距的缩小从而导致其市场差异性的减小。换句话说,由于技术而导致的新产品和新的生产过程使得公司对生产要素的依赖程度与以前相比大大降低。比如,由于获得了新技术,20世纪80年代许多从事制造业的公司直接转移到高工资的地区,而不是传统的低工资地区;由于人造原材料产品(例如工程塑料、人造纤维)可以替代以前的原材料,使得公司对原材料的依赖程度降低。技术变革使得没有生产要素比较优势的国家和公司也可以具有竞争优势,比如,韩国的钢铁工业和造船业的发展就是如此。第二,要素禀赋的趋同。与以前假设生产要素只局限于部分国家不同,随着各国教育水平的提高以及基础设施(诸如通讯、道路系统以及港口)的建设,最终导致许多国家具有许多相类似的要素禀赋。这就是为什么贸易会发生在要素禀赋相类似的发达国家之间,这也是为什么美国无法保持其以前在劳动力市场的独特优势。第三,全球化。全球化不仅使得以前的制造业国际化,也使得服务业国际化,从而导致公司的活动(包括销售、外包、原材料采购以及生产地点)在全球市场的竞争,其结果必然是一个国家的公司与其他国家的公司之间形成联盟,以进入这些国家的市场。

技术变革的扩散、要素禀赋的趋同以及经济全球化的结果表明,基于静态的生产要素比较优势(comparative advantages of factor endowments)的传统理论逐渐失去了解释力,取而代之的应该是竞争优势(competitive advantages of factor endowments)理论。在波特看来[②],今天在全球市场中成功的公司既不取决于其经济规模(因为规模经济无法回答哪个国家的公司将最终完成这种规模经济)和"技术差距"(因为技术差距无法回答为什么会出现生产差异,以及哪个国家的公司将从中受益),也不取决于其母国的国内市场(因为强调国内

---

① Michael E. Porter, *The Competitive Advantages of Nations*, pp.13–14.
② Ibid., pp.16–18.

市场无法解释为什么国内市场发展缓慢或国内市场对其产品需求很小的公司却成为全球市场的领导者)和出口(因为出口无法解释为什么跨国公司在全球的竞争不是通过出口而是通过对外直接投资),而是取决于国家的竞争战略。

波特强调,公司在全球市场中的成功表面上好像表明国家在公司的成功中没有任何作用,但在现实中恰恰相反。通过对20世纪80年代以来10个国家(丹麦、德国、意大利、日本、韩国、新加坡、瑞典、瑞士、英国和美国)的公司进行比较研究,波特认为,公司在全球市场的成功主要取决于其所属国家(母国)的竞争战略。一个国家在某个工业方面之所以能够在国际市场上取得成功,取决于这个国家是否具备如下四种属性[①]:(1)要素条件,主要是指一个国家在某个工业竞争中所必需的生产要素方面的状态,例如技术工人或基础设施建设。(2)需求条件,即本国对该工业产品或服务需求的性质。(3)关联的和支持性的工业,即该国是否具有那些富有国际竞争力的供给性的产业以及相关的产业。(4)公司的战略、结构和竞争者的状况,即国家对公司的产生、组织、运行以及国内的竞争者如何进行管理。

总之,政府在确定国家的竞争优势时起着非常重要的作用,公司在全球市场中的竞争优势主要取决于相关国家的竞争战略。

二、激进学派的研究路径

相对于自由主义的研究路径,在跨国公司的研究方面采取马克思主义的研究路径则更早,甚至可以回溯到列宁于20世纪初期发表的《帝国主义:资本主义的最高阶段》,在其中,列宁不但对对外直接投资这种资本输出的现象和特征进行了详细的描述,而且对跨国公司形成的资本家联盟分割世界进行了分析。但由于这本著作被认为是政治家所作,加之其马克思主义的意识形态,因此后来的西方主流学术界虽然提及,但却很少引用。20世纪60年代以来,当自由主义经济学家在跨国公司研究中占据主导地位时,另外一批学者承袭马克思主义学术传统对主流观点提出了挑战,并由此形成两种极富影响的理论:一种就是广为人知的依附理论;另外一种就是准马克思主义的激进学派。关于依附理论模式兴起的背景、基本观点以及在跨国直接投资方面的主张,我们在前面"依附理论"和"国家主义理论"两章中已经进行了比较详细的探讨。这里只就激进学派关于民族国家和跨国公司的观点做一论述。

---

① Michael E. Porter, *The Competitive Advantages of Nations*, p.71.

在20世纪70年代的跨国直接投资研究领域,激进学派的主要代表人物是美国麻省理工学院的经济学家海默教授,集中体现他观点的著作是他于1960年完成并在1976年出版的博士学位论文《国内企业的国际经营:一项关于直接投资的研究》①,以及后人于1979年为纪念海默教授而将其论文结集出版的《跨国公司:一种激进的研究路径》②。

根据国际学术界的研究,海默教授作为激进学派的代表人物,其在跨国公司领域的主要贡献可以概括为如下四个方面。③

1. 资本的积累与国际化

依附理论和世界体系论者强调剩余价值转让是资本主义进行资本积累的重要基础,并强调跨国公司进行资本积累主要是跨国公司利用其自身的优势(诸如充足的资本、先进的管理技术、庞大的销售市场以及技术研究和发展的能力)将边缘区的国家的剩余价值转到核心区国家。与此不同的是,激进学派的观点则主要集中在资本和劳动的关系上。在海默看来,跨国企业发展的最大特点就是改变了资本主义世界经济的结构和性质,并因此对资本积累产生了两个独特的影响。第一个影响是④,跨国企业的发展过程就是资本积累高度集中化和完善化的过程,这种集中化过程导致的等级和不平等不仅表现在核心国家和边缘国家之间,而且表现在跨国公司在全球范围三个层面上获得的控制权,即公司日常活动的管理(诸如人力、市场和原材料),地区性分公司的协调活动(诸如白领工人、通信系统、信息以及城市),以及总公司的管理和决策(诸如国家)。另一个影响是⑤,随着跨国公司在全球范围的扩展,矛盾和竞争不只是发生在民族国家之间,而且发生在整个资本主义世界经济之中,即国际资产阶级在国家层面、地区层面和国际层面都遇到了反对力量。

2. 世界市场的兴起

与以前马克思主义者将跨国公司主要看做是资本主义历史发展过程中

---

① Stephen Herbert Hymer, *The International Operations of National Firms: A Study of Direct Foreign Investment*, MA: MIT Press, 1976.

② Stephen Herbert Hymer, *The Multinational Corporation: A Radical Approach*, Cambridge University Press, 1979.

③ Robert B. Cohen, Nadine Felton, Morley Nkosi and Jaap van Liere, "General introduction", in Stephen Herbert Hymer, *The International Operations of National Firms: A Study of Direct Foreign Investment*, MA: MIT Press, 1976, pp. 17-25.

④ Stephen Herbert Hymer, *The International Operations of National Firms: A Study of Direct Foreign Investment*, pp. 63-64.

⑤ Ibid., pp. 256-272.

公司的一种扩展不同,激进学派特别重视跨国公司和世界市场关系的研究,强调跨国公司对资本主义世界经济性质的影响。通过对欧洲和日本跨国公司的经验研究①,海默得出如下三个结论:跨国公司的扩展促使许多第三世界国家开始了工业化进程,不但改变了第三世界和后起发达国家(例如日本)的关系,而且改变了地区相互依存的结构;欧洲国家为了促使本国的跨国公司进入世界市场,纷纷采取新形式的保护主义;在欧洲国家跨国公司的对外扩展过程中,国家利益和目标与私人企业的跨国公司联系在一起,因为只有少数公司能够扩展成功,所以,这些少数私有公司的扩展就变成了国家利益,而私人企业的特殊行业的增长也就成为国家的目标。这些变化不仅表明跨国公司改变了世界经济结构,而且预示着尽管美国的经济实力在衰退,但资本主义体系仍能存活下去。

3. 国际劳动分工

与依附论和世界体系论认为国际劳动分工主要发生在核心区和边缘区之间,并认为跨国公司对边缘区进行剥削不同,激进学派特别强调世界经济范围内的劳动分工。② 海默认为,跨国公司最大的特点是,虽然跨国公司在生产方面将劳动者联合起来,但在权力方面却将他们进行分化。海默将世界范围内的国际劳动分工分为四个方面:第一种是公司扩展过程中出现的劳动分工;第二种是世界范围内出现的阶级等级;第三种是国际资产阶级和工人阶级的冲突;第四种是生产国际化过程中的劳动分工。劳动分工的国际化导致了世界范围内的冲突,其中,主要有六种冲突③:大型跨国公司之间就世界市场份额的冲突;一个国家内部能通过对外直接投资来应对国家挑战的公司与只依靠出口的小公司之间的冲突;不同国家中那些为了获得管理和科学工作的中产阶级之间的竞争;发达国家的高工资劳动者和欠发达国家低工资劳动者为了争夺工作的竞争;那些在世界范围内付税的公司与那些只为一国政府付税的公司之间的冲突;处于发展方向的精英和被排除在发展方向之外的群体之间的冲突。

---

① Stephen Herbert Hymer and Robert Rowthron, "Multinational Corporations and International Oligopoly: The Non-American Challenge", in Stephen Herbert Hymer, *The International Operations of National Firms: A Study of Direct Foreign Investment*, pp. 183–207.

② Stephen Herbert Hymer, "Multinational Corporations and International Division of Labor", in Stephen Herbert Hymer, *The International Operations of National Firms: A Study of Direct Foreign Investment*, pp. 140–172.

③ Ibid., p. 141.

4. 民族国家的作用

关于民族国家的作用,激进学派和自由主义者关心的问题完全一样,即随着跨国公司的兴起以及资本的国际化,民族国家的作用被削弱了还是加强了?与自由主义者维农认为民族国家将让位于跨国公司的观点不同,激进学派认为,一方面,跨国公司由于其决策程序高度集中在核心区,并且在民族国家之间形成与其公司的等级相应的劳动分工,因此,跨国公司正在建立一个新的帝国体系①;另一方面,由于所有权和控制权主要掌握在单个民族国家手中,而且跨国公司无法解决社会安全以及地区增长的不平衡,所以,跨国公司仍然寻求国家的支持。鉴于跨国公司和民族国家之间的这种两难关系,海默认为,最大的可能性是出现一种新的体系,以便对国际资本进行管理,消除已经出现的矛盾和冲突。②

三、以国家为中心的研究路径

20世纪70—80年代,以国家为中心来考察跨国公司的主要代表人物有两位,一位是美国著名的国际政治经济学家罗伯特·吉尔平,这集中体现在他于1971年发表在《国际组织》的论文《跨国经济关系的政治分析》③以及1975年出版的著作《美国实力与跨国公司:对外直接投资的政治经济学》④;另一位是英国著名的国际政治经济学家苏珊·斯特兰奇,其观点主要集中在她于1988年出版的著作《国家与市场》。关于罗伯特·吉尔平在跨国公司研究领域的国家中心主义的观点,我们在"国家主义理论:国家利益、权力结构与对外经济政策"中已经进行了非常详细的讨论,在这里,我们只评述苏珊·斯特兰奇是如何以国家为中心来分析跨国公司的。

与国家主义者吉尔平相同,斯特兰奇在分析跨国公司及其对世界经济的影响时也提出了"结构性权力分析法",但与吉尔平稍有区别的是,斯特兰奇

---

① Stephen Herbert Hymer, "The Efficiency (Contradictions) of Multinational Corporations", in Stephen Herbert Hymer, *The International Operations of National Firms: A Study of Direct Foreign Investment*, pp. 41–53.

② Stephen Herbert Hymer and Robert Rowthron, "Multinational Corporations and International Oligopoly: The Non-American Challenge", in Stephen Herbert Hymer, *The International Operations of National Firms: A Study of Direct Foreign Investment*, pp. 183–207.

③ Robert Gilpin, "The Politics of Transnational Economic Relations", *International Organization*, Vol. XXV, No. 3, Summer 1971, in George T. Crane and Abla Amawi, eds., *The Theoretical Evolution of International Political Economy: A Reader*, Oxford University Press, 1991.

④ Robert Gilpin, *U. S. Power and the Multinational Corporation: The Political Economy of Foreign Direct Investment*, New York: Basic Books, 1975.

的"结构性权力分析法"在理论上更为完整和精致。斯特兰奇的"结构性权力分析法"主要包括如下三点。

（1）结构性权力和联系性权力。在斯特兰奇看来，无论是自由主义的"产品周期理论"还是马克思主义的依附论都不能很好地解释跨国公司这一事实。基于自由主义而提出的"产品周期理论"主要无法解释如下事实：一个事实是西方石油公司在石油输出国组织打破了其"卡特尔"之后仍能主导国际石油市场；另一个事实是在美国跨国公司于20世纪50年代进入欧洲和日本后，在70年代发生了欧洲和日本的公司逆向进入美国；最后一个事实是，跨国企业在20世纪80年代后主要经营服务业而不是以往的制造业。而马克思主义的依附论无法解释一个重要事实，那就是为什么发展中国家一改以前认为跨国公司对其进行剥削的态度，而竞相吸引跨国公司来投资。所有这些都表明，尽管跨国公司改变了全球生产结构，但无论是自由主义还是马克思主义都忽视了这种结构性变化。在斯特兰奇看来，走出自由主义和马克思主义分析模式困境的重要途径就是分析世界经济的结构性权力。

斯特兰奇将世界经济中权力分为结构性权力和联系性权力，经典现实主义主要集中在联系性权力的研究上，联系性权力是指甲国依靠权力让乙国去做本来不愿做的事情的能力。但斯特兰奇认为，在世界经济中，结构性权力比联系性权力更为重要，这种结构性权力包括四个方面：安全结构、金融结构、生产结构和知识结构。

（2）结构性权力的核心是国家。在世界经济的四种权力结构中，国家一直处于中心地位。就安全结构而言，安全结构主要是基于主权国家而建立的，但当所有主权国家都宣称自己具有权威性时，在国际体系中建立安全结构就成为必要的了，欧洲历史上的势力均衡模式就是一个典型。就生产结构而言，生产结构主要解决生产什么、由谁生产、用什么方法生产以及按什么条件生产。在传统社会中，由于企业主要是在一个国家内进行生产的，因此，生产结构主要是由国家决定的。随着生产的国际化，生产的权力虽然主要是由跨国公司决定，但由于涉及税收等问题，所以，国家仍然要通过各种手段来争取生产结构的决定权。就金融结构而言，金融结构不仅包括信贷得以建立的政治经济结构，而且也包括确定作为信贷计账单位的不同货币汇率体系，而无论是信贷还是汇率都是与国家密切相关的。就知识结构而言，尽管任何人都有获得知识的权力，但由于知识在17、18、19世纪经过国家的世俗化之后，知识也就成为国家获得权力的重要来源，因此，在如今的国际政治经济结构中，各国仍然努力争夺知识结构的领导权。

(3)国家是全球生产结构的主角。尽管全球生产由于跨国公司的扩展而正在发生结构性变革,但促进这种变革的不只是市场力量,还有国家的作用。国家可以通过两种方式来维持其对跨国公司的控制,从而影响全球生产结构的变化:一种方式是国内决策,国家可以通过各种手段和途径(例如监督和管理、税收和立法)影响企业国际化的进程。另一种方式是通过多边协定,尽管跨国公司的多边协定到目前为止并不是很成功,但确实影响了跨国资本流动的方向。

四、超越传统的"理论范式"之争?

20世纪90年代中期以来,随着生产全球化的深入发展,关于跨国公司的研究进入一个全新的阶段。与"第一代"国际政治经济学者相比,"第二代"国际政治经济学者在继承"第一代"学者研究成果的基础上,力图超越"第一代"学者所构建的相关理论与模式。这种趋势主要表现在如下五个方面。

第一,从传统的定性研究转向定量研究,注重数据和实证方法。20世纪90年代中期以来,对跨国公司对外直接投资的研究更多的是引入当代经济学的最新分析工具,逐渐远离了以前的理论范式之争。其中,最为引人注目的分析工具就是双层博弈方法的引入。

第二,由以往依据古典政治经济学和国际关系理论的结合来寻求政治和经济的关联性开始转向从国际关系理论、比较政治和经济学(新经济理论)的结合寻求"利益和制度"的关联性以及"国内和国际"的关联性。内生增长理论(强调知识和技术是劳动力和资本之外的一种生产要素)、新经济地理学(强调经济活动的空间分布聚集通常与非经济因素、路径依赖、偶然机会和积累过程相关)、战略贸易理论(强调不完全竞争、累积过程以及技术外溢效应对政府制定产业政策的影响)这三种被经济学界称为不同于或挑战新古典经济学的新经济理论成为新一代国际政治经济学者研究跨国公司行为的知识创新源泉。

第三,由传统模式中关于跨国公司(母国)/民族国家(东道国)的"二分法"转向寻求国际(跨国公司)和母国/东道国国内政治(政党、利益集团)的关联性。传统模式中跨国公司/民族国家的"二分法"一个基本的假设是国家是单一的,基于这种假设来研究跨国公司对民族国家(母国或东道国)的影响,其结论必然是该影响要么是积极的,要么是消极的。而当打开国家这个"黑匣子"来研究跨国公司对国家(母国或东道国)的影响时,会发现影响远比以前想象的复杂得多。正是基于这种状况,"第二代"学者利用理性选择的方法,打破跨国公司-东道国的"二分法"以及"国家是单一的"这种假设,转向母国(国内政治结构和利益集团)-跨国公司-东道国(国内政治结构和利益集团)三者关联性的研究,即研究跨国公司的直接投资作为资本要素流入/流出之后对国家(东道国/母国)内部的资本和劳动力比例产生的影响,从而发现跨国公司如何导致母国/东道国国内政治联盟的不同组合。

第四,由传统模式对国家产业政策简单的整体定性分析逐渐转向对特定产业内投资和贸易的具体分析。传统的模式对于跨国公司的直接投资以及东道国的产业政策,要么强调其转移效应(比如自由主义),要么批判其侵蚀东道国主权(比如马克思主义或激进学派)。而20世纪90年代以来"第二代"国际政治经济学者则立足于特定的产业,他们的假设是,由于利益不同,不同的产业在政府—企业的关系上有所不同。特别是随着生产全球化的深入,产业内贸易在全球贸易中占有的份额越来越大,因此,直接投资和贸易的关系就不再是简单的替代关系,这样,研究贸易和投资的关联性也就成为一个新的趋向。

第五,由传统模式主要对西方民主国家以及霸权国家的直接投资分析转向对非西方国家以及发展中国家和转型国家的对外直接投资进行分析。20世纪90年代中期以来的"第二代"国际政治经济学者普遍认识到,关于对外直接投资的研究,不存在一个普适性的分析框架。就相关政治变量和经济变量而言,不同的地区、国家、产业、公司,存在着不同的关联效应,无论是研究对外直接投资的流动还是研究其所起的作用,制度因素始终起着至关重要的作用。正是基于这种假设,"第二代"国际政治经济学者转向对非西方国家以及发展中国家和转型国家的政治制度对直接投资(流入与流出)影响的比较研究或单一案例研究。

第三节 跨国公司与国际机制

一、跨国公司与世界经济的结构变革

关于跨国公司的作用,无论是经济学家(基于成本-收益分析)还是政治学家(基于国家之间的权力分配),也不管是强调跨国公司作用的积极方面(如认为资源得以在世界范围内得到有效配置),还是强调这种作用的消极方面(如认为跨国公司的发展是以牺牲大部分民族国家的主权、环境以及资源

为代价),几乎一致的观点是,跨国公司的兴起及其飞速扩展,从根本上改变了世界经济的结构和功能。归纳起来,跨国公司导致世界经济的变革主要表现在如下四个方面:国际生产体系;技术变革的速度和范围;国际资本市场的融资渠道;劳动力市场。

第一,跨国公司促使国际生产体系的形成与扩展。

跨国公司对世界经济的首要影响就是在世界经济中形成了一个国际生产体系。尽管国际生产的范围很广,对其度量比较困难,但根据联合国贸易与发展会议(UNCTAD)的标准,衡量国际生产体系的广度主要有如下三个指标[1]:(1) FDI 的存量,这是衡量国际生产的资本构成的广义尺度;(2) 国外子公司的销售额,这是衡量国际生产的收入的广义尺度;(3) 整个 TNCs 体系的总产值占世界 GDP 的比重。

如果以此三个指标来衡量国际生产体系,我们可以发现(参见表13-1),1982—2007 年 25 年间,国际生产体系得到了飞速扩张:就外国直接投资流入存量而言,1982 年不足 8000 亿美元,1990 年近 2 万亿美元,而 2007 年超过 15 万亿美元;就外国直接投资流出存量而言,1982 年为 5790 亿美元,1990 年达到 1.78 万亿美元,而 2007 年超过 16 万亿美元;就跨国公司的销售总额而言,1982 年为 2.5 万亿美元,1990 年为 6 万亿美元,而 2007 年达到 31.7 万亿美元;就全球外国子公司的附加值(总产值)约占全球国内生产总值的比重而言,1982 年为 5%,2007 年则为 11%;就雇员人数而言,1990 年约为 2400 万,2007 年增加至 8000 多万。虽然 2008 年发生了全球性金融危机,以上三项指标都有所下降,但下降的幅度并不是很大。

表 13-1 1982—2008 年外国直接投资和国际生产的若干指标

项目	现价价值 (十亿美元)				年增长率 (百分比)							
	1982	1990	2007	2008	1986—1990	1991—1995	1996—2000	2004	2005	2006	2007	2008
FDI 流入	58	207	1979	1697	23.6	22.1	39.4	30.0	32.4	50.1	35.4	-14.2
FDI 流出	27	239	2147	1858	25.9	16.5	35.6	65.0	-5.4	58.9	53.7	-13.5
FDI 流入存量	790	1942	15660	14909	15.1	8.6	16.0	17.7	4.6	23.4	26.2	-4.8
FDI 流出存量	579	1786	16227	15206	18.1	10.6	16.9	16.8	5.1	22.2	25.2	-0.1

---

[1] 联合国贸易与发展会议:《2000 年世界投资报告:跨国并购与发展》,第 18 页。

(续表)

项目	现价价值（十亿美元）				年增长率（百分比）							
	1982	1990	2007	2008	1986—1990	1991—1995	1996—2000	2004	2005	2006	2007	2008
FDI 流入收益	44	74	1182	1171	10.2	35.3	13.3	33.4	32.8	23.3	21.9	-0.9
FDI 流出收益	46	120	1252	1273	18.7	20.2	10.3	42.3	28.4	18.4	18.5	1.7
跨国并购	—	112	1031	673	32.0	15.7	62.0	28.4	91.1	38.1	62.1	24.7
外贸公司销售额	2530	6026	31764	30311	19.7	8.8	8.1	26.8	5.4	18.9	23.6	-4.6
外贸公司总产值	623	1447	6295	5020	17.4	6.8	6.9	13.4	12.9	21.6	20.1	-4.4
外贸公司总资产	2036	5938	73457	69771	18.1	13.7	18.9	4.8	20.5	23.9	20.8	-5.0
外贸公司出口额	635	1498	5775	5664	22.2	8.6	3.6	21.3	13.8	15.0	16.2	15.4
外贸公司雇用人数（千）	19864	24476	80396	77386	5.5	5.5	9.7	12.2	8.5	11.4	25.4	-3.7
GDP（现价）	11963	22121	55114	60780	9.5	5.9	1.3	12.6	8.4	8.2	12.5	10.3
固定资本形成总值	2795	5099	12399	13824	10.0	5.4	1.1	15.4	11.2	10.9	13.8	11.5
版税和许可证收入	9	29	163	177	21.1	14.6	8.1	23.7	10.6	9.1	16.1	8.6
商品和非要素服务出口	2395	4414	17321	19990	11.6	7.9	3.7	21.3	13.8	15.0	16.2	15.4

资料来源：UNCTAD, *World Investment Report 2009*: *Transnational Corporations, Agricultural Production and Development*, New York and Geneva: United Nations, 2009, p.18.

国际生产体系不断扩展的结果是，不但以前的发达国家，特别是 OECD 国家，而且越来越多的发展中国家和转型国家加入其中，这种生产链的国际化使得这些国家从中获益，但也使得这些国家相互竞争。

第二，跨国公司导致生产技术的创新和转移的变革。

与国际生产体系的扩展相关联的是生产过程的变革。在过去 200 多年的历史中，公司的生产过程发生了根本性变化[①]：以前公司的生产主要是在单个的国家进行，其产品在满足国内市场的同时以贸易的形式将产品卖给其他国

---

① UNCTAD, *2005 World Investment Report*: *Transnational Corporations and the Internationalization of R&D*.

家,而跨国公司产生以后,公司的生产通过直接投资跨国进行,其产品直接满足东道国的市场,这样也就可以避开以前因贸易而受到其他国家的关税制约。这里的核心问题是:跨国公司有何优势进行跨国生产,并能与当地公司竞争?

由于跨国直接投资而导致生产过程变革的核心优势就是技术研发(R&D)和技术转移的能力。根据联合国贸易与发展会议的定义,一般有两项指标,一是研发投入和注册专利;二是技术转让。跨国公司及其所在的发达国家一般都非常注重研发投入,比如,研发的支出主要集中在 OECD 国家,OECD 国家该类研发开支占世界的90%,而其中7个国家拥有 OECD 国家研发支出的90%,仅美国就占40%。而在这些技术创新的国家中,主宰这些国家研发的公司几乎都是跨国公司,就美国而言,1996年仅50家大公司就占有工业研发的49.4%,80年代,瑞士仅3家公司就拥有全国研发的81%,而荷兰仅4家公司就占到全国研发的70%[1]。随着国际生产体系的扩展,越来越多的跨国公司在母国之外从事研发,与此密切相关的是专利的注册,除日本将其专利注册主要放在国内。90年代以来,跨国公司的子公司不断扩大在生产国的研发和专利注册,这表明,"跨国公司日益将其整个系统的创新活动一体化,而子公司则依据其能力实行专业化,这就是新的技术创新全球化"[2]。跨国公司不但因研发的投入而拥有技术创新优势,而且也有技术转让的优势。跨国公司进行技术转让主要采取两种方式:对其所拥有和控制的子公司实行内部化;对其他公司实行外部化。技术转移的内部化主要采取直接投资的方式,由于该过程是在公司内部进行的,所以,公司可以掌握技术转移的速度、转移的成本和风险以及公司的成本和收益。技术转移的外部化则采取多种形式,诸如拥有少数股权的合资企业、特许经营、资本品销售、许可交易、技术援助、分包或贴牌生产(OEM)[3]。

第三,跨国公司融资渠道的多样化导致国际资本市场的变革。

投资是经济增长的关键因素。在封闭经济中,由于没有国外储蓄,投资只能靠国内储蓄来提供资金,因而企业的生产只能在一国国内进行。而跨国公司的兴起及其不断扩展,促使国际资本市场发生了根本性的变革。

和所有的公司相同,跨国公司筹措资金的渠道分为内部和外部。内部资

---

[1] 联合国贸易与发展会议:《1999年世界投资报告:外国直接投资和发展的挑战》,第225页。
[2] 同上书,第226页。
[3] 同上书,第229页。

源是指作为股息留存并用于再投资的未分配利润,而外部资源主要是指通过发行股票、债券或从银行借款筹措的资金。跨国公司与其他企业的不同之处在于,跨国公司不仅在全球或地区范围内生产产品或提供服务,而且也要在全球范围内为自己筹措资金。在筹措资金方面,跨国公司的最大特点就是融资(指国外子公司筹措的资金,不包括母公司的募股)渠道的多样性,例如从母国或东道国的金融市场采用发行债券和长期银行借款的形式借款;也可以选择在一些国家市场上以母公司或子公司或控股公司的名义发行新股;还可以在公司系统内的任何地点之间调动剩余流动资金。①

在过去20多年的时间里,国际资本市场的最大特点是资本流动的自由化趋势在加强,这种趋势推动了跨国公司的飞速发展。与此同时,跨国公司的飞速发展以及融资渠道的多样化进一步加速了国际资本的流动性。如何对这种流动性进行全球监管已成为世界经济的难题,特别是短期资本的流动导致国际金融市场的不稳定,1994年的墨西哥危机、1997年的亚洲金融危机以及2001年的阿根廷危机都与此相关。

第四,劳动的全球分工以及劳动力的全球流动。

伴随着生产过程的国际化和国际生产体系的形成,劳动和劳动力市场也在发生巨大的变革。其中,最为引人注目的是劳动的全球分工和劳动力的全球流动。

就劳动的全球分工而言,19世纪以来的劳动分工主要伴随着机械化而产生,即使是在福特主义盛行的20世纪,劳动分工仍然是以国家为单位的,主要是一个国家内部不同产业以及同一产业不同技能的分工,因此,其管理也主要是一国的管理。进入20世纪70年代以后,随着跨国生产的兴起以及经济全球化,劳动分工已经逐渐成为全球性的,也就是说,今天的劳动分工已经不再局限于单个国家,而是受到经济全球化的影响(例如离岸经济和外包),劳动者不一定为本国的企业服务,他们或直接在跨国公司工作,或为跨国公司进行生产,因此,劳动者必须根据全球经济来调整其技能和行为。

而就劳动力的全球流动而言,20世纪中叶以前,各国严格限制移民的进入,但随着生产的国际化(特别是服务业的飞速发展)以及世界劳动力人口分布不平衡(西方发达国家人口出生率持续下降以及发展中国家人口出生率持续上升),各国竞相制定政策(诸如美国、加拿大、澳大利亚、新加坡)吸引具有

---

① 联合国贸易与发展会议:《1999年世界投资报告:外国直接投资和发展的挑战》,第186页。

专业技能的人才。一项研究估计,到 2025 年,由于 47% 的欧洲人将要退休,所以,欧洲需要大约 1.59 亿新的移民来进行补充。①

劳动的全球分工以及劳动力的全球流动向国际社会提出了一个挑战:国家之间如何合作,在全球层面上对劳动者进行管理,同时保障其社会福利。

跨国公司的飞速发展导致世界经济在生产体系、技术创新与转移、资本市场以及劳动力市场发生了结构性的变革。跨国公司已经成为一种重要的国际力量,不但在世界经济中而且在世界政治事务中发挥着越来越重要的作用。正如吉尔平所观察到的:

> 跨国公司的地位日益重要,深刻地改变了全球经济的结构和功能。这些大公司及其全球战略成为贸易流动、工业和其他经济活动分布的主要决定因素。大部分对外直接投资投在资本密集性和技术密集性部门。由于主要是这些公司把技术扩散到工业国和正在工业化的国家中去,所以它们对许多国家的经济、政治和社会福利水平起着重要作用。这些公司控制了世界上大部分投资、技术和进入全球市场的机会,所以[它们]不仅在国际经济事务中,而且在国际政治事务中可以呼风唤雨,使许多国家产生强烈的反应。②

二、跨国公司:作为一个独立的行为体?

跨国公司不但改变了世界经济结构,而且随着跨国公司的扩展,跨国公司也在不断改变自身的生产结构、战略以及经营理念,同时跨国公司作为一个经济组织,其组织自身也在不断变化。20 世纪 80 年代以来,跨国公司组织方式的变革主要表现在两个方面:一是由原来的规模经济到产品创新的转变;二是由原来通过内部扩张而增长转变为向外并购与战略联盟。

1. 从规模经营到产品创新

任何公司或企业竞争力的提升在于或降低生产成本,或扩大经营规模,这是传统公司或企业的信条,也是古典经济学和新古典经济学得出的最为基本的原理。20 世纪 70 年代兴起的跨国公司与以往的国内公司的最大区别在于:以前公司的竞争力在于其区位优势,即接近原材料和劳动力市场、便捷的交通运输;而跨国公司的优势则在于其规模生产,通过规模生产降低生产

---

① Robert O'Brien and Marc Williams, *Global Political Economy: Evolution and Dynamics*, p.251.
② 罗伯特·吉尔平:《全球政治经济学》,第 319 页。

成本,并进而垄断市场价格。20世纪80年代以来,跨国公司在生产组织方面发生了结构性的变化,即由以前降低劳动力成本和进行大规模生产逐渐转变为重视产品的技术创新,技术的开发、扩散与转让成为跨国公司的重点。

2. 从企业内部扩张到跨国并购与战略联盟

跨国公司在生产组织上的另一个变革就是由跨国公司内部扩张转变为跨国并购和战略联盟。根据联合国贸发会议的统计,1980—1999年20年期间,在世界范围内国内企业之间以及国内企业和国外企业之间达成的并购以年均42%的速度在增长,其中有两次并购高潮,一次是1988—1990年期间,另一次是1995年以来直到现在。①

从趋势上讲,跨国并购表现出如下三个基本趋势:第一,参与的国家越来越多,但在地区分布上是不均衡的。积极参与并购的主要是美国、欧洲和日本的跨国公司,这些公司对外直接投资的方式主要是以并购方式进行的。而在发展中国家,尽管并购正在迅速上升(从1987—1991年的1/10上升到1997—1999年的1/3),但仍然以新建直接投资的方式进入。② 第二,越来越多的行业和企业加入其中,但行业的分布是不均衡的,行业并购总的趋势是:金融服务业并购趋势在急速增长,制造业的比重在下降,而自然资源部门的比重正变得微不足道。③ 第三,私有化成为并购的一种特殊方式。在发达国家,私有化作为并购的一种特殊方式主要发生在国内企业之间,在发展中国家,特别是拉丁美洲国家(例如巴西和阿根廷),将国有企业出售给外国公司并通过私有化进行并购成为这些国家吸收外国直接投资的一个重要渠道。

从功能上讲,跨国并购可以分为三类:第一类是水平并购,即发生在同一行业竞争企业之间。这类并购的目的是通过整合资源,加强市场力量,这类并购主要发生在制药、汽车、石油等行业;第二类是垂直并购,即发生在有客户-供应商或买主-卖主关系的企业之间,其目的是降低生产链前后相关联的不确定性以及交易成本,典型的例子就是零部件生产商与客户之间;第三类是混合并购,即发生在无关联的公司之间,其目的是寻求分散风险。

总之,无论是新建对外直接投资,还是跨国并购都使得国际生产体系进

---

① 联合国贸易与发展会议:《2000年世界投资报告:跨国并购与发展》,第123页。
② 同上书,第130页。
③ 同上书,第141页。

一步扩张和深化,加速了生产的全球化趋势。

3. 跨国公司:作为一个经济组织或独立行为体?

随着世界经济的结构变革以及跨国公司组织的变革,从 20 世纪 60 年代跨国公司兴起之后就出现了一个无法回避的问题:跨国公司是否已经成为国际社会中一个独立的行为体?

20 世纪 70 年代以来,认为跨国公司在国际社会已经成为一个独立而强大的行为体,并且可以与民族国家一比高低甚至超过了民族国家的主要有两种颇有影响的观点:一种是 20 世纪 70 年代维农(Raymond Vernon)提出的"主权困境"模式;另外一种是 20 世纪 90 年代凯维斯(Richard E. Caves)主张的"经济组织论"。关于维农的"主权困境"模式,我们在本书第七章"国家主义理论:国家利益、权力结构与对外经济政策"中已经进行了详细的论述,这里只就凯维斯主张的"经济组织论"进行分析。

凯维斯将跨国公司作为一个经济组织的观点主要体现在其于 1996 年发表的《跨国公司与经济分析》[1]一书中。

"经济组织论"主要通过利用经济学家科斯的"交易成本"来解释跨国公司为何成为一个经济组织。科斯定理所描述的理想世界是[2]:如果所有的参与者能够坐下来谈判,如果将所有经济价值的初始产权分配给这些参与者,并且如果他们可以无成本地进行产权界定并完全履行协议,那么,在不考虑由参与者谈判力量决定的产出分配的情况下,其结果必定是一个有效率的经济计划。而所有妨碍界定、监督或实施一项经济交易的费用都是"交易成本"。

在凯维斯看来,跨国公司无论就其资本和技术的来源(母国),还是就其投资的目的地(东道国),都或多或少地受到相关国家的制约,从而影响跨国公司的效率。为了提高跨国公司的效率,跨国公司不但采取直接投资而非间接投资(证券投资),而且在直接投资的方式上也向水平方向、垂直方向以及多元化方向发展,并由此形成水平拓展型的跨国公司、垂直一体化型的跨国公司以及多元化生产型的跨国公司,其主要原因就是降低"交易成本"。凯维斯基于"交易成本"分析框架,从三个方面对跨国公司的发展进行了富有创建

---

[1] Richard E. Caves, *Multinational Enterprise and Economic Analysis*, Cambridge University Press, 1996.

[2] 阿维纳什·K.迪克西特:《经济政策的制定:交易成本政治学的视角》,中国人民大学出版社 2004 年版,第 27 页。

性的分析。

第一，交易成本与水平拓展型的跨国公司。所有权、区位以及国际化是所有跨国公司进行对外直接投资必须优先考虑的三个问题。如果一个跨国公司能在这三个问题领域降低交易成本，那么就表明该跨国公司是有效率的。跨国公司之所以进行水平投资(同一行业或同一产品)，是因为该跨国公司可以将资本和技术变成公司内部的公共物品(所有权)来共享，将创造价值的资产有效地分布在不同国家的市场(区位)，并有效地对这些资产进行管理(国际化)，避免因重复、分散以及子公司相互竞争而提高交易成本。

第二，交易成本与垂直一体化型的跨国公司。所谓跨国公司的垂直发展就是控制中间产品和生产链。与跨国公司进行水平发展可以降低交易成本一样，跨国公司进行垂直发展也可以降低交易成本。当跨国公司进行垂直发展时，它既可以在事前选择符合自己偏好的合同，也可以在事后对成本进行监督和讨价还价，同时还可以将中间产品的市场国际化。如果跨国公司不能直接控制中间产品及其市场，那么，跨国公司就必须为了获得中间产品而与其他公司的供应商进行谈判，由于信息并不总是对称的，跨国公司获得中间产品的交易成本就必然增加。

第三，交易成本与多元化生产型的跨国公司。交易成本同样能够解释多元化生产型的跨国公司。跨国公司在不同国家进行投资和生产，而不同国家的市场并不总是相同的(诸如对产品需求的差异、汇率的不同)，这就促使跨国公司进行多元化生产和投资，这样就可以规避和分散投资风险，降低交易成本。

总之，跨国公司经过多年的发展，已经成为一种效率比较高的经济组织，因而也成为在资本主义体系内进行生产要素和产品分配最为有效的工具。作为一个经济组织，跨国公司不但对母国的社会福利、进口、出口以及国际收支产生影响[1]，从而影响母国的利益集团的重组及其对外经济政策的制定，而且也对东道国的经济政策以及社会福利产生影响[2]。

---

[1] C. Fred Bergsten, Thomas Horst and Theodore H. Moran, "Exports, Imports and the Balance of Payments", in Benjamin Gomes-Casseres and David B. Yoffie, eds., *The International Political Economy of Direct Foreign Investment*, Volume II, pp. 276–332.

[2] Benjamin Gomes-Casseres and David B. Yoffie, eds., *The International Political Economy of Direct Foreign Investment*, Volume II.

三、跨国公司与国际机制

跨国公司不但改变了世界经济结构,而且也改变了企业生产组织形式,如何对跨国公司进行管理,已经成为国际社会普遍关注的问题。与国际贸易领域的国际机制的制定(GATT 和 WTO)以及国际金融货币领域的国际机制建设(IMF 和世界银行)相比较,虽然在跨国投资领域还没有一个富有成效的全球性协定,但在 20 世纪 90 年代之后,为了对跨国投资进行有效的管理,出现了许多多边的以及双边的投资协定,这些投资协定为我们在投资领域进行国际机制的建设提供了许多经验和教训。

1. 跨国投资的多边协定

如何加强投资保护以及推动投资自由化,已经成为 90 年代以来各国学术界和政策制定者们广泛关注的一个问题。与此相适应,"多边投资协定"自然成为学术界,特别是国际政治经济学界研究对外直接投资的核心概念之一。

关于多边主义的概念,学术界一般倾向于采纳鲁杰在其著作《多边主义:一种制度的剖析》中的定义。根据鲁杰的定义①,多边主义主要包括三个原则:(1) 不可分割性原则,即在任何地方对某个成员的攻击都被认为是对全体成员的攻击。(2) 非歧视原则,所有成员国都被相同地对待,就像贸易协定中的最惠待遇国一样。(3) 扩散性互惠原则,即国家与国家之间的关系不是依靠具体的物物对等交换,而是依靠长期保证平衡来获得。

多边主义在投资领域的表现就是 20 世纪 90 年代以来出现的许多多边投资协定,其中,最具代表性的包括:经济合作与发展组织(OECD)的《OECD 多国企业指南》(1996)和《多边投资协定》(1998);国际劳工组织(ILO)的《关于多国企业和社会政策的三方原则声明》(1996)和《国际劳工组织关于工作中基本原则和权利宣言》(1998),强调跨国公司的劳工标准和劳资关系;世界贸易组织(WTO)的《与贸易相关的投资协定》(TRIMs),强调贸易与投资的关系及其对经济增长和发展的意义;联合国贸发会议(UNCTAD)也于 1999 年开始讨论各种多边投资协定如何为促进经济增长和发展提供各种手段,其议题包括外国投资和发展;范围和定义;准入与开业;国民待遇与最惠国待遇;公正

---

① 转引自〔美〕莉萨·马丁、贝思·西蒙斯编:《国际制度》,黄仁伟等译,第 37 页。

与公平待遇;与投资相关的贸易措施以及价格转移。①

尽管各国都意识到促进投资自由化对于世界经济以及各国经济增长的重要性,但与国际贸易领域的多边协定(GATT/WTO)以及国际金融货币领域的多边协定(IMF)相比而言,在直接投资领域,目前还没有一个行之有效的全球性的多边投资协定。相反,各国/地区之间签订的各种投资协定之间的不一致性却在不断加强。根据联合国贸易与发展会议的研究,各种投资协定之间的不一致性目前突出地表现在如下几个方面②:

第一,尽管大部分双边投资协定(BITs)将是否允许外国直接投资进入的权力留给东道国,但各种自由贸易协定(FTAs)却通常主张,投资者应该具有开业权。

第二,在不同的国际投资协定中,不同的投资自由化规则也导致协定之间的不一致性。比如,地区经济一体化的协定(例如 NAFTA)主要基于"从上到下"的方式毫无保留地推动自由化,但多边的《关于服务贸易的总协定》(GATS)却主张"从下至上"渐进地进行市场准入,这种地区层面的协定和全球层面协定的不一致性,导致投资者无法准确地把握同时签订两个协定的东道国的经济政策。

第三,在涉及签约方的核心安全利益保护方面,《能源宪章条约》(The Energy Charter Treaty)中包括一个例外条款,但在许多双边投资协定中并没有包括类似的条款。同样的情况也存在于最惠国待遇(MFN)以及保护条款之中。

不同层面(全球、地区以及双边)的投资协定在内容上的不一致性,不仅使得那些缺乏专业技能的国家因没有讨价还价的能力而对投资自由化失去了信心,也使得那些积极推动投资自由化的国家因谈判进程艰难而止步,其最终结果是,在对外直接投资领域到目前为止仍然未能建立一个行之有效的国际机制。由经济合作与发展组织于 1995 年发起的《多边投资协定》谈判最终以失败而告终就是一个典型的案例。

---

① 联合国贸易与发展会议:《1999 年世界投资报告:外国直接投资和发展的挑战》,第 156—167 页。

② UNCTAD, *World Investment Report 2006*: *FDI from Developing and Transition Economies*: *Implications for Development*, p. 29.

专栏

《多边投资协定》(MAI)失败的教训

多国进行跨国投资谈判最为典型的案例是 OECD 于 1995 年开始的《多边投资协定》谈判,谈判过程异常艰难,原计划 1997 年部长级会议之前达成《多边投资协定》,但因争论而拖延。在 1998 年 4 月 28 日召开的 OECD 部长级委员会上又由于相关国家意见相左被搁置,之后,法国宣布不再派代表团参加谈判。在各国 6 个月的评估以及征求民间团体的意见后,OECD 国家决定中止《多边投资协定》的谈判。

关于《多边投资协定》的失败,联合国贸发会议于 1999 年发表的《世界投资报告:外国直接投资和发展的挑战》进行了详细的论述。归纳起来,主要有如下几个方面的原因。

第一,国际政治的影响。在谈判期间出现了反全球化的浪潮;在一些有影响的 OECD 国家,中间派/新左派政府改变了政府优先考虑的目标;亚洲金融危机导致各国对资本的流动采取更为谨慎的态度。最后,技术谈判变成一个政治谈判。

第二,国内政治/利益集团的影响。在《多边投资协定》谈判的最后阶段,在相关国家国内受到两方面的影响:一是非政府组织对国会议员的影响,他们认为谈判过程不透明,没有与国内相关利益者磋商;二是企业界的不满,他们认为,《多边投资协定》不但剔除了税收条款,而且增加了环境和劳工条款,这对企业的利益是一个重大挑战。

第三,发展中国家的反对。由于《多边投资协定》通过之后最终将向所有国家开放,而发展中国家却不能直接参与谈判,另外,由于这是一个不对称的世界,并非所有国家都能从中受益,所以,《多边投资协定》遭到了发展中国家的反对。

资料来源:联合国贸易与发展会议:《1999 年世界投资报告:外国直接投资和发展的挑战》,中国财政经济出版社 2000 年版,第 155—165 页。

2. 区域性的跨国投资协定

对外直接投资的区域化是 20 世纪 90 年代以来出现的第二个重要趋势。跨国投资之所以出现区域化趋势,一般认为主要有三个原因:

第一,地缘政治的考虑。生产和服务的国际化高度集中在主要大国和特定的区域,例如美国、德国和日本,这些大国试图通过投资建立和强化自己的"后院"或传统意义上的"势力范围",以此加强本国和本地区在全球政治经济中的竞争力。比如美国的对外直接投资由以前的东南亚转移到墨西哥和加拿大,并与这两国签订了"北美自由贸易区"(NAFTA);德国的投资则出于地缘政治的原因主要流向东欧国家;而日本的投资则倾向于东亚地区。① 与此同时,小国和新兴工业化国家也基于地缘政治的考虑加强了地区合作,例如1999年东南亚国家签订的《东盟投资区框架协定》;在非洲撒哈拉以南地区,中非经济共同体和货币联盟于1998年开始起草《关于投资的共同体宪章》;在北非和西亚,阿拉伯联盟正在领导对1980年被采纳的《有关阿拉伯资本在阿拉伯国家投资的联合协定》进行修改,使之更适应大阿拉伯自由贸易区(GAFTA)的需要等。在南亚和中南美洲,关于地区投资自由化的协议或正在讨论,或已签订,或正在进行修改。

第二,生产网络的考虑。尽管全球化已经并且正在进一步改变传统的地理和交通的观念,但地理上的临近以及交通的便利是区域化的基础。从已经签订的和正在谈判中的地区贸易和投资自由化的协定和协议中,我们很明显地看到,进行投资和贸易区域化的国家仍然是地理上相互毗邻的国家。此外,历史上已经形成的商业网络也是区域化的另一个重要因素,这些商业网络包括公司制度、销售渠道、消费习惯、劳动力的流动以及产品的认同等。比如,在东亚地区,历史上已经形成的海外华人商业网络以及第二次世界大战后形成的日本人商业网络一直主导着该地区的生产网络,并为20世纪90年代以来该地区的一体化奠定了基础。

第三,文化价值的认同。投资和生产的根本目的是为社会创造财富,社会价值的认同是国家之间合作的重要基础。文化价值是一个非常宽泛的概念,既包括历史上形成的文化,例如宗教、语言以及家庭和社会风俗,也包括对正在发生的利益和权利(例如安全、环保)的认同。

尽管各国竞相签订地区贸易和投资协定,但关于地区协定与外国直接投资的关系,无论是学术界还是政策制定者到目前为止仍然没有一个确定的结论。比如,在北美地区和东南亚地区,地区协定对外国直接投资的影响以及表现迥然不同(参见"专栏:NAFTA和外国直接投资"和"专栏:亚洲有关外国直接投资地区性协定的效果")。这表明,深入进行地区层面的国际机制的比

---

① 罗伯特·吉尔平:《全球政治经济学:解读国际经济秩序》,第322页。

较研究,是学术界和政策制定者必须进行的艰巨任务。

专栏

NAFTA 和外国直接投资

由加拿大、墨西哥和美国谈判达成的 NAFTA 于 1994 年 1 月开始实施,该协定是西半球第一个北–南区域一体化协定。协定允许三个国家进一步开放商品、服务和知识产权的跨国贸易,并允许彼此在几乎所有产业领域进行投资。NAFTA 的最后一轮关税削减从 2003 年 1 月 1 日开始,农产品的一些例外保留到 2008 年。

NAFTA 使地区内部贸易发生了引人注目的变化。北美商品和服务的地区内部出口在该地区总出口中所占比重从 1980 年的 34% 和 1996 年的 49% 上升到 2002 年的 56%。但是受到影响最大的是加拿大和墨西哥。在 20 世纪 80 年代末,加拿大和墨西哥 3/4 的贸易是与美国进行的,而到 2002 年这一比重超过了 85%,两国从美国进口的结构也与此相似。但是美国的情形却不然,在 1996—2001 年期间美国与另两国的贸易与 1980 年相比几乎没有多少变化。

自 20 世纪 80 年代末以来,流向三国的外国直接投资增加了,但是并不清楚这究竟在多大程度上要归功于 NAFTA。在 1988—1993 年期间外国直接投资流量减少了,但是 1994 年之后又迅速增加,在 2000 年达到了 3830 亿美元的峰值,随后在 2002 年又减少到 640 亿美元。然而,增量主要是由流向美国而不是流向加拿大或者墨西哥的外国直接投资所致。在 2002 年减少到 47% 之前,美国占北美外国直接投资的比重从 1994 年的 71% 上升到 1999 年的 88%。北美外国直接投资占所有 OECD 国家外国直接投资总流入量的比重以及占世界流入量的比例的结构是相类似的。

尽管如此,墨西哥仍然从流入量的增加中获益。但是没有证据表明区域内部的外国直接投资密度增加了,尤其因为在 1980—1998 年期间墨西哥流向美国的外国直接投资很少。

NAFTA 内部的外国直接投资占该地区外国直接投资流出存量的比重从 1986 年的 30% 减少到 1999 年的 18%。加拿大占美国流出存量的比重看来是一个主要因素,其比重从 1989 年的 17% 减少到 2000 年的 10%。NAFTA 使得一些美国跨国公司关闭了其在加拿大的一些工厂,转向以出口来供应加拿大市场。一旦取消关税,经济规模较大、运输成本较低且产品差异不大的产业就会出现区位上的移动。

北美最重要的产业是汽车和零部件产业,根据对该产业定义广度的不同,其占地区内部贸易的比重在 1/3 到 1/2 之间。加拿大和美国的汽车产业在 1965 年签署《汽车协定》以后就已经一体化了。因此,NAFTA 只是将墨西哥汽车产业融入已经高度一体化的北美汽车产业而已。

一项研究将美国作为 NAFTA 的局内人和作为南锥体共同市场的局外人的地位进行了比较,发现在美国的外国直接投资与 NAFTA 之间存在显著的正相关关系,而在美国的外国直接投资和南锥体共同市场之间则不存在任何关系。另一项研究发现,中美洲国家(哥斯达黎加除外)在 1994 年以后已经落后于墨西哥。受影响最大的是萨尔瓦多、危地马拉和洪都拉斯等,这些国家的纺织和服装业获得外国直接投资流量最多。

至今还没有有关 NAFTA 对外国直接投资影响的确定性研究。现有的假定是,NAFTA 使其成员国经济从商品和服务的国际贸易中获益,但是对成员和非成员国外国直接投资的影响尚不太了解。解决这一难题的关键可能是将单个企业微观层面上的区位战略与宏观层面上外国直接投资流量和存量的变动更好地联系起来。

资料来源:UNCTAD,*World Investment Report 2003*:*FDI Policies for Development*:*National and International Perspectives*,United Nations,2003,p. 58.

专栏

亚洲有关外国直接投资地区性协定的效果

一些企业层面的研究表明,《东盟自由贸易区协定(AFTA)》影响了跨国公司在该地区的投资决策,尤其是在汽车和电子产业。但汽车产业看来也出现了一些合理化安排,这一点对流量的分布产生了影响。对美国外国直接投资流出的一项截面回归分析表明,东盟主要东道国(马来西亚、菲律宾、新加坡和泰国)所吸收的外国直接投资高于 1994 年的预期。这可能意味着《东盟自由贸易区协定》对来自美国的外国直接投资产生了积极影响。

在另一项对美国流向东盟 5 国和其他 26 个国家的外国直接投资流量的

经济计量分析中,市场规模对外国直接投资流动具有积极影响。在全部31个国家的样本中,发现外国直接投资和关税税率存在反向关系。尽管在该研究中"AFTA效应"是模糊不清的,但是一个更加一体化的市场和对有竞争力的中间产品进口征收更低的关税可能促进了那些更注重寻求市场和效率的外国直接投资流入该地区。

流向东盟的外国直接投资稳步增长,尤其在《东盟自由贸易区协定》签订以后和1997—1998年发生金融危机以前。自1993年签订协定以来,在建立了优惠贸易协定的南亚区域合作联盟(SAARC)的地区,外国直接投资一直在增加。

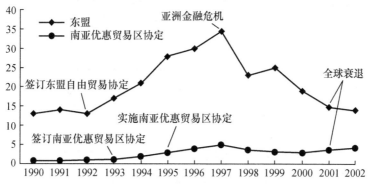

图13-1 1990—2002年的亚太地区:流向东盟和
南亚优惠贸易区的外国直接投资(10亿美元)

尽管这些区域贸易协定可能促进外国直接投资,但是在过去20年中,东盟吸引的外国直接投资仅占世界的大约5%。由于签订了如此之多的贸易安排,同时有新的市场对外国直接投资开放(例如中东欧和中国),因此很难将区域贸易协定对流向该地区的外国直接投资的影响从对单个成员国的影响中分离出来。最近的大多数区域协定趋向于建立自由贸易区(AFTA、新加坡—美国、东盟—中国、韩国—智利)和区域投资合作(东盟投资区)。这些协定对市场准入提供了保证,其中包括对较多产品实行较大幅度的关税削减计划,涉及非关税壁垒,更加便利了生产投入和资源的采购,并涵盖了投资问题。这些因素强化了上述自由贸易协定,这可能会影响到那些寻求市场、资源和效率的投资活动。

由日本贸易振兴会(JETRO)于最近进行的一项对在亚洲经营的1519家日本制造商的调查显示,50%的答复者希望成立日本—东盟自由贸易区,25%希望建立东盟—中国自由贸易区,以便从这些贸易区中获得好处。大多数企业指出，他们希望获得削减关税和简化与统一通关程序的好处。还有大约20%的答复者希望从共同认可的简化程序中获益。这项对日本制造商的调查还发现，《东盟自由贸易区协定》和所提议的东盟—日本自由贸易区预期会增加投资和日本在东盟的经营网络。由日本国际合作银行进行的另一项调查表明，在被调查的日本制造业跨国公司中，超过半数的公司认为，借助公司的区域生产网络，《东盟自由贸易区协定》将推动区域内部的贸易。

由于跨国公司本身希望利用地区劳动分工并通过经营网络使生产升级，寻求效率型外国直接投资可能会增加。政策制定者所面临的主要问题并不是区域性协定和自由化是否会吸引更多的外国直接投资。对于每个成员国以及地区而言，[它们关心的是]一项区域一体化协定最有能力产生的是哪一种投资。

资料来源：UNCTAD, *World Investment Report 2003: FDI Policies for Development: National and International Perspectives*, United Nations, 2003, p. 47.

3. 双边投资协定（BITs）

为了促进资本的流动，国家之间签订双边投资协定是20世纪90年代以来在对外直接投资领域出现的第三个趋势。自从1959年第一个双边投资协定签订以来，双边投资协定一直在稳步增长，到1989年全球范围内双边投资协定达到385个。[①] 进入90年代中期以后，双边投资协定的数目开始快速增加，1997—2006年这10年期间，双边投资协定的数目几乎翻倍，根据联合国贸发会议的最新统计，在2006年底全球范围内的5500个国际投资协定（international investment agreement, IIAs）中，2573个协定是双边投资协定（bilateral investment treaties, BITs），2651个协定是避免双重税收协定（double taxation treaties, DTTs），241个协定是关于其他经济活动的[②]。

采取双边的方式进行投资谈判，主要有两种方式：一种是双边投资协定（BITs），另一种是包括投资内容在内的自由贸易协定（FTAs）。经过多年努力，现在双边投资协定的内容有了比较成熟的标准，一般而言，双边投资协定

[①] UNCTAD, *World Investment Report 2003: FDI Policies for Development: National and International Perspectives*, p. 21.

[②] UNCTAD, *World Investment Report 2007: Transnational Corporations, Extractive Industries and Development*, p. 16.

的内容主要包括如下条款①:外国投资的定义和范围;准入与开业;国民待遇与最惠国待遇;公正与公平待遇;资金的自由转移以及资本和利润的汇返保证;政府征用期间的保证和赔偿;国与国以及投资者与国家之间的争端解决条款。

双边投资协定的签订,不但可以促进资本在国家之间的流动,而且对相关国家国内的经济(例如社会福利、就业、经济要素的流动以及资源的有效利用等)和政治(例如国内利益集团以及政治联盟的形成等)也产生了广泛的影响。这些课题已经成为20世纪90年代以来国际政治经济学领域关注和研究的主题。

专栏

日本—新加坡双边投资协定

在20世纪90年代签订的双边投资协定中,最为人们称道的是《日本和新加坡新时代经济合作伙伴协定》(Agreement between Japan and the Republic of Singapore for a New-Age Economic Partnership, JSEPA),该协定于2002年11月正式生效。

根据双方研究小组的报告,日本与新加坡双方政府之所以推动双边合作,主要基于如下三个理由:(1) 作为对多边贸易自由化的补充。双方都是世界贸易组织的成员国,而世界贸易组织在1999年12月的西雅图部长会议上陷入僵局,这就需要一种新的合作方式推动多边贸易体系朝着全球贸易自由化的方向努力。而双边贸易合作不仅对多边贸易谈判陷入僵局可以产生压力,而且对多边贸易自由化是一种补充。(2) 适应全球化。人类已经进入到一个贸易、投资、资本、人员以及信息流动的经济一体化时代。就贸易而言,2000年的全球贸易额是1950年的20倍;就资本流动而言,外汇市场的交易量由1988年4月每天5900亿美元上升到1999年15 000亿美元;就人员流动而言,1988—1998年,世界航空搭载人员以4.4%的年平均率在增长。(3) 适应全球技术变革。信息和通信技术的变革不仅正在加快生产和消费模式变革的步伐,而且使得经济正在向无国界的全球经济过渡。

---

① UNCTAD, *World Investment Report 2003: FDI Policies for Development: National and International Perspectives*, p.89.

双边协定中有关投资的内容:该协定在保持以前双边投资协定的核心内容(保护、待遇以及争端解决)的同时,增加了开业权、业绩要求和关键外国人聘用等新的条款。

国民待遇:在开业、收购、扩张、管理、运营、维持、使用、占有、清算、变卖或者其他投资处置均享受国民待遇。

人员流动:便利两国间出于商业目的的自然人流动并相互承认专业资格。

业绩要求:设立特定地区总部或者世界市场总部的要求;对于出口特定水平或者比例的服务的要求;只能从指定领土向世界市场某个特定区域供应货物或者服务的要求;达到一定水平或者价值的研发的要求;购买或者使用在该领土提供的服务,或者从该领土自然人或者法人购买服务的要求;指定任一国籍人士担任高级管理职位的要求。

争端解决:包括国家与国家、投资者与国家在内的全面争端解决机制。

建立监督系统:成立一个联合投资委员会,并受托审议和讨论投资章节内容的实施和运作、审议与国民待遇和禁止业绩要求有关的具体例外情况,以减少或者消除这类例外,营造有利于两国投资者的环境。

根据日本外务省官方统计,《日本和新加坡新时代经济合作伙伴协定》2002年签订后,日本和新加坡之间的双边贸易持续增长,新加坡向日本的出口额从2002年的6.27亿美元增加到2006年的8.72亿美元,日本向新加坡的出口额从2002年的17.75亿美元增加到2006年的25.02亿美元;就直接投资而言,新加坡向日本的直接投资从2002年的1.15亿美元增加到2006年的10.62亿美元;两国的人员流动也在增加,到2007年,居住在新加坡的日本人达到2.637万人。

资料来源:根据 UNCTAD, *World Investment Report 2003*: *FDI Policies for Development*: *National and International Perspectives*, p.90; http://www.mofa.gov.jp. 编写。

第四节 跨国公司与国内政治

20世纪70—80年代的"第一代"国际政治经济学者们在研究跨国公司与主权国家之间的关系时有一个最为基本的假设:跨国公司和母国作为一个利益整体为一方,东道国作为一个整体为另一方。这种"二分法"使得研究跨国公司的学者们或关注跨国公司为何飞速发展(例如内部化理论),或关注跨国公司对主权国家的积极的影响(例如基于自由主义的效应转移理论)和消极影响(例如基于马克思主义的依附理论)。

进入20世纪90年代以后,随着对世界经济结构变革认识的深入以及对跨国公司作为一个经济组织的重新认识,"第二代"国际政治经济学者对跨国公司与民族国家之间关系的研究出现了两个根本性的转变:一是由以前强调母国/跨国公司与东道国二者关系的分析转向母国(国内政治)—跨国公司—东道国(国内政治)三者之间的关系分析;二是由以前强调母国/跨国公司与东道国二者一般关系的分析(成本/收益分析或权力分配分析)转向不同问题领域(例如不同的产业)与不同国家国内政治之间关联性的具体分析。

一、跨国公司与国内政治

关于跨国直接投资的类型,经济学家们一般将其分为三类:一类是寻求市场型的直接投资(market-seeking FDI),投资者通过投资寻求更大的并且增长的市场;一类是寻求资源/资本型的直接投资(resource/capital-seeking FDI),投资者通过投资寻找丰富的自然资源;一类是寻求效率型的直接投资(efficiency-seeking FDI),投资者通过投资寻求拥有竞争力和效率的出口生产基地。经济学家们关于跨国直接投资类型的划分,主要是基于成本和收益的分析,这种分析可以用来解释为什么跨国公司偏好对外直接投资,而不是证券投资,但基于成本和收益的分析无法解释跨国直接投资对母国以及东道国国内的具体影响。

20世纪90年代以来的"第二代"国际政治经济学学者几乎一致认为,直接投资无论是对母国的还是对东道国的国内政治和对外政策都是有影响的:一方面,直接投资的流入会导致东道国国内不同产业的政治联盟,影响东道国国家对外直接投资政策的制定,进而影响东道国和母国的关系;另一方面,母国的国内政治不但会影响母国对外投资政策的制定以及对外直接投资的流出,而且也会影响母国与东道国之间的关系。关于母国(国内政治)—跨国公司—东道国(国内政治)三者之间复杂的互动关系,布里沃(Thomas L. Brewer)曾做过总结,见表13-2。

表 13-2　跨国公司——政府关系中的政治互动

文献	跨国公司—母国关系	跨国公司—东道国关系
主权困境模式	开放,对手,跨国公司更有权力	开放,对手,跨国公司更有权力
依附模式	封闭,伙伴,跨国公司更有权力	开放,对手,跨国公司更有权力
新重商主义模式	开放,对手,跨国公司更有权力	—
谈判	开放/封闭,对手,跨国公司随资源不同权力呈现多样化	开放/封闭,对手,跨国公司随资源不同权力呈现多样化
政治风险	—	开放,对手,跨国公司的权力因项目和时间差异而有所变化
内部化—折中	—	开放,对手,跨国公司处于弱势地位

资料来源:Thomas L. Brewer, "An Issue-Area Approach to the Analysis of MNE-Government Relations", *Journal of International Business Studies*, Vol. 23, No. 2, 1992, p. 301.

二、对外直接投资的流出与母国国内政治

与 20 世纪 70 年代跨国对外直接投资主要集中在少数发达国家(诸如美国、欧洲和日本)相比,随着资本流动的全球化和跨国公司对全球经济结构的影响,20 世纪 90 年代以来,无论是发达国家,还是发展中国家和转型国家,都在积极推动本国企业走向国际市场,进行对外直接投资,竞相成为跨国对外直接投资的"母国"(home countries)。

与 20 世纪 70 年代国际政治经济学学者们认为跨国公司代表母国国家利益的主流观点不同的是,随着"国家是单一的行为体"假设被打破,20 世纪 80 年代末以来,国际政治经济学的学者们讨论的核心问题是:跨国公司是代表母国国家的整体利益,还是代表发达国家国内部分利益集团的利益?对外直接投资与母国的国内政治和对外政策有何关联性?具体来说,国内政治对母国产业的国际化产生影响主要涉及两个最为基本的要素:一个是母国的就业;一个是母国的社会福利。

1. 就业与企业国际化

推动企业国际化以及提高本国的社会福利几乎是所有国家的对外战略目标,但在如何推进企业的国际化,各国则因本国产业结构以及国内政治结构采取不同的政策。

在企业的国际化进程中,无论是倡导自由经济的国家,还是采取保护主义政策的国家,其国内政治的首要目标都是提高就业率。在民主制国家里,就业率的高低直接关系到政党选举的成败,即使在专制或集权国家中,就业

率也关乎国内政治的稳定以及政权的合法性。

20世纪90年代以来，伴随着对外直接投资的流出，对母国最为直接的影响就是工作机会的丧失和转移，这与跨国直接投资中的大量"外包"和"离岸经济"现象密切相关。与20世纪70年代的跨国公司相比，90年代跨国公司直接对外投资有两个显著特点：一个就是由传统的制造业为主转向服务业和信息技术产业，因而"外包"成为一个引领信息化和全球化潮流的一种工作方式。所谓外包①，意味着将有限的、特定的业务(比如研发、呼叫中心或账目管理等)交给其他公司去做，然后将完成了的工作再融入整体的经营体系，任何能被数字化的服务、呼叫中心、商务支持或知识工作都可以外包给世界上最廉价、最有效率的供应商。另一个趋势就是将制造业的生产基地由原来的母国直接转移到东道国，出现了"离岸经济"现象。所谓离岸经济②，是一种完全不同的经营方式：如果一家公司将它在美国俄亥俄州坎顿市的工厂通过离岸经营的方式整个转移到中国的广州，这就意味着广州工厂将以同样的方式生产出完全相同的产品，只不过劳动力更为低廉，税收、耕地、能源得到补贴，医疗成本也更低。"外包"和"离岸经济"直接导致了母国工作机会的流失。

专栏

跨国公司外包与美国政治

《纽约时报》2004年3月在一篇报道中说"全球化流年不利"，原因在于"工会态度消极"。不少国会议员，甚至美国总统候选人正充分利用这一机会，以求获得政治资本。即便是商业圈人士也开始抱怨外包，生产电脑配件和电信设备的Technical Materials公司总裁阿尔·鲁布雷诺(Al Lubrano)说："我憎恨外包，我想我们正在兜售制造业共同体。"尽管他口头这么说，却也停不住外包的路子。像其他许多美国公司一样，Technical Materials不得不加入这种外包的潮流，打算2005年去中国开设第一家海外分部。

这种不得不为之的经营并非是单一现象。麦肯锡咨询公司3月5日发布的报告声称，在接受调查的7300多位全球执行官中，有将近4/5的管理者认为外包有益于全球经济。但是当问及外包对于他们自己的商业将产生何种影

---

① 〔美〕托马斯·弗里德曼：《世界是平的：21世纪简史》，何帆等译，湖南科学技术出版社2006年版，第107页。
② 同上。

响时，共识的比例就大大降低了。70%的欧洲执行官认为外包对于他们的商业运作是有益的，86%的中国执行官以及97%的印度执行官持此类观点。但是公司总部最多的美国却没有如此乐观，仅有58%的执行官认为可能是有益的。

美国商业界的模棱两可反映了美国日渐上升的对全球化的犹疑态度。CNN的道博（Lou Dobbs）主持"出口美国"节目已近一年，在此期间道博几乎每期节目要列一两家美国公司，指责其不断向海外转移工作。像花旗银行、美国运通公司、微软公司都被道博列在CNN的网站上，当作谴责对象。在总统竞选人到各州拉选票时，来自马萨诸塞州的民主党候选人约翰·克里（John Kerry）参议员经常指责Benedict Arnold公司出口工作。克里设法提议一项议案，要求公司负责人在决定辞退14名工人并把这些工作转移至海外时，必须至少提前90天通知。

在过去十年中，美国公司对外直接投资年均达到了1250亿美元，其中很大一部分已经永远都不会回到美国了。低廉的通信条件更使得原先一些白领在做的工作，也面临向海外转移的问题，比如数据处理、电话呼叫中心、会计和软件设计等。据估计，2002年美国跨国公司向海外转移了价值大概350亿美元的工作。

比起大公司全球性调整成本的优势，小公司的境遇更是为难。由于大型的跨国公司逐步把一些组件外包给东道国公司，美国国内的小公司不得不进一步压缩利润。为了同日本的Sony和NEC竞争，Planar Systems已经向中国、韩国等地转移了大量的平板显示器生意。面对工作由美国内地向东亚地区转移的趋势，公司财务官Steven Buhaly也很无奈，"我们的顾客不愿意为'美国生产'付额外的资金。如果Planar继续把制造流程留在美国的话，前景非常暗淡，会很快出局"。

美国电子业正在进行的外包并非孤立现象。为摩托罗拉供应部件的Technical Materials也碰到同样问题，由于摩托罗拉不断向中国转移生产能力，连带着一些供应关系也在中国扎根了，为了跟上摩托罗拉的步伐，Technical Materials也必须努力跟进到中国做供应商。公司总裁认为，"如果美国政府不采取行动，美国的制造业就不会停下脚步。但我们必须停住"。

资料来源：钟飞腾根据Eduardo Porter, "Outsourcing Is Becoming a Harder Sell in the U. S. ," *New York Times*, March 6, 2004, p. C. 2; Kerry A. Dolan and David Whelan, "The Great Offshore Wimp-Out," *Forbes*, April 26, 2004, p.46 相关内容编写。

2. 社会福利与企业国际化

社会福利是母国企业国际化进程中另一个容易引起国内政治争论的因素。关于谁在企业国际化进程中受益以及谁在受损,是跨国公司产生以来一直在争论的问题。20世纪70年代传统的跨国公司理论认为,走向国际市场的企业一定代表母国国家利益,因而母国是跨国直接投资的受益者,这些企业不但能优化母国的经济资源配置,推动母国的经济增长,而且能够使母国国内各个阶层从中都受益。但90年代以来,研究跨国公司的学者们和政策制定者发现,母国的跨国公司并不一定代表母国的国家利益,如下两种情况就是如此,一种是母国的跨国公司为了获得更高的利润或者更为顺利地进入某东道国,与东道国政府或企业结成联盟;一种是母国某些行业的跨国公司结成政治联盟,共同左右该国的对外经济政策。在这两种情况下,跨国公司的对外直接投资并不完全代表母国的国家利益,充其量只代表母国国内某些阶层的利益。无论这两种情况的任何一种,必然影响母国国内社会福利的整体提高,从而影响母国的国内政治。所以,无论是发达国家,还是发展中国家或转型国家,都加强了对对外直接投资流出的管制。

专栏

国际并购与印度的政治联盟

印度政治左翼联盟和自由改革家的对抗赛影响并反映了印度公司的国际并购。

印度公司在全球并购路上成绩显赫。截至2006年年初,印度公司的并购已达到22亿美元。从软件服务到汽车零部件再到生物医药,印度人的公司在并购领域极富进攻性。印度商务顾问甘加·巴格拉(Gunjan Bagla)认为,"印度公司已经成为世界级的经营者,正大张旗鼓向海外进军"。如此乐观的姿态主要源于印度公司的治理结构和并购动力。在他看来,印度公司的并购是出于纯粹的资本动力,是由投资者所有的公司主导的,更容易与美国价值观接洽。

通过并购,印度人获得了经验、品牌和规模效应,这不仅推进印度商业的国际化,也在国内改革中进一步增强了推进自由化的力量。印度的Ranbaxy Laboratories公司是世界上最大的生物医药公司之一,公司正致力于不断并购欧洲的小公司,33岁的执行官辛格(M. N. Singh)说,Ranbaxy的目标是从前十进入到前五位,在制药业同盟中处于前列。辛格从美国杜克大学获得商学硕士学位,属于领导印度公司海外扩张的新一代。这与传统明显不同,数十年来,一些非正式的产业集团,比如 Bombay Club 不断游说政府反对市场开放,牢牢限制印度的自由化进程。现在,一批进入全球市场的新型公司则支持印度进一步开放。印度总理辛格提请政府规划货币自由兑换的方案,这一方案将进一步加速海外并购。

不仅如此,印度各邦吸引外资的进度不均等也造成了政治分化,那些与国际有广泛联系的邦支持政府的自由化。印度第 15 大经济体,按人均资本计算位列第 2 的南部泰米尔纳德邦(Tamil Nadu)走在前列。该邦已有 252 家工程学院,每年有 79 000 名工程师毕业。一些国际知名的大公司,比如 Nokia、Flextronics、Hyundai、Dell、Ford、Royal Enfield 以及 Samsung 都在此落户。据印度产业联合会估计,到 2011 年这些公司可以提供 80 万个工作岗位。它已成为世界后台办公室的优选目的地,像 Standard Chartered、World Bank、Citibank、Sutherland Technologies、ABN Amro 这样的银行巨头都在此开设后台办公室。跨国公司的扩张使得该州的汽车、IT、软件和房地产业蓬勃发展,比如制造业中心首府金奈(Chennai)就被称为"印度的底特律",蒂鲁巴(Tirupur)被叫作"印度的纺织业中心",即便是小镇萨瓦卡斯(Sivakasi)也被称为"微型日本"。

印度左派对推进自由化改革心存疑虑。印度零售业打算卖给 Wal-Mart 和 Tesco 一项价值 2050 亿的业务,但由于左派的干扰而屡屡受阻。JP Morgan 经济学家 Rajeev Malik 对此认为,"政府并不能动用社会资本推进外资在零售业的这项并购,这是一个敏感的话题"。《金融时报》2005 年 5 月在一份报道中,援引印度财政部长奇丹巴拉姆(Palaniappan Chidambaram)的话说,"看上去占据垄断地位或者行政上控制价格制定的公司将优先寻求战略伙伴,而那些业务受损的公司则不能参与售卖活动"。奇丹巴拉姆从哈佛商学院获得 MBA 学位,指责这种政治联盟阻遏了印度的经济自由化,认为政府需要重建"向外资更开放一些"的共识。

资料来源:钟飞腾根据 Jo Johnson, "India Gives Kick-Start to Sell-off Programme", *Financial Times*, May 18, 2005, p.11; S. S. Jeevan, "The State that Witnessed a Growth Rate of 6.3 Percent", *Indian Today*, December 25, 2006, p.50; Peter Wonacott and Henny Sender, "Indian Firms See Acquisition as Path to World-Wide Growth," *Wall Street Journal*, May 1, 2006, p.A6; Gunjan Bagla, "India Inc.: Investing in America," *Business Week*, September 29, 2008 相关内容而编写。

三、外国直接投资的流入与东道国国内政治

20 世纪 70 年代,关于跨国公司与东道国的关系,无论是经济学家还是政治学家,一般都给出一个笼统的分析,要么是积极的(如解决外资的短缺、促进技术转移、引入先进的管理经验),要么是消极的(如控制东道国经济、资源掠夺、剥削)。进入 90 年代以后,随着对跨国直接投资研究的深入,学者们发现,不同类型的直接投资对东道国有着不同的经济和社会效应,因此,政治学者比经济学家更注意不同的 FDI 进入的不同行业以及由此对东道国国内政治和社会结构的影响。关于外国直接投资流入与东道国国内政治的关系,学者们和政策制定者们主要集中在两个议题上:一个是外国直接投资的流入与国家安全;一个是产业联盟与国内政治分化。

1. 国家安全与战略性工业

外国直接投资的流入对国内政治产生的第一个影响表现在国家安全方面。国家安全是所有主权国家关心的首要问题。70 年代以前,国家安全概念相对比较狭窄,主要是指通过政治和军事手段来保证和维持的领土安全,因而"安全"一直是国际关系研究领域的核心问题,学者们将与"安全"相关联的政治和军事称为"高级政治",而将经济要素称为"低级政治",并认为"低级政治"与安全的关联性不大。80 年代末期以来,随着经济全球化的深入,经济要素的流动对国家安全的影响被提到日程上来,"经济安全"也随之成为国际关系学界以及政策决策界一个富有争议的概念。①

从跨国公司诞生之日起,东道国便开始陷入一个两难境地:为了解决资金短缺和技术落后,促进经济增长,各国竞相吸引跨国直接投资;然而,随着跨国公司的进入,如何保护本国的幼稚工业,从而使得本国经济不被跨国公司所控制,成为东道国关心的问题。不同类型的东道国对因跨国直接投资的流入而引起的国家安全问题的理解是不同的:对于发达国家而言,保证"战略性工业"的安全仍然是政策的首要目标,例如美国 2008 年提出的《外国直接投资与国家安全》报告,不仅适用于美国跨国直接投资的流出,也适用于跨国直接投资的流入,特别是对来自发展中国家的主权财富基金的监管;对于发展中国家而言,宏观经济政策的稳定以及"敏感性工业"或"战略性工业"是政策关注的目标,由于跨国直接投资的流入是以私有化和自由化为基础,所以,

---

① 这方面的成果,读者可以参阅 Helen E. S. Nesadurai, *Globalization and Economic Security in East Asia: Governance and Institutions*, Routledge, 2006。

发展中国家在吸引跨国直接投资流入的同时,对那些可能影响国家宏观经济政策稳定的产业给予特别的关注;对转型国家而言,加强对国有企业私有化的监管是其战略目标所在。

与20世纪70—80年代发达国家主要作为跨国公司的母国而发展中国家主要作为跨国公司的东道国的状况相比较而言,90年代以来,随着发展中国家特别是新兴工业化国家的经济飞速发展,发展中国家也开始推动企业的国际化,鼓励对外直接投资,并广泛进入发达国家,其中,引起发达国家高度关注的就是"主权财富基金"。

主权财富基金(Sovereign Wealth Funds,SWFs)是政府的一种投资工具,资金主要来源于国家的外汇资产,管理则区别于其他外汇储备机构。① 主权财富基金开始于20世纪50年代中期,其中,比较引人注目的是1953年成立的科威特投资公司(Kuwait Investment Authority)和1974年成立的新加坡淡马锡控股(Temasek Holdings of Singapore),但主权财富基金真正盛行于国际资本市场开始于20世纪90年代中期。根据联合国贸易与发展会议2008年的统计,全球主权财富基金的总资产规模从1990年的5000亿美元增长到2007年的5万亿美元。全球大约有70个主权财富基金,分布在44个国家和地区中,但主要集中在中国、科威特、挪威、俄罗斯、沙特阿拉伯、新加坡以及阿拉伯联合酋长国,每个主权财富基金的资产从200亿美元到5000亿美元不等。② 与私募股权基金相比,这些主权财富基金有如下三个基本特征:第一,主权财富基金完全由母国政府直接控制;第二,主权财富基金投资周期相对比较长;第三,主权财富基金在战略决策中有时考虑非经济的回报。③

尽管全球对外直接投资仍以私募基金为主体(2007年私募基金的对外直接投资为4600亿美元),而主权财富资金的总资产规模虽然巨大(2007年为5万亿美元),其以对外直接投资的形式存在的比例并不大(2007年仅为100亿美元),且占全球对外直接投资中的比例仅为0.6%④,但主权财富基金作为一种对外直接投资的特殊方式,引起了学者们和决策者的广泛关注和争论。争论主要集中在如下两个议题上:第一,主权财富基金的流入与东道国的国家安全。由于主权财富基金作为对外直接投资有四分之三集中在美国、英国和

---

① UNCTAD, *World Investment Report 2008: Transnational Corporations and the Infrastructure Challenge*, p. 22.
② Ibid., p. 20.
③ Ibid., p. 22.
④ Ibid., pp. 20–22.

德国,且73%集中在服务业上,所以,主权财富基金是否对东道国的国家安全产生威胁成为近年来学术界和政策制定者们讨论的一个主题。第二,主权财富基金的决策透明度。由于主权财富基金主要来自发展中国家,特别是那些在政治体制上与主要发达民主国家(如 OECD 国家)不同的发展中国家(如科威特、新加坡、中国、俄罗斯),所以,关于主权财富基金投资战略的国内政治过程也成为学术界和政策制定者们关注的一个主题。

专栏

美国的国家安全报告与俄罗斯的战略工业法

2008 年 2 月,美国政府责任办公室(U. S. Government Accountability Office,GAO)发布报告对 10 国(这些国家包括加拿大、中国、法国、德国、印度、日本、荷兰、俄罗斯联邦、阿拉伯联合酋长国以及英国)的外国投资机制进行评估。该报告的目的是鉴别这些国家为平衡外国投资的收益和国家安全考虑所采用的机制和标准,并将其与美国做一比较。

该报告得出结论,出于国家安全考虑,所有考察国均制定了管理外国投资的相关法律和政策,很多还在其中强调其对国家安全的关注。但是,11 个国家(包括美国)对国家安全的理解各不相同,这也影响了他们对外国投资的限制内容。限制包括对严格定义的国防部门的投资的必要审核,及基于经济安全和文化政策的广泛限制。另外,伴随一些颇受争议的投资案例,很多国家最近修订了其法律和政策,明确指出国家安全是备受关注的领域。该报告还提到,有的国家已经发布了需要政府审核和批准的战略部门的名单。

考察国中有 8 个拥有正式的审批流程,只有荷兰和阿拉伯联合酋长国尚无正式审核程序。但是,荷兰限制外国投资进入特定部门,比如公共事业领域;而阿联酋则对所有部门的所有权有所限制。在正式的审核过程中,国家安全是首要的或者几个最重要的考虑因素之一。报告指出,所有的国家都对一些核心问题非常关注,比如军事工业基地,以及最近在能源领域的投资,国有企业的投资和主权财富基金的投资。绝大多数国家拟定了审核的期限,并且设立了审核批准的条件。例如,一国可能对公司董事会成员的国籍有所要求。当投资达到一定的规模,或者收购方在所购公司控股或者占相当份额的股份,大多数国家将要求强制进行审批。5 个国家(法国、德国、印度、日本和俄罗斯联邦)允许通过行政手段或者法院出台相关决议。除了正式的机制,还有一些非正式的因素会影响在这 11 国的投资。比如，在一些国家，处理敏感的投资交易需要得到政府的事前批准。

2008 年 5 月，俄罗斯联邦总统就战略工业签署了一项法令，即《关于对俄罗斯联邦国家安全产生影响的公司的外资管理》。该法令对那些被视为对国家安全或战略重要性的工业（战略企业）的外国投资提出了一个详细的管理框架。法令要求对于那些在特殊战略企业的外国投资必须获得政府的认可，政府有义务对此类投资进行逐项监管。

被视为具有国家安全或战略重要性的工业包括：核材料和放射性材料、与军工相关的企业、大规模的广播与电视、联邦底土的开采和挖掘（底土业的门槛是 15%）、深水生物资源的采撷、大规模的印刷和出版。

根据该项法令，外国私人投资在其对任何战略企业进行直接或间接的控制之前必须获得政府的同意（控制意味着外国私人公司获得超过 50% 的股权、50% 特许股的参股，或者战略性企业董事会成员超过 50%）。尽管不允许外国的国有企业或国际组织拥有战略企业的多数股权，但外国国有企业或国际组织可以获得 25% 的股权。在如下两种情况下，外国投资者无须获得许可：(1) 在投资期间，外国投资者已经控制了一种战略性企业（非底土采掘业）超过 50% 的股权；或者 (2) 在俄罗斯联邦拥有或者控制超过 50% 股权的底土采掘企业中，外国投资者可以获得的股权仍然可以达到 50%。但是，如果外国投资者是国有企业，就必须获得许可。获得在战略性企业投资的许可程序包括许多步骤，并且涉及许多不同的部门。

资料来源：UNCTAD, *World Investment Report 2008: Transnational Corporations and the Infrastructure Challenge*, p. 14, p. 71。

2. 外国直接投资的流入与对外经济政策的选择

外国直接投资的流入对东道国国内政治产生重大影响的另一个突出表现就是，外国的跨国公司与本地企业的联盟不但会导致国内公共政策的争论[1]，而且也会影响一个国家对外经济政策的选择。这方面比较典型的研究成果是古德曼（John B. Goodman）等人于 1996 年发表的文章《外国直接投资

---

[1] 〔美〕沃尔特·亚当斯、詹姆斯·布罗克主编：《美国产业结构》，封建新等译，中国人民大学出版社 2003 年版。

与美国对保护的需求》①。古德曼等人以美国5个行业(打字机、彩电、汽车、钢铁、半导体)为案例,通过研究从事这些行业的美国国内企业与同一行业的外国跨国公司在美国的分支机构的关联性,他们发现,美国国内企业和跨国公司在美国的分支机构是否进行联盟主要取决于既有的进口水平:当外国跨国公司生产的产品处于进口补充(import-complementing)阶段时,美国本土企业偏好于贸易保护,外资则倾向于自由贸易;而当外资企业的投资开始替代进口(import-substituting),本土企业和外资企业的利益开始趋同,这时会出现两种状况,一种状况是,如果有新的外国投资者进入市场时,早先进入的外国投资者便会与本土企业联合进行游说(工人、供应商、消费者以及政府),寻求贸易保护,一种情况是,当没有新的外来投资者进入时,贸易保护就会下降。所以,一个行业的贸易保护状况主要取决于该行业外资和内资的比例,以及两者形成联盟对抗新来者的力量。外资流入改变了美国国内利益分布,形成了不同的利益集团。② 其实,古德曼等人的研究虽然基于美国的经验,但也同样适用于其他发达国家以及发展中国家。这就是我们在本书第十章中所提及的"以行业间要素流动为中心的研究路径"来研究不同国家对外经济政策的一个具体体现。

专栏

外国投资与韩国的金融利益集团

在东北亚国家中,韩国的外资存量非常少。尽管韩国要素禀赋极其优厚,比如几乎全部人口都已具有大学文凭,地理位置上看,也处于东京、大阪、北京、上海和香港的3小时飞行圈内,而且近些年来韩国政府也鼓励外资进入,但其引资成绩依然远远落后邻国中国。截至2007年,外资流入韩国已连续三年负增长,该年合同外资也只有105亿美元。

尽管韩国政府声称发达国家的低经济增长是负面因素,专家则认为韩国的劳工运动和缺乏透明度的管制是两个重要原因。一份调查显示,50%的投资者认为国家对外资的态度模棱两可,很多时候韩国政府的政策不具有可预

---

① John B. Goodman, Debora Spar, and David B. Yoffie, "Foreign Direct Investment and the Demand for Protection in the United States", *International Organization*, Vol.50, No.4, Autumn 1996, pp.565-591.

② Ibid.

期性，时常对投资者不利。

2006年Lone Star公司即是显著一例。11月21日韩国检察机关起诉这家来自美国达拉斯的公司以及韩国外换银行（KEB），指控它们在KEB下属信用卡公司的一桩交易中涉嫌操纵股价。而Lone Star公司总裁认为，韩国政府的检控主要是受舆论操控。韩国商业、工业和能源部副部长李承勋非常重视这一事件引起的国际不良反应，在11月26日刊登在《金融时报》的信中，李承勋这样说道，"Lone Star只是孤案，结果应当由法律裁定，而不是公众舆论或者媒体，"并且，"韩国正极力确保一项连贯和稳定吸引外资的政策"。

美国对韩国政府的暧昧态度以及韩国的民族主义批评强烈。美国国际经济研究所的艾德华·格雷汉姆（Edward Graham）2005年8月就在英国《金融时报》发文，呼吁韩国政府要"结束公司仇视"。格雷汉姆认为1997年东亚金融危机之后，韩国人对外资心存疑虑。韩国政府的态度模棱两可，一些政府机构提醒全球投资者，韩国是个产生效益的好地方，另外一些政府机构，比如金融监管委员会则声称最小持股也会影响韩国企业的"管理决策"。格雷汉姆认为，"为了使外资能给韩国经济作最大贡献，韩国政府必须抛弃对外资并购和经营的防御性态度"。

究其根本来讲，韩国的这种态度也反映了内部不同利益集团的斗争。《金融时报》2008年10月9日报道认为，Lone Star在韩国的经营介入了韩国内部的金融集团斗争，包括像韩国国民银行（KKB）和韩亚金融集团（Hana Financial Group）这一类集团都设法在国内兼并扩大规模，而不想见到外国公司拔得头筹。

资料来源：钟飞腾根据 Edward Graham, "South Korean Should End Its Corporate Xenophobia," *Financial Times*, August 4, 2005, p. 11; Laura Santini and Lina Yoon, "South Korea Prosecutors Indict Lone Star, KEB," *Wall Street Journal*, November 21, 2006, p. A. 3; Sung-Hun Lee, "Koean Seeks to Ensure Stability for Its Investors," *Financial Times*, November 29, 2006, p. 14; Jules Stewart, "Korea Cranks up Its Allure," *Foreign Direct Investment*, October/November, 2007; "South Korea Investment Bid," *Foreign Direct Investment*, February 2008, p. 1; Song Jung-a, Sundeep Tucker, "Lone Star in Fresh Pushto Sell Its KEB Stake," *Financial Times*, October 9, 2008, p.27 相关内容编写。

第十四章
经济发展、国家与全球化

20世纪50年代以来,随着世界体系向全球的扩展以及90年代的经济全球化,在资本主义世界体系中出现了两类国家:一类是前西方殖民地,它们在政治上建立主权独立国家之后开始寻求经济和社会发展之路,经过20多年的努力,成为新兴工业化国家(NICs)或地区(NIEs),例如亚洲新兴工业化国家新加坡、马来西亚、印度尼西亚和菲律宾;另一类是20世纪90年代以前实行社会主义计划经济的国家,在冷战结束前后,开始了国内政治、经济和社会转型,其中,苏联和东欧国家直接进入资本主义世界体系,推行资本主义市场经济,而中国和越南虽然加入世界体系,但推行社会主义市场经济。尽管在转型的具体路径上有所差异,但这些国家被国际社会通称为"转型国家"。随着发展中国家特别是新兴工业化国家以及20世纪90年代以来的"转型国家"在贸易、投资、资本流动以及劳动力流动诸领域对世界体系影响的扩大,发展和转型成为国际政治经济学关注的一个重要研究议题。

第一节 发展/转型政治学的核心议题:经济发展/转型、国家与全球化

一、经济增长与发展

尽管关于经济发展的定义是一个非常复杂的问题,学者们一般主张将经济发展和经济增长区别开来。所谓经济增长[①],一般是指一国经济在一定时期内(一般期限可以短至一年)实际的(即按不变价格计算)产值或收入的增长。而经济发展则是指,一个国家按人口平均的实际收入在一个长期内增长的过程,条件是处于"赤贫线"下的居民人数不再增加,收入分配不会变得更不公平。具体来说,经济发展的定义主要包含三个因素[②]:

(1) 经济发展与收入增长。经济发展强调的是一国人均实际收入的持续增长,具体地讲包含三层含义:第一,收入必须是实际收入,即消除通货膨胀影响以后的收入;第二,收入必须是人口平均收入,如实际收入每年增长2%,而人口也每年增长2%,那么经济也无发展可言;第三,收入增长是在一个长时期内,比如20至30年。

(2) 结构发展与国内结构调整。经济发展不但包括收入增长,而且还包括国内经济结构、社会结构以及政治结构的进步或改善。在经济结构方面,第一产业产值所占比例减少,而第二、三产业产值所占比例提高;社会结构方面,文盲在人口中的比例日趋下降,而中产阶层的家庭在全国全部家庭中所占比例扩大;在政治结构方面,民主政治的方式日渐普及,而传统的权威阶层逐步退出政治舞台,等等。在这些结构变化中,经济不发达现象渐告消失,低下阶层的生活水平提高,劳动生产率趋于上升,显性失业和隐蔽性失业逐步下降,非正常外贸转为正常,等等。总之,经济发展不仅是一个量的概念(如增长概念那样),而且是一个多层面的质的概念,涉及经济、社会、政治、文化

---

① 关于对经济增长理论和经验的研究,读者可以参阅〔美〕H. 钱纳里、S. 鲁宾逊、M. 赛尔奎因:《工业化和经济增长的比较研究》,吴奇等译,上海三联书店1989年版。

② 关于学术界对发展的含义比较全面的论述,读者可以参阅〔美〕M. P. 托达罗:《第三世界的经济发展》上册,于同申等译,中国人民大学出版社1988年版,第121—132页;〔美〕M. P. 托达罗:《第三世界的经济发展》下册,于同申等译,中国人民大学出版社1991年版,第7—15页;〔美〕德布拉吉·瑞:《发展经济学》,陶然等译,北京大学出版社2002年版,第6—38页。

多个层面。

(3) 经济发展与外部经济条件的改善。经济发展不仅包括国内方面,而且还包括国际方面。经济发展在国际方面最为重要的是贸易条件的改善。所谓贸易条件,是指具有代表性的单位出口产品价格与单位进口产品价格之间的关系或比率。如果相对于进口商品价格的出口商品价格下降了,称为一个国家的贸易条件"恶化"。对于一个国家而言,当其出口价格相对于进口价格下降时,每一单位进口产品的实际或社会的机会成本就会上升,换句话说,为了保证总收入不变,就必须出售更多的出口产品和动用更多的稀有生产资源。

二、经济转型与"转型国家"

相对于"发展"而言,"转型"(transition)作为一个专门术语出现在国际社会主要开始于20世纪90年代。随着1989年"柏林墙"的倒塌,1917年以来实行社会主义制度的国家无论是在政治制度还是在经济体制上都发生了巨变,"转型"作为一个范畴是专门用来特指这些国家,即"转型国家"或"转型经济体"。根据国际货币基金组织和世界银行的统计,这些国家的总数大致有33个(独联体12个国家,波罗的海3个国家,东欧和中欧国家13个,亚洲国家5个)。

而"转型"作为一个专业术语进入学术界则颇费周折。[①] 在经济学界,最先是发展经济学家将其从发展型的体制获取的经验移植到这些"转型国家"的研究中,将"转型国家"作为发展中国家的一个特例来进行"规范性"的研究,直到2000年比利时经济学家热若尔·罗兰(Gerard Roland)出版《转型与经济学》(*Transition and Economics*)才使得"转型"本身的"规范性"研究达到了一个新的水准。在政治学界,对"转型国家"的研究在开始主要停留在事件的描述上,之后,学者们才开始探讨这些"转型国家"的经济增长和政治制度之间的关系。

随着研究的深入,无论是经济学家还是政治学家,对"转型国家"特征的界定逐渐趋于一致,他们认为,"转型国家"一般应具备如下三个基本的特征:(1)从威权政治(authoritarian politics)向民主治理转型;(2)从中央计划经济

---

① 〔丹〕奥勒·诺格德:《经济制度与民主改革:原苏东国家的转型比较分析》,孙友晋等译,上海世纪出版集团2007年版,第43—48页。

向市场经济转型;(3)正(可能)处于独立国家身份缔造进程中。①

三、发展/转型的政治经济学

无论是发展中国家的发展,还是"转型国家"的转型,在经济全球化时代的今天都面临着前所未有的挑战。原因主要有二:第一,发展中国家的发展以及"转型国家"向市场经济转型的初始条件(国内和国际)与今天发达国家在200年前处于发展阶段的初始条件完全不同,因为后者在两百年间的增长和发展大多是以牺牲殖民地国家的生产资源为代价的,而今天的发展中国家的发展是无法完全效仿发达国家曾经的经验。第二,随着资本、技术、劳动力的流动,经济全球化将发展中国家和转型国家放在一个共时状态中,即发展中国家和"转型国家"不但要与发达国家竞争,而且相互之间也处于竞争中。

发展与转型所面临的挑战引起了国际社会的广泛关注,为此,世界银行曾于1991年和1996年分别出版《世界发展报告1991:发展的挑战》和《世界发展报告1996:从计划到市场》。国际学术界对于发展和转型的研究更是不遗余力,正是在这种背景下,发展中国家的发展以及转型国家的转型与发展问题成为国际政治经济学的重要研究议题。

国际政治经济学将经济发展以及转型纳入其研究议题,主要集中在如下三个方面:

第一,全球经济增长与收入分配。在过去500年,世界的GDP增长率以及人均GDP在整体上一直呈现增长状态②,但无论是就地区还是就国家而言,增长却是极不平衡的,仅就收入而言,根据购买力平价(purchasing power parity,PPP)来计算,全世界有70%的人口生活在人均国内生产总值5000美元的国家之中,而14%的人口生活在人均国内生产总值20000美元以上的国家之中。③ 国内生产总值(GDP)以及人均国内生产总值的多少虽然不是衡量一个国家实力的全部,但也是衡量一个国家在全球政治经济体系中地位的重要指标,其中一个典型表现就是,世界银行一直按照这两项指标将全世界的国家分为四类:低收入国家(2008年为975美元及其以下),下中等收入国家(2008年为976—3855美元),上中等收入国家(3856—11905美元)以及高收入国家

---

① 〔丹〕奥勒·诺格德:《经济制度与民主改革:原苏东国家的转型比较分析》,孙友晋等译,上海世纪出版集团2007年版,第12页。
② 〔英〕安格斯·麦迪森:《世界经济千年史》,伍晓鹰等译,北京大学出版社2003年版,第116页。
③ John Ravenhill, *Global Political Economy*, p.376.

(11 906美元及其以上)。① 因此,全球经济增长与收入分配的不平衡成为一个世界性难题。国际政治经济学集中研究的一个命题是:建立什么样的国际机制才既能推动全球经济增长又能保证收入分配公平?

第二,全球化与政府发展政策的制定。推动全球经济的增长与发展,既是国际社会的责任也是各国政府的战略议题。尽管各国政府在推动经济发展的目标上是一致的,但各国政府在制定具体的发展政策上并非完全相同,例如英国和美国推行的"放任自流"的发展政策(又称自由主义);欧洲小国推行的"社会福利"主导的市场经济(又称合作主义,corporatism);日本和法国推行的"政府主导型"的市场经济(又称国家主义);新加坡推行的"儒家资本主义";中国推行的"社会主义市场经济"等。在看到这些政府发展政策成功的同时,我们也必须看到那些失败的政府发展政策,例如非洲、拉丁美洲以及部分亚洲国家的发展政策。这向国际政治经济学提出了一个课题:国际发展可能吗?如果可能,各国政府制定的发展政策有哪些共同的要素?②

第三,可持续发展与环境问题。20世纪70年代以来,随着全球贸易自由化和投资自由化,发展中国家在追求经济增长的同时面临着环境不断恶化的挑战。从1972年6月联合国在斯德哥尔摩召开联合国人类环境会议到1992年6月联合国在巴西里约热内卢召开世界环境与发展大会,环境问题一直是国际社会关注的问题。环境不断恶化制约着发展中国家经济的持续发展,而且对全球经济增长提出了挑战。经济增长与环境的关系不仅成为广大发展中国家面临的问题,也成为全球经济增长面临的问题。由环境而导致的可持续发展问题向国际政治经济学提出了一个重要研究议题:如果国际发展是可能的,那么,各国政府如何相互合作建立一种国际机制来保证这种国际发展是可持续的?

第二节 发展经济学:理论进展及其挑战

对发展中国家的发展进行系统研究,起源于20世纪40—50年代的发展经济学,其主题是研究发展中国家为什么依然贫困以及如何制定走出贫困的

---

① http://data.worldbank.org/about/country-classifications.
② Joseph E. Stiglitz and Lyn Squire, "International Development: Is It Possible?" in Jeffry A. Frieden and David A. Lake, eds., *International Political Economy: Perspectives on Global Power and Wealth*, pp. 383–391.

发展战略,并因此产生了富有影响的四种理论:线形阶段经济增长理论、新古典结构变动理论、国际依附理论以及发展型国家理论。其中,前三种理论主要是20世纪50年代至80年代的主流理论,而最后一种理论则是90年代出现的,直到今天仍处于争论之中。

一、线形阶段经济增长理论

关于发展的第一种理论是基于西方发达国家的历史经验而提出的线形阶段经济增长理论。20世纪50年代对于发展中国家发展的研究主要集中在"经济成长阶段"的概念上。其中,最为典型的是罗斯托的经济成长阶段论,这种理论曾被誉为发展中国家发展经济的"圣经"。

关于线形经济成长阶段论的具体内容,我们在本书第八章讨论"依附理论的兴起"时已经做了比较系统的论述。线形经济成长阶段论认为,人类社会的经济增长都要经历如下五个阶段:传统社会、为发动创造前提条件阶段、发动阶段、向成熟推进阶段和高额群众消费时代。[①]

"经济成长阶段论"有两个最为基本的假设:第一个假设是,发展是单一国家的发展。对于任何发展中国家,经济增长面临的最大约束就是"资本约束",所以,发展中国家的经济增长和经济发展的诀窍就是,只要增加储蓄(国内储蓄和国际储蓄)和投资,就能促进经济增长。第二个假设是,存在一个普遍的发展模式,发展可以是线形的。不论各个国家在历史、文化习俗、资源的禀赋上有何差异,都可以走一条普遍的发展道路,遵循一个普遍的发展模式,这个模式就是西方发达国家曾经走过的模式。所以,只要新独立的发展中国家或非西方国家遵循西方发达国家所走过的道路,就能成为现代化的国家。换句话说,发展中国家要想发展就必须走发达国家曾经走过的道路,只有效仿西方发达国家,才能最终达到发达国家的水平,从而成为政治、经济和社会都发达的国家。

线形阶段经济增长理论的基本假设因为无法适应发展中国家的现实条件而不断被修正(如哈罗德—多马模型[②]以及索罗模型[③])。透过经济学家们的规范模型,我们可以发现,所有持"线形阶段经济增长"论的学者们,其理论

[①] 〔美〕罗斯托:《经济成长的阶段:非共产党宣言》,商务印书馆1962年版,第10页。
[②] 〔美〕德布拉吉·瑞:《发展经济学》,陶然等译,第46—52页。
[③] 同上书,第57—63页。

前提假设都面临着如下两个困境①：第一，发展中国家面临的不仅是"资本约束"，而且还面临着管理能力、技术工人以及发展规划执行的挑战。西方经济学家经常举例认为，欧洲由于接受了"马歇尔计划"的援助，因而经济得到飞速增长，但这些经济学家忽略了一个事实，即发展中国家与接受"马歇尔计划"援助的欧洲国家在生产结构与制度上存在着很大的差异。第二，发展中国家是国际体系的一个重要组成部分，在这个体系中存在着许多无法控制的影响发展中国家发展的要素。所以，发展中国家的发展绝非是一个国家自己所能完成，70年代初智利阿连德政府的失败就是一个典型。

二、新古典结构变动理论

关于发展的第二种理论是立足于发展中国家的市场结构而提出的结构变动理论。结构变动理论研究的核心议题是：发展中国家创造什么样的经济机制，才能使得国内经济结构从仅能维持生存的传统农业为主，转变为现代化、城市化以及多样化的制造业和服务业。② 这种理论以新古典价格、资源分配理论和现代计量经济学为工具来描述这种转变是如何进行的。

在新古典结构变动理论的旗帜下，关于发展中国家的结构变动的研究出现了许多不同的理论，如阿瑟·刘易斯的"两部门剩余劳动"模型、P. N. 罗森斯坦—罗丹的"大推动论"、冈纳迈达尔的"贫穷的恶性循环论"、R. 纳克斯的"平衡增长论"、A. O. 赫希曼的"不平衡增长论"、低水平均衡陷阱论、哈维·莱本斯坦的"关键性最低努力论"、劳动无限供给论等。这些理论试图找出存在于发展中国家经济结构中影响它们经济调整和政策选择的刚性、落后及其他特点。其中，最具代表性的是阿瑟·刘易斯的"两部门剩余劳动"理论模型和霍利斯·钱纳里的发展模式的经验分析。

1. *刘易斯的"两部门模型"*

"两部门模式"（dual-sector model）是由诺贝尔经济学奖获得者 W. 阿瑟·刘易斯（W. Arthur Lewis）于20世纪50年代中期提出③，后来经过费景汉（J. Fei）、拉尼斯（G. Ranis）④等人加以修改、公式化以及进一步扩充，主要探

---

① 〔美〕M. P. 托达罗：《第三世界的经济发展》上册，第98—99页。
② 同上书，第99页。
③ W. Arthur Lewis, "Economic Development with Unlimited Suppliers of Labor", *The Manchester School of Economic and Social Studies*, Vol. 22, 1954.
④ G. Ranis and J. Fei, "A Theory of Economic Development", *American Economic Review*, Vol. 51, No. 4, 1961.

讨劳动力的转移与现代部门的产量以及就业增长的关联性。该模式认为,任何欠发达(国家)经济都是由两个部门组成的:一个部门是人口过剩的、劳动边际生产率等于零、仅能维持生存的传统农业部门;一个部门是劳动生产率比较高的城市现代工业部门。在此基础上,刘易斯有三个最为基本的假设:第一,从农村农业部门到城市现代工业部门的劳动力的转移率与现代工业部门的资本积累率成正比。第二,农村存在着剩余劳动,而城市里的就业则是充分就业。现代部门的就业增长与这个部门的产量成正比。第三,现代部门存在着一个完全竞争的劳动力市场,这个市场保证在农村剩余劳动力被完全吸收以前城市实际工资总是不变的。

在这三个基本假设前提下,劳动力转移与现代部门的产量和就业增长的关系可以概括如下:首先是传统农业部门的剩余劳动力向现代部门转移,由于传统农业部门转移的劳动力是剩余劳动力,所以,当它们转移后实际上并不影响传统农业部门的产出总量。而城市现代工业部门由于只是得到这些剩余劳动力的供给,城市的工资水平就可以保持不变,城市工业部门的产量就可以增加。当城市工业部门的产量增加后,由于工资水平不变,资本家就可以将全部利润投资到同类设备上,这样就可以吸收更多的农村剩余劳动力。这样的过程可以一直持续下去,直到农业部门没有过剩劳动力为止,在这种状态下,城市工业部门必须提高工资水平,而传统农业部门为了不让劳动力转移也必然提高工资,这时传统的农业部门和城市的现代部门将得到均衡发展。

尽管刘易斯的两部门模型对于解释发展过程中部门之间的相互作用具有极为重要的理论价值,但其暗含的三个假设在现实中受到了挑战[①]:劳动力的转移率与现代工业部门的资本积累率成正比的逻辑前提是,资本家获取的利润必须重新投入到和现存的资本同样的设备上,如果资本家将利润投入到更加节约劳动的资本设备上,或以资本外逃的方式进入发达国家的银行,那么,对劳动力的需求并不一定增加;刘易斯模型关于农村存在着剩余劳动而城市里的就业则是充分就业的假设,忽略了在欠发达国家现实中,城市也存在着广泛的剩余劳动;刘易斯模型关于城市现代部门工资水平不变的假设也有悖于欠发达国家的现实,事实上,即使是在现代部门失业率不断上升的情况下,由于工会讨价还价能力的提高以及跨国公司雇佣制度的作用,城市现代部门的工资水平也有不断上升的趋势。

---

① 〔美〕M. P. 托达罗:《第三世界的经济发展》上册,第102—104页;杨敬年编:《西方发展经济学文献选读》,南开大学出版社1995年版,第200—246页。

2. 钱纳里的"结构变动模型"

与刘易斯模型只把储蓄和投资作为产业结构变动的动力不同,哈佛大学经济学家霍利斯·钱纳里(H. B. Chenery)在考察 1950—1973 年期间 101 个发展中国家经济发展的经验发现①,增加储蓄和投资是经济增长的必要条件,而不是充分条件,一个国家的经济增长与该国的经济结构整体变动密切相关,这就是著名的"结构变动模型"。

按照钱纳里等经济学家的定义②,发展中国家的结构转变主要是指,随着人均收入增长而发生的需求、贸易、生产和要素使用结构的全面变化。钱纳里等人通过对 1950—1973 年发展中国家的经验进行时间序列和截面的比较实证分析,得出如下五个结论:

(1) 随着人均收入的增长,生产结构的转变表现为农业生产向工业生产转移。

(2) 随着工业生产在国民生产总值中份额的增长,物力和人力资本的积累也在不断地增长。

(3) 随着生产结构的变化和资本(人力和物力)积累的增长,国内需求的结构也在发生变革。

(4) 随着生产结构的变化,国际贸易(进口和出口)都有所增长,在总出口中工业产品的比重相对上升,而在总进口中工业产品的比重相对下降。

(5) 随着工业生产的增长和城市移民的增加,社会经济过程也会发生相应的变化,特别是就业结构发生变化,即从事服务业和工业的劳动力的比率在上升,而从事初级产品制造业的劳动力比率在下降。

总之,钱纳里的结构变动模型最大的贡献在于:新古典理论在分析经济增长时主要立足于要素供给的增加和劳动生产率的提高这些要素积累,而结构的转变只是增长的副产品,经济学界称为"从供给方面的分析";而结构变动模型在分析经济增长时则立足于发展中国家的结构变动,认为长期的结构变动是经济增长的动力,所以,后来的学术界将其称为"从需求方面的分析"。

---

① H. B. Chenery, and M. Syrquin, *Patterns of Development, 1950—1973*, London: Oxford University Press, 1975.

② H. 钱纳里、S. 鲁宾逊、M. 赛尔奎因:《工业化和经济增长的比较研究》,吴奇等译,上海三联书店 1989 年版,第 48 页。

三、国际依附理论

关于发展的第三种理论是着眼于发展中国家所处的国际体系而提出的,通常被称为激进的或马克思主义的国际依附理论。国际依附理论研究的核心问题是:发展中国家在国际政治经济体系中所处的依附地位是如何影响这些国家发展的。

由于对线形阶段理论和结构变动理论的幻想的破灭,20世纪60—70年代,在国际学术界出现了颇为流行的国际依附理论,它也是本书"第八章:依附理论"的重要组成部分。国际依附理论有时也被称为新殖民主义依附,其代表人物是前面提到的西奥托尼奥·多斯桑托斯。对于发展中国家的依附地位是如何影响发展中国家发展的,桑托斯是这样论述的:

> 不发达并不是资本主义之前的落后状况造成的,而是资本主义发展的一种结果和一种特殊形式,这就是依附型资本主义……依附是一种制约性处境,在这种处境下,一些国家的经济受其他国家的发展和扩张的制约。当一些国家能够由于自我推动力量而获得扩张,而另一些国家由于处于依附地位,其发展只能是处于支配地位国家扩张的反映时,两个或更多的国家经济之间或者这些国家的经济与世界贸易体系之间的相互依存关系就变成了一种单方面的依附关系,这种依附关系对这些国家即时的发展既有积极作用又有消极影响。在任何一种情况下,这种基本的依附处境使得这些国家既要受剥削又要蒙受落后之苦。占支配地位的国家在技术、商业、资本以及社会—政治上要比处于依附地位的国家占优势——这种优势的形式随着每个特殊的历史阶段而变化——因而可以剥削他们,榨取当地生产的部分剩余产品。因此,依附是以在某些国家中允许工业发展,而在增长附属于并受到世界权力中心制约的另一些国家中限制工业发展的国际分工为基础的。①

在国际依附论者看来,尽管随着殖民主义的结束,发展中国家在政治上成为有独立主权的国家,但其经济和社会发展仍然没有脱离发达国家主导的国际经济体系,因而是一种"新殖民依附"。与以前的殖民主义相比,新殖民主义有如下三个基本特征:(1)新殖民主义与殖民主义的第一个区别在于,殖

---

① 转引自 Michael P. Todaro, *Economic Development in the Third World*(third edition),NY: Longman Group Limited, 1985, p.79. 中文译本请参阅〔美〕M.P.托达罗:《第三世界的经济发展》上册,第114—115页。

民主义主要是指第二次世界大战之前西方宗主国家与殖民地之间的关系,殖民地在政治和经济上完全依附于宗主国家,没有独立的国家主权;而新殖民主义则是指第二次世界大战西方发达国家和发展中国家之间的关系,发展中国家尽管在政治上成为有独立主权的国家,但在经济上仍然依附于发达国家。(2)新殖民主义依附与以前殖民主义第二个区别在于,殖民主义的依附大多是殖民地国家被动接受的;而新殖民依附则主要是由于发展中国家的某些收入高、社会地位高、政治权力大的统治阶级少数上层人物主动选择的,这些统治阶层的利益依附于诸如跨国公司、国家双边援助机构以及由富国控制的多边国际组织。(3)在殖民主义时期,殖民地的经济恶化状况(资源、贫困以及国内经济结构的单一和不平衡)主要是宗主国的掠夺造成的;而在新殖民主义中,发展中国家经济状况的持续恶化和人民生活水平的下降,不但是由于国际资本主义体系中贸易条件的恶化,而且是由于发展中国家国内掌握政治权力的上层人物和买办集团的决策造成的。

基于以上"新殖民依附"的特征,国际依附论者主张,无论是遵循线形阶段模式制定发展战略,还是接受新古典结构变动模式推动发展,都不能改变发展中国家在国际经济体系中的依附地位,所以,要想改变发展中国家落后的经济状况,不但需要改变现存的国际经济体系的结构,而且更需要改变发展中国家内部的政治和经济结构。

20世纪50—70年代提出的发展理论或基于西方发达国家的历史经验(诸如线形阶段增长理论),或立足于发展中国家的市场结构(诸如二元经济结构模型),或着眼于发展中国家所处的国际体系(诸如国际依附理论),尽管在立足点上有所不同,所得出的具体结论也有所差异,但三种理论在一点上似乎是相同的,即三种理论都忽略了国家在经济发展过程中的作用。进入80年代,随着东亚新兴工业化国家和地区的兴起,国家在经济发展过程中的作用成为学术界争论的焦点。

四、争论中的"发展型国家"模式

关于发展的第四种理论是基于评估国家在经济发展中的作用而提出的"发展型国家"模式(developmental state paradigm)。"发展型国家"模式起源于80年代末和90年代初关于"东亚奇迹"的争论,其核心是基于日本和东亚地区其他新兴工业化经济体的成功经验,强调国家在引导经济发展方面所起的核心作用,以此挑战新自由主义以市场为核心的各种理论。之后,"发展型国家"模式因1997—1998年的亚洲金融危机而导致了世界范围内的争论,这种争论一直延续到2008年的全球金融危机。

1. 问题的起源

随着20世纪60年代日本经济的起飞、70年代"亚洲四小龙"和东盟新兴工业化国家的成功,东亚国家的发展成为学术界关注的焦点:东亚国家的成功是否是一种新的发展模式?

较早对这一问题进行探讨并引起国际社会关注的著述是艾丽斯·阿姆斯登于1989年出版的《亚洲的下一个巨人:韩国和后工业化》[1]以及罗伯特·韦德于1990出版的《驾驭市场:经济理论与政府在东亚工业化过程中的作用》[2],前者对韩国工业化进行了分析,后者对台湾地区的工业化进行了总结,尽管二者在具体的分析上存在着细微的差异,但在强调政府在经济发展中的作用这一点上是一致的。

随后,世界银行于1991年出版了《世界发展报告1991:发展的挑战》[3],但报告并不认为日本和东亚的成功是一种独特的发展模式,相反,报告认为,日本和东亚地区的成功正是遵循市场经济规律(减少国家在经济中的干预作用、调整产业结构并实施出口导向型战略)的结果。报告出版之后,引起了日本的强烈不满。作为世界银行的重要成员,日本要求世界银行对东亚国家的成功进行实证研究。[4] 正是在日本的强烈要求下,世界银行设立"东亚奇迹研究项目",并于1993年出版了单行本《东亚奇迹:经济增长和公共政策》[5]。特别值得一提的是,世界银行从没有以世界发展报告的形式出版过"东亚奇迹",相反,世界银行于同年出版的发展报告的题目是《世界发展报告1993:健康投资》[6],这种状况在某种程度上反映了世界银行为新古典经济学家所主导。

《东亚奇迹:经济增长和公共政策》于1993年出版之后,关于东亚经济是否是一种奇迹以及国家是否应该在经济发展中起作用,在学术界和国际社会

---

[1] Alice H. Amsden, *Asia's Next Giant*: *South Korea and Late Industrialization*, NY: Oxford University Press, 1989.

[2] Robert Wade, *Governing the Market*: *Economic Theory and the Role of Government in East Asian Industrialization*, NJ: Princeton University Press, 1990.

[3] World Bank, *World Development Report 1991*: *The Challenge of Development*, Washington, D. C.: World Bank, 1991.

[4] 参见 Robert Wade, "Japan, the World Bank, and the Art of Paradigm Maintenance", *New Left Review*, Vol. 217, 1996, pp. 3—36;以及罗伯特·吉尔平:《全球政治经济学》,第352—354页。

[5] World Bank, *The East Asian Miracle*: *Economic Growth and Public Policy*, Oxford University Press, 1993.

[6] World Bank, *World Development Report 1993*: *Investment in Health*, Washington, D. C.: World Bank, 1993.

出现了广泛的争论,其中,最为著名的是美国经济学家保罗·克鲁格曼于1994年在美国《外交季刊》发表的"东亚奇迹的神话"[1],认为东亚经济的增长来源于要素的投入,而非生产率的提高,因此并不是奇迹,而是一种"神话"。四年之后,世界银行又以世界发展报告的形式出版了《世界发展报告1997:变革世界中的国家》[2]。1997—1998年发生的亚洲金融危机以及2008年全球金融危机的爆发,使得"发展型国家理论"的争论达到了前所未有的程度。

2. 东亚经济增长:"奇迹"还是"神话"?

对于东亚地区的经济增长,"奇迹论"与"神话论"各执一方,双方的争论主要集中在如下三个方面[3]:(1)就经济增长的来源而言,"奇迹论"认为,政府的作用表现为对人力资本和实物资本的有效动员、积累与投入,如较低的人口增长率、比较高的教育水平和职业培训、较高的储蓄率和投资率;"神话论"则认为,东亚的资源只有一次性使用的贡献,没有经济效率提高的明显证据,相反,在一些国家却呈现出技术使用效率和资源配置的副作用。(2)就经济增长的政策而言,"奇迹论"认为,东亚政府的作用在于成功而有效的产业政策、对资源(如劳工、信贷以及外汇)有选择的干预,以及通过对外经济政策促进贸易(扩大出口以及正确组织出口)以及合理地引进外资和技术;而"神话论"则认为,东亚国家并不具备这种所谓的"共同制度",而且也没有任何迹象表明这种贸易战略与产业政策对经济效率有特别的推动作用。(3)就经济增长的机制而言,"奇迹论"认为,东亚国家政府的作用在于奉行政府与企业之间的协调、交换信息以及财富分享的管理,重视民主和政府权力资源的节俭和使用;而"神话论"则认为,近年亚洲成功的传奇与30年苏联成功的历史之间没有什么差别,靠的是"斯大林式"的动员资源,实际上是直接的行政管理以及经济的扭曲。

3. 经济发展与国家的作用

在关于东亚经济增长争论的背后,本质上是以市场为中心的新古典结构变动理论以及后来的"华盛顿共识"与因"东亚奇迹"而兴起的"发展型国家"模式之间的争论,这场仍然在延续的争论所涉及的核心问题其实就是:国家在经济发展中是否起作用以及起何种作用。

---

[1] Paul Krugman, "The Myth of Asia's Miracle", *Foreign Affairs*, Nov/Dec., 1994.

[2] World Bank, *World Development Report 1997: The State in a Changing World*, Washington, D. C.: World Bank, 1997.

[3] 熊性美、盛斌:《东亚经济增长中的要素投入、生产率与政府政策》,载王正毅、迈尔斯·卡勒、高木诚一郎主编:《亚洲区域合作的政治经济分析:制度建设、安全合作与经济增长》,第302页。

事实上,各国官方、世界银行以及经济学家们在过去半个世纪对于经济发展的认识也是在不断深化的,正如吉尔平教授观察到的:

> 在20世纪60年代,世界银行只是把经济发展看作是解决一些关于有效利用资源和资本转移等相关的具体问题而已。到70年代和80年代初,经济发展强调贸易自由化和消除因政府干预而造成的市场配置失当(即进行结构调整)。在80年代末,重点转向宏观经济调整,目的在于消除通货膨胀和宏观经济不稳定(即"华盛顿共识")。90年代末,世界银行和许多经济学家开始认识到经济发展要求社会做出改造。①

20世纪80年代拉丁美洲国家的债务危机以及1997年亚洲金融危机使人们逐渐认识到,无论是以国家为主导的发展(东亚的经验和苏联的经验),还是不依靠国家的发展(拉丁美洲的结构调整经验)都不是经济发展的成功之路。② 经济发展不只是贸易自由化和宏观经济调整,而且还需要有适当的"政治制度"和"社会基础",因此,国家必须置身于经济发展之中。

尽管国际社会对于经济发展所依赖的具体的政治和社会基础远没有达成一致,但通过对发展中国家经济发展的经验和教训的总结,在如下三点上似乎逐渐形成某种程度的共识。

第一,政府政策的可信度。推动经济成功发展的首要因素是政府宏观政策的可信度。③ 政府政策的可信度最重要,集中体现在两个方面:一个方面是制定稳定的财政政策和货币政策(特别是汇率政策),比如,1990—1995年,在世界范围内的80%的对外直接投资主要流向12个发展中国家,因为这12个发展中国家是高度稳定的而且管理是以高效著称的。另一个方面是透明而有效的立法和司法体系。最近一项研究表明,在对58个国家在1974—1989年投资环境的不确定性调查中,高度的腐败、实际汇率的反复变动以及法律规则的缺乏是影响投资三大要素。

第二,公平的收入分配以及公共部门的投入。如果说稳定而可信的宏观经济政策有利于投资,进而有利于一个国家财富的创造,那么收入分配以

---

① 罗伯特·吉尔平:《全球政治经济学》,第363页。
② Robin Broad, John Cavanagh and Walden Bello, "Development: The market Is Not Enough", in Jeffry A. Frieden and David A. Lake, eds., *International Political Economy: Perspectives on Global Power and Wealth*, pp. 329-404;罗伯特·吉尔平:《全球政治经济学》,第362页。
③ Joseph E. Stiglitz and lyn Squire, "International Development: Is It Possible?", in Jeffry A. Frieden and David A. Lake, eds., *International Political Economy: Perspectives on Global Power and Wealth*, pp. 386-387.

及公共部门的投入则涉及财富的分配。① 在收入分配方面,政府最为重要的作用就是通过制定公平的收入分配制度使得经济增长有助于减少贫穷;而在公共部门建设方面,政府的作用在于加强对公共部门的投入,包括基础设施、教育、医疗卫生、电力和通讯,以便让更多的人分享经济增长的成就。

第三,可持续发展战略。政府在经济发展中另一个不可忽视的作用就是制定可持续发展的战略。如果说社会主义中央计划经济的失败主要是由于其忽视了市场机制,而基于市场为中心的"结构调整"政策则没有将可持续发展纳入其议事日程上来,那么,在重新思考国家在经济发展过程中的作用时,制定可持续发展战略应该是国家在经济发展中不可推卸的责任。

专栏

日本通商产业省与产业政策

通商产业省(MITI,简称通产省)是1949年时将商工省、农商业省、煤炭省、贸易厅合并后组建的政府机关,之后又在2001年改名为经济产业省(METI)。

20世纪50年代中期到70年代初的经济高速增长期中,通产省究竟发挥了什么样的作用?其作用是正面还是负面?是决定性的还是微不足道的?对此争议很大。事实是,家用电器等产业没有政府的支持依旧发展得很好且席卷了全球市场,而煤炭、炼铝等产业得到政府的支持后仍然衰退。而政府对汽车既有支持也有放任,通产省曾试图将与美国实力强大的汽车制造商竞争时显得过于弱小的国内汽车制造业进行合并,却遭到了汽车产业的拒绝。后来,这些企业都成了全球知名企业。

在整个20世纪80年代,世界银行一直对选择产业予以扶植(即所谓的"选择性产业政策")的效果持否定态度。然而在其1993年发表的报告《东亚的奇迹》中,部分地承认了这种可能性——更确切地说是仅限于日本、韩国和

---

① Joseph E. Stiglitz and lyn Squire, "International Development: Is It Possible?", in Jeffry A. Frieden and David A. Lake, eds., *International Political Economy: Perspectives on Global Power and Wealth*, p. 388; Robin Broad, John Cavanagh and Walden Bello, "Development: The Market Is Not Enough", in Jeffry A. Frieden and David A. Lake, eds., *International Political Economy: Perspectives on Global Power and Wealth*, pp. 392–404.

中国台湾地区。1997年的《世界发展报告》更进一步地讨论了在制度发达的发展中国家或地区实施产业政策的可能性。此后,世界银行的政策将大方向从扶持产业转为扶贫,但是从2002年开始,世界银行的关心重点又重新回到了对产业提供援助及基础设施建设。

关于20世纪50年代到60年代之间的通产省的政策,有几个在理论上颇有意思的问题。下面仅评论其中的两点:

(1) 有无不正当竞争——在整个战前及战后的很长一段时间内,政府对产业进行干预的一个重要依据就是规避不正当竞争。大萧条时期的生产联合企业、设备的合并与撤销、企业的合并以及为了防止过于集中的急风暴雨式的出口而进行的调整等是日本政府的常用手段。对此,自由主义经济学家们认为围绕着不正当竞争的理论有欠明了,并对其实用性深表怀疑。但在一定的条件下,如出现产品信息的匮乏、知识产权的未确立、生产中的收益递增、销售竞争中的失误等情况,就不能说足以损害国民利益的激烈竞争的概念绝对不存在。比如在战前的经济萧条时期,物价开始下跌时,企业为了维持销售额就会不约而同地增加生产,反而形成了引起更严重的价格暴跌的恶性循环。在设备规模越大单价就越低的原材料产业和尖端产业,大家都会争先恐后地进行设备投资,这样一来设备过剩就会成为司空见惯的现象。而在当今的发展中国家,仿制品横行、拥有技术且遵纪守法的正规企业反遭淘汰的情况依然在不断出现,阻碍了经济的健全发展,令人十分担忧。

(2) 保护幼稚产业的是与非——围绕着保护幼稚产业的争论可以追溯到19世纪,其核心内容是,当一个国家创建新工业时,最初阶段的成本虽然会很高,但如果随着经验和产量的积累就能够实现低成本化的话,那么应该暂时用关税加以保护。不过这样做是需要有若干附加条件的,即以后的工业利润必须高于关税保护的成本等。这时,收益递增的有无或经验积累的有无则成为初期工业保护能否被认可的关键。而另一方面,信奉自由主义的新古典经济学家们则警告说,即使在理论上可以承认对新兴产业的扶植政策,但在现实中,政府缺少对符合扶持条件的产业进行选择的能力以及对向政府施加压力的团体的要求予以拒绝的能力,因此一旦进行扶持,就必将会以失败告终。这种反对论被称为"保护性政治经济学"。那么,难道能将所有发展中国家的政府都假定为无知无能吗?况且在东南亚地区,各国已经按照明确的步骤和模式在逐步地实现工业化。在这种情况下,是否还能断言越南和缅甸从泰国或马来西亚的经验中学不到任何有用的信息呢?我们还要充分认识一点,那就是当今的后起发展中国家在发展的初级阶段就被纳入WTO或自由贸易区

(FTA)等自由贸易体制中,处于一种丧失了关税自主权的状态,从而几乎被剥夺了在扶持幼稚企业方面灵活选择所需关税政策的自由。

资料来源:〔日〕大野健一:《从江户到平成:解密日本经济发展之路》,中信出版社2005年版,第151—154页。

第三节 转型的政治经济学:两种模式及其争论

对于转型国家的研究,在过去10多年里,无论是政治学家还是经济学家都投入了大量的精力,发表了大量的理论著述和政策分析报告。① 到目前为止,尽管关于"转型"是否可以作为一个相对独立的领域(转型经济学或转型政治学)仍然存在着广泛的争议②,但关于"转型国家"的研究对于经济学还是政治学的意义,学者们已经达成了广泛的共识③。其中,对转型进行政治经济学的研究,政治学家和经济学家是出奇的一致。

一、转型的政治经济学:规范性研究与实证性研究

对"转型"进行政治经济学分析,一般是指将政治过程融入经济问题的分析之中,如贸易、宏观经济政策、公共财政以及劳动力等经济问题。关于"转型"的政治经济学研究,在国际学术界主要有两种研究路径④:一种是规范性政治经济学研究(Normative political economy);一种是实证性政治经济学研究(Positive political economy)。

1. 规范性政治经济学研究:决策过程与政治约束

所谓转型的规范性政治经济学研究,主要是指对改革的决策过程所受的政治约束条件进行研究。学者们相信,在改革者们设定改革议程的过程中,福利最大化并不一定是改革者们关注的首要问题。一般而言,改革议程的设定必然受到政治条件的约束,这种政治约束主要有两种,一种是事前政治约

---

① Gerard Roland, "The Political Economy of Transition", William Davidson Working Paper Number 413, http://www.worldbank.org/transitionnewsletter/mayjune2002/(accessed March 5, 2003).
② 〔比〕热若尔·罗兰:《转型与经济学》,北京大学出版社2002年版,第11—12页。
③ 同上书,第6—11页;〔丹〕奥勒·诺格德:《经济制度与民主改革:原苏东国家的转型比较分析》,第42—67页。
④ Gerard Roland, "The Political Economy of Transition", William Davidson Working Paper Number 413, http://www.worldbank.org/transitionnewsletter/mayjune2002/(accessed March 5, 2003).

束,一种是事后政治约束。① 所谓事前政治约束是指为阻碍决策的可行性的约束,这意味着对改革方案必须进行妥协,必须制定对受损者可信的补偿方案,或意味着激进改革方案的决定必须一拖再拖;所谓事后政治约束是指决策已经制定并看到后果以后的反作用和逆转约束,事后政治约束则试图通过创造不可逆转性来加以处理。如同我们前面所指出的,规范性研究重点回答的问题是"应该如何"(should be),所以,关于转型的规范性政治经济学研究主要是提供政策建议。

2. 实证性政治经济学研究:利益集团与立法机构

与规范性研究不同的是,实证性研究重点回答的问题是"为何如此"(why be this),所以,关于"转型"的实证性政治经济学研究,重点是分析利益集团的冲突,比较利益集团在不同的国家和不同的时间如何通过影响立法机构而达到权力平衡的过程。因为,在转型国家的经济转型中,政治制度和立法制度本身就是转型过程的一个重要组成部分,或转型过程的一个重要产品,所以,通过分析政治制度和立法制度的变化及其对经济过程的影响,就将政治制度和立法制度作为一个内生变量而不是外在的变量。在过去10多年关于转型的政治经济学研究文献中,运用实证方法最为引人注目的是研究"寻租"(rent-seeking)问题。② 比如,当在制度结构中探讨寻租的程度和结果时,学者们一般通过收集数据、建立模型来回答如下这样的问题:具有有效表决权的行为体数量的变化,权力分散程度的变化,政治制度的选择(总统制还是议会制),立法机关结构的变化。

总之,关于转型的实证性政治经济学研究到目前为止主要有如下两个特征:第一,这种研究主要关注的是改革的初始政治和社会条件,而不是初始的经济条件。第二,这种研究关注转型过程中的"为何如此"的问题,诸如为何出现寻租问题、不平等问题等,因此,与大量的运用规范性研究提出政策建议不同,关于转型的实证性研究主要是帮助人们进行知识积累,因而其成果主要局限在学术界。

二、"大爆炸模式"与"渐进主义模式"

就转型国家转型路径而言,被国际社会广泛接受的主要有两种:一种是

---

① 〔比〕热若尔·罗兰:《转型与经济学》,第40—41页。
② Gerard Roland, "The Political Economy of Transition", William Davidson Working Paper Number 413, Online, http://www.worldbank.org/transitionnewsletter/mayjune2002/(accessed March 5, 2003).

苏联和东欧国家推行的"大爆炸模式";另外一种主要是基于中国转型经验的"渐进主义模式"。

"大爆炸模式"作为相关转型国家的一个具体的转型路径与"华盛顿共识"这个概念密切相关。"华盛顿共识"(Washington Consensus)作为一个概念,最早是华盛顿国际经济研究所的经济学家约翰·威廉姆森(John Williamson)提出的。1989年,美国国际经济研究所邀请国际货币基金组织、世界银行、美洲开发银行和美国财政部的研究人员以及拉美国家代表在华盛顿召开研讨会,旨在为拉美国家经济改革提供方案和对策。会后,该研究所的经济学家威廉姆森总结了与会各方达成共识的政策措施,这些政策措施后来被称为"华盛顿共识"。"华盛顿共识"共包括10条建议,威廉姆森将其概括为三个核心要点,即宏观经济稳定、市场化(私有化)和贸易自由化(对外开放)。这一观点不但在理论上得到了世界顶尖大学的著名经济学家的认可和支持,而且在现实中塑造了国际货币基金组织的政策导向。

导致"华盛顿共识"在20世纪90年代以来颇为盛行的并不是"华盛顿共识"在学术界的创造性,而是持这种观点的经济学家被相关"转型国家"邀请作为顾问指导这些国家进行改革的实践。其中,哈佛大学经济学家杰弗里·萨克斯在"华盛顿共识"的基础上提出了著名的"大爆炸模式"(the big bang)或"休克疗法"(shock therapy),被苏联和许多中东欧国家作为其转型的路径,由此形成了这些"转型国家"最为著名的"大爆炸模式"。

与"大爆炸模式"相对应的是"渐进主义模式"(gradualism)。"渐进主义模式"无论是作为一种具体的转型路径,还是作为一个学术概念的产生都与"大爆炸模式"不同。

(1) 作为一种具体的转型路径,"大爆炸模式"是先有理论总结,然后是已有理论的具体运用,即西方学者对国际货币基金组织、世界银行等为西方发达国家主导的国际组织提出的政策建议进行总结(华盛顿共识),然后是这些西方学者被苏联和东欧国家邀请作为顾问来指导转型而提出的。"渐进主义模式"则是中国在实行改革开放以后先是立足于中国的具体实践摸索出来的,后来才被证明为是一种可行的路径。如价格的双轨制、企业的增量改革(建立三资企业、乡镇企业)、贸易的逐渐开放等。

(2) 作为一个学术概念,与"大爆炸模式"相关联的"华盛顿共识"强调的是规范性,即应用规范经济学的模型来指导转型和改革的实践,它所追求的最优目标,所采取的战略是过程完全服从目标,优先考虑的是改革过程不可逆转性。而"渐进主义模式"严格意义上并不是一个具有规范性的学术概念,而是一个实证性的概念。它所强调的是"干中学"(learning by doing)或"学中干"(doing by learning),虽然它所追求的终极目标也是宏观经济稳定、市场化和贸易自由化,但它所采取的战略是充分考虑过程的复杂性,优先考虑的是克服那些导致改革过程逆转的要素,对于次优目标也可以接受。

表 14-1　对两种不同的转型观点的简单描述

	华盛顿共识	渐进—制度观点
1. 改革和改革策略的政治经济学		
对不确定的态度	坚持效率改进是确定的;相信社会工程	坚持总和不确定性;怀疑社会工程
政治经济学的着重点	使用机会之窗来创造不可逆转性	保证对改革的持续的、不断增长的支持
对局部改革的看法	产生寻租现象阻碍进一步改革	取决于改革的顺序;既可能推动改革也可能阻碍改革
对改革互补性的看法	绝对重要。必须通过同时引进所有主要改革迅速开始市场经济的运作	非常重要。但初始改革的全面性不一定会产生进一步改革的推动力
改革的主要支持者集团	私有化企业的所有者	中产阶级和新的私有部门
改革的焦点	自由化、稳定化、私有化	创造市场的制度基础以鼓励强有力的企业家进入
对制度变迁的态度	强调立法	全面的;法律和金融体系的变化,执法,政府组织的改革,发展自我实施的社会规范
对初始状态的态度	通过打碎现存的共产主义国家机构创造白板状态	在发展新机构的同时,利用现存机构以防止经济崩溃和社会不安定
2. 资源配置的变化		
对市场和自由化的基本观点	只要政府不干预,市场将自发地产生;供给和需求是分析的焦点	制度基础对促进市场发育的重要性:最低的法律和合同环境,执法,政治稳定,建立商务关系网和长期合作关系;合同当事人及其制度环境作为分析的基本单位

(续表)

	华盛顿共识	渐进—制度观点
对低效国有企业的主要态度	大刀阔斧地关闭	限制和政治上可行的情况下的缩减。国有部门的缩小取决于私有部门的演进发育
对政府的基本观点	尽可能地削弱政府以防止其对市场的干预	政府在执法和保护产权方面的作用
3. 治理结构的改变 自由化的焦点	为了打破政府权力和迅速启动市场,通过大规模私有化尽快把产权转移到私人手中。相信市场可以保证有效率的产权再出售	强调私有部门的有机发展。强调对外部人出售产权,从而使产权从国家手中有效地转移出来
对政府改革的主要强调之点	所有政府规模	改革政府组织,从而尽可能使政府官僚的利益与市场的发展一致
硬化预算约束	取决于政治意图的外生政策选择	制度变动的内生结果

资料来源:〔比〕热若尔·罗兰:《转型与经济学》,第307—308页;〔丹〕奥勒·诺格德:《经济制度与民主改革:原苏东国家的转型比较分析》,第66—67页。

无论是"大爆炸模式"还是"渐进主义模式",实际上涉及转型过程中的四个核心问题:次序(sequencing)、范围(scope)、阶段(phasing)、步幅(pace)。[①]

(1) 次序问题。次序问题是"改革议程"初始阶段最为重要的问题,也是两种模式在改革初始阶段"议事日程"的分水岭。表现之一,是民主优先还是市场经济优先。在中欧和东欧改革的过程中,民主改革显然优先于市场经济改革,而在中国,市场经济改革则优先于民主改革。表现之二,是大规模私有化还是所有权的逐渐变革。在中欧、东欧以及俄罗斯改革的过程中,大规模的私有化是所有权改革的重点,而在中国则是推行"增量改革",即在进行国有企业股份制改革的同时,允许乡镇企业和私人企业逐步发展。

(2) 范围问题。"大爆炸模式"主要基于新自由主义的思想,主张市场应

---

① 参见 Gerard Roland, "The Political Economy of Transition", William Davidson Working Paper Number 413, Online, http://www.worldbank.org/transitionnewsletter/mayjune2002/(accessed March 5, 2003);〔丹〕奥勒诺格德:《经济制度与民主改革:原苏东国家的转型比较分析》,第26—27页。

该在改革过程中占据主导地位,政府对经济改革的干预应该保持到最低程度;而"渐进主义模式"则是基于新结构主义,主张政府应该采取积极的干预政策,通过工业政策和社会政策逐步建立市场经济。

(3) 阶段问题。主要涉及改革的措施,是稳定化和自由化优先,还是制度重组优先。"大爆炸模式"主张,应该从"价格适当"入手,创造良好的经济环境,促进企业重组并优化资源分配的效率;"渐进主义模式"则主张,应当将关注点放在维护现存企业的机构制度以及人力资本上。

(4) 步幅问题。"大爆炸模式"基于新古典主义的假设,认为一旦建立起经济代理人,他们就会迅速适应新的正式制度,因此,这种模式主张,在民众还没有意识之前,或在政治对抗情绪产生之前迅速发起大规模的改革,从而使得改革成为不可逆转;而"渐进主义模式"则是基于历史制度主义的假设,即改革在非正式制度以及信息方面是缓慢推进的,这种模式认为,如果改革得不到民众广泛的政治支持,改革的整体进程就会夭折。

三、制度变革、市场经济与全球化

尽管转型国家在具体的改革战略和转型路径上有所不同,但所有转型国家改革的目标(宏观经济稳定、市场化以及贸易自由化)以及所面临的问题却是相同的。其中,有两个问题是几乎所有转型国家都面临的:国内制度变革与市场经济的确立。

1. 国内制度变革与国内政治约束

所有转型国家面临的第一个也是首要的共同问题就是大规模的制度变迁。20世纪90年代以来,尽管转型国家在转型的具体速度以及实施的顺序上有所差异,如俄罗斯采取的"大爆炸式的改革",中国采取的是"渐进式的改革",而部分东欧国家采取的则是"折中式的改革"(在某些领域采取"大爆炸式的改革",而在另外一些领域采取"渐进式的改革"),但通过大规模的制度变迁来推动经济增长和发展几乎是所有转型国家的共同目标和特征。这种大规模的制度变迁体现在转型国家国内政治、经济和社会各个层面上。在政治层面上,研究者们关心的是政治制度和经济利益集团的关系[1],换句话说就是,各种不同的经济利益集团如何影响政治决策进程,是维持还是打破现存的制度安排。在经济层面上,学者们讨论最多的是激励机制和所有权的关系,也就是说,是通过大规模的私有化还是通过国有企业来推动经济增长?

---

[1] 〔比〕热若尔·罗兰:《转型与经济学》,第10页。

在社会层面上,学者们争论最多的是两个问题,一个是法律制度和社会规范之间的关系,是立足于既存的社会规范来建立法律制度还是将发达国家的成文法律完全引进?① 另一个是民主改革和收入分配的关系,是通过民主政治的改革来重新建立收入分配机制还是完全通过市场建立收入分配机制? 所以,研究发生在转型国家中的这种大规模制度变革成为我们理解转型国家经济发展政策的基础。

而在转型国家进行大规模制度变革的过程中,政治约束条件起着至关重要的作用。政治约束条件既包括国内政治约束条件(结构性的和功能性的),也包括国际政治约束条件。关于国内政治约束条件,学者们已经进行了大量的研究,这为我们理解不同转型国家采取不同的转型模式奠定了基础。但关于转型国家制度变革的国际政治约束条件,以往研究转型的政治学家和经济学家给予的关注并不是很多②,而这正是将转型国家的转型完全看作是一种国内制度选择的局限性所在,也是需要国际政治经济学在未来需要进行深入研究的一个重要课题。正如转型经济学家罗兰所指出的:

> 我提出地缘政治因素起了重要的作用,这是一个在转型开始时低估了的因素,我自己肯定低估了这一因素。试图理解转型的经济学家一般认为转型是向民主政体和市场的转变。如果我们拉开一些历史的距离,我们会发现转型也代表了一个重要的地理上的运动,即中欧和波罗的海国家向西方的移动。如果我们相信地缘政治因素在中欧起着重要因素,那么在比较中欧与俄罗斯时不考虑这一因素就有严重缺陷。要理解转型过程的政治约束的影响,最好去观察大国的经验,大国必须在没有很多外部帮助的情况下,靠自己的力量去完成转型过程,在这里,对俄罗斯和中国加以比较才是有意义的。③

2. 市场经济、私有化与国际政治约束

所有转型国家面临的第二个共同问题就是从传统的中央计划经济向市场经济的转型。经济学家们普遍相信,与中央计划经济相比,市场经济的核心就是私有产权的建立,市场化就是私有化。在这一核心理念或意识形态的驱使

---

① 〔比〕热若尔·罗兰:《转型与经济学》,第9页。
② 尽管罗兰本人后来承认在他早先关于俄罗斯和东欧的研究中忽略了"地缘政治",但关于地缘政治如何影响东欧国家的转型,他的所有结论仍然表明,地缘政治在他那里仍然是外在的。参见〔比〕热若尔·罗兰《转型与经济学》,第313页。
③ 〔比〕热若尔·罗兰:《转型与经济学》,第313—314页。

下,在转型国家中出现了一场规模宏大的私有化运动。然而,经济学家却大多忽略了一个事实,即私有化进程也受政治条件约束。正如罗兰所意识到的:

> 经济学家的立场令人啼笑皆非的一面是,他们让个人在市场上追求个人利益,却不让他们在政治上有同样的追求。的确,直到最近,经济学家已经太长时间忽略了隐藏在政治下面的经济学。政治家和利益集团担心他们从经济改革中可能受到的潜在损失是合乎理性的。经济学家没有理由忽略隐藏着的政治约束条件,就像他们不能忽略预算约束条件或激励约束条件一样。①

就经济意义而言,私有化通常被认为是进行资源有效配置的一种手段,然而,就政治意义而言,私有化通常是在社会中进行利益再分配的一种形式,所以,私有化进程必然受到利益集团和官僚机构这些政治条件的约束。利益集团和官僚机构的结构不同,私有化政策也会有很大差异。已有的研究成果表明②,转型国家出现了四种私有化政策:面对外部人的大规模私有化,这主要发生在捷克;面对内部人的大规模私有化,这主要发生在俄罗斯;自上而下出售给外部人,这主要发生在民主德国;自下而上出售给外部人,这主要发生在匈牙利和波兰。

在比较这些私有化政策的不同时,除了关注其国内政治约束条件之外,另外一个不可忽视的就是国际政治约束条件。几乎所有的转型国家在转型过程中最为棘手的问题是如何解决资本短缺和技术落后,因而,融入现存的全球经济体系,吸引外国直接投资、寻求援助、拓展对外贸易成为所有转型国家无法忽视的国际力量。而主导全球经济体系的国际制度(如国际货币基金组织、世界银行)也就自然成为制约转型国家建立市场经济的国际约束条件。一项关于俄罗斯和东欧国家私有化的经验研究发现③,国际制度/机制对这些转型国家私有化和市场经济的影响主要包括如下四个方面:第一,借贷条件。这些国际制度对转型国家建立市场经济支持的政策就是迫使其进行私有化。比如,世界银行在1991年同意给罗马尼亚的贷款中,要求其4500个国有企业在三年内完成私有化。欧共体在1993年曾同意给立陶宛1亿美元贷款以帮助其进行私有化改革,但贷款分两期拨付,第二期是否拨付以及何时拨付主

---

① 〔比〕热若尔·罗兰:《转型与经济学》,第26页。
② 同上书,第230—236页。
③ Hilary Appel, *A New Capitalist Order: Privatization and Ideology in Russia and Eastern Europe*, University of Pittsburgh Press, 2004, pp. 22-36.

要取决于其私有化进程。在1999年国际货币基金组织与俄罗斯的谈判中,为获得贷款,俄罗斯政府同意将7个主要公司的股份私有化,并同时答应提高中小企业的私有化①。第二,支持私有化项目。在现行的国际制度中,支持产权改革和私有化项目是这些国际制度和机制推行经济自由主义意识形态的一个最重要的标志。对转型国家而言,要想融入现行的国际经济体系并受益于国际经济体系,就必须推行产权改革和私有化运动。比如,1990—2001年欧盟花费10.44亿欧元支持东欧和波罗的海12个国家进行产权改革。世界银行对私有化项目的支持更是不遗余力:1991年配额2.8亿美元给波兰用于公司重组和私有化;1999年配额7500万美元给贝尔格莱德用于农业改革,包括私有化;1996年为乌克兰提供3.1美元贷款用于公司改革和私有化;1992年提供6亿美元支持俄罗斯的私有化改革。② 第三,改变国内政治平衡。为了传播基于经济自由主义的意识形态,国际社会通过经济力量来改变转型国家的政治格局。也就是说,凡是那些承诺进行私有产权和自由市场改革的领导者和国家,就能获得国际社会的援助。第四,支持教育改革。为了改变计划经济体制下人们接受的理念(苏联式的经济学),国际社会积极推动转型国家的年轻一代进行市场经济的观念重塑,在吸引大批学生去美国和欧洲进行经济学和社会科学学习的同时,世界银行还为转型国家提供资助项目,进行西方经济学的训练。比如,世界银行于1997年为俄罗斯提供170亿美元贷款,其中7100万美元用于经济学和社会科学教育的改革。③ 这项研究表明,全球经济体系和国际机制对于转型国家市场经济进程的约束是不能忽视的,这也是国际政治经济学必须加以深入研究的课题。

3. 转型国家与全球经济体系的管理

大规模制度变迁以及市场经济的建立,不仅体现在转型国家国内政治、经济和社会层面上,而且也体现在转型国家的对外经济政策以及融入全球经济体系中。随着31个转型国家融入或逐渐融入全球经济体系,有一个重要研究议题被提到国际政治经济学的议事日程上,即如何管理全球经济体系。

关于如何管理全球经济体系,目前的争论主要集中在如下两个具体议题上。第一,是否存在一种普世价值观。国际社会能否相互合作来管理全球经

---

① Hilary Appel, *A New Capitalist Order: Privatization and Ideology in Russia and Eastern Europe*, p.24.
② Ibid., p.28.
③ Ibid., p.30.

济体系成为今天面临的首要难题。在贸易领域,自由贸易和贸易保护主义的争论一直持续到最近的世界贸易组织谈判之中;在对外直接投资领域,直到今天仍未能就多边投资协定达成一致;在金融和货币领域,对国际货币基金组织的指责和改革国际货币基金组织的呼声一刻也没有停止过;在环境保护和全球气候领域,尽管相关国家动议和呼声不断,但由于对标准的不同理解而进展缓慢。所有这些表现在具体问题领域的未解之题,都涉及一个共同的基本问题:是否存在一种普世价值观?如果存在,那么这种普世价值观在个人、社会、环境以及制度、权力和发展问题上的共同标准是什么?如果不存在,这是否意味着国际社会的合作是有限度的?第二,是否存在一个普遍有效的发展路径。这是国际社会争论的另一个重要问题。这不仅体现在单个国家发展政策的制定上,而且也体现在全球经济的管理上。在国际政治经济学领域,关于全球经济管理的争论,按照吉尔平教授的总结,目前主要形成三种流派,即新自由制度主义、新中世纪主义以及跨政府主义。[①] 新自由制度主义主张,民族国家在国际事务中继续发挥作用,但国际制度已经成熟到足以应对全球经济的挑战。如果国际社会发现制度的缺陷,国际社会可以合作创立新的制度或修改已有的制度。新中世纪主义则认为,由于跨国经济力量和互联网的出现,以民族国家为单位的分析已经过时,国际社会正在出现一种新的合作形式。跨政府主义主张,民族国家继续存在,但面对新的跨国之间的问题,民族国家应该将这些问题托付给跨国机构来处理。无论是哪种主义,都无法回避一个基本问题,即是否存在一个普遍有效的发展路径?如果存在,是已有发展路径的一种,还是国际社会还没有发现或总结出来?如果不存在,是否意味着国际社会的合作是不可能的?

专栏

俄罗斯的世纪大拍卖

苏联以及后来的俄罗斯首先是通过国有企业的所有权改革开始市场经济的建设。

在戈尔巴乔夫时代,苏联的经济改革由于党内和国内政治一直摇摆不定;在党内,改革派和保守派争论不断;而在国内,以戈尔巴乔夫为核心的中

[①] 罗伯特·吉尔平:《全球政治经济学》,第419—442页。

央和以叶利钦为核心的俄罗斯加盟共和国意见相左。所以,尽管在1988—1991年之间,苏共中央和苏维埃最高委员会通过了许多法令来推动经济改革,如1988年5月通过了《公司法》,允许公民成立合作企业;1990年9出台"500天计划",为通过国有企业私有化而快速建立市场经济列出一个时间表,但这些法律都以失败而告终,经济改革的进程举步维艰。各方争论的核心问题是:是通过大规模的私有化来建立市场经济,还是在苏联经济框架下通过国有企业的部分私有化建立市场经济?

"青年改革派":1991年6月,叶利钦当选俄罗斯总统,同年11月,叶利钦选择了一套激进的经济政策并任命了一支被称为"青年改革派"(以盖达尔和丘拜斯为首)的队伍来实施这些措施,其核心理念是,通过自由化措施(休克疗法),与前所未有的激进私有化计划相结合,刺激俄罗斯摆脱传统制度而直接进入资本主义。

大规模私有化:1991年7月,俄罗斯最高苏维埃通过了《国有和市属企业私有化法》,为俄罗斯大规模私有化奠定了法律基础。之后的3年里,有两个问题一直是俄罗斯国内政治斗争的焦点:一是把俄罗斯的国有企业卖给谁;一是这些企业如何卖以及卖多少钱。

在通过大规模出售国有资产以建立市场经济这一点上,总统、青年改革派主导的政府以及由原共产党的高级官员以及大型国有企业的厂长们把持的议会几乎是一致的,但在"把俄罗斯的国有企业卖给谁"这一点上,青年改革派和议会之间出现了分歧。1991年,青年改革派创建国家私有化委员会(GKI),依据1991年通过的私有化法律,青年改革派于1992年初起草了一个私有化计划草案,并提交给最高苏维埃以期通过。由于该草案只允许国有企业的管理人员和工人拥有最多40%的所在企业的股份,因而,这一草案遭到了最高苏维埃的否决,并引起了各种反对。之后,在苏维埃的协商之后,青年改革派提交了一个妥协的私有化草案,它允许工人和管理人员以名义性的价格购买其所在企业51%的具有投票权的股权,该草案最后于1992年6月11日获得了最高苏维埃的批准。

在"把俄罗斯的国有企业卖给谁"的草案获得通过之后,另一个问题摆在青年改革派面前,即"这些国有企业如何卖以及卖多少钱"。尽管青年改革派意识到,将国家财产变成货币的现金私有化,既有助于解决国家长期的财政赤字,也有利于吸收因苏联时代的短缺所造成的过量的现金储蓄,但由于担心现金私有化会导致极少数人买断整个国家经济并引起社会动乱,最后青年改革派选择了一种最能获得大众支持的大规模私有化计划,即通过认股权证私有化(Voucher privatisation)将苏联留下的财产直接给予俄罗斯人民。该方案于1992年8月19日由叶利钦总统宣布实施。认股权证私有化方案规定：每一个在1992年9月2日以前出生的俄罗斯人都可以得到一张面值1万卢布(相当于25美元)的认股权证，认股权证是一种货币，人们可以用它来支付分配给他们的企业股票的名义费用，可以用来购买企业里准备公开拍卖的那部分股票，也可以用来投资于认股权证互助基金，还可以用来在大街上进行交易以换取任何东西。

红色经理与寡头资本家：1994年，俄罗斯有了4000万股东，超过痴迷于股票的美国股东人数的一半，在一项对2000家俄罗斯企业进行的调查发现，三分之二的中型和大型企业在私有化后，其控股权落到了原来的管理人员手中。到1996年，80%以上的俄罗斯工业至少部分地落入到私人手中，这个比例甚至高于西欧的某些地方。经过几年向资本主义转轨，那些曾经最激烈地反对改革的苏联体制下的权贵们、那些红色经理们，已经接受了甚至可以说是拥抱了新的秩序。到1999年，最富有的10%的人口掌握着全国一半的财富，而最穷的40%的人口占有的财富不足五分之一。3000—4000万人生活在贫困线以下，即每月不到可怜的30美元。

资料来源：根据〔美〕克里斯蒂娅·弗里兰《世纪大拍卖：俄罗斯转轨的内幕故事》，中信出版社2004年，第52—53页，第82页；Hilary Appel, *A New Capitalist Order: Privatization and Ideology in Russia and Eastern Europe*, University of Pittsburgh Press, 2004, pp. 71-106 相关内容编写。

专栏

中国的"双轨制"

与俄罗斯通过所有权改革建立市场经济不同，中国主要是通过价格改革开始市场经济的建设。

为了使非国有企业能够在计划配置资源的体系还没有被打破的条件下生存，中国做出了一种特殊的制度安排，使它们能够通过市场渠道取得原材料等的供应和销售自己的产品，这就是价格和其他方面的"双轨制"。

在计划经济条件下，生产资料由国家在国有经济单位之间统一调拨，价格只是这些单位之间进行核算的工具；消费品由国有商业系统统一经营，各级物价管理部门统一定价。因此，除了占极小比重的集市贸易（自由市场）外，几乎不存在任何真正意义上的市场。除此而外，中国的计划经济制度较之苏联、东欧的社会主义国家有着更强的行政管制，在1979年改革开始以前的长时期中，对生活必需品的配给制度广泛存在，因而呈现出更强烈的实物经济色彩。乡镇企业、个体企业和其他非国有企业在80年代初期出现以后，这种情况必须加以改变，否则这些非国有企业就会因为没有正常供销渠道而无法生存。

在改革开放初期，为了解决非国有企业的供销渠道和产品定价问题动用了各种非规范的形式，例如名为"协作"的企业间"实物串换"等。1979年国务院转发的《关于扩大国营工业企业经营自主权的若干规定》允许企业自销超计划产品，便开辟了物资流通的"第二轨道"——市场轨道。

20世纪80年代初期，非国有经济成分迅速壮大。到1984年，非国有企业工业总产值已经占到全国工业总产值的31%。没有市场上的自由交易，它们就无法生存。与此同时，国有企业计划外生产和交换的范围也在扩大。1985年1月国家物价局和国家物资局发出《关于放开工业生产资料超产自销产品价格的通知》，允许企业按市场价出售和购买"计划外"的产品，从此开始正式实行生产资料供应和定价的"双轨制"。具体的办法是，对那些在1983年以前有权取得计划内调拨物资的国有企业，仍然根据1983年调拨数（即"83年基数"），按调拨价供应所需生产资料；超过"83年基数"的部分，则按照市场价格从市场上购买。

"双轨制"的正式确定，为非国有经济的存在和发展准备了基本的经营环境。因此，这种制度安排适应发展非国有经济的改革战略，对改革前期的非国有经济和整个中国经济的迅速发展起了良好的作用。

随着国民经济中非国有经济份额的扩大，在计划外流通的商品数量也日益增多，因此，市场定价的范围逐步扩大。与此同时，随着对外贸易的扩大，国际市场价格对国内市场价格产生了重大的影响，使国内市场上的相对价格与国际市场的价格结构逐步靠近。这样，到90年代初期，计划定价的商品在国内商品流转总额中已经不再占据主要地位。

对于由于"局部自由化"形成的"双轨制"的利弊优劣，经济学家有很不相同的看法。美国经济学家K.墨菲（Kevin Morphy）、A.施莱弗（Andrei Shleifer）和R.维什尼（Robert Vishny）认为，如果所有的价格不是一齐放开，就会产生资源配置的扭曲。而刘遵义、钱颖一和G.罗兰（Gérard Roland）则根据一般均衡分析，论证了双轨价格自由化的帕累托改进的特性。而且，双轨制的引进会使部分能够从中得益的官员比较容易接受改革。大多数经济学家认为：由于双轨制打破了计划配置资源的一统天下，使新生的民营经济成分获得成长的空间和条件，它在转轨初期无疑是利大于弊的。然而它也使一些有权力背景的人物能从寻租活动中得益，形成阻碍进一步市场化改革的社会集团；而且这类腐败活动会激起大众的不满，危害社会稳定；特别是它会在能够获得变相补贴的国有企业与只能以市场价格获得原料、设备和贷款的民营企业之间造成不平等的经营条件，因此愈到后来就愈益成为阻碍民营经济进一步壮大的因素。

科尔奈(Janos Kornai)曾提出所谓"后社会主义"国家转型战略A和转型战略B的长短优劣的理论。科尔奈指出，苏联解体、东欧剧变以后，许多原来的社会主义国家实行战略B，急速地进行国有企业私有化，把这些企业尽量快地白送出去，没有取得好的效果。而匈牙利等采取战略A的国家着重于促进从下到上成长起来的私有部门的发展，对于成功地实现向市场经济转型起了很好的作用。在对科尔奈划分的不同战略的标准稍加变通之后，从着重于发展新的民营企业还是着重于改造原有的国有企业着眼来分析问题，他的这一理论框架也完全可以用于分析社会主义国家从计划经济到市场经济的转型。

苏联和东欧社会主义国家的改革和中国20世纪70年代后期的改革都是以国有企业为重点或称"中心环节"的。然而实践表明，要想就国有企业论国有企业地把它们改造成为真正的企业是极其困难的。而在中国的增量改革战略下，创造了新的民营企业得以破土而出的条件，促进了民间资本的积累，培育了大批企业家，使市场力量大大增强，对于后来的国有经济布局调整和国有企业改革也起了提供准备条件和积极推动的作用。

资料来源：吴敬琏：《当代中国经济改革》，上海远东出版社2004年版，第64—66页。

第十五章
地区主义的政治经济学:以亚洲区域合作为例①

国际政治经济学在过去四十多年发展中出现了两个最为基本的特征:一是,国际政治经济学理论形成时所立足的现实主要是欧洲一体化,正是欧洲一体化的现实经验推动了国际政治经济学的出现和发展;二是,国际政治经济学的理论范式一直是围绕着国际关系理论争论的进展展开的。

冷战结束以后,随着亚洲区域化的深入发展,有三个问题摆在我们面前:一是,国际政治经济学最近关于区域化研究的理论进展是什么?二是,是否存在一个区域化的"亚洲方式"?三是,中国学者参与区域化研究面临的问题是什么?限于篇幅,本文只从过去20年国际学术界关于亚洲区域化四种相互竞争的观念,以及亚洲区域化的现实历史进程对以上三个问题进行探讨。

---

① 该部分的基本观点最早形成于由笔者、美国加州大学圣迭戈分校 Miles Kahler 教授和日本防卫厅高木诚一郎教授共同主持的为期四年的国际合作项目"国际政治经济学和亚太区域化"(1996—2000)期间。2001年12月—2002年6月,在美国福特基金会亚洲研究基金(Asian Scholarship Foundation)的资助下,笔者赴泰国朱拉隆功大学亚洲研究所对亚洲区域化进行了专门研究。该部分最早是笔者向亚洲研究基金提交的英文论文"Contending Regional Identity in East Asia: Market-led, Institutions or Social Reconstruction"(2002),其后在日本笹川和平财团(Sasakawa Peace Foundation)的资助下,我于2003年1—3月访问新加坡南洋理工大学国防与战略研究所,其间,在南洋理工大学国防与战略研究所和新加坡国立大学东亚研究所组织的研讨会上,倾听了国外同行的意见并对其做了修改,英文全文正式发表于 *East Asian Review*, Vol.13, 2010。体现主要观点的中文稿参见《亚洲区域化:从理性主义走向社会建构主义?》,《世界经济与政治》2003年第5期。

第一节 地区主义研究：从理性主义走向社会建构主义？

众所周知，国际关系理论在 20 世纪 80 年代以来关于自由主义和现实主义的争论正受到社会建构主义的冲击。① 在国际政治经济学领域，社会建构主义对自由主义以及现实主义的冲击尤其表现在区域化研究之中，特别是关于亚洲区域化的政治经济学研究之中。②

随着新一轮区域化思潮在世界范围内的兴起，在过去 20 年，在国际政治经济学领域中，关于区域化的研究范式一直为国际关系理论论争所左右。从 80 年代开始，在新自由主义和新现实主义的影响下，国际政治经济学领域出现了四种研究区域化的方法：一种是基于自由主义的国际机制研究方法；第二种是基于现实主义的大国关系研究方法；第三种也是基于现实主义的国内政治研究方法；第四种是基于建构主义的社会化研究方法。

一、国际机制方法

在国际关系关于区域化的政治经济学研究的文献中，最为盛行的是国际机制研究方法。国际机制研究方法强调国家之间的经济合作以及区域制度的建设。按照这种研究方法，地区主义或区域合作被看作是区域经济活动的融合。这种方法始于 70 年代对跨国公司作用的评估，并在 90 年代由于区域制度建设的成功而得以加强。

70 年代，随着美国、欧洲以及日本的跨国公司对世界市场的原材料、技

---

① 关于这一点，不仅表现在西方国际关系教科书中，如 Iver B. Neumann and Ole Wæver, eds., *The Future of International Relations: Masters in the Making*, London: Routledge, 1997 以及 Paul R. Viotti and Mark V. Kauppi, *International Relations Theory: Realism, Pluralism, Globalism, and Beyond* (3rd Edition), Allyn and Bacon, 1999; 而且也表现在西方一些国际政治经济学论著中，如 Stefano Guzzini, *Realism in International Relations and International Political Economy: the Continuing Story of a Death Foretold*, London: Routledge, 1998。

② 其中，比较突出的成果有：Amitav Acharya, "Ideas, identity, and institution-building: from the 'ASEAN Way' to the 'Asia-Pacific Way'?", *The Pacific Review*, Vol. 10, No. 3 1997, pp. 1–25; Peter J. Katzenstein, "Regionalism and Asia", paper for CSGR 3rd Annual Conference "After the Global Crises: What Next for Regionalism?", University of Warwick, 16—18 September 1999 (以上两篇文章的中文译文见王正毅、迈尔斯·卡勒、髙木诚一郎主编：《亚洲区域合作的政治经济分析：制度建设、安全合作与经济增长》，上海人民出版社 2007 年版) 和 Amitav Acharya, *Constructing a Security Community in Southeast Asia: ASEAN and the Problems of Regional Order*, London and New York: Routledge, 2000 (中文版见〔加〕阿米塔·阿查亚：《建构安全共同体：东盟与地区秩序》，王正毅、冯怀信译，上海人民出版社 2004 年版)。

术、管理以及人力资源的垄断,在国际学术界出现了著名的经济学家维农倡导的"主权困境"模式(Sovereignty at Bay)。这种模式认为,国家对经济事务的控制将让位于跨国公司、欧元市场以及国际制度,这些跨国公司以及国际制度不仅能够更好地满足人类的经济需求,而且能提高世界效率以及国内福利。①

20世纪90年代,随着欧洲一体化的成功,北美自由贸易区的建立,以及亚太区域化的深入,"国家权力弱化"模式开始盛行。大前研一(Kenichi Ohmae)在《民族国家的终结:区域经济的兴起》中是这样陈述的:

> 总而言之,这四个I(这里指投资、工业、信息技术以及个人消费者)的流动使得经济因素在世界任何地方用于发展成为可能。人们无须求助于邻近国内的资源,也无须依靠政府的努力来从其他地方吸引资源以供给使用者。这种状况使得国家或其政府的传统的"中介人"的职能失去必要性。因为全球市场中的四个要素能很好地发挥作用,民族国家不再发挥制造市场的作用。②

无论是"主权困境"模式还是"国家权力弱化"模式,在理论上主要基于如下三个假设:

第一,在一个相互依存的世界经济中,经济力量占据主导地位,跨国公司以及国际或者区域制度,诸如全球范围内的国际货币基金组织、世界贸易组织、世界银行以及区域层次上的欧盟、北美自由贸易协定、亚太经合组织和东南亚国家联盟在当代国际体系中发挥着主要作用。

第二,民族国家经济已经日益融入相互依存的世界经济之中,这使得民族国家很难脱离世界经济网络,一旦脱离,民族国家将在经济效率、社会福利或国内生活方面付出高昂的代价。只有通过贸易、金融联系以及对外直接投资,才能维持民族国家经济的增长或发展。

第三,区域安排或区域制度化是一种机制,通过这种机制,区域内各国政府可以更好地合作以满足各种功能上的需要。换句话说,经济活动的扩张为国家规范经济交换,使其更加自由化创造了动力,从而提高了会员国的经济福利,在这个过程中国家不再发挥核心作用。

---

① Robert Gilpin, *U. S. Power and the Multinational Corporation: The Political Economy of Foreign Direct Investment*, New York: Basic Books, 1975, p. 220.

② Kenichi Ohmae, *The End of the Nation State: The Rise of Regional Economies*, New York: The Free Press, 1995, p. 4.

在这种研究世界经济以及区域一体化的方法中,欧盟作为一种制度,被认为在欧洲一体化过程中发挥着核心作用;欧洲一体化模式被认为是区域一体化的普遍模式,这种模式不但在欧洲获得了成功,而且也适用于欧洲以外的其他地区,特别是正在进行区域化的亚太地区。

二、大国关系和国内政治分析方法

与自由主义不同,坚持现实主义的学者在区域研究上提出了两种研究方法,一种是大国关系研究方法;一种是国内政治研究方法。

大国关系研究方法继承了现实主义以及新现实主义的传统,强调国际体系的无政府状态,并且将民族国家看作是国际体系的主要角色。现实主义主要有如下四个假设[①]:第一,国家是主要角色,国际关系研究应该集中在国家这一分析单位上。非国家因素,如跨国公司以及国际组织则是次要因素。第二,国家是单一的,而且只有一个声音。第三,国家是理性的,换句话说,国家可以根据其现存的能力达到其特定的目标。第四,在国际事务中,国家安全居于第一位,换句话说,经济和社会事务属于低级政治,而军事安全或战略问题属于高级政治。所以,国家、权力以及国际体系的无政府状态是现实主义的核心概念。

从现实主义的角度对区域化进行政治经济学的研究,一直是国际关系学界的主导方法。在现实主义的视角中,地区主义被定义为与大国关系或霸权相关联的政治和经济过程。按照这种逻辑,区域化应该集中研究如下三个问题:用以推动经济交流的区域组织的形成;用以框定国际贸易的联盟政治;让位于区域集团的霸权。[②] 总之,从大国关系研究区域化,其核心命题是,没有国家之间的权力关系,经济合作就不存在。

国内政治研究方法是现实主义研究区域化的另外一种方法。与自由主义强调国际制度不同的是,国内政治研究方法将重点放在国内政治和经济结构对对外经济政策的影响上。事实上,这种方法吸收了当代国家主义理论的思想。正如我们在前面所论述的那样,国家主义有两个最为基本的理论假设:第一,国家是一个自立的角色;第二,国家利益就是在相当长的时间内促

---

① Paul R. Viotti and Mark V. Kauppi, *International Relations Theory: Realism, Pluralism, Globalism, and Beyond*(3rd Edition), Allyn and Bacon, 1999, p. 55.

② Edward D. Mansfield and Helen V. Milner, eds., *The Political Economy of Regionalism*, Columbia University Press, 1997, p. 10.

进社会整体福利的发展。将这种国内政治研究方法应用于区域化研究之中,区域化被看作是一种与社会福利的提高以及国家利益相关的过程。从国内政治研究区域化主要强调所谓利益集团以及政策制定过程。

三、社会建构主义:地区主义研究的另一种方法?

在过去 10 年,在国际关系研究领域,自由主义和现实主义受到社会建构主义的挑战。① 按照社会建构主义的积极倡导者温特的观点,社会建构主义主要基于三个理论假设②:第一,国家是国际体系的主要行为体;第二,国家体系的主要结构是主观互动性的而非物质性的;第三,国家认同以及国家利益在很大程度上是通过这些结构形成的,而非由外在于这个体系的人类本性或者国内政治决定的。

与自由主义和现实主义对区域化研究不同,从社会建构主义研究区域化,区域化被看作是一种集体认同(collective identity)的文化认识过程或社会化过程。

按照阿查亚(Amitav Acharya)的观点,从建构主义的角度解释区域化,有如下三个优点:

第一,区域化可以重新对安全共同体进行社会建构。也就是说,国家之间的合作被理解为一个社会过程,这个过程可以重新定义国家在战争和和平中的利益。

第二,建构主义主张探究规则(norms)在框定国际关系过程中的深层次的影响。换句话说,建构主义主张,研究区域化要从探究集体利益以及集体认同的社会化对区域融合的影响开始。

第三,建构主义主张,在国际政治中,物质力量是重要的,但主观因素,包括观念、文化以及认同,在对外政策的相互作用中,不是第二位的,而是起着一种决定性的作用。③

---

① 详细论述,读者可以参阅 N. J. Rengger, *International Relations, Political Theory and the Problem of Order: Beyond International Relations Theory?*, p. 34; Alexander Wendt, "Anarchy Is What States Make of It: The Social Construction of Power Politics", *International Organization*, Vol. 46, No. 2, Spring 1992, pp. 391-425; and Peter J. Katzenstein and Alexander Wendt, eds., *The Culture of National Security: Norms and Identity in World Politics*, Columbia University Press, 1996。

② Alexander Wendt, "Anarchy Is What States Make of It: The Social Construction of Power Politics", *International Organization*, Vol. 46, No. 2, Spring 1992, pp. 391-425.

③ Amitav Acharya, *Constructing a Security Community in Southeast Asia: ASEAN and the Problems of Regional Order*, London and New York: Routledge, 2000, pp. 3-4.

正是在这种理论范式和分析方法的论争中,关于区域化研究,出现了一种从以往的理性主义①向社会建构主义的转化。到目前为止,在国际学术界,虽然只有少数学者将建构主义用于区域化研究之中,但却取得了举世公认的成就,其中,最为突出的是阿查亚对东南亚安全的研究②;黑格特(Richard Higgott)对东亚区域建设的研究③;巴雷特(Michael Barnett)对阿拉伯政治的研究④;卡赞斯坦(Peter Katzenstein)对国家安全和亚洲区域化的研究⑤;里斯—卡彭(Thomas Risse-Kappen)对北约的研究⑥。对于区域化研究中理论范式和研究方法的转化,英国学者黑格特曾概括道:

> 对区域建设进行政治经济学的分析确实是占主导地位的方法。但是,只依靠这种方法还不够。观念框定议事日程,而且观念的要素现在比以往任何时期都更有助于对区域建设的理解。关于这一点,[我们]不但可以从欧洲的区域经验中找到证据,也可以从最近几年亚太区域中找到证据。⑦

下面,将以东亚区域合作为例,分析一下将国际政治经济学理论应用于区域化研究中,其理论范式和分析方法转化的合理性以及面临的挑战。

第二节 亚洲区域合作:四种相互竞争的区域合作观念

随着20世纪60年代日本经济的起飞,70年代亚洲"四小龙"和东盟新兴

---

① 关于区域化研究中的理性主义最有影响的成果,读者可参阅 Edward D. Mansfield and Helen V. Milner, eds., *Political Economy of Regionalism*, Columbia University Press,1997。

② Amitav Acharya, *Constructing a Security Community in Southeast Asia: ASEAN and the Problems of Regional Order*, London and New York: Routledge, 2000.

③ Richard Higgott, "The political economy of globalisation in East Asia", in Kris Olds, Peter Dicken, Philip F. Kelly, Lily Kong and Henry Wai-chung Yeung, eds., *Globalisation and the Asia-Pacific*, London: Routledge, 1999, pp.91-106.

④ Michael Barnett, *Dialogue in Arab Politics: Negotiations in Regional Order*, New York: Columbia University Press,1998.

⑤ Peter J. Katzenstein and Alexander Wendt, eds., *The Culture of National Security: Norms and Identity in World Politics*, Columbia University Press,1996.

⑥ Thomas Risse-Kappen, "Democratic Peace-Warlike Democracies: A Social Constructivist Interpretation of the Liberal Argument", *European Journal of International Relations*, No.1,1995.

⑦ Richard Higgott, "The political economy of globalization in East Asia: the salience of 'region building'", in Kris Olds, Peter Dicken, Philip F. Kelly, Lily Kong and Henry Wai-chung Yeung eds., *Globalization and the Asia-Pacific*, London: Rouledge, 1999, p.96.

工业化国家的跃进,以及 80 年代中国实行改革开放以来所取得的举世瞩目的成就,东亚已成为世界政治和经济舞台上比较活跃的地区,特别是从 90 年代开始,东亚地区再一次成为人们关注的焦点:先是 1997 年亚洲金融危机,然后是 1998 年韩国和朝鲜的对话,1999 年东盟的成功扩展以及东亚 13 国(东盟 10 国以及日本、韩国和中国)发表《东亚合作联合宣言》(Joint Statement on East Asia Cooperation),2001 年中国经过 15 年努力终于加入世界贸易组织(WTO),以及开始建设"东盟—中国自由贸易区"。

在关于东亚的学术思考中,有四种相互竞争的观念尤为引人注目:第一种观点是"雁型发展模式"(the flying geese paradigm);第二种观点是"大中华圈论"(Greater China)以及"进程主导模式"(process-driven approach);第三种观点是"势力均衡论"(balance of power)或"大国协调论"(concert of powers);第四种观点是"东盟方式"(ASEAN way)。这四种观点在过去 20 多年或多或少地左右着东亚地区的区域化进程。

一、"雁型发展模式"

"雁型发展模式"首先是由日本学者于 1962 年提出的,当时主要是用来解释东亚地区经济发展过程中工业增长和贸易模式变化之间的关系。① 按照这种模式,在东亚地区,领导者和跟随者之间的关系是以一种类似于雁型的方式进行的:日本是东亚经济发展中的头雁,"四小龙"(韩国、新加坡、中国香港以及中国台湾)随其后,东盟国家(印度尼西亚、菲律宾、泰国以及马来西亚)收其尾。这样,通过投资和贸易,东亚地区融合为一个整体。根据统计,在 20 世纪 80 年代和 90 年代,亚洲国家之间的出口贸易是亚洲国家与美国出口贸易的 4 倍②,这种状况使得"雁型发展模式"在 90 年代仍有很大的影响力,如在 1990 年,日本财政大臣仍然号召,"亚洲新兴工业化国家有必要走日本过去所走的发展道路,东盟国家也有必要走新兴工业化国家走过的道路"③。

---

① K. Akamatsu, "A Historical Pattern of Economic Growth in Developing Countries", *The Developing Economies*, No. 1. Mar-Aug, 1962.
② Peter J. Katzenstein and Takashi Shiraishi, eds., *Network Power: Japan and Asia*, Cornell University Press, 1997, p. 4.
③ Ibid., p. 53.

尽管从20世纪50年代起，日本通过战争赔偿①、贷款②、投资③对于东亚地区的经济增长作出了巨大的贡献，而且日本的商业网络在东亚经济融合过程中起了关键的作用④。但由于日本在冷战结束以后追求军事力量，"雁型发展模式"的政治和安全意义引起东亚地区许多国家的忧虑。特别是2000年12月15日，日本内阁以及日本国防部通过了一个"中期防卫计划"（FY 2001—2005），其对加强军事力量的关注，使得许多东亚国家回想到受过战争创伤的过去，从而使得东亚国家对这种模式的认同大打折扣。

二、"大中华圈论"和"进程主导模式"

随着中国经济在过去30年的持续增长，香港（1997年）和澳门（1999年）的回归，以及加入世界贸易组织（2001年），在国际学术界大致形成了一种共识：中国是东亚地区最有活力的国家，将在东亚区域合作过程中起至关重要的作用。

关于中国的崛起以及在东亚中的作用，在20世纪80年代的国际学术界出现了两种截然不同的观点，一种是"大中华圈论"；一种是"中国威胁论"。

"大中华圈论"的观点主要有两种表达，一种是立足于东亚的"朝贡体系"，认为东亚国家在历史上一直是"中华（国）"文明的接受者，"朝贡体系"是联系中国及其周边国家的纽带，是东亚国际体系的基础。"大中华圈论"的另外一种提法是海外华人以及台湾学者提出的"儒家资本主义"，即东亚地区各国尽管受西方殖民体系影响的程度不同，以及后来进行现代化的进程也有所不同，但是有一点是东亚国家和地区共同的，那就是都属于"大中华文化圈"，这个文化圈的主导价值是一种非宗教伦理，即儒教伦理。东亚的资本主义与西方的资本主义的最大区别是，东亚的资本主义是以儒家思想为基础的，儒家的思想不是资本主义的障碍，恰恰相反，正是儒家思想促进了东亚国家的资本主义的发展。

然而，关于中国在过去的发展，在国际学术界也出现了另外一种理论，这

---

① 王正毅：《边缘地带发展论：世界体系与东南亚的发展》，上海人民出版社1997年版，第40—41页。
② 同上书，第46—48页。
③ 同上书，第226—228页。
④ 关于日本商业网络在东亚经济融合中的作用在国际学术界富有影响的论述，读者可以参阅Peter J. Katzenstein and Takashi Shiraishi, eds., *Network Power: Japan and Asia*, Cornell University Press, 1997.

就是人们所熟悉的"中国威胁论"①。这种理论主要基于如下三个假设：(1) 在东亚的历史上，中国曾经依靠"朝贡体系"主导过东亚地区②；(2) 中国的崛起在经济上威胁美国在东亚的利益③；(3) 中国经济的成功使得中国有可能成为东亚地区的军事强国，这可能威胁东亚地区的安全。

对于中国这个大国崛起的这种观念上截然不同的反应，不但使得东亚地区的认同愈来愈复杂，而且也使得中国在20世纪80年代的外交政策中很难在东亚地区给自己一个合适的定位。

进入90年代中期以后，随着中国参与东亚地区合作进程的深入，中国学者基于东亚合作的现实经验，在主流国际关系理论的框架下提出了一种全新的模式，即"进程主导型共同体建构模式"，或称"过程型建构主义"（process-focused constructivism）。按照中国学者秦亚青等人的观点，进程主导型模式的主要论点是：进程不仅是手段，也是目的，在社会化过程中起关键作用，维持进程，就维持了建构身份的实践。④ 我们所说的进程起关键作用，并不仅仅是在进程产生限制性的和构成性的规则和规范这一意义上，而是将进程本身作为实践活动的中心。行为体进入某种社会性进程，可能是由于利益权衡。但一旦行为体进入进程之中，就在整合和被整合。行为体仍然权衡利益，但利益的权衡并不意味着它可以任意脱离进程。进程本身并不仅仅是导向结果，进程本身是建构的关键。因此，进程主导型模式假定，在东亚地区同质性程度较低、没有明晰权力结构和观念结构、没有高制度化安排的条件下，保持东亚地区多边主义的进程比取得立竿见影的结果更重要。东亚地区的多样性十分显著，中小国家想要在地区共同体的建设中完成对大国的社会化，因此正在进行的区域化不但是达到某种结果的手段，也具有高度的目的功能。以进程为主的东亚地区多边主义在一体化进程中，通过规范的扩展和对主要国家的社会化，起到了维持地区稳定和促进经济合作的作用。

以在不同领域、不同层次的合作与磋商为特点的东亚一体化进程，孕育

---

① 对"中国威胁论"的论述以及评价，读者可参阅 Wang Gungwu & John Wong, eds., *China's Political Economy*, Singapore University Press, 1998, pp. 339—358。

② Richard Bernstein and Ross H. Munro, "The Coming Conflict with America", *Foreign Affairs*, March/April, 1997, p.19.

③ Ibid., pp. 22, 以及 Institute for National Strategic Studies, *Strategic Assessment 1995*, National Security University, Washington D.C., 1996, p.21。

④ 秦亚青、魏玲：《结构、进程与大国的社会化——东亚共同体建设与中国崛起》，载于王正毅、迈尔斯·卡勒、高木诚一郎主编：《亚洲区域合作的政治经济分析：制度建设、安全合作与经济增长》，上海人民出版社2007年版，第456—492页。

共有规范和规则,赋予民族国家之间的互动以意义,催生集体认同,改变地区内的角色结构,从而规定行为体的利益,塑造行为体的行为模式。假设东亚一体化代表了一种以进程主导的社会建构模式(a process-focused model of social construction),那么这种以进程为主的地区多边主义通过规范的扩展和对主要国家的社会化,有助于维持地区稳定,促进经济合作。因此,通过一体化进程实现渐进式的社会化和吸引主要国家参与进程的能力就是这个模式的精髓。如果说西方地区一体化的理论更多地强调了结果的话,东亚地区的实践则说明了过程在权力的社会化和社会关系发展中起到的重大作用。

进程主导模式并不否定结果的重要性。行为体行动的目的是为了取得结果。由于行为体在做出行动时设定了它的目标,该目的与为之努力的过程之间的路径被视为"手段"因素。在进程主导模式中,这一路径本身即被解释为手段也被解释为目的。换言之,进程本身既是手段也是目的。另外,如果预设目标的实现可能带来进程脱轨的危险,行为体宁愿推迟甚至放弃这一目标的实现来维持进程的延续。缘于此,这一模式被称为进程主导的区域化模式。

三、"势力均衡论"和"大国协调论"

第二次世界大战以来,势力均衡论(balance of power)在东亚地区一直是一种占主导地位的理论。在20世纪50年代和60年代,美国和苏联两极均衡的体系在东亚地区产生了两个阵营,即日本和东盟国家(印度尼西亚、马来西亚、菲律宾、泰国和新加坡)为一方,越南、老挝、缅甸和柬埔寨为另一方;70年代和80年代,随着1972年中美关系正常化,在东亚地区出现了所谓的美国—苏联—中国"大三角"关系;90年代以来,随着冷战的结束、苏联的解体以及中国改革开放的成功,在东亚地区出现了新三角,即所谓的美—中—日三角关系[1]。与此同时,国际学术界出现了另外一种理论,这就是"大国协调论"(concert of powers)。"大国协调论"的主要观点是,一个和谐的体系要求许多属性,这些属性包括:第一,区域危机可以通过大国之间的双边以及多边商谈得到比较满意的解决;第二,区域稳定可以通过其成员的协议来维持,其中,任何领土的变更需要获得大国的协商一致;第三,大国之间的冲突可以在一个和谐体系中得以缓解,因为这种和谐体系的一个重要要求是大国之间的关

---

[1] 王正毅:《边缘地带发展论:世界体系与东南亚的发展》,第213—230页。

系应以平等原则为特征。①

对于东亚地区的"势力均衡论"或"大国协调论",美国、日本以及中国等大国都表现出强烈的兴趣,但东亚地区的部分小国对此持谨慎态度,有些国家反应则比较强烈,如下面提及的马来西亚前总理马哈蒂尔提出的"东亚经济核心论坛"就是其中反对大国主宰该地区的最为强烈的一种反应。

四、"东盟方式"

冷战结束以后,在东亚地区出现了一种新的区域融合方式,这就是为人们所广泛关注的"东盟方式"。

"东盟方式"(ASEAN way)是对东南亚国家相互合作方式的一个总结。尽管在20世纪60年代之前在东南亚地区出现过国家之间的合作,但合作的对象主要是区域外的美国,而且区域内也只有泰国和菲律宾参加,这就是1954年的《东南亚条约组织》(Southeast Asia Treaty Organization)。东南亚地区国家之间的合作起源于20世纪60年代,第一次合作是1961年马来亚、菲律宾和泰国建立的"东南亚联盟"(Association of Southeast Asia),其目的是三国政府相互合作,共同抵制来自内外的共产党②,这次合作由于菲律宾和马来亚关于北婆罗领土争端而于两年之后失败③。第二次合作是马来亚、菲律宾和印度尼西亚于1963年建立的"马菲印联盟"(Maphilindo Confederation),其目的是三个具有本土马来居民的国家相互合作,但由于每个国家都力图影响其邻国,所以这次合作最终也以失败而告终。④

东南亚地区成功合作的标志是1967年由马来西亚、印度尼西亚、菲律宾、泰国和新加坡五国建立的"东南亚国家联盟"(Association of Southeast Asia, ASEAN),尽管目前学术界对于这一组织成立之初的性质仍存在着争论,但在我看来,在东西方冲突中寻求中立、寻求经济上的合作以提高该地区在世界经济格局中的地位、寻求谅解以解决地区内部存在的各种争端是五国联合起来的直接原因,这不仅体现在1967年签订的《曼谷宣言》中,而且体现在后来于1976年签订的《东南亚国家联盟协调一致宣言》以及《东南亚友好合作条

---

① 参见 Nicholas Khoo and Michael L. R. Smith, "A 'Concert of Asia'?", *Policy Review*, No. 108, http://www.policyreview.org/AUG01/khoo.html。
② Michael Antolik, *ASEAN and the Diplomacy of Accommodation*, M. E. Sharpe, Inc., 1990, p.13.
③ Michael Leifer, *ASEAN and the Security of South-East Asia*, London: Routledge, 1989, p.3.
④ Michael Antolik, *ASEAN and the Diplomacy of Accommodation*, pp.13-14.

约》中。① 从功能上来看,从 1967 年"东南亚国家联盟"成立到 1992 年提出建立"东盟自由贸易区"(ASEAN Free Trade Area),"东南亚国家联盟"作为一个区域组织,主要被当作是一个政治论坛。

从 1992 年开始,"东南亚国家联盟"作为一个区域组织开始了其重组的过程,这不仅表现在其成员国扩展上,而且表现在其功能上。就成员国的扩展而言,东盟自 1967 年成立以来,只有文莱于 1984 年作为成员国加入,但在 1992 年以后,随着柬埔寨和平协议的签署,越南(1995)、老挝(1997)、缅甸(1997)以及柬埔寨(1999)相继加入"东南亚国家联盟";就"东盟"的功能而言,1992 年以后,"东盟"一改过去那种主要作为解决地区争端的"政治论坛",1992 年倡导建立"东盟自由贸易区",1995 年倡导"东盟区域论坛"(ASEAN Regional Forum),1998 年倡导"10 + 3"(东盟 10 国、中国、日本以及韩国),1999 年签署《东亚合作联合宣言》(Joint Statement on East Asia Cooperation),2001 年倡导建立"东盟—中国自由贸易区"。东盟作为一个区域组织其功能开始向综合方向发展。

在"东盟"的发展过程中,最为引人注目的是其区域合作的方式,即"东盟方式",这种方式向以往最为成功的"欧盟模式"提出挑战,成为一种独特的区域合作方式,学术界有时将其称为区域合作的"亚洲方式"。

一般认为,"东盟方式"主要有如下三个最为基本的特征②:

第一,成员国之间的协商一致。协商一致是进一步讨论问题的基础,没有表决,也不存在否决。

第二,灵活性原则。所有成员国都力图避免僵硬的谈判过程。

第三,政府间合作。东南亚国家联盟的所有决定都是在国家以及区域层次上的政治决定。

"东盟方式"的这些最为基本的原则不仅体现在东南亚地区的合作中,而且被应用于亚太地区合作以及东亚地区合作中,1995 年的"东盟地区论坛"、1999 年的"10 + 3"以及 2001 年的"东盟—中国自由贸易区"都是基于这些原则建立的。

---

① 王正毅:《边缘地带发展论:世界体系与东南亚的发展》,第 86—87 页、第 94 页。
② Purificacion V. Quisumbing and Benjamin B. Domingo, eds., *EEC and ASEAN*: *Two Regional Community Experiences*, Manila: The Foreign Service Institute and University of the Philippines Law Center, 1983, p.130.

第三节 区域合作的"亚洲方式":合理性及其局限性

"东盟方式"在亚洲以及太平洋地区的盛行,向国际学术界特别是亚洲学术界提出了一个根本性的问题:是否存在一个区域化的"亚洲方式"?如果存在,其合理性及其局限性何在?

一、区域合作的"亚洲方式"的合理性

如果现在就得出结论认为,基于"东盟方式"在亚洲以及太平洋地区建立了一系列区域合作制度,所以存在一种有别于欧美的区域化理论或国际关系理论,我认为为时过早,在某种意义上甚至可以说比较唐突。在我看来,"东盟方式"与其说是一种区域化理论,不如说是一种区域化的"亚洲方式"。理解这种区域合作方式的合理性及其局限性,无论是对于推动亚洲区域合作的现实历史进程,还是对于国际关系学界从理论上审视亚洲区域化都是有益的。

1. 全球化进程中的亚洲

冷战结束以来,在国际社会中,没有哪个词比"全球化"更为时髦了,"全球化"不仅成为一个"摩登"的学术术语,同时也成为生活在国际社会中人们现实生活的一个"口头禅"。随着亚洲特别是东亚经济的飞速发展,亚洲的区域合作也面临着全球化的冲击。尽管目前关于"全球化"的定义仍然存在着各种争议①,但仍然有许多学者从全球化的角度来分析和解释东亚的兴起,其中,最为引人注目的是世界体系论的观点和自由主义经济理论的解释。

世界体系论兴起于20世纪70年代,并在70年代中、后期和80年代初期达到了顶峰。而对于东亚的兴起以及由此而引起的东亚发展模式的挑战,世界体系论者作出了积极的反应。关于东亚的兴起,世界体系论者通过分析资本主义世界体系发展的轨迹得出一个结论,即东亚的发展是资本主义世界体系发展的延续,并不是一种独特的发展模式。②

与世界体系论相同,自由主义经济理论也是从全球化的角度来解释东亚的兴起。但与世界体系论不同的是,自由主义经济理论并不认为国家在东亚

---

① 关于全球化的定义及其在人文社会科学各个领域的具体体现,读者可以参阅 John Beynon and David Dunkerley, eds., *Globalization: The Reader*, London: The Athlone Press, 2000。
② 关于这一命题比较详细的论述,读者可以参阅王正毅:《世界体系论与中国》,商务印书馆2000年版,第311—316页。

兴起过程中发挥了关键作用。在经济自由主义者看来,全球化意味着经济全球化,即在全球资本主义体系内,市场的自由化,资产的私有化,福利国家功能的衰退,技术的扩散,生产和对外投资的跨国分配,以及资本市场的日益融合。① 在这种全球化进程中,东亚的兴起主要是在全球经济要素的作用下发生的。②

毫无疑问,全球化已经改变或者正在改变着全球经济,因而使得政府在控制各自经济方面比以前更为困难。但是,这种从全球化的角度分析东亚的兴起的观点,在理论上受到了批评,在现实中遇到了阻力③,因为这种观点过分强调经济作用,而忽视了观念的作用以及观念与政治推动力背后的社会文化机制的联系④。

2. 区域合作的"亚洲方式":社会—文化的定位

为了使本国的利益在全球化进程中获得最大收益,许多国家开始加强地区范围内的联合,尽管也出现了所谓的"开放的地区主义",但地区主义的"地区性"也逐渐显现出来,并逐渐为国际学术界所重视。其中,为亚洲的区域化进程进行社会—文化定位也成为国际关系学界一个新的学术趋向。

> 在东亚,尽管[发生了]经济危机,并且出现了种种观点认为走出[这种危机]的唯一途径就是接受盎格鲁—撒克逊的公司经济模式,但我们不能就此认为,区域经济合作的良性过程已经出现。事实上,我们只是比较容易发现,在危机后的东亚的政治转化过程中出现了差异性以及不断加强的竞争性。在这种意义上,区域建设也可以被理解为资本主义的

---

① Winfried Ruigrok and Rob van Tulder, *The Logic of International Restructuring*, London: Routledge, 1996.

② Scott Lash and John Urry, *The End of Organized Capitalism*, Polity Press, 1987, pp. 196–198; Michael Hobday, *Innovation in East Asia: The Challenge to Japan*, Edward Elgar, Cheltenham, 1995, pp. 1–9, pp. 35–41, pp. 129–132.

③ 参见 James H. Mittelman, *The Globalization Syndrome: Transformation and Resistance*, Princeton University Press, 2000; James H. Mittelman, "Rethinking 'Regionalism' in the Globalization Context", *Global Governance*, Vol. 2, 1996, pp. 189–213; James H. Mittelman, "Resisting globalization: enviromental politics in Eastern Asia", in Kris Olds, Peter Dicken, Philip F. Kelly, Lily Kong and Henry Wai-chung Yeung, eds., *Globalization and the Asia-Pacific*, London: Rouledge, 1999, pp. 72–88, and Richard Higgott, "Review of 'Globalization'", paper prepared for The Economic and Social Research Council, 20 November 1998; Richard Higgott, "The political economy of globalization in East Asia: the salience of 'region building'", in Kris Olds, Peter Dicken, Philip F. Kelly, Lily Kong and Henry Wai-chung Yeung, eds., *Globalization and the Asia-Pacific*, pp. 91–106.

④ James H. Mittelman, "Rethinking 'Regionalism' in the globalization context", *Global Governance*, Vol. 2, 1996, p. 190.

一个文化方面,就像其经济方面一样,在其中,社会和文化组织需要加以解释,就像理性主义者对其进行的经济要素的解释一样。对全球化的理解远没有达成共识,我们应该期望地区继续作为社会—文化的载体继续发展。①

"东盟方式"在东南亚地区比较成功的实践,以及基于"东盟方式"建立的《东亚合作联合宣言》表明,第一,在区域制度建设中,没有霸权国家的参与,发展中国家在现实中也能推动区域合作;第二,对于学术界而言,超越立足于欧洲区域合作经验的国际关系理论范式,在观念上重新建构欧美之外的区域合作经验,不仅在理论上是可能的,而且在现实中也是必要的。

但我们不能就此认为,欧、美之外的发展中国家已经在概念体系上有一个比较完整的国际关系理论。从亚洲区域化目前的进程以及国际学术界的研究状况来看,亚洲区域化进程还处于初始阶段,亚洲学术界也远没有走出"欧美中心论"的理论误区。

二、区域合作的"亚洲方式"的局限性

"东盟方式"作为区域合作的一种方式,目前仍然面临着一系列挑战,其中,最为主要的挑战表现在两个方面:一是,亚洲区域合作是在亚太地区还是在东亚地区? 二是,在亚洲的区域合作中优先考虑的要素和层面是什么?

1. 优先考虑的地区:亚洲—太平洋还是东亚?

基于"东盟方式"的"东亚合作联合宣言"面临的第一个挑战就是,没有美国的参与,东亚的合作是否可行?

按照《1998年美国东亚战略报告》,东亚只是被作为美国维持其对全世界全面接触战略的一个部分:

> 我们的安全前景必然要求美国继续保持对世界事务的关注,去影响那些可能对我们国家的生存产生影响的国家——朋友和敌人——的行为。今天,仍然有人希望我们从世界中撤回来,而忘记了20世纪的一个重要教训:当美国忽视了世界的问题时,世界通常将它的问题带入美国的门口。②

---

① Richard Higgott, "Review of 'Globalization'", paper prepared for The Economic and Social Research Council, 20 November 1998, p. 15.

② Department of Defense, *East Asian Strategy Report 1998*: *The United States Security Strategy for the East Asia-Pacific Region*, Washington D. C., 1998, p. 4.

在这种全球战略中,美国似乎喜欢亚洲—太平洋合作甚于东亚合作,关于这一点,美国曾明确声明:

> 美国将双边、局部(minilateral)和多边安全合作框架看作是建立和推动新世纪亚太地区共同安全的一个多元的、灵活的框架。例如,美国将东盟区域论坛的持续发展看作是交换对区域问题观点的一个重要场所,[这些区域问题]诸如南海问题、提高相互理解和信心以及预防性外交和冲突的解决。局部接触的继续以及扩大也将是美国优先考虑的战略,并且在未来与传统的对话机制并行相用。①

但是,对部分东亚国家而言,他们更希望建立一个由东亚国家组成的区域,这种信念促使马来西亚总理马哈蒂尔于1990年12月提出"东亚经济核心组织"(East Asian Economic Grouping),后来更名为"东亚经济核心论坛"(East Asia Economic Caucus)。马哈蒂尔曾明确地表示:

> 毫无疑问,从战略的角度考虑,东亚经济论坛似乎比在亚太经合组织内更能体现出一个独立的亚洲的声音。正如马来西亚财政部部长安瓦尔·易卜拉欣(Anwar Ibrahim)所说的:东亚组织能够和北美以及欧洲在平等的基础上坐在一起。如果我们依靠亚太经合组织,这将是不可能的,因为美国和加拿大也同时属于北美自由贸易区。我们可以说,我们有了一个与大佬(美国)和另外一个大佬(日本)打交道的平台。小国必须熟谙与大国处事之道。②

2. 优先考虑的领域:经济还是政治和安全?

自从冷战结束以来,在亚洲地区的区域化进程中,一直存在着种种相互竞争的观念,这些观念既存在于经济领域,也表现在政治和安全领域。

在经济领域,围绕着在什么层面上进行合作,有基于亚洲太平洋或更为太平洋的"亚太经合组织",以及与之相对的基于东亚地区、或更为亚洲的"东亚经济核心论坛"③;也有基于亚区域的"增长三角"(新加坡、柔佛、廖内半岛)和与之相对的基于地区内部合作的"东盟自由贸易区";还有基于国家之

---

① Department of Defense, *East Asian Strategy Report 1998*; *The United States Security Strategy for the East Asia-Pacific Region*, p. 66.

② Richard Higgort and Richard Stubbs, "Competing conceptions of economic regionalism: APEC versus EAEC in the Asia Pacific", *Review of International Political Economy*, Vol. 2, No. 3, Summer 1995, p. 523.

③ Ibid., pp. 516–535.

间双边合作的日本—新加坡自由贸易协定以及与其相对的基于国家—地区合作的"中国—东盟自由贸易区"。

在政治和安全领域更为复杂,有多边合作,诸如东盟区域论坛;也有双边合作,诸如美国—日本联盟、美国—韩国合作、美国—泰国合作、美国—菲律宾合作、中—日安全对话等;还有局部合作,诸如美国、韩国、朝鲜、日本、中国和俄罗斯在朝鲜半岛的对话。

所有这些对于正在进行中的亚洲区域化都是一种挑战。这就需要国际学术界特别是亚洲学术界首先从理论上或观念上进行比较系统的构建。唯有这样,区域化的"亚洲方式"才能成为理论思考以及现实有效的合理的逻辑前提。

第四节 全球学者参与的区域化研究?

在国际政治经济学发展的历史中,西方学者特别是欧美学者对这门学科的发展做出了重大贡献,并且在理论上一直主导着这门学科的思维范式,虽然期间其他国家和地区的学者也参与了这门学科的研究,但确切地说,国际政治经济学作为一门学科,到目前为止还没有真正成为一门全球学者共同参与的学科。为欧美学者所主导的国际政治经济学既表现在教课书的建设上,也表现在其专题研究成果上。[①]

亚洲区域化提出的问题以及解决问题的方式,向国际学术界,同时也向中国学术界提出了一个难以回避的学术问题:在 21 世纪,国际政治经济学是否是一门全球学者的学科?如果是,哪些问题是国际政治经济学这门学科亟待讨论的问题?

西方学者在回答这一问题时,曾将如下几个问题列为国际政治经济学在理论上需要深入讨论的问题,这些问题包括[②]:

(1) 霸权问题以及"货币选择",即什么样的货币可以稳定全球商业;

(2) 区域一体化的趋势以及不同的国家和文化在市场以及贸易共同体中的作用;

---

① 关于这一点,读者可以从本书前言中关于国际政治经济学研究在西方的状况得到验证,特别是反映国际政治经济学研究动向的《国际政治经济学年刊》(*International Political Economy Yearbook*)以及杂志《国际政治经济学评论》(*Review of International Political Economy*),其文章主要来源于欧美学者。

② Frederic S. Pearson and Simon Payaslian. *International Political Economy: Conflict and Cooperation in the Global System*, The Mcgraw-Hill Companies, 1999, p.483.

（3）经济中心和边缘的问题，主要是欠发达国家作为贸易伙伴、劳动力市场以及原材料的供给者的未来；

（4）政府在管理国内市场和国际市场中的作用，以及进行产业调整并避免通货膨胀和经济萧条的政策；

（5）全球经济的管理问题，包括通过世界贸易组织（WTO）、国际货币基金组织（IMF）、世界银行以及区域银行对贸易、资本、劳动力的流动、援助以及发展的管理。

中国作为一个有悠久历史文明的古国，同时作为一个崛起中的大国，摆在中国国际关系学界的问题有许多，如果从中国和国际经济体系关系的角度出发，如下几个问题可能是学术界和政策决策者们在未来首先需要回答的，这些问题包括：

（1）能否走出以欧美为中心的国际政治经济学理论；

（2）如何对待亚洲区域化；

（3）如何看待全球化与中国的改革和开放的关系；

（4）如何通过国际组织促进中国经济和社会的发展。

在这里，是否应该以及能否走出以欧美为中心的国际政治经济学理论乃至社会科学理论，或是否应该以及如何避免目前我们社会科学研究中过分欧美中心论的倾向，是我们目前面临的最为艰难的问题，这不仅关系到如何处理中国与世界体系的关系这个自1840年就一直困扰着无数中国学者的命题①，而且也关系到中国在加入世界贸易组织后如何从理论上重新建构中国的社会现实。

如同拉丁美洲在20世纪50年代开始的工业化促进学者们对资本主义世界经济体系与拉丁美洲国家的发展之间的相互关系进行研究，并产生了著名的"依附理论"一样，80年代以后亚太区域化的兴起也开始促使学者们从欧洲一体化的视野中走出来，谨慎思考欧洲以外地区或国家的经验。

东盟10国的经验以及基于这种经验在理论上所创造的"东盟方式"为全球学者参与的国际政治经济学提供了一个范例，也给了我们中国学者一个重要启示；也许走出以欧、美为中心的国际政治经济学理论有多种途径，但立足于东亚地区的历史和现实仍不失为一个重要途径。当然，这面临着许多困难，既有新理论范式建构上的，也有研究方法上的。也许我们在21世纪根本

---

① 关于中国在过去150多年在处理中国与世界体系的关系的过程中所走过的"社会历史进程"和"思想历史进程"比较详细的讨论，读者可以参阅王正毅：《世界体系论与中国》，第317—390页。

走不出以欧、美为中心的国际政治经济学理论,因为,这一方面取决于包括中国在内的东亚国家在未来国际政治经济舞台上的地位和作用,另一方面也取决于中国以及东亚其他国家学者们在理论创造上的努力。

专栏

亚洲需要新的增长引擎?

在 1997/1998—2007/2008 这短短 10 年里,亚洲经历了两次经济危机:一次是 1997 年 2 月开始于泰国并迅速蔓延到整个东亚地区的 1997/1998 年亚洲金融危机,亚洲金融危机带给亚洲相关国家和经济体的一个教训是,不能过分依靠外国资本。另一次则是 2008 年缘起于美国并蔓延到亚洲地区的 2008 年全球金融危机,此次危机带给亚洲国家以及相关经济体一个新的教训,不能过分依靠出口。吸引外资和推动贸易一直是亚洲经济增长的两大动力。然而,两次性质不同的危机向亚洲地区的相关国家和经济体提出了同一个问题:亚洲经济是否需要新的增长引擎?

(1) 出口导向还是刺激国内消费?关于寻求亚洲经济新的增长引擎的第一个建议是从以往的出口导向转向刺激国内消费。在过去 10 年,美国消费市场的膨胀以及贸易赤字一直是亚洲经济增长的动力,然而,现在这种方式已经结束,美国必须增加储蓄并减少进口,亚洲的出口导向型增长似乎已经走到尽头。亚洲在未来必须依靠其国内需求,特别是国内消费。

亚洲国家如何提高其国内消费?这首先取决于这些国家经济为何下降。最为流行的解释是,因为家庭的节俭使得他们将收入的大部分省下来用来对付养老和社会保险的不确定性。但是这也非事实,在许多亚洲国家和地区,特别是韩国和中国台湾,在过去 10 年,相对于收入的家庭储蓄却一直在下降。假如家庭不是很节俭,那为什么消费者的消费在 GDP 中的份额在下降呢?答案只能是工资收入相对于 GDP 在下降。比如在中国,工资占 GDP 的份额从 1998 年的 53% 下降到 2007 年的 40%。而工资占 GDP 的份额下降的一个原因是创造工作的速度太慢,因为在整个亚洲地区,政府为了发展资本密集型产业,不但通过低利率来鼓励投资,而且还通过汇率和补贴政策来发展制造业。所以,亚洲国家如要提高国内消费,只是鼓励家庭消费是不够的,重要的是政府能够提高家庭在国民收入中的份额,具体可以包括如下措施:不过分依靠资本密集性的制造业;加快金融自由化以提高资本的成本;消解对制造业的补贴和税收优惠;打击垄断以及消除对服务业的壁垒;汇率政策也应该从鼓励出口转向刺激家庭消费。

但是,亚洲地区能够摆脱对美国以及美国主导的全球市场的资本和贸易依赖吗?如果依靠国内消费和国内市场,如何推动全球贸易和资本自由化而避免经济民族主义的复苏?这是亚洲地区在寻求新的增长引擎过程中必须面临的第一个挑战。

(2)大国协调还是区域合作?关于寻求亚洲经济新的增长引擎的第二个建议是加强地区合作,摆脱以往对大国的过分依赖。第二次世界大战结束以来,亚洲地区的合作有三个大的转折点:第一个转折点是东南亚五国1967年成立"东南亚联盟",目的是"在东西方冲突中寻求中立、寻求经济上的合作以提高该地区在世界经济格局中的地位、寻求谅解以解决地区内部存在的各种争端",但结果还是无法摆脱冷战的困境;第二个转折点是冷战结束以后于1992年倡导建立"东盟自由贸易区",其目标是扩大成员国,在15年内将整个东南亚地区建成自由贸易区,但最终还是无法摆脱对美国主导的资本主义世界经济的依赖,区域内贸易虽有扩大,但进展缓慢;第三个转折点是1997年亚洲金融危机后基于"东盟方式"的各种区域合作制度的建设,在地区贸易领域,从"10+1"(东盟—中国)、"10+3"(东盟10国、中国、日本和韩国)到"10+6"(东盟10国、中国、日本、韩国、印度、澳大利亚和新西兰),在地区金融和货币领域,从2000年5月"10+3"财长签订《清迈双边货币互换协议》(简称《清迈协议》),到2009年2月同意提高"清迈协议多边化",并将地区外汇储备基金规模从800亿美元提高到1200亿美元(中国32%、日本32%、韩国16%、东盟20%),以增强地区货币抵御金融风险的能力。

亚洲地区这种"危机催生型"地区合作仍然面临着诸大国的挑战:针对地区内的贸易合作,美国于2006年提出在APEC框架内建立自由贸易区,日本和中国则倡导并飞速签订双边特惠/自由贸易协定(PTAs/FTAs);针对地区内金融和货币合作,日本曾提出的亚洲货币基金(Asian Monetary Fund)的倡议因美国的反对而流产,美国则谴责中国在"操纵人民币"。更为引人注目的是,出于担心中国建立亚洲地区贸易集团和金融集团来挑战美国,美国学者甚至提出"G2"(美国与中国),希望中国回到全球政治经济中,与美国一起在WTO和IMF框架内担负起推动全球贸易自由化和金融自由化的责任来。

然而,亚洲地区是摆脱美国以及美国主导的世界贸易组织和国际货币基金组织而建立相对独立的区域合作机制,抑或是中国与日本相互合作在亚洲建立类似于欧洲的地区合作机制?这是亚洲在寻求新的增长引擎中必须解决的第二个挑战。

资料来源:根据"Asia's sinking economies: where the crisis is hitting hardest", "China's economy: A great migration into the unknown", "Asian economies: Troubled tigers", in *The Economist*, January 31st, 2009, p. 9, pp. 27–30, pp. 67–70; "The return of economic nationalism" in *The Economist*, February 7th–13th, 2009, pp. 9–10; C. Fred Bergsten, "A Partnership of Equals: How Washington Should Respond to China's Economic Challenge", *Foreign Affairs*, July/August 2008 相关内容编写。

结语
理解中国转型:国家战略目标、制度调整与国际力量[①]

冷战结束以后,在国际社会中出现了两类发展中国家,一类是自20世纪60年代开始实施发展战略(60年代盛行的进口替代和80年代盛行的出口导向)的国家,其中部分国家已经进入为人们所熟悉的"新兴工业化国家(地区)";一类是冷战结束以后出现的从中央计划经济走向市场经济的国家,这些国家不仅面临着发展问题,而且也面临着转型问题。发展和转型问题不但成为经济学界广泛关注的课题[②],而且也与国际货币、国际贸易、跨国直接投资、区域化、能源与环境等一起成为国际政治经济学界研究的核心议题[③]。

[①] 本文是作者为国际合作项目"Towards an Alternative Transitional Development State Paradigm in East Asia(2003-2005)"撰写的题为"Transition Paradigm, Industrial Policy and Economic Growth: The Domestic and International Forces"的一部分。在此期间,得到日本 The Sasakawa Peace Foundation 的资助,并在泰国召开的两次国际会议上(2004年7月和2005年1月)倾听了国外同行的意见,中文最早发表于《世界经济与政治》2005年第6期。

[②] 经济学界在这方面最具代表性的综合性的成果,读者可以参阅〔比〕热若尔·罗兰:《转型与经济学》,北京大学出版社2002年版;Gerard Roland, "The Political Economy of Transition", William Davidson Working Paper Number 413, 2001, http://www.worldbank.org/transitionnewsletter/mayjune2002/ (accessed 5 March 2003)。

[③] 国际政治经济学在这方面的主张,读者可以参阅 Jeffry A. Frieden & David A. Lake, eds., International Political Economy: Perspectives on Global Power and Wealth(《国际政治经济学:审视全球权力与财富》,北京大学出版社2003年影印版);Nikolaos Zahariadis, Contending Perspectives in International Political Economy(《争论中的国际政治经济学》,北京大学出版社2004年影印版)。

第一节 关于中国转型的两种不同理论解释

20世纪后半叶,在国际政治经济中最为引人注目的事件之一便是中国正在进行着三种转型:从一个落后的农业社会向城市化的工业社会转型;从社会主义计划经济向市场导向型经济转型;从一个封闭型国家向开放型国家转型。与苏联不同的是,这种转型既没有带来大规模的社会混乱,也没有导致国家的解体。相反,中国的宏观经济在20世纪80和90年代的表现被认为是"这一地区鲜有的亮点之一"[①]。围绕着中国的顺利转型和强劲的经济增长,在国际学术界出现了两种截然相反的观点。一种为"趋同论",认为中国的经济增长不过是旨在通过制度性的改革和调整实现"正常市场"或"标准市场"的"改革开放"政策的自然结果[②];另一种为"实验说",这种观点认为,中国强劲的经济增长是一种独特的发展过程的一部分,有着缜密的制度设计,或者说有着某种程度的制度改革,尤以"价格双轨制"为代表,尽管这一过程并不具有明确、连贯的目标、发展顺序和节奏[③]。

一、"趋同论"

"趋同论"(convergence school)的重点是强调国际力量对于推动中国经济快速增长的作用。经验研究也表明,在中国对外开放的30年中,对外贸易占国民生产总值的比重从1978年的10%上升到2008年的59.4%,中国吸引外国直接投资从1983年的10亿美元上升到2008年的923.95亿美元[④],正是在这种意义上,与其他发展中国家相比,中国在过去20年是经济全球化的最大受益者。但"趋同论"明显不能解释如下两个事实:第一,中国开放的初始条件无

[①] Asian Development Bank, "China's Economic Prospects", 2000, http://www.adb.org/Documents/Speeches/2000/sp2000001.asp.

[②] 这方面的研究成果有:Thomas G. Moore, *China in the World Market: Chinese Industry and International Sources of Reform in the Post-Mao Era*, Cambridge University Press, 2002。

[③] 这方面的研究成果有:Susan L. Shirk, *The Political Logic of Economic Reform in China*, University of California Press, 1993; Susan L. Shirk, *How China Opened Its Door: The Political Success of the PRC's Foreign Trade and Investment Reforms*, Washington, D.C.: The Brookings Institution, 1994; Susan L. Shirk, "Internationalization and China's Economic Reforms", in Robert Keohane and Helen Milner, eds., *Internationalization and Domestic Politics*, Cambridge: Cambridge University Press, 1996。

[④] Wang Zhengyi, "Conceptualizing economic security and governance: China confronts globalization", *The Pacific Review*, Vol.17, No.4, 2004, p.527; 国家统计局:《中国统计年鉴2009》,中国统计出版社2009年版,第629页。

论是在政治上还是在经济上与60—70年代的亚洲国家完全不同。在经济上，与其他在第二次世界大战一结束就开始鼓励发展以市场经济为基础的资本主义的东亚国家和地区不同，中国是一个从社会主义计划经济向社会主义市场经济逐渐转型的国家；而在政治上，与东亚大部分国家和地区不同，如日本、泰国、菲律宾、韩国、新加坡等是美国的盟友，因而能够轻易地进入美国市场，或者以美国为中心的世界市场，成为学界所称谓的"联盟经济"，而中国只是从改革开放以后才开始学习如何与美国在经济上打交道，因此，中国不得不小心翼翼地回应美国主导的国际力量。第二，即使同为转型国家，为何采用国际金融组织的政策建议，打破现存的国家机构而直接进入资本主义体系的俄罗斯出现了经济停滞，而有选择地利用国际力量的中国却在经济上持续增长，社会转型相对平稳。所以，国际力量是持续增长和顺利转型的必要条件，而非充分条件。

二、"实验说"

"实验说"(experimentalism school)的重点是强调国内制度调整对中国经济增长和顺利转型的贡献。中国从社会主义计划经济向社会主义市场经济转型过程中的宏观经济政策表明：无论是在20世纪50年代开始的工业化和原始资本积累过程中[1]，还是在80和90年代在保持经济强劲增长的同时，从社会主义计划经济向社会主义市场经济的转型过程中，政府都扮演了一个非常积极的角色。50年代，政府主要是通过制度建设、投资和技术激励以及苏联的援助，重点发展资本密集型的重工业，建立了社会主义计划经济。80年代和90年代早期，政府推行了一系列"导向性政策"，如投资导向性政策、地区导向性政策和工业导向性政策[2]，并进行了一系列制度性调整，如行政分权，在农村实行"家庭联产承包责任制"，在城市实行"承包经营责任制"，以促进和保持经济的强劲增长[3]，逐步向社会主义市场经济过渡。但这种主张至少不能很好地解释如下两个相互关联的问题：国际要素(如FDI、海外华人商

---

[1] 详细论述，参见 Mark Selden, *The Political Economy of Chinese Development*, Armonk: M. E. Sharpe, 1993。

[2] 详细论述，参见 Ding Lu and Zhimin Tang, *State Intervention and Business in China: The Role of Preferential Policies*, Edward Elgar Publishing Limited, 1997。

[3] 详细论述，参见 Susan L. Shirk, *The Political Logic of Economic Reform in China*, University of California Press, 1993; Susan L. Shirk, *How China Opened Its Door: The Political Success of the PRC's Foreign Trade and Investment Reforms*, Washington, D. C.: The Brookings Institution, 1994。

业网络、国际工业生产周期)对于中国经济增长和顺利转型是否有实质性的贡献;如果有,国际力量是通过何种途径影响中国的宏观经济政策。

显然,无论是"趋同论"还是"实验说"都不足以全面解释中国经济的持续增长和转型。问题的关键是,在中国过去30多年成功的宏观经济政策中,有哪些国内因素是中国政府在推动和维持经济增长过程中优先考虑的因素?又有哪些国际力量在中国经济增长过程中发挥了作用?这些国际力量如何或通过何种方式推动了中国经济的持续增长?下面,我们将中国的经济增长和顺利转型放在一个更广阔的背景中,从国内约束和国际因素的关联性对中国的渐进式转型模式进行政治经济分析。

第二节 战略目标、国内约束与制度调整

追求经济持续增长、维持社会稳定是中国在转型期间追求的国家战略目标。在中国过去30年宏观经济政策的制定过程中,有三种国内约束一直是中国政府制定宏观经济政策优先考虑的目标,也是中国政府维持经济增长和进行社会转型的关键所在。这三种约束是:中央和地方的关系;政府和企业的关系;富裕和贫穷的关系。

一、中央—地方的关系

"权力下放"是中国从社会主义中央计划经济向社会主义市场经济转型所采取的一个重要政策,因而,中央政府与地方政府的关系是研究中国经济转型的第一个关键因素。中国的"权力下放"始于1980年的财政改革,在1984年的外贸体制改革和1993年的税制改革中得到进一步发展。"权力下放"的目的在于将中央集中的经济权力下放给地方政府,以解决在计划经济体制下长期存在的中央政府权力过分集中,从而充分调动地方政府的积极性。"权力下放"的结果是地方政府拥有了批准外国投资项目、专营贸易、设立投资特区、定立外国投资公司税率、建立贸易公司、进行出口补贴、以官方汇率配给外汇、外汇交易市场的直接准入的权力,同时在地方经济方面也具有了更多的自主权,如建立产业项目及为了促进当地经济发展建立本地市场。[1] 随着各省,特别是沿海地区的经济增长,中央政府逐渐从对经济领域的

---

[1] Susan L. Shirk, *How China Opened Its Door: The Political Success of the PRC's Foreign Trade and Investment Reforms*, Washington, D.C.: The Brookings Institution, 1994, p.31.

直接指令中撤出,转而对经济进行"宏观调控",包括行政管理、财政和税收管理、金融管理和法律、社会的重建,从而为中国从社会主义计划经济向社会主义市场经济转型奠定了制度性基础。[1]

"权力下放"这一政策的实施确实给予地方政府以更大的权力发展地方经济,但同时也削弱了国家管理宏观经济的能力。"权力下放"的消极结果主要表现在:第一,经济过热和相伴而生的通货膨胀、物资短缺、财政和贸易赤字;第二,由于地方保护主义导致的国内市场分割;第三,地方政府之间为争取外贸和外国投资的竞争;第四,地方政府对企业行为的干涉和寻租行为。[2] 更为严重的是,尽管随着税收改革的施行,从1994年开始,中央的金融情况逐步好转,但在整个90年代,中央政府却始终是财政赤字。[3] 这主要是因为中央政府必须给予内地各省份财政补贴,这在某种意义上也限制了国家管理宏观经济和应对潜在危机的能力。例如,1997年亚洲金融危机结束后,中国政府不得不采取扩张性的财政政策。为了增加基础设施建设投入,中央政府投入了两笔大额的财政刺激资金(1998年的120亿美元和1999年的72亿美元)。这导致1999年财政赤字从原先不足GDP的2%增至4.2%。[4]

二、政府—企业的关系

政府与企业之间的关系是理解中国转型的第二个关键。1984年后,在中国将改革的重点从农村转向城市工业部门后,政府和企业的关系开始成为中国改革优先考虑的课题。政府和企业关系的复杂性在于,它不仅关系到中央政府和国有大中型企业之间的关系,也牵涉到地方政府与国有企业、乡镇企业间的关系。它的敏感性则主要因为它被认为是社会主义市场经济和资本主义市场经济的分水岭。

---

[1] 关于国际学术界研究成果,参见 Inderjit Singh, *China: Industrial Policies for an Economy in Transition*, World Bank Discussion Papers, Washington, D. C, 1992; Susan L. Shirk, *The Political Logic of Economic Reform in China*, University of California Press, 1993; Ding Lu and Zhimin Tang, *State Intervention and Business in China: The Role of Preferential Policies*, Edward Elgar Publishing Limited, 1997; Kate Hannan, *Industrial Change in China: Economic restructuring and conflicting interests*, Routledge, 1998; Thomas G. Moore, *China in the World Market: Chinese Industry and International Sources of Reform in the Post-Mao Era*, Cambridge University Press, 2002; Qian Yingyi, "The Institutional Foundations of China's Market Transition", 1999, http:/www-econ.Stanford.edu/faculty/workp/swp99011.pdf(accessed 12 April 2004)。

[2] Susan L. Shirk, *The Political Logic of Economic Reform in China*, p182.

[3] 国家统计局:《中国统计年鉴2003》,中国统计出版社2003年版,第265页。

[4] Asian Development Bank, "China's Economic Prospects", 2000, http://www.adb.org/Documents/Speeches/2000/sp2000001.asp.

与捷克和俄罗斯的大规模私有化的经济转型不同,中国则通过最优顺序选择的部分性改革①,处理政府与企业之间的关系。

20世纪80年代,为了促进工业发展,在改革政府与企业关系方面主要采取了三项重要措施。第一,在保持国家对企业所有权的基础上,对国有企业的管理进行改革,其主要手段包括:"扩大企业自主权"(1978—1982)、所得税(1983—1986)和承包责任制(1986—1988)。第二,伴随着权力下放,将乡镇企业的管理权交由地方政府,这样,乡镇企业很快便成为80年代中期和90年代初期中国经济的重要增长点。第三,鼓励私营企业和外国投资企业的发展,这就是通常所称的"三资企业"(中外合资企业、中外合作企业和外商独资企业)。

在这三项措施中,最为艰难的是国有企业的改革,尽管它是最受重视的。据统计,在70年代后期,国有企业的产出贡献率占近80%,但到了1990年,国有企业的产出贡献率下降到50%左右。② 此外,据世界银行统计数字显示,尽管吸收了60%的国内投资,获得了高达国家财政三分之一的补贴③,但在1995年10万多个国有工业企业中,只有不足10%的企业能够维持基本生存。与国有企业形成鲜明对比,乡镇企业却成为中国经济增长的驱动力,同期私营企业和"三资"企业的产出贡献率也由零增长到10%。④ 非国有企业在国家经济结构中比例的增加促进了90年代中期市场经济的进一步改革。

从90年代中期开始,各个产业部门所有制的改革和市场化开始被列入政策范围,这就是所谓的"抓大放小"。具体措施是,中小型企业(包括乡镇企业)通过扩大股权、合资和出售等方式,实现非国有化。到1997年年底,50万个乡镇企业中有三分之一被出售或者转为股份公司,随后,私人企业被赋予完全的合法性。⑤

回顾中国政府与企业关系的改革过程,这种通过最优次序选择方式进行的部分改革在促进顺利转型方面,有着自身优势。由于这种改革方式中一旦发生逆转时所需承担的成本要小于全面改革,因此在政治上具有较高的可接

---

① Gerard Roland, "The Political Economy of Transition", William Davidson Working Paper Number 413, 2001, Online, http://www.worldbank.org/transitionnewsletter/mayjune2002/(accessed March 5, 2003).
② Susumu Yabuki, *China's New Political Economy: The Giant Awakes*, Westview Press, 1995, p.47.
③ Tony Saich, *Governance and Politics of China*, New York: Palgrave, 2001, p.233.
④ Susumu Yabuki, *China's New Political Economy: The Giant Awakes*, p.47.
⑤ Tony Saich, *Governance and Politics of China*, pp.234, 237.

受性。按照转型经济学家罗兰的观点,如果改革初期所给的信号给人足够的希望(如强劲的经济增长),那么改革将在更大的支持中继续推进;如果早期改革的信号不足以吸引大多数人,改革会更倾向于回到原状,以减少经济改革带来的政治风险。①

三、富裕—贫穷的关系

富裕和贫穷的关系是中国经济改革和转型面临的第三大国内挑战。不断增加的失业和不断扩大的收入差距,成为中国经济进一步改革的社会约束因素。不断增加的失业和不断扩大的收入差距主要有如下三个原因:第一,与大部分国有企业的效率低下直接相关,特别在那些传统的制造业部门。国有企业一直被视为中国经济的支柱,是中国社会主义市场经济的基础,因此,国有企业的成功与否一直被视为中国经济从社会主义计划经济向社会主义市场经济转型的关键性指标。但在80年代,国有企业普遍亏损,而从1985年到1990年,政府对亏损企业的补贴数额却在逐年增加,"三角债"的现象一直存在。② 进入90年代,国有企业近40%的企业亏损,超过20%的银行投资借贷给亏损企业。③ 第二,失业被冠以一个独特的名称——"下岗"。80年代和90年代早期,下岗职工主要是指那些城市国有和集体企业中的富余劳动力,下岗后,原来的工作单位仍然承担了他们的福利,他们享有最低工资,因此这些下岗职工并不被计入"失业"。但1997年后,下岗工人不再被视为原工作单位的雇员,从而成为中国失业大军中的主要成员。第三,除了众所周知的农村家庭与城市家庭总收入之间的差距以及沿海省份和内陆地区的收入差距以外,还出现了不同经济部门之间收入差距的扩大。

为了维护社会稳定,为经济的进一步改革创造社会基础,中央政府采取了两个非常重要的政策,以此推进经济和社会的转型。一是采取"分而治之"的策略,而不像苏联那样进行强制性的转型。④ 第二,开始建立由中央政府管

---

① Gerard Roland, "The Political Economy of Transition", William Davidson Working Paper Number 413, 2000, http://www.worldbank.org/transitionnewsletter/mayjune2002/(accessed March 5, 2003).

② Susumu Yabuki, China's New Political Economy: The Giant Awakes, pp. 51–52.

③ Elizabeth Economy, China Confronts the Challenge of Globalization: Implications for Domestic Cohesion and International Cooperation, Rockefeller Brothers Fund, Inc., 1998, p. 12.

④ Gerard Roland, "The Political Economy of Transition", William Davidson Working Paper Number 413, 2001, Online, http://www.worldbank.org/transitionnewsletter/mayjune2002/(accessed March 5, 2003).

理的社会福利保障体系。①

第三节 国际资本、商业网络、工业生产周期与制度调整

尽管政府在推动经济和社会转型中一直扮演着关键性角色,但我们并不能就因此而忽视国际因素的作用。与其他转型国家相同,中国在推动经济增长和转型过程中也面临着种种国内约束,但中国的独特之处在于,政府不断进行国内制度调整,使得国际因素有利于国内的改革,从而逐渐打破经济和社会转型所面临的国内约束。在中国过去30年改革和开放的历史进程中,有三种国际经济因素缓解了中国改革和开放进程中所受的国内约束,成为中国转型的三大国际动力,这三种国际因素是:外国直接投资、海外华人商业网络和国际工业生产周期。

一、外国直接投资

外国直接投资(FDI)在推动中国经济增长方面扮演了关键性的角色,同时也使得中国经济越来越依赖于外国直接投资。据统计,1979—2008年,外商进入中国大陆的直接投资总额达8526.13亿美元。② 外国直接投资对中国经济增长和转型的贡献主要表现在两个方面。

第一,对中国融入世界经济有着重要的政策性含义。在中国改革开放的初期,技术和资本的匮乏成为中国经济转型的瓶颈。为了解决这一瓶颈,1979年中国决定建立"经济特区"。"经济特区"的建立一方面可以减小因大范围制度变迁失败而付出的代价,即试验成功可以逐渐推广,试验失败可以以最小成本进行修改。另一方面也能满足中国经济对资本和先进技术的需求。结果表明,尽管"经济特区"在建立之初经历了非常困难的时期,但由于它在吸引外国直接投资方面的巨大成功,最终成为进一步开放政策的重要模式。随后,开放的城市由1980年的四个经济特区(包括深圳、珠海、厦门和汕头),扩大到1984年的14个沿海开放城市和海南岛,最后在90年代遍布全国。

第二,它直接为中国经济增长提供了必要的资本。自1984年中国经济改

---

① Wang Zhengyi, "Conceptualizing Economic Security and Governance: China confronts globalization", *The Pacific Review*, Vol. 17, No. 4, 2004, pp. 523-545; Tony Saich, *Governance and Politics of China*, pp. 241-271.

② 国家统计局,《中国统计年鉴2009》,中国统计出版社2009年版,第745页。

革从农村转向城市后,由于国有企业的低效和亏损,吸引外资就成为当务之急。政府首先鼓励在经济特区建立外商投资企业,即三资企业,包括中外合资企业、中外合作企业和外商独资企业,随后又鼓励在内陆地区的经济开发区兴建外资企业。这些企业享受中央和地方政府给予的各种优惠政策。

尽管外国直接投资满足了中国经济增长和转型对资本的需求,但也对中国的外资政策提出了一系列新的挑战。一个挑战就是为人所熟知的"回流"资本。由于外国直接投资能够帮助企业免税,并在特定的进口物资方面享受较低关税,它使得许多中国国有企业将资金移至香港,再通过外国投资的方式返回大陆。据估计,这种国有企业的数目在1991年仅为400个,可到了1994年却激增至2000个。[1] 另一个挑战就是技术转移。大部分流向中国的外国直接投资多是利用中国廉价的劳动力,甚至在汽车工业和电子工业这样技术密集的产业中也是如此。它们多通过转移早已淘汰的技术,换取中国巨大的国内市场。一个很好的例证是,尽管中国在过去的10年中,汽车工业取得了巨大发展,但在一些领域,技术依然落后于世界先进国家。

二、海外华人商业网络

在促进中国经济增长方面第二个重要的国际力量就是海外华人商业网络。海外华人商业网络在中国经济增长中所起的作用主要表现在两个方面。

第一,尽管外国直接投资在中国经济的起飞中扮演了关键作用,但在过去的30年中,绝大部分的外国直接投资都是直接或者间接通过这种海外华人商业网络实现的。自80年代起,在外国资产占重要份额的28 000个中国企业中,有四分之三得到了不居住在中国大陆的华人的投资,资金总额大约占对中国直接投资的五分之四。[2] 准确地说,从1979年到1997年,流入中国的海外资本中的68.34%来自大陆以外的华人。[3] 甚至到了1998年末外国直接投资达到454.63亿美元时,来自台湾地区和香港地区的资本所占比例仍然超过60%。[4]

---

[1] Tony Saich, *Governance and Politics of China*, p.289.

[2] Peter J. Katzenstein and Takashi Shiraishi, eds., *Network Power: Japan and Asia*, Cornell University Press,1997, pp.12-13.

[3] Peng Dajin, "Invisible Linkages: A Regional Perspective of East Asian Political Economy", *International Studies Quarterly*, Vol.46, No.3, 2002, p.432.

[4] Tony Saich, *Governance and Politics of China*, p.286;国家统计局:《中国统计年鉴2003》,第671页。

第二,除了将资本带进中国,海外华人商业网络还为中国带来了商业技能和市场网络。由于中国是世界经济体系中的后来者,并不熟悉市场经济的规则和国际惯例,海外华人商业网络推动了中国企业融入世界经济的进程。在改革开放初期,当中央政府将管理中小企业的权力下放给地方政府,并鼓励地方政府大力发展乡镇企业时,海外华人商业网络通过广泛的血缘关系和社会联系快速地进入大陆市场进行投资,并通过自己的商业网络所获得的精确的商业信息而使得乡镇企业成为中国经济的增长点。① 90年代,伴随着数以万计的赴海外求学的中国学生的归国,他们或者进行投资,或者兴建技术密集型的中小型企业,使得海外华人商业网络进一步加强。例如,对外贸易一直是衡量中国开放程度的重要指标。1980年,外贸在GDP中所占比重为12.6%,1995年为39.5%,到了2008年则增长到59.4%。② 然而,在衡量中国对外贸易的地区性分布时,我们可以发现,尽管在1990年至2000年间,外贸总额从115亿美元增长到475亿美元,增加了三倍,但其中超过60%集中于亚洲地区,美国大约占出口的21%,进口的12%。③ 这足以证明海外华人商业网络在亚洲地区(特别集中在东南亚、香港地区和台湾地区)的市场联系以及对中国对外贸易所做的贡献。一些学者甚至将此冠以"大中华经济圈"。④

三、国际工业生产周期

在中国经济增长中不可忽视的第三种国际力量便是国际工业生产周期。许多学者曾将东亚的经济增长归因于"雁型发展模式"。"雁型发展模式"首先是由日本学者于1962年提出的,当时主要是用来解释东亚地区经济发展过程中工业增长和贸易模式变化之间的关系。⑤ 按照这种模式,在东亚地区,领导者和跟随者之间的关系是以一种类似于雁型的方式进行的:日本是东亚经济发展中的头雁,"四小龙"随其后,东盟国家收其尾。这样,通过投资和贸易,东亚地区融合为一个整体。但中国的经济却经历了与东亚其他国家和地

---

① Peng Dajin, "Invisible Linkages: A Regional Perspective of East Asian Political Economy", *International Studies Quarterly*, Vol. 46, No. 3, p. 430.

② 国家统计局:《中国统计年鉴2009》,第37、724页。

③ Tony Saich, *Governance and Politics of China*, p. 286.

④ 例如 David M. Lampton et al., *The Emergence of "Greater China": Implications for the United States*, New York: National Committee on United-China Relations, 1992。

⑤ K. Akamatsu, "A Historical Pattern of Economic Growth in Developing Countries", *The Developing Economies*, No. 1. Mar-Aug, 1962.

区不同的发展轨迹。这主要表现在生产网络和贸易地区分布两个方面。

第一,在生产网络方面,一方面是由于中日两国政治关系的约束和日本在90年代以来经济增长减慢,另一方面由于经济全球化(资本、信息、技术和劳动力)自20世纪80年代以后得以加强,与东亚其他国家和地区在60—70年代的发展所不同的是,中国通过引资(合资和独资)直接进入全球生产网络而不只是以日本为中心的东亚生产网络。80年代和90年代初期,当中国尚处于改革开放的第一阶段(计划经济为主,市场调节为辅)时,乡镇企业和中小企业成为中国经济的发动机。而乡镇企业和中小企业之所以能够获得资本、专业技能和市场网络,海外华人商业网络扮演了关键性的角色。尽管这些华人网络并不都具备最先进的技术,但却在市场技能和市场网络方面远先进于国内市场,再加上已有的人际关系和对中国政治和社会体制的谙熟,这就使得以初级产品加工和制造业为主的乡镇企业和中小企业迅速占据了国内市场,并成为出口的强劲引擎,许多案例研究都证明了这一点。[①] 进入90年代中期,在中国确立了"社会主义市场经济"以及全面开放之后,随着全球生产网络和技术变革的快速发展,中国与地区经济和世界经济迅速融合。[②] 全球生产网络中资本和技术来源的多元化,使得中国有更多的选择余地获得资本和技术,而不是单纯地依赖日本的企业。被列为中国支柱产业的汽车工业的发展轨迹就是最清晰的例证。[③] 当中国于1976年希望直接引进日本的汽车技术时,而日本却坚持向中国市场出口整车,因此拒绝了中国的要求。从80年代开始,中国鼓励通过技术许可证和合资的形式,与外国公司进行合作。第一个合资项目是在1984年1月北京吉普汽车工业公司与美国福特汽车公司之间进行的。随后,上海汽车工业公司与德国大众汽车公司在1984年进行了合资,1986年天津汽车工业公司才从日本大发汽车公司取得了技术许可证。进入90年代早期,汽车工业中又有两项新的合资项目:一项是1990年德国大众汽车公司与第一汽车制造厂合作生产捷达轿车;一项为1992年法国雪铁龙与第二汽车制造厂(现在的东风汽车公司)合作制造小型富康轿车。合资轿车的生产既推动了中国汽车工业的发展,也促进了技术转移。

---

① 参阅 Constance Lever-Tracy, David Ip and Noel Tracy, *The Chinese Diaspora and Mainland China: An Emerging Economic Synergy*, S. T. Martin's Press, Inc., 1996。

② Michell Bernard and John Ravenhill, "Beyond Product Cycles and Flying Geese: Regionalization, Hierarchy, and the Industrialization of East Asia", *World Politics*, Vol. 47, No. 2, 1995, pp. 171-209.

③ Eric Harwit, *China's Automobile Industry: Policies, Problems, and Prospects*, M. E. Sharp, 1995, 1995, pp. 39-41.

第二,就贸易的地区分布而言,中国的对外贸易在90年代的地区分布从整体上呈现出相对平稳的状态。即中国与包括亚洲地区在内的地区贸易并没有呈现出明显的上升或下降趋势,而是呈现出相对平稳的状态。在1994年的中国对外贸易额中,亚洲、欧洲和北美洲(主要是美国)地区所占的份额分别是60%、18.5%、16.33%,而在2008年的中国对外贸易额中,亚洲、欧洲和北美洲(主要是美国)地区所占份额则分别是53.32%、19.95%和14.37%。① 这与东盟国家在20世纪60—80年代的对外贸易的地区分布完全不同。②

总之,从生产网络和贸易的地区分布而言,中国经济在过去20年的发展依靠的是多重商业网络(海外华人商业网络、全球生产网络和东亚地区网络),而不只是以日本为中心的商业网络,这与东亚地区的其他国家和地区在20世纪60—80年代发展的轨迹有所不同。正是在这种意义上,我认为"雁型发展模式"并不能解释中国经济的增长,也正是从这个意义上说,谢淑丽教授提出"国际因素并没有决定中国改革政策的具体内容和改革政策的形式;国内制度环境才是决定性力量"的论断是正确的③。

第四节 结论:"社会主义市场经济"是一种功能性的制度设计

从中国在过去30年从社会主义计划经济向社会主义市场经济转型所采取的经济政策的简短历史回顾,以及在这种转型过程中国内约束条件和国际动力关联性的分析,我们不难发现,中国的渐进式转型既非"趋同说"所强调的完全通过国内制度调整来适应国际力量,也非"实验说"所强调的事先有着非常缜密的制度设计,完全是国内制度设计所致,而是更贴近于"边干边学"。这种"边干边学"模式有两种相互关联的含义:当追求经济增长的目标受到国内条件约束时,往往通过国际力量打破相关的约束,即或在国内现有制度框架内寻求一致,或对现有制度框架进行适度调整,尽量避免因大范围制度变

---

① 根据《中国统计年鉴1995》第543—545页和《中国统计年鉴2009》第733—736页的相关数据计算得出。
② 参见王正毅:《边缘地带发展论:世界体系与东南亚的发展》,上海人民出版社1997年版。
③ Susan L. Shirk, "Internationalization and China's Economic Reforms", in Robert Keohane and Helen Milner, eds., *Internationalization and Domestic Politics*, Cambridge: Cambridge University Press, 1996, p.206.

迁而付出代价;而当国际力量无论是有利或不利于经济增长时,往往通过国内制度调整而设计出国内改革和转型的目标、次序和速度,使得国际力量成为推动中国经济增长的动力。因此,如下三点是我们理解中国过去30年转型和经济增长的关键所在,也是中国进一步改革和开放的关键所在。

第一,转型是我们理解中国在过去30年所采取的发展模式的前提。中国正处在前所未有的转型期,正如我们所指出的那样,这种转型包括从传统的农业社会向工业社会的转型;从中央计划经济向社会主义市场经济的转型;以及从一个封闭型国家向一个开放型国家的转型。就从传统的农业社会向工业社会的转型而言,在过去500年,世界上许多国家完成了这种转型,而中国则刚刚开始,这对像中国这样一个长期具有农业社会的传统和缺乏商业价值观的大国而言,完成这种转型,挑战是不言而喻的。就从中央计划经济向社会主义市场经济的转型而言,20世纪80年代以来,东欧国家和俄罗斯正在进行这种转型,但由于并无任何成功先例可以借鉴,而因"大爆炸"式转型而失败的教训却是显而易见的,如何规避风险、避免失败是转型国家面临的前所未有的挑战。就从一个封闭型国家向一个开放型国家转型而言,与150年前被迫打开国门不同的是,这次是中国经过20多年改革开放并取得巨大成就的同时主动要求进入世界市场的。对于任何一个国家而言,顺利地进行其中一种转型,历史证明已经非常艰难,而同时进行三种相互关联的转型,其艰难就可想而知了。这或许是国际社会对中国过去20年在保持经济强劲增长的同时而没有出现大的社会灾难感到惊奇的一个原因。现在存在的问题是中国何时能真正完成这三种转型,这对中国确实是一个挑战。

第二,社会主义市场经济是一种功能性的制度设计。在中国目前进行的三种转型中,关键是从中央计划经济向社会主义市场经济的转型。与世界大部分国家特别是亚洲发达国家和新兴工业化国家(地区)不同,也与苏联和东欧国家采取"休克疗法"直接进入资本主义市场经济有别,中国必须认真对待近三十年遗留下来的中央计划经济的历史遗产,为此,中国提出了建设"社会主义市场经济"。过去30年改革的历史表明,"社会主义市场经济"作为一种制度设计具有双重功能:一方面,它使得国内各个阶层在改革问题上达成了共识,降低了改革成本,规避了因激烈的大规模制度变迁而带来的风险。这既保持了历史的连续性和间断性的统一,也维持了各种权力在某种程度上的平衡。正是因为"社会主义市场经济"中的"社会主义"这种制度设计,才使得整个社会对改革的速度的期望值降低,暂时承受因改革而出现的各种差距(城市和农村、沿海和内地、富裕和贫穷),从而为国内进一步改革赢得了时间;另一方面,它允许通过无论是被迫的还是自愿的部分制度性调整和适应,来满足国际社会的需要,从而使得国际力量在大多数时候能够为国内改革服务。也正是因为"社会主义市场经济"中的"市场经济"这种制度设计,才使得国际社会对中国改革的期望值提高,从而使得中国开放的国际环境得到了相对的改善(比如加入世界贸易组织),促进了资本和技术相对快速地进入中国。但今天中国面临的国内挑战和国际挑战已经表明,这种功能性的转变是明显不够的,一种深度的市场经济的结构性转变不仅是不可抗拒的,而且也是极为紧迫的。

第三,经济全球化是中国改革和开放的一种重要的国际资源。自从中国实行改革和开放以来,与计划经济时期相比,中国进行发展的资源在结构上发生了重大变化,这就是从原来的单一的国内政府和社会资源向国内资源和国际资源并重转变,其中经济全球化就是一种重要的国际资源。对于中国的经济发展而言,经济全球化作为一种重要的国际驱动力,它不仅给了中国比20世纪六七十年代曾给予东亚其他国家和地区以更多融入世界经济的机会,也使得中国无须只依靠一国的力量获取资本和技术,如中国的汽车工业并不只是依靠日本的资本和技术,这与东南亚国家形成鲜明对比。对中国的社会而言,在这两种资源并存的情况下,社会获得资源的渠道出现了多元化的趋势:一种是只能接近政府资源或只能接近全球化资源;一种是既能接近政府资源又能接近全球化资源;一种是既不能接近政府资源也不能接近全球化资源。这种资源的两重化以及获取资源的渠道的多样化,一方面使得中国在过去成为全球化的最大受益者(如吸引外国直接投资),但同时也使得中国政府管理经济和社会的难度不断增大。换句话说,也就是中国政府在制定国内经济政策和社会政策时,将不得不更多地考虑全球化或国际力量的影响,这对于一个有着悠久封建帝国传统以及实行了近四分之一世纪中央计划体制的国家而言,不能不说是一个前所未有的挑战。

专栏

经济政策与外国直接投资：中国与印度比较

中国和印度是最大的两个发展中国家。两国的经济增长率都很高。但是两国吸引外国直接投资的业绩却有很大差异。中国的外国直接投资流量从1990年的35亿美元提高到2002年的527亿美元；如果考虑到借贷套利，中国的外国直接投资流量可能会减少到400亿美元。而同一时期印度吸引的外国直接投资从4亿美元提高到55亿美元。即使在进行调整之后，2002年中国吸引的外国直接投资也是印度的7倍，中国吸引的外国直接投资占GDP的3.2%，而印度只占1.1%。在UNCTAD的1999—2001年吸引外国直接投资业绩指数排名中，中国排第54位，印度排第122位。

在1989年和2001年期间，中国商品出口以每年15%的速度增长，其中外国直接投资做出了很大的贡献。1989年外国子公司占中国出口总额的比重不足9%；而到2002年这一比率高达50%。2000年外国子公司在某些高技术产业的出口总额中所占比重高达91%（集成电路）和96%（移动电话）。在2000—2001年中国所吸收的外国直接投资大约有2/3流向制造业。相反，除了信息产业外，外国直接投资对印度出口增长的重要性要小得多。印度制造业中的外国直接投资过去是、现在也仍然是以国内市场为目标的。在20世纪90年代初，外国直接投资仅占印度出口的3%。即使在今天，外国直接投资占印度制造业出口的比重估计也不到10%。2000—2001年中国的外国直接投资流入绝大部分进入了各种制造业。印度绝大多数的外国直接投资进入了服务业、电子和电气设备与工程产业和计算机产业。

表16-1 1990年、2000—2002年中国和印度若干外国直接投资指标

项目	国家	1990年	2000年	2001年	2002年
FDI流入流量（100万美元）	中国	3 487	40 772	46 846	52 700
	印度	379	4 029	6 131	5 518
FDI流入存量（100万美元）	中国	24 762	348 346	395 192	447 892
	印度	1 961	29 876	36 007	41 525
FDI流入流量增长率（年均，%）	中国	2.8	1.1	14.9	12.5
	印度	-6.1	16.1	52.2	-10.0

(续表)

项目	国家	1990年	2000年	2001年	2002年
FDI存量占GDP的百分比(%)	中国	7.0	32.3	33.2	36.2
	印度	0.6	6.5	7.4	8.3
FDI流量占固定资本形成总额的百分比(%)	中国	3.5	10.3	10.5	…
	印度	0.5	4.0	5.8	…
人均FDI流量(美元)	中国	3.0	32.0	36.5	40.7
	印度	0.4	4.0	6.0	5.3
外国分支机构在总出口中所占份额(%)	中国	12.6	47.9	50.0	…
	印度	4.5	…	…	…
GDP(10亿美元)*	中国	388	1080	1159.1	1237.2
	印度	311	463	484	502
实际GDP增长(%)	中国	3.8	8.0	7.3	8.0
	印度	6.0	5.4	4.2	4.9

什么因素能够解释这种差异？我们从基本决定因素、发展战略与政策以及国外网络三个方面进行分析。

1. 基本决定因素

中国吸引外国直接投资的基本经济决定因素要比印度好。中国总的GDP和人均GDP都高于印度，这使得中国对寻求市场型外国直接投资更具有吸引力。中国更高的识字率和入学率表明中国的劳动力更熟练，这使得中国更能吸引寻求效率型的投资者。中国还拥有丰裕的自然资源禀赋。此外，中国的物质基础设施也更具有竞争力，尤其是中国沿海地区。但是印度在技术人员，尤其是信息技术方面可能更有优势。印度的英语技能也更好。

外国直接投资流入的构成也反映了两国竞争优势的一些差异。在信息和通信技术方面，中国成为宏碁、爱立信、通用电气、日立半导体、现代电子、英特尔、LG电子、微软、Mitac国际公司、摩托罗拉、NEC、诺基亚、飞利浦、三星电子、索尼、台湾半导体制造商、东芝及其他主要电子业跨国公司的主要设计和制造中心。印度则在IT服务、传呼中心、后台服务和研发方面有所专长。

经济迅速增长增加了中国家用电器、电子设备、汽车、住房和休闲等耐用和非耐用消费品的当地需求。当地需求的迅速增长，加上具有竞争力的经营环境和基础设施，吸引了许多寻求市场的投资者，并且也促进了许多本土辅助企业的成长。

与对待外国直接投资的态度、外国直接投资政策和程序有关的其他因素也可以解释中国在吸引外国直接投资方面比印度做得好的原因。

- 与印度相比,中国的政策"更加具有商业导向",对外国直接投资也更为友好。
- 中国的外国直接投资审批程序更为简便,可以更快做出决定。
- 中国的劳动法更灵活,劳动力环境更好,企业进入和退出程序也更好。

最近一份关于经营环境的调查表明,中国在宏观经济环境、市场机会和对待外国直接投资的政策等方面都比印度更具有吸引力,而印度在政治环境、税收和融资方面得分更高。2002年的一份信心追踪调查显示,在接受调查的跨国公司的投资计划中,中国第一次超过美国,成为外国直接投资的首选目的地;印度则排名第15。印度工商业协会联盟(FICCI)的一份调查显示,中国在外国直接投资政策框架、市场成长、消费者购买力、收益率、劳动法规和税收体制方面都要好于印度。

2. 发展战略和政策

两国吸引外国直接投资业绩的差异也和两国外国直接投资自由化的时间、进展和内容以及两国所追求的发展战略有关。

- 中国于1979年对外国直接投资开放,并逐步使投资体制自由化。印度对外国直接投资开放要比中国早得多,但是在1991年以前并未采取全面的自由化措施。
- 两国所看重的外国直接投资类型不同,所追求的工业发展战略也不同。印度长期遵循进口替代政策,依靠动员国内资源和国内企业,仅仅鼓励高技术活动中的外国直接投资。中国尽管实施了渐进式的自由化,要求实施合资并对某些部门的外国直接投资实行限制,但是从开放伊始,中国就对外国直接投资,尤其出口导向型外国直接投资,而不是国内企业,实施了优惠政策。这些政策不仅吸引了外国直接投资,而且导致了迂回投资行为,即内地企业将资金转移到香港,然后再到内地投资,以逃避管理体制的限制并获得给予外国投资者的特权。而印度主要通过毛里求斯进行的迂回投资比中国要小得多,并且主要是出于税收考虑。

研究表明,与外包、管制和当地投入问题相联系的国内市场不完全导致了在中国投资的跨国公司生产活动的"过度内部化"。因此,有一部分外国直接投资是因为国内市场不完全而发生的,这部分投资是作为跨国公司对中国环境的次优反应而实施的。

印度的情况多少有些不同。企业家传统使国内企业部门拥有广泛的基础。印度还拥有必要的法律和制度基础以及直到20世纪90年代所实行的限制性外国直接投资政策。因此,跨国公司对生产活动的参与常常采取外部化形式(例如许可证交易和其他契约安排)。即使在外国直接投资政策实行重大自由化以后,内部化也并不必然占主导地位。就信息技术而言,在信息技术工业中外包给印度私人企业是很有效率的,而且拥有高质量的国内分包商。

中国于 2001 年加入 WTO,导致中国实施了更优惠的外国直接投资措施。随着服务业进一步实行自由化,中国的投资环境可能会变得更好。例如,中国的租赁、仓储以及批发与零售贸易等行业于 2004 年、广告与联运服务于 2005 年、保险经纪人业务于 2006 年、货物运输(铁路)于 2007 年允许外国持有 100% 的股权。在零售贸易方面,中国已经对 Auchan、家乐福、Diary Farm、Ito Yokado、Jusco、Markro、Metro、Pricesmart、7-Eleven 以及沃尔玛等几乎所有知名的百货店和超市开放并吸引了这些公司的投资。

印度政府正计划对外国直接投资开放更多的产业并放宽外国股权的上限。为了确定增加外国直接投资流量的方法,计划委员会于 2001 年 8 月成立了外国直接投资指导委员会。以中国为榜样,印度也于 2006 年 2 月通过了《经济特区法案》。在促进贸易和吸引外国直接投资方面,中国的经济特区比印度的出口加工区更为成功。

3. 海外网络

除了与经济和政策有关的因素之外,中国吸引外国直接投资流量较多的一个重要原因是,在海外,特别在亚洲的华人企业和个人将中国作为直接投资的目的地。海外华人商业网络的作用以及其在中国大陆进行的大规模投资和规模小得多的海外印度人商业网络及其投资形成了鲜明对比。海外华人的数量更多,更具有企业家精神,注重在中国的家族关系,并且有兴趣和财务能力在中国投资,且他们进行投资时会受到特别的礼遇。相比之下,海外印度人较少,专业群体较多,并且和中国人不同,海外印度人缺少家庭网络关系以及在印度投资的资金资源。

中国和印度都是跨国公司转移劳动密集型生产活动的极好场所,而劳动密集型生产是中国出口增长的主要因素。然而,印度则主要是服务业,尤其是信息和通信技术的首选之地。事实上,美国和欧洲几乎所有主要的信息技术企业在印度都有投资,其中大多数在班加罗尔。美国运通、英国航空、Conseco、戴尔计算机和 GE Capital 等都在印度拥有后台服务。而其他公司,例如 Amazon.com 和花旗集团则将服务外包给了印度现有的当地公司或者外国公司。外国公司主导了印度的传呼业,在 15 亿美元的营业额中占 60%。

投资者将中国作为投资地点的感情正在升温。《财富》500 家中有将近 80% 已在中国投资,而印度只有 37%。尽管印度的政策环境已有改善,但是除了信息和通信技术产业外,跨国公司的投资热情仍然不高。

如果中国和印度都希望外国直接投资在其发展过程中发挥作用——当然这是一个主权国家的决策,流入两国的外国直接投资流量的前景都将是光明的。巨大的市场规模和潜力、熟练劳动力和低工资成本仍将是吸引力的关键。中国仍将对外国直接投资具有巨大的吸引力,并且是印度最大的竞争对手。但是,由于国内企业部门充满活力,并且如果政策改革能够继续下去,同时政府承诺将吸引外国直接投资作为目标,印度吸引的外国直接投资也将增加。

资料来源:联合国贸易与发展会议:《2003年世界投资报告:促进发展的外国直接投资政策》,中国财政经济出版社2003年版,第41—43页。

参考文献

中文文献：

〔德〕马克思:《资本论》第一、二、三卷,人民出版社1975年版。
〔德〕马克思:《剩余价值理论》第二册,人民出版社1975年版。
《马克思恩格斯选集》第二卷,人民出版社1972年版。
《马克思恩格斯选集》第三卷,人民出版社1972年版。
《列宁选集》第二卷,人民出版社1972年版。
联合国跨国公司中心:《再论世界发展中的跨国公司》,商务印书馆1982年版。
联合国贸易与发展会议:《1998年世界投资报告:趋势和决定因素》,中国财政经济出版社2000年版。
联合国贸易与发展会议:《1999年世界投资报告:外国直接投资和发展的挑战》,中国财政经济出版社2000年版。
联合国贸易与发展会议:《2000年世界投资报告:跨国并购与发展》,中国财政经济出版社2001年版。
世界银行:《1989年世界发展报告:金融体系和发展世界发展指标》,中国财政经济出版社1989年版。
世界银行:《2004年世界发展报告:让服务惠及穷人》,中国财政经济出版社2004年版。
国家统计局:《中国统计年鉴2003》,中国统计出版社2003年版。
国家统计局:《中国统计年鉴2009》,中国统计出版社2009年版。
〔比〕热若尔·罗兰:《转型与经济学》,张帆、潘佐红译,北京大学出版社2002年版。
〔加〕阿米塔·阿查亚:《建构安全共同体:东盟与地区秩序》,王正毅、冯怀信译,上海人民出版社 2004 年版。

〔加〕马丁·J.奥斯本、〔美〕阿内尔·鲁宾斯坦：《博弈论教程》，魏玉根译，中国社会科学出版社 2000 年版。

〔丹〕奥勒·诺格德：《经济制度与民主改革：原苏东国家的转型比较分析》，孙友晋译，上海世纪出版集团 2007 年版。

〔埃及〕萨米尔·阿明：《不平等的发展：论外围资本主义的社会形态》，高铦译，商务印书馆 1990 年版。

〔法〕费尔南·布罗代尔：《15 至 18 世纪的物质文明、经济和资本主义》（第一卷：日常生活的结构：可能和不可能），顾良、施康强译，生活·读书·新知三联书店 1992 年版。

〔法〕费尔南·布罗代尔：《15 至 18 世纪的物质文明、经济和资本主义》（第二卷：形形色色的交换），顾良译，生活·读书·新知三联书店 1993 年版。

〔法〕费尔南·布罗代尔：《15 至 18 世纪的物质文明、经济和资本主义》（第三卷：世界的时间），施康强、顾良译，生活·读书·新知三联书店 1993 年版。

〔法〕皮埃尔·热尔贝：《欧洲统一的历史与现实》，丁一凡等译，中国社会科学出版社 1989 年版。

〔法〕萨伊：《政治经济学概论》，陈福生、陈振骅译，商务印书馆 1982 年版。

〔法〕谢和耐：《中国社会史》，黄建华、黄迅余译，江苏人民出版社 1995 年版。

〔德〕贡德·弗兰克：《白银资本：重视经济全球化中的东方》，刘北成译，中央编译出版社 2001 年版。

〔德〕汉斯·豪斯赫尔：《近代经济史：从十四世纪末至十九世纪下半叶》，王庆余等译，商务印书馆 1987 年版。

〔德〕弗里德里希·李斯特：《政治经济学的国民体系》，陈万煦译，商务印书馆 1997 年版。

〔意〕卡洛·M.奇波拉主编：《欧洲经济史》，徐璇等译，商务印书馆 1988 年版。

〔日〕大野健一：《从江户到平成：解密日本经济发展之路》，臧馨、臧新远译，中信出版社 2006 年版。

〔日〕山本吉宣：《国际相互依存》，桑月译，经济日报出版社 1989 年版。

〔日〕山本吉宣主编：《国际政治理论》，王志安译，上海三联书店 1993 年版。

〔日〕信夫清三郎：《日本外交史》（上），天津社会科学院日本问题研究所译，商务印书馆 1980 年版。

〔瑞典〕T.佩尔森、〔意〕G.塔贝里尼：《政治经济学：对经济政策的解释》，方敏等译，中国人民大学出版社 2007 年版。

〔英〕J.D.贝尔纳：《历史上的科学》，伍况甫等译，科学出版社 1981 年版。

〔英〕安德鲁·海伍德：《政治学核心概念》，吴勇译，天津人民出版社 2008 年版。

〔英〕霍布斯：《利维坦》，黎思复、黎廷弼译，商务印书馆 1985 年版。

〔英〕D.G.E.霍尔：《东南亚史》，中山大学东南亚历史研究所译，商务印书馆 1982 年版。

〔英〕伯纳德·霍克曼、〔英〕迈克尔·考斯泰基:《世界贸易体制的政治经济学》,刘平等译,法律出版社 1999 年版。

〔英〕安东尼·凯利:《决策中的博弈论》,李志斌、殷献民译,北京大学出版社 2007 年版。

〔英〕克拉潘:《现代英国经济史》上、中卷,姚曾廙译,商务印书馆 1997 年版。

〔英〕约瑟夫·库利舍尔:《欧洲近代经济史》,石军、周莲译,北京大学出版社 1990 年版。

〔英〕大卫·李嘉图:《李嘉图著作和通信集(第一卷):政治经济学及赋税原理》,郭大力、王亚南译,商务印书馆 1981 年版。

〔英〕罗素:《西方哲学史》(下卷),何兆武、李约瑟译,商务印书馆 1982 年版。

〔英〕安格斯·麦迪森:《世界经济千年史》,伍晓鹰等译,北京大学出版社 2003 年版。

〔英〕哈·麦金德:《历史的地理枢纽》,林尔蔚、陈江译,商务印书馆 1985 年版。

〔英〕杰弗里·帕克:《二十世纪的西方地理政治思想》,李亦鸣、徐小杰、张荣忠译,解放军出版社 1992 年版。

〔英〕亚当·斯密:《国民财富的性质和原因的研究》上、下卷,郭大力、王亚南译,商务印书馆 1997 年版。

〔英〕苏珊·斯特兰奇:《国家与市场》,杨宇光等译,上海世纪出版集团 2006 年版。

〔英〕亚·沃尔夫:《十六、十七世纪科学、技术和哲学史》上册,周昌忠等译,商务印书馆 1997 年版。

〔美〕达龙·阿西莫格鲁:《2008 年的金融危机:对经济学和来自经济学的结构性教训》,《比较》2009 年第 1 期,中信出版社 2009 年版。

〔美〕唐·埃思里奇:《应用经济学研究方法论》,朱钢译,经济科学出版社 1998 年版。

〔美〕约翰·奥德尔:《美国国际货币政策——市场、力量和观念是政策转变的根源》,孙英春译,中国金融出版社 1988 年版。

〔美〕曼瑟尔·奥尔森:《集体行动的逻辑》,陈郁等译,上海三联书店/上海人民出版社 1995 年版。

〔美〕科依勒·贝格威尔、罗伯特·思泰格尔:《世界贸易体系经济学》,雷达、詹宏毅等译,中国人民大学出版社 2005 年版。

〔美〕詹姆斯·M. 布坎南:《自由、市场与国家——80 年代的政治经济学》,平新乔、莫扶民译,上海三联书店 1989 年版。

〔美〕西里尔·E. 布莱克编:《比较现代化》,杨豫、陈祖洲译,上海译文出版社 1996 年版。

〔美〕I. M. 戴斯勒:《美国贸易政治》,王恩冕、于少蔚译,中国市场出版社 2006 年版。

〔美〕戴维·德罗萨:《20 世纪 90 年代金融危机真相》,朱建峰、谢士强译,中信出版社 2008 年版。

〔美〕阿维纳什·K. 迪克西特:《经济政策的制定:交易成本政治学的视角》,刘元春译,中国人民大学出版社 2004 年版。

〔美〕杜维明:《新加坡的挑战》,高专诚译,三联书店 1989 年版。

〔美〕费正清:《剑桥中国晚清史(1800—1911)》上卷,中国社会科学出版社 1983 年版。

〔美〕费正清、赖肖尔:《中国:传统与变革》,陈仲丹等译,江苏人民出版社 1996 年版。

〔美〕托马斯·弗里德曼:《世界是平的:21 世纪简史》,何帆等译,湖南科学技术出版社 2006 年版。

〔美〕G. M 格罗斯曼、E. 赫尔普曼:《利益集团与贸易政策》,李增刚译,中国人民大学出版社 2005 年版。

〔美〕塞缪尔·亨廷顿等:《现代化:理论与历史经验的再探讨》,上海译文出版社 1993 年版。

〔美〕霍德与杨:《多国企业的经济学》,经济科学出版社 1994 年版。

〔美〕彼得·霍尔:《驾驭经济:英国与法国国家干预的政治学》,刘骥等译,江苏人民出版社 2008 年版。

〔美〕罗伯特·吉尔平:《全球资本主义的挑战》,杨宇光、杨炯译,上海人民出版社 2001 年版。

〔美〕罗伯特·吉尔平:《全球政治经济学:解读国际经济秩序》,杨宇光、杨炯译,上海人民出版社 2003 年版。

〔美〕罗伯特·吉尔平:《国际关系政治经济学》,杨宇光等译,上海世纪出版集团 2006 年版。

〔美〕罗伯特·吉尔平:《世界政治中的战争与变革》,宋新宁、杜建平译,上海人民出版社 2007 年版。

〔美〕罗伯特·基欧汉、约瑟夫·S. 奈:《权力与相互依赖》,门洪华译,北京大学出版社 2002 年版。

〔美〕罗伯特·基欧汉:《霸权之后:世界政治经济中的合作与纷争》,苏长和、信强、何曜译,上海人民出版社 2006 年版。

〔美〕罗伯特·杰维斯:《国际政治中的知觉和错觉》,秦亚青译,世界知识出版社 2003 年版。

〔美〕查尔斯·金德尔伯格:《1929—1939 年世界经济萧条》,宋承先等译,上海译文出版社 1986 年版。

〔美〕查尔斯·P. 金德尔伯格:《世界经济霸权 1500—1990》,高祖贵译,商务印书馆 2003 年版。

〔美〕约翰·F. 卡迪:《东南亚历史发展》,姚楠、马宁译,上海译文出版社 1988 年版。

〔美〕彼得·卡赞斯坦、罗伯特·基欧汉、斯蒂芬·克拉斯纳:《世界政治理论的探索与争鸣》,秦亚青等译,上海世纪出版集团 2006 年版。

〔美〕雅诺什·科尔奈:《社会科学各学科分离还是融合?》,《比较》第 27 期,中信出版社 2006 年 11 月版。

〔美〕保罗·克鲁格曼、瑞斯·奥伯斯法尔德:《国际经济学》(第五版),海闻等译,中国人民大学出版社 2002 年版。

〔美〕彼德·林德特、查尔斯·金德尔伯格:《国际经济学》,谢树森等译,上海译文出版社 1985 年版。

〔美〕杰里尔·A. 罗赛蒂:《美国对外政策的政治学》,周启朋、傅耀祖译,世界知识出版社 1996 年版。

〔美〕罗斯托:《经济成长的阶段:非共产党宣言》,商务印书馆 1962 年版。

〔美〕莉萨·马丁著,贝思·西蒙斯编:《国际制度》,黄仁伟、蔡鹏鸿等译,上海人民出版社 2006 年版。

〔美〕什杰拉尔德·迈耶、达德利·西尔斯编:《发展经济学的先驱》,谭崇台等译,经济科学出版社 1992 年版。

〔美〕海伦·米尔纳:"全球化与国际政治经济学的发展趋势",载于《国际政治研究》2006 年第 2 期。

〔美〕罗伯特·金·默顿:《十七世纪英格兰的科学、技术与社会》,范岱年等译,商务印书馆 2002 年版。

〔美〕汉斯·J. 摩根索:《国家间政治:权力斗争与和平》,徐昕等译,北京大学出版社 2006 年版。

〔美〕R. 麦克法夸尔、费正清编:《剑桥中华人民共和国史:革命的中国的兴起 1949—1965 年》,中国社会科学出版社 1990 年版。

〔美〕罗纳德·H. 奇尔科特:《比较政治学理论:新范式的探索》,社会科学文献出版社 1998 年版。

〔美〕H. 钱纳里、S. 鲁宾逊、M. 赛尔奎因:《工业化和经济增长的比较研究》,吴奇、王松宝等译,上海三联书店 1989 年版。

〔美〕德布拉吉·瑞:《发展经济学》,陶然译,北京大学出版社 2002 年版。

〔美〕肖夏娜·B. 坦塞:《拉丁美洲的经济民族主义》,涂光楠等译,商务印书馆 1980 年版。

〔美〕M. P. 托达罗:《第三世界的经济发展》上册,于同申等译,中国人民大学出版社 1988 年版。

〔美〕M. P. 托达罗:《第三世界的经济发展》下册,于同申等译,中国人民大学出版社 1991 年版。

〔美〕查尔斯·K. 威尔伯主编:《发达与不发达问题的政治经济学》,高铦译,中国社会科学出版社 1984 年版。

〔美〕查斯·沃尔夫:《市场或政府:权衡两种不完善的选择/兰德公司的一项研究》,谢旭译,中国发展出版社 1994 年版。

〔美〕伊曼纽尔·沃勒斯坦:《现代世界体系》(第一卷:16 世纪的资本主义农业与欧

洲世界经济体的起源》,尤来寅等译,高等教育出版社1998年版。

〔美〕伊曼纽尔·沃勒斯坦:《现代世界体系》(第二卷:重商主义与欧洲世界经济体的巩固1600—1750),吕丹等译,高等教育出版社1998年版。

〔美〕伊曼纽尔·沃勒斯坦:《现代世界体系》(第三卷:资本主义世界经济大扩张的第二个时代:18世纪30年代—19世纪40年代》,孙立田等译,高等教育出版社2000年版。

〔美〕沃(华)勒斯坦:《开放社会科学:重建社会科学报告书》,香港:牛津大学出版社1996年版。

〔美〕伊曼纽尔·沃勒斯坦:《所知世界的终结:21世纪的社会科学》,冯炳昆译,社会科学文献出版社2002年版。

〔美〕伊曼纽尔·沃勒斯坦:《沃勒斯坦精粹》,黄光耀、洪霞译,南京大学出版社2003年版。

〔美〕迈克尔·希斯考克斯:《国际贸易与政治冲突:贸易、联盟与要素流动程度》,于扬杰译,中国人民大学出版社2005年版。

〔美〕托马斯·谢林:《冲突的战略》,赵华等译,华夏出版社2006年版。

〔美〕沃尔特·亚当斯、詹姆斯·布罗克主编:《美国产业结构》,封建新等译,中国人民大学出版社2003年版。

〔苏〕A. 基尔萨诺夫:《美国与西欧:第二次世界大战以后的经济关系》,朱泱译,商务印书馆1978年版。

〔苏〕卢森贝:《政治经济学史》第一卷,李侠公译,三联书店1978年版。

北京大学哲学系外国哲学史教研室编译:《西方哲学原著选读》上册,商务印书馆1981年版。

邓之诚:《中华二千年史》卷三,中华书局1983年版。

樊勇明:《西方国际政治经济学》,上海人民出版社2001年版。

黄枝连:《亚洲的华夷秩序:中国与亚洲国家关系形态论》,中国人民大学出版社1992年版。

蒋廷黻:《中国近代史大纲》,东方出版社1996年版。

李滨:《朝核问题与朝鲜半岛建立安全规制的前景:基于说服型博弈的分析》,《世界经济与政治》2009年第7期。

李强:《自由主义》,中国社会科学出版社1999年版。

鲁友章:《重商主义》,商务印书馆1964年版。

鲁友章、李宗正主编:《经济学说史》上册,人民出版社1979年版。

秦亚青:《霸权体系与国际冲突——美国在国际武装冲突中的支持行为(1945—1988)》,上海人民出版社1999年版。

盛斌:《中国对外贸易政策的政治经济分析》,上海人民出版社/上海三联书店2002年版。

施锡铨:《博弈论》,上海财经大学出版社2000年版。

宋新宁、陈岳:《国际政治经济学概论》,中国人民大学出版社1999年版。
宋玉华:《开放的地区主义与亚太经合组织》,商务印书馆2001年版。
苏长和:《全球公共问题与国际合作:一种制度的分析》,上海人民出版社2000年版。
田野:《国际关系中的制度选择:一种交易成本的视角》,上海人民出版社2006年版。
王正毅:《国家利益是合法性相互制约的利益》,《中国社会科学季刊》(总第20期),1997年8月。
王正毅:《边缘地带发展论:世界体系与东南亚的发展》,上海人民出版社1997年版。
王正毅:《世界体系论与中国》,商务印书馆2000年版。
王正毅、张岩贵:《国际政治经济学:理论范式与现实经验研究》,商务印书馆2003年版。
王正毅:《亚洲区域化:从理性主义走向社会建构主义?》,《世界经济与政治》,2003年第5期。
王正毅:《争论中的国际政治经济学》,《世界经济与政治》2004年第5期。
王正毅:《世界体系与国家兴衰》,北京大学出版社2006年版。
王正毅、曲博:《汇率制度选择的政治经济分析:三种研究路径比较及其启示》,《吉林大学学报》2006年第3期。
王正毅、迈尔斯·卡勒、高木诚一郎主编:《亚洲区域合作的政治经济分析:制度建设、安全合作与经济增长》,上海人民出版社2007年版。
杨敬年编:《西方发展经济学文献选读》,南开大学出版社1995年版。
张维迎:《博弈论与信息经济学》,上海人民出版社1996年版。
张岩贵:《发展经济学精义》,中国经济出版社1998年版。
张宇燕、李增刚:《国际经济政治学》,上海人民出版社2008年版。
朱文莉:《国际政治经济学》,北京大学出版社2004年版。

英文文献:

Abu-Lughod, Janet L., *Before European Hegemony: The World System A. D. 1250-1350*, Oxford University Press, 1991.

Acharya, Amitav, "Ideas, identity, and institution-building: from the 'ASEAN Way' to the 'Asia-Pacific Way'?", *The Pacific Review*, Vol.10, No. 3,1997.

Acharya, Amitav, *Constructing a Security Community in Southeast Asia: ASEAN and the Problems of Regional Order*, London and New York: Routledge, 2000.

Acharya, Amitav, "How Ideas Spread: Whose Norms Matter? Norm Localization and Institutional Change in Asian Regionalism", *International Organization*, Vol. 58, No. 2, 2004.

Akamatsu, Kaname, "A Historical Pattern of Economic Growth in Developing Countries", *The Developing Economies*, No.1, Mar.-Aug., 1962.

Allan, Pierre and Christian Schmidt, eds., *Game Theory and International Relations: Pref-*

erences, *Information and Empirical Evidence*, Hants, Vermont: Edward Elgar, 1994.

Almond, Gabriel A. and James S. Coleman, *The Politics of Developing Areas*, Princeton University Press, 1960.

Amin, Samir, *Accumulation on a World Scale*, New York: Monthly Review Press, 1974.

Amsden, Alice H., *Asia's Next Giant: South Korea and Late Industrialization*, NY: Oxford University Press, 1989.

Andrews, David M., "Capital Mobility and State Autonomy: Toward a Structural Theory of International Monetary Relations", *International Studies Quarterly*, Vol. 38, No. 2, June 1994.

Antolik, Michael, *ASEAN and the Diplomacy of Accommodation*, Armonk, N. Y: M. E. Sharpe, 1990.

Appel, Hilary, *A New Capitalist Order: Privatization and Ideology in Russia and Eastern Europe*, University of Pittsburgh Press, 2004.

Apter, David A., *The Politics of Modernization*, Chicago, 1965.

Arrighi, Giovanni, "The rise of East Asia: World-systemic and regional aspects", *International Journal of Sociology and Social Policy*, Vol. 16, Issue 7/8, 1996.

Aumann, Robert J., "Agreeing to Disagree", *The Annals of Statistics*, Vol. 4, No. 6, 1976.

Baldwin, David A., ed., *Neorealism and Neoliberalism: The Contemporary Debate*, New York: Columbia University Press, 1993.

Barnett, Michael, *Dialogue in Arab Politics: Negotiations in Regional Order*, New York: Columbia University Press, 1998.

Bates, Robert H., "Comparative Politics and Rational Choice: A Review Essay", *American Political Science Review*, Vol. 91, No. 3, September 1997.

Baylis, John and Steve Smith, *The Globalization of World Politics*, Oxford University Press, 2001.

Bearce, David H., *Monetary Divergence: Domestic Policy Autonomy in the Post-Bretton Woods Era* (Michigan Studies in International Political Economy), University of Michigan Press, 2007.

Bergesen, Albert, ed., *Crisis in the World-System*, Beverly Hills: Sage, 1983.

Bergsten, C. Fred, Bates Gill, Nicholas R. Lardy and Derek Mitchell, *China: The Balance Sheet*, NY: Public Affairs, 2006.

Bernard, Michell and John Ravenhill, "Beyond Product Cycles and Flying Geese: Regionalization, Hierarchy, and the Industrialization of East Asia", *World Politics*, Vol. 47, No. 2, 1995.

Bernstein, Richard and Ross H. Munro, "The Coming Conflict with America", *Foreign Affairs*, March/April, 1997.

Betts, Richard K., *Conflict after the Cold War: Arguments on Causes of War and Peace*, Macmillan, 1994.

Beynon, John and David Dunkerley, eds., *Globalization: The Reader*, London: The Athlone Press, 2000.

Biersteker, Thomas J., "Evolving Perspectives on International Political Economy: Twentieth-Century Contexts and Discontinuities", *International Political Science Review*, Vol. 14, No. 1, 1993.

Boix, Carlos, "Partisan Government, International Economy and Macroeconomic Policies", *World Politics*, Vol. 53, No. 1, 2000.

Booth, Ken and Steve Smith, eds., *International Relations Theory Today*, Pennsylvania: The Pennsylvania State University Press, 1995.

Brecher, Michael and Frank P. Harvey, eds., *Millennial Reflections on International Studies*, University of Michigan Press, 2002.

Broz, J. Lawrence and Jeffry A. Frieden, "The Political Economy of International Monetary Relations", *Annual Review of Political Science*, 2001.

Buchholz, Todd G., *New Ideas from Dead Economists: An Introduction to Modern Economic Thought*, New York: Penguin Putnam Inc., 1999.

Burch, Kurt and Robert A. Denemark, eds., *Constituting International Political Economy*, Lynne Rienner Publishers, 1997.

Burke, Peter, ed., *Economy and Society in Early Modern Europe: Essays from Annales*, New York: Harper and Row, 1972.

Cameron, R., "The logistics of European economic growth: a note on historical periodization", *Journal of European Economic History*, Vol. 2, Spring 1973.

Caporaso, James A., ed., "Dependence and Dependency in the Global System", *International Organization*, Vol. 32, No. 1, Special issue, 1978.

Caporaso, J. A. and D. P. Levine, *Theories of Political Economy*, Cambridge University Press, 1992.

Caporaso, James A., "Across the Great Divide: Integrating Comparative and International Politics", *International Studies Quarterly*, Vol. 41, No. 4, December 1997.

Cardoso, Fernando Henrique and Enzo Falleto, *Dependency and Development in Latin America*, Berkeley: University of California Press, 1979.

Cavanaugh, John and Robin Broad, "No More NICs," *Foreign Policy*, Fall, 1988.

Caves, Richard E., *Multinational Enterprise and Economic Analysis*, Cambridge University Press, 1996.

Chandler, Albert D., Jr., *Scale and Scope: The Dynamics of Industrial Capitalism*, Cambridge: Harvard University Press, 1990.

Chase-Dunn, Christopher and Thomas D. Hall, *Core/Periphery Relations in Precapitalist Worlds*, Westview Press, 1991.

Chen, Edward and C. H. Kwan, *Asia's Borderless Economy*, St. Leonards, Allen and Unwin, 1997.

Chenery, H. B. and Syrquin M., *Patterns of Development, 1950-1973*, London: Oxford University Press, 1975.

Clapham, John H., *The Economic Development of France and Germany 1815-1914*, Cambridge: Cambridge University Press, 1936.

Clark, Barry, *Political Economy: A Comparative Approach*, Praeger Publishers, 1991.

Clark, William Roberts, Usha N. Reichert, Sandra L. Lomas and Kevin L. Parker, "International and Domestic Constraints on Political Business Cycles in OECD Economies", *International Organization*, Vol. 52, No. 1, Winter 1998.

Cohen, Benjamin J., *Organizing the World's Money: the Political Economy of International Monetary Relations*, New York: Basic Books, 1977.

Cohen, Benjamin J., *The Geography of Money*, Ithaca, NY: Cornell University Press, 1998.

Cohen, Warren I., *East Asia at the Center*, Columbia University Press, 2000.

Colchester, Nicholas and David Buchan, *Europower*, New York: Times Books, 1990.

Cooper, Richard, *The Economics of Interdependence: Economic Policy in the Atlantic Community*, New York: MaGraw-Hill, 1968.

Cooper, Richard, et al., *Can Nations Agree? Issues in International Economic Cooperation*, Washington: Brookings, 1989.

Craig, Murphy N. and Roger Toozo, eds., *The New International Political Economy*, Lynne Rienner Publishers, Boulder, 1991.

Crane, George and Abla Amawi, eds., *The Theoretical Evolution of International Political Economy: A Reader*, Oxford University Press, 1991.

Denemark, Robert A. and Robert O'Brien, "Contesting the Canon: International Political Economy at UK and US Universities", *Review of International Political Economy*, Vol. 4, No. 1, 1997.

Department of Defense, *East Asian Strategy Report 1998: The United States Security Strategy for the East Asia-Pacific Region*, Washington D. C. 1998.

Destler, I. M. and Randall Henning, *Dollar Politics: Exchange Rate Policy Making in the United States*, Washington: Institute for International Economics, 1989.

Deyo, Frederic C., ed., *The Political Economy of the New Asian Industrialism*, Ithaca: Cornell University Press, 1987.

Dietz, James L. and Dilmus D. James, eds., *Progress Toward Development in Latin Ameri-*

ca: *From Prebisch to Technological Autonomy*, Boulder: Lynne Rienner, 1991.

Dobson, Wendy, *Economic Policy Coordination: Requiem or Prologue?*, Washington: Institute for International Economics, 1991.

Doner, Richard F., Bryan K. Ritchie and Dan Slater, "Systemic Vulnerability and the Origins of Developmental States: Northeast and Southeast Asia in Comparative Perspective", *International Organization*, Vol. 59, No. 2, Spring 2005.

Economy, Elizabeth, *China Confronts the Challenge of Globalization: Implications for Domestic Cohesion and International Cooperation*, Rockefeller Brothers Fund, Inc., 1998.

Emerson, Michael, Daniel Gros and Alexander Italianer, *One Market, One Money: An Evaluation of the Political Benefits and Costs of Forming an Economic and Monetary Union*, Oxford University Press, 1992.

Fairbank, John, Edwin O. Reischauer and Albert M. Craig, *East Asia: Tradition and Transformation*, Boston: Houghton Mifflin Company, 1973.

Fatemi, Khosrow, ed., *The New World Order: Internationalism, Regionalism and the Multinational Corporations*, Elsevier Science Ltd., 2000.

Foreman-Peck, Jemes, *A History of the World Economy: International Economic Relations Since 1850*, Totowa: Barnes and Noble Books, 1983.

Fordham, Benjamin O. and Timothy J. McKeown, "Selection and Influence: Interest Groups and Congressional Voting on Trade Policy", *International Organization*, Vol. 57, No. 3, Summer 2003.

Frank, Andre Gunder, "A Theoretical Introduction to 5000 Years of World System History", *Review*, Vol. XIII, No. 2, Spring 1990.

Freeman, Christopher, ed., *Long Waves in the World Economy*, Butterworths, 1983.

Friedberg, Aaron, *The Weary Titan*, Princeton: Princeton University Press, 1988.

Frieden, Jeffry A., "Invested Interests: The Politics of National Economic Policies in a World of Global Finance", *International Organization*, Vol. 45, No. 4, Autumn 1991.

Frieden, Jeffry A. and David Lake, eds., *International Political Economy: Perspectives on Global Power and Wealth*, St. Martin's Press, 2000 (《国际政治经济学:审视全球权力与财富》,北京大学出版社 2003 年影印版).

Frieden, Jeffry, "Real Sources of European Currency Policy: Sectoral Interests and European Monetary Integration," *International Organization*, Vol. 56, No. 4, 2002, pp. 831−860.

Frieden, Jeffry A., *Global Capitalism: Its Fall and Rise in the Twentieth Century*, New York: W. W. Norton & Company Ltd., 2006.

Fukuyama, Francis. *The End of History and the Last Man*, London: Penguin Books, 1992.

Funabashi, Yoichi. *Managing the Dollar: From the Plaza to the Louvre*, Washington: Institute for International Economics, 1989.

Fusfeld, Daniel R. , *The Age of the Economist*, Harper Collins College Publishers, 1994.

Garnaut, Ross and Peter Drysdale, eds. , *Asia Pacific Regionalism*, Sydney, Harper, 1994.

Garrett, Geoffrey, "The Causes of Globalization", *Comparative Political Studies*, Vol. 33, No. 6/7, August/September 2000.

Gilpin, Robert, *U. S. Power and the Multinational Corporation: The Political Economy of Foreign Direct Investment*, New York: Basic Books, 1975.

Gilpin, Robert, *Political Economy of International Relations*, Princeton University Press, 1987.

Gilpin, Robert, *Global Political Economy: Understanding the International Economic Order*, Princeton University Press, 2001.

Goldstein, Judith, "Ideas, Institutions and American Trade Policy", *International Organization*, Vol. 42, No. 1, Winter 1988.

Gomes-Casseres, Benjamin and David B. Yoffie, eds. , *The International Political Economy of Direct Foreign Investment*, Volume II, Edward Elgar Publishing Limited, 1993.

Goodman, John B. , Debora Spar, and David B. Yoffie, "Foreign Direct Investment and the Demand for Protection in the United States," *International Organization*, Vol. 50, No. 4, Autumn 1996.

Gourevitch, Peter, "The Second Image Reversed: The International Sources of Domestic Politics", *International Organization*, Vol. 32, No. 4, 1978.

Gourevitch, Peter, *Politics in Hard Times: Comparative Responses to International Economic Crises*, Ithaca: Cornell University Press, 1986.

Gowa, Joanne, "Public Goods and Political Institutions: Trade and Monetary Policy Processes in the United States," *International Organization*, Vol. 42, No. 1, Winter 1988.

Grieco, Joseph M. , *Cooperation among Nations*, Ithaca: Cornell University Press, 1990.

Guzzini, Stefano. *Realism in International Relations and International Political Economy: the Continuing Story of a Death Foretold*, London: Routledge, 1998.

Haggard, Stephan. *Pathways from the Periphery: The Politics of Growth in the Newly Industrializing Countries*, Ithaca: Cornell University Press, 1990.

Hannan, Kate, *Industrial Change in China: Economic Restructuring and Conflicting Interests*, Routledge, 1998.

Harwit, Eric, *China's Automobile Industry: Policies, Problems, and Prospects*, M. E. Sharp, 1995.

Hasenclever, Andreas, Peter Mayer and Volker Ritterberger, *Theory of International Regimes*, Cambridge University Press, 1997.

Heibroner, R. L. , *The Nature and Logic of Capitalism*, W. W. Norton, NY, 1985.

Heilbroner, Robert and Lester Thurow, *Economics Explained*, New York: Touchstone, 1982.

Henderson, W. O., *The Industrial Revolution on the Continent: Germany, France, Russia 1800-1914*, London: Frank Cass, 1961.

Henning, C. Randall, "Systemic Conflict and Regional Monetary Integration: The Case of Europe", *International Organization*, Vol. 52, No. 3, 1998.

Hettne, Bjorn, ed., *International Political Economy: Understanding Global Disorder*, Fernwood Publishing, 1995.

Higgort, Richard and Richard Stubbs, "Competing conceptions of economic regionalism: APEC versus EAEC in the Asia Pacific", *Review of International Political Economy*, Vol. 2, No. 3, Summer 1995.

Hindmoor, Andrew, *Rational Choice*, Palgrave Macmillan, 2006.

Hiscox, Michael J., *International Trade and Political Conflict: Commerce, Coalitions and Mobility*, NJ: Princeton University Press, 2001.

Hiscox, Michael J., "Class Versus Industry Cleavages: Inter-industry Factor Mobility and the Politics of Trade", *International Organization*, Vol. 55, No. 1, Winter 2001.

Hobday, Michael, *Innovation in East Asia: The Challenge to Japan*, Edward Elgar, Cheltenham, 1995.

Hobsbawm, E. J., *Industry and Empire*, New York: Penguin, 1969.

Hobsbawm, E. J., *The Age of Capital, 1848-1875*, New York: Mentor, 1975.

Hogan, Michael J. and Thomas G. Paterson, *Explaining the History of American Foreign Relations*, Cambridge University Press, 1991.

Hopkins, Terence K., Immanuel Wallerstein and Associates, eds., *World-Systems Analysis: Theory and Methodology*, Sage Publications, 1982.

Hymer, Stephen Herbert, *The International Operations of National Firms: A Study of Direct Foreign Investment*, MA: MIT Press, 1976.

Hymer, Stephen Herbert, *The Multinational Corporation: A Radical Approach*, Cambridge University Press, 1979.

Ikenberry, G. John, David A. Lake, and Michael Mastanduno, "Introduction: Approaches to explaining American foreign economic policy", *International Organization*, Vol. 42, No. 1, Winter 1988.

Institute for National Strategic Studies, *Strategic Assessment 1995*, National Security University, Washington D. C., 1996.

International Monetary Fund, *Balance of Payments Manual*, fifth edition, Wahsington D. C., 1993.

International Political Economy Yearbook Volume 1: An International Political Economy, eds. by W. Ladd Hollist and F. LaMond Tullis, Westview Press, 1985.

International Political Economy Yearbook Volume 2: *A Changing International Division of Labour*, ed. by James A. Caporaso, Boulder: L. Rienner, 1987.

International Political Economy Yearbook Volume 3: *Pursuing Food Security*: *Strategies and Obstacles in Africa, Asia, Latin America, and the Middle East*, eds. by W. Ladd Hollist and F. LaMond Tullis, Lynne Rienner Publishers, 1987.

International Political Economy Yearbook Volume 4: *Markets, Politics, and Change in the Global political Economy*, eds. by William P. Avery and David P. Rapkin, Lynne Rienner Publishers, 1989.

International Political Economy Yearbook Volume 5: *World Leadership and Hegemony*, ed. by David P. Rapkin, 1990.

International Political Economy Yearbook Volume 6: *The New International Political Economy*, eds. by Craig N. Murphy and Roger Tooze, Lynne Rienner Publishers, Boulder, 1991.

International Political Economy Yearbook Volume 7: *World Agriculture and the GATT*, ed. by William P. Avery, Boulder: Lynne Rienner Publishers, 1992.

International Political Economy Yearbook Volume 8, *National Competitiveness in a Global Economy*, eds. by David P. Rapkin and William P. Avery, 1995.

International Political Economy Yearbook Volume 9: *Globalization*: *Critical Reflections*, ed. by James H. Mittelman, Lynne Rienner Publishers, 1997.

International Political Economy Yearbook Volume 10: *Constituting International Political Economy*, eds. by Kurt Burch and Robert A. Denemark, Lynne Rienner Publishers, 1997.

International Political Economy Yearbook Volume 11: *Racing to Regionlize*: *Democracy, Capitalism, and Regional political Economy*, eds. by Kenneth P. Thomas and Mary Ann Tetreault, Boulder: Lynne Rienner Publishers, 1999.

International Political Economy Yearbook Volume 12: *The International Political Economy of the Environment*: *Critical Perspectives*, ed. by Dimitris Stevis and Valerie Assetto, Boulder: Lynne Rienner Publishers, 2000.

Jackman, Robert, "Cross-National Statistical Research and the Study of the Comparative Politics", *American Journal of Political Science*, Vol. 29, No. 1, 1985.

Jacobsen, John Kurt, "Are All Politics Domestic? Perspectives on the Integration of Comparative Politics and International Relations Theories", *Comparative Politics*, Vol. 29, No. 1, October 1996.

Janos, Andrew C., *Politics and Paradigms*: *Changing Theories of Change in Social Science*, Stanford University Press, 1986.

Rhys Jenkins, *Transnational Corporations and Uneven Development*: *The Internationalization of Capital and the Third World*, New York: Methuen, 1987.

Jevis, Robert, "Cooperation under the Security Dilemma", *World Politics*, Vol. 1, No. 2, 1978.

Jones, R. J. Barry, *Conflict and Control in the World Economy: Contemporary Economic Realism and Neo-Mercantilism*, NJ: Humanities Press International, Inc., Atlantic Highlands, 1986.

Katzenstein, Peter J., "Introduction: Domestic and International Forces and Strategies of Foreign Economic Policy," *International Organization*, Vol. 31, No. 4, 1977, pp. 587-606.

Katzenstein, Peter, ed., *Between Power and Plenty: Foreign Economic Policies of Advanced Industrial States*, Madison: University of Wisconsin Press, 1978.

Katzenstein, Peter J., *Small States in World Markets: Industrial Policy in Europe*, Cornell University Press, 1985.

Katzenstein, Peter J. and Alexander Wendt eds., *The Culture of National Security: Norms and Identity in World Politics*, Columbia University Press, 1996.

Katzenstein, Peter J. and Takashi Shiraishi eds., *Network Power: Japan and Asia*, Cornell University Press, 1997.

Katzenstein, Peter J., "Regionalism and Asia", paper for CSGR 3rd Annual Conference "After the Global Crises: What Next for Regionalism?", University of Warwick, September 1999, pp. 16-18.

Kennedy, Paul. *The Rise and Fall of the Great Power*, New York: Random House, 1987.

Keohane, Robert O. and Joseph S. Nye, Jr., *Power and Interdependence: World Politics in Transition*, Brown and Company, 1977.

Keohane, Robert O., *After Hegemony: Cooperation and Discord in the World Political Economy*, Princeton University Press, 1984.

Keohane, Robert, *International Institutions and State Power: Essays in International Relations Theory*, Boulder: Westview Press, 1989.

Keohane, Robert and Helen Milner, eds., *Internationalization and Domestic Politics*, Cambridge: Cambridge University Press, 1996.

Kindlebeger, Charles, *The World in Depression, 1929-1939*, London: The Penguin Press, 1973.

Kindleberger, Charles P. and Bruce Herrick, *Economic Development*, McGraw-Hill Book Company, New York, 1977.

Kindleberger, Charles P., "Group Behavior and International Trade", *The Journal of Political Economy*, Vol. 59, No. 1, 1951.

Kindleberger, Charles, "Dominance and leadership in the international economy", *International Studies Quarterly*, Vol. 25, 1981.

King, Gary, Robert Keohane and Sydney Verba, *Designing Social Inquiry: Scientific Quali-*

tative Research, Princeton University Press, 1994.

Kitschelt, Herbert, "Industrial Governance Structures, Innovation Strategies, and the Case of Japan: Sectoral or Cross-national Comparative Analysis?" *International Organization*, Vol. 45, No. 4, Autumn 1991.

Kondo, Shigekatsu, ed., *East Asian Strategic Review: 2001*, The National Institute for Defense Studies, Japan, 2001.

Kondratieff, Nikolai, *The Long Wave Cycle*, Richardson and Snyder, 1984.

Krasner, Stephen, *Defending the National Interest: Raw Materials Investments and U. S. Foreign Policy*, Princeton University Press, 1978.

Krasner, Stephen D., ed., *International Regimes*, Cornell University Press, 1983.

Krugman, Paul, "The Myth of Asia's Miracle", *Foreign Affairs*, Nov/Dec., 1994.

Lairson, Thomas D. and David Skidmore, *International Political Economy: The Struggle for Power and Wealth*, Holt, Rinehart and Winston, Inc., 1993.

Lake, David A. and Robert Powell, eds., *Strategic Choice and International Relations*, Princeton, N. J. : Princeton University Press, 1999.

Lampton, David M., et al., *The Emergence of "Greater China": Implications for the United States*, New York: National Committee on United-China Relations, 1992.

Lane, Timothy "The Asian Financial Crisis: What Have We Learned?", *Finance and Development*, Vol. 36, No. 3, September 1999.

Lapper, Richard, "*Dressed for Designer Deals*", South, March, 1990.

Lash, Scott and John Urry, *The End of Organized Capitalism*, Gerrards Cross: Polity Press, 1987.

Leifer, Michael, *ASEAN and the Security of South-East Asia*, London: Routledge, 1989.

Lever-Tracy, Constance, David Ip and Noel Tracy, *The Chinese Diaspora and Mainland China: An Emerging Economic Synergy*, S. T. Martin's Press INC. , 1996.

Lewis, W. Arthur, "Economic Development with Unlimited Suppliers of labor", *The Manchester School of Economic and Social Studies*, Vol. 22, 1954.

Leifer, Michael, *ASEAN and the Security of South-East Asia*, London: Routledge, 1989.

Levy, Jack S., "Domestic Sources of Alliances and Alignments: The Case of Egypt, 1962−73", *International Organization*, Vol. 45, No. 3, Summer 1991.

Levy, Jack S., "Prospect Theory, Rational Choice, and International Relations", *International Studies Quarterly*, Vol. 41, No. 1, March 1997.

Levy, Marion J. Jr., *The Structure of Society*, Princeton N. J., 1952.

Levy, Marion J. Jr., *Modernization and the Structure of Society*, Princeton, N. J., 1966.

Lipset, Seymour M., *Political Man*, Garden City, NY, 1960.

Lohmann, Susan and Sharyn O'Halloran, "Divided Government and US Trade Policy", International Organization, Vol. 48, No. 4, 1994.

Lu, Ding and Zhimin Tang, *State Intervention and Business in China: The Role of Preferential Policies*, Edward Elgar Publishing Limited, 1997.

Lynn-Jones, Sean M. and Steven E. Miller, eds., *The Cold War and After: Prospects for Peace*, The MIT Press, 1994.

Lynton, Robin, *Introducing Political Science: Themes and Concepts in Studying Politics*, Longman, 1985.

Mahler, Vincent, *Dependency Approaches to International Political Economy: A Cross-National Study*, New York: Columbia University Press, 1980.

Maier, Charles, *Recasting Bourgeois Europe*, Princeton: Princeton University Press, 1974.

Mansfield, Edward D. and Eric Reinhardt, "Multilateral Determinants of Regionalism: The Effects of GATT/WTO on the Formation of Preferential Trading Arrangements", *International Organization*, Vol. 57, No. 4, 2003.

Mansfield, Edward D. and Helen V. Milner, eds., *The Political Economy of Regionalism*, Columbia University Press, 1997.

Mansfield, Edward D., Helen V. Milner and B. Peter Rosendorff, "Why Democracies Cooperate More: Electoral Control and International Trade Agreements", *International Organization*, Vol. 56, No. 3, 2002.

Mansfield, Edward D. and Marc L. Busch, "The Political Economy of Nontariff Barriers: A Cross-National Analysis", *International Organization*, Vol. 49, No. 4, Autumn 1995.

Martin, Staniland. *What is Political Economy? a Study of Social Theory and Underdevelopment*, Yale University Press, 1985.

Martin, Will and L. A. Winters, eds., *The Uruguay Round and the Developing Countries*, Cambridge University Press, 1996.

Marvel, Howard P. and Edward J. Ray, "The Kennedy Round: Evidence on the Regulation of International Trade in the United States", *The American Economic Review*, Vol. 73, No. 1, Mar., 1983.

Mavor, ,James, *An Economic History of Russia*, 2 vols, second edition, London, 1925.

Mearsheimer, John J., "The False Promise of International Institutions", *International Security*, Vol. 19, No. 3, 1994/1995, pp. 5-49.

Mesqutia, Bruce Bueno de, "Domestic Politics and International Relations", *International Studies Quarterly*, Vol. 46, No. 1, March 2002, pp. 1-9.

Milner, Helen V., *Resisting Protectionism: Global Industries and the Politics of International Trade*, Princeton: Princeton University Press, 1988.

Milner, Helen V., "Rationalizing Politics: The Emerging Synthesis of International, American, and Comparative Politics", International Organization, Vol. 52, No. 4, Autumn 1998, pp. 759-786.

Milner, Helen, *Interest, Institutions, and Information: Domestic Politics and International Relations*, Princeton, N, J.: Princeton University Press, 1997.

Milward, Alan and S. B. Saul, *The Economic Development of Continental Europe 1780-1870*, London: Allen and Unwin, 1979.

Mittelman, James H., *The Globalization Syndrome: Transformation and Resistance*, Princeton University Press, 2000.

Mittelman, James H., "Rethinking 'Regionalism' in the globalization context", *Global Governance*, Vol. 2, 1996.

Modelski, George, ed., *Transnational Corporations and World Order: Readings in International Political Economy*, San Francisco: W. H. Freeman & Co., 1979.

Modelski, George, *Long Cycles in World Politics*, University of Washington Press, 1987.

Modelski, George, ed., *Exploring Long Cycles*, Boulder: Lynne Rienner Publishers, 1987.

Modelski, George and William R. Thompson, *Seapower in Global Politics 1494-1993*, Seattle: University of Washington Press, 1988.

Moore, Thomas G., *China in the World Market: Chinese Industry and International Sources of Reform in the Post-Mao Era*, Cambridge University Press, 2002.

Moran, Theodore, "*Multinational Corporations and Dependency: A Dialogue for Dependentistas and Non-Dependentistas*", *International Organization*, Vol. 32, No. 1, Winter 1978.

Moravcsik, Andrew, "Taking Preferences Seriously: A Liberal Theory of International Politics", *International Organization*, Vol. 51, No. 4, 1997.

Morgenthau, Hans J. *Politics Among Nations: The Struggle for Power and Peace*, NY: Alfred A. Knopf, 1948.

Morse, Edward L., *Modernization and the Transformation of International Relations*, New York: Free Press, 1976.

Munoz, Heraldo, ed., *From Dependency to Development: Strategies to Overcome Underdevelopment and Inequality*, Boulder: Westview Press, 1981.

Nesadurai, Helen E. S., ed., *Globalization and Economic Security in East Asia: Governance and Institutions*, London: Routledge, 2006.

Neumann, Iver B. and Ole Wæver, eds., *The Future of International Relations: Masters in the Making*, London: Routledge, 1997.

Nye, Joseph S. Jr., *Understanding International Conflict: An introduction to theory and history*, Longman, 1997.

O'Brien, Robert and Marc Williams, *Global Political Economy: Evolution and Dynamics*, Palgrave Macmillan, 2007.

Ohmae, Kenichi, *The End of the Nation State: The Rise of Regional Economies*, New York: The Free Press, 1995.

Ohlin, B., et al., eds., *The International Allocation of Economic Activity*, London: Holmes & Meier Publishers, 1977.

Olds, Kris, Peter Dicken, Philip F. Kelly, Lily Kong and Henry Wai-chung Yeung, eds., *Globalization and the Asia-Pacific*, London: Rouledge, 1999.

Paarlberg, Robert, "Agricultural Policy Reform and the Uruguay Round: Synergistic Linkage in a Two-Level Game?" *International Organization*, Vol. 51, No. 3, 1997.

Parsons, Talcott, *The Social System*, New York: The Free Press, 1964.

Pastor, Manuel and Carol Wise, "The Origins and Sustainability of Mexico's Free Trade Policy", *International Organization*, Vol. 48, No. 3, Summer 1994.

Pearson, Frederic S. and Simon Payaslian, *International Political Economy: Conflict and Cooperation in the Global System*, The Mcgraw-Hill Companies, 1999.

Peng, Dajin, "Invisible Linkages: A Regional Perspective of East Asian Political Economy", *International Studies Quarterly*, Vol. 46, No. 3, 2002.

Petracca, Mark P., "The Rational Choice Approach to Politics: A Challenge to Democratic Theory", *The Review of Politics*, Vol. 53, No. 2, Spring 1991.

Pinder, John, *European Community*, Oxford: Oxford University Press, 1991.

Polanyi, Karl, *The Great Transformation: the political and economic origins of our time*, Rinehart and Company, Inc., 1957.

Pollard, Sidney, *Peaceful Conquest: The Industrialization of Europe, 1760-1970*, Oxford: Oxford University Press, 1982.

Pool, John C. and Steve Stamos, *The ABCs of International Finance*, Lexington: Lexington Books, 1987.

Portes, Alajandro, "On the Sociology of National Development: Theories and Issues", *American Journal of Sociology*, July 1976.

Porter, Michael E., *The Competitive Advantages of Nations*, The Free Press, 1990.

Prebisch, Paul, *The Economic Development of Latin America and Its Principle Problems*, NY: United Nations Department of Economic Affairs, 1950.

Puchala, Donald J. & Raymond F. Hopkins, "International Regimes: Lessons from Inductive Analysis", *International Organization*, Vol. 36, No. 2, Spring 1982.

Putnam, Robert and Nicholas Bayne, *Hanging Together: Cooperation and Conflict in the Seven Power Summits*, Cambridge: Harvard University Press, 1987.

Putnam, Robert D., "Diplomacy and Domestic Politics: The Logic of Two-Level Games", *International Organization*, Vol. 42, No. 3, 1988.

Quisumbing, Purificacion V. and Benjamin B. Domingo, eds., *EEC and ASEAN: Two Regional Community Experiences, Manila: The Foreign Service Institute and University of the Philippines Law Center, 1983.

Ranis, G. and J. Fei, "A Theory of Economic Development", *American Economic Review*, Vol. 51, No. 4, 1961.

Ravenhill, John, ed., *Global Political Economy* (2nd edition), Oxford University Press, 2008.

Rengger, N. J., *International Relations, Political Theory and the Problem of Order: Beyond International Relations Theory?*, London: Rouledge, 2000.

Risse-Kappen, Thomas, "Democratic Peace-Warlike Democracies?: A Social Constructivist Interpretation of the Liberal Argument", *European Journal of International Relations*, Vol. 1, No. 4, 1995.

Rittberger, Volker, ed., *International Regimes in East-West Politics*, London: Print Publishers Ltd., 1990.

Robock, S. H. and K. Simmonds, ed., *International Business and Multinational Enterprises*, Homewood: Richard D. Irwin, 1977.

Rogowski, Ronald, "Political Cleavages and Changing Exposure to Trade", *American Political Science Review*, Vol. 81, No. 4, December 1987.

Rogowski, Ronald, "Trade and the Variety of Democratic Institutions", *International Organization*, Vol. 41, No. 2, 1987.

Rogowski, Ronald, *Commerce and Coalitions: How Trade Affects Domestic Political Alignments*, Princeton: Princeton University Press, 1989.

Rosenberg, Emily S., *Spreading the American Dream: American Economic and Cultural Expansion 1890-1945*, Hill and Wang, 1982.

Roubini, Nouriel and Jeffrey Sachs, "Political and Economic Determinants of Budget Deficits in the Industrial Democracies", *European Economic Review*, Vol. 33, No. 5, 1989.

Rozman, Gilbert, *The East Asian Region: Confucian Heritage and its Modern Adaptation*, Princeton University Press, 1991.

Rueschemeyer, Evans P. D. and T. Skocpol, eds., *Bringing the State Back In*, Cambridge University Press, 1985.

Ruggie, John Gerard, "International Responses to Technology: Concepts and Trends", *International Organization*, Vol. 29, No. 3, 1975.

Ruigrok, Winfried and Rob van Tulder, *The Logic of International Reconstructuring*, London: Routledge, 1996.

Saich, Tony, *Governance and Politics of China*, New York: Palgrave, 2001.

Sally, Razeen, *Classical liberalism and International Economic Order: Studies in theory and intellectual history*, New York: Routledge, 1998.

Schattschneider, E. E. , *Politics, Pressures and the Tariff: A Study of Free Private Enterprise in Pressure Politics, as Shown in the 1929-1933 Revision of the Tariff*, Englewood Cliffs, N. J. : Prentice-Hall, 1935.

Schott, Jeffrey, ed. , *Free Trade Areas and U. S. Trade Policy*, Washington: Institute for International Economics, 1989.

Schumpeter, Joseph A. , *Capitalism, Socialism and Democracy*, Harper & Brothers, 1950.

Schwartz, Herman M. . *States versus Markets: History, Geography, and the Development of the International Political Economy*, St. Martin's Press, 1994.

Selden, Mark, *The Political Economy of Chinese Development*, M. E. Sharp, 1993.

Shannon, Thomas Richard, *An Introduction to the World-System Perspective*, Westview Press, 1996.

Singh, Inderjit, "China: Industrial Policies for an Economy in Transition", *World Bank Discussion Papers*, Washington, D. C, 1992.

Skocpol, Theda, *States and Social Revolutions*, New York: Cambridge University Press, 1979.

Skocpol, Theda, ed. , *Bringing the State Back In*, Cambridge University Press, 1985.

Smith, Tony, "The Underdevelopment of the Development Literature: The Case of Dependency Theory", *World Politics*, Vol. 31, No. 2, January, 1979 pp. 247-288.

Spero, J. E. , *The Politics of International Economic Relations*, New York: St Martin's Press, 1997.

Strange, Susan, "The Dollar Crisis 1971", *International Affairs*, Vol. 48, No. 2, April 1972, pp. 191-216.

Strange, Susan, *State and Market: An Introduction to the International Political Economy*, Pinter Publishers Limited, 1988.

Stewart, Terence P. , ed. , *The GATT Uruguay Round: A Negotiating History (1986-1994)*, MA: Kluwer Law International, 1999.

Stubbs, Richard and Geoffrey R. D. Underhill, eds. , *Political Economy and the Changing Global Order*, New York: St. Martin's Press, 1994.

Shirk, Susan L. , *The Political Logic of Economic Reform in China*, University of California Press, 1993.

Shirk, Susan L. , *How China Opened Its Door: The Political Success of the PRC's Foreign Trade and Investment Reforms*, Washington, D. C. : The Brookings Institution, 1994.

The WTO Secretariat, *From GATT to the WTO: The Multilateral Trading System in the New Millennium*, Kluwer Law International, 2000.

Thompson, William R. , ed. , *Great Power Rivalries*, University of South Carolina Press, 1999.

Thompson, W., ed., *Contending Approaches to World-System Analysis*, Beverly Hills, CA: Sage, 1983.

Thurow, Lester, *Dangerous Currents: The State of Economics*, New York: Random House, 1983.

UNCTC: *World Investment Report 1989: Transnational Corporations in World Development: Trends and Prospects*, New York and Geneva: United Nations, 1989.

UNCTAD, *World Investment Report 2003: FDI Policies for Development: National and International Perspectives*, New York and Geneva: United Nations, 2003.

UNCTAD, *World Investment Report: Transnational Corporations and the Internationalization of R&D*, New York and Geneva: United Nations, 2005.

UNCTAD, *World Investment Report 2006: FDI from Developing and Transition Economies: Implications for Development*, New York and Geneva: United Nations, 2006.

UNCTAD, *World Investment Report 2007: Transnational Corporations, Extractive Industries and Development*, New York and Geneva: United Nations, 2007.

UNCTAD, *World Investment Report 2008: Transnational Corporations and the Infrastructure Challenge*, New York and Geneva: United Nations, 2008.

UNCTAD, *World Investment Report 2009: Transnational Corporations, Agricultural Production and Development*, New York and Geneva: United Nations, 2009.

Vasquez, John A., *The Power of Power Politics: From Classical Realism to Neotraditionalism*, Cambridge University Press, 1998.

Veblen, Thorstein, *Imperial Germany and the industrial revolution*, New York, The Macmillan Company; London, Macmillan & Co., Ltd., 1915.

Vernon, Raymond, "International Investment and International Trade in the Product Cycle", *Quarterly Journal of Economics*, Vol. 80, No. 2, May, 1966.

Vernon, Raymond, *Sovereignty at Bay: The Multinational Spread of U. S. Enterprises*, New York: Basic Books, 1971.

Vernon, Raymond, *Storm Over the Multinationals: The Real Issues*, London: Macmillan, 1977.

Viotti, Paul R. and Mark V. Kauppi, *International Relations Theory: Realism, Pluralism, Globalism, and Beyond* (3rd Edition), Allyn and Bacon, 1999.

Vogel, Ezra F., *The Four Little Dragons: The Spread of Industrialization in East Asia*, Harvard University Press, 1991.

Wade, Robert, *Governing the Market: Economic Theory and the Role of Government in East Asian Industrialization*, NJ: Princeton University Press, 1990.

Wade, Robert, "Japan, the World Bank, and the Art of Paradigm Maintenance", *New Left Review*, Issue 217, 1996.

Wallerstein, Immanuel, *The Modern World-System I: Capitalist Agriculture and the Origins of the European World-Economy in the Sixteenth Century*, New York: Academic Press, 1974.

Wallerstein, Immanuel, *The Modern World-System II: Mercantilism and the Consolidation of the European World-Economy, 1600-1750*, New York: Academic Press, 1980.

Wallerstein, Immanuel, *The Modern World-System III: The Second Era of Great Expansion of the Capitalist World-Economy, 1730-1840*, San Diego: Academic Press, 1988.

Wallerstein, Immanuel, "The Three Instances of Hegemony in the History of the Capitalist World-Economy", *International Journal of Comparative Sociology*, Vol. 24, No. 1-2, 1983.

Wallerstein, Immanuel, *Historical Capitalism*, London: Verso, 1983.

Wallerstein, Immanuel, *The Politics of the World-Economy: the States, the Movements and the Civilizations*, Cambridge University Press, 1984.

Wallerstein, Immanuel, "Long Waves as Capitalist Process", *Review*, Vol. 7, No. 4, 1984.

Wallerstein, Immanuel, *The Capitalist World-Economy*, Cambridge University Press, 1989.

Wallerstein, Immanuel, *Unthinking Social Science: The Limits of Nineteenth-Century Paradigms*, Polity Press, 1991.

Wallerstein, Immanuel, *Report on an Intellectual Project: The Fernand Braudel Center, 1976-1991*, Fernand Braudel Center, SUNY, Binghamton, 1991.

Wallerstein, Immanuel, *Geopolitics and Geoculture: Essays on the changing world-system*, Cambridge University Press, 1991.

Wallerstein, Immanuel, "The World-System After the Cold War", *Journal of Peace Research*, Vol. 30, No. 1, 1993.

Wallerstein, Immanuel, *After Liberalism*, The New Press, New York, 1995.

Waltz, Kenneth N., *Theory of International Politics*, Reading, MA: Addison-Wesley, 1979.

Wang Gungwu and John Wong, eds., *China's Political Economy*, Singapore University Press, 1998.

Wang Zhengyi, "Inherit or transfer: a dilemma in reconstructing Chinese social reality", *Review*, Vol. 3/4, No. XXI, 1998.

Wang Zhengyi, "Conceptualizing Economic Security and Governance: China Confronts Globalization", *The Pacific Review*, Vol. 17, No. 4, 2004.

Wang Zhengyi, "Contending East Asian Regional Identity: Marked-led, Instyities or Social Reconstruction", *East Asian Review*, Volume 13, 2010.

Weingast, Barry R. and Donald Wittman, eds., *The Oxford Handbook of Political Economy*, New York: Oxford University Press, 2006.

Wendt, Alexander, "Anarchy Is What States Make of It: The Social Construction of Power

Politics," *International Organization*, Vol. 46, No. 2, Spring 1992.

Winham, Gilbert R., *The Evolution of International Trade Agreement*, University of Toronto Press, 1992.

World Bank, *World Development Report 1991: The Challenge of Development*, Washington, D. C.: World Bank, 1991.

World Bank, *The East Asian Miracle: Economic Growth and Public Policy*, NY: Oxford University Press, 1993.

World Bank, *World Development Report 1993: Investment in Health*, Washington, D. C.: World Bank, 1993.

World Bank, *World Development Report 1996: From Plan to Market:*, NY: Oxford University Press, 1996.

World Bank, *World Development Report 1997: The State in a Changing World*, Washington, D. C.: World Bank, 1997.

Yabuki, Susumu, *China's New Political Economy: The Giant Awakes*, Westview Press, 1995.

Zahariadis, Nikolaos, ed., *Contending Perspectives in International Political Economy*, Harcourt Brace & Company, 1999 (北京大学出版社 2004 年影印版).

Zhu Wenli, "International Political Economy: A Chinese Angle", *Journal of Contemporary China*, Vol. 10, No. 26, 2001.

Zweig, David, *Internationalizing China: Domestic Interests and Global Linkages*, Ithaca: Cornell University Press, 2002.

相关网站：

http://www.aseansec.org

http://www.eu.org

http://www.gatt.org

http://www.imf.org

http://www.naftaworks.org

http://www.worldbank.org

http://www.wto.org

http://www.cigionline.org

http://www.adb.org

http://www.policyreview.org

索 引

A

大卫·阿普特尔（David E. Apter） 197，198

加布里埃尔·阿尔蒙德（Gabriel A. Almond） 197—199，217

阿米塔·阿查亚（Amitav Acharya） 269，468，471—472

萨米尔·阿明（Samir Amin） 203，207，208，210—212，233

乔范尼·阿瑞盖（Giovanni Arrighi） 233

曼库尔·奥尔森（Mancur Olson） 282，366

B

八国集团（Group of Eight, G-8） 271

霸权（hegemony） 5—7，9，13，14，16，19，26，34，35，38，41，43，45，70，72，92，107，125，129，130，132—135，137—158，160，176，182—184，189，193—195，201，205，206，217，218，232，234，238，243—245，250—252，254，257，262—266，286，295，296，308—311，316，318—320，322，325，326，329，332—334，338，347，353，371，406，470，481，483

霸权稳定论（hegemonic stability theory） 9，13，14，107，129，130，132，137—141，145，147，148，153—158，238，250，251，254，265，308，310，311，316，320

霸权周期（hegemonic cycles） 138，148—151，182，244，251

白鲁恂（Lucian W. Pye） 218

莱因哈特·本迪克斯（Reinhard Bendix） 218

半边缘区（semiperiphery） 235—238，243

保护主义（protectionism） 42，68，69，116，117，159—161，163，174，183，223，278，281，286，334，336，345，361，372，377，378，383—385，387，389，394，402，426，462，492

保守主义（conservatism） 44—45

保证型博弈（assurance game） 293，294，

297

北大西洋公约组织（North Atlantic Treaty Organization, NATO） 201,218,282

北美自由贸易协定（North American Free Trade Agreement, NAFTA） 469

比较研究分析方法（comparative analyses） 175

比较优势（comparative advantage） 46,89,90,139,172,274,358,359,396—399

边缘国家（peripheral state） 169,232,242,243,245,401

边缘化（peripheralization） 234,237,238,243,247

卡尔·波拉尼（Karl Polanyi） 13,219,221—225

迈克尔·波特（Michael Porter） 352,396,398—400

阿尔伯特·伯格森（Albert Bergesen） 260

博弈论（game theory） 13,21,24,269,287—289,296—299

不等价交换（unequal exchange） 7,18,46,105,190,206—207,236

布雷顿森林体系（Bretton Woods System） 7,18,46,105,190,206,207,236,237,240,243,274,395

费尔南·布罗代尔（Fernand Braudel） 33,216,226—229,232,250,257

C

财富（wealth） 2,11,23,29,33,34,37—39,43,44,51,57—62,64,65,67,68,73—83,87,95,101,145,150,151,165,170,172,173,206,221,236,244,250,272,305,308,317,328,353,356,359,361,369,370,371,397,399,418,431—433,449,450,464,488,505

克里斯托弗·蔡斯—邓恩（Christopher Chase-Dunn） 13,234,251,258

产品周期理论（product cycle theory） 396—398,404

长时段（long term） 225—229,238

出口导向战略（export oriented strategy） 212,344

垂直型跨国公司（vertical TNCs） 394

D

大爆炸模式（the big bang） 454,455,457,458

大国关系分析法（great power relations approach）

大国关系（great power relations） 468,470

大国协调（concert of powers） 473,476,477,486

大前研一（Kenichi Ohmae） 469

大萧条（the Great Depression） 175,183,202,321,372,452

大宗产品贸易（staple trade） 53,54,258

大中华圈论（Greater China） 473,474

单独决策（individual decision-making） 287

邓宁（John H. Dunning） 396—398

地理扩张（geographic expansion） 51—53,235,238

地缘政治（geopolitics） 114,233,248,254,418,459

帝国主义（imperialism） 44,99—103,112,113,143,166,201,204,205,217,241,243,247,400

地区主义（regionalism） 18,193,386,467,468,470,480

地区贸易协定（regional trade agreements） 356,385—388

东南亚国家联盟（Association of Southeast Asian Nations, ASEAN） 201,218,469,477,478

东道国（host country） 167—170,279,380,395,405,406,409,410,413,414,416,420,424—434

索　引

东京回合(Tokyo Round)　286,375—378,381,384,386

东盟方式(ASEAN way)　18,26,473,477—479,481,484,486

东盟自由贸易区(AFTA)　339,358,420—422,478,483,486

东亚奇迹(the East Asian miracle)　343,447—449

对外经济政策(foreign economic policy)　7,11,17—18,158,160,162,163,175—182,184,186—190,192,264,265,273—276,278,279,306,315,325,326,362,363,403,413,414,429,434,435,449,461,470

对外贸易政策(foreign trade policy)　276,277,355—358,361,363—369,377,384

多边贸易谈判(multilateral trade negotiations, MTNs)　135,375,379,423

《多边投资协定》(Multilateral Agreement on Investment, MAI)　415—417

《多种纤维协定》(Multi Fibers Agreement, MFA)　378—380

多国公司(multinational corporations)　122,127,163,164,182,207,392,397

多哈回合(Doha round)　386

多种经营型跨国公司(conglomerate TNCs)　394

特奥托尼奥·多斯桑托斯(Theotonio Dos Santos)　8,203,204,446

E

二元经济结构(dual economic structure)　447

二元社会结构(dual social structure)　206,209

F

发达国家(developed countries)　7,14,20,35,67,68,101,105,115,116,164—166,168,169,175,177,180,181,190,196,201,202,204,206—209,212—214,217,218,250,284,286,293,310,319,324,341,345,359,361,376,379—383,385,386,388,389,399,402,408—410,426,429,431,432,435,440,442,444,446,447,455,459,484,500

发展中国家(developing countries)　7,14,35,38,68,103,115,116,159,165,166,168,169,195,196,199,201—204,206,207,209,212—214,217—219,274,284,286,287,316,340—342,345,354,359,361,376,378—383,385,386,388,389,404,406,408,410,412,417,426,429,431—433,435,437,439—443,445—447,450,452,481,488,489,502

反倾销(anti-dumping)　375—377,384,385

反体系运动(anti-system movement)　105,234,241,247—249

范式(paradigms)　1,2,6—14,21,23,45,67,91,94,104,105,186—188,190,204,209,233,248,262,263,269,301,358—361,363,405,467,468,472,481,483,485

非关税壁垒(non-tariff barriers, NTBs)　284,286,360,375—378,384,398,421

米尔顿·弗里德曼(Milton Friedman)　320,344

分而治之(divide and rule)　113,494

安德烈·冈德·弗兰克(Andre Gunder Frank)　203,233

杰弗里·弗里登(Jeffry A. Frieden)　23,313,314

浮动汇率(floating exchange rates)　6,40,115,116,136,305,307,311—313,315—317,327,341,346,350,351

弗朗西斯·福山(Francis Fukuyama)　255,256

《服务贸易总协定》(General Agreement on

· 533 ·

Trade in Service, GATS) 382—385

服务业（service industry） 344,368,376, 378,380—384,386,399,404,410,412, 427,433,443,445,486,502,505

复合相互依存（complex interdependence） 6,119,121—123,126,127

G

工业化（industrialization） 7,14,18,34, 39,68,87,94,116,125,133,135,159, 163,166,169,171—173,176,179,180, 196,198,201,209,210,212,215,240, 264,316,317,324,341,347,360,377, 379,381,388,402,411,418,432,437, 438,445,447,448,452,473,484,488, 490,500

公共利益（public interest） 145—147, 178,179,357,365,367

公共物品（public goods） 93,280—283, 285,291,295,296,304,309,414

公共选择方法（public choice analysis） 282

公有地悲剧（tragedy of the commons） 281

共同利益困境（Dilemma of common interest） 280—282

共同农业政策（common agriculture policy） 35,193,332,339,378,379

共同市场（common markets） 125,161, 168,182,334—336,340,390,420

共同失利困境（Dilemma of common aversion） 280—282,292

共同知识（common knowledge） 269,288, 289,299

购买力平价（purchasing power parity, PPP） 440

古典马克思主义（Classic Marxism） 29, 32,94—96,103,104,107,190,195,216, 233,360,361

古典重商主义（Classic Mercantilism） 29, 32,51,52,58,61,67,68,70,73,74,76, 107,158,161,190,360

古典自由主义（Classic Liberalism） 29, 32,70,72,73,76,84,91,92,107,109, 190,207,236,359

固定汇率（fixed exchange rates） 6,40, 115,133—136,146,160,161,305,307, 309—317,321—323,326—329,331, 341,347,350—352

彼得·古雷维奇（Peter Gourevitch） 275, 277

《谷物法》（the Corn Law） 86—87,171, 182,183,277,371

关税（tariff） 42,60,66,67,87,95,125, 133,134,143,146,147,160,161,182, 183,193,275,277,283,284,286,321, 322,332,356,358—361,366—387,390, 398,409,419—422,452,453,496

关税保护（tariff protection） 60,66,67, 367,379,452

关税壁垒（tariff barrier） 134,284,286, 360,368,375—378,384,398,421

关税及贸易总协定（General Agreement of Tariffs and Trade, GATT） 42,133,134, 143,146,147,160,161,284,286,321, 322,358,370,373—375,377—379,382, 383,385

关税同盟（customs unions） 95,193,332, 359,376

官僚政治（bureaucratic politics） 7,175—177,180,192,264,275

规范（norms） 18,20,41,104,113,123, 268,269,272,279,283,285,298,356, 357,362—364,370,384,439,442,453—456,459,465,469,475,476

规范性政治经济学（Normative political economy） 453,454

国际复兴与开发银行（the International Bank for Reconstruction and Development）

国际关系（international relations） 1—7，9，11，13，15—17，19—23，25，27，38，61，67，68，91，92，99，104，107，109—111，113，116，117，122，127—129，131，133，134，137，139，142，144，146，147，150，151，154，155，157，158，161—164，171，180，189—191，250，251，254—257，262—265，267，268，270，271，274，282，284，285，287，289—292，294，296，298，299，306，307，311，316—318，321，322，325，326，370，378，395，405，431，467，468，470，471，475，479—481，484

国际工业生产周期（international industrial product cycle） 491，495，497

国际合作（international cooperation） 19，23，48，154—156，266，280，282，285，287，289，290，309，323，363，422，467，488

国际货币基金组织（International Monetary Fund, IMF） 8，36，42，133，134，136，143，147，271，285，297，309，321—323，325—327，339，342—353，382，394，439，455，460—462，469，484，486

国际货币体系（international monetary system） 6，40，134，136，147，151，171，175，303，305—307，309—311，316—320，325—327，329—332，338，340，341，347，348，352

国际机制（international regimes） 8，38，109，110，123—130，142，148，155，156，160，162，190，191，264—266，279，283—285，287，297，298，309，322，357，358，370，375，393—395，406，414—416，418，441，461，468

国际金融体系（international financial system） 323，350

国际经济关系（international economic relations） 8，14，89，92，127，145，154，158，167，171

国际竞争力（international competitiveness） 339，344，398，400

国际力量（international force） 7，16，17，20，23，162，175—177，181，182，325，326，396，411，460，488—491，496，497，499—501

国际贸易（international trade） 5，14，21，22，24，38，53，55，66，91，118，133—135，138，145，162，171，175，182，206，207，276—278，301，303，307，309，310，312，313，323，325，326，338，355，356，358—362，365，369—375，381，382，385，387，388，395，396，398，415，416，420，445，470，488

国际贸易组织（International Trade Organization, ITO） 373，374

国际清算银行（Bank for International Settlements） 343

国际体系（international system） 5，6，8，20，21，24，26，29，42，67—69，92，103，107，109，111，114，115，123—126，130，132，137—139，141—148，150，151，153—156，163，171—173，175，176，181，189—192，195，206，209，214，215，224，225，238，250，254，255，259，262—265，268，273，278—283，285—287，291，296，299，301，308，309，327，358，361，395，396，404，443，445，447，469—471，474

国际投资协定（international investment agreements, IIAs） 416，422

国际政治经济学（International Political Economy） 1—5，9，11—15，22—25，67，91，92，104，105，107，116，117，127，132，137，139，154，155，157，158，161，163，175，184，190，192，195，213，216，234，250，251，262—270，272—274，276—279，282，283，287，290—292，294，296，301，303，305，306，308，310，311，314，316，318，319，328，350，352，353，355，357—359，362，367，369，370，378，387，

393,395,403,405,406,415,423—426,
437,440,441,459,461,462,467,468,
472,483—485,488

国际制度（international institution） 8,14,
17,19,41,123,124,126,130,131,133,
265,266,268,270,279,282,283,287,
290,294,296—298,353,370,374,415,
460—462,469,470

国际制度主义（international institutionalism） 130

国际组织学派（"International Organization" school） 270—272

国家（state） 2—11,13—20,22—27,29,
31—48,51,52,54—57,59—69,72—74,
76—79,81—83,86,87,89—92,95,96,
99—101,103—105,107,109—118,
120—123,125—148,150—222,225,
229,231,232,234—238,241—252,254,
255,258—260,263—268,270—287,
289,291—299,301,303—351,353—
363,366,368—374,376—406,408—
426,429,431—435,437—466,468,
485,488—493,495—503,506

国家机器（state machine） 51—52,55—
57,146,210,235—236,243—244,249

国家经济学（national economy） 61,63,66

国家利益（national interest） 6,17,24,
56,63,67,123,129,130,138,146,148,
158,161—163,166—169,184—189,
191—195,271,275,281,297,333,334,
336,342,391,395,402,403,413,426,
429,470,471

国家权力分析法（state-power analysis） 10,163

国家体系（state system） 38,43,45,55,
111,112,140,148,150,152—154,232,
234,241—245,247,251,254,258,259,
370,471

国家主义理论（Statist theory） 9,69,107,

129,130,158,161,162,190—194,274,
400,403,413,470

国内政治结构（domestic political structure）
7,11,43,175,177,180,181,275,363,
368,406,426

H

斯蒂芬·海尔波特·海默（Stephen Herbert Hymer） 401—403

海外华人商业网络（overseas Chinese business network） 418,495—499,505

亚历山大·汉密尔顿（Alexander Hamilton） 58,68,360

行业联盟（coalition of industries） 276—279,356

合资（joint ventures） 409,412,493,496,498,504

核心国家（core state） 45,151,169,171—175,232,235,243,401

赫克歇尔—俄林模型（Heckscher-Ohlin model, H-O model） 359

乔治·威廉·弗里德里希·黑格尔（George Wilhelm Friedrich Hegel） 95,96,178

华沙条约组织（the Warsaw Pact） 201,218

华盛顿共识（Washington Consensus） 449,450,455—457

汇率政治三难（trilemma of exchange rate politics） 305,308,327

汇率政策（exchange rate policy） 17,303,305,306,312—317,328,337,352,450,486

托马斯·霍布斯（Thomas Hobbes） 96,109,110,263

特伦斯·霍普金斯（Terence K. Hopkins） 225,230,232,233,284

J

机械化（mechanization） 41,241,410

机制（regime） 8,13,17,18,38,41,42,
 56,57,78,80,81,92,109,110,123—
 130,134—137,140,142,148,154—156,
 159—162,176,180,190—192,195,209,
 210,222,236,237,244,250,264—266,
 271,279,282—287,291,292,295—298,
 308—310,317,318,321,322,324,330,
 331,340—342,347,348,350,352—355,
 357,358,363,366,370,373—378,384—
 386,391,393—395,406,414—416,418,
 424,433,441,443,449,451,458—461,
 468,469,480,482,486,487
机制功能理论（functional theory of regimes）
 129,130
罗伯特·基欧汉（Robert O. Keohane） 6,
 8,10,11,13,16,19,117—121,123—
 125,127—131,135,137—139,155,156,
 191—193,263—266,268,269,273,286,
 310,312
罗伯特·吉尔平（Robert Gilpin） 2,3,10,
 11,13,14,16,22,38,68,92,99,103,
 104,116,130,132—139,142—148,150,
 151,153—155,157,159,161—163,
 167—174,190,191,193,194,250,264,
 274,306,307,317,318,321,322,326,
 327,330,332,336,337,339,340,343,
 344,350,370,378,403,411,418,448,
 450,462
激进学派（Radical Approach） 396,400—
 403,406
集体认同（collective identity） 471,476
集体行动（collective action） 4,282,291,
 295,298,314,366
技术进步（technology progress） 40,41,
 150,164,225
技术转让（technological transfer） 398,409
约翰·肯尼斯·加尔布雷思（John Kenneth
 Galbraith） 179
监督功能（surveillance） 286,347,348

间接投资（indirect investment） 393,394,
 413
渐进主义模式（gradualism） 454,455,
 457,458
结构变动模型（structural change model）
 445
结构调整（structural adjustment） 335,
 438,450,451
结构主义（structuralism） 13,171,189,
 190,204,257,358,361,458
阶级联盟（class coalition） 276—279,
 356,363
金本位制（gold standard） 39,40,42,43,
 221,310,317—321,331,372
查尔斯·金德尔伯格（Charles Kindleberger） 6,7,10,34,137,141,142,145,250,
 264,309,319,320,327,332,333,371
金汇兑本位（gold exchange standard） 324
金融—工业依附（financial-industrial dependence） 205
金融危机（financial crisis） 35,285,309,
 324,327,339—354,407,410,417,421,
 436,447—450,473,485,486,492
进程主导模式（process-driven approach）
 473,474,476
进口替代战略（import substitution strategy）
 212,381
经常项目（current account） 318,321,345
经济发展（economic development） 14,18,
 34,42,56,58,67,92,104,105,168,209,
 214,219,224,267,280,291,294,361,
 374,386,437,438,440,441—443,445,
 447—451,459,473,491,497,501
经济合作与发展组织（Organization for Economic Cooperation and Development,
 OECD） 335,415,416
经济民族主义（economic nationalism）
 69,133,158,161,163,183,309,321,322,
 345,360,486

·537·

经济学（economics） 1—17,19,21—26,
33,38,39,51,57—59,61—68,70,72—
74,76,78,82,84,86,88—92,95,96,99,
104,105,107,109,116—118,124,127,
128,132—134,137,139,141,142,146,
147,154,155,157,158,160—163,175,
179,184,190—192,195,196,199,200,
202,203,207,212—218,222,224,225,
230,232,234,250,251,262—274,276—
279,281—283,287,289—294,296,301,
303—311,314,316—322,324,326—
328,337,344—346,350—353,355—
359,362—371,376—379,387,393—
397,400,401,403,405,406,411,413,
415,418,423—426,430,431,437—445,
448—450,452—462,465—470,472,
483—485,488,494

经济增长（economic growth） 36,38,40,
87,92,115,133,135—137,151,159—
161,165,166,169,172,173,199,201,
212,230,304,306,310,321,323,332,
336,337,341—343,345,359,380,387,
393,409,415,416,429,431,435,438—
442,445,448,449,451,458,468,474,
475,485,489—491,493—500,502

经济滞胀（economic stagflation） 116,160,
330,341

经济周期（economic cycle） 105,142,152,
218,225,230—232,239,251,252,320

经济主义（economism） 207,251

竞争战略（competitive strategies） 398,400

绝对利益（absolute advantage） 82,90,
91,121,236,359

K

爱德华·卡尔（Edward H. Carr） 84,111,
219,233

费尔南多·卡多佐（Fernando H. Cardoso）
13,203,204

彼得·卡赞斯坦（Peter Katzenstein） 7,
10,11,13,15,128,162,163,175—183,
190—193,263—265,267—269,273,
274,333,472

理查德·凯维斯（Richard E. Caves） 413

尼古拉·康德拉季耶夫（Nikolai Kondra-
tieff） 225,227,230—232,238—240,
244,251

康德拉季耶夫周期（Kondratieff cycle）
230,232,238—240,251

斯蒂芬·克拉斯纳（Stephen Krasner） 8,
10,13,14,128,130,137,138,162,163,
184,186,188—193,263—265,267—
269,273,274,284

保罗·克鲁格曼（Paul Krugman） 39,
303,306—307,317—319,328—329,
337,351,352,365,377,379,449

肯尼迪回合（Kennedy Round） 160,182,
375—377

理查德·库珀（Richard Cooper） 10,116,
117,264,281

跨国公司（transnational corporations,TNCs）
8,38,117,120,122,156,157,160,161,
163—170,173,174,176,190,204—206,
234,237,263,264,279,312,313,324,
326,380,392—398,400—415,417—
420,422,424—432,434,435,444,447,
468,469,470,503—506

L

大卫·莱克（David Lake） 3,5,23,196—
198,201

兰博博弈（Rambo game） 295

劳动分工（division of labor） 73,76—78,
84,173,176,234,236,238,241,243,249,
251,260,359,371,402,403,410,422

冷战（Cold War） 15,19,25,35,37,111,
115,117,130,160,185,192,196,202,
218,255—257,262,263,268,273,295,

296,330,437,467,474,476,477,479,
482,486,488
大卫·李嘉图(David Ricardo) 70,73,
74,84,86—91,96,121,207,277,359
弗里德里希·李斯特(Friedrich List) 26,
58,61—67,360
理论范式(theoretical paradigm) 6,7,10,
10—13,15,23,186,188,190,233,301,
359—361,405,467,472,481,485
理性主义(rationalism) 9,22,220,262,
263,267—269,272,282,467,468,472,
481
历史社会科学(historical social science)
8,9,272
历史时段(historical term) 29,32,38,46,
226
历史体系(historical system) 29,36,140,
216,229,230,232,241,248—250,254
历史资本主义(historical capitalism) 233,
243,244,254
西摩·利普塞特(Seymour M. Lipset)
198
离岸经济(offshoring economies) 38,48,
50,410,427
理性选择(rational choice) 13,21,22,
156,193,272,279,281—283,287,298,
406
理性主义(rationalism) 9,22,220,262,
263,267—269,272,282,467,468,472,
481
利益(interest) 2,4,6—8,16—22,24,40,
54,56,57,61—63,65—68,77,81,82,
86,87,89—93,95,96,99,107,110,118,
121—124,128—131,138,142,145—
148,151,153,156,158,161—163,166—
169,174,177—189,191—195,206—
208,220,221,225,236,242,258,263,
264,267—272,275—277,279—282,
286,289—297,306,309—316,325,326,
333—336,338,341,342,351,352,357—
361,363—369,376,378,379,381,386,
387,391,395,402,403,405,406,413,
414,416—418,423,424,426,429,435,
436,447,452,454,457,458,460,470,
471,475,476,480
利益集团(interest group) 17,22,156,
177,179—181,187,189,191,192,264,
276,277,306,311,312,314—316,325,
351,352,357,363—369,387,405,406,
414,417,423,426,435,436,454,458,
460,471
两部门模式(dual-sector model) 443
猎鹿博弈(Stag Hunt) 293,297
弗拉基米尔·伊里奇·列宁(Vladimir Ilich Lenin) 96,97,99—104,213,246,
256,400
马里恩·列维(Marion J. Levy Jr.) 197,
288
W. 阿瑟·刘易斯(W. Arthur Lewis) 250,
443,444,445
罗纳德·罗戈夫斯基(Ronald Rogowski)
276,277
沃尔特·惠特曼·罗斯托(Walt Whitman
Rostow) 199,217,230,232,442

M

莉萨·马丁(Lisa Martin) 3,4,10,11,16,
270,283,287,290,294,296—298,415
卡尔·马克思(Karl Marx) 84,233
马克思主义(Marxism) 10,13,29,32,
44—46,73,94—96,99,103—105,107,
138,140,146,162,165—168,170—172,
175,176,179—181,186—191,195,204,
213—215,233,250—251,256,257,259,
265,273,274,361,395—396,400,401,
404,406,425,446
《马斯特里赫特条约》(Maastricht Treaty)
329—331,337

马歇尔计划(Marshall plan) 146,322,334,376,443

贸易保护(trade protection) 42,69,116,117,159—161,183,274,286,345,360,366,368,370—372,377,378,380,381,383—385,435,462

贸易平衡(balance of trade) 58,60

贸易与环境委员会(Trade and Environment Committee) 388,389

贸易政策(trade policy) 17,155,160,212,222,276,277,297,312,314,355—358,361—374,376,377,382,384,389

托马斯·孟(Thomas Mun) 58—60

海伦·米尔纳(Helen Milner) 3,4,6,16,17,19,363

免费搭车(free riding) 145,147,280,281,285,291,295—297,358,366,370,374

民族国家(nation state) 8,14,16,18,29,33,38,42,43,104,111,116,150,151,154,163—168,171,187,190,193,195,200,201,211,220,259,275,282,285,370,392,393,396,400—403,405,406,413,425,462,469,470,476

民族经济(national economy) 63,68,116,164

民主的合作主义(Democratic corporatism) 329,333

巴林顿·摩尔(Barrington Moore) 178,179,218

汉斯·摩根索(Hans J. Morgenthau) 6,13,110—115,120,121,263,265

乔治·莫德尔斯基(George Modelski) 137,148,252—254,258

爱德华·莫尔斯(Edward L. Morse) 117

母国(home country) 168,279,395,399,400,405,406,409,410,413,414,424—429,432

N

纳什均衡(Nash equilibrium) 289—293,295,364,365,368

约瑟夫·奈(Joseph S. Nye, Jr.) 117—121,123,125,127,131,156,310,312

尼克松冲击(Nixon shock) 6,326,327

O

欧共体(European Community, EC) 159,161,329,331,375,379,346

欧盟(European Union, EU) 17,159,268,293,297,328,330,331,336—340,362,379,381,383,390,391,461,469,470,478

欧元(euro) 294,327—329,331,336—340,461,469

欧洲货币体系(European monetary system, EMS) 137,161,294,329—332,341

欧洲经济共同体(European Economic Community, EEC) 116,161,201,218,329,330,334—336,377

欧洲一体化(European integration) 14,161,193,263,329—333,337,467,469,470,484

P

塔尔科特·帕森斯(Talcott Parsons) 196,197,199,217

配额(quota) 461

葡萄牙(Portugal) 33,34,36,52,58,60,90,91,148,149,235,341,370,372

唐纳德·普查拉(Donald J. Puchala) 284

劳尔·普雷维什(Paul Prebisch) 8,26,202—204,212,219,224,225

Q

帕累托最优(Pareto optimality) 282,289,290,292,293,295

霍利斯·钱纳里(H. B. Chenery) 438, 443,445
倾销(dumping) 375—377,384,385
《济贫法案》(Poor Law) 223
囚徒困境(Prisoner's dilemma) 281,290, 291,295—297
趋同论(Convergence school) 489,491
圈地运动(Enclosure) 72,88,223
全球贸易机制(global trade regime) 355
全球贸易自由化(global trade liberalization) 386—388,423,441,486
全球化(globalization) 5,13,15—19,24, 39,107,129,192,194,258,262,263, 265,267,273,280,312,387,399,405, 406,409,410,413,417,418,423,426— 428,431,437,438,440,441,458,479, 481,484,489,498,501
全球经济(global economy) 29,37,43, 139,166,193,194,323,334,338,354, 394,410,411,423,426,427,440,441, 460—462,480,484
全球性金融危机(global financial crisis) 340,344,345,407
全球治理(global governance) 19
权力(power) 2,6—8,10,11,14,23,26, 29,55,56,60,95,110—115,117—130, 137,138,143—145,153,154,156,158, 159,162,163,165,170—172,175,183, 184,187,188,190—192,197,205,211, 221,233,242,247,253,255,263,264, 266—268,272,298,304,305,308—312, 316,328,333,346,353,357,361,368— 371,381,383,384,387,395,402—404, 406,413,416,425,426,446,447,449, 454,457,462,466,469,470,475,476, 488,491—493,497,500
权力下放(decentralization of authority) 491—493,497
劝说博弈(suasion game) 295

R

融入(incorporation) 4,8,27,36,43,48, 49,130,164,165,215,234,237,238,241, 245—247,255,283,351,420,427,453, 460,461,469,495,497,501

S

沙特施奈德(E. E. Schattschneider) 275, 356
商品化(commodification) 240,241
商品链(commodity chain) 234,238
商业资本(commercial capital) 43,51, 54,55,57,206,210,240,259
奢侈品贸易(luxury trade) 53,258
社会化(socialization) 17,98,99,223, 267—269,271,468,417,475—476
社会建构主义(social constructivism) 19, 263,267,268,467,468,471,472
社会自我保护(self-protection of society) 223
社会主义市场经济(Socialist market economy) 35,437,441,490—492,494,498— 501
剩余价值(surplus value) 97,98,105, 205,206,208,211,237,247,401
简·施奈德(Jane Schneider) 258,259, 275,356
石油输出国组织(Organization of Petroleum Exporting Countries, OPEC) 8,115, 169,210,218,263,341,404
石油危机(oil crisis) 7,134,136,157, 160,161,176,330,341
《史边咸法案》(Speenhamland Law) 223
世界经济(world economy) 3,6—9,18, 23—26,29,31—46,49,51—53,57,99, 103,125,132—139,141—143,145,146, 148,154,159—161,164—172,176,183, 191—193,209,215—217,221,225,

230—239,241—248,250,251,254,255,
258—260,263,268,273,274,279,296,
301,303,309,310,312,319—324,326,
327,329—334,336,337,339,340,343—
345,347,348,350,362,369,371—374,
380,393,401—404,406,407,410,411,
413,414,416,425,440,467,469,470,
477,484,486,488,495,497,498,501

世界贸易组织(World Trade Organization,
WTO) 25,36,42,48,271,286,297,
358,370,373,376,381—385,387,388,
415,423,462,469,473,474,484,486,501

世界市场(world market) 5—7,11,14,
16,37,85,96,98,116,146,151,162,
163,165,168,173,182,206,236,244,
245,250,301,314,333,334,360,361,
379,380,393,401,402,424,468,490,500

世界体系(world system) 7,8,10,13,15,
18,26,27,29,31—36,38,40—44,51—
53,104,105,107,140,148,151—155,
159,162,176,191,195,196,202,203,
207,209,211,213,214,216—218,225,
229—230,232—261,265,273,304,333,
361,401,402,437,474,476,478,479,
484,499

世界体系论（world system theory） 7,8,
14,18,31,32,44,45,105,107,152,154,
155,162,191,196,213,214,216—218,
225,229,230,232—241,243,245,247—
252,254—261,265,401,402,479,484

世界银行(World Bank) 8,133,271,287,
297,321,322,340,343,353,382,415,
439,440,448—452,455,460,461,469,
484,493

事前政治约束(ex ante political constraints)
454

事后政治约束(ex post political constraints)
454

实验说（Experimentalism school） 489,
490,491,499

实证性政治经济学(positive political econo-
my) 453,454

市场社会(market society) 224

市场准入(market access) 378,379,393,
416

势力均衡（balance of power） 42,115,
116,123,243,308,319,331,333,338,
404,473,476,477

实证分析(positive analysis) 26,301,445

水平型跨国公司(horizontal TNCs) 394

收支平衡(balance of payments) 116,306,
323,325,326,332

德达·斯格波(Theda Skocpol) 258,259,
274

《斯姆特—霍利关税法案》(Smoot-Hawley
Tariff Act) 277,357,368,372,373,

亚当·斯密(Adam Smith) 57,61,63,64,
70,73—81,83,84,86,87,89,92,96,
207,224,359,371

苏珊·斯特兰奇(Susan Strange) 2,6,7,
10,22,116,270,304,319,321,322,359,
360—362,392,403

四小龙（four little dragons） 35,159,448,
472,473,497

双边投资协定(bilateral investment treaties,
BITs) 416,422—424

T

特别提款权（Special Drawing Rights,
SDRs) 35,134,135,325,326,346

特长周期(logistics) 151,152,238—240,
251

特里芬难题(Triffin dilemma) 324,325

特惠/自由贸易协定(preferential/free trade
agreements,PTAs/FTAs) 386,387,486

查里斯·蒂利(Charles Tilly) 258

贴牌生产(original equipment manufactur-
ers,OEM) 409

统治联盟(ruling coalitions) 7,177,180,181

W

雅各布·维纳(Jacob Viner) 359

外包(outsourcing) 38,41,48—50,399,410,427,428,504,505

外部性(externalities) 278,316,358,363,370,371

外国直接投资(foreign direct investment, FDI) 394,407,409,410,412,415—422,430,431,434,460,489,495,496,501—506

外围社会(peripherral society) 210,211

马克斯·韦伯(Max Weber) 274

威权政治(authoritarian politics) 439

约翰·威廉姆森(John Williamson) 455

雷蒙德·维农(Raymond Vernon) 8,14,154,264,396,397,403,413,469

伊曼纽尔·沃勒斯坦(Immanuel Wallerstein) 10,32,51,52,140,217,218,233,234,251,254,257

乌拉圭回合(Uruguay Round) 286,375—386,388

无政府状态(anarchy) 3,188,255,263—266,286,470

X

迈克尔·希斯考克斯(Michael J. Hiscox) 276—278,356,369,512

现代化理论(Modernization theory) 196,197,199—203,213,217,218,225,234

效用(utility) 121,123,124,271,272,283,289,290,298,315

现实主义(realism) 8,9,13—16,22,107,109—112,114,117,119—122,124,128—131,143,158,162,175,176,189—192,195,250,255,262—268,273,274,279,283,284,287,311,358,360,404,468,470,471

相对收益(comparative advantage) 266

相互依存(interdependence) 6,8,9,14,91,107,109,110,114—132,142,160,162,164—166,171,172,191,195,197,204,241,255,263—266,280,287,288,306,312,395,402,446,469

相互依存的决策(interdependent decision making) 287,288

协作博弈(collaboration game) 290,293

协调博弈(coordination game) 292,293,295

新古典经济学(neoclassical economics) 5,21,22,107,202,282,405,411,448,452

新现实主义(Neo-realism) 128—131,190,255,263,265—268,279,283,287,311,468,470

新兴工业化地区(Newly Industrializing economies, NIEs) 18

新兴工业化国家(Newly Industrializing Countries, NICs) 14,159,166,347,377,381,418,432,437,447,448,472,473,488,500

新依附(new dependence) 204—206

新政治经济学(New Political Economy) 9,21,280,355,359,360,392

新殖民依附(Neocolonial dependence) 443,444

新自由主义(Neo-liberalism) 127,128,212,261,263—266,277,280,281,284,309,444,454,465

性别大战(Battle of the Sexes) 289,294

行为体(actors/players) 3,4,16—18,20,21,117—122,125,155,189,190,261,262,265—267,269—273,276,279,280,283—287,289—293,296,310,312,313,355,359,374,378,384,392,408—410,423,451,468,472,473

休克疗法(shock therapy) 452,460,496

约瑟夫·熊彼特(Joseph A. Schumpeter) 73,218—225,230,232

Y

亚太经合组织(Asia-Pacific Economic Cooperation, APEC) 337,355,466,479

亚洲金融危机(Asian financial crisis) 325,338,340,341,344,345,349,351,407,414,444,446,447,469,481,483,488

要素流动(factor mobility) 271,274—277,326,353,366,432

雁型发展模式(the flying geese paradigm) 470,493,495

依附(dependence) 7—9,13,14,18,26,55,103,104,106,161,163—169,171,173,189,191,194,195,201—208,210—217,223,263,357,397—400,421,423,438,439,442—444,481,530,533,534

依附理论(dependence theory) 7,8,10,14,15,18,26,104,105,107,164,165,168,169,195,197,199,201—207,209,211—217,224,265,361,400,401,425,442,446,447,484

依附性发展(dependent development) 212,214,215

意识形态(ideology) 9,10,29,33,37,44—46,56,90,93,103,114,141,144,145,155,185,186,192,245—247,254,263,269,296,397,456—458

以国家为中心(state-centric approach) 126,178,186,189,190,271—274,276,400

以行业间要素流动为中心(inter-industry factor mobility) 273,276,278,279,435

以邻为壑(beggar-thy-neighbor) 39,41,279,306,345,355,367—369,373

以社会为中心(society-centric approach) 271,273,274,276,309

以体系为中心(system-centric approach) 189,190,271,276

英国学派(British school) 13,267—270

幼稚工业(infant industry) 167,333,375,428

预算赤字(budget deficit) 339,347

《与贸易相关的知识产权协定》(Agreement on Trade-Related Aspects of Intellectual Property Rights, TRIPs) 379,380

《与贸易相关的投资协定》(Trade-Related Investment Measures, TRIMs) 412

远距离贸易(long distance trade) 31,52,53,221,234

Z

债务危机(debt crisis) 338,351,447

战略(strategy) 6,13,21,23,26,33,46,120—123,129,158,159,161,165,172—176,178,179,182,186,199,210,211,216,246,257,261,266,267,269,272,277,284,286—294,330,331,341,351,358,374,378,388,389,391,393,395—397,402,408,409,417,423,427—431,438,444—446,448,452,455,462—464,467,478,479,484,485,487,499,500

战略贸易(Strategic trade) 274,361,377,405

战争(war) 29,33,34,36,38,39,41—43,52,62,66,85,86,103,109,110,112—114,121,127,133—137,142—148,150—152,181,183,184,220—222,230,234,239,250,251,254,256,257,261,306,314,319,369,370,468,470,471

折中理论(the eclectic paradigm) 393—395

争端解决机制(dispute settlement understanding) 283,351,373,381,382,421

证券投资(portfolio investment) 324,394,413,425

政策偏好(policy preference) 22,271,

277,301,304,311—313,327,353

政策网络（policy network） 7,121,176,179,180

政府干预（government intervention） 313,319,447

政府偏好（government preference） 359,360,362,366

政治经济学（political economy） 1—17,19,21—26,33,38,51,57—59,61,63,65—69,71—73,75,81—83,85—91,94,95,98,103,104,106,108,115,126,131—133,136,138,141,144,146,153,156,157,160—162,174,183,188,189,191,194,211,213—215,232,248,249,260—272,274—277,279—281,284,287,288,290,291,293,299,301,303—306,308,309,312,314—317,319,320,324—326,348—350,352,354,355,358—360,362,364—367,373—375,383,390—392,400—403,408,412,415,420—423,434,436—438,445,447,449—453,456,458,459,464,465,467,469,480,481,484,513

政治联盟（political alliance） 121,142,274,275,280,311,327,329—331,352—354,402,420,422,426,427

政治团体（political group） 179

政治学（politics） 1,2,4,5,8—10,17,19,23,24,26,113,115,116,127,136,175,186,195—197,199,203,208,216,248,250,259,261,262,272,275,280,301—303,306,313,315,352—354,390,392,403,410,427,428,435,436,450,456

资本主义（capitalism） 5,7,9,18,24—26,29,31—38,41—46,51—53,55—57,71,85,93,95—104,114,119,131—137,139,145,147,151,157,158,160,164,165,168,170,175,178,179,185,189,192—194,201—203,205—220,222—225,227—250,252—254,256—259,299,301,303,316,319,321,322,328—330,334—338,341,348,368,397—399,411,434,438,443,444,460,461,471,476,477,481,483,486,488,496

资本主义世界经济（capitalist world economy） 7

殖民性依附（colonial dependence） 205

中国崛起（rise of China） 472

中心—外围（core-periphery） 202,205,206,223,224

重商主义（mercantilism） 29,32,33,35,38,43,46,51,52,55—61,66—69,71—76,78,81—83,93,103,106,139,157,160,161,163,165,166,168,169,187,189,191,221,243,314,315,356—358,367,368,423

主权（sovereignty） 8,14,18,37,43,44,110,112,115,117,154,163—169,175,189,191,192,194,240,245,302,304,310,329,330,377,390,393,401—403,410,421,423,428—430,434,443,449,461,466,487,489,501

主权财富基金（Sovereign Wealth Funds, SWFs） 431—433

主权困境（sovereignty at bay） 8,14,164,165,167,168,170,396,413,426,469

主权让渡（sovereignty transfer） 193

铸币利差（Seigniorage） 327,336

转型经济（transition economies） 436,450,456,489

转型国家（transition state） 25,35,403,405,423,426,428,434,436,437,450—452,455—458,486,491,496

资源/资本寻求型直接投资（resource/capital-seeking FDI）

自我调节（self regulation） 76,77,80,220—224,315,316

自我调节的市场（self-regulation market）

78,81,221—225

自由贸易(free trade) 17,34,38,41,62,64,66,67,81,82,85,90,94,141,146,150,154,159,165,170,172,192,222,272,275,276,281,288,319,337,340,355—358,361,363,365—370,382—384,386,387,413,415,417—419,432,449,458,466,470,474,475,479,482,483,527,528,533

自由制度主义(Neo-institutionalism) 8,14,16,19,127,261,263,265,266,277,284,295,309,459

自由主义(liberalism) 8,9,13,14,29,32,35,44—46,61—63,65,68,69,71—73,75,77,81,83,85,86,88,90—93,95,103,106,108,117,126,127,129,139,160,161,163,165—170,172,174—176,178,179,182,184—186,188—190,194,202,206,212,220—223,232,235,243,248,253—255,260,261,263,265,271,272,281,309,319,333,355—358,368,392,393,397,399—402,421,438,449,457,458,465,467,468,476

制度(institution) 3—5,8,13,14,16—20,22—25,29,35,36,38,39,41,42,44—46,55,60,63—67,80,81,84,85,87,90,93,95,97,99,106,112,122—125,127,129—132,135,136,141,145,150,154,155,178,179,188,191,196,199,206,211,216,218—222,225,226,239,240,245,253,255,262—267,270—273,275,277,279—284,287,288,290,291,293—295,301,305—317,320—322,325,329,340,343,344,347,348,350,353—355,358,360—362,366,367,369,370,375,378—383,402,403,412,415,436,440,441,446—448,450—462,465—467,472,475,477,483—488,491,495—497,500

直接投资(direct investment) 5,8,24,60,162,172,276,299,322,337,377,390—393,396,397,399,400,402—404,406—410,412—419,421—429,431,447,457,458,466,484,485,491,492,497—502

知识产权(intellectual property) 35,373,375,377—382,416,449

最惠国(most-favored nation,MFN) 133,370,371,379,384,412,413,419

最优货币区(optimum currency areas) 325,326,334,349

阿里斯蒂德·佐尔伯格(Aristide Zolberg) 258,261